河南维管植物检索表

Keys to the Vascular Plants of Henan

朱长山　张云霞　主编

河南科学技术出版社

·郑州·

内容提要

本书编制了河南维管植物各门的分科、分属及分种（变种）检索表，收录河南维管植物204科、1 205属、3 656种（其中包括常见栽培植物560余种）、42亚种、559变种及变型，对河南植物区系自然分布的分类群、外来归化种及栽培逸生种，均记录了其分布范围或产地。

本书是一部检索鉴定河南维管植物很实用的手册式单卷本工具书，可供植物学及其相关应用学科（农、林、牧、园艺等）的教学或科研人员参考，尤其适宜于大专院校师生野外调查或实习使用。

图书在版编目（CIP）数据

河南维管植物检索表 / 朱长山，张云霞主编. --郑州：河南科学技术出版社，2024.5
ISBN 978-7-5725-1434-0

Ⅰ. ①河… Ⅱ. ①朱… ②张… Ⅲ. ①维管植物-目录索引-河南 Ⅳ. ①Q949.408

中国国家版本馆CIP数据核字（2024）第031366号

出版发行：河南科学技术出版社
地址：郑州市郑东新区祥盛街27号　　邮编：450016
电话：（0371）65737028　65788613
网址：www.hnstp.cn
策划编辑：李义坤
责任编辑：李义坤
责任校对：丁秀荣　牛艳春
封面设计：张　伟
责任印制：徐海东
印　　刷：河南瑞之光印刷股份有限公司
经　　销：全国新华书店
开　　本：890 mm × 1 240 mm　1/32　　印张：23.25　　字数：735千字
版　　次：2024年5月第1版　　2024年5月第1次印刷
定　　价：258.00元

《河南维管植物检索表》编写人员名单

主　　编　朱长山　张云霞

编　　著　王发松　李世晋　侯学良　朱世新　李家美　张云霞　李纪红　李景照　谷志云　刘兆云　董利萍　朱相裔　朱长山

前　言

作者于 1994 年主编的《河南种子植物检索表》一书，受到了广大读者的欢迎，也得到国内植物分类学界同仁的好评。著名植物分类学家、中国科学院院士王文采先生（1995）评价该书："据此可鉴定河南的任何一种植物，尤其开本不大，野外工作时携带方便，此外对相邻诸省也有参考意义。所以，本书对河南以及华中植物区系的研究贡献很大。"由于该书印刷量太少，早已脱销，广大读者渴望重印或再版。尤其近 20 年来，作者又新发现并确认了一大批河南植物区系分布新记录类群，很有必要重新编制与这些分类群相关的分属或分科检索表。再者，原书中也存在一些错误或不妥之处，在本次编写中予以订正。王文采院士也曾先后两次写信给作者，希望该书能修订出版，并建议该著作仍保持手册式，以便于广大群众在野外观察时使用。

在老前辈的关心指导下，在植物分类同仁的支持帮助下，河南植物检索表的重新编制工作终于得以完成。本书增加了蕨类植物，故取名为《河南维管植物检索表》。对书中的单种属分类群，增补了种的主要识别特征描述，更利于准确鉴定；对一些在文献中曾记载河南有分布，但作者并未见到标本的分类群，以及一些文献中未曾记载河南产、但从分布上考虑河南很可能存在的分类群，也一并注明并列入检索表中，以便于以后见到时也能准确检索查出；除河南省自然分布的野生种（包括栽培逸生种）外，对栽培植物只收录较为常见者及引种栽培经济价值较大的分类群。

在本书即将出版之际，特别感谢王文采院士和恩师兰州大学彭泽祥教授多年来的业务指导，以及对该书撰写提出的宝贵意见；感谢丁宝章教授、苌哲新教授、卢炯林教授和王遂义教授等先辈为河南植物分类研究做出重要的基础性贡献；同时，还要感谢河南各地农、林、牧等有关部门为野外调查提供的诸多方便。

限于作者水平有限，书中可能存在错误或不妥之处，欢迎广大读者指正！

编者

2023 年 8 月

目　　录

河南蕨类植物门分科检索表（I） …… 1
河南蕨类植物门分科检索表（II） …… 7
河南裸子植物门分科检索表 …… 13
河南被子植物门分科检索表 …… 15
河南蕨类植物门各科分属、分种检索表 …… 44
一、石杉科 Huperziaceae …… 44
二、石松科 Lycopodiaceae …… 44
三、卷柏科 Selaginellaceae …… 45
四、木贼科 Equisetaceae …… 46
五、瓶尔小草科 Ophioglossaceae …… 47
六、阴地蕨科 Botrychiaceae …… 48
七、紫萁科 Osmundaceae …… 48
八、海金沙科 Lygodiaceae …… 49
九、里白科 Gleicheniaceae …… 49
一〇、膜蕨科 Hymenophyllaceae …… 49
一一、蚌壳蕨科 Dicksoniaceae …… 50
一二、碗蕨科 Dennstaedtiaceae …… 50
一三、鳞始蕨科 Lindsaeaceae …… 51
一四、骨碎补科 Davalliaceae …… 51
一五、蕨科 Pteridiaceae …… 51
一六、凤尾蕨科 Pteridaceae …… 52

一七、中国蕨科 Sinopteridaceae …… 52
一八、铁线蕨科 Adiantaceae …… 54
一九、裸子蕨科 Hemionitidaceae …… 55
二〇、蹄盖蕨科 Athyriaceae …… 57
二一、 肿足蕨科 Hypodematiaceae …… 63
二二、金星蕨科 Thelypteridaceae …… 63
二三、铁角蕨科 Aspleniaceae …… 67
二四、乌毛蕨科 Blechnaceae …… 68
二五、球子蕨科 Onocleaceae …… 69
二六、岩蕨科 Woodsiaceae …… 69
二七、鳞毛蕨科 Dryopteridaceae …… 71
二八、水龙骨科 Polypodiaceae …… 76
二九、槲蕨科 Drynariaceae …… 82
三〇、剑蕨科 Loxogrammaceae …… 82
三一、蘋科 Marsileaceae …… 83
三二、槐叶蘋科 Salviniaceae …… 83
三三、满江红科 Azollaceae …… 83
河南裸子植物门各科分属、分种检索表 …… 85
一、苏铁科 Cycadaceae …… 85
二、银杏科 Ginkgoaceae …… 85
三、南洋杉科 Araucariaceae …… 86
四、松科 Pinaceae …… 86
五、杉科 Taxodiaceae …… 91
六、柏科 Cupressaceae …… 93
七、罗汉松科 Podocarpaceae …… 97
八、粗榧科 Cephalotaxaceae …… 97
九、红豆杉科 Taxaceae …… 98
一〇、麻黄科 Ephedraceae …… 99
河南被子植物门各科分属、分种检索表 …… 100
一、三白草科 Saururaceae …… 100

二、金粟兰科 Chloranthaceae …… 101
三、杨柳科 Salicaceae …… 101
四、胡桃科 Juglandaceae …… 110
五、桦木科 Betulaceae …… 112
六、壳斗科 Fagaceae …… 116
七、榆科 Ulmaceae …… 121
八、桑科 Moraceae …… 124
九、荨麻科 Urticaceae …… 127
一〇、铁青树科 Olacaceae …… 132
一一、檀香科 Santalaceae …… 132
一二、桑寄生科 Loranthaceae …… 133
一三、马兜铃科 Aristolochiaceae …… 135
一四、蛇菰科 Balanophoraceae …… 137
一五、蓼科 Polygonaceae …… 137
一六、藜科 Chenopodiaceae …… 146
一七、苋科 Amaranthaceae …… 152
一八、紫茉莉科 Nyctaginaceae …… 155
一九、商陆科 Phytolaccaceae …… 156
二〇、番杏科 Aizoaceae …… 156
二一、马齿苋科 Portulacaceae …… 157
二二、落葵科 Basellaceae …… 158
二三、石竹科 Caryophyllaceae …… 158
二四、睡莲科 Nymphaeaceae …… 165
二五、金鱼藻科 Ceratophyllaceae …… 167
二六、水青树科 Tetracentraceae …… 167
二七、领春木科 Eupteleaceae …… 167
二八、连香树科 Cercidiphyllaceae …… 168
二九、芍药科 Paeoniaceae …… 168
三〇、毛茛科 Ranunculaceae …… 169
三一、木通科 Lardizabalaceae …… 187

三二、小檗科 Berberidaceae …… 189
三三、防己科 Menispermaceae …… 193
三四、木兰科 Magnoliaceae …… 194
三五、五味子科 Schisandraceae …… 197
三六、八角科 Illiciaceae …… 198
三七、蜡梅科 Calycanthaceae …… 198
三八、樟科 Lauraceae …… 199
三九、罂粟科 Papaveraceae …… 205
四〇、白花菜科 Capparidaceae …… 211
四一、十字花科 Cruciferae …… 211
四二、景天科 Crassulaceae …… 225
四三、虎耳草科 Saxifragaceae …… 230
四四、海桐花科 Pittosporaceae …… 241
四五、金缕梅科 Hamamelidaceae …… 242
四六、杜仲科 Eucommiaceae …… 245
四七、悬铃木科 Platanaceae …… 245
四八、蔷薇科 Rosaceae …… 246
四九、豆科 Leguminosae …… 284
五〇、酢浆草科 Oxalidaceae …… 315
五一、牻牛儿苗科 Geraniaceae …… 316
五二、旱金莲科 Tropaeolaceae …… 318
五三、亚麻科 Linaceae …… 319
五四、蒺藜科 Zygophyllaceae …… 320
五五、芸香科 Rutaceae …… 320
五六、苦木科 Simaroubaceae …… 325
五七、楝科 Meliaceae …… 326
五八、远志科 Polygalaceae …… 327
五九、大戟科 Euphorbiaceae …… 328
六〇、水马齿科 Callitrichaceae …… 336
六一、黄杨科 Buxaceae …… 336

六二、马桑科 Coriariaceae …… 337
六三、漆树科 Anacardiaceae …… 337
六四、冬青科 Aquifoliaceae …… 339
六五、卫矛科 Celastraceae …… 340
六六、省沽油科 Staphyleaceae …… 344
六七、槭树科 Aceraceae …… 345
六八、七叶树科 Hippocastanaceae …… 351
六九、无患子科 Sapindaceae …… 351
七〇、清风藤科 Sabiaceae …… 352
七一、凤仙花科 Balsaminaceae …… 354
七二、鼠李科 Rhamnaceae …… 356
七三、葡萄科 Vitaceae …… 361
七四、椴树科 Tiliaceae …… 366
七五、锦葵科 Malvaceae …… 368
七六、梧桐科 Sterculiaceae …… 371
七七、猕猴桃科 Actinidiaceae …… 372
七八、山茶科 Theaceae …… 374
七九、金丝桃科 Hypericaceae …… 376
八〇、沟繁缕科 Elatinaceae …… 377
八一、柽柳科 Tamaricaceae …… 378
八二、堇菜科 Violaceae …… 378
八三、大风子科 Flacourtiaceae …… 382
八四、旌节花科 Stachyuraceae …… 383
八五、秋海棠科 Begoniaceae …… 383
八六、仙人掌科 Cactaceae …… 384
八七、瑞香科 Thymelaeaceae …… 388
八八、胡颓子科 Elaeagnaceae …… 390
八九、千屈菜科 Lythraceae …… 391
九〇、石榴科 Punicaceae …… 393
九一、蓝果树科 Nyssaceae …… 393

九二、八角枫科 Alangiaceae …… 394
九三、菱科 Trapaceae …… 395
九四、柳叶菜科 Onagraceae …… 396
九五、小二仙草科 Haloragaceae …… 400
九六、杉叶藻科 Hippuridaceae …… 401
九七、五加科 Araliaceae …… 401
九八、伞形科 Umbelliferae …… 404
九九、山茱萸科 Cornaceae …… 419
一〇〇、鹿蹄草科 Pyrolaceae …… 421
一〇一、杜鹃花科 Ericaceae …… 423
一〇二、紫金牛科 Myrsinaceae …… 425
一〇三、报春花科 Primulaceae …… 425
一〇四、白花丹科 Plumbaginaceae …… 430
一〇五、柿科 Ebenaceae …… 431
一〇六、山矾科 Symplocaceae …… 431
一〇七、安息香科 Styracaceae …… 432
一〇八、木樨科 Oleaceae …… 433
一〇九、马钱科 Loganiaceae …… 439
一一〇、龙胆科 Gentianaceae …… 441
一一一、夹竹桃科 Apocynaceae …… 445
一一二、萝藦科 Asclepiadaceae …… 447
一一三、旋花科 Convolvulaceae …… 451
一一四、花荵科 Polemoniaceae …… 455
一一五、紫草科 Boraginaceae …… 455
一一六、马鞭草科 Verbenaceae …… 461
一一七、唇形科 Labiatae …… 465
一一八、茄科 Solanaceae …… 485
一一九、玄参科 Scrophulariaceae …… 492
一二〇、紫葳科 Bignoniaceae …… 503
一二一、胡麻科 Pedaliaceae …… 504

一二二、列当科 Orobanchaceae …… 504
一二三、苦苣苔科 Gesneriaceae …… 505
一二四、狸藻科 Lentibulariaceae …… 507
一二五、爵床科 Acanthaceae …… 507
一二六、透骨草科 Phrymaceae …… 509
一二七、车前科 Plantaginaceae …… 509
一二八、茜草科 Rubiaceae …… 510
一二九、忍冬科 Caprifoliaceae …… 517
一三〇、五福花科 Adoxaceae …… 525
一三一、败酱科 Valerianaceae …… 525
一三二、川续断科 Dipsacaceae …… 526
一三三、葫芦科 Cucurbitaceae …… 527
一三四、桔梗科 Campanulaceae …… 533
一三五、菊科 Compositae …… 536
一三六、香蒲科 Typhaceae …… 591
一三七、黑三棱科 Sparganiaceae …… 591
一三八、水麦冬科 Juncaginaceae …… 592
一三九、眼子菜科 Potamogetonaceae …… 592
一四〇、茨藻科 Najadaceae …… 593
一四一、泽泻科 Alismataceae …… 594
一四二、花蔺科 Butomaceae …… 595
一四三、水鳖科 Hydrocharitaceae …… 595
一四四、禾本科 Gramineae …… 597
一四五、莎草科 Cyperaceae …… 652
一四六、棕榈科 Palmae …… 669
一四七、天南星科 Araceae …… 671
一四八、浮萍科 Lemnaceae …… 674
一四九、谷精草科 Eriocaulaceae …… 674
一五〇、鸭跖草科 Commelinaceae …… 675
一五一、雨久花科 Pontederiaceae …… 677

一五二、灯心草科 Juncaceae …… 678
一五三、百部科 Stemonaceae …… 680
一五四、百合科 Liliaceae …… 680
一五五、石蒜科 Amaryllidaceae …… 701
一五六、薯蓣科 Dioscoreaceae …… 703
一五七、鸢尾科 Iridaceae …… 704
一五八、芭蕉科 Musaceae …… 706
一五九、姜科 Zingiberaceae …… 707
一六〇、美人蕉科 Cannaceae …… 707
一六一、兰科 Orchidaceae …… 708

河南蕨类植物门分科检索表（Ⅰ）

1.陆生或附生植物，少数为湿生。

2.叶退化或细小，远不如茎发达，鳞形、钻形或披针形，不分裂；孢子囊不聚生为孢子囊群。

3.茎圆柱形、直立、中空，节上具轮生的分枝；无真正的叶，各节围绕以管状而先端有锯齿的鞘；孢子囊生于盾状鳞片形的孢子叶下面，在枝端形成孢子叶球（穗）…………………… **四、木贼科Equisetaceae**

3.植物非上述情况，孢子囊生于孢子叶的基部或上面。

4.茎常有背腹面之分，有根托；叶常为鳞片形，二型，4行纵列，扁平，稀为钻形、同型及螺旋状排列；腹叶基部有叶舌；孢子囊二型 ……………………………………………………**三、卷柏科Selaginellaceae**

4.茎辐射对称，无根托；叶同型，稀二型，钻形或披针形，螺旋状排列；稀为鳞片形，交互对生；腹叶基部无叶舌；孢子囊同型。

5.茎直立或斜升，等二叉分枝；孢子囊腋生；孢子叶与营养叶同形同色，或较小 ………………………… **一、石杉科Huperziaceae**

5.茎匍匐，不等二叉分枝或单轴状二叉分枝；孢子叶干膜质，在茎枝端聚为孢子叶穗 ……………………… **二、石松科Lycopodiaceae**

2.叶远较茎发达，单叶不分裂，或羽裂、羽状，或复叶状；孢子囊聚生为孢子囊群，或满布于叶下面。

6.地上茎细长攀缘；孢子囊突出叶缘之外 …… **八、海金沙科Lygodiaceae**

6.无地上茎。

7.叶异型，有营养叶和孢子叶的明显形态分化。

8.单叶，全缘或波状；孢子囊沿囊轴排列为长穗状（孢子叶） ………

……………………………………… 五、瓶尔小草科**Ophioglossaceae**

8.叶羽裂、羽状或复叶状。

9.叶为二回羽状复叶；小叶长圆状披针形，宽10~18 mm ………………

……………………………………………………… 七、紫萁科**Osmundaceae**

9.叶一至三回羽状分裂。

10.营养叶和孢子叶出自共同总柄，孢子叶呈圆锥花序状 ……………

………………………………………… 六、阴地蕨科**Botrychiaceae**

10.孢子叶独立生出，一回羽状，羽片反卷呈荚果状或为分离的小球形

…………………………………………二五、球子蕨科**Onocleaceae**

7.叶同型，或营养叶与孢子叶无明显形态分化。

11.孢子囊群（或囊群托）突出叶缘之外，孢子囊生于柱状囊托上，且包被于管状、喇叭状或二唇瓣形的囊群苞内 ……………………………

……………………………………… 一〇、膜蕨科**Hymenophyllaceae**

11.孢子囊群生于叶背、叶缘内或叶缘，从不突出叶缘之外。

12.孢子囊群生于叶缘；囊群盖由叶边向背反折形成，掩盖孢子囊群，因而开向主脉。

13.孢子囊生于囊群盖下面的小脉上（稀生于脉间）；羽片或小羽片为半开式或扇形；叶脉为扇状多回二叉分枝；叶柄、叶轴及羽轴均为棕褐色或栗褐色 ………………… 一八、铁线蕨科**Adiantaceae**

13.孢子囊生于叶缘，囊群盖不具小脉；羽片或小羽片及叶脉均非同上述。

14.孢子囊沿生于叶缘的1条边脉上，形成1条汇合的孢子囊群，囊群盖连续不间断；叶柄禾秆色或棕禾秆色。

15.根状茎长而横走，密被锈黄色刚毛；囊群盖两层 …………

………………………………………一五、蕨科**Pteridiaceae**

15.根状茎短而直立，被鳞片，无毛；囊群盖一层 ……………

……………………………………… 一六、凤尾蕨科**Pteridaceae**

14.孢子囊生于小脉顶端，幼时彼此分离，成熟时往往连接成条形；囊群盖连续或不同程度断裂；叶柄和叶轴一般栗棕色或深褐色 ………………………… 一七、中国蕨科**Sinopteridaceae**

12.孢子囊群生于叶缘以内，囊群盖自叶缘内生出并开向叶边；或孢子囊群生于叶背。

16.囊群盖生于叶缘内（至少内瓣），位于小脉顶端，并开向叶边。

17.囊群盖为内外两瓣的蚌壳形，革质；树状蕨，主轴圆柱形、短粗，不露出地面，密生金黄色长软毛……………………………………………………………… **一一、蚌壳蕨科Dicksoniaceae**

17.囊群盖为半碗形、杯形或横长形，非革质；中、小型草本；根状茎细长横生，有灰白色针状刚毛或红棕色毛状鳞片。

18.植物全体（包括根状茎）有灰白色针状刚毛；孢子囊群不融合；囊群盖碗形或近圆肾形，单生于小脉顶……………………………………………………………**一二、碗蕨科Dennstaedtiaceae**

18.植物体仅根状茎有红棕色毛状鳞片，其余光滑；孢子囊群常融合为聚生囊群；囊群盖横生长形或稀为杯形，通常连接多数小脉顶端 ………………………………… **一三、鳞始蕨科Lindsaeaceae**

16.孢子囊群生于叶背，远离叶边；如有囊群盖则非上述情况，也不开向叶边。

19.孢子囊群圆形、长形或条形，彼此分离；叶不能育叶和不育叶分化。

20.孢子囊群圆形。

21.孢子囊群有盖。

22.囊群盖下位（即生于孢子囊群下面，幼时常全包被孢子囊群），膜质，钵形、杯形或碟形，或有时简化为睫毛状……………………………………… **二六、岩蕨科Woodsiaceae**

22.囊群盖上位（即平坦而盖于孢子囊群上面），盾形、圆肾形，或少为鳞片形，基部略微压在成熟的孢子囊群之下。

23.囊群盖圆肾形或盾形。

24.叶一回羽状，羽片以关节着生于叶轴；孢子囊群生于小脉顶端，囊群盖肾形……………………………………………………………**一四、骨碎补科Davalliaceae**

24.叶一至多回羽状，羽片基部无关节。

25.植物体（尤其羽轴上面）有淡灰色针状刚毛，叶轴基部鳞片上往往也有；叶柄基部横断面有2条扁阔的维管束。

26.叶柄基部膨大，包藏于红棕色密集大鳞片中；生于石灰岩缝中 ……………………………… **二一、肿足蕨科Hypodematiaceae**

26.叶柄基部不膨大，鳞片小而疏；生于土中或岩石上 ……………………………………………… **二二、金星蕨科Thelypteridaceae**

25.植物体（至少根状茎上）有阔鳞片，无上述针状毛；叶柄基部横断面有多条小圆形维管束 ………… **二七、鳞毛蕨科Dryopteridaceae**

23.囊群盖鳞片形，基部略微压在成熟的孢子囊群下 ………………………………………………… **二〇、蹄盖蕨科Athyriaceae**（冷蕨属）

21.孢子囊群无盖。

27.叶轴二至多回二叉分枝，叶片下面通常灰白色，分叉处腋间有1枚休眠芽；孢子囊群有2~10个孢子囊 …………**九、里白科Gleicheniaceae**

27.叶为单叶不分裂，或羽状分裂，少为扇形分裂，叶轴绝非二叉状分枝，叶片下面也不为灰白色；孢子囊群有多数孢子囊。

28.叶柄基部以关节着生于根状茎上；单叶全缘，或一回羽状，有星状毛，或孢子囊群幼时为具长柄的盾状隔丝所覆盖 ……………………………………………………… **二八、水龙骨科Polypodiaceae**

28.叶柄基部无关节。

29.植物体或至少各回羽轴上面有灰白色针状毛。

30.根状茎和叶柄基部无鳞片；灰白色的毛为多细胞；孢子囊群生于小脉顶端，不变质的叶边常多少反折如假囊群盖 ………………………………………**一二、碗蕨科Dennstaedtiaceae**

30.根状茎和叶柄基部多少有鳞片；毛为单细胞（稀为多细胞）；孢子囊群生于小脉背上…… **二二、金星蕨科Thelypteridaceae**

29.植物体不具灰白色针状毛，被鳞片。

31.叶一型，一至多回羽状 ………… **二〇、蹄盖蕨科Athyriaceae**

31.叶二型，营养叶明显短小、坚硬、干膜质、枯黄色；孢子叶大型、绿色、羽状深裂 ………… **二九、槲蕨科Drynariaceae**

20.孢子囊群长形或条形。

32.孢子囊群有盖，囊群盖长形、条形，或上端钩形，或马蹄形。

33.孢子囊群生于主脉两侧的狭长网眼内，贴近主脉并与之平行，囊群盖开向主脉；叶柄基部横断面有多条小圆形维管束排成1个圆圈 ……………………………………………… **二四、乌毛蕨科Blechnaceae**

33.孢子囊群生于主脉两侧的斜出分离脉上（稀在多角形网眼内），并与主脉斜交；囊群盖斜开向主脉；叶柄基部横断面有侧生扁阔维管束2条。

34.囊群盖为长形或条形，常单独生于小脉向轴的一侧（稀离轴一侧）；鳞片细胞粗筛孔形，网眼大而透明 ……………………………………………… **二三、铁角蕨科Aspleniaceae**

34.囊群盖生于小脉一侧或两侧，长形、条形或腊肠形，先端往往呈钩形或马蹄形；鳞片细胞为窗格子形，网眼狭小而不透明 ……………………………………………… **二〇、蹄盖蕨科Athyriaceae**

32.孢子囊群无盖。

35.孢子囊群沿小脉分布（如为网状脉，则沿网眼生）；叶羽状。

36.叶遍体有灰白色针状毛（顶端常呈钩形） ……………………………………………… **二二、金星蕨科Thelypteridaceae**

36.叶有柔毛或有腺毛，无针状毛。

37.孢子囊有长柄，密集于小脉中部成长形孢子囊群；孢子两面形 ………………………… **二〇、蹄盖蕨科Athyriaceae**（角蕨属）

37.孢子囊柄短，疏生于小脉上成狭条形；孢子四面形 ……………………………………… **一九、裸子蕨科Hemionitidaceae**

35.孢子囊群不沿小脉分布；单叶，披针形、狭披针形或条形。

38.叶柄基部以关节着生于根状茎上 ……………………………………………… **二八、水龙骨科Polypodiaceae**

38.叶柄基部无关节 ……………… **三十、剑蕨科Loxogrammaceae**

19.孢子囊密布于能育叶下面，不聚生为相互分离的圆形、长形或条形；单叶，有能育叶和不育叶之分化，不分裂或掌状指裂，下面均密被星状毛；叶柄基部以关节着生于根状茎 ……………………………………………… **二八、水龙骨科Polypodiaceae**（石韦属）

1.水生植物，株型完全不同于陆生蕨类；孢子二型。

39.浅水生或湿生；4枚小叶在叶柄顶端排列为“十”字形（或“田”字形）；孢子果生于叶柄基部，其中大、小孢子囊混生…　三一、**蘋科Marsileaceae**

39.水面漂浮植物，无真根或有丝线状真根；单叶，无柄；孢子果生于叶的下面，其中仅有大孢子囊或仅有小孢子囊。

40.植物无真根；三叶轮生于细长茎上，上面2枚叶矩圆形，漂浮水面，下面1枚叶特化为须根状悬垂水中，生孢子果…………………………………………………………………………………… 三二、**槐叶蘋科Salviniaceae**

40.植物有丝线状真根；叶鳞片状，二列互生，每叶有上、下2枚裂片，上裂片漂浮于水面，下裂片沉于水中且生孢子果 ……………………………………………………………………………………　三三、**满江红科Azollaceae**

河南蕨类植物门分科检索表（II）

1.陆生或附生植物，少数为湿生；孢子同型。

2.叶退化或细小，远不如茎发达，鳞形、钻形或披针形，不分裂；或无真正的叶；孢子囊不聚生为孢子囊群。

3.茎圆筒形、中空，节上轮生分枝；无真正叶，各节围绕以管状而先端有齿的鞘；孢子囊生于鳞片形的孢子叶下面，孢子叶在枝端形成孢子叶球（穗）…………………………………… **四、木贼科Equisetaceae**

3.植物茎叶非上述特征，孢子囊生于孢子叶的基部或上面。

4.茎常有背腹之分，有根托；叶二型，鳞片状，4行纵裂，腹叶基部有叶舌；孢子囊二型 ……………………………三、**卷柏科Selaginellaceae**

4.茎辐射对称，无根托；叶同型，稀二型，钻形或披针形，螺旋状排列；孢子囊同型。

5.茎直立或斜升，等二叉分枝；孢子囊腋生；孢子叶与营养叶同形同色，或较小 ………………………………… **一、石杉科Huperziaceae**

5.茎匍匐，不等二叉分枝或单轴状二叉分枝；孢子叶干膜质，在枝端聚为孢子叶穗 ……………………………**二、石松科Lycopodiaceae**

2.叶远较茎发达，单叶或复叶；孢子囊聚生为孢子囊群，或满布于叶下面。

6.地上茎细长攀缘；孢子囊群突出于叶缘之外 ……………………………………………………………………………**八、海金沙科Lygodiaceae**

6.无地上茎。

7.叶异型，有营养叶和孢子叶的明显形态分化。

8.单叶，全缘或波状；孢子囊沿囊轴排列为长穗状（孢子叶）……………………………………………… **五、瓶尔小草科Ophioglossaceae**

8.叶羽状分裂或复叶状。

9.叶二回羽状复叶状；小叶长圆状披针形，长5.0~6.0cm，宽10~18mm ……………………………………………… **七、紫萁科Osmundaceae**

9.叶一至三回羽状分裂。

10.营养叶和孢子叶出自共同总柄，孢子叶呈圆锥花序状 …………… ………………………………………… **六、阴地蕨科Botrychiaceae**

10.孢子叶独立生出，一回羽状，羽片反卷呈荚果状或为分离的小球形 ………………………………………… **二五、球子蕨科Onocleaceae**

7.叶同型，或孢子叶与营养叶无明显形态分化。

11.单叶，全缘或掌状分裂。

12.叶全缘。

13.根状茎短而直立，叶簇生；叶先端渐尖为鞭状且着地生根再生为新植株；孢子囊群沿中脉两侧各1~2行…………………………… …………………… **二三、铁角蕨科Aspleniaceae**（过山蕨属）

13.根状茎横走，叶远生或近生，绝不簇生；叶先端不延伸为鞭状。

14.孢子囊群有盖，条形，主脉两侧各1行；叶披针形或线状披针形，中部宽15~25mm，无毛；叶柄基部无关节 ………… ………………… **二〇、蹄盖蕨科Athyriaceae**（单叶双盖蕨）

14.孢子囊群无盖。

15.叶柄以关节着生于根状茎上；孢子囊群圆形或长形……… ……………………………… **二八、水龙骨科Polypodiaceae**

15.叶柄不以关节着生；孢子囊群线形或线状长圆形 ……… ………………………… **三十、剑蕨科Loxogrammaceae**

12.叶掌状或近掌状分裂。

16.叶一回掌状深裂；裂片2.0~5.0枚，长5.0~9.0cm、宽1.5~2.0cm，披针形；孢子囊群圆形，主脉两侧各1行………………………… ………………… **二八、水龙骨科Polypodiaceae**（金鸡脚蕨）

16.叶二回分裂，仅一回近掌状分裂。

17.孢子囊群生于叶缘小脉顶端，囊群盖由叶边反折而成 ……… …………… **一七、中国蕨科Sinopteridaceae**（小叶中国蕨）

17.孢子囊群生于叶背，圆形，囊群盖盾状着生；小羽片上侧耳突状 ……
…………………… **二七、鳞毛蕨科 Dryopteridaceae**（戟叶耳蕨，小戟叶耳蕨）

11.叶近羽状复叶，或一至多回羽状分裂。

18.叶近羽状复叶（叶轴或羽轴顶端有近似小叶的顶生羽片）。

19.一回羽状复叶。

20.孢子囊群狭条形，无盖；叶下面密被棕黄色长柔毛 ………………
………………… **一九、裸子蕨科Hemionitidaceae**（耳羽金毛裸蕨）

20.孢子囊群圆形，囊群盖盾形；叶下面或羽轴上多少有鳞片状毛 ………
……………………… **二七、鳞毛蕨科Dryopteridaceae**（贯众属）

19.二回或二回以上羽状复叶，若为一回，则叶轴先端延伸为鞭状，羽片为扇形或倒三角形。

21.叶二至多回二叉状分枝，分枝处生1枚休眠芽，叶下面灰白色……
………………………………………**九、里白科Gleicheniaceae**（芒萁）

21.叶非二叉状分枝。

22.孢子囊群生于叶缘，囊群盖由叶边反折而成；羽片或小羽片扇形或半开式 …………………………………**一八、铁线蕨科Adiantaceae**

22.孢子囊群生于叶背，无盖，狭条形；小羽片阔披针形或长圆状披针形 ………… **一九、裸子蕨科Hemionitidaceae**（风丫蕨属）

18.叶一回或二至多回羽状分裂。

23.叶一回羽状分裂。

24.叶一回羽状全裂（至少中下部羽轴上无翅，即羽片不下延）。

25.孢子囊群生于叶缘1条边脉上且汇合为1条，囊群盖为叶边反折而成且连续不间断 …………………………………………………
……………………… **一六、凤尾蕨科Pteridaceae**（蜈蚣草）

25.孢子囊群生于叶背。

26.孢子囊群圆形。

27.囊群盖下位，缸形、杯形或碟形，有时简化为睫毛状 ……
…… **二六、岩蕨科Woodsiaceae**（妙峰岩蕨，耳羽岩蕨）

27.囊群盖上位或无囊群盖。

28.羽片以关节生于叶轴，囊群盖肾形 ………………

…………………一四、**骨碎补科Davalliaceae**（肾蕨）

28.羽片不以关节着生于叶轴。

29.根状茎短而直立，叶簇生；叶柄内有多条圆形维管束；叶的小脉先端膨大为水囊 ……………… **二七、鳞毛蕨科Dryopteridaceae**

29.根状茎长而横走，叶远生；叶柄内2条维管束合生为U形 ………
………………………… **二〇、蹄盖蕨科Athyriaceae**（华东安蕨）

26.孢子囊群长条形或狭长圆形。

30.有囊群盖；叶柄及叶轴上有棕色膜质狭翅；叶无毛 ………………
……………………………………………… **二三、铁角蕨科Adiantaceae**

30.无囊群盖；叶轴及叶柄无翅；叶两面密被毛 …………………………
……………………… **一九、裸子蕨科Hemionitidaceae**（耳叶金毛裸蕨）

24.叶一回羽状浅裂至深裂（羽轴两侧具叶质绿翅以连接上下羽片）；孢子囊群无盖。

31.植物体或至少羽轴上面有单细胞针状毛；叶柄基部无关节 ……………
…………………… **二二、金星蕨科Thelypteridaceae**（延羽卵果蕨）

31.植物体无针状毛；叶柄以关节着生于根状茎上 ……………………
…………………………………………… **二八、水龙骨科Polypodiaceae**

23.叶二至多回羽状分裂。

32.一回羽轴具翅，连接上下羽片；孢子囊群或囊托突出叶缘之外 ………
…………………………………………… **一二、膜蕨科Hymenophyllaceae**

32.一回羽轴无翅（至少羽轴中下部如此），上、下各羽片相互分离。

33.孢子囊群生于叶缘，囊群盖由叶边反卷而成。

34.孢子囊群生于叶缘的一条连接脉上，汇合成长线形；囊群盖连续不间断，两层；叶柄禾秆色或棕禾秆色 …………………………
…………………………………………………… **一五、蕨科Pteridiaceae**

34.孢子囊群生于近叶缘的小脉顶端，幼时分离，成熟时囊群盖连续或间断；叶柄及叶轴常黑棕色或深褐色 …………………………
…………………………………… **一七、中国蕨科Sinopteridaceae**

33.孢子囊群生于叶缘内，囊群盖由叶缘内生出并开向叶边，或孢子囊群生于叶背。

35.孢子囊生于叶缘，囊群盖由叶缘生出并开向叶边。

36.囊群盖为内外两瓣的蚌壳形，革质；植株高大，主轴粗短圆柱状，不露出地面，密被金黄色长软毛 ……………………………………………………………… **一一、蚌壳蕨科Dicksoniaceae**（金毛狗）

36.囊群盖半碗形、杯形、管形、近肾形或横长形，非革质；中小草本，根状茎细长而横走，被鳞片或毛。

37.植物体（包括根状茎）被灰白色针状刚毛；孢子囊群不融合，囊群盖碗形或圆肾形，单生于小脉顶端 ……**一二、碗蕨科Dennstaedtiaceae**

37.植物体仅根状茎上被钻状鳞毛，余部光滑；孢子囊群常融合聚生，囊群盖横长线形或稀杯形，常连接多数小脉的顶端 ……………………………………………………… **一三、鳞始蕨科Lindsaeaceae**（乌蕨）

35.孢子囊群生于叶背，远离叶边。

38.孢子囊群圆形。

39.植物体至少叶轴上面和叶柄基部鳞片有灰白色针状毛；叶柄基部横断面有2条扁阔的维管束。

40.叶柄基部膨大，包藏于红棕色密集大鳞片丛中；生于石灰岩缝中 …………………………………… **二一、肿足蕨科Hypodematiaceae**

40.叶柄基部不膨大，鳞片小而疏；生于土中或岩石上 ……………………………………………………**二二、金星蕨科Thelypteridaceae**

39.植物体无针状毛。

41.囊群盖下位 …………………………… **二六、岩蕨科Woodsiaceae**

41.囊群盖上位或无囊群盖。

42.有囊群盖。

43.囊群盖圆肾形或盾形；叶柄基部横断面有多条小圆形维管束；植物体（至少根状茎上）有阔鳞片 ……………………………………………… **二七、鳞毛蕨科Dryopteridaceae**

43.囊群盖鳞片形，基部略为压在成熟的孢子囊群下 ………………………………………… **二〇、蹄盖蕨科Athyriaceae**

42.无囊群盖。

44.叶一型，一至多回羽状或羽裂 ……………………………………

……………………………… 二〇、**蹄盖蕨科Athyriaceae**

44.叶二型，营养叶短小，坚硬，干膜质，枯黄色，孢子叶大型 ………

……………………………………………… **二九、槲蕨科Drynariaceae**

38.孢子囊群长形或条形。

45.囊群盖长形、条形、上端弯钩形或马蹄形。

46.孢子囊群生于主脉两侧狭长网眼内，贴近并平行于主脉；囊群盖开向主脉；叶柄基部横断面有小型维管束多条并排为一环 …………

………………………… **二四、乌毛蕨科Blechnaceae**（狗脊蕨属）

46.孢子囊群生于主脉两侧的分离脉上，与主脉斜交；囊群盖斜开向主脉；叶柄基部横断面有侧生扁阔维管束2条。

47.囊群盖长形或条形，常单生于小脉向轴一侧；鳞片细胞粗筛孔形，网眼大而透明；叶柄内2条维管束不汇合 ……………………

…………………… **二三、铁角蕨科Aspleniaceae**（铁角蕨属）

47.囊群盖生于小脉一侧或两侧，长形、条形或腊肠形，上端往往呈钩形或马蹄形；鳞片细胞格子形，网眼狭小而不透明；叶柄内2条维管束至叶轴均汇合为V形……… 二〇、**蹄盖蕨科Athyriaceae**

45.无囊群盖。

48.孢子囊有长柄，密集于小脉中部呈长形孢子囊群；孢子两面形 …

……………………………… 二〇、**蹄盖蕨科Athyriaceae**（角蕨属）

48.孢子囊柄短，疏生于小脉上呈狭条形囊群；孢子四面形 …………

……………………… **一九、裸子蕨科Hemionitidaceae**（睫毛蕨）

1.水生植物，植物体完全不同于陆生蕨类；孢子二型。

49.浅水生或湿生；叶柄细长，顶端“十”字形（“田”字形）排列4枚小叶

………………………………………………… 三一、**蘋科Marsileaceae**

49.漂浮植物；单叶，无叶柄。

50.三叶轮生，上面2枚叶矩圆形，漂浮水面，长80~12mm，宽50~60mm，下面1叶特化为须根状悬垂水中 …………… 三二、**槐叶蘋科Salviniaceae**

50.叶鳞片状，二列互生；每叶有上、下2枚裂片，上裂片漂浮于水面，下裂片沉于水中 ……………………… 三三、**满江红科Azollaceae**

河南裸子植物门分科检索表

1.乔木或灌木；花无假花被；胚珠无细长珠被管。

2.茎不分枝；羽状复叶簇生于茎顶端 ……………… 一、**苏铁科Cycadaceae**

2.茎通常分枝；单叶，鳞片状、锥形、针形、线形或扇形。

3.叶扇形；落叶乔木 …………………………… 二、**银杏科Ginkgoaceae**

3.叶鳞片状、锥形、针形、线形或条状披针形，通常常绿，稀冬季脱落。

4.雌雄同株或异株；雌球花发育成球果；种子不具肉质套被或假种皮，常具翅。

5.球果的种（珠）鳞与苞鳞离生，每种鳞具2粒种子……………………………………………………………………………… 四、**松科Pinaceae**

5.球果的种（珠）鳞与苞鳞或多或少合生，每种鳞有1~9粒种子。

6.叶与种鳞均螺旋状排列，稀对生（水杉属）。

7.雌雄异株，稀同株；种鳞腹面仅具1粒种子，种子与种鳞合生；枝轮状着生，叶常绿 ………………………………………………………… 三、**南洋杉科Araucariaceae**（南洋杉属）

7.雌雄同株，稀异株；种鳞具2~9粒种子，种子与种鳞离生；枝非轮生状排列 ……………………………… 五、**杉科Taxodiaceae**

6.叶与种鳞均交互对生或轮生 …………… 六、**柏科Cupressaceae**

4.雌雄异株；雌球花不发育成球果，而形成核果状或坚果状种子，种子全部或部分包被于肉质套被或假种皮中。

8.雄蕊有2个花粉囊；种子完全包被于肉质套被内，着生于肉质或非肉质的膨大种托上 ……………………**七、罗汉松科Podocarpaceae**

8.雄蕊具3~4（9）个花粉囊；种子基部无膨大的种托。

9.雌球花具多数交互对生的苞片，每枚苞片腋部具2个胚珠；假种皮全包种子 ………………………………… **八、粗榧科Cephalotaxaceae**

9.雌球花仅有1个胚珠；假种皮杯状、瓶状或全包种子 ……………………………………………………………… **九、红豆杉科Taxaceae**

1.丛生小灌木；花具假花被；胚珠先端有细长珠被管 ……………………………………………………………………………… **一〇、麻黄科Ephedraceae**

河南被子植物门分科检索表

1.子叶2枚；叶片常具网状脉；花通常5或4基数；多具主根系（双子叶植物纲）。

2.木本植物。

3.藤本或茎为藤蔓状 ………………………………………………………… 表一

3.直立乔木或灌木。

4.叶为复叶 ………………………………………………………………… 表二

4.叶为单叶 ………………………………………………………………… 表三

2.草本植物。

5.茎缠绕、攀缘、匍匐或平卧；或为水生植物 ……………………… 表四

5.茎直立或斜升，或无明显的地上茎 ………………………………… 表五

1.子叶1枚；叶片常具平行脉；花通常为3基数；多为须根系（单子叶植物纲）表六

表一　双子叶木质藤本

1.植物具枝卷须… ………………………………………… **七三、葡萄科Vitaceae**

1.植物无卷须。

2.叶互生。

3.植物具乳汁；隐头花序，整体脱落 ………………………………………
……………………………………………… **八、桑科Moraceae**（无花果属）

3.植物无乳汁。

4.复叶。

5.羽状复叶。

6.茎缠绕性，无皮刺；叶具小托叶或无，花冠两侧对称，蝶形；荚果 ………………………………… **四九、豆科Leguminosae**（紫藤属）

6.茎蔓状攀缘性，常具皮刺；无小托叶；花辐射对称；聚合瘦果或聚合小核果 ………………………… **四八、蔷薇科Rosaceae**（悬钩子属）

5.掌状复叶；果实浆果状 ………………… **三一、木通科Lardizabalaceae**

4.单叶。

7.茎具气生根以利攀缘 ………… **九七、五加科Araliaceae**（常春藤属）

7.茎无气生根。

8.叶缘具齿，不分裂。

9.蒴果，种子具彩色假种皮；托叶早落 ……………………………… ………………………**六五、卫矛科Celastraceae**（南蛇藤属）

9.浆果或浆果状果，种子无假种皮；无托叶。

10.心皮合生；浆果或浆果状果单生 ……………………………… ………………………………… **七七、猕猴桃科Actinidiaceae**

10.心皮离生；浆果在增大伸长的花托上聚为穗状或球形的聚合果 ……………………………… **三五、五味子科Schisandraceae**

8.叶全缘或近全缘，或掌状浅裂。

11.枝、叶被银灰色鳞片状毛 ……………**八八、胡颓子科Elaeagnaceae**

11.枝、叶无鳞片状毛。

12.叶具掌状脉；核果的果核常弯曲呈马蹄形或半月形 ………… ………………………………… **三三、防己科Menispermaceae**

12.叶具羽状脉。

13.侧脉向上弧曲；花单生或数朵组成聚伞花序；核果近球形；无托叶 ……………………………… **七〇、清风藤科Sabiaceae**

13.侧脉近平行直伸；圆锥花序具多花；核果长椭圆形或圆柱形；托叶钻形 … **七二、鼠李科Rhamnaceae**（勾儿茶属）

2.叶对生。

14.植物具白色乳汁。

15.花冠辐状、杯状或钟状，具副花冠、合蕊冠及载粉器 ……………… ……………………………………… **一一二、萝藦科Asclepiadaceae**

15.花冠高脚碟状，无副花冠、合蕊冠及载粉器；茎常具气生根 ………………………………… **一一一、夹竹桃科Apocynaceae**（络石属）

14.植物无乳汁。

16.花无真正的花冠，花萼呈花冠状，雄蕊多数；复叶，叶柄常呈卷须状 ………………………………… **三〇、毛茛科Ranunculaceae**（铁线莲属）

16.花有花冠。

17.复叶。

18.茎具气生根以利攀缘；小叶具齿；花橙红色，雄蕊4枚 ………………………………… **一二〇、紫葳科Bignoniaceae**

18.茎无气生根；小叶全缘；花白色或黄色，雄蕊2枚 ………………………………… **一〇八、木樨科Oleaceae**

17.单叶。

19.叶缘具齿，如全缘则花序外缘不育花具1枚大型叶状苞片。

20.子房下位或半下位；蒴果；雄蕊10~30枚 ………………………………… **四三、虎耳草科Saxifragaceae**（钻地枫属、赤壁草属）

20.子房上位；雄蕊4~5枚；蒴果或核果。

21.花多为4基数，具柄；蒴果 ………………………………… **六五、卫矛科Celastraceae**（卫矛属、南蛇藤属）

21.花5基数，无柄或近无柄；核果，小枝刺状 ………………………………… **七二、鼠李科Rhamnaceae**（雀梅藤属）

19.叶全缘。

22.花冠两侧对称，二唇形；子房下位 ………………………………… **一二九、忍冬科Caprifoliaceae**

22.花冠辐射对称。

23.花冠黄色，近辐状，花冠筒极短；子房上位；叶常绿 ………………………………… **一〇九、马钱科Loganiaceae**（蓬莱葛属）

23.花冠淡紫色，筒状，花冠筒明显长于花冠裂片；子房下位；叶脱落 ………………………………… **一二八、茜草科Rubiaceae** (鸡矢藤属)

表二　双子叶乔木、直立灌木，复叶

1.掌状复叶。

2.叶互生。

3.小叶4枚；花单生或簇生；荚果 ……………………………………………………………… **四九、豆科Leguminosae**（锦鸡儿属）

3.小叶(3)5枚；伞形花序；核果 ……………… **九七、五加科Araliaceae**

2.叶对生。

4.乔木；小叶(5)7(9)枚；离瓣花；蒴果 …………………………………………………………………… **六八、七叶树科Hippocastanaceae**

4.灌木；小叶(3)5枚；合瓣花；核果 ……………………………………………………………………**一一六、马鞭草科Verbenaceae**（牡荆属）

1.羽状复叶，三出复叶或单身复叶。

5.叶对生。

6.果实具翅（翅果）；乔木。

7.双翅果或果实周围具翅；花瓣离生或无花瓣；雄蕊8至多枚 ………………………………………………………………**六七、槭树科Aceraceae**

7.单翅果；合瓣花；雄蕊2枚 ……………… **一〇八、木樨科Oleaceae**

6.果实无翅；雄蕊4~5枚。

8.子房下位；浆果；羽状复叶；灌木 ……………………………………………………… **一二九、忍冬科Caprifoliaceae**（接骨木属）

8.子房上位；蒴果或聚合蓇葖果；羽状复叶或三出复叶；乔木，稀灌木。

9.羽状复叶或三出复叶，小叶边缘具细锯齿；心皮(1)2~3个；蒴果或蓇葖果 ……………………………… **六六、省沽油科Staphyleaceae**

9.羽状复叶，小叶全缘或近全缘；心皮4~5个，蓇葖果 ……………………………………………………………… **五五、芸香科Rutaceae**

5.叶互生。

10.二回三出复叶；二回羽状复叶，可兼有一或三回羽状复叶。

11.常绿灌木；二回三出复叶，小叶全缘；浆果 ………………………………………………… **三二、小檗科Berberidaceae**（南天竹属）

11. 落叶乔木或灌木。

12.小灌木；花大而艳丽，直径10cm以上，心皮群外围以盘状至杯状的革质或肉质花盘；聚合蓇葖果 …………………… **二九、芍药科Paeoniaceae**

12.乔木；花小，直径不超过2.0cm，心皮合生。

13.二回偶数羽状复叶，或与一回偶数羽状复叶共存；荚果 ……………………………………………………………… **四九、豆科Leguminosae**

13.二回奇数羽状复叶，或兼有一或三回奇数羽状复叶；蒴果或核果。

14.圆锥花序顶生；花黄色；蒴果，果皮膜质肿胀 ……………………………………………… **六九、无患子科Sapindaceae**（栾树属）

14.圆锥花序腋生；花白色或紫色；核果 ……… **五七、楝科Meliaceae**

10.一回羽状复叶或三出复叶。

15.三出复叶。

16.乔木；小叶边缘具细锯齿；核果 ………**五九、大戟科Euphorbiaceae**

16.灌木；小叶全缘；荚果 …………………… **四九、豆科Leguminosae**

15.一回羽状复叶。

17.偶数羽状复叶。

18.植物具粗壮分枝棘刺；荚果 ……………………………………………………………… **四九、豆科Leguminosae**（皂荚属）

18.植物不具刺。

19.果实为蒴果，种子具翅 ……… **五七、楝科Meliaceae**（香椿属）

19.果实为核果或核果状，种子无翅。

20.圆锥花序顶生；雄蕊8枚；核果直径15mm以上，基部常有不发育的心皮 ………… **六九、无患子科Sapindaceae**（无患子属）

20.圆锥花序腋生；雄蕊3~5枚；核果直径约5.0mm ……………………………… **六三、漆树科Anacardiaceae**（黄连木属）

17.奇数羽状复叶，有时具3枚小叶。

21.花冠蝶形，雄蕊10枚；荚果 …………… **四九、豆科Leguminosae**

21.非蝶形花冠；果实不为荚果。

22.花序为下垂的柔荑花序，小枝具片状髓；或雄性柔荑花序直立，

则小枝有实心髓，且果序球果状 …………… **四、胡桃科Juglandaceae**

22.植物不具柔荑花序。

23.雄蕊多数，和花瓣均生于一萼筒边缘（周位花或上位花） ………… ……………………………………………… **四八、蔷薇科Rosaceae**

23.雄蕊不超过10枚，下位花。

24.果实为浆果。

25.常绿灌木；小叶边缘具刺状锯齿；浆果长不及1.0cm ……………… …………………… **三二、小檗科Berberidaceae**（十大功劳属）

25.落叶灌木；小叶全缘；浆果长5.0~10cm ……………………… …………………… **三一、木通科Lardizabalaceae**（猫儿屎属）

24.果实不为肉质浆果。

26.果实为翅果；小叶全缘或基部具1~4枚钝齿，齿背具腺体 ……… …………………… **五六、苦木科Simaroubaceae**（臭椿属）

26.果实无翅。

27.蒴果，果皮膜质且肿胀为膀胱状，或果皮木栓质；雄蕊8枚 … ……………………………… **六九、无患子科Sapindaceae**

27.核果或核果状果。

28.树皮极苦；心皮2~5个，离生 …………………………… ………………… **五六、苦木科Simaroubaceae**（苦木属）

28.树皮不苦或微苦；心皮合生。

29.植物常具乳汁或树脂状汁液；冬芽具芽鳞；子房1室；花瓣近等大 ………………… **六三、漆树科Anacardiaceae**

29.植物无乳汁或树脂状汁液；裸芽被茸毛；子房2(3)室…… ………………… **七〇、清风藤科Sabiaceae**（泡花树属）

表三　双子叶直立木本植物，单叶

1.树上寄生小灌木；叶常绿（北桑寄生例外），有时退化为鳞片状 ………… ………………………………………… **一二、桑寄生科Loranthaceae**

1.陆生乔木或灌木。

2.叶对生或轮生。

3.花无花瓣，或具离生的花瓣。

4.叶全缘或叶裂片全缘。

5.子房下位。

6.雄蕊多数；浆果；种子多数，具肉质多汁的外种皮；叶在短枝簇生；常具枝刺 ………………………………… **九〇、石榴科Punicaceae**

6.雄蕊4~5枚；核果；无刺。

7.叶侧脉自中脉中下部弧曲上升，近似弧形脉；花两性；核果顶端无宿存苞片 ……………………… **九九、山茱萸科Cornaceae**

7.叶侧脉正常羽状排列；花单性异株；核果顶端具4枚宿存的叶状苞片 …………………… **一一、檀香科Santalaceae**（米面蓊属）

5.子房上位。

8.花单生叶腋；花托凹陷为壶状，花后肉质膨大；心皮多数，离生 ……………………………………… **三七、蜡梅科Calycanthaceae**

8.花集为种种花序，花托不为上述特征。

9.枝、叶及花密被银灰色鳞片状毛被；叶披针形或条形 ………… ……………………… **八八、胡颓子科Elaeagnaceae**（沙棘属）

9.植物不具鳞片状毛。

10.花无花瓣。

11.花萼花冠状；具长管状萼筒，茎皮柔韧，不易折断；核果 ……………………………… **八七、瑞香科Thymelaeaceae**

11.花萼绿色，不具管状萼筒，蒴果；常绿植物 …………… …………………………………… **六一、黄杨科Buxaceae**

10.花具花瓣。

12.小枝四棱形，棱明显突起或呈狭翅状；叶近无柄或叶柄极短，长不及3.0mm。

13.总状花序；下位花，雄蕊10枚，心皮离生，浆果状聚合瘦果 ……………………… **六二、马桑科Coriariaceae**

13.圆锥花序；周位花，雄蕊多数，心皮合生，蒴果 …… ……………… **八九、千屈菜科Lythraceae**（紫薇属）

12.小枝近圆柱形；叶柄长10mm以上；雄蕊常8枚，心皮2个，合生，翅果 ……………………………………………六七、槭树科**Aceraceae**

4.叶缘具齿。

14.花具副萼片4枚；萼片4枚；花瓣4枚，白色；雄蕊多数；心皮4个，离生；叶缘有尖锐重锯齿 ………… **四八、蔷薇科Rosaceae**（鸡麻属）

14.花无副萼。

15.子房上位。

16.花单性，无花瓣，雄蕊多数，心皮离生；蓇葖果 ……………… ……………………………… **二八、连香树科Cercidiphyllaceae**

16.花两性，有花瓣，雄蕊4或5枚，心皮合生；核果或蒴果。

17.雄蕊与花瓣对生；核果 ………… **七二、鼠李科Rhamnaceae**

17.雄蕊与花瓣互生；蒴果，种子具鲜艳种皮 …………………… ……………………………………………**六五、卫矛科Celastraceae**

15.子房下位；雄蕊8~10枚；蒴果 …… **四三、虎耳草科Saxifragaceae**

3.花具合生的花瓣（合瓣花）。

18.子房下位。

19.茎节上二叶柄间具托叶；花辐射对称 ……**一二八、茜草科Rubiaceae**

19.无托叶，稀有贴生于叶柄的托叶；花辐射对称或两侧对称 ………… ……………………………………………… **一二九、忍冬科Caprifoliaceae**

18.子房上位；无托叶。

20.花辐射对称。

21.植物具乳汁；叶轮生兼对生；雄蕊5枚；蓇葖果 …………………… ………………………………………… **一一一、夹竹桃科Apocynaceae**

21.植物不具乳汁；叶全对生；雄蕊4或2枚；不为蓇葖果。

22.雄蕊4枚；茎节叶柄间具托叶连线；植物常具星状毛 ………… ……………………………………………**一〇九、马钱科Loganiaceae**

22.雄蕊2枚；茎节叶柄间无托叶连线 ……………………………… ……………………………………… **一〇八、木樨科Oleaceae**

20.花多少两侧对称，雄蕊4枚。

23.花具发达的叶状苞片；蒴果，种子具钩状柄；栽培花木 …………

……………………………………………一二五、**爵床科Acanthaceae**

23.苞片小或无苞片，绝非叶状。

24.子房每室胚珠1~2个；核果或浆果；叶全缘或具齿 ……………………

……………………………………………一一六、**马鞭草科Verbenaceae**

24.子房每室胚珠多数；蒴果，种子具翅；叶全缘或浅裂；乔木。

25.叶背脉腋常具黑色腺斑，叶无星状毛；能育雄蕊2枚；蒴果细长，条形或线形 ……………… 一二〇、**紫葳科Bignoniaceae**（梓属）

25.叶背脉腋无黑色腺斑，叶常具腺毛及星状毛，能育雄蕊4枚；蒴果卵形或卵球形 ………一一九、**玄参科Scrophulariaceae**（泡桐属）

2.叶互生。

26.花无花瓣或具离生的花瓣。

27.叶微小，鳞片状或线状披针形，长不及1.0cm，蒴果，种子具束毛 …

…………………………………………… 八一、**柽柳科Tamaricaceae**

27.叶较大，不为鳞片状或线状披针形。

28.茎叶及果破烂有樟脑香气；叶全缘；雄蕊3~4轮，每轮3枚，花药瓣裂 ………………………………………… 三八、**樟科Lauraceae**

28.植物无樟脑香气。

29.树皮和叶撕破有胶状细丝出现；枝髓片状；雌雄异株；翅果 …

……………………………………………四六、**杜仲科Eucommiaceae**

29.树皮和叶撕破无胶状细丝出现。

30.花或花序自舌状苞片或叶面中脉生出；核果或浆果状核果。

31.乔木；叶基心形或近平截，常偏斜；聚伞花序由膜质舌状苞片中脉生出；子房上位；核果；植物常具星状毛 …………

………………………… 七四、**椴树科Tiliaceae**（椴树属）

31.灌木；叶基楔形；花或伞形花序由叶面中脉生出；雄蕊3~5枚；子房下位；浆果状核果 ……………………………………

………………… 九九、**山茱萸科Cornaceae**（青荚叶属）

30.花或花序生于枝顶或叶腋，绝不从叶片或苞片的中脉生出。

32.植物常具白色乳汁；头状花序、隐头花序或柔荑花序；聚合果 ……………………………………… 八、**桑科Moraceae**

32.植物不具乳汁。
33.球形头状花序，乔木。
34.叶掌状分裂，掌状脉。
35.叶柄基部扩大呈帽状包裹芽（柄下芽）；托叶大，鞘状，叶裂片边缘具粗大不规则齿牙 ………………… **四七、悬铃木科Platanaceae**
35.叶柄基部不扩大呈帽状；托叶小，早落；叶裂片边缘具细密锯齿 …………………………**四五、金缕梅科Hamamelidaceae**（枫香属）
34.叶不分裂，全缘或具齿，羽状脉 …………**九一、蓝果树科Nyssaceae**
33.非球形头状花序。
36.托叶发达，脱落后在枝或（和）叶柄上留下明显的托叶痕；雄蕊多数；蓇葖果螺旋状排列于凸隆或伸长的花托上；叶全缘，如分裂，裂片全缘 ………………………………………… **三四、木兰科Magnoliaceae**
36.植物不具上述综合特征。
37.植物具柔荑花序，或穗状花序细长下垂。
38.穗状花序细长下垂；花4基数。
39.叶具掌状脉，叶基心形；花两性，无花瓣；蒴果 ……………………………………………… **二六、水青树科Tetracentraceae**
39.叶具羽状脉，叶基阔楔形或圆形，花单性异株或杂性，花瓣4枚；浆果 ……………………… **八四、旌节花科Stachyuraceae**
38.柔荑花序，至少雄花序如此。
40.雄花序为下垂柔荑花序；雌花序聚伞状、头状、穗状或为球果状，不下垂；子房下位，坚果；种子无束毛。
41.坚果全部或部分包藏于总苞形成的木质壳斗内 ……………………………………………………… **六、壳斗科Fagaceae**
41.坚果生于鳞片状或膜质苞腋内，或包被于叶质总苞内 ……………………………………………… **五、桦木科Betulaceae**
40.雌、雄花序均柔荑花序，直立或下垂；子房上位；蒴果；种子具有柄束毛 ………………………………**三、杨柳科Salicaceae**
37.植物不具柔荑花序，如为穗状，花序绝非细长下垂。
42.心皮离生，聚合蓇葖果；无托叶；花无花被，或花被片7至多枚，数轮排列。

43.无花被；果具翅；叶卵形或椭圆形，有锯齿；落叶植物 ……………………………………………………………… **二七、领春木科Eupteleaceae**

43.花被片7至多枚，数轮排列；果无翅；叶倒披针形或倒卵状椭圆形，全缘；常绿植物 ……………………………………… **三六、八角科Illiciaceae**

42.心皮合生或单心皮，若为离生心皮，则叶具托叶（蔷薇科）。

44.花被片1轮，无花瓣。

45.花被片合生为管状，呈花冠状；叶全缘。

46.花3朵聚生，其下托为红色或紫色大型叶状苞片；瘦果；枝具刺 ……………………………… **一八、紫茉莉科Nyctaginaceae**（叶子花属）

46.花或花序下无大型红、紫色叶状苞片；核果。

47.植株具银灰色或褐色盾状着生的鳞片状毛；常具枝刺 ………………………………………………… **八八、胡颓子科Elaeagnaceae**

47.植株无鳞片状毛；茎枝柔韧，不易折断；无刺 …………………………………………………………… **八七、瑞香科Thymelaeaceae**

45.花被片离生；非花冠状，如合生也不形成明显的花被管。

48.子房下位或半下位；小枝和叶具星状毛，叶具羽状脉，边缘有齿 ……………………………………… **四五、金缕梅科Hamamelidaceae**

48.子房上位。

49.蒴果或浆果。

50.叶缘有锯齿，掌状基出脉5~7条；子房1室；浆果，或为卵形至卵状椭圆形的蒴果；种子具翅；乔木 ……………………………………………………………… **八三、大风子科Flacourtiaceae**

50.叶全缘或掌状浅裂，裂片全缘；如叶缘具齿，子房亦为3室；蒴果近球形；种子无翅；灌木或小乔木 ………………………………………………………………… **五九、大戟科Euphorbiaceae**

49. 坚果、翅果或核果；雄蕊与花被片同数而对生；叶缘具齿。

51.穗状花序，花单性，4基数；聚合坚果具肉质宿存的花被片；叶具掌状脉3~5 条 ………………… **八、桑科Moraceae**（桑属）

51.花单生、簇生或为聚伞花序；花常两性，(3)4~5(6~9)基数；

叶具羽状脉，或具掌状脉3(5)条，叶基偏斜；翅果或核果 ………………………………………………………………………… **七、榆科Ulmaceae**

44.花被片2轮，具花瓣。

52.小枝和（或）叶常具星状毛。

53.单体雄蕊，花丝合生成管状。

54.叶掌状分裂或不裂，边缘具齿；花大，基部具副萼状小苞片，单生或为总状花序；蒴果 …………………… **七五、锦葵科Malvaceae**

54.叶掌状分裂，裂片全缘；花较小，圆锥花序；蓇葖果具柄 ……………………………………………………… **七六、梧桐科Sterculiaceae**

53.雄蕊离生或合生为数束。

55.掌状脉；雄蕊多数；核果，果皮肉质 ……………………………………………………… **七四、椴树科Tiliaceae**（扁担杆属）

55.羽状脉；雄蕊4~5（10）枚；蒴果，果皮木质 ……………………………………………… **四五、金缕梅科Hamamelidaceae**

52.枝和叶有毛或无毛，但无星状毛。

56.雄蕊通常10枚以上至多数，如较少（8枚）则花瓣为条形外卷，且为核果。

57.花瓣条形外卷；花药长为花丝的2~4倍，核果；叶脉掌状 ………………………………………………………… **九二、八角枫科Alangiaceae**

57.花瓣非条形，也不外卷；花药较短于花丝。

58.花单生或数朵簇生；花萼下方常具2至数枚覆瓦状排列的小苞片；蒴果，无托叶 …………………… **七八、山茶科Theaceae**

58.花萼下方无上述小苞片；蓇葖果、核果、梨果，稀为蒴果；常具托叶；如无托叶则为总状花序、伞形花序、伞房花序或圆锥花序；萼片、花瓣和雄蕊均生于凹陷的筒状花托上缘 ……………………………………………………… **四八、蔷薇科Rosaceae**

56.雄蕊10枚或10枚以下。

59.叶全缘。

60.掌状脉；雄蕊10枚；荚果；花在叶腋簇生或成短总状花序 …………………………………… **四九、豆科Leguminosae**（紫荆属）

60.羽状脉；雄蕊4~5枚；蓇葖果、蒴果或核果。

61.叶侧脉自中脉下部伸出，近弧形脉；子房下位，核果；乔木 ……………………………………………………………… **九九、山茱萸科Cornaceae**

61.叶脉非上述特征；子房上位；灌木或小乔木。

62.叶常绿，在小枝上常轮生状排列；蒴果，果皮木质或革质 ……………………………………………………… **四四、海桐花科Pittosporaceae**

62.叶脱落性，在枝上非轮状排列；蓇葖果或核果。

63.叶具透明腺点；花单性异株，4基数；蓇葖果 …………………………………………………… **五五、芸香科Rutaceae**（臭常山属）

63.叶无透明腺点；花两性，5基数；核果。

64.花序中有不孕的花梗，纤细伸长，且具长柔毛；核果肾形，扁平；茎直立或斜升 …**六三、漆树科Anacardiaceae**（黄栌属）

64.花序中无上述不育花梗；核果长椭圆形或圆柱形；茎蔓生攀缘状；叶具明显相互平行直伸的侧脉 ……………………………………………… **七二、鼠李科Rhamnaceae**（勾儿茶属）

59.叶缘具齿，如叶缘波状而无明显的齿，则具伞形花序。

65.半灌木；叶圆形，掌状脉；伞形花序（栽培花卉） ……………………………………………… **五一、牻牛儿苗科Geraniaceae**（天竺葵属）

65.乔木或灌木；非伞形花序。

66.叶掌状分裂；子房下位；浆果 ……………………………………………… **四三、虎耳草科Saxifragaceae**（茶藨子属）

66.叶不分裂，如分裂则叶具刺状尖齿；子房上位。

67.枝具刺，刺单一或分叉；浆果 ……… **三二、小檗科Berberidaceae**

67.枝无刺；核果或翅果。

68.叶革质，多为常绿性；花常4基数，雄蕊与花瓣同数而互生；核果常具4 个果核………………………… **六四、冬青科Aquifoliaceae**

68.叶脱落性；花5(4)基数；雄蕊与花瓣同数而对生。

69.圆锥花序顶生；雄蕊5枚，常2枚不育；萼片或花瓣常不等大；核果；叶具羽状脉 …………………… **七〇、清风藤科Sabiaceae**

69.聚伞花序腋生或顶生；雄蕊5(4)枚，均发育；核果或翅果；

具羽状脉或基出掌状脉 ………………………… **七二、鼠李科Rhamnaceae**

26.花具合生的花瓣（合瓣花）。

70.头状花序单生于短枝顶端；瘦果具冠毛；叶全缘 ……………………………………………………… **一三五、菊科Compositae**（蚂蚱腿子属）

70.非头状花序；果无冠毛。

71.浆果；叶全缘。

72.子房下位；雄蕊10枚，花药顶孔开裂 ………………………………………………………… **一〇一、杜鹃花科Ericaceae**（乌饭树属）

72.子房上位；花药纵裂。

73.乔木；花4基数，单性，雄蕊8~16枚 ………………………………………………………………… **一〇五、柿科Ebenaceae**

73.灌木；花5基数，两性，雄蕊5枚 …… **一一八、茄科Solanaceae**

71.蒴果或核果；叶全缘或具齿。

74.雄蕊10枚或更多，若5枚则花药顶孔开裂。

75.雄蕊10(5)枚，花药顶孔开裂；子房上位，蒴果 ………………………………………………………………… **一〇一、杜鹃花科Ericaceae**

75.雄蕊10枚或更多，花药非顶孔开裂；核果。

76.子房下位；雄蕊15枚以上，花药卵形或近圆形；植物具单毛或无毛 ……………………………… **一〇六、山矾科Symplocaceae**

76.子房上位或下位，雄蕊为花冠裂片的2倍数，花药长圆形或线形；植物具星状毛或鳞片状毛 ………………………………………………………………… **一〇七、安息香科Styracaceae**

74.雄蕊4~6枚。

77.雄蕊与花冠裂片同数而对生。

78.叶具腺点，全缘、波状或具齿；子房上位；花序近伞形 …………………………………………………**一〇二、紫金牛科Myrsinaceae**

78.叶无腺点，全缘；子房半下位；总状聚伞花序 ……………………………………**一〇、铁青树科Olacaceae**（青皮木属）

77.雄蕊与花冠裂片同数而互生。

79.乔木；叶宽大，椭圆形或倒卵形，边缘有锯齿；雄蕊5枚，伸出花冠外；核果 ………………… **一一五、紫草科Boraginaceae**（厚壳树属）

79.灌木；叶披针形，全缘；雄蕊4枚，且内藏于花冠筒；蒴果 ……………………………………………… **一〇九、马钱科Loganiaceae**（醉鱼草属）

表四　双子叶草质藤本或蔓生植物，浮水、沉水植物

1.沉水及浮水植物。

2.沉水植物；叶丝状深裂或叶狭细不分裂。

3.食虫植物，叶具捕虫囊，互生；花莛伸出水面，花黄色 ………………………………………………………………… **一二四、狸藻科Lentibulariaceae**

3.非食虫植物，无捕虫囊。

4.叶轮生。

5.叶裂片边缘有刺状齿 ………………**二五、金鱼藻科Ceratophyllaceae**

5.叶或叶裂片全缘。

6.叶羽状细裂 ……………………… **九五、小二仙草科Haloragaceae**

6.叶不分裂，线形 …………………… **九六、杉叶藻科Hippuridaceae**

4.叶互生，三至四回三出丝裂，花单生 ……………………………………………………………… **三〇、毛茛科Ranunculaceae**（水毛茛属）

2.浮水植物；浮水叶宽阔，非细丝状。

7.浮水叶倒卵状匙形，长不及1.0cm，全缘，沉水叶条状披针形 ………………………………………………………………**六〇、水马齿科Callitrichaceae**

7.浮水叶大，长与宽均在3.0cm以上。

8.浮水叶菱形、圆菱形或三角状菱形，边缘有锯齿；沉水叶对生，羽状细裂；坚果具角刺 ……………………………**九三、菱科Trapaceae**

8.浮水叶圆形盾状着生，或卵形而基部心形。

9.花单生，花瓣常多数，离生；雄蕊多数，浆果或坚果 ……………………………………………………………**二四、睡莲科Nymphaeaceae**

9.花簇生，稀单生；花冠辐状或钟状5(4)深裂；雄蕊5枚；蒴果…………………………………… **一一〇、龙胆科Gentianaceae**（荇菜属）

1.陆生或沼生草质藤本或蔓状植物，茎缠绕、攀缘、匍匐、平卧或铺散蔓状（不含纤匐枝）。

10.叶对生或轮生。

11.植物具白色乳汁。

12.花冠钟状，无副花冠；子房下位或半下位；蒴果 ………………………………………… **一三四、桔梗科Campanulaceae**（党参属）

12.花冠不为钟状，有副花冠；子房上位；蓇葖果 ………………………………………………… **一一二、萝藦科Asclepiadaceae**

11.植物不具乳汁。

13.偶数羽状复叶；分果瓣具刺 ……………………………………………… **五四、蒺藜科Zygophyllaceae**（蒺藜属）

13.单叶。

14.叶全缘，不分裂。

15.叶对生，无托叶；蒴果。

16.茎匍匐；叶两面具黑色腺条或腺点，羽状脉；花黄色 ……………………… **一〇三、报春花科Primulaceae**（珍珠菜属）

16.茎缠绕；叶无黑色腺条或腺点，基部三出脉；花蓝色、紫色或粉红色 ………………………… **一一〇、龙胆科Gentianaceae**

15.叶轮生 ………………………………… **一二八、茜草科Rubiaceae**

14.叶片分裂，裂片边缘有锯齿 …… **八、桑科Moraceae**（葎草属）

10.叶互生。

17.植物具白色乳汁；茎缠绕性或平卧，花冠漏斗形 ………………………………………………………………… **一一三、旋花科Convolvulaceae**

17.植物无白色乳汁，或乳汁极不明显。

18.叶柄基部具托叶鞘；单被花 …………… **一五、蓼科Polygonaceae**

18.叶无托叶鞘。

19.叶片圆形、三角状圆形或五角形，常盾状着生。

20.叶片圆形；花具距(栽培花卉)…………………………………………………………………… **五二、旱金莲科Tropaeolaceae**

20.叶片三角状圆形或五角形；花无距 …………………………

……………………………… 三三、**防己科Menispermaceae**

19.叶片不为盾状着生。

21.茎叶肉质，具红色汁液；穗状花序(栽培蔬菜)…………………

…………………………………………………… **二二、落葵科Basellaceae**

21.植物不具上述综合特征。

22.复叶，具托叶。

23.小叶全缘；花冠蝶形；雄蕊10枚；荚果… **四九、豆科Leguminosae**

23.小叶具齿或分裂；花冠辐射对称；雄蕊多数；瘦果 ………………

…………………………………………………… **四八、蔷薇科Rosaceae**

22.单叶；无托叶。

24.花被2层，花冠漏斗状、辐状或二唇形。

25.花冠二唇形，基部具短距；茎匍匐，节部生根；叶近圆形，5(7)浅裂 …………… **一一九、玄参科Scrophulariaceae**（蔓柳穿鱼属）

25.花冠漏斗状或辐状，无距；茎非匍匐生根。

26.茎具卷须，瓠果 ……………… **一三三、葫芦科Cucurbitaceae**

26.无卷须，蒴果或浆果。

27.花冠漏斗状；蒴果；茎缠绕性或平卧蔓性 ………………

……………………………… **一一三、旋花科Convolvulaceae**

27.花冠辐状；浆果；茎铺散蔓生 … **一一八、茄科Solanaceae**

表五　双子叶草本植物，茎或花茎（莛）直立或斜升，或无明显地上茎

1.花无花被；或花被仅1轮，无花瓣；或花被片逐渐变化，无明显的萼片和花瓣之分。

2.无绿叶的寄生植物，茎肉质，红色或黄褐色；肉穗花序，花极小密集 …

………………………………………………**一四、蛇菰科Balanophoraceae**

2.具绿叶，或茎为绿色的自养植物。

3.叶具发达的斜形或圆筒状的托叶鞘；单被花；瘦果三棱形或扁平双凸形 …………………………………………… **一五、蓼科Polygonaceae**

3.叶不具托叶鞘。

4.雄蕊12枚或多数。
5.子房下位或半下位。
6.肉质植物，常具刺或刺毛；常无叶或叶早落；花被片多数，花瓣状，下部合生为花被管；雄蕊多数；浆果 ……… **八六、仙人掌科Cactaceae**
6.非肉质植物；具绿叶，无刺；蒴果。
7.叶基生，心形，全缘；花单生，两性；雄蕊12枚 ……………………………………………… **一三、马兜铃科Aristolochiaceae**（细辛属）
7.叶茎生，基部偏斜，边缘具齿；聚伞花序，花单性；雄蕊多数 ……………………………………………………… **八五、秋海棠科Begoniaceae**
5.子房上位，雄蕊多数。
8.心皮1个至多数，离生；蓇葖果或瘦果 ……………………………………………………… **三〇、毛茛科Ranunculaceae**
8.心皮合生；蒴果。
9.植物具红棕色汁液；蒴果扁平 ……………………………………………… **三九、罂粟科Papaveraceae**（博落回属）
9.植物不具红棕色汁液；蒴果卵球形 ……………………………………………………… **五九、大戟科Euphorbiaceae**
4.雄蕊10枚或少于10枚。
10.叶4枚，在茎上部交互对生；无花被；雄蕊3枚，合生为块状；穗状花序 ……………………………………………… **二、金粟兰科Chloranthaceae**
10.植物不具上述综合特征。
11.子房下位或半下位。
12.叶全缘，线形 …………… **一一、檀香科Santalaceae**（百蕊草属）
12.叶缘具齿，稀波状 ………………… **四三、虎耳草科Saxifragaceae**
11.子房上位。
13.花4基数，花瓣“十”字形排列；雄蕊通常6枚，4长2短；角果具假隔膜；植物常具辛辣味 ………………… **四一、十字花科Cruciferae**
13.植物不具上述综合性状。
14.花单性。
15.掌状复叶 ……………………… **八、桑科Moraceae**（大麻属）

15.单叶。
16.常绿灌木状草本；叶常聚生枝端，边缘具齿 ……………………………………………………………… **六一、黄杨科Buxaceae**（板凳果属）
16.草本不为灌木状；叶在茎上散生。
17.叶互生；心皮3个，合生；蒴果 ………**五九、大戟科Euphorbiaceae**
17.叶对生或互生；心皮1个；瘦果 …………… **九、荨麻科Urticaceae**
14.花两性。
18.花无花被；总状花序下具4~6枚白色花冠状的总苞片，或茎上部2~3枚叶在花期变为白色；叶互生，全缘 ……………**一、三白草科Saururaceae**
18.花具花被；花序下无上述白色的苞片或叶。
19.花被花冠状，具明显的花被管；心皮1个；叶全缘。
20.叶互生，条形或条状披针形，近无柄，花小，黄绿色 …………………………………… **八七、瑞香科Thymelaeaceae**（草瑞香属）
20.叶对生，卵形或卵状三角形，具柄；花大而艳丽（栽培花卉） ……………………………………… **一八、紫茉莉科Nyctaginaceae**
19.花无明显的花被管。
21.总状花序；心皮8~10个，离生或合生；浆果；叶互生，全缘 ……………………………………… **一九、商陆科Phytolaccaceae**
21.多为聚伞花序或花单生；心皮2~3个，合生。
22.花单生叶腋，近无柄，叶互生，全缘 ……………………………**一〇三、报春花科Primulaceae**（海乳草属）
22.聚伞花序、头状或穗状花序；如花单生，则叶对生。
23.基底胎座，胚珠单一。
24.苞片或花被片草质绿色或灰绿色，叶互生 ……………………………… **一六、藜科Chenopodiaceae**
24.苞片和花被片干膜质而常带色泽；叶互生或对生 ……………………………… **一七、苋科Amaranthaceae**
23.中轴胎座或特立中央胎座，胚珠数个至多数。
25.叶缘具齿；中轴胎座 ……… **四三、虎耳草科Saxifragaceae**

25.叶全缘。

26.叶对生或3~5枚成假轮生，近无柄；聚伞花序松散或花簇生；花被片不为干膜质；中轴胎座 ………… **二〇、番杏科Aizoaceae**（粟米草属）

26.叶互生或对生；花序具极密集的花；苞片和花被片干膜质而常有色泽；特立中央胎座 ……………………………… **一七、苋科Amaranthaceae**

1.花具花萼和花冠2轮花被。

27.花瓣离生（离瓣花）。

28.雄蕊多数。

29.雄蕊花丝合生为单体；植物常具星状毛，茎皮有黏液；蒴果 ……………………………………………………… **七五、锦葵科Malvaceae**

29.雄蕊离生或合生为数束。

30.植物各部常具黑色腺点；叶对生；雄蕊合生为3或5束；蒴果 ……………………………………………… **七九、金丝桃科Hypericaceae**

30.植物不具黑色腺点；雄蕊离生。

31.子房下位或半下位；花单生或簇生。

32.茎和（或）叶肉质肥厚，叶全缘。

33.萼片2枚；特立中央胎座；蒴果盖裂 ……………………………………………… **二一、马齿苋科Portulacaceae**

33.萼片5枚；中轴胎座；蒴果瓣裂 ……………………………………… **二〇、番杏科Aizoaceae**（日中花属）

32.茎叶不为肉质；叶缘有锯齿，伞房状圆锥花序，周边花常不育，其萼片增大成花瓣状 …………………………………………………… **四三、虎耳草科Saxifragaceae**（草绣球属）

31.子房上位。

34.植物具白色乳汁或有色汁液；萼片2枚，早落 ……………………………………………… **三九、罂粟科Papaveraceae**

34.植物无乳汁或有色汁液；萼片或萼裂片4~5(6)枚。

35.花具明显的萼筒，萼筒杯状、盘状或壶状，花瓣和雄蕊生于萼筒上缘内侧（周位花）。

36.单叶对生；蒴果 ………… **八九、千屈菜科Lythraceae**

36.叶互生；单叶或复叶；蓇葖果、瘦果或小核果 ………………………………………………………………… **四八、蔷薇科Rosaceae**

35.花无明显的萼筒，花瓣和雄蕊着生于子房下方（下位花）。

37.心皮离生；蓇葖果或瘦果；叶常多少分裂，无托叶。

38.心皮群外围以盘状至杯状的革质或肉质发达花盘 ………………………………………………………… **二九、芍药科Paeoniaceae**

38.心皮群外无花盘 ……………………… **三○、毛茛科Ranunculaceae**

37.心皮合生；蒴果；托叶存在。

39.单叶不分裂，有时具星状毛 ……………… **七四、椴树科Tiliaceae**

39.叶3~5枚，掌状全裂，小裂片线形，疏生短硬毛 ………………………………………………… **五四、蒺藜科Zygophyllaceae**（骆驼蓬属）

28.雄蕊10枚或较少。

40.花辐射对称。

41.叶具透明腺点，羽状复叶 ……………………… **五五、芸香科Rutaccac**

41.叶无透明腺点。

42.伞形花序。

43.子房2~5室，花柱2~5个；浆果或浆果状核果；伞形花序单生或集为圆锥花序；掌状复叶或二回羽状复叶 ………………………………………………………………… **九七、五加科Araliaceae**

43.子房2室，花柱2个，分果，果皮干燥；伞形花序单生或为复伞形花序；单叶，一至数回羽状或三出式羽状深裂，或为全裂的复叶；植株常有香气 ………………… **九八、伞形科Umbelliferae**

42.非伞形花序。

44.复叶。

45.掌状复叶；蒴果。

46.小叶3枚 ………………………… **五○、酢浆草科Oxalidaceae**

46.小叶5~7枚；雄蕊6枚，等长；具细长的雌蕊柄或子房柄 ………………………………**四○、白花菜科Capparidaceae**

45.羽状复叶或二至三回三出复叶。

47.羽状复叶；雄蕊6枚，4长2短，角果 ……………………

…………………………………… **四一、十字花科Cruciferae**

47.二至三回三出复叶；蒴果或蓇葖果 ……………………………………………… **四三、虎耳草科Saxifragaceae**（落新妇属）

44.单叶，或叶二至三回羽状全裂，裂片线形。

48.子房下位或半下位。

49.花单生，萼片3枚，花瓣3枚，子房半下位；蒴果；叶互生；心形，全缘，掌状脉 ………… **一三、马兜铃科Aristolochiaceae**（马蹄香属）

49.植物不具上述综合特征。

50.萼片2枚，花瓣2枚，雄蕊2枚，果具钩状毛；叶对生 ……………………………………… **九四、柳叶菜科Onagraceae**（露珠草属）

50.萼片4~5(6)数；果不具钩状毛。

51.花柱2个或更多，分离 …………… **四三、虎耳草科Saxifragaceae**

51.花柱1个，先端2~4裂，或无花柱而仅具头状柱头 ……………………………………………… **九四、柳叶菜科Onagraceae**

48.子房上位。

52.茎和（或）叶肉质；心皮离生或仅基部稍合生；雄蕊与花瓣同数或为其2倍；蓇葖果 ……………………………… **四二、景天科Crassulaceae**

52.茎叶不为肉质；心皮合生。

53.子房1室或因具假隔膜而为假2室。

54.叶对生；特立中央胎座 ………… **二三、石竹科Caryophyllaceae**

54.叶互生；侧膜胎座。

55.萼片2枚，早落；雄蕊4枚；蒴果；叶二至三回羽状全裂，裂片线形 ……………… **三九、罂粟科Papaveraceae**（角茴香属）

55.萼片4枚，雄蕊6枚，4长2短 ……………………………………………………………… **四一、十字花科Cruciferae**

53.子房2~5室，中轴胎座。

55.蒴果具长喙；叶常分裂 ………… **五一、牻牛儿苗科Geraniaceae**

55.果不具喙；叶不分裂。

56.花具盘状、杯状或管状的花托，周位花。

57.雄蕊生于盘状或杯状花托边缘内侧；花柱分离；叶互生或基

生，稀对生 …………………… **四三、虎耳草科Saxifragaceae**

57.雄蕊生于杯状或管状花筒边缘内侧；花柱单一；叶对生 ……………………………………………………………… **八九、千屈菜科Lythraceae**

56.花无盘状、杯状或管状花托，下位花。

58.叶对生；聚伞花序腋生或花簇生于叶腋 ……………………………………………………………… **八〇、沟繁缕科Elatinaceae**

58.叶互生。

59.叶全缘，线形至线状披针形，无柄；雄蕊10枚，花丝合生，子房10室 ……………………………………………… **五三、亚麻科Linaceae**

59.叶缘具齿。

60.头状花序；花两性；雄蕊5枚，合生；子房5室，花柱5个 ……………………………… **七六、梧桐科Sterculiaceae**（马松子属）

60.总状花序；花单性；雄蕊10枚，离生；子房3室，花柱3个 ……………………………… **五九、大戟科Euphorbiaceae**（地构叶属）

39.花两侧对称。

61.花有距或花瓣基部具囊。

62.萼片之一具长距，距与花柄合生；雄蕊10枚；子房5室；伞形花序；叶近圆形常具托叶 ……**五一、牻牛儿苗科Geraniaceae**（天竺葵属）

62.花瓣具距或囊，距或囊不与花柄合生；非伞形花序。

63.复叶，或单叶掌状全裂，无托叶；雄蕊6枚，合生为2束；子房1室，心皮2个 …………… **三九、罂粟科Papaveraceae**（紫堇亚科）

63.单叶，不分裂，如掌状全裂则具宿存的托叶；雄蕊5枚。

64.子房1室，心皮3个；叶基生或茎生，托叶宿存 ……………………………………………………… **八二、堇菜科Violaceae**

64.子房5室，心皮5个；叶茎生，无托叶 ………………………………………………………… **七一、凤仙花科Balsaminaceae**

61.花无距无囊。

65.花冠蝶形，雄蕊10枚，心皮单一；荚果；单叶或复叶，具托叶 ………………………………………………………… **四九、豆科Leguminosae**

65.花冠不为蝶形，雄蕊8枚，心皮2个合生，子房2室；蒴果；单叶，无托叶 …………………………………………… **五八、远志科Polygalaceae**

27.花瓣合生（合瓣花冠）。

66.子房上位。

67.花辐射对称。

68.花萼和花冠均4裂，雄蕊4枚；头状或穗状花序；蒴果盖裂；叶全部基生，具弧形脉 ……………………**一二七、车前科Plantaginaceae**

68.植物不具上述综合特征。

69.雄蕊与花冠裂片同数而对生。

70.胚珠1个，基生胎座；叶互生 ……………………………………………………………… **一〇四、白花丹科Plumbaginaceae**

70.胚珠多数，特立中央胎座 ……**一〇三、报春花科Primulaceae**

69.雄蕊与花冠裂片同数互生，或与花冠裂片数不相等。

71.叶对生或轮生，单叶。

72.植物具乳汁。

73.叶柄基部及腋间具腺体，无副花冠 ……………………………… **一一一、夹竹桃科Apocynaceae**（罗布麻属）

73.叶柄基部及腋间无腺体；具副花冠 ……………………………………………… **一一二、萝藦科Asclepiadaceae**

72.植物不具乳汁。

74.雄蕊与花冠裂片同数，4~5枚。

75.子房3室，柱头3裂 ………………………………………………**一一四、花荵科Polemoniaceae**（天蓝绣球属）

75.子房1室，柱头全缘或2裂 ……………………………………………………… **一一〇、龙胆科Gentianaceae**

74.雄蕊较花冠裂片为少，2枚 ……………………………………………**一一九、玄参科Scrophulariaceae**（婆婆纳属）

71.叶互生或基生。

76.羽状复叶；子房3室；蒴果 ………………………………………………………………**一一四、花荵科Polemoniaceae**

76.单叶。

77.花冠裂片5枚，雄蕊10枚，花药孔裂 …… 一〇〇、**鹿蹄草科Pyrolaceae**
77.雄蕊与花冠裂片同数；常5枚，花药纵裂。
78.子房深4裂，每室1~2个胚珠；小坚果；植物常具糙硬毛 ……………………………………………………… 一一五、**紫草科Boraginaceae**
78.子房不分裂，每室胚珠多数；蒴果或浆果；植物常具分枝毛、柔毛，有时无毛 ……………………………………… 一一八、**茄科Solanaceae**
67.花两侧对称。
79.无绿叶寄生植物，叶退化成鳞片状；花冠唇形，雄蕊4枚 ……………………………………………………… 一二二、**列当科Orobanchaceae**
79.具绿叶自养植物。
80.叶互生。
81.蒴果长角形，种子具翅；羽状复叶或叶二至三回羽状分裂 ………………………………… 一二〇、**紫葳科Bignoniaceae**（角蒿属）
81.果实非长角形，种子无翅 ………一一九、**玄参科Scrophulariaceae**
80.叶对生。
82.子房每室有多数胚珠。
83.胚珠着生于胎座的钩状突起（似珠柄）上；花的苞片发达，常叶状 ………………………………………一二五、**爵床科Acanthaceae**
83.胎座不具着生胚珠的钩状突起。
84.子房1室，侧膜胎座；叶多为基生 ……………………………………………………… 一二三、**苦苣苔科Gesneriaceae**
84.子房2~4室，中轴胎座。
85.植物密被黏质腺毛；子房4室；蒴果四棱形；种子无胚乳；茎四棱形 ………… 一二一、**胡麻科Pedaliaceae**（胡麻属）
85.植物不具黏质腺毛；子房2室；蒴果不具四棱；种子有胚乳 ………………………………一一九、**玄参科Scrophulariaceae**
82.子房每室有1~2个胚珠。
86.子房4深裂，花柱自子房裂瓣间伸出；小坚果4枚；茎常四棱形 ……………………………………………… 一一七、**唇形科Labiatae**

86.子房不分裂或4浅裂。

87.子房2~（3）室，倒生胚珠2枚或更多；核果或浆果 ……………………………………………………………一一六、**马鞭草科Verbenaceae**

87.子房1室，直生胚珠1枚，瘦果 ………一二六、**透骨草科Phrymaceae**

66.子房下位或半下位。

88.头状花序。

89.头状花序无总苞；雄蕊2裂；心皮3~5个；核果；低矮小草本，高6~15cm ……………………………… 一三〇、**五福花科Adoxaceae**

89.头状花序具总苞；雄蕊不分裂，心皮2(3)个；瘦果。

90.每花具1枚杯状小总苞；雄蕊4枚，分离；胚珠顶生 ……………………………………………………一三二、**川续断科Dipsacaceae**

90.花下无小总苞；雄蕊5枚，花药聚合成花药管；胚珠基生 ……………………………………………………… 一三五、**菊科Compositae**

88.花序不为头状花序。

91.植物具乳汁，叶互生、对生，稀轮生；子房下位，4~5室，胚珠多数；蒴果 ……………………………… 一三四、**桔梗科Campanulaceae**

91.植物不具乳汁；叶对生或轮生。

92.雄蕊1~3（4）枚较花冠裂片为少；子房3（4）室，仅1室1胚珠发育；瘦果；叶片常分裂 …………… 一三一、**败酱科Valerianaceae**

92.雄蕊4~5枚，与花冠裂片同数。

93.叶轮生，如为对生则具发达的托叶，单叶不分裂；花辐射对称 ………………………………………………一二八、**茜草科Rubiaceae**

93.叶对生，羽状复叶或羽状分裂，或单叶全缘而二叶的基部合生，无托叶 ………………………… 一二九、**忍冬科Caprifoliaceae**

表六　单子叶植物

1.直立木本植物；叶常绿性。

2.茎不分枝；叶片甚宽大，常为羽状或扇形分裂，叶柄基部常扩大成纤维状的鞘宿存于茎上 ……………………………… 一四六、**棕榈科Palmae**

2.茎秆有分枝；叶片狭长，披针形或条状披针形，不分裂，无柄或近无柄，具叶鞘；茎秆苗（笋）期具箨（变态叶），箨脱落 …………………

……………………………………… **一四四、禾本科Gramineae**（竹亚科）

1.草本植物；如茎多少木质，则为落叶藤本。

3.无花被或在眼子菜科中很小。

4.花包藏或附托于壳状鳞片（稃）中，1至多花形成小穗。

5.秆多少呈三棱形，实心；茎生叶3行排列，叶鞘闭合；或秆为中空圆筒形，但无茎生叶；坚果或囊果 ……… **一四五、莎草科Cyperaceae**

5.秆常呈圆筒形，中空；茎生叶2行排列，叶鞘常一侧裂开或有时闭合；颖果 ………………………………… **一四四、禾本科Gramineae**

4.花不包藏于呈壳状的鳞片中。

6.植物体无茎，呈叶状体，长不足3.0cm；漂浮水面或沉于水中 …… ……………………………………………… **一四八、浮萍科Lemnaceae**

6.植物具茎和叶，有时叶呈鳞片状。

7.水生植物，叶沉没水中或漂浮水面。

8.花单性，单生于叶腋又形成聚伞花序；叶对生或轮生 ………… ……………………………………… **一四〇、茨藻科Najadaceae**

8.花两性，穗状花序；叶互生或对生 …………………………… ……………………………… **一三九、眼子菜科Potamogetonaceae**

7.陆生或沼生，有处于空气中的叶片。

9.叶有柄，全缘或分裂，具网状脉；肉穗花序托大型而常具色彩的佛焰苞 ……………………………… **一四七、天南星科Araceae**

9.叶无柄，窄长条形或剑形，或退化为鳞片状，常具平行脉。

10.花形成极密集的棒形穗状花序或肉穗花序。

11.肉穗花序生于一呈二棱形的基生花莛的一侧，另一侧延伸为叶状佛焰苞，花两性，叶有香气，剑形 ……………… …………………… **一四七、天南星科Araceae**（菖蒲属）

11.穗状花序棒状，位于圆柱形总花梗顶端，形如蜡烛而无佛焰苞；花单性；叶线形或长条形 ……………………… ……………………………… **一三六、香蒲科Typhaceae**

10.头状花序，花单性。

12.头状花序单生于无叶的花莛顶端；叶狭窄，禾草状 ……

…………………………… 一四九、谷精草科**Eriocaulaceae**

12.头状花序散生于具叶的茎或枝上部，雄性者在上；叶细长，扁三棱形，基部呈鞘状 ……………………………… 一三七、黑三棱科**Sparganiaceae**

3.有花被，常显著，多呈花瓣状。

13.雌蕊3至多数，心皮相互离生，水生或沼生。

14.叶狭长条形，直立；花单生或成伞形花序，蓇葖果 …………………………………………………………………… 一四二、花蔺科**Butomaceae**

14.叶箭形、椭圆形至披针形，具长柄，或条形而无柄；花常在总状花序或圆锥花序的分枝上轮生；瘦果 …… 一四一、泽泻科**Alismataceae**

13.雌蕊单一，心皮合生。

15.子房上位，花被与子房相分离。

16.花被明显分化为花萼和花冠2轮。

17.叶互生，基部具鞘；花为腋生或顶生的聚伞花序；雄蕊6枚或较少 ……………………………… 一五〇、鸭跖草科**Commelinaceae**

17.叶3枚或更多枚轮生；花单一顶生；内轮花被片狭条形远比外轮花被片为窄，雄蕊6、8或10枚 …………………………………………………………………… 一五四、百合科**Liliaceae**（重楼属）

16.花被片或花被裂片彼此相同或近相同，无花萼或花冠的分化。

18.花小型，花被片绿色或棕褐色。

19.花序圆锥状、伞房状或头状；心皮3个；蒴果背裂…………………………………………………………… 一五二、灯心草科**Juncaceae**

19.穗形总状花序；心皮6个，有时3个不育；蒴果室间开裂 …………………………………………… 一三八、水麦冬科**Juncaginaceae**

18.花中型或大型，花被片多少具鲜明色彩。

20.直立或漂浮的水生植物；雄蕊6枚，彼此不相同，有时有不育者 ……………………………… 一五一、雨久花科**Pontederiaceae**

20.陆生植物；雄蕊6、4或2枚，同形。

21.花4基数；叶对生或轮生；子房1室，花柱1个………………………………………… 一五三、百部科**Stemonaceae**

21.花3(4)基数；叶常基生或互生，有时对生或轮生；子房常3

室，花柱3个………………………… **一五四、百合科Liliaceae**

15.子房下位，或花被多少有些与子房合生。

22.花常辐射对称。

23.水生草本，植物体部分或全部沉没水中 ………………………………………………………… **一四三、水鳖科Hydrocharitaceae**

23.陆生草本。

24.茎缠绕攀缘性；叶片宽广，具网状脉和叶柄 ……………………………………………………… **一五六、薯蓣科Dioscoreaceae**

24.茎非攀缘性，叶具平行脉。

25.雄蕊3枚；叶2列于茎，两侧扁平，鞘部由下而上重叠跨覆 ……………………………………………… **一五七、鸢尾科Iridaceae**

25.雄蕊6枚，子房3室。

26.子房部分下位，穗状花序或总状花序 ………………………………… **一五四、百合科Liliaceae**（粉条儿菜属）

26.子房完全下位，花单生或为伞形花序 ………………………………………………… **一五五、石蒜科Amaryllidaceae**

22.花两侧对称或不对称。

27.花被片均呈花瓣状，1片花瓣特化为唇瓣；雄蕊与花柱合生为合蕊柱；子房常扭转 ……………………………**一六一、兰科Orchidaceae**

27.花被片外轮呈萼片状；雄蕊与花柱相分离。

28.能育雄蕊5枚，后方1枚常为不育 ………………………………………………………………… **一五八、芭蕉科Musaceae**

28.仅后方1枚雄蕊能育，具花药，其余5枚退化或呈花瓣状。

29.花药2室；萼片合生，具萼筒，有时呈佛焰苞状 ………………………………………………… **一五九、姜科Zingiberaceae**

29.花药1室；萼片相分离，至多彼此相衔接而不合生 ………………………………………………… **一六〇、美人蕉科Cannaceae**

河南蕨类植物门各科分属、分种检索表

一、石杉科 Huperziaceae

石杉属 Huperzia Bernh.

1.叶椭圆状披针形，基部渐狭为楔形，有短柄，边缘有不规则尖锯齿（产于各地）…………………………… **蛇足石杉H. serrata**(Thunb. ex Murray) Trev.

1.叶下部者为椭圆状披针形，其余均为披针形，基部略宽，无柄，边缘有稀疏微齿（产于大别山区）………… **四川石杉H. sutchueniana**(Herter) Ching

二、石松科 Lycopodiaceae

1.小枝扁平，有背腹之分；叶二型，交互对生…… **1.扁枝石松属Diphasiastrum**

1.小枝圆柱形，无背腹之分；叶一型，螺旋状着生 …… **2.石松属Lycopodium**

1. 扁枝石松属 Diphasiastrum Holub

地刷子D. complanatum L.，记载产于大别山、伏牛山区，未见标本。

匍匐茎蔓生；直立茎高达40cm，侧生营养枝多回分叉，扁平。叶二型，交互对生，在末回小枝上4列；背腹2列叶较小，披针形，侧生2列较大，近菱形。孢子枝远高出侧生营养枝，顶端二回分叉，末回分枝顶生孢子囊穗1个；孢子叶阔卵形，边缘有细齿，孢子囊圆肾形。

2. 石松属 Lycopodium L.

1.茎直立，高15~50cm，下部不分枝，顶部二叉分枝（产于商城金刚台）…
……………………**笔直石松L. obscurum** L. f. **strictum**(Milde) Nakai ex Hara

1.茎横卧。

2.孢子囊穗单生，无柄；叶边缘具锯齿（产于伏牛山区）…………………
……………………………………………………… **多穗石松L. annotinum** L.

2.孢子囊穗(3)4~8个集生，有柄；叶线形或线状披针形。全缘（产于各山区）………………………………… **石松L. japonicum** Thunb. ex Murray

三、卷柏科 Selaginellaceae

卷柏属 Selaginella Spring

1.旱生植物；小枝丛生于直立主茎顶端且从基部再分枝；茎枝干后拳卷；腹叶斜列，外缘透明，有细齿（产于各山区）………………………………
………………………………**卷柏**（还魂草）**S. tamariscina**(Beauv.) Spring

变种：**垫状卷柏**var. **pulvinata**(Hook.et Grev.) Alston.，腹叶二叶并行，指向上方，全缘。

1.非旱生植物；茎直立，斜升或匍匐，小枝不密集丛生；茎枝干后不拳卷。

2.茎匍匐，各节生根。

3.孢子叶二型。

4.孢子囊疏离，不明显呈孢子囊穗，通常沿茎分枝而向上着生（产于大别山、桐柏山、伏牛山区）………………………………………
……………**伏地卷柏S. nipponica** Franch. et Sav.(*S. shensiensis* Christ)

4.孢子囊密集为孢子囊穗单生枝端；腹叶（中叶）顶端具长芒，基部近心形，边缘疏生刺状细齿（产于大别山、桐柏山、伏牛山区南部）…… **细叶卷柏S. labordei** Hieron. ex Christ(*S. hupehensis* Pamp.)

3.孢子叶一型；中叶边缘有细锯齿。

5.耐旱植物；主茎匍匐，各回分枝处生根。

6.叶近同型，长卵形，质厚，背面呈龙骨状，边缘有微齿或近全缘（产于太行山、伏牛山区）…………**圆枝卷柏S. sanguinolenta**(L.) Spring

6.叶二型，扁平；侧叶长圆形或长圆状卵形，宽约1.0mm，边缘有细锯齿；中叶长圆状卵形，宽约0.6mm，边缘有或几无细齿（产于各山区）………………………………**中华卷柏S. sinensis**(Desv.) Spring

5.阴湿生植物；主茎伏地蔓生。

7.侧叶顶端钝尖，中叶顶端长渐尖成长芒刺；孢子叶卵状三角形，孢子囊圆形（产于太行山、伏牛山区）………**蔓出卷柏S. davidii** Franch.

7. 侧叶顶端钝头，中叶先端渐尖；孢子叶卵状长圆形，孢子囊卵圆形（产于大别山区）………………………**小卷柏S. helvetica**(L.) Link

2.茎直立，仅基部生根。

8. 茎紫红色（至少下部如此）；根状茎横走，密生棕红色先端尖锐的鳞片；叶先端具芒尖（产于太行山、伏牛山区）……………………………………………………………………………**旱生卷柏S. stauntoniana** Spring

8.茎禾秆色或淡绿色。

9.主茎下部叶疏生，茎外露；中叶边缘有膜质白边及细齿（产于大别山、桐柏山、伏牛山区南部）………**江南卷柏S. moellendorffii** Hieron.

9.主茎下部叶密生，茎不外露；中叶边缘有细齿，无白边（产于各山区）………………………………**兖州卷柏S. involvens**(Sw.) Spring

四、木贼科 Equisetaceae

木贼属 Equisetum L.

1.早春生出的地上茎不为绿色或含很少叶绿素，顶端长出孢子叶球，孢子成熟散落后即枯萎，另长出有轮生分枝的营养枝，或不枯萎，而在节上生出绿色轮生分枝。

2.孢子囊成熟后，生殖茎枯萎，再从同一根状茎上生出有绿色分枝的营养茎；主茎上的叶鞘齿钻形（产于各地）………………**问荆E. arvense** L.

2.孢子囊成熟后，孢子叶球枯萎，从原来主茎上长出绿色轮生分枝；主茎上叶鞘齿14~16枚，长三角形，基部有一圈褐色环（产于各地）………
………………………………………………………… **草问荆E. pratense** Ehrh.

1.地上茎绿色，节上生绿色轮生分枝或不分枝，主茎和分枝顶端均可生孢子叶球，或仅主茎顶端生出孢子叶球。

3.主茎具轮生分枝。

4.茎表面粗糙，具明显小瘤状突起，槽内气孔2列；孢子叶球顶端具小突尖（产于各地）………………………… **节节草E. ramosissimum** Desf.

4.茎表面光滑，无明显的小瘤状突起，槽内气孔多列；孢子叶球顶端无小突尖；叶鞘齿中央黑褐色，具宽膜质白边，先端有长芒……………
……………………………………………………………… **犬问荆E. palustre** L.

3.主茎不分枝，或仅基部分枝，但分枝不轮生；茎粗壮，径4.0~8.0mm；叶鞘齿16~20枚，常脱落（产于太行山、伏牛山区）…… **木贼E. hyemale** L.

五、瓶尔小草科 Ophioglossaceae

瓶尔小草属 Ophioglossum L.

1.小型植物，高5.0~10cm；不育叶倒披针形或长圆状倒披针形，宽3.0~10(15)mm (产于伏牛山、大别山区) ……… **狭叶瓶尔小草O. thermale** Kom.

1.植株较高大；不育叶卵形或卵圆形，宽15mm以上。

2.不育叶卵状长圆形，基部下延为长楔形（产于内乡）……………………
…………………………………………………………**瓶尔小草O. vulgatum** L.

2.不育叶阔卵形，基部心形，边缘波状（产于伏牛山区）…………………
…………………………………………………… **心叶瓶尔小草O.reticulatum** L.

六、阴地蕨科 Botrychiaceae

阴地蕨属 Botrychium Sw.

1.营养叶披针形或长圆状披针形，一回羽状；羽片扇形或半圆形，全缘至浅裂（产于太行山、伏牛山区）……………… **扇羽阴地蕨B. lunaria**(L.) Sw.

1.营养叶五角形或五角状三角形，二至三回羽状或羽裂；羽片非扇形和半圆形。

2.孢子叶自营养叶片的基部生出。

3.营养叶最下方一对羽片向基部渐狭；孢子囊序挺直而成线形紧狭的复穗状（伏牛山区南部）……………………**劲直阴地蕨B. strictum** Underw.

3.营养叶最下方一对羽片向基部渐宽；孢子囊序松散复总状；营养叶长、宽均在20cm以上，基部一对羽片有长柄；孢子叶自不育叶片基部的一对羽片着生处生出（产于大别山、桐柏山、伏牛山区）………… ………………………………………………… **蕨萁B. virginianum**(L.) Sw.

2.孢子叶自总柄的基部附近或中部生出；营养叶薄肉质，裂片边缘密生尖锯齿（产于大别山、桐柏山、伏牛山区南部）……………………………… ………………………………………………**阴地蕨B. ternatum**(Thunb.) Sw.

七、紫萁科 Osmundaceae

紫萁属 Osmunda L.

紫萁O. japonica Thunb.，产于大别山、桐柏山、伏牛山区南部。

株高达100cm。二回羽状复叶丛生，叶片三角状广卵形，宽20~40cm；小羽片对生或近对生，长圆状披针形，无柄，长4.0~7cm，宽1.5~1.8cm，边缘细锯齿。孢子叶的小羽片卷缩为线形，长1.5~2.0cm，沿背面中脉两侧密生孢子囊。

八、海金沙科 Lygodiaceae

海金沙属 Lygodium Sw.

海金沙L. japonicum(Thunb.) Sw.，产于大别山、桐柏山、伏牛山区南部。

茎攀缘，长达4.0m。叶丛生于短枝，二回羽状，叶轴上面有2条狭边；小羽片卵状三角形，掌状3裂，边缘有不整齐浅钝齿。孢子叶卵状三角形，二回羽状，小羽片边缘具流苏状排列的孢子囊穗，孢囊穗长2.0~4.0mm。

九、里白科 Gleicheniaceae

芒萁属 Dicranopteris Bernh.

芒萁D. dichotoma(Thunb.) Bernh.，产于大别山区。

根状茎横走，粗约为2.0mm，密被暗锈色长毛。叶远生，叶柄长25~50cm，叶轴二至三回二叉分枝，分叉间具1个密被茸毛的休眠芽；末回羽片披针形，宽4.0~7.0cm，羽状深裂，裂片线状披针形，平展，宽4.0~6.0mm，全缘，下面灰白色；孢子囊群圆形，每裂片1列或2列。

一〇、膜蕨科 Hymenophyllaceae

瓶蕨属 Vandenboschia Cop.

华东瓶蕨V. orientalis(C. Chr.) Ching，产于大别山区。

植株高10~15cm。根状茎横走，密被黑褐色多细胞节状毛。叶远生，叶柄长3.0~5.0cm，两侧有阔翅，连翅宽2.0~2.5mm；叶片卵状长圆形，宽3.0~5.0cm，三至四回羽裂，羽片8~12对；小羽片3~5对，宽4.0~6.0mm，末回裂片线状长圆形，长1.0~3.0mm，宽约1.0mm。孢子囊群常生于小羽片下半部向轴的短裂片顶端；囊苞管状，长约1.0mm，囊群托纤细如丝，长达8.0mm。

一一、蚌壳蕨科 Dicksoniaceae

金毛狗属 Cibotium Kaulf.

金毛狗C. barometz(L.) J. Sm.，栽培。

根状茎粗大，顶端丛生大型叶；叶柄长达1.0m余，粗2.0~3.0cm，棕褐色，基部被有大丛垫状的金黄色茸毛，长逾10cm，有光泽；叶片长宽达1.8m，三回羽状分裂；末回裂片线形略呈镰刀状，长10~14mm，宽约3.0mm，边缘有细锯齿。孢子囊群在每一末回裂片上1~5对，横长圆形，两瓣状，张开如蚌壳。

一二、碗蕨科 Dennstaedtiaceae

1.孢子囊群生于叶缘的小脉顶端；囊群盖与叶裂片锯齿合生成碗状，常向下反卷如烟斗状 ······························ **1.碗蕨属Dennstaedtia**

1.孢子囊群生于叶缘以内的小脉顶端；囊群盖半杯形或口袋形，基部及两侧着生于叶肉 ······························ **2.鳞盖蕨属Microlepia**

1. 碗蕨属 Dennstaedtia Bernh.

1.叶全部几光滑无毛，叶片薄草质；叶柄有光泽，基部栗黑色（产于大别山、桐柏山、伏牛山区）··············· **溪洞碗蕨D. wilfordii**(Moore) Christ

1.叶遍体被灰色长毛，叶片草质；叶柄无光泽，基部禾秆色（产于各山区）······························ **细毛碗蕨D. pilosella**(Hook.) Ching

2. 鳞盖蕨属 Microlepia Presl

边缘鳞盖蕨M. marginata(Houtt.) C. Chr.，产于大别山区新县、商城。

根状茎长而横走，密被锈色长柔毛。叶远生，叶柄长20~30cm，几光滑；叶片长圆状三角形，宽13~25cm，一回羽状；羽片20~25对，近镰刀状披针形，长10~15cm，宽1.0~1.8cm，先端渐尖，边缘缺刻至浅裂。孢子囊群圆形，每小裂片1~6个，近边缘着生，囊群盖杯形。

一三、鳞始蕨科 Lindsaeaceae

乌蕨属 Stenoloma Fée

乌蕨S. chusanum(L.) Ching，产于大别山区。

根状茎粗壮，密被赤褐色钻形鳞片。叶近生，叶柄长达25cm，光滑。叶片披针形，长20~40cm，宽5.0~12cm，基部不变狭，四回羽状；末回小羽片倒披针形，先端截形，有齿牙；孢子囊群边缘着生，囊群盖半杯形，与叶缘等长。

一四、骨碎补科 Davalliaceae

肾蕨属 Nephrolepis Schott

肾蕨N. auriculata(L.) Trimen [*N. cordifolia* auct. non(L.) Presl]，河南有栽培。

根状茎直立，被淡棕色狭长钻形鳞片，下部生粗铁丝状的匍匐茎向四周横展，匍匐茎上生近圆形块茎，直径10~15mm，密被与根状茎相同的鳞片。叶簇生，叶柄长6.0~11cm，密被淡棕色线形鳞片；叶片狭披针形，宽3.0~5.0cm，一回羽状；羽片45~120对，密集，中部的长约2.0cm，宽6.0~7.0mm，向基部渐短小，边缘有疏浅钝齿。孢子囊群多肾形，呈1行位于羽片中脉两侧。

一五、蕨科 Pteridiaceae

蕨属 Pteridium Scop.

1.各回羽轴上面沟内无毛；叶片下面近光滑或略有稀疏茸毛（产于各山区）
………… **蕨**（拳菜）**P. aquilinum**(L.) Kuhn var. **latiusculum**(Desv.) Underw.

1.各回羽轴上面沟内有密毛；叶片下面密生浅棕色茸毛（记载产于伏牛山区，未见标本）………………………………… **毛轴蕨P. revolutum**(Bl.) Nakai

一六、凤尾蕨科 Pteridaceae

凤尾蕨属 Pteris L.

1.叶二回分裂；一回羽状，其侧生羽片下侧篦齿状深裂，上侧全缘（产于大别山区）……………………………………………………**半边旗P. semipinnata** L.

1.叶3出分裂、指状分裂，或一回羽状，但其羽片从不为单侧篦齿状分裂。

2.侧生羽片不分叉，常达30~40对，向下渐短缩（产于各山区）…………………………………………………………………………**蜈蚣草P. vittata** L.

2.侧生羽片至少下部有1对分叉，若不分叉也不超过16对，下部羽片不短缩。

3.上部2~3对或更多对羽片基部下延，在羽轴上形成狭翅（产于大别山、桐柏山、伏牛山区）…………… **井栏边草**（凤尾草）**P. multifida** Poir.

3.仅顶生3叉羽片或有时其下1对羽片基部多少下延，或有时不下延。

4.叶强度2型，指状、近指状分裂或羽状分裂；不育羽片披针形或狭披针形，中部宽1.0~2.0cm（产于大别山、桐柏山、伏牛山区）……………………… **凤尾蕨P. cretica** L.var. **nervosa**(Thunb.) Ching et S. H. Wu

4.叶一型，羽状分裂，小羽片线形，宽约3.0mm。

5.叶柄及叶轴禾秆色（产于大别山、桐柏山、伏牛山区）…………………………………………………… **狭叶凤尾蕨P. henryi** Christ

5.叶柄及叶轴栗褐色（产于伏牛山区，辉县）……………………………………………… **猪鬃凤尾蕨P. actiniopteroides** Christ

一七、中国蕨科 Sinopteridaceae

1.叶柄和叶轴禾秆色（偶有栗棕色）；叶片三至四回羽状细裂，末回能育小羽片形如荚果，孢子囊群生于小脉顶端的连接边缘上 ……………………………………………………………………………………**1.金粉蕨属Onychium**

1.叶柄和叶轴栗色或栗黑色；叶片二至三回粗羽裂，末回能育羽片不为荚果状，孢子囊群生于小脉顶端（成熟时彼此汇合）。

2.叶片披针形或三角状披针形，或为细裂的长圆形。孢子囊群有盖。

3.叶草质，多回羽状分裂，顶部羽片渐尖。

4.成熟叶柄圆柱形，基部鳞片大，卵状阔披针形，膜质，边缘有锯齿和睫毛 ………………………………………… **5.薄鳞蕨属Leptolepidium**

4.成熟叶柄上面有1纵沟，基部鳞片小，狭披针形，质厚，全缘 …… ………………………………………………………… **2.碎米蕨属Cheilosoria**

3.叶纸质，多回奇数羽状，顶端常有1片分离的羽片或呈尾状 ………… ……………………………………………………………… **3.旱蕨属Pellaea**

2.叶片五角形（基部羽片的下侧基部小羽片伸长），若为长圆状披针形，则下面密被白粉；孢子囊群圆形，分离（成熟时汇合）…………………… ………………………………………………………… **4.粉背蕨属Aleuritopteris**

1. 金粉蕨属 Onychium Kaulf.

1.叶柄禾秆色，至多下部栗棕色（产于大别山、鸡公山区）………………… ………………………………………… **野雉尾金粉蕨O.japonicum**(Thunb.) Kze.

1.叶柄栗棕色；叶质较厚，裂片较狭长 ………………………………………… ……………………………… **栗柄金粉蕨O.japonicum** var. **lucidum**(Don) Christ

2. 碎米蕨属 Cheilosoria Trev.

毛轴碎米蕨C. chusana(Hook.) Ching et Shing，产于西峡、伏牛山至大别山区。

根状茎直立，被褐棕色披针形鳞片。叶柄长2.0~3.0cm，连同叶轴深栗色，疏被钻形鳞片。叶片披针形，长8.0~20cm，宽3.0~6.0cm，二至三回羽状分裂；羽片10~16对，长圆形或卵状披针形，长15~25mm，宽6.0~12mm，末回裂片长舌形，宽约3.0mm。孢子囊群圆形，囊群盖由变质的叶缘反卷而成。

3. 旱蕨属 Pellaea Link

旱蕨P. nitidula(Hook.) Bak.，产于商城。

根状茎直立，密生有棕色狭边的黑色披针形鳞片。叶柄长10~20cm，栗色，疏生鳞片，密被红棕色短刚毛；叶片革质，二至三回羽状分裂，羽片3~6对，小羽片（裂片）全缘；叶轴及羽轴密生红棕色粗毛。

4. 粉背蕨属 Aleuritopteris Fée

1.叶片常五角形，长宽几相等或长稍过于宽；侧生羽片对合生；裂片边缘有细密钝齿。

2.叶下面被白色或乳白色蜡质粉末（产于各地区）……………………………………………………………………………… **银粉背蕨A. argentea**(Gmel.) Fée

2.叶下面绿色，无蜡质粉末（产于各地区）…………………………………… **陕西粉背蕨A. shensiensis** Ching［*A. argentae* var. *obscura*(Christ) Ching］

1.叶片长圆状披针形或长圆形，长为宽的2.0~4.0倍；侧生羽片对分离，彼此以无翅的叶轴远离；裂片全缘；叶下面被白色或灰白色蜡粉（产于伏牛山区）………**阔盖粉背蕨A. gresia**(Blanford) Panigrahi　(*A. platychlamys* Ching；*Cheilanthes farinosa* Kaulf. var. *bullosa* Christ)

5. 薄鳞蕨属 Leptolepidium Hsing et S. K. Wu

华北薄鳞蕨（华北粉背蕨）**L. kuhnii**(Milde) Hsing et S. K. Wu，产于太行山区。

根状茎直立，被红棕色阔披针形鳞片，鳞片边缘有睫毛。叶柄栗红色，被鳞片；叶片长圆状披针形，长15~25cm，宽5.0~8.0cm，下面常有灰白色粉粒，三回羽裂；羽片约10对，三角状长圆形至长圆形；小羽片5~6对，羽状深裂。孢子囊群近叶边排列，囊群盖深棕色或褐色，内缘啮蚀状。

一八、铁线蕨科 Adiantaceae

铁线蕨属 Adiantum L.

1.叶披针形或线状披针形，一回羽状；羽片边缘多少分裂；叶轴先端常延伸为鞭状。

2.羽片团扇形或近圆形，基部对称，柄长2.0~3.0mm（产于太行山、伏牛山区）……………………………………**团羽铁线蕨A. capillus-junonis** Rupr.

2.羽片半开式（即叶半边形，仅主脉上侧有叶片），几无柄（产于太行山、伏牛山区）……………………………… **普通铁线蕨A. edgeworthii** Hook.

1.叶片扇形，掌状，一至三回二叉分枝或二至四回羽状复叶。

3.叶一至二回二叉掌状分枝，每分枝上侧生出2~6(8)片的一回羽状的羽片。

4.小羽片先端具钝锯齿，上缘深裂至1/3~1/2；羽片下面绿色；囊群盖上缘呈浅凹陷状（产于太行山、伏牛山区）… **掌叶铁线蕨A. pedatum** L.

4.小羽片先端有三角形尖锯齿，上缘浅裂；羽片下面常灰白色；囊群盖上缘呈深缺刻状（产于伏牛山区）… **灰背铁线蕨A. myriosorum** Bak.

3.叶二至四回羽状分枝；小羽片下面光滑无毛。

5.叶片细裂；末回小羽片长宽约10mm，上缘不分裂，扇形、卵形或三角形，基部楔形。

6.叶卵形或三角状卵形；小羽片上缘具短尖锯齿；叶轴、羽轴及羽片柄上有棕色多细胞的节状软毛（产于太行山、伏牛山区）…………………………………………………………**白背铁线蕨A. davidii** Franch.

6.叶披针状三角形；小羽片上缘有波状圆齿（记载产于灵宝、卢氏，未见标本）……………………… **肾盖铁线蕨A. erythrochlamys** Diels

5.叶片常粗裂；小羽片远较大，常呈不对称斜扇形，上缘浅裂成4~5枚阔裂片，裂片先端有啮蚀状牙齿（产于各地区）…………………………………………………………………………… **铁线蕨A. capillus-veneris** L.

一九、裸子蕨科 Hemionitidaceae

1.叶一至二回羽状，软革质，下面密被黄棕色有粗筛孔的覆瓦状鳞片或长绢毛 …………………………………………………**1.金毛裸蕨属Gymnopteris**

1.叶一至三回羽状，草质或纸质，下面光滑或稍有多细胞柔毛；植株高达1.0m左右；叶片羽状分裂，单羽片或小羽片披针形，长超过10cm，宽1.0cm以上 ……………………………………………… **2.凤丫蕨属Coniogramme**

1. 金毛裸蕨属 Gymnopteris Bernh.

耳羽金毛裸蕨G. bipinnata Christ var. **auriculata**(Franch.) Ching，产于伏牛山区。

根状茎横走，密被锈棕色线状钻形鳞片。叶近簇生，叶柄栗褐色，被柔毛；叶片长10~20cm，宽5.0~8.0cm，一回羽状；侧生羽片每侧7~11枚，互生，卵形，基部心形，上方有耳突，下面密被棕黄色长柔毛。孢子囊群沿脉着生，被柔毛覆盖，无囊群盖。

2. 凤丫蕨属 Coniogramme Fée

1.主脉两侧的小脉分离；羽片边缘有锯齿或仅有不规则的矮钝齿；叶脉顶端的水囊伸入锯齿内。

2.羽片和小羽片上面有毛，至少羽轴上面下部有短毛。

3.羽片和小羽片上面被具关节的陷入叶肉的粗短毛，下面被灰白色短细毛，先端具渐尖头（产于嵩县、宜阳、西峡）…………………………………………………… **太白山凤丫蕨C. taipaishanensis** Ching et Y. T. Hsieh

3.羽片和小羽片上面仅羽轴有疏短毛，余部无毛，下面有疏柔毛；叶柄栗红色（产于栾川、宜阳）……………… **紫柄凤丫蕨C. sinensis** Ching

2.羽片和小羽片上面无毛。

4.叶脉顶端的水囊伸达锯齿边缘，并与之靠合但不汇合成一体；羽片边缘锯齿尖而细密，多少向前弯曲；叶一至三回羽状，中部单羽片狭披针形，两侧几平行，小羽片斜向上（嵩县、卢氏）…………………………………………………………………………………… **尖齿凤丫蕨C. affinis** Hieron.

4.叶脉顶端的水囊不伸达齿缘，多少有绿色组织与齿缘分开。

5.叶片下面光滑（产于西峡、卢氏、嵩县）…………………………………………………………… **无毛凤丫蕨C. intermedia** var. **glabra** Ching

5.叶片下面有毛（产于西峡、卢氏、栾川、嵩县）………………………………………………………… **普通凤丫蕨C. intermedia** Hieron.

1.主脉两侧的小脉形成1~3行网眼，或有时仅有1~2个网眼。

6.主脉两侧有1行不连续的网眼；叶柄禾秆色（产于伏牛山、桐柏山、鸡公山区，商城，新县）……………………… **疏网凤丫蕨C. wilsonii** Hieron.

6.主脉两侧有1~2(3)行连续网眼；叶片下部二回羽状，单羽片披针形。

7.羽片或小羽片狭长披针形，常中部最宽，两端渐变狭，基部楔形或阔楔形（记载产于河南南部山区，未见标本）…………………………………………………………………………… **凤丫蕨C. japonica**(Thunb.) Diels

7.羽片或小羽片阔披针形，向基部不变狭，基部圆形或不对称圆形（产于大别山、桐柏山、伏牛山区）… **南岳凤丫蕨C. centrochinensis** Ching

二〇、蹄盖蕨科 Athyriaceae

1.孢子囊群圆形、圆肾形、新月形或马蹄形，但从不真正成对双生于脉两侧并在脉端连合。

2.叶轴及羽轴多少被多细胞有节透明长毛。

3.孢子囊群圆形或椭圆形，生于脉背，无囊群盖；叶二回羽状，小羽片羽状深裂 ……………………………………**7.新蹄盖蕨属Neoathyrium**

3.孢子囊群短线形或椭圆形，生于脉上侧，有囊群盖；叶一回羽状，羽片羽状分裂或有齿；叶柄基部纺锤形 ……… **1.蛾眉蕨属Lunathyrium**

2.叶轴及羽轴无毛，或有单细胞灰白短毛或腺体，或具特殊鳞片。

4.叶轴、羽轴和脉上具下部2~3(4)行、上部1行细胞的蠕虫状或粗毛状小鳞片；叶轴、羽轴和小羽片上面中肋的纵沟彼此不相通 ………………………………………………………………………… **2.介蕨属Dryoathyrium**

4.叶无毛或具单细胞短毛或腺体。

5.叶柄顶端或羽片基部具关节；无囊群盖 …………………………………………………………………………… **3.羽节蕨属Gymnocarpium**

5.叶柄顶端或羽片基部无关节；有囊群盖。

6.根状茎短粗，直立或斜生；叶簇生，叶柄基部常加厚变尖削、呈纺锤形 ……………………………………………… **6.蹄盖蕨属Athyrium**

6.根状茎长而横走；叶远生或近生，二至三回羽状。

7.囊群盖以基部一点生于囊托，成熟时后倾，其全部或部分被压在孢子囊群下，呈下位鳞片状 ………………… **4.冷蕨属Cystopteris**

7.囊群盖于基部弯缺处着生，覆盖在孢子囊群的上面，囊群盖往往为新月形、弯钩形、马蹄形，以内侧着生，均不呈下位鳞片状 …………………………………………………**5.假冷蕨属Pseudocystopteris**

1.孢子囊群线形、长圆形或卵圆形，通直，从不弯曲，往往成对生于脉两侧，上端彼此分离；有囊群盖。

8.叶为单叶，或为奇数一回羽状，顶生羽片分离并与其下侧生羽片同形 ……
………………………………………………………………… **8.双盖蕨属Diplazium**

8.叶一至三回羽状，顶部常为羽裂状的渐尖头，与其下方侧生羽片不同形。

9.叶多少被多细胞有节棕色长毛；孢子囊群单生于一脉，或偶有成对双生于一脉；羽轴和中脉上面平坦或略圆 ………… **9.假蹄盖蕨属Athyriopsis**

9.叶光滑无毛；孢子囊群常成对双生于一脉；羽轴和中脉上面有深纵沟，两侧有刀口状狭边。

10.叶二回羽状或三回羽裂，裂片上的脉分离 ………………………………
…………………………………………………… **10.短肠蕨属Allantodia**

10.叶一至二回羽状，裂片下部多对叶脉在缺刻下面连接 ………………
……………………………………………………… **11.菜蕨属Callipteris**

1. 蛾眉蕨属 Lunathyrium Koidz.

1.叶裂片间缺刻处无节状短柔毛。

2.叶下部羽片仅2~3对稍缩短，长3.0~4.0cm；叶片狭长圆形或倒披针形（产于太行山、伏牛山区）……… **河北蛾眉蕨L. vegetium**(Kitag.) Ching

2.叶下部羽片6~10对逐渐短缩，基部1对长约1.0cm，耳状；叶倒披针形或长圆状倒披针形（产于大别山、桐柏山、伏牛山区）……………………
………**华中蛾眉蕨L. shennongense** Ching et al. (*L. centrochinense* Ching)

1.叶裂片间缺刻处多少有节状柔毛；叶下部羽片仅少数几对稍缩短，基部1对长2.0~4.5 cm；叶片长圆状披针形或卵状披针形（产于伏牛山区） ………
…………………………………………… **陕西蛾眉蕨L. giraldii**(Christ) Ching

2. 介蕨属 Dryoathyrium Ching

1.孢子囊群圆形，囊群盖圆肾形或略呈马蹄形；叶二回羽状，小羽片浅裂至半裂，裂片全缘或有波状齿（产于伏牛山、桐柏山、大别山区） …………
……………………………………… **华中介蕨D. okuboanum**(Makino) Ching

1.孢子囊群长圆形或短线形，有时呈弯弓状，囊群盖长圆形、新月形、弯钩形或马蹄形；叶一回羽状，长圆形；羽片无柄，羽状分裂，裂片有锯齿。

2.根状茎短横卧或近直立；孢子囊群为狭长圆形、新月形或弯钩形（产于

大别山区）………………………… **朝鲜介蕨D. coreanum**(Christ) Tagawa

2.根状茎长横卧；孢子囊群短长圆形、弯钩形或马蹄形（产于伏牛山区）

……………………………………………… **鄂西介蕨D. henryi**(Bak.) Ching

3. 羽节蕨属 Gymnocarpium Newman

1.叶一回羽状分裂，羽片又浅裂；孢子囊群大，长圆形；叶裂片侧脉单一（产于各山区）……………………… **东亚羽节蕨G. oyamense**(Bak.) Ching

1.叶二至三回羽状；孢子囊群小，近圆形；叶轴与基部1~3对羽片连接处有腺体；叶裂片侧脉往往分叉（产于太行山、伏牛山区）………………………

…………………………………………… **羽节蕨G. jessoense**(Koidz.) Koidz.

4. 冷蕨属 Cystopteris Bernh.

1.根状茎细长，横走；叶远生，阔卵形、卵状三角形或近五角形；叶柄长于或等长于叶片；叶脉伸达裂齿间缺刻或凹处。

2.叶阔卵形或卵状三角形，基部1对羽片的下侧近叶轴的小羽片，不特别伸长。

3.叶三回羽状，末回小羽片或裂片较细，宽3.0~5.0mm（产于嵩县）…

…………………………………………… **宝兴冷蕨C. moupinensis** Franch.

3.叶一至二回羽状，小羽片羽状深裂，末回羽片或裂片宽5.0~7.0mm（产于伏牛山区）…………………… **膜叶冷蕨C. pellucida**(Franch.) Ching

2.叶近五角形，基部1对羽片的下侧近羽轴的小羽片特别伸长，末回裂片边缘不反卷（产于太行山、伏牛山区）……………………………………

………………………………**高山冷蕨C. montana**(Lam.) Bernh. ex Desv.

1.根状茎短横走或稍伸长；叶近生或簇生，披针形至阔披针形，二回羽裂至二回羽状；叶柄长为叶片的1/3~2/3；叶脉伸达锯齿顶端（产于伏牛山、大别山区）……………………………………………… **冷蕨C. fragilis**(L.) Bernh.

5. 假冷蕨属 Pseudocystopteris Ching

1.株高60cm以上，达2.0~3.0m；叶二至四回羽状，第2对羽片起向上的各对羽片均有长柄；末回裂片先端圆钝或近截形，边缘具钝齿（产于伏牛山

区）…………………………………… **大叶假冷蕨P. atkinsonii**(Bedd.) Ching

1.株高70cm以下；叶二至三回羽状，自第2对羽片向上的各羽片几无柄或柄极短；末回小羽片或裂片先端有细长指向上的尖齿；叶三角形，基部1对羽片最长（产于灵宝、卢氏）…………… **假冷蕨P. spinulosa**(Maxim.) Ching

6. 蹄盖蕨属 Athyrium Roth

1.叶轴和羽轴(或连同小羽轴)上面具刺状突起，通常淡紫红色，下面有毛。

2.囊群盖常为肾形、圆肾形或椭圆形；叶阔卵形，二至三回羽状，先端渐尖；基部1对羽片最大（产于伏牛山区）………………………………………………………… **峨眉蹄盖蕨A. omeiense** Ching (*A. pellucidum* Ching)

2.囊群盖长圆形，有时小羽片基部为弯钩形；叶长卵形或三角状卵形，二回羽状，先端急狭缩，长渐尖，羽轴及叶脉下面密被短腺毛（产于河南南部山区）…………………… **尖头蹄盖蕨A. vidalii**(Franch. et Sav.) Nakai

1.叶轴及羽轴上面无刺状突起。

3.叶下部羽片明显向下渐缩短；叶柄基部向下削尖。

4.叶下部6~7对羽片逐渐缩短为三角形耳状；叶一回羽状；叶柄远短于叶片，长5.0~7.0cm……………………… **麦秆蹄盖蕨A. fallaciosum** Milde

4.叶下部2~3对羽片缩短；叶二回羽状；叶柄稍短于叶片，长20~25cm（产于各山区）…………………………… **中华蹄盖蕨A. sinense** Rupr.

3.叶下部羽片不缩短或稍缩短。

5.羽片有柄，柄长3.0~15mm（产于各山区）…………………………………………………………………… **日本蹄盖蕨A. nipponicum**(Mett.) Hance

5.羽片无柄或近无柄（柄长不及2.0mm）。

6.孢子囊群圆形、椭圆形或马蹄形，囊群盖全缘；叶柄淡禾秆色（产于各山区）………… **禾秆蹄盖蕨A. yokoscense**(Franch. et Sav.) Christ

6.孢子囊群线形，囊群盖边缘啮蚀状；叶柄及叶轴深禾秆色或淡紫红色（产于太行山、伏牛山区）……………………………………………………………………………… **东北蹄盖蕨A. brevifrons** Nakai ex Kitag.

7. 新蹄盖蕨属 Neoathyrium Ching et Z. R. Wang

新蹄盖蕨N. crenulatoserrulatum(Makino) Ching et Z. R. Wang，产于卢氏。

根状茎横走，黑褐色，先端被棕色膜质全缘的披针形鳞片。叶近生，叶柄长25~35cm，暗禾秆色，疏生鳞片；叶阔卵形，近三回羽状；羽片阔披针形，二回羽状深裂或全裂；小羽片披针形，长1.5~3.0cm，宽7.0~10mm；末回裂片长方形，宽约2.0mm。孢子囊群圆形或近圆形，无盖。

8. 双盖蕨属 Diplazium Sw.

单叶双盖蕨D. subsinuatum(Wall. ex Hook. et Grev.) Tagawa［*D.lanceum* Thunb.) Presl］，记载产于大别山区，未见标本。

根状茎细长横走，被黑色或深棕色阔披针形鳞片。单叶疏生，叶柄长5.0~15cm，中部以下密被鳞片；叶片狭披针形或披针形，中部宽15~25mm，先端渐尖，基部楔形，全缘或波状，无毛。孢子囊群线形，生于侧脉上侧。

9. 假蹄盖蕨属 Athyriopsis Ching

1.叶狭披针形、披针形、阔披针形或长三角形，羽片先端钝或急尖。

2.叶两面疏生节毛；叶狭披针形或披针形，宽不及5.0cm，长为宽的4.0~5.0倍，侧生分离羽片 5对以上（常12~15对）（产于大别山区）…………………………………………… **钝羽假蹄盖蕨A. conilii**(Franch. et Sav.) Ching

2.叶两面（尤其叶轴及羽片中肋下面）有甚多卷曲长节毛；叶多形，宽达25cm，侧生分离羽片1~2(3)对（产于大别山、桐柏山、伏牛山区南部）…………………………………… **毛轴假蹄盖蕨A. petersenii**(Kuntze) Ching

1.叶卵形、长圆形、三角形、长三角形，长不超过宽的2.0倍；羽片先端常渐尖至长渐尖。

3.侧生分离羽片以60° 角向上斜展，基部阔楔形，裂片以40° ~50° 角向上斜展；叶两面节毛稀少；囊群盖背面无毛（产于大别山、桐柏山、伏牛山区）…………………………………… **假蹄盖蕨A. japonica**(Thunb.) Ching

3.侧生分离羽片常以70° 以上角度向上斜展，裂片也以60° ~70° 角略向上斜展；叶下面（尤其羽轴及羽片中肋）常有显著的粗长节毛，上面有细而尖的短节毛；囊群盖背面有毛或无毛。

4.中部以下羽片基部阔楔形至楔形，裂片通常长方形或舌状长圆形，先端急尖或呈上倾截形，稀钝圆；囊群盖背面有毛或无毛，撕裂状边缘具长睫毛，在囊群成熟前常平展，稀内弯…………………………………………………………………… **毛轴假蹄盖蕨A. petersenii**(Kuntze) Ching

4.中部以下羽片基部浅心形或截形，裂片舌状矩圆形或略上弯呈镰状矩圆形，先端钝圆；囊群盖背面有毛，撕裂状边缘在囊群成熟前均内弯（产于鸡公山）…………………………………………………………………… **二型叶假蹄盖蕨A. dimorphophylla**(Koidz.) Ching et W. M. Chu

10. 短肠蕨属 Allantodia R. Br. emend. Ching

1.植株形体高大，能育叶达2.0m以上；叶片三角形；小羽片披针形，长圆状披针形，先端渐尖；叶柄基部以上无鳞片（产于嵩县）………………………………**大型短肠蕨A. gigantea**(Bak.) Ching (*A. sunghsianensis* Ching et Hsu)

1.植株形体小；叶片卵形，二回羽状；小羽片及裂片为先端钝圆或急尖的卵形至长卵形，有时下部羽片的小羽片为卵状阔披针形或三角状阔披针形。

2.根状茎斜升、直立或兼有横走；叶柄至叶轴常宿存甚多披针形或阔披针形黑褐色鳞片，鳞片边缘有细齿；小羽片羽状浅裂至半裂，基部对称或近对称，无耳状突起，也不下延于叶轴（产于大别山、桐柏山、伏牛山区）………………………………………… **鳞柄短肠蕨A. squamigera**(Mett.) Ching

2.根状茎横走；叶柄中部以下有鳞片；小羽片羽状深裂至全裂；叶下部羽片的小羽片线状披针形，宽小于15mm。

3.羽轴及小羽片中肋下面有白柔毛（产于太行山、伏牛山区）………………………………………………… **黑鳞短肠蕨A. crenata**(Sommerf.) Ching

3.羽轴及小羽片下面光滑无毛（产于伏牛山区）……………………………………………… **无毛黑鳞短肠蕨A. crenata** var. **glabra**(Tagawa) W. M. Chu

11. 菜蕨属 Callipteris Bory

菜蕨C. esculenta(Retz.) J. Sm. ex Moore et Houlst.，产于大别山区。

根状茎斜升或直立，密被棕色、边缘有细齿的狭披针形鳞片。叶簇生，叶柄长40~70cm，基部疏被鳞片，向上光滑；叶片阔披针形或三角状披针形，宽30~60cm，一至二回羽状；羽片12~16对，下部者有柄，阔披针形，宽6.0~9.0cm；小羽片狭披针形，宽6.0~10mm，边缘有疏齿或浅裂。孢子囊群线形，伸达叶边。

二一、肿足蕨科 Hypodematiaceae

肿足蕨属 Hypodematium Kunze

1.叶片下面不具球杆状腺毛。

2.囊群盖背面密被灰白色长针毛。

3.羽片两面及叶轴密被长柔毛；叶柄密被柔毛；末回小羽片或裂片先端圆钝、全缘或略为波状（产于伏牛山区）…………………………………………………………………………**肿足蕨H. crenatum**(Forssk.) Kuhn

3.羽片两面疏被灰白色短柔毛；叶柄基部以上直至叶轴下面光滑无毛（产于桐柏山、伏牛山区）…**光轴肿足蕨H. hirsutum**(Don) Ching［*H. eriocarpum*(Wall. ex Mett.) Ching；*Dryopteris fauriei* Kodama］

2.囊群盖背面疏被短柔毛；叶柄、叶轴及羽轴上面被柔毛（产于大别山、桐柏山、伏牛山区）…………………………… **修株肿足蕨H. gracile** Ching

1.叶片下面、羽轴、叶轴及叶柄均密被灰白色柔毛和金黄色球杆状短腺毛（产于大别山区）……… **球腺肿足蕨H. glandulosopilosum**(Tagawa) Ohwi

二二、金星蕨科 Thelypteridaceae

1.叶脉部分连接。

2.叶脉连接成星毛蕨型脉序：即相邻裂片基部的一对侧脉或羽片侧脉间基部的1对小脉顶端交接成1个三角形网眼，并自交接点伸出1条外行小脉，此外行小脉或其顶端的1条透明膜质连线和缺刻相连或直达缺刻。羽片狭披针形或三角状披针形，宽8.0~12mm；叶柄基部粗1.5~2.0mm；孢子囊群有盖 ……………………………………………………… **7.毛蕨属Cyclosorus**

2.叶脉连接成新月蕨型脉序：除近叶边的少数脉外，所有侧脉均连成方形或斜方形网眼。羽片阔披针形，中下部者宽20~27mm；叶柄基部粗约7.0mm；孢子囊群无盖 ………………………… **8.新月蕨属Pronephrium**

1.叶脉分离。

3.叶轴下面羽片着生处有疣状气囊体；叶裂片基部一对侧脉或其上侧一脉伸达缺刻，其余伸达缺刻以上的叶边；叶片两面仅有针状毛 ……………………………………………………………… **6.假毛蕨属Pseudocyclosorus**

3.叶轴下面羽片着生处无疣状气囊体。

4.叶片卵状三角形或三角形，三至四回羽状，基部1对羽片最大，小脉不伸达叶边；遍体被多细胞针状毛；囊群盖微小或无 ……………………………………………………………… **3.针毛蕨属Macrothelypteris**

4.叶片长圆形或阔披针形，二回羽裂至三回羽状，基部1对羽片和其上的同大或较小；遍体被单细胞针状毛。

5.羽轴上面密被宿存的灰白色针状毛；叶脉伸达叶边；孢子囊群圆形，有盖；孢子囊柄上有时具1~3个无柄的球形腺体 ………………………………………………………… **2.金星蕨属Parathelypteris**

5.羽轴上面无单细胞针状毛，偶有早落的疏柔毛。

6.叶轴和羽轴上无鳞片。

7.沼生；叶裂片侧脉二分叉；孢子囊群有盖，孢子囊近环带处有几根短刚毛 ………………………………… **1.沼泽蕨属Thelypteris**

7.土生；裂片侧脉单一；孢子囊群圆形无盖，孢子囊上有针状毛；小脉不伸达叶边 …………… **5.紫柄蕨属Pseudophegopteris**

6.叶轴和羽轴上有相当多的小鳞片，鳞片顶端无腺体，顶部以下具缘毛；羽片基部与叶轴合生并下延；孢子囊群无盖 ………………………………………………………… **4.卵果蕨属Phegopteris**

1. 沼泽蕨属 Thelypteris Schmidel

沼泽蕨T. palustris(L.) Schott，产于各山区。

根状茎细长，横走。叶近生；叶柄长20~25cm，基部黑褐色，疏生红棕色披针形鳞片，向上渐光滑；叶片阔披针形，宽10~12cm，基部不变狭或稍变狭，一回羽状，羽片羽深裂，宽约2.0cm。孢子囊群圆形；囊群盖小，易脱落。

2. 金星蕨属 Parathelypteris(H. Ito) Ching

1.叶下部5~8对羽片明显缩短，基部1对为小耳状；叶片下面无腺体或偶有少数橙黄色圆球形腺体；根状茎近光滑；囊群盖背面被少数灰白色长针毛（产于大别山、桐柏山、伏牛山区）………………………………………………………………………… **中日金星蕨P. nipponica**(Franch. et Sav.) Ching

1.叶下部羽片不缩短；羽片下面密被橙黄色圆球形腺体（产于大别山、桐柏山、伏牛山区南部）………………… **金星蕨P. glanduligera**(Kuntze) Ching

3. 针毛蕨属 Macrothelypteris(H. Ito) Ching

1.羽片下面光滑或被单细胞针状毛。

2.羽片两面光滑无毛，或沿小羽轴及主脉的近顶端偶有少数单细胞针状毛（产于大别山、桐柏山、伏牛山区南部）…………………………………………………………………………… **针毛蕨M.oligophlebia**(Bak.) Ching

2.羽片下面沿羽轴、小羽轴均被灰白色单细胞针状短毛（分布同上）…………………………… **雅致针毛蕨M. oligophlebia** var. **elegans**(Koidz.) Ching

1.羽片下面被开展的多细胞针状毛，毛长约2.0mm（产于新县、内乡）……………………………………………… **普通针毛蕨M. torresiana**(Gaud.) Ching

4. 卵果蕨属 Phegopteris Fée

1.根状茎长而横走；叶片三角形，长宽几相等，或有时长略大于宽，基部1对羽片最大，略向下斜展，与第2对羽片分离（产于伏牛山区）……………………………………… **卵果蕨P. connectilis**(Michx.) Watt (*P. polypodioides* Fée)

1.根状茎短而直立；叶片披针形，羽片彼此以狭翅相连，中部以下多对羽片渐次缩短，基部1对呈耳状（产于大别山、桐柏山、伏牛山区）……………………………………………… **延羽卵果蕨P. decursive-pinnata**(Van Hall) Fée

5. 紫柄蕨属 Pseudophegopteris Ching

紫柄蕨P. pyrrhorachis(Kunze) Ching，产于大别山、桐柏山、伏牛山区南部。

根状茎长而横走，粗4.0~5.0mm，密被短毛。叶近生，长圆状披针形，宽20~35cm，二回羽状分裂；羽片15~20对，中部者长13~20cm，宽3.0~5.0cm，羽状分裂几达羽轴，下面疏生短刚毛；裂片或小羽片长2.0~3.0cm，宽不及1.0cm，侧脉2~4分叉，直达叶边。叶柄长20~30cm，紫红色，光滑无毛。孢子囊群近圆形，靠近叶边。

6. 假毛蕨属 Pseudocyclosorus Ching

普通假毛蕨P. subochthodes(Ching) Ching，记载产于河南南部山区，未见标本。

根状茎短，横卧，粗约5.0mm，先端被棕色卵形鳞片。叶长圆状披针形，宽18~32cm，向基部突然狭缩，二回羽状分裂，两面疏生灰白色短柔毛；羽片20~25对，间距2.0~3.0cm，近无柄，线状披针形，宽约1.0cm，深裂几达羽轴；叶柄禾秆色，长20~30cm，基部疏生鳞片。孢子囊群圆形，生于主脉和叶边之间，囊群盖深棕色。

7. 毛蕨属 Cyclosorus Link

渐尖毛蕨C. acuminatus(Houtt.) Nakai，产于大别山、桐柏山、伏牛山区。

根状茎长而横走，疏被棕色披针形鳞片。叶柄长15~30cm，深禾秆色，基部疏被鳞片。叶片长圆形至披针形，宽10~14cm，二回羽裂；羽片15~20对，无柄，线状披针形，宽10~12mm，羽状深裂；叶轴和羽轴被刚毛或柔毛。孢子囊群圆形，密生柔毛。

8. 新月蕨属 Pronephrium Presl (Abacopteris Fée)

披针新月蕨P. penangianum(Hook.) Holtt.，产于大别山、桐柏山、伏牛山区。

根状茎长而横走，偶有披针形鳞片。叶柄长30~50cm，淡红棕色；叶片长圆状披针形，宽25~40cm，无毛，一回羽状；中下部羽片长20~30cm，宽2.0~2.7cm，边缘有软骨质尖齿或大锯齿；顶生羽片与侧生羽片同形，有长柄。孢子囊群圆形，无盖。

二三、铁角蕨科 Aspleniaceae

1.单叶，不分裂，卵形至卵状披针形，先端着地生根又再生为新植株 ………………………………………………………………………… **1.过山蕨属Camptosorus**

1.叶一回羽状或一至四回羽状分裂 ………………………**2.铁角蕨属Asplenium**

1. 过山蕨属 Camptosorus Link

过山蕨（马灯草）**C. sibiricus** Rupr.，产于太行山、伏牛山区。

根状茎短，直立，先端密生狭披针形黑褐色小鳞片。叶簇生，无毛；营养叶披针形或椭圆状圆形，长1.0~2.0cm，宽5.0~8.0mm，先端钝或尖，基部下延于叶柄；能育叶披针形，长10~15cm，先端延伸为鞭状并着地生根，产生新株，叶脉网状；叶柄长1.0~5.0cm。孢子囊群线形。

2. 铁角蕨属 Asplenium L.

1.叶一回羽状；叶柄和叶轴棕色，叶轴上面纵沟两侧或连同背面有明显的棕色膜质狭翅。

2.叶轴上面有2条纵狭翅（产于各山区） ……… **铁角蕨A. trichomanes** L.

2.叶轴上面有2条，背面1条狭翅（记载产于南部山区，未见标本） ………………………………………………………… **三翅铁角蕨A. tripteropus** Nakai

1.叶一至二回羽状至三回羽裂；叶柄和叶轴无纵翅。

3.叶柄灰绿或灰禾秆色；叶片纸质至革质，叶脉两面显著突出，使叶面呈沟脊状，一回羽状；羽片有2.0~3.0mm短柄，羽片腋间常生有芽孢；孢子囊群长4.0~8.0mm，几平行于主脉（产于大别山区） …………………………………………… **胎生铁角蕨A. indicum** Sledge (*A. planicaule* Wall.)

3.叶柄栗色、近黑色，或浅绿色，常基部为栗色；叶片草质或薄草质，叶面平坦，脉不隆起。

4.叶下部羽片向下渐短缩，基部羽片常为小耳形。

5.叶线形或线状披针形，中部宽8.0~25mm，叶轴先端往往延长为鞭状；羽片椭圆形，羽状深裂；小羽片无柄，与羽轴合生，边缘有齿牙（产于大别山、伏牛山区） … **云南铁角蕨A. yunnanense** Franch.

5.叶阔披针形，中部宽2.5~5.0cm，叶轴先端从不为鞭状。

6.叶柄浅绿色，或下面栗色至红棕色，上面两侧各有1条浅绿色的边；羽片长宽几相等，斜方形或近圆形，边缘有粗牙齿（产于大别山、桐柏山、伏牛山区）…………………………… **虎尾铁角蕨A. incisum** Thunb.

6.叶柄和叶轴栗褐色；中部羽片椭圆状披针形，先端有芽孢，粗裂，裂片长方形（记载产于灵宝、卢氏，未见标本）……………………………………………………………………… **宝兴铁角蕨A. moupinense** Franch.

4.叶下部羽片不缩短或略缩短，基部羽片和上部羽片同形或稍较长。

7.叶片为坚草质或纸质，宽2.5~5.0cm；叶柄浅绿色；下部羽片的基部上侧小羽片深裂。

8.叶椭圆形，基部羽片不缩短或几不缩短，裂片狭线形；叶柄下部近光滑（产于大别山、桐柏山、伏牛山区）… **华中铁角蕨A. sarelii** Hook.

8.叶披针形，基部羽片略缩短，裂片较宽而长；叶柄下部疏生黑褐色披针形鳞片（产于各山区）……………… **北京铁角蕨A. pekinense** Hance

7.叶片薄草质，长圆状披针形，宽1.0~1.4cm，羽片长10~15mm，宽6.0~10mm；小羽片顶端有2~3枚粗钝齿（产于太行山、伏牛山区）………………… **钝齿铁角蕨A. subvarians** Ching ex C. Chr. (*A. comixtum* Ching)

二四、乌毛蕨科 Blechnaceae

狗脊蕨属 Woodwardia Sm.

1.叶上部羽片腋中不具芽（产于大别山、伏牛山区）……………………………………………………………………………… **狗脊蕨W. japonica**(L. f.) Sm.

1.叶上部羽片腋中具1被红棕色鳞片的大芽孢（记载产于桐柏山、大别山、伏牛山区南部，未见标本）……… **顶芽狗脊蕨W. unigemmata**(Makino) Nakai

二五、球子蕨科 Onocleaceae

1.根状茎长而横走，叶疏生；不育叶的叶脉连接为网状；能育叶的羽片反卷紧缩为串珠状 ………………………………………………… **1.球子蕨属Onoclea**

1.根状茎短而直立，叶簇生；不育叶的叶脉羽状，分离；能育叶的羽片强度反卷成荚果状 ………………………………………… **2.荚果蕨属Matteuccia**

1. 球子蕨属 Onoclea L.

球子蕨O. sensibilis L.［*O. interrupta*(Maxim.) Ching et Chiu］，产于济源、辉县及伏牛山区）。

根状茎疏被棕色阔卵形鳞片。叶二型，营养叶阔卵状三角形，一回羽状；羽片5~6对，披针形，宽1.5~3.0cm，除基部1~2对外，其余基部沿叶轴下延成翅，边缘浅裂。能育叶强度狭缩，宽2.0~4.0cm，二回羽状；羽片狭线形，两侧急缩成小球形，彼此分离，列于羽轴两侧。孢子囊群圆形，生于小球先端。

2. 荚果蕨属 Matteuccia Todaro

1.不育叶下部羽片缩短为小耳形；能育叶羽片呈念珠状（产于伏牛山区）………………………………………………… **荚果蕨M. struthiopteris**(L.) Todaro

变种：**尖裂荚果蕨**var. **acutiloba** Ching，不育叶的裂片为三角状披针形，先端尖头。

1.不育叶下部羽片不缩短，或略缩短但不为耳形；能育叶羽片不呈念珠状。

2.不育叶叶片基部不变狭，羽片宽2.0cm以上；囊群盖膜质（产于大别山、伏牛山区南部）………………… **东方荚果蕨M. orientalis**(Hook.) Trev.

2.不育叶叶片基部略变狭，羽片宽不及2.0cm；无囊群盖（产于太行山、伏牛山区）……………………………… **中华荚果蕨M. intermedia** C. Chr.

二六、岩蕨科 Woodsiaceae

1.囊群盖球状膀胱形，顶端有1小孔；叶片除叶轴被短毛外，余部光滑无毛；叶柄无关节 ……………………………………………… **2.膀胱蕨属Protowoodsia**

1.囊群盖呈碟形至杯形，或退化为卷发状的多细胞长毛，或无囊群盖；叶片通常被毛或叶轴被节状长毛或粗毛；叶柄有关节（密毛岩蕨例外）………………………………………………………………………**1.岩蕨属Woodsia**

1. 岩蕨属 Woodsia R. Br.

1.叶柄有明显关节（有时位于基部羽片之着生点）；囊群盖碟形或杯形，边缘有流苏状长睫毛。

2.叶片顶部以下的羽片均分离，羽片椭圆状披针形或镰状披针形，主脉下面有鳞片。

3.羽片边缘全缘或波状，两面有疏长毛或上面无毛（产于各山区）…………………………………………………… **耳羽岩蕨W. polystichoides** Eaton

3.羽片两侧浅羽裂，两面及叶轴均密被长节状毛（产于伏牛山区）…………………………………………………………… **嵩县岩蕨W. pilosa** Ching

2.叶片仅中下部的羽片分离，上部或中部以上的合生；叶轴被毛及鳞片。

4.羽片近全缘或略为波状，被疏毛，草质，干后棕绿色或暗绿色（产于太行山、伏牛山区北部）………**妙峰岩蕨W. oblonga** Ching et S. H. Wu

4.羽片边缘波状或圆齿状浅裂，两面均密被毛，近纸质，干后草绿色或上面灰绿色 ………………………………**东亚岩蕨W. intermedia** Tagawa

1.叶柄无关节；囊群盖退化为卷发状的多细胞长毛；叶二回羽状分裂，羽片羽状深裂，两面密被浅棕色节状长毛，下部羽片显著缩小；叶柄和叶轴常S形弯曲，密被节状长毛和钻状披针形鳞片（记载产于太行山、伏牛山区，未见标本）…………………………………**密毛岩蕨W. rosthorniana** Diels

2. 膀胱蕨属 Protowoodsia Ching

膀胱蕨P. manchuriensis(Hook.) Ching，产于各山区。

根状茎短而直立，被棕色、全缘、卵状披针形鳞片。叶柄长5.0~20mm，无关节。叶片披针形，长7.0~11cm，宽1.8~4.0cm；羽片12~16对，向基部渐缩为耳状，中部羽片三角状长圆形，长8.0~18mm，宽4.0~10mm，羽状深裂；除叶轴被短毛外，其余光滑无毛。孢子囊群圆形，包被于圆球形膀胱状的下位囊群盖内，囊群盖顶孔口边缘浅裂，有长睫毛。

二七、鳞毛蕨科 Dryopteridaceae

1.孢子囊群盖（偶无盖）圆肾形、椭圆形，于深缺刻处着生；叶脉分离。

2.根状茎长而横走；叶散生，革质或纸质，三至四回羽状，各回羽轴上面无毛，末回小羽片基部不对称（上侧多少耳突）；小羽片与基部侧脉为上先出 …………………………………………………… **2.复叶耳蕨属Arachniodes**

2.根状茎粗短直立；叶簇生，偶近生，一至四回羽状，末回小羽片基部绝大多数对称；小羽片与基部侧脉为下先出 ………… **1.鳞毛蕨属Dryopteris**

1.孢子囊群盖圆形，以中央一点盾状着生。

3.叶脉在主脉两侧连成2~8行短阔网眼；叶一回羽状 ………………………… ………………………………………………………… **4.贯众属Cyrtomium**

3.叶脉分离；叶一或二回羽状；羽片或小羽片基部不对称，上侧耳状突起，下侧楔形 ………………………………………… **3.耳蕨属Polystichum**

1. 鳞毛蕨属 Dryopteris Adans.

1.鳞片扁平，基部不为泡囊状。

2.小羽片基部对称。

3.叶片长圆形；基部羽片披针形或长圆形，具基部下侧1小羽片不伸长，不长于同侧第2对小羽片。

4.叶一回羽状，羽片仅有锯齿或羽裂仅深达1/3（1/2）。

5.孢子囊群近羽片边缘着生，羽轴两侧有明显不育带；叶柄上鳞片棕色或淡褐色，叶轴鳞片褐色（记载产于河南南部山区，未见标本）………………… **远轴鳞毛蕨D. dickinsii**(Franch. et Sav.) C.Chr.

5.孢子囊群生于羽轴两侧，不紧靠叶边，羽轴两侧无明显不育带；叶柄上鳞片黑色或黑褐色，羽片无柄（产于大别山、桐柏山、伏牛山区）……………………… **暗鳞鳞毛蕨D. atrata**(Kuntze) Ching

4.叶二回羽状或基部三回羽裂；若一回羽状，则羽片全部羽状深裂。

6.叶基部羽片不缩短；孢子囊群生于叶片顶部羽片；叶柄鳞片棕色。

7.叶两面密被腺毛（产于灵宝）…… **腺毛鳞毛蕨D. sericea** C. Chr.

7.叶两面无腺毛（产于大别山、桐柏山、伏牛山区）……………

………… **半岛鳞毛蕨D. peninsulae** Kitag. (*D. shensicola* Ching)

6.叶基部数对羽片缩短；叶柄鳞片黑色或黑褐色。

8.叶柄长10~20cm；叶中部宽10~20cm，羽片长5.0~10cm；小羽片或裂片边缘具细锯齿；根状茎鳞片黑褐色（产于伏牛山区）

………………… **单脉鳞毛蕨D. polylepis**(Franch. et Sav.) C. Chr.

8.叶柄长3.0~5.0cm；叶中部宽8.0~11cm，羽片长4.0~6.0cm；小羽片或裂片先端近全缘，两侧边全缘或不规则浅裂；根状茎鳞片淡棕色；孢子囊群布于叶片顶部（产于伏牛山区）……………

……………………………………… **豫陕鳞毛蕨D. pulcherrima** Ching

3.叶多少呈五角形，三（四）回羽状；基部1对羽片最大，三角形，即其基部下侧1小羽片伸长，长于其上方小羽片。

9.叶柄和叶轴不具鳞片；叶柄长30~40cm；叶片宽25~40cm（产于大别山区、南召）……………… **裸叶鳞毛蕨D. gymnophylla**(Bak.)C. Chr.

9.叶柄和叶轴被淡褐色或棕色鳞片；叶柄长10~20cm；叶片宽8.0~18cm（产于大别山、伏牛山区）… **中华鳞毛蕨D. chinensis**(Bak.) Koidz.

2.羽片和小羽片基部明显不对称，为偏斜楔形；叶三至四回羽裂。

10.下部羽片（特别是基部羽片）的基部下侧1小羽片不伸长，短于其同侧的第2小羽片（产于太行山、伏牛山区）……………………………

华北鳞毛蕨D. goeringiana(Kuntze) Koidz.［*D. laeta*(Kom.) C. Chr.］

10.下部羽片（特别是基部羽片）的基部下侧1小羽片特别伸长，长于其同侧的第2小羽片；叶轴和羽轴均无鳞片（记载产于大别山区和伏牛山区南部，未见标本）…………………………………………………

……………… **稀羽鳞毛蕨D. sparsa**(Buch.-Ham. ex D. Don) O. Ktze.

1.植物除具扁平鳞片外，叶柄、叶轴尤其是羽轴和小羽轴具泡状或基部膨大先端毛发状的泡状鳞片。

11.叶二回羽状，卵状披针形；基部羽片的基部下侧小羽片缩短，若不缩短也不呈燕尾状伸长；叶柄和叶轴鳞片极密，完全覆盖叶柄和叶轴，鳞片边缘有疏齿；羽片具柄（产于大别山、桐柏山、伏牛山区南部）……

………………………………………… **阔鳞鳞毛蕨D. championii**(Benth.) C. Chr.

11.叶常二至三回羽状，常五角状卵形；基部羽片的基部下侧小羽片通常特别伸长呈燕尾状，明显长于其同侧上方之小羽片。

12.根状茎顶端及叶柄基部的鳞片棕色或暗棕色，鳞片顶端毛状。

13.叶二回羽状，先端尾状渐尖；孢子囊群大而少，在羽轴两侧各1行（记载产于河南南部山区，未见标本） … **假异鳞毛蕨*D. immixta*** Ching

13.叶二至三回羽状，先端急尖；孢子囊群小而多，在羽轴两侧呈不规则多行分布（产于大别山、桐柏山、伏牛山区） ……………………………………………………………… **变异鳞毛蕨*D. varia***(L.) O. Kuntze

12.根状茎顶端及叶柄基部的鳞片二色，鳞片基部和边缘棕色，中央或上部黑色（产于各山区） ……………………………………………………… **两色鳞毛蕨*D. setosa***(Thunb.) Akas.［*D. bissetiana*(Bak.) C. Chr.］

2. 复叶耳蕨属 Arachniodes Bl.

1.叶先端急狭缩呈长尾状，与叶中部侧生羽片近同形，即1具柄的顶生羽片与侧生羽近同形；叶三回羽状，基部羽片的基部1对小羽片伸长（下侧1片特长）。

2.孢子囊群近叶边生；羽片3~5对，小羽片披针形或长圆形，基部近对称（产于大别山、桐柏山、伏牛山区南部） ………………………………………………………………… **异羽复叶耳蕨*A. simplicior***(Makino) Ohwi

2.孢子囊群生于中脉与叶边中间；羽片5~8对（产于新县、商城） ……………………………………………………… **刺头复叶耳蕨*A. exilis***(Hance) Ching

1.叶片先端狭缩为渐尖，与侧生羽片不同形；叶四回羽状；末回小羽片或裂片先端有芒刺；孢子囊群略近中脉生；叶轴及羽轴被棕色钻状线形小鳞片（产于新县） ……………… **华东复叶耳蕨*A. pseudoaristata***(Tagawa) Ohwi

3. 耳蕨属 Polystichum Roth

1.叶一回羽状。

2.叶轴无芽孢；叶片长4.0~9.0cm，宽0.5~1.2cm（记载产于云台山，未见标本） ……………………………………… **亮叶耳蕨*P.lanceolatum***(Bak.) Diels

2.叶轴有芽孢。

3.叶轴顶端有芽孢，并可延伸为鞭状；羽片矩圆形或三角形，长不超过

2.0cm；叶柄下部鳞片披针形。

4.囊群盖全缘；羽片宽5.0~8.0mm；孢子囊群常1行，生于上侧边缘（产于太行山、伏牛山区）… **鞭叶耳蕨P. craspedosorum**(Maxim.) Diels

4.囊群盖边缘啮蚀状；羽片宽3.0~5.0mm；孢子囊群2行列于主脉两侧（产于伏牛山区）…………………**蚀盖耳蕨P. erosum** Ching et Shing

3.芽孢生于叶轴上部，叶轴先端不为鞭状；叶革质，先端羽裂长渐尖；羽片先端急尖（产于西峡、淅川）…………………………………………………………………………………… **狭叶芽孢耳蕨P. stenopyllum** Christ

1.叶二回羽状、二回羽裂或叶片三出。

5.叶革质或近革质，上面有光泽；羽片或小羽片顶端有棘手的硬坚刺或芒状尖刺，边缘往往也有。

6.叶轴被均一的黑色或深棕色钻形鳞片。

7.叶薄革质或革质；叶轴背面鳞片线形，基部扩大有睫毛；中部羽片宽10~15mm（产于大别山、桐柏山、伏牛山区）……………………………………………………………… **对马耳蕨P. tsus-simense**(Hook.) J. Sm.

7.叶坚革质；叶轴背面鳞片狭披针形；中部羽片宽15~25mm（产于伏牛山区）……………………………… **前原耳蕨P. mayebarae** Tagawa

6.叶轴鳞片棕色或红棕色，多型。

8.中部羽片的小羽片卵状斜方形，较窄，长约为宽的2.0倍，全缘或有少数前倾小尖齿；叶轴背面的鳞片上部扭曲卷为钻状；囊群盖早落（产于各山区）……………………… **革叶耳蕨P. neolobatum** Nakai

8.中部羽片的小羽片斜卵形，长略过于宽，边缘有明显尖齿；囊群盖宿存（产于伏牛山区）…………………………………………………………………………………**喜马拉雅耳蕨P. brachypterum**(Kuntze) Ching

5.叶草质、纸质或厚纸质；羽片和小羽片顶端及边缘均无硬尖齿，仅有短尖头或细软芒刺。

9.根状茎多次二叉状分枝而形成密丛状植株，高山夏绿植物，高12~30cm；叶片披针形，宽2.0~5.0cm，二回羽状深裂，羽片长1.0~3.0cm，宽6.0~10mm；叶柄鳞片二色（产于嵩县、灵宝）………………………………………………………………… **秦岭耳蕨P. submite**(Christ) Diels

9.植株不呈密丛状，多为常绿植物。

10.叶二回羽裂或二回羽状；羽片主脉居中，基部近对称，背面被纤毛状小鳞片；中上部羽片的小羽片上侧有明显耳状突。

11.羽片背面小鳞片长纤毛状，密集；叶片中部以下羽片逐渐缩短。

12.叶柄鳞片二色，至少基部有黑棕色鳞片。

13.孢子囊群中生或近小羽片中脉生（产于太行山、伏牛山区）……………………………… **布朗耳蕨P. braunii**(Spenn.) Fée

13.孢子囊群近小羽片边缘生（产于嵩县）……………………………………………… **宁陕耳蕨P. ningshenense** Ching et Hsu

12.叶柄无黑棕色鳞片，叶轴下面的鳞片先端明显向下（倒生）（产于内乡）……… **倒鳞耳蕨P. retrosopaleaceum**(Kodama) Tagawa

11.羽片背面小鳞片短纤毛状，稀疏；叶柄鳞片二色；叶片中部以下羽片不缩短。

14.叶轴鳞片一色，即不混生黑棕色鳞片；孢子囊群近小羽片边缘着生。

15.叶片三角状卵形，叶轴鳞片披针形或线形；小羽片矩圆形或矩圆状卵形，先端圆钝，耳状突弧形；全部羽片能育，囊群盖全缘（产于鸡公山）………… **假黑鳞耳蕨P. pseudomakinoi** Tagawa

15.叶三角状披针形或椭圆状披针形，叶轴鳞片线形或钻形；小羽片镰状三角形，先端尖锐，耳状突三角形；囊群盖不规则齿裂（产于信阳）…………… **尖头耳蕨P. acutipinnulum** Ching et Shing

14.叶轴鳞片二色，即混生有带黑棕色鳞片；孢子囊着生于分叉的上侧小脉的顶端，近小羽片主脉 ……………………………………………………………………… **黑鳞耳蕨P. makinoi**(Tagawa) Tagawa

10.叶片三出，呈戟形；基部羽片向两侧伸长，使叶呈“十”字形。

16.中央羽片的小羽片斜长方形，先端急尖或钝，下面近光滑；叶长20~25cm，基部宽8.0~12cm，侧生羽片长2.0~5.0cm，宽1.0~2.0cm，小羽片5~6对（产于大别山区）……………………………………………………………… **小戟叶耳蕨P. hancockii**(Hance) Diels

16.中央羽片之小羽片镰状披针形，先端常渐尖，下面沿中脉疏生棕色披针形小鳞片；叶长30~45cm，基部宽10~16cm，侧生羽片长5.0~8.0cm，宽20.~5.0cm，小羽片5~12对（产于太行山、伏牛山区）…………………………………… **戟叶耳蕨P. tripteron**(Kuntze) Presl

4. 贯众属 Cyrtomium Presl

1.叶为羽状，即先端渐尖羽裂；羽片中脉两侧各有2~3行脉网眼，上缘多少向上弯呈弯弓状，基部偏斜；囊群盖边缘有长齿（产于尧山）……………… …………………………………… **小羽贯众C. lonchitoides**（Christ）Christ

1.叶为奇数羽状复叶状，顶端具2~3分叉或不分叉的顶生小叶状羽片。

2.侧生羽片长不及8.0cm；中部羽片长5.0~7.0（8.0）cm，宽1.2~2.0cm；囊群盖全缘（产于各山区）……………………………… **贯众C. fortunei** J. Sm.

变型1：**小羽贯众f.polypterum**(Diels) Ching，羽片长2.0~3.0cm， 6.0~10mm。

变型2：**宽羽贯众f.latipinna** Ching，羽片卵状披针形，长6.0~9.0cm,宽20~30mm。

2.侧生羽片长8.0~12cm，宽3.0~3.5cm，全缘或近顶处有前倾小齿；囊群盖有齿缺（产于大别山、伏牛山区南部）……………………………………… ……………………………………………… **阔羽贯众C. yamamotoi** Tagawa

变种：**粗齿阔羽贯众**var. **intermedium**(Diels) Ching et Shing ex Shing，羽片边缘波状或有粗钝齿。

二八、水龙骨科 Polypodiaceae

1.叶脉在羽轴或主脉两侧仅形成1列狭长网眼，仅具有单一不分叉的内藏小脉；羽片深裂达叶轴两侧的狭翅，羽片约15对 …………………………………… ………………………………………………………… **9.水龙骨属Polypodiodes**

1.叶脉均连接成复杂的网眼，内藏小脉常分叉。

2.叶下面及孢子囊群常被星状毛和（或）明显的隔丝覆盖层。

3.叶片下面仅有疏鳞片，孢子囊群仅被明显的盾形隔丝覆盖。

4.孢子囊群圆形或长圆形；单叶，全缘，偶有不规则分裂。

5.根状茎上鳞片着生处有簇生柔毛；叶片线状披针形至长卵形，偶有不规则分裂，下面疏被鳞片，侧脉明显；孢子囊群1~3（4）行……………………………………………………………………**3.盾蕨属Neolepisorus**

5.根状茎上鳞片基部无毛；叶侧脉不显；孢子囊群在侧脉两侧各1行。

6.叶革质，一型；根状茎短粗，或细如铁丝状横走，不呈绿色，密被鳞片 ……………………………………………… **2.瓦韦属Lepisorus**

6.叶肉质，二型或近二型；根状茎细长横走如铁丝，呈绿色，几光滑 …………………………………………… **1.骨牌蕨属Lepidogrammitis**

4.孢子囊群线形，在主脉两侧各1行，并与主脉平行；叶二型，不育叶卵形至长圆形，长1.0~2.0cm………………… **4.伏石蕨属Lemmaphyllum**

3.叶下面密被星状毛，孢子囊群亦被星状毛覆盖。

7.孢子囊群圆形或长圆形 ……………………………………**8.石韦属Pyrrosia**

7.孢子囊群线形；叶一型，线形，脉网眼内无内藏小脉 …………………………………………………………………………… **7.石蕨属Saxiglossum**

2.叶下面及孢子囊群无星状毛和明显的隔丝覆盖层。

8.孢子囊群圆形或长圆形，规则排列于主脉或羽轴两侧；若孢子囊群布满能育叶下面，则叶片为掌状三深裂；根状茎细长，被不透明狭长筛孔的棕色鳞片 ………………………………………… **5.假瘤蕨属Phymatopteris**

8.孢子囊群圆形、细小，常不规则星散分布于叶片下面（不规则多行）…………………………………………………………………………… **6.星蕨属Microsorum**

1. 骨牌蕨属 Lepidogrammitis Ching

抱石莲L. drymoglossoides(Bak.) Ching，产于大别山、桐柏山、伏牛山区南部。

根状茎细长，横走，淡绿色，疏生鳞片，鳞片先端长钻形，下部近圆形、呈星芒状。叶肉质，二型，不育叶近圆形或倒卵形，宽10~15mm；能育叶倒披针形或舌形。孢子囊群生于主脉两侧。

2. 瓦韦属 Lepisorus(J. Sm.) Ching

1.叶狭长披针形，宽3.0~5.0mm；叶柄长1.5~3.0cm；根状茎鳞片披针形，仅边缘1~2行细胞透明（产于伏牛山区） ……… **狭叶瓦韦L. angustus** Ching

1.叶披针形，宽6.0~30mm或更宽。

2.夏绿植物，叶草质或纸质，侧脉在主脉两侧形成1行整齐网眼，内藏小脉分叉；鳞片全为粗筛孔状，网眼大而透明。

3.根状茎鳞片披针形，钝尖头，边缘具短牙齿；叶片长10~13cm，宽1.0~1.5cm（产于灵宝）…… **网眼瓦韦L. clathratus**(C. B. Clarke) Ching

3.根状茎鳞片卵状披针形，边缘具张开长刺状齿。

4.叶片长4.5~8.5cm，最宽处在下部，10~14mm；叶柄长2.0~4.5cm（产于卢氏） ………………… **河南瓦韦L. honanensis** Ching et S. K. Wu

4.叶片长2.0~2.5cm，中部最宽为17~25mm；叶柄长6.0~10cm（产于西峡、卢氏） ……………… **太白瓦韦L. thaipaiensis** Ching et S. K. Wu

2.常绿植物，叶革质，侧脉在主脉两侧形成大小不一网眼，内藏小脉单一。

5.根状茎鳞片仅边缘1~2行细胞透明，鳞片卵状披针形。

6.叶宽15~35mm，下面密被深棕色透明的披针形鳞片（产于大别山、伏牛山区） ……………………… **鳞瓦韦L. oligolepidus**(Bak.) Ching

6.叶宽5.0~13mm，下面无或仅有少数鳞片（产于大别山、伏牛山区） ……………………………………… **瓦韦L. thunbergianus**(Kaulf.) Ching

5.根状茎鳞片全部透明，或仅中部有不透明的狭带。

7.叶宽4.0~11(13)mm；根状茎鳞片卵状披针形。

8.根状茎鳞片网眼大部分透明，中部具不透明的狭带；叶长9.0~23cm；叶柄长(1.0)2.0~5.0(6.0)cm（产于伏牛山、大别山区） ……………………………………… **扭瓦韦L. contortus**(Christ) Ching

8.根状茎鳞片网眼全透明，鳞片先端长芒状尖；叶长4.0~13cm；叶柄长1.5~5.0cm（产于太行山、伏牛山区） ……………………………………… **乌苏里瓦韦L. ussuriensis**(Regel et Maack) Ching

7.叶片宽(10)15~40mm；根状茎鳞片网眼全部透明。

9.根状茎鳞片卵圆形，网眼等径，老时大部脱落。

10.孢子囊群生于叶边或近边缘（记载产于伏牛山南部及大别山区，未见标本）……………………………… **大瓦韦L. macrosphaerus**(Bak.) Ching

10.孢子囊群生于主脉和侧脉之间或略近主脉。

11.叶具软骨质边缘，背面疏被鳞片，叶中部最宽；根状茎密被棕色软毛和鳞片（产于太行山、伏牛山区）… **有边瓦韦L. marginatus** Ching

11.叶无软骨质狭边，最宽处在下部1/3处，下面无贴生鳞片（产于大别山、伏牛山区）…………………… **黄瓦韦L. asterolepis**(Bak.) Ching

9.根状茎鳞片卵状披针形，网眼长方形，中部褐色，边缘淡棕色，紧贴根状茎，老时大部宿存；叶草质，阔披针形，宽1.0~4.0cm（记载产于伏牛山、大别山区，未见标本）………………………… **二色瓦韦L. bicolor** Ching

3. 盾蕨属 Neolepisorus Ching

盾蕨N. ovatus(Bedd.) Ching，产于大别山、伏牛山区南部。

根状茎长而横走，密被鳞片，鳞片褐棕色，卵状披针形或披针形，盾状着生，边缘有疏齿，先端长渐尖。叶柄长10~25cm，疏生鳞片；叶片卵状披针形或卵状长圆形，或近三角形，宽7.0~12cm，全缘，稀分裂。孢子囊群圆形，在主脉两侧不整齐多行排列或在侧脉间排为1行。

4. 伏石蕨属 Lemmaphyllum Presl

伏石蕨L.microphyllum Presl，记载产于大别山、桐柏山、伏牛山区南部，未见标本。

根状茎细长横走，淡绿色，疏生鳞片，鳞片先端长钻形，下部圆，两侧各1枚长裂片。叶二型，肉质；营养叶卵圆或近圆形，宽8.0~15mm；孢子叶舌形或披针形，宽2.0~6.0mm，孢子囊群线形，近中脉，幼时被盾状隔丝覆盖。

5. 假瘤蕨属 Phymatopteris Pic. Serm.

1.叶掌状3(5)深裂，间有不分裂，边缘有缺刻；根状茎鳞片红棕色（产于大别山、桐柏山、伏牛山区南部）…………………………………………………………………………… **金鸡脚假瘤蕨P. hastata**(Thunb.) Pic. Serm.

1.叶羽状分裂，裂片1至多对，裂片边缘有锯齿；两面无毛。

2.侧生裂片先端圆钝或短渐尖，边缘具浅齿；孢子囊群近中脉生；叶柄长2.0~5.0cm；叶片长5.0~10cm，宽5.0~7.0cm，裂片长2.0~3.0cm，宽约1.0cm（产于伏牛山区）……**陕西假瘤蕨P. shensiensis**(Christ) Pic. Serm.

2.侧生裂片卵状披针形，先端短渐尖，边缘具突尖锯齿，基部1对裂片向后反折；孢子囊群居中着生；叶柄长5.0~10cm；叶片长10~15cm，宽6.0~12cm，裂片长5.0~8.0cm，宽1.5~2.0cm（产于大别山、伏牛山区南部）……………………………… **交连假瘤蕨P. conjuncta**(Ching) Pic. Serm.

6. 星蕨属 Microsorum Link

江南星蕨M. fortunei(T. Moore) Ching，产于大别山、桐柏山、伏牛山区南部。

根状茎长而横走，淡绿色，先端被棕色卵状披针形鳞片。叶柄长5.0~15cm；叶片线状披针形，长20~50cm，宽2.0~5.0cm，基部渐狭，下延，两面无毛；孢子囊群圆形，橙黄色，近主脉两侧排为1(2)行，无盾状隔丝，无囊群盖。

7. 石蕨属 Saxiglossum Ching

石蕨S. angustissimum(Gies.) Ching，产于大别山、桐柏山、伏牛山区。

根状茎细长横走，密生红棕色披针形盾状着生的鳞片。叶几无柄，基部有关节；叶片线形，宽2.0~3.5mm，边缘强烈反卷，下面密被黄色星状毛。孢子囊群线形，在主脉与叶缘之间排为1行，幼时全被反卷的叶缘覆盖。

8. 石韦属 Pyrrosia Mirbel

1.叶二型或近二型。

2.叶片通常向上卷；孢子叶的叶柄远长于叶片，可为叶片长的2.0~3.0倍；孢子囊群成熟时汇合；侧脉不明显（产于各山区）………………………………………………………………… **有柄石韦P. petiolosa**(Christ) Ching

2.叶片不反卷，平展；孢子叶的叶柄与叶片几等长；孢子囊群常不汇合；侧脉明显（记载产于大别山、桐柏山及伏牛山区南部，未见标本）……

…………………………………………………… 石韦**P. lingua**(Thunb.) Farw.

1.叶一型。

3.叶片长圆形、长圆状披针形或宽披针形，基部不狭缩，阔圆形、截形、圆耳形或心形，往往不对称。

4.叶片长8.0~15cm，宽4.0~6.0cm，基部阔圆形或近截形；软革质，下面密生棕色蓬松星状毛（产于伏牛山区）…………………………………………………………………… **毡毛石韦P. drakeana**(Franch.) Ching

4.叶片长20~40cm，宽3.0~5.0cm，基部圆耳形或心形，坚革质，下面被黄色紧密星状毛（产于大别山、桐柏山、伏牛山区南部）…………………………………………………………… **庐山石韦P. sheareri**(Bak.) Ching

3.叶片线形或线状披针形，基部对称，渐变狭、楔形下延；叶革质。

5.根状茎短，横走或斜升；叶簇生或近生，叶片下面幼时被白色细长星芒状毛，老时光滑，呈绿色（记载产于淅川、西峡，未见标本）……………………………………………………… **光石韦P. calvata**(Bak.) Ching

5.根状茎长而横走；叶远生，下面被星芒状毛。

6.叶片线形，宽3.0~10mm，下面疏被细长灰白星芒状毛(产于大别山、桐柏山、伏牛山区南部) ………… **相近石韦P. assimilis**(Bak.) Ching

6.叶片线状披针形，宽8.0~15mm，下面密被短而细的黄棕色星芒状毛（产于各山区）………………………… **华北石韦P. davidii**(Bak.) Ching

9. 水龙骨属 Polypodiodes Ching(Polypodium L.)

1.根状茎绿色，有白粉，疏被披针形鳞片；叶裂片全缘，两面密被白色短柔毛或下面较密（产于大别山、桐柏山、伏牛山区南部）…………………………………………………………… **日本水龙骨P. niponica**(Mett.) Ching

1.根状茎无白粉，密被鳞片；叶裂片边缘具较疏钝锯齿或浅缺刻状锯齿，两面无毛或近无毛。

2.根状茎鳞片乌黑色；叶侧生裂片宽4.0~8.0mm，彼此远离；孢子囊群近裂片中脉着生（产于大别山、桐柏山、伏牛山区）……………………………………………………… **中华水龙骨P. chinensis**(Christ) S. G. Lu

2.根状茎鳞片棕色；叶侧生裂片宽15~18mm，彼此接近；孢子囊群生于裂片中脉与边缘中间（记载产于大别山及伏牛山区南部，未见标本）……
……………………………………**友水龙骨P. amoena**(Wall. ex Mett.) Ching

二九、槲蕨科 Drynariaceae

槲蕨属 Drynaria(Bory) J. Sm.

1.孢子囊群在裂片中肋两侧排为多行，在侧脉间排为1行；不育叶厚革质，网眼不透明，长3.0~5.0cm，宽2.0~4.0cm，浅裂（栽培药用）………………
………………………………… **槲蕨D. roosii** Nak. (*Polypodium fortunei* Kze.)

1.孢子囊群在裂片中肋两侧各排为1行；不育叶质薄，网眼透明，长5.0~15cm，宽3.0~6.0cm，羽状深裂(记载产于卢氏、灵宝，未见标本) ……
………………………… **秦岭槲蕨D. sinica** Diels〔*D. baronii*(Christ) Diels〕

三〇、剑蕨科 Loxogrammaceae

剑蕨属 Loxogramme(Bl.) C. Presl

1.植株高3.0~10(15)cm；叶匙形或倒披针形，长5.0~8.0cm，宽5.0~10mm；孢子囊群2~5对（产于大别山、伏牛山区南部）………………………………
……………………………………… **匙叶剑蕨L. grammitoides**(Bak.) C. Chr.

1.植株高20~35cm；根状茎细长而横走；叶宽10~35mm；孢子囊群10对以上。

2.叶柄淡绿色，基部不变黑；叶披针形，长12~30cm，中部宽10~15(30)mm，全缘（产于大别山、伏牛山区南部）………………………………
………………………………………**柳叶剑蕨L. salicifolia**(Maxim.) Makino

2.叶柄常紫黑色，基部变黑；叶线状倒披针形，长10~35cm，宽15~25(35)mm（产于大别山、伏牛山区南部）…………… **褐柄剑蕨L. duclouxii** Christ

三一、蘋科 Marsileaceae

蘋属 Marsilea L.

蘋（田字草）M. quadrifolia L.，产于各地。

水生；根状茎细长横走，有支根。叶柄细长柔弱，4枚小叶“十”字形排列于叶柄顶端；小叶倒三角形，长1.0~3.0cm，外缘半圆形，两侧楔形，全缘。孢子果卵圆形，长2.0~4.0mm，常2~4枚生于叶柄基部，具长10~25mm的柄。

三二、槐叶蘋科 Salviniaceae

槐叶蘋属 Salvinia Adans.

槐叶蘋S. natans(L.) All.，产于各地。

漂浮植物；茎横走，密生褐色节状短毛，无根。叶二型，3片轮生，呈3行排列，其中1列沉水叶变为须根状，另2列叶漂浮水面；漂浮叶长圆形，长8.0~12mm，宽5.0~6.0mm。

三三、满江红科 Azollaceae

满江红属 Azolla Lam.

1.大孢子囊外有9个浮漂，泡胶块上仅有少数单一或不规则分支的丝状毛；侧枝明显腋生，其数目与茎叶数相等（产于各地）……………………………………………………………………………… **满江红A. imbricata**(Roxb.) Nakai

变种：**多果满江红**var. **prolifera** Y. X. Lin，植株秋末时产生大量不同大小孢子果（比例达1∶1），冬季植株死亡（桐柏）。

1.大孢子囊外面有3个浮漂，泡胶块上有锚状毛；侧枝腋外生，其数目较茎叶数少（产于各地）…………………………… **细叶满江红A. filiculoides** Lam.

河南裸子植物门各科分属、分种检索表

一、苏铁科 Cycadaceae

苏铁属 Cycas L.

1.叶的羽片宽(3.0)4.0~6.0mm，厚革质，边缘反卷；大孢子叶上部的顶片卵形至长卵形，边缘羽状分裂，裂片条形（各地盆栽）……………………………………………………………………………………………… **苏铁C. revoluta** Thunb.

1.叶的羽片宽(8.0)10~15mm，薄革质，边缘平或微反卷；大孢子叶上部顶片窄匙形或披针形，边缘具三角状齿（盆栽）…… **华南苏铁C. rumphii** Miq.

二、银杏科 Ginkgoaceae

银杏属 Ginkgo L.

银杏（白果）**G. biloba** L.，各地栽培。

落叶乔木。叶扇形，上部宽5.0~8.0cm，中央有缺刻或2裂，具叉状细脉，在长枝上螺旋状排列。雌雄异株；雄球花柔荑状；雌球花具长梗，生1个直立胚珠。

三、南洋杉科 Araucariaceae

南洋杉属 Araucaria Juss.

南洋杉A. cunninghamii Sweet，栽培。

常绿乔木；侧生小枝近羽状排列，下垂。叶二型，卵形或三角状卵形，背腹扁。球果长6.0~10cm；苞鳞先端有反曲的尾状长尖；种子两侧有膜质翅，翅较苞鳞为宽。

四、松科 Pinaceae

1.叶条形，扁平或具四棱。
　2.枝均为长枝，无短枝；叶常绿。
　　3.小枝有显著隆起的叶枕；叶四棱状或扁棱状条形或条形扁平，无柄；球果生于枝顶，下垂 ………………………………… **4.云杉属Picea**
　　3.小枝有微隆起的叶枕或叶枕不明显，或无叶枕；叶扁平，具短柄。
　　　4.球果腋生，直立；种鳞脱落；小枝上无隆起的叶枕；叶上面中脉凹，稀隆起 ………………………………………… **2.冷杉属Abies**
　　　4.球果生于枝顶，种鳞宿存。
　　　　5.球果直立，形大；种子连同种翅几与种鳞等长；叶上面中脉隆起；小枝上无隆起叶枕；雄球花簇生枝顶 …… **1.油杉属Keteleeria**
　　　　5.球果下垂，形小；种子连同翅较种鳞为短；叶上面中脉凹下或微凹，稀平或微隆起；小枝上有隆起或微隆起的叶枕，雄球花单生叶腋 ………………………………………………… **3.铁杉属Tsuga**
　2.枝有长枝和短枝；叶扁平，落叶性。
　　6.叶较窄，宽1.5~1.8mm；种鳞宿存；雄球花单生短枝顶；芽鳞先端钝 ………………………………………………………… **5.落叶松属Larix**
　　6.叶较宽，宽2.0~4.0mm；种鳞脱落；雄球花数个簇生短枝顶；芽鳞先端尖 ……………………………………… **6.金钱松属Pseudolarix**
1.叶针形，常绿性；枝有长枝和短枝之分。

7.叶在长枝上螺旋状着生，在短枝上簇生，均不成束 ……… **7.雪松属Cedrus**

7.叶通常2、3、5针、稀7~8针1束，生于苞片状鳞叶的腋部，着生于极度退化的短枝顶端，基部包以由芽鳞组成的鞘 ……………………………… **8.松属Pinus**

1. 油杉属 Keteleeria Carr.

铁坚油杉K. davidiana(Bertr.) Beissn.，新县连康山，鸡公山有栽培。

常绿乔木；一年生枝常有毛。叶在侧枝上2列、条形，长2.0~5.0cm，宽3.0~4.0mm，两面中脉隆起，下面有2条灰白色气孔带。球果直立，长达20cm；种鳞卵形或斜方卵形，边缘有细缺齿，先端反曲；苞鳞先端3裂。

2. 冷杉属 Abies Mill.

1.球果的苞鳞上端露出或微露出。

2.一年生枝红褐色或微带黄色，无毛；球果成熟时紫黑色或红褐色（产于伏牛山区）…………………………………… **巴山冷杉A. fargesii** Franch.

2.一年生枝淡黄色，凹槽中有细毛或无毛；球果成熟时黄褐色或灰褐色（鸡公山栽培）……………………………… **日本冷杉A. firma** Sieb. et Zucc.

1.球果的苞鳞长约为种鳞的3/4，不外露；一年生枝淡灰黄色或淡褐黄色（内乡、南召、灵宝有野生，鸡公山栽培）…………………………………………………………………………………………… **秦岭冷杉A. Chensiensis** Van Tiegh.

3. 铁杉属 Tsuga Carr.

铁杉T. chinensis(Franch.) Pritz.，产于伏牛山区。

常绿乔木；一年生枝细、淡黄色或淡灰黄色，有纵槽，槽内生毛。叶线形、2列，长12~27mm，宽2.0~2.5mm。球果卵形，下垂，长15~27mm，径8.0~15mm。

4. 云杉属 Picea Dietr.

1.叶横切面四方形或菱形，四面均有气孔线。

2.一年生长枝被毛，稀无毛，颜色通常较深，褐色；小枝基部宿存的芽鳞先端或多或少向外反曲，或仅先端的芽鳞向外伸或微反曲。

3.一年生枝有白粉；叶先端尖（栽培）…………… **云杉P. asperata** Mast.

3.一年生枝无白粉；叶先端钝尖或钝（栽培）……………………………………………………………………………… **白杄P. meyeri** Rehd. et Wills.

2.一年生枝无毛（青杄偶疏生短毛）；色较浅，淡黄绿色、淡黄灰色、淡黄色或微带褐色，无白粉；小枝基部宿存的芽鳞先端紧贴小枝。

4.叶长8.0~18mm、宽约1.0mm；球果长5.0~8.0cm、径2.5~4.0cm；种鳞倒卵形，长14~17mm、宽10~14mm（栽培）……… **青杄P. wilsonii** Mast.

4.叶长15~25mm，宽约2.0mm；球果长8.0~14cm，径5.0~6.5cm；种鳞宽倒卵状五角形或斜方状卵形，中部者长约27mm，宽27~30mm（产于内乡）……………………………………………… **大果青杄P. neoveitchii** Mast.

1.叶横切面扁平，下面无气孔线，长1.0~2.0(2.5)cm；小枝下垂（产于西峡、内乡）……………………………………… **麦吊云杉P. brachytyla**(Franch.) Pritz.

5. 落叶松属 Larix Mill.

1.球果种鳞的上部边缘不向外反曲或微反曲；一年生枝淡黄色、黄色、淡褐黄色或淡褐色，无白粉。

2.球果中部的种鳞长大于宽，近五角状卵形；一年生长枝幼时有毛，后变无毛，短枝顶端叶枕间有黄褐色或淡褐色柔毛（栽培）……………………………………………… **华北落叶松L. principis-rupprechtii** Mayr

2.球果中部的种鳞长近等于宽，广卵形常成四方状或近方圆形，一年生枝常密生或散生长毛或短毛（栽培，见于卢氏、栾川、鸡公山）…………………………………………………………………… **黄花落叶松L. olgensis** Henry

1.球果种鳞的上部边缘显著地向外反曲，种鳞卵状矩圆形或卵方形，背面有褐色细小疣状突起和短粗毛；一年生枝淡紫褐色，有白粉（栽培，见于卢氏、栾川、鸡公山）………………… **日本落叶松K. kaempferi**(Lamb.) Carr.

6. 金钱松属 Pseudolarix Gord.

金钱松P. amabilis(Nelson) Rehd.，产于固始、商城、鸡公山。

落叶乔木，有长、短枝。叶在短枝上簇生，平展轮状，秋后呈金黄色，长3.0~7.0cm，宽2.0~3.5mm，背面中脉两侧有2条气孔带。球果长6.0~7.5cm，径4.0~5.0cm；苞鳞长约为种鳞之半或更短。

7. 雪松属 Cedrus Trew.

雪松C. deodara(Roxb.) G. Don，各地栽培。

常绿乔木，有长、短枝，大枝不规则轮生状、平展。叶针形，长3.0~5.0cm。球果长7.0~10cm，宽5.0~8.0cm。种鳞倒三角形，背面被锈色毛。

8. 松属 Pinus L.

1.叶鞘早落，针叶基部的鳞叶不下延，叶内具1条维管束。

2.种鳞的鳞脐顶生，无刺状尖头；针叶常5针1束。

3.种子无翅或具极短翅。

4.球果成熟时种鳞不开张或微开张，种子不脱落；小枝密生毛；针叶长4.0~8.0cm，直径不及1.0mm，常绿灌木（栽培）…………………………………………………………………… **偃松P. pumila**(Pall.) Regel

4.球果成熟时种鳞开张，种子脱落；小枝无毛。

5.种鳞的鳞盾边缘不反曲或微反曲；种子倒卵圆形，种皮厚；一年生枝绿色或灰绿色（产于太行山、伏牛山区）…………………………………………………………………… **华山松P. armandii** Franch.

5.种鳞的鳞盾边缘明显向外反卷；种子倒卵状椭圆形，种皮薄；一年生枝淡黄色或微带褐色（产于大别山区、商城）……… **大别山五针松P. dabeshanensis** Cheng et Law(*P. anhweiensis* Cheng et Law)

3.种子具结合而生的长翅；针叶长3.0~5.5cm，直径不及1.0mm；小枝有密毛（栽培，见于鸡公山）…… **日本五针松P. parviflora** Sieb. et Zucc.

2.种鳞的鳞脐背生，有刺；针叶3针1束；一年生小枝近平滑（产于太行山、伏牛山区）………………………… **白皮松P. bungeana** Zucc. ex Endl.

1.叶鞘宿存，稀脱落；针叶基部的鳞叶下延，叶内具2条维管束；种鳞的鳞脐背生，种子上部具长翅。

6.枝条每年生1轮，一年生小球果生于近枝顶。

7.针叶2针1束，稀3针1束。

8.叶内树脂道边生。

9.一年生枝有白粉或微有白粉，淡黄色或红黄色；树干上部树皮红褐色（栽培，产于鸡公山）…………… **赤松P. densiflora** Sieb. et Zucc.

9.一年生枝无白粉（马尾松偶有白粉，但针叶细长、柔软，鳞脐无刺）。

10.针叶粗硬，径约1.5mm；鳞盾肥厚隆起，鳞脐有短刺（产于太行山、伏牛山区）……………………… **油松P. tabulaeformis** Carr.

10.针叶细柔，径1.0mm或不及1.0mm；鳞盾平或微隆起，鳞脐无刺（产于大别山、桐柏山、伏牛山区南部）…………………………………………………………………… **马尾松P. massoniana** Lamb.

8.叶内树脂道中生；球果长3.0~6.0cm。

11.冬芽深褐色（产于大别山区）…………………………………………………… **黄山松P. taiwanensis** Hayata(*P. hwangshanensis* Hsia)

11.冬芽银白色（栽培，见于郑州、鸡公山）…………………………………………………………………………… **黑松P. thunbergii** Parl.

7.针叶3针1束，稀与2针1束并存。

12.球果长4.0~7.0cm，径2.5~4.0cm；鳞脐无刺；针叶细柔，径约1.0mm或不及1.0mm ……………………………… **马尾松P. massoniana** Lamb.

12.球果长8.0~20cm，径6.0~11cm；鳞脐有后反的粗刺；针叶粗硬而扭曲，径1.2~1.5mm（栽培，见于鸡公山）………………………………………………………………………… **西黄松P. ponderosa** Dougl. ex Laws.

6.枝条每年生长2至数轮；一年生小球果生于小枝侧面。

13.叶3针1束，或3、2针并存，稀2针1束。

14.叶3针1束，稀2针1束，径约1.5mm，树脂道通常2个（稀至4个），中生，稀1个内生；鳞脐具渐尖的锐刺。栽培（产于商城、新县、鸡公山）…………………………………………………… **火炬松P. taeda** L.

14.叶3、2针1束并存，径约2.0mm，树脂道2~10个，内生，有时1~2个中生；鳞脐具长不及1.0mm的急尖头（栽培，见于商城、新县、鸡公山）……………………………………………… **湿地松P. elliottii** Engelm.

13.叶2针1束。

15.针叶长2.0~4.0cm，径约2.0mm；球果常弯曲，不对称（栽培，见于鸡公山）………………………………… **北美短叶松P. banksiana** Lamb.

15.针叶长12~20cm，直径约1.0mm ·················· **马尾松P. massoniana** Lamb.

五、杉科 Taxodiaceae

1.叶由2枚叶合生而成，两面中央有1槽，长5.0~15cm，生于鳞状叶腋部，集生于不发育的短枝顶端，在枝端辐射开展，呈伞形 ········· **1.金松属Sciadopitys**

1.叶为单生，在枝上螺旋状散生，稀对生。

2.叶和种鳞均为螺旋状着生。

3.球果的种鳞（或苞鳞）扁平。

4.常绿；叶条状披针形，有锯齿；种鳞或苞鳞革质，能育种鳞有3粒种子；种子两侧有翅 ································ **2.杉木属Cunninghamia**

4.半常绿，有条形叶的侧生小枝冬季脱落，鳞形叶的小枝不脱落；种鳞木质，能育种鳞有2粒种子；种子下端有长翅 ························ ·· **3.水松属Glyptostrobus**

3.球果的种鳞盾形，木质。

5.常绿；雄球花单生或集生枝顶；能育种鳞有2~9粒种子；种子扁平。

6.叶钻形；球果近无柄，直立，种鳞上部有3~7枚裂齿 ·············· ·· **4.柳杉属Cryptomeria**

6.叶条形，2列排列；球果有柄，下垂，种鳞无裂齿 ················· ·· **5.北美红杉属Sequoia**

5.落叶或半常绿，侧生小枝冬季脱落；叶条形或钻形；雄球花排为圆锥花序状；能育种鳞有2粒种子；种子三棱形 ·························· ·· **6.落羽杉属Taxodium**

2.叶和种鳞均对生；叶条形，排成2列，侧生小枝连叶于冬季脱落 ········ ·· **7.水杉属Metasequoia**

1. 金松属 Sciadopitys Sieb. et Zucc.

金松S. verticillata(Thunb.) Sieb. et Zucc.，栽培，见于鸡公山。

常绿乔木，枝有长短枝。线形叶由2枚稍畸形发育的针叶合生而成，长

5.0~15cm，两面中间有纵槽，在短枝顶端簇生；鳞形叶长约4.0mm。雌球花单生枝顶；球果长8.0~12cm。

2. 杉木属 Cunninghamia R. Br.

1.叶绿色，上面无明显的白粉，仅下面有2条白粉气孔带。栽培（产于河南南部）…………………………………… **杉木C. lanceolata**(Lamb.) Hook.

1.叶灰绿色或蓝绿色，两面均有明显的白粉（栽培，见于河南南部）……………………………………………………… **灰叶杉木C. lanceolata** 'Glauca'

3. 水松属 Glyptostrobus Endl.

水松 G. pensilis(Stanut.) K. Koch，栽培，见于大别山、鸡公山。

半常绿性乔木，小枝绿色。鳞叶长约2.0mm，条形叶长1.0~3.0cm。球果长约2.0cm。

4. 柳杉属 Cryptomeria D. Don

1.叶先端向内弯曲；苞鳞的尖头和种鳞先端的裂齿较短，裂齿长2.0~4.0mm，每种鳞有2粒种子（栽培，见于大别山、鸡公山、郑州等地）……………………………………………… **柳杉C. fortunei** Hooibrenk ex Otto et Dietr.

1.叶直伸，先端常不内曲或微内曲；苞鳞的尖头或种鳞先端的裂齿较长，裂齿长6.0~7.0mm，每种鳞有2~5粒种子；栽培（见于大别山区）……………………………………………………………**日本柳杉C. japonica**(L. f.) D. Don

5. 北美红杉属 Sequoia Endl.

北美红杉S. sempervirens(Lamb.) Endl.，栽培，见于鸡公山。

常绿乔木，树皮绿色。线形叶长10~25mm，互生，基部扭转成2列；鳞状锥形叶长1.0~5.0mm，紧贴小枝。珠鳞15~20枚，螺旋状排列。球果卵球形、下垂。

6. 落羽杉属 Taxodium Rich.

1.叶条形，扁平，羽状排列成2列，长10~15mm；大枝水平伸展（栽培，见于鸡公山）…………………………………………… **落羽杉T. distichum**(L.) Rich.

1.叶钻形，不排为2列，长4.0~10mm；大枝向上斜展（栽培，见于鸡公山）
池杉T. ascendens Brongn.

7. 水杉属 Metasequoia Miki ex Hu et Cheng

水杉M. glyptostroboides Hu et Cheng，栽培，见于各地。

落叶乔木，小枝对生或近对生。叶条形，长1.2~2.0cm，扁平，交互对生，基部扭转，排为2列，冬季与无芽小枝同时脱落。球果近球形，长宽均1.6~2.5cm，梗长2.0~4.0cm。

六、柏科 Cupressaceae

1.球果的种鳞木质或近革质，熟时张开，种子通常有翅，稀无刺。
2.种鳞扁平或鳞背隆起，但不为盾形；球果当年成熟。
3.鳞叶较大，两侧的鳞叶长4.0~7.0mm，下面有明显的宽白粉带；发育的种鳞各具3~5粒种子 ………………………………… **1.罗汉柏属Thujopsis**
3.鳞叶小，长4.0mm以内，下面无明显白粉带；发育种鳞各具2粒种子。
4.鳞叶长1.0~2.0mm；球果中间2~4对种鳞有种子。
5.生鳞叶的小枝平展或近平展；种鳞4~6对，鳞背无尖头；种子两侧有窄翅 ………………………………………………… **2.崖柏属Thuja**
5.生鳞叶小枝直伸或斜展；种鳞4对，鳞背有1尖头；种子无翅 …… ……………………………………………… **3.侧柏属Platycladus**
4.鳞叶长2.0~4.0mm；球果中间仅1对种鳞有种子，种子上部具2个不等长的翅 ………………………………………… **4.翠柏属Calocedrus**
2.种鳞盾形；球果翌年或当年成熟。
6.鳞叶小，长2.0mm以内；种子两侧具窄翅。
7.生鳞叶的小枝不排列成平面，或很少排成平面；球果翌年成熟；发育种鳞各具5至多粒种子 ………………………… **5.柏木属Cupressus**
7.生鳞叶的小枝平展，排列成平面（某些栽培变种例外）；球果当年成熟，发育种鳞各具3（2~5）粒种子 ………**6.扁柏属Chamaecyparis**
6.鳞叶较大，两侧的鳞叶长3.0~6.0(10)mm；种子上部具2个大小不等的

翅 ……………………………………………………… **7.福建柏属Fokienia**

1.球果肉质，熟时不张开或仅顶端微张开；每球果具1~6粒无翅的种子。

8.叶全为刺叶或鳞叶，或刺、鳞叶兼有；刺叶基部无关节，下延生长；球花单生枝顶；雌球花具3~8枚轮生或交互对生的珠鳞 … **8.圆柏属Sabina**

8.叶全为刺叶，基部有关节，不下延；球花单生叶腋；雌球花具3枚轮生的珠鳞 ……………………………………………………… **9.刺柏属Juniperus**

1. 罗汉柏属 Thujopsis Sieb. et Zucc.

罗汉柏T. dolabrata(L.f.) Sieb. et Zucc.，栽培，见于鸡公山。

乔木常呈灌木状，树皮红褐色。鳞叶长4.0~7.0mm，宽1.5~2.5mm，交互对生；侧面鳞叶对折，覆压于中央鳞叶的边缘。球果近球形，长2.0~15mm，种鳞6~8对，木质，熟时张开。

2. 崖柏属 Thuja L.

1.中央鳞叶尖头下方有明显的透明腺点；各地栽培 ……………………………………………………………………………… **北美香柏T. occidentalis** L.

1.中央鳞叶尖头下方无腺点。（栽培，见于鸡公山）……………………………………………………………………… **日本香柏T. standishii**(Gord.) Carr.

3. 侧柏属 Platycladus Spach

1.乔木，主干明显（产于各地）………………… **侧柏P. orientalis**(L.) Franco

1.灌木，无主干，枝丛生密集；（栽培，见于各地）……………………………………………………………………… **千头柏P. orientalis** 'Sieboldii'

4. 翠柏属 Calocedrus Kurz

翠柏C. macrolepis Kurz；栽培，产于各地市。

乔木，小枝扁平，互生，排为一平面。鳞叶交互对生，两侧的鳞叶对折、覆压于中央鳞叶边缘。小枝下面的叶有白粉及气孔点。球果长圆形，长12~15mm，种鳞3对。

5. 柏木属 Cupressus L.

柏木C. funebris Endl.，栽培，见于郑州、鸡公山。

乔木，小枝细长下垂，生鳞叶小枝扁平，排为一平面。鳞叶长1.0~1.5mm，先端尖，中间的鳞叶背面有纵腺体。球果圆球形，径8.0~12mm，种鳞4对。

6. 扁柏属 Chamaecyparis Spach

1.鳞叶先端钝或钝尖，常无腺点。

2.鳞叶先端钝，肥厚；球果径8.0~10mm，种鳞4对。（栽培，见于黄柏山、鸡公山、郑州、洛阳等地） **日本扁柏C. obtusa**(Sieb. et Zucc.) Endl.

2.鳞叶先端常钝尖，较薄；球果径10~11mm，种鳞4~5对（栽培，见于商城、新县、郑州、洛阳等地）………………………………… **台湾扁柏 C. obtusa** var. **formosana**(Hayata) Rehd.(C. *taiwanensis* Masam. et Suzuki)

1.鳞片先端锐尖，背面具1个不明显的腺点，球果径约5.0mm，种鳞5对（栽培，见于鸡公山、黄柏山、郑州、洛阳等地）………………………………………………………………………… **日本花柏C. pisifera**(Sieb. et Zucc.) Endl.

品种1：**线柏 'Filifera'** 小枝纤细，下垂。

品种2：**绒柏 'Squarrosa'** 叶4~5枚轮生，扁平刺状，柔软，长6.0~8.0mm。

品种3：**羽叶花柏 'Plumosa'** 鳞叶钻形，柔软，开展呈羽毛状，长3.0~4.0mm。

7. 福建柏属 Fokienia Henry et Thomas

福建柏F. hodginsii(Dunn) Henry et Thomas，栽培，见于鸡公山、信阳、栾川、郑州等地。

乔木，树皮紫褐色。鳞叶长4.0~7.0mm，宽1.0~3.0mm，交互对生，中央鳞叶紧贴，两侧鳞叶对折，下面有白粉。球果近球形，径2.0~2.5cm，种鳞6~8对。

8. 圆柏属 Sabina Mill.

1.叶全为刺形叶，3叶轮生，稀交互对生。

2.球果2~3粒种子；匍匐灌木；叶上面鲜绿色，中脉两侧有2条气孔线，下面蓝绿色（栽培观赏，见于各城镇庭园）……………………………………………………………… **铺地柏S. procumbens**(Endl.) Iwata et Kusaka

2.球果仅1粒种子；匍匐或直立灌木，枝密多叶，叶上下两面浓被白粉。

3.直立灌木，枝条上伸；叶长6.0~10mm（栽培观赏）……………………………………………… **粉柏S. squamata**(Buch.-Ham.) Ant.‘Meyeri’

3.匍匐灌木，枝条平展或下垂；叶长3.0~8.0mm ……………………………………………………… **爬粉柏S. squamata**‘Prostrata’

1.叶全为鳞叶，或鳞叶与刺叶共存，或幼树全为刺形叶；球果常具2~3粒种子，有时仅有1粒或多至5粒种子。

4.鳞叶先端急尖或渐尖，腺体位于叶背中下部或近中部；生鳞叶小枝常呈四棱形；幼树刺叶交互对生，不等长（栽培）…………………………………………………………………… **北美圆柏S. virginiana**(L.) Ant.

4.鳞叶先端钝，腺体位于叶背中部；生鳞叶的小枝圆柱形或微呈四棱形；刺叶3枚轮生或交互对生，等长，球果具1~4粒种子。

5.乔木；如有刺叶则3枚轮生，长8.0~12mm。

6.小枝不下垂；刺叶长6.0~12mm（栽培，见于各地）…………………………………………………… **圆柏S. chinensis**(L.) Ant.

品种1：**龙柏‘Kaizuca’**幼枝在枝端成几等长之密簇，扭转上升；叶为鳞叶、密生，有时幼枝基部有刺叶。

品种2：**金叶桧‘Aurea’**小枝及叶茂密，多不见树干；全为鳞叶，幼叶金黄色，后变绿。

品种3：**塔柏‘Pyramidalis’**分枝近直立，密生，树冠圆柱形；叶几全为刺形。

品种4：**球柏‘Globosa’**灌木，枝短而密集，形成近球形或头状树冠；　叶常为鳞叶。

品种5：**金球柏‘Aureoglobosa’**形似球柏，但杂以金黄色枝叶。

6.小枝长而下垂（栽培）……………………………………………… **垂枝圆柏S. chinensis** f. **pendula**(Franch.) Cheng et W. T. Wang

5.平卧灌木；如有刺叶则交互对生，长3.0~6.0mm（栽培，见于郑州、洛阳等地）… **偃柏S. chinensis** var. **sargentii**(Henry) Cheng et W. T. Wang

9. 刺柏属 Juniperus L.

1.叶上面沿槽有1条白色气孔带。

2.叶上面成深槽，白色带较绿色边缘为窄；球果被白粉；小枝下垂（栽培，见于郑州、洛阳、灵宝、新乡等地）…… **杜松*J. rigida*** Sieb. et Zucc.

2.叶上面成浅槽，白色带较绿色边缘为宽；球果无白粉；小枝斜升（栽培，见于郑州、开封）……………………………… **欧洲刺柏*J. communis*** L.

1.叶上面中脉绿色，两侧各有1条白色、稀紫色或绿色气孔带；球果被白粉；刺叶长12~20mm（栽培，各地公园常见）……… **刺柏*J. formosana*** Hayata

七、罗汉松科 Podocarpaceae

罗汉松属 Podocarpus L.' Her. ex Pers.

1.叶无中脉，有多数平行细脉，对生或近对生，卵形、卵状披针形或椭圆状卵形，长5.0~9.0cm、宽15~25mm（公园栽培）…………………………………………………………………… **竹柏*P. nagi***(Thunb.) Zoll. et Mor. ex Zoll.

1.叶有明显中脉，螺旋状排列，稀近对生，条状披针形。

2.叶长7.0~12cm、宽7.0~10mm（栽培）……………………………………………………………… **罗汉松*P. macrophyllus***(Thunb.) D. Don

2.叶长2.5~7.0cm、宽3.0~7.0mm …………………………………………………………… **短叶罗汉松*P. macrophyllus*** var. ***maki***(Sieb.) Endl.

八、粗榧科 Cephalotaxaceae

粗榧属 Cephalotaxus Sieb. et Zucc.

1.叶披针状条形，长4.0~13cm，宽3.5~4.5mm，基部楔形或宽楔形；雄球花8~10朵聚生为头状，总花梗通常长6.0~8.0mm（产于大别山、桐柏山、伏牛山区）……………………………………………… **三尖杉*C. fortunei*** Hook. f.

1.叶条形，长2.0~5.0cm，宽约3.0mm，通常直，稀微弯，基部近圆形；雄球花6~7朵聚生为头状，总花梗长约3.0mm（产于伏牛山、桐柏山、大别山区）……………………………………………… **粗榧C. sinensis** (Rehd. et Wils.) Li

九、红豆杉科 Taxaceae

1.叶下面有明显中脉，下面有2条淡黄色或淡灰色气孔带；雄球花矩圆形；雌球花单生；种子生于红色杯状的假种皮中，上部露出；叶螺旋状排列，小枝不规则互生 …………………………………………………… **1.红豆杉属Taxus**

1.叶下面中脉不明显或微明显，下面有2条白色气孔带；雄球花球形；雌球花2朵对生；种子全部包于绿色或带紫色的肉质假种皮中；叶交互对生，小枝近对生或轮生 …………………………………………………… **2.榧树属Torreya**

1. 红豆杉属 Taxus L.

1.叶较短，条形，微呈镰状或较直，长1.5~2.0(3.0)cm，宽2.0~3.0(4.0)mm，上部微渐窄，先端具微急尖或急尖头，下面中脉带上密生均匀而微小圆形角质乳头状突起，其色泽常与气孔带相同；种子多呈卵圆形，稀倒卵圆形（产于太行山、伏牛山区）………………… **红豆杉T. chinensis**(Pilg.) Rehd.

1.叶较宽大，披针状条形或条形，常呈弯镰状，长2.0~3.5cm，宽3.0~4.5mm，上部渐狭或微窄，先端常渐尖，下面中脉带色泽与气孔带不同，其上无角质乳头状突起，或在与气孔带相邻的中脉两边有1至数行或片状分布的角质乳头状突起；种子多呈倒卵圆形，稀柱状矩圆形（产于济源、修武、灵宝）………… **南方红豆杉T. chinensis** var. **mairei**(Lemee et Lévl) Cheng et L. K. Fu

2. 榧树属 Torreya Arn.

1.叶下面气孔带常与中脉带等宽，绿色边带与气孔带等宽或稍宽；种子长2.0~4.5cm，径1.5~2.5cm，胚乳周围向内微皱（栽培，见于洛阳、鸡公山）……………………………………………… **榧树T. grandis** Fort. ex Lindl.

1.叶下面气孔带较中脉带为窄，绿色边带宽约为气孔带的2倍；种子长2.0~2.5cm，径约1.5cm，胚乳周围显著向内深皱（产于商城）……………

…………………………………………………… 巴山榧树**T. fargesii** Franch.

一〇、麻黄科 Ephedraceae

麻黄属 Ephedra Tourn. ex L.

1.膜质鞘状叶上部2裂，仅个别枝上3裂；种子1~2粒。

2.常无直立木质茎，呈草本状，高20~40cm，小枝节间长3.0~4.0cm，径约2.0mm；种子2粒（产于河南西北部） …………… **草麻黄E. sinica** Stapf

2.一般有直立木质茎，呈灌木状，高达1.0m；小枝节间长1.0~2.5cm，径约1.0mm；种子通常1粒（栽培） …………… **木贼麻黄E. equisetina** Bge.

1.膜质鞘状叶上部3裂与2裂并存；种子3(2)粒；植株高达1.0m多，小枝节间长3.0~6.0cm，径2.0~3.0mm（栽培） ……………………………………………… …………………………………………… **中麻黄E. intermedia** Schrenk ex Mey.

河南被子植物门各科分属、分种检索表

一、三白草科 Saururaceae

1.总状花序，基部无总苞片；雄蕊6或8枚；植株无腥臭气味 ……………………………………………………………………………… **1.三白草属Saururus**

1.穗状花序，基部有4枚白色花瓣状的总苞片；雄蕊3枚；腥臭草本 ……………………………………………………………………………… **2.蕺菜属Houttuynia**

1. 三白草属 Saururus L.

三白草S. chinensis(Lour.) Baill.，产于大别山、桐柏山至伏牛山区南部。

叶卵形或卵状长圆形，基部心形或耳状心形；总状花序与叶假对生，总状花序下2~3叶常乳白色。雄蕊6枚；心皮4个，合生。

2. 蕺菜属 Houttuynia Thunb.

蕺菜（鱼腥草）**H. cordata** Thunb.，产于伏牛山、桐柏山、大别山区。

有鱼腥气味；叶心形或宽卵形，密生细腺点，叶脉生鳞状突起；穗状花序顶生，与叶假对生，花序下有4枚白色总苞片；雄蕊3枚；心皮3个，合生。

二、金粟兰科 Chloranthaceae

金粟兰属 Chloranthus Swartz

1.半灌木，茎分枝；叶常多对，不集生茎顶，长5.0~11cm，宽2.5~5.0cm；药隔合生成1个卵状体（温室盆栽供观赏）……………………………………………………………… **金粟兰C. spicatus**(Thunb.) Makino

1.多年生草本，茎通常不分枝；叶通常4枚，稀6枚，集生茎顶或上部；药隔不合生成卵状体。

2.药隔长线形，比药室长5.0倍以上；花序单一顶生；中央雄蕊无花药；叶具齿牙状锐锯齿（产于太行山、伏牛山区）… **银线草C. japonicus** Sieb.

2.药隔较短，长不超过药室的3.0倍。

3.叶两面均无毛，椭圆形或卵状披针形（产于大别山、桐柏山至伏牛山区南部）……………………… **及已C. serratus**(Thunb.) Roem. et Schult.

3.叶下面脉上有鳞屑状毛。

4.穗状花序多条，腋生和顶生；雄蕊1~3枚，药隔与药室等长或略较长；果实表面有小腺点（产于伏牛山、桐柏山、大别山区）………………………………………………………………… **多穗金粟兰C. multistachys** Pei

4.穗状花序单一，常二歧或总状分枝，顶生；雄蕊3枚，药隔长为药室的1.0~3.0倍（产于大别山、桐柏山至伏牛山区南部）………………………………………………………………………… **宽叶金粟兰C. henryi** Hemsl.

三、杨柳科 Salicaceae

1.枝有顶芽，芽鳞多数；雌、雄花序均下垂，苞片先端分裂，花盘杯状；叶片通常宽大，叶柄较长 ……………………………………… **1.杨属Populus**

1.枝无顶芽，芽鳞1片；雄花序直立或斜展，雌花序下垂，无杯状花盘，有腺体，苞片全缘；叶片通常狭长，柄较短 ……………………… **2.柳属Salix**

1. 杨属 Populus L.

1.叶缘具裂片，缺刻或波状牙齿；若为锯齿（响叶杨）则叶柄先端具2个大腺体，而边缘无半透明边；苞片边缘具长毛。

2.长枝和萌枝的叶常3~5掌状分裂，下面及叶柄与短枝叶均密被白色茸毛。

3.叶基部阔楔形或圆形，稀微心形或截形；长枝叶浅裂，裂片不对称，先端钝尖；树皮灰白色；枝条斜展，树冠宽大；栽培…………………………………………………………………………… 银白杨**P. alba** L.

3.叶基部截形；长枝叶深裂，侧裂片几对称，先端尖；树皮灰绿色，枝条上举，树冠圆柱形（栽培）……………………………………………………………… 新疆杨**P. alba** var. **pyramidalis** Bge.（*P. bolleana* Louche）

2.长枝和萌枝叶不为3~5掌状分裂，两面、叶柄与短枝叶下面无毛或被灰色茸毛。

4.叶缘具缺刻状或深波状齿；芽被毛。

5.叶先端尖或钝尖；短枝叶常为卵圆形、卵状椭圆形或近圆形，较小，长3.0~8.0cm，宽2.0~7.0cm，叶缘具波状粗齿，齿端尖，内曲（栽培，见于郑州、洛阳等地）…………………………………… 河北杨**P. hopeiensis** Hu et Chow（*P.hopeiensis* var. *pendula* T. B. Chao）

5.叶先端渐尖，短枝叶常为三角状卵形，较大，长7.0~11(18)cm，宽6.5~10.5(15)cm（各地栽培）……………………………………………… 毛白杨**P. tomentosa** Carr. (*P. sinxiangensis* T. B. Chao)

变种1：**截叶毛白杨**var. **truncate** Y. C. Fu et C. H. Wang，树冠浓密；树皮灰绿，光滑，皮孔菱形，小，多为2个以上横连呈线形；短枝叶基部常为截形（郑州、焦作市区、修武县有栽培）。

变种2：**抱头毛白杨**var. **borealisinensis** Yü Nung(var. *fastigiata* Y. H. Wang)，主干明显，树冠狭长，侧枝紧抱主干（产于各地）。

4.叶缘具浅波状齿，若为锯齿时则叶柄先端具2个腺体；芽常无毛，或仅鳞片边缘或基部具毛。

6.叶通常近圆形，短枝叶柄先端无腺体（山杨有时具腺体）。

7.小枝紫褐色或赤褐色，发红，有光泽；叶边缘具密而浅的波状齿，芽无毛（产于太行山、伏牛山区）……………………………

山杨**P. davidiana** Dode (*P. davidiana* var. *rubrolutea* T. B. Chao et W.C.Li)

变型1：**楔叶山杨**f. **laticuneata** Nakai(*P. hopeiensis* var. *ovatifolia* T. B. Chao; *P. hepeiensis* var. *flavid* T. B. Chao et C.W. Chiuan;*P. davidiana* var. *longipetiolata* T. B. Chao)，叶卵圆形，宽菱状圆形，基部宽楔形（产于卢氏、栾川、西峡）。

变型2：**卵叶山杨**f. **ovata** C. Wang et Tung，叶卵形，长4.0~6.0cm，宽2.5~4.5cm，先端急尖，基部圆形或阔楔形，边缘具粗锯齿（产于太行山、伏牛山区）。

7.小枝褐色或暗褐色；叶边缘具疏波状钝齿；芽鳞具柔毛（产于卢氏、栾川）…… **清溪杨P. rotundifolia** Griff. var. **duclouxiana**(Dode) Gomb. (*P. yunsiaomanshanensis* T. B. Chao et C. W. Chiuan; *P. adenopoda* Maxim. var. *rotundifolia* T. B. Chao;*P. sunghoensis* T. B. Chao et C. W. Chiuan P. P.)

6.叶常卵形至宽卵形；短枝叶柄先端具2个大腺体。

8.叶先端长渐尖或尾状尖，边缘具整齐圆锯齿；叶柄先端腺体明显突出，似柄状（产于伏牛山、桐柏山、大别山区）……………………… **响叶杨P. adenopoda** Maxim.(*P. funiushanensis* T. B. Chao; *P. adenopoda* Maxim. var. *nanchaoensis* T. B. Chao et C. W. Chiuan)

8.叶先端不为长渐尖或尾状尖，边缘具粗齿或（和）细锯齿，不整齐；长枝叶下面及叶柄均密被白茸毛（产于太行山、伏牛山区）………… **响毛杨P. ×pseudotomentosa** C. Wang et Tung(*P. celtidifolia* T. B. Chao; *P. sunghoensis* T.B Chao et C.W. Chiuan p.p.)

1.叶缘具整齐锯齿；苞片边缘无长毛。

9.叶缘无半透明边。

10.叶柄圆，紫色，先端有时具腺点，长为叶片的4/5，叶片下面灰绿色；芽、叶柄和蒴果无毛或近无毛；花盘深裂或波状（产于卢氏、西峡、南召）……………………………………… **椅杨P. wilsonii** Schneid.

10.叶柄先端常无腺点，叶片下面常为苍白色，稀淡绿色；花盘不裂或浅波状；蒴果常无毛或稀有毛。

11.叶柄圆柱形，叶下面为苍白色。

12.叶最宽处在中部或中部以上，长枝叶与萌枝叶更明显。

13.叶菱状卵形、菱状椭圆形或菱状倒卵形，叶基楔形；蒴果2瓣裂（产于各山区） …………………………………… **小叶杨P. simonii** Carr.

变型1：**垂枝小叶杨**f. **pendula** Schneid.，叶常中部最宽，枝细而下垂。

变型2：**菱叶小叶杨**f. **rhombifolia**(Kitag.) C. Wang et Tung (*P.simonii* Carr. var. *rhombifolia* Kitag.;*P. simonii* var. *luoningensis* T.B.Chao)，叶中部最宽，窄菱形或宽披针形，先端长渐尖，基部楔形。

变型3：**塔形小叶杨**f. **fastigiata** Schneid.，枝向上近直立，树冠尖塔形；叶中部以上最宽。

变型4：**秦岭小叶杨**var. **tsinlingensis** C. Wang et C. Y. Wu，叶革质较厚，卵状披针形，脉明显隆起，基部宽楔形或近圆形（产于卢氏、栾川、嵩县）。

13.叶椭圆形，卵圆形、椭圆状长圆形或倒卵状长椭圆形，叶基圆形或浅心形；蒴果3~4瓣裂；栽培（产于卢氏、栾川） ……………………… …………………………………………………… **甜杨P. suaveolens** Fisch.

12.叶最宽处在中下部。

14.叶菱状椭圆形、菱状卵形，稀卵状披针形，叶缘锯齿上下交错，不在一平面上（产于太行山、伏牛山区）… **小青杨P. pseudosimonii** Kitag.

14.叶不为菱状椭圆形或菱状卵形，锯齿在一平面上；若叶为卵状披针形，则仅上部有疏锯齿。

15.小枝无棱；叶卵形、椭圆状卵形、椭圆形或狭卵形，长5.0~10cm，宽3.5~7.0cm，无毛；树皮沟裂（产于伏牛山区，济源） ………… …… **青杨P. cathayana** Rehd. (*P. cathayana* var. *pendula* T. B. Chao)

15.小枝或幼枝有棱；叶卵形或宽卵形，长7.0~14cm，宽4.0~9.0cm，具缘毛，两面沿脉有柔毛；树皮片状纵裂（产于伏牛山区） …… ……………………… **冬瓜杨P. purdomii** Rehd.(*P.ciupi* S. Y. Wang)

11.叶柄先端微侧扁；叶片下面淡绿色，菱状三角形、菱状椭圆形或菱状卵圆形，先端渐尖，仅上面沿脉有毛；嫩枝有毛（各地栽培） …………… **小钻杨**（大官杨）**P. × xiaozhuanica** W. Y. Hsu et Ling（*P. Xdakuanensis Hsu*)

9.叶缘有半透明狭边（栽培）。

16.叶柄仅先端侧扁，无毛；叶缘具疏毛，短枝叶菱状椭圆形或菱状圆形，基部楔形或阔楔形 …………… **小黑杨P.** × **xiaohei** T. S. Hwang et Liang

16.叶柄侧扁，若仅先端侧扁时，则蒴果有长的细柄。

17.短枝叶卵形、菱形、菱状卵形，稀三角形，叶缘无毛（仅北京杨有疏毛）；叶柄先端无腺点。

18.小枝灰绿色或呈红色；长枝叶广卵形或三角状广卵形；短枝叶卵形，长7.0~9.0cm（产于新乡、南阳市区、西峡等县） …………… …………………………………… **北京杨**P. × beijingensis W. Y. Hsu

18.小枝淡黄色；长短枝叶同形或异形，短枝叶菱状卵圆形、菱状三角形或菱形。

19.长短枝叶同形，为菱形、菱状卵形或三角形，长5.0~10cm，宽4.0~8.0cm；树冠宽大 ……………………………… **黑杨P. nigra** L.

19.长短枝叶异形，长枝叶扁三角形，短枝叶菱状三角形或菱状卵形；树冠圆柱形。

20.叶片宽大于长，短枝叶基部宽楔形至近圆形；树皮暗灰色，粗糙；多雄株 ……………………………………………………………… **钻天杨P. nigra** L. var.**italica**(Moench) Koehne (*P. italica* Moench; *P.henanensis* T. B. Chao et C. W. Chiuan)

20.叶长宽近等，短枝叶基部楔形；树皮灰白色，光滑；仅见雌株 …………………… **箭杆杨P. nigra** var. **thevestina**(Dode) Bean

17.短枝叶三角形或三角状卵形，叶缘具毛；叶柄先端常有腺点，稀无腺点（产于各地）……………………………………… **加杨P.** × **canadensis** Moench (*P.davidiana* Dode var. *lyshehensis* T.B.Chao et G. X. Liou)

2. 柳属 Salix L.

1.叶对生或近对生。

2.叶长为宽的4.0倍以上，披针形，长5.0~10cm，宽1.0~1.2 cm，基部楔形，成叶两面无毛（产于大别山、伏牛山区）……………………………………… ……………………………… **红皮柳S. sinopurpurea** C. Wang et C. Y. Yang

2.叶长为宽的4.0倍以下，椭圆状长圆形、椭圆状披针形或披针形。

3.乔木；小枝密被灰色茸毛，芽具短茸毛；叶上面具白色丝状疏柔毛，下面有白色柔毛（产于伏牛山区）……………………………………………………………………………………山毛柳**S. permollis** C. Wang et C. Y. Yü

3.灌木；小枝或叶两面均无毛（产于大别山区）…… **杞柳S. integra** Thunb.

1.叶互生。

4.叶长为宽的4.0倍以上，多线形、披针形或长圆状披针形。

5.叶全缘或近全缘，或圆波状（乌柳叶上部具腺齿）。

6.叶片下面明显被毛，至少沿中脉残存长柔毛。

7.枝中上部叶长不超过5.0 cm，长为宽的7.0~8.0倍，长2.0~3.5(4.0) cm，宽3.0~5.0(7.0)mm，下面密被绢状柔毛，上部具腺齿（产于大别山区、卢氏）………………………………**乌柳S. cheilophila** Schneid.

变种：**光果乌柳**var. **cyanolimnea**(Hance) C. Y. Yang，子房和果无毛。

7.枝中上部叶一般长于5.0 cm，叶多宽线形至线状披针形、披针形。

8.叶最宽处在中部以上，宽2.0~3.5 cm，下面具绢质短柔毛；小枝褐色，较细（产于伏牛山区）…… **毛枝柳S. dasyclados** Wimm.

8.叶最宽处在中部以下。

9.叶线状披针形，宽0.5~1.5(2.0) cm，下面密被银白色绢毛，有光泽（产于伏牛山区）……………………… **蒿柳S. viminalis** L.

9.叶披针形，宽1.5~2.5 cm，下面无毛或有疏柔毛（记载产于卢氏、栾川，未见标本）……………………………………………………………… **川滇柳S. rehderiana** Schneid.(*S. melea* Schneid.)

6.叶下面无毛，叶缘圆波状或近全缘 ……………………………………………………… **川滇柳S. rehderiana** Schneid.(*S. melea* Schneid.)

5.叶缘有锯齿。

10.叶大多先端钝、急尖至短渐尖。多灌木，稀小乔木。

11.叶缘齿较密，每厘米4~5枚齿，叶先端至基部齿间距整齐；叶下面苍白色，无毛（记载产于河南，未见标本） ………………………………………………………………………… **三蕊柳S. triandra** L.

11.叶缘齿间距较大，越向基部间距越变大、齿越不明显以至全缘。

12.嫩枝和叶无毛；托叶线形。

13.叶较短小，长2.5~6.0cm，披针形或椭圆状披针形（产于鸡公山）……………………………………………… **百里柳S. baileyi** Schneid.

13.叶较长，约10 cm，披针形或线状披针形；枝上常在芽附近有茸毛；叶柄膨大。

14.枝色暗；幼叶下面密被茸毛，托叶长约5.0mm（产于豫东地区、新乡、安阳） ………………………… **簸箕柳S. suchowensis** Cheng

14.枝淡黄色；幼叶下面无毛或疏生毛；托叶长8.0~12mm（产于豫西、豫北地区）…………………… **筐柳S. linearistipularis**(Franch.) Hao

12.嫩枝和叶有茸毛；托叶发达，披针形，长于叶柄；叶片中部以上最宽，披针形或宽倒披针形，长6.0~10 cm，宽1.5~2.5 cm（产于伏牛山区） ……………………………**黄龙柳S. liouana** C. Wang et C. Y. Yang

10.叶先端长渐尖或渐尖；乔木或小乔木。

15.枝下垂，淡褐色或带紫色；叶先端长渐尖，下面淡绿色（各地栽培）……………………………………………………… **垂柳S. babylonica** L.

15.枝直立或开展，不下垂（绦柳例外）；叶下面苍白色或带白色。

16.叶长为宽的5.0倍以上，宽1.0~1.5 cm，先端长渐尖，下面近无毛；叶柄长5.0~8.0mm（产于各地）………… **旱柳S. matsudana** Koidz.

变型1：**绦柳**f. **pendula** Schneid.，枝细长而下垂。

变型2：**龙爪柳**f. **toruosa**(Vilm.) Rehd.，枝卷曲。

16.叶长不及宽的5.0倍，宽1.5~2.0cm，先端短渐尖至急尖，幼叶下面密被绢毛，后变无毛；叶柄长约8.0mm（产于鸡公山区） ………………………………………………… **鸡公柳S. chikungensis** Schnied.

4.叶长为宽的4.0倍以下，常椭圆形至圆形、长圆形至倒卵状长圆形。

17.托叶宽大，半心形、肾形或近圆形，在萌发枝上尤为明显。

18.叶柄上部常有腺点，叶缘具腺齿，如无腺点，则叶为椭圆形或长圆形，边缘具圆齿。

19.叶柄先端有腺点（至少部分叶如此）。

20.叶下面淡绿色；幼枝、叶及叶柄无毛或有不明显疏毛（产于商城） ………………… **南京柳S. nankingensis** C. Wang et Tung

20.叶下面苍白色或带白粉，最宽处在中下部。

21.叶卵圆形至椭圆状披针形，与托叶均无毛或近无毛，边缘腺点粗短而密；叶柄先端有大腺点（产于各山区）………………………………………… **腺柳S. chaenomeloides** Kimura(*S. glandulosa* Seemen)

变种：**腺叶腺柳**var. **glandulifolia**(C. Wang et C. Y. Yü) C. F. Fang，叶柄上端腺体小叶状；叶宽椭圆形或椭圆形，基部圆形、稀心形；托叶耳形或半圆形，长达10mm，有腺齿。

21.叶椭圆状披针形或长圆形，稀椭圆形，幼叶及托叶下面有长毛，边缘腺齿小而疏 ……………………………………………………………………… **南川柳S. rosthornii** Seemen (*S. glandulosa* Seemen var. *stenophylla* C. Wang et C. Y. Yü)

19.叶柄先端无腺点或有不明显的腺点；叶椭圆形至长圆形，边缘具圆齿，先端渐尖（产于大别山、桐柏山、伏牛山区）…………………………………………………………………………… **紫柳S. wilsonii** Seemen

18.叶柄上部无腺点；叶全缘或近全缘。

22.叶上面发皱（幼叶更明显），下面网脉不明显，幼叶有毛，后变无毛（产于太行山、伏牛山区）………………………………………………………… **中国黄花柳S. sinica**(Hao) C. Wang et C. F. Fang

22.叶上面平滑不发皱。

23.叶卵状长圆形、长圆状披针形或狭椭圆形，稀为披针形，下面有平伏绢质毛或无毛，萌发枝上叶常有细齿（产于太行山、伏牛山区）…………………………………………… **皂柳S. wallichiana** Anderss.

23.叶长椭圆形、披针状长椭圆形或倒卵状长椭圆形，稀倒披针形，下面密被绢质白茸毛，有光泽（产于太行山、伏牛山区，商城）………………………………………………… **崖柳S. floderusii** Nakai

17.托叶不为上述情况，或托叶早落。

24.小枝中上部叶长在5.0cm以下，若超过5.0cm则叶全缘。

25.叶长圆状倒披针形或倒卵状长圆形，长约15mm，宽约4.0mm，下面伏生绢毛，稀近无毛；小枝粉紫色（产于伏牛山区）…………………………………………………………… **秋华柳S. variegata** Franch.

25.叶不为上述情况，较宽大，成叶下面无毛（多枝柳例外）。
26.一年生枝多少有毛。
27.叶柄长不及5.0mm，叶片全缘。
28.叶下面无毛，绿色（产于灵宝） ………………**周至柳S. tangii** Hao
28.叶下面苍白色，幼时有毛。
29.叶柄长3.0~5.0mm，具绢毛；叶下面初有毛，后变无毛（记载产于伏牛山南坡，未见标本） …… **兴山柳S. mictotricha** Schneid.
29.叶柄长1.0~3.0(4.0)mm，具柔毛或茸毛，叶下面密被柔毛（记载产于卢氏、灵宝，未见标本） …… **多枝柳S. polyclona** Schneid.
27.叶柄长超过5.0mm，叶片具齿或全缘。
30.叶缘有疏齿；叶柄长5.0~12mm（记载产于伏牛山区，未见标本） …… **眉柳S. wangiana** Hao(*S. rhododendroides* C. Wang et C. Y. Yü)
30.叶全缘。
31.叶椭圆状披针形或长椭圆形，两端钝或急尖；叶柄长2.0~5.0mm；枝褐色或灰褐色，当年生枝具茸毛（产于伏牛山区） ……………………………………… **中华柳S. cathayana** Diels
31.叶椭圆形至长圆形，先端急尖或钝，基部圆形；叶柄长4.0~10mm；当年生枝多少具长柔毛（记载产于桐柏山和伏牛山区南部，未见标本） ……………… **房县柳S. rhoophila** Schneid.
26.一年生枝无毛。
32.叶椭圆形、椭圆状长圆形或披针形，下面苍白色，叶基楔形或渐狭（产于伏牛山区） ……………………… **小叶柳S. hypoleuca** Seemen
32.叶椭圆形，下面浅绿色，叶基圆形至微心形（产于太行山、伏牛山区） …… **河北柳S.taishanensis** C. Wang et C. F.Fang var. **hebeinica** C. F. Fang
24.小枝中上部叶长超过5.0cm。
33.叶先端渐尖至长渐尖。
34.叶全缘或具疏齿；小枝淡紫色或黄褐色；叶先端长渐尖至急尖，基部楔形，下面带白粉，疏生绢毛；叶柄长5.0~15mm（产于伏牛山区） ………………………………………**紫枝柳S. heterochroma** Seemen

34.叶缘具齿。

35.叶缘齿尖上腺点不发达；枝端嫩叶无黏质，常具毛。

36.叶柄先端无腺点（记载产于卢氏、栾川，未见标本）……………………………………………………………… **川柳S. hylonoma** Schneid.

36.叶柄先端有腺点（产于灵宝）……………………………………………………… **石泉柳S. shihtsuanensis** C. Wang et C. Y. Yü

35.叶缘齿尖上腺点发达；枝端嫩叶有黏质，无毛。

37.叶革质，表面有光泽，下面淡绿色（产于太行山、伏牛山区）……………………………………………………… **五蕊柳S. pentandra** L.

37.叶非革质，表面无光泽，下面带白色（记载产于伏牛山区，未见标本 ……………………………………………… **康定柳S. paraplesia** Schneid.

33.叶先端急尖、钝或圆形。

38.叶椭圆形或狭卵形，长7.0~12 cm，宽4.0~6.0cm，边缘具细腺锯齿，下面淡绿色，特别是脉上具白色长柔毛；芽顶端有疏毛（产于灵宝）……………………………………………………… **川鄂柳S. fargesii** Burk.

38.叶倒卵状长圆形、狭倒卵状椭圆形，稀宽倒披针形或椭圆形，长4.0~9.0 cm，宽1.5~2.5(3.0) cm，边缘有不规则锯齿，稀全缘，下面苍白或有白粉；芽无毛（记载产于卢氏、栾川，未见标本）……………………………………………… **匙叶柳S. spathulifolia** Seemen

四、胡桃科 Juglandaceae

1.雄花序及两性花序常形成顶生直立的花序束，两性花序上端为雄花，下端为雌花；果序球果状；果实两侧具狭翅；枝条髓部实心 ……………………………………………………………………… **1.化香树属Platycarya**

1.雄花序下垂，雌花序直立或下垂；果序不成球果状。

2.枝条髓分隔成薄片状。

3.果实坚果状，具革质果翅。

4.果实由一水平向的圆形或近圆形的果翅所围绕；雄花序数条成1束 ……………………………………………………… **2.青钱柳属Cyclocarya**

4.果实具2个展开的果翅，雄花序单生 ……………**3.枫杨属Pterocarya**

3.果实核果状，无翅，外果皮肉质，干后成纤维质，不开裂或成熟时不规则裂开 ……………………………………………………… **4.胡桃属Juglans**

2.枝条髓不为薄片状，实心；雄花序常3枚成1束；外果皮干后革质，常规则第4瓣裂开；小叶有锯齿 ……………………………**5.山核桃属Carya**

1. 化香树属 Platycarya Sieb. et Zucc.

化香树P. strobilacea Sieb. et Zucc.，产于大别山、桐柏山、伏牛山区。

羽状复叶；小叶5~19枚，卵状披针形或长圆状披针形，长4.0~10cm，边缘具尖锐重锯齿。雄花序4~10枚束生；果序球果状，长3.0~4.0cm。

2. 青钱柳属 Cyclocarya Iljimsk.

青钱柳C. paliurus(Batal.) Iljinsk.，产于大别山、伏牛山区。

乔木，幼枝被棕褐色茸毛。羽状复叶，小叶7~9枚，长圆状披针形，长3.0~10cm，边缘具硬尖锯齿；果序长15~30cm。

3. 枫杨属 Pterocarya Kunth

1.偶数羽状复叶，叶轴显著有翅；果翅条形，长12~20mm，宽3.0~6.0mm，斜展（产于各山区及平原）…………………………………………………………

…………………**枫杨P. stenoptera** C. DC.(*P. stenoptera* var. *brevialata* Pamp.)

1.奇数羽状复叶，叶轴无翅；果翅不为条形，宽10mm以上，水平展开。

2.果序轴和叶轴近无毛或有稀疏短柔毛，小叶下面在侧脉腋内具星芒状短毛，上面沿中脉具稀疏星芒状短毛（产于伏牛山、桐柏山、大别山区）

…………………………………………… **湖北枫杨P. hupehensis** Skan

2.果序轴和叶轴密被柔毛至毡毛，小叶下面沿全部叶脉有较密柔毛，上面被细柔毛（产于内乡）……………………… **云南枫杨P. delavayi** Franch.

4. 胡桃属 Juglans L.

1.小枝无毛；小叶5~9枚，全缘（产于各地）…………………**胡桃J. regia** L.

1.小枝被腺毛或短茸毛；小叶9~25枚，具明显的细密锯齿。

2.小叶长成后下面密被短柔毛及星芒状毛；果序长而下垂，通常具6~10枚果实（产于大别山、桐柏山、伏牛山区，济源）……………………………………………………………………**野核桃J. cathayensis** Dode

2.小叶长成后变无毛；果序短，俯垂，常具4~5枚果实（洛阳有栽培，偶见）……………………………………………**胡桃楸J. mandshurica** Maxim.

5. 山核桃属 Carya Nutt.

1.芽为裸芽；叶有5~7枚小叶；果实及果核倒卵状或卵状（栽培，见于郑州、洛阳、鸡公山）……………………………………**山核桃C. cathayensis** Sarg.

1.芽为鳞芽；小叶11~17枚；果实及果核长圆状至长椭圆形（栽培，见于郑州、鸡公山）………………… **美国山核桃C. illinoensis**(Wangenh.) K. Koch

五、桦木科 Betulaceae

1.雄花单生于苞鳞腋间，无花被；雌花具花被；果为小坚果或坚果，连同果苞排为头状或总状。

2.果序呈头状。

3.果为坚果，大部或全部为果苞所包；果苞钟状或管状；花药顶端具簇生毛 ………………………………………………………… **1.榛属Corylus**

3.果为小坚果，全部为果苞所包；果苞囊状；花药顶端无毛 ……………………………………………………………………**2.虎榛子属Ostryopsis**

2.花序为总状。

4.果苞叶状，革质或纸质，3或2裂；不完全包裹小坚果 …………………………………………………………………… **3.鹅耳枥属Carpinus**

4.果苞囊状，膜质，完全包裹小坚果 …………………… **4.铁木属Ostrya**

1.雄花2~6朵生于苞鳞腋间，花被片4枚，膜质；雌花无花被；果为具翅小坚果，连同果苞排列为球果状或穗状。

5.果苞木质，宿存，具5枚裂片，每1果苞内具2枚小坚果；果序呈球果状；雄蕊4枚 ………………………………………………… **5.桤木属Alnus**

5.果苞革质，成熟后脱落，具3枚裂片，每果苞内具3枚小坚果；果序呈穗

状；雄蕊2枚 ………………………………………………… **6.桦木属Betula**

1. 榛属 Corylus L.

1.果苞钟状，外面具刺状腺体，其裂片全部硬化为分叉的针刺状，花药紫红色；叶宽倒卵形或宽椭圆形（伏牛山西南部）…………………………………………………………… **藏刺榛C. ferox** Wall. var. **thibetica**(Batal.) Franch.

1.果苞钟状或管状，裂片不硬化；花药黄色或红色。

2.果苞钟状，与果近等长或稍长，但不超过果的1.0倍；小枝、叶柄、叶下面，果苞均无毛或疏被长柔毛；叶片中部以上边缘具浅裂或缺刻。

3.叶的先端凹缺或截形，中央具突尖；花药黄色；果苞裂片全缘，很少有锯齿（产于各山区）…………… **榛C. heterophylla** Fisch. ex Trautv.

3.叶的先端尾状短渐尖；花药红色；果苞裂片边缘有锯齿，很少全缘（产于大别山、伏牛山区） … **川榛C. heterophylla** var. **sutchuenensis** Franch.

2.果苞管状，长于果1.0~3.0倍。

4.乔木；果苞外面疏被短柔毛或密被茸毛，很少无毛；叶缘具重锯齿，基部两侧不对称。

5.果苞外面疏被短柔毛或无毛，有多数明显纵肋，密生刺状腺体，裂片披针形，稀为三角形（产于嵩县、卢氏、内乡、灵宝、鲁山尧山）…………………………………………… **华榛C. chinensis** Franch.

5.果苞外面密被黄色茸毛，无明显纵肋，无或具刺状腺体，裂片三角形或三角状披针形（产于伏牛山区南部）…………………………………………………………………… **披针叶榛C. fargesii** Franch.

4.灌木；果苞外面密被黄色刚毛；叶缘具粗锯齿，中部以上浅裂，基部两侧近对称（产于济源、辉县、伏牛山区）…………………………………………………… **毛榛（角榛）C. mandshurica Maxim.** et Rupr.

2. 虎榛子属 Ostryopsis Decne.

虎榛子O. davidiana Decne.，产于济源、辉县、伏牛山区。

幼枝有腺点，和叶柄均密被细长毛；叶下面密生褐色小腺点；叶卵形，长2.0~6.0cm，基部心形，先端急尖。

3. 鹅耳枥属 Carpinus L.

1.果苞两侧近对称，中脉居中，在果序轴上紧密覆瓦状排列；小坚果大部分或全部为果苞内侧基部内折的裂片或耳突所遮盖。

2.叶下面除沿脉疏被长柔毛外，其余无毛。

3.小枝初时疏被长柔毛，后渐变无毛（产于各山区）…………………………………………………………………………… **千金榆C. cordata** Bl.

3.小枝除疏被长柔毛外，尚密被短柔毛（产于商城黄柏山）……………………………………………… **华千金榆C. cordata** var. **chinensis** Franch.

2.叶下面密被短柔毛，幼枝及叶柄均密被茸毛（产于伏牛山区，灵宝）…………………………… **毛叶千金榆C. cordata** var. **mollis**(Rehd.) Cheng ex Chen

1.果苞两侧不对称，中脉偏居于内缘一侧，在果序轴上排列疏松；小坚果不为果苞基部的裂片或耳突所遮盖或仅部分被遮盖。

4.果苞内侧基部具明显的裂片；果苞长7.0~20mm，宽4.0~10mm；小坚果无毛，有时顶端疏生长柔毛；叶卵形、菱状卵形，较少椭圆形或宽卵形，侧脉8~12对。

5.叶缘具规则或不规则的重锯齿（产于太行山、伏牛山、大别山区）……………………………………………………… **鹅耳枥C. turczaninowii** Hance

5.叶缘具单锯齿；叶片先端渐尖（产于太行山、伏牛山区）……………………………… **小叶鹅耳枥C. turczaninowii** var. **stipulata** H. Winkl.

4.果苞内侧基部无明显裂片，仅具耳突或边缘微内折。

6.叶缘具重锯齿或单锯齿。

7.小坚果被或疏或密的短柔毛，其上部尚有长柔毛；叶片下面及果苞通常具明显的疣状突起；叶脉在叶上面不下陷，侧脉12~14对；叶柄长12~20mm（产于伏牛山、桐柏山、鸡公山区）……………………………………… **云贵鹅耳枥**（柔毛鹅耳枥）**C. pubescens** Burk.

7.小坚果常无毛或仅顶端疏被长柔毛；叶下面及果苞有或无疣状突起。

8.叶下面及果苞通常无疣状突起；叶片卵状披针形、卵状椭圆形、椭圆形或长圆形，长2.5~6.5cm、宽2.0~2.5cm，叶柄长6.0~10mm（产于伏牛山区）……………………………………………… **雷公鹅耳枥**

（川陕鹅耳枥、千筋树）**C. viminea** Wall.(*C. fargesiana* H. Winkl.)

8.叶下面和果苞通常有疣状突起。

9.叶缘具重锯齿，叶片卵状披针形、卵状椭圆形、长椭圆形，长8.0~10cm、宽2.5~4.5cm（产于河南南部山区）……………………………………………… **湖北鹅耳枥C. hupeana** Hu (*C. funiushanensis* P. C. Kuo)

9.叶缘具单锯齿。

10.叶片狭披针形，顶端长渐尖，单锯齿微内弯（产于伏牛山区）……………… **川鄂鹅耳枥C. hupeana** var. **henryana**(H. Winkl.) P. C. Li

10.叶片卵形或长卵形，顶端锐尖或渐尖，单锯齿呈齿牙状（产于伏牛山区）… **单齿鹅耳枥C. hupeana** var. **simplicidentata**(Hu). P. C. Li

6.叶缘具刺毛状重锯齿；果苞长3.0~3.5cm，宽8.0~12mm，内侧边缘直或微呈镰状弯曲；小坚果长4.0~5.0mm（产于伏牛山区）……………………………………………………………………………… **昌化鹅耳枥C. tschonoskii** Maxim.

4. 铁木属 Ostrya Scop.

铁木（穗子榆）**O. japonica** Sarg.，产于伏牛山区。

落叶乔木；小枝初被腺毛；冬芽黄绿；叶长圆状卵形或长圆状披针形，宽2.0~5.0cm，基部圆形或微心形，边缘具不规则重锯齿，下面沿脉具柔毛和腺毛，脉腋有簇状毛；叶柄长10~15mm。果苞囊状，长1.0~2.0cm。

5. 桤木属 Alnus Mill.

1.果序2至多数排列为总状或圆锥状，序梗常较短，长1.0~2.0cm。

2.短枝叶一般为倒卵形、长倒卵形，基部楔形，顶端骤尖、锐尖或渐尖；长枝叶为披针形、椭圆形，极少为长倒卵形，基部楔形（产于大别山、桐柏山区）…………………………… **日本桤木A. japonica**(Thunb.) Steud.

2.长短枝叶一般均为倒卵状长圆形、倒披针状长圆形或长圆形，基部近圆形或近心形，很少楔形，顶端短尾状或骤尖（产于大别山、桐柏山区）…………………………………………… **江南桤木A. trabeculosa** Hand.-Mazz.

1.果序单生，序梗长4.0~8.0cm，下垂（栽培，见于鸡公山区）……………………………………………………………………………… **桤木A. cremastogyne** Burk.

6. 桦木属 Betula L.

1.果苞的侧裂片小或有时不发育，成熟后基部变为海绵质；小坚果的翅宽为果的1.0~2.0倍，大部分露出果苞之外；果序长圆柱形，下垂；叶先端骤尖或呈细尾状，边缘具刺毛状重锯齿（产于伏牛山区，卢氏、栾川、内乡）……………………………………………… **亮叶桦B. luminifera** H. Winkl.

1.果苞之侧裂片明显发育，成熟后基部不变为海绵质；小坚果的翅常几全部为果苞所遮盖；叶缘具重锯齿或单锯齿。

2.小坚果具明显的膜质翅，翅宽为果的（1/3）1/2以上。

3.树皮灰白色，叶三角状卵形、三角状菱形、三角形，稀卵菱形或宽卵形，先端渐尖至尾状渐尖（产于太行山、伏牛山区）…………………………………………………………………… **白桦B. platyphylla** Suk.

3.树皮暗红褐色或红褐色，叶卵形、长卵形、椭圆形至长圆形。

4.树皮暗红褐色，呈片状剥裂；小枝密生树脂腺体及短柔毛，稀无腺体无毛；叶两面密生腺点，叶下面沿脉密生长柔毛，脉腋间具密髯毛（产于伏牛山区，嵩县、内乡）………… **糙皮桦B. utilis** D. Don

4.树皮红褐色，呈大片薄层剥裂，被白粉；小枝疏生树脂腺体或无，疏被短柔毛或无；叶无腺点或下面有褐色腺点，下面沿脉疏生长柔毛或无毛，脉腋间常无髯毛，有时具稀少髯毛（产于伏牛山区）……… **红桦B. albo-sinensis** Burk.(*B. honanensis* S. Y. Wang et C. L. Chang)

2.小坚果具极窄翅或几无翅；果序近球形，长8.0~12mm，径6.0~15mm；果苞裂片常反折，稀不反折；树皮暗灰色，树高1.0~5.0m；叶侧脉8~9(10)对（产于太行山、伏牛山区）……………………**坚桦B. chinensis** Maxim.

六、壳斗科 Fagaceae

1.雄花序头状，下垂；壳斗成熟时4瓣裂；坚果卵状三棱形 ……………………………………………………………………………… **1.水青冈属Fagus**

1.雄花序为直立或下垂的柔荑花序；壳斗不裂或瓣裂；坚果球形或卵球形。

2.雄花序直立或斜展，雄蕊通常10~12(20)枚；壳斗内有坚果1~3(5)枚。

3.落叶乔木；叶缘有芒状锯齿；壳斗密生长刺，内有坚果1~3枚，4瓣开裂 ………………………………………………………… **2.栗属Castanea**

3.常绿乔木；叶全缘或有疏齿；壳斗无刺，内有1枚坚果，不开裂 …………………………………………………………………… **3.石栎属Lithocarpus**

2.雄花序下垂；雄蕊常6枚；壳斗无针状刺，具1枚坚果。

4.壳斗苞片覆瓦状排列，不结合成同心环；常绿或冬季落叶 ……………………………………………………………………………………**4.栎属Quercus**

4.壳斗苞片合生为轮状的同心环；常绿乔木 … **5.青冈属Cyclobalanopsis**

1. 水青冈属 Fagus L.

1.壳斗壁基部苞片细小叶状、绿色、具网脉、无毛，上部苞片线形、淡褐色、被毛；叶菱状卵形，边缘波状，侧脉在叶缘附近上弯与上一侧脉连接（产于伏牛山区） …………………………… **米心水青冈F. engleriana** Seemen

1.壳斗壁苞片呈弯钩线状，或短而伏贴、钻头状，均褐色、被毛；叶缘具裂齿，侧脉直伸达齿端。

2.壳斗裂瓣长20~30mm，总梗长1.0~10cm（通常2.5cm以上）；苞片为弯钩的细线状（产于内乡宝天曼） …………… **水青冈F. longipetiolata** Seemen

2.壳斗裂瓣长10~15mm，总梗长0.5~1.5cm；苞片为伏贴的钻头状（鳞片状短尖头），稀斜向上扩展 …………… **光叶水青冈F. lucida** Rehd. et Wils.

2. 栗属 Castanea Mill.

1.叶背面被黄棕色至灰白色星状茸毛，有时毛渐脱落，无鳞腺。野生或栽培（产于各山区） ……………………………… **栗**（板栗）**C. mollissima** Bl.

1.叶背面无毛或仅嫩叶疏具单毛，但密被鳞腺（产于伏牛山、桐柏山、大别山区） ………………………………………………………… **茅栗C. seguinii** Dode

3. 石栎属 Lithocarpus Bl.

石栎L. glaber(Thunb.) Nakai，产于商城、新县。

常绿乔木，芽和幼枝密被黄色茸毛，老时脱落。叶椭圆形或椭圆状披针形，宽2.0~4.0cm，先端渐尖，全缘或上部有疏齿；叶柄长7.0~12mm。雄穗状花序直立；果序长8.0~15cm，密生茸毛；总苞浅碗状，高5.0~7.0mm，托于坚果基部。坚果长卵形，长14~20mm，径10~12mm，果脐内凹。

4. 栎属 Quercus L.

1.常绿或半常绿。

2.叶先端圆钝，叶缘有刺状锯齿或全缘，中脉“之”字形曲折，叶下面中脉下段被灰褐色星状毛，叶面皱褶不平或平坦（产于伏牛山南坡）……………………………………… **刺叶高山栎*Q. spinosa*** David. ex Franch.

2.叶先端尖，边缘无刺状齿，中脉直伸；若叶先端钝，则叶为匙形。

3.壳斗苞片线状披针形或钻形，外弯或反曲。

4.叶匙形或椭圆状匙形，如为椭圆形则叶面皱褶（产于伏牛山、桐柏山区）……………………………… **匙叶栎*Q. dolicholepis*** A. Cam.

4.叶卵状披针形或长椭圆形，长3.0~6.0cm，宽1.3~2.5cm，侧脉每边6~7条。

5.小枝和叶幼时被星状柔毛，后渐脱落（产于太行山、伏牛山区）……………………………………………… **橿子栎*Q. baronii*** Skan

5.小枝和叶背面密被灰白色星状伏毛，覆盖侧脉（产于伏牛山、太行山区）……… **多毛橿子栎*Q. baronii* var. *capillata***(Koidz.) Liou

3.壳斗苞片鳞片状，三角形、卵形或椭圆形，常紧贴壳斗壁。

6.叶柄长2.0~8.0mm。

7.成熟叶下面密被灰黄色星状茸毛，覆盖侧脉；坚果高8.0~10mm（产于伏牛山区、鸡公山）…………… **岩栎*Q. acrodonta*** Seemen

7.叶下面无毛或仅中脉疏生柔毛；坚果高15~18mm（产于伏牛山南坡）……………………………… **乌冈栎*Q. phillyraeoides*** A. Gray

6.叶柄长1.0~2.0cm；叶宽2.5~5.5cm，幼时两面被棕黄色短茸毛，后渐脱落；幼枝被灰黄茸毛（产于内乡、嵩县）…………………………………………………………………………… **巴东栎*Q. engleriana*** Seemen

1.落叶或叶枯而不落。

8.叶长椭圆状披针形或卵状披针形，锯齿刺芒状；壳斗苞片钻形、扁条形或线形，常反曲。

9.成熟叶两面无毛或仅下面脉上有柔毛；幼枝被毛。

10.壳斗连苞片直径2.0~4.0cm；苞片钻形或扁条形、反曲；坚果直径15~20mm；叶通常宽2.0~6.0cm（产于大别山、桐柏山、伏牛山区南部）………………………………………… **麻栎Q. acutissima** Carr.

10.壳斗连苞片直径约1.5cm；壳斗上部苞片线形、直伸或反曲，中下部苞片三角形、紧贴壳斗；坚果直径13~15mm；叶宽2.0~3.5cm（产于大别山、桐柏山、伏牛山区南部） ………… **小叶栎Q. chenii** Nakai

9.成熟叶下面密被灰白色星状毛；小枝无毛（产于各山区）……………… ……………………………………………………… **栓皮栎Q. variabilis** Bl.

8.叶椭圆状倒卵形、长圆状倒卵形或椭圆形，边缘有粗锯齿或波状齿；壳斗苞片窄披针形、三角形或瘤状。

11.壳斗苞片窄披针形，直立或反曲；叶倒卵形或长倒卵形。

12.成熟叶下面密被星状毛。

13.壳斗苞片长约10mm、红褐色；叶柄长2.0~5.0mm；小枝密被黄褐色茸毛（产于各山区） ……………………… **槲树Q. dentata** Thunb.

13.壳斗苞片长约5.0mm；叶柄长8.0~13mm；小枝及叶下面被薄层灰白星状毛（产于修武云台山） ……………………………………… ……………… **凤城栎Q. × fengchengensis** H. W. Jen et L. M. Wang

12.成熟叶下面无毛或有疏毛；壳斗苞片长4.0~5.0mm。

14.叶柄长1.0~2.0cm；侧脉每边9~12条（产于太行山、伏牛山区） … ………………………………………… **房山栎Q. × fangshanensis** Liou

14.叶柄长不足1.0cm，极短或近无。

15.叶侧脉每边5~8(10)条，叶缘波状齿；坚果卵形（产于太行山、伏牛山区） …………………………… **河北栎Q. × hopeiensis** Liou

15.叶侧脉每边10~16条，老时下面中脉有星状毛，叶缘具粗锯齿或波状齿；坚果球形（产于商城金刚台） ………………………… ……………………………………………… **黄山栎Q. stewardii** Rehd.

11.壳斗苞片三角形、长三角形或卵状披针形，长不超过4.0mm，紧贴壳斗壁。

16.成熟叶下面被星状毛或兼有单毛。

17.小枝、叶柄密被茸毛；壳斗苞片褐色；叶缘有波状齿或粗钝锯齿，叶下面支脉明显；叶柄长3.0~5.0mm（产于大别山、桐柏山、伏牛山区南部）………………………………………… **白栎Q. fabri** Hance

17.小枝无毛或微有毛，叶柄无毛；壳斗苞片卵状披针形、灰白色；叶柄长1.0~1.3(3)cm；叶缘具波状钝齿 …………………… **槲栎Q. aliena** Bl.

变种：**锐齿槲栎**var. **acutiserrata** Maxim.，叶缘具粗大内弯锯齿（产于各山区）。

16.成熟叶下面无毛或几无毛。

18.叶缘有腺状锯齿；叶柄长1.0~3.0cm（产于大别山、桐柏山、伏牛山区）………………………… **枹树Q. serrata** Thunb.(*Q. glandulifera* Bl.)

变种1：**短柄枹**var. **brevipetiolata**(A. DC.)Nakai，叶聚生小枝顶，具内弯浅锯齿，叶柄长2.0~5.0mm（产于各山区）。

变种2：**绒毛枹栎**var. **tomentosa**(B. C. Ding et T. B. Chao) Y. C. Hsu. et H. W. Jen,小枝、叶柄、叶下面均密被星状茸毛（产于嵩县）。

18.叶缘具波状齿，齿端无腺；小枝无毛或近无毛，叶柄无毛。

19.叶柄长1.0~3.0cm（产于各山区）……………………………………………………………………… **北京槲栎Q. aliena** var. **pekingensis** Schott

19.叶柄长2.0~5.0mm；叶侧脉每边5~7(10)条；壳斗苞片扁平或背面微突（产于太行山、伏牛山北坡、鸡公山）……………………………………………… **辽东栎Q. wutaishanica** Mayr (*Q. liaotungensis* Koidz.)

5. 青冈属 Cyclobalanopsis Oerst.

1.叶背面被紧贴平伏毛，叶缘至少基部1/3以上有锯齿。

2.叶片宽1.5~3.0cm，中部或中部以下最宽，边缘锯齿短小；叶柄长1.0~1.5cm；壳斗基部1~3环带常细浅裂（产于大别山、伏牛山南部）………………………………………………………… **细叶青冈**（小枝青冈）**C. gracilis**(Rehd. et Wils.) Cheng et T. Hong(*Quercus ciliaris* Huang et Y. T. Chang)

2.叶宽2.0~5.5cm，常中部以上最宽，叶缘具粗锯齿；叶柄长1.0~3.0cm；壳斗环带不裂（产于南部山区）……………… **青冈C. glauca**(Thunb.) Oerst.

1.叶背面无毛，叶缘锯齿有细芒尖（产于南部山区）……………………………………………… **小叶青冈**（青栲）**C. myrsinaefolia**(Blume) Oerst.

七、榆科 Ulmaceae

1.叶脉羽状，侧脉直，直达齿端。

2.果实周围有翅，或坚果上半部具鸡冠状翅。

3.果实周围具翅；小枝无刺 ………………………………… **1.榆属Ulmus**

3.坚果上半部具鸡冠状翅，坚果偏斜；小枝先端具棘刺 …………………
……………………………………………………… **2.刺榆属Hemiptelea**

2.果实为核果状，无翅 ……………………………………………… **4.榉属Zelkova**

1.叶具基部三出脉。

4.果实为翅果 ………………………………………………… **3.青檀属Pteroceltis**

4.果实为核果状，无翅。

5.花单性；果直径2.0~3.0mm，具宿存花被片和柱头；叶基部近对称，边缘自基部以上具细锯齿 ………………………………… **5.山黄麻属Trema**

5.花杂性；果较大，直径5.0mm以上，无宿存花被片和柱头；叶基部常偏斜，边缘全缘或近基部或中下部全缘，锯齿较粗较疏 ………………
………………………………………………………………………… **6.朴属Celtis**

1. 榆属 Ulmus L.

1.花春季开放；花被钟形，浅裂；稀花被上部杯状，下部急缩成管状，花被裂至杯状花被的近中部。

2.果核部分位于翅果的中部或近中部，上端不接近缺口（榆树有时例外）。

3.翅果两面及边缘有毛。叶面密生硬毛或突起的毛基。

4.当年生枝有疏毛或无毛；花常自花芽抽出，生于去年生枝的叶腋；树皮纵裂（产于太行山、伏牛山区）……………………………………
… **大果榆U. macrocarpa** Hance(*U. macrocarpa* var. *mongolica* Liou et Li)

4.当年生枝被伸展腺状毛或柔毛；花自混合芽抽出，生于新枝基部或近基部；树皮不规则片状脱落（产于太行山、伏牛山区）…………
………… **脱皮榆U. lamellosa** L. K. Fu(*U. taihangshanensis* S. Y. Wang)

3.翅果除顶端缺口柱头面被毛外，余处无毛。

5.叶先端通常3~7裂，上面密生硬毛，下面密被柔毛；果梗无毛（产于

太行山区）……………………… **裂叶榆U. laciniata**(Trautv.) Mayr

5.叶先端不裂；花梗及果梗被短柔毛。

6.叶长6.0~16cm，宽3.0~8.5cm，先端长渐尖至尾状长渐尖，边缘具重锯齿；芽鳞边缘无毛或有疏毛；翅果成熟时果核部分浅黄褐色，果翅淡黄白色（产于太行山、伏牛山区）… **兴山榆U. bergmanniana** Schneid.

6.叶长2.0~8.0cm，宽1.5~3.5cm，先端尖至渐尖，边缘多具单锯齿；芽鳞边缘密被白色长柔毛（尤以内部芽鳞显著）；果成熟后果核部分与果翅同色（产于各地）………………………………………………………………………………**榆树U. pumila** L. (*U. pumila* f. *microphylla* Pers.)

品种1：**龙爪榆‘Pendula’**，小枝卷曲下垂（栽培观赏）。

品种2：**垂枝榆‘Tenue’**(*U. pumila* f. *tenue* S. Y. Wang)，树冠伞形，主干不明显，分枝多，一至三年生枝下垂而不扭曲或卷曲。

2.果核部分位于翅果的上部、中上部或中部，上端接近缺口（旱榆有时稍接近缺口）。

7.花出自混合芽，散生于新枝的基部或近基部，稀3~5数自花芽轴生出且在去年生枝上呈簇生状；翅果果核部分较两侧之翅为宽；内部芽鳞边缘密生锈黑色或锈褐色长柔毛。

8.翅果除顶端缺口柱头面被毛外，余处无毛（产于太行山、伏牛山区）……………………………………………………**旱榆U. glaucescens** Franch.

8.翅果幼时密生柔毛，熟时有散生毛（栽培，见于郑州）………………………………………………… **毛果旱榆U. glaucescens** var. **lasiocarpa** Rehd.

7.花出自花芽，多数在去年生枝上叶腋处排为簇状聚伞花序或呈簇生状，果核部分较两侧之翅为窄或近等宽；小枝常具或有时具周围膨大而不规则纵裂的木栓层。

9.翅果的果核部分多少被毛，果翅无毛或有疏毛；一年生小枝幼时多少被毛，后变无毛或近无毛；小枝有时具上述木栓层（萌发枝上尤多）（产于太行山至伏牛山区北部）…………… **黑榆U. davidiana** Planch.

9.翅果除顶端缺口柱头面被毛外，余处无毛；一年生小枝被较密的柔毛；小枝常具上述木栓层（产于太行山、伏牛山区）…………………… **春榆U. davidiana** var. **japonica**(Rehd.) Nakai（*U. propinqua* Koidz.）

1.花秋季开放，在当年生枝叶腋簇生；花被上部杯状，下部急缩成管状，花被片裂至杯状部分的基部或近基部；翅果无毛，果核位于翅果中上部，上端接近缺口（产于各山区及丘陵地）………………… **榔榆U. parvifolia** Jacq.

2. 刺榆属 Hemiptelea Planch.

刺榆H. davidii(Hance) Planch.，产于各山区。

小乔木或呈灌木状；小枝被灰白短柔毛，具粗而硬的棘刺，刺长2.0~10cm，冬芽常3个聚生叶腋。叶椭圆形或椭圆状长圆形，长4.0~7.0cm，宽1.5~3.0cm，叶柄长3.0~5.0mm。果实斜卵形，两侧扁，上半部具鸡冠状的翅。

3. 青檀属 Pteroceltis Maxim.

青檀（翼朴）**P. tatarinowii** Maxim.，产于各山区。

乔木，树皮不规则长片状剥落；小枝疏生短柔毛，后渐脱落，皮孔明显。叶卵形或窄卵形，长3.0~10cm，基部三出脉，下面脉腋有簇毛。翅果近圆形，径10~17mm。

4. 榉属 Zelkova Spach

1.叶背面密生柔毛；小枝具密柔毛（产于大别山、桐柏山全伏牛山南部）……………………………………… **大叶榉**（榉树）**Z. schneideriana** Hand.-Mazz.

1.叶背面无毛或仅脉腋有毛，或下面沿脉疏生毛。

2.叶背面无毛或沿主脉两侧有疏毛，边缘有锐锯齿，叶基圆形至近心形，侧脉8~14对；果径3.0~4.0mm，具明显网脉，几无果梗（产于各山区）……………………………………………… **光叶榉Z. serrata**(Thunb.) Makino

2.叶背面脉腋有毛，边缘具钝锯齿，叶基宽楔形至近圆形，侧脉7~10对；果较大，径 5.0~7.0mm，无网脉，果梗长2.0~3.0mm（产于各山区）……………………………………………………… **大果榉Z.sinica** Schneid.

5. 山黄麻属 Trema Lour.

山油麻T. cannabina Lour. var. **dielsiana**(Hand.-Mazz.) C. J. Chen，产于新县连康山。

灌木或小乔木；小枝纤细，紫红色，后渐变为棕色，密被斜展的粗毛。叶卵形或卵状矩圆形，长4.0~9.0cm，基部三出脉，叶面被糙毛，叶背密被柔毛。雄花序长于叶柄。

6. 朴属 Celtis L.

1.冬芽的内部芽鳞密被较长柔毛，冬芽肥大。
  2.果较小，直径约5.0mm，幼时被毛；总梗常短缩，因此很像2枚果梗双生于叶腋，总梗和果梗共长1.0~2.0cm；叶柄长3.0~7.0mm（产于各山区）……………………………………………………… **紫弹朴C. biondii** Pamp.
  2.果较大，长10~17mm，幼时无毛；果梗常单生叶腋，长(1.0)1.5~3.5cm。一年生枝和叶下面密被黄色或黄锈色柔毛（产于大别山、桐柏山、伏牛山南部）………………………………………………**珊瑚朴C. julianae** Schneid.
1.冬芽内部芽鳞无毛或仅有微毛，冬芽小。
  3.叶先端近平截而具粗锯齿，中间的齿常为尾状（产于各山区）…………………………………………………………………… **大叶朴C. koraiensis** Nakai
  3.叶先端非上述情况。
    4.果梗短于1.5(2.0)倍而长于叶柄；成熟果黄褐色至红褐色；一年生枝被毛（产于各山区）…………………………………… **朴树C. sinensis** Pers. (*C. labilis* Schneid.；*C. pubescens* S. Y. Wang et C. L. Chang)
    4.果梗长为叶柄的2.0~3.0倍；成熟果蓝黑色；一年生枝无毛（产于各山区）………………………………… **黑弹朴**（小叶朴）**C. bungeana** Bl.

八、桑科 Moraceae

1.草本植物。
  2.茎缠绕；叶掌状分裂，对生 ………………………… **1.葎草属Humulus**
  2.茎直立；叶互生。
    3.掌状复叶 ………………………………………………… **2.大麻属Cannabis**
    3.单叶，不分裂 ………………………………………… **3.水蛇麻属Fatoua**

1.乔木或灌木，有时为攀缘灌木，具白色乳汁。

4.枝具刺；花集为球形头状花序 ………………………… **4.柘树属Cudrania**

4.枝无刺。

5.花着生于密闭花序托（隐头花序）的内壁上；雄蕊1~3枚，稀较多 …
……………………………………………………………… **5.无花果属Ficus**

5.花着生于头状花序或穗状花序上；雄蕊4枚。

6.雄花序及雌花序均为穗状花序 ………………………… **6.桑属Morus**

6.雄花序为穗状花序，雌花序为球形头状花序 ……………………
……………………………………………………… **7.构树属Broussonetia**

1. 葎草属 Humulus L.

葎草H. scandens(Lour.) Merr.，产于各地。

一年生缠绕草本，茎及叶柄倒生短刺毛。叶肾状五角形或近圆形，掌状5~7分裂，边缘粗锯齿，两面有粗糙刺毛。雄花序为圆锥花序，雌花序为近球形穗状花序。

2. 大麻属 Cannabis L.

大麻（线麻）**C. sativa** L.，各地栽培或逸生。

一年生草本，高1.0~3.0m。掌状复叶，小叶3~9枚，披针形或线状披针形，长7.0~15cm，下面密生灰白色毡毛。雄花序圆锥状，雌花序穗状。

3. 水蛇麻属 Fatoua Gaud.

水蛇麻F. villosa(Thunb.) Nakai，产于河南南部。

一年生草本，高约40cm。单叶互生，卵形至卵状披针形，宽1.0~4.0cm，三出脉。聚伞花序腋生，雄、雌花混生。瘦果有瘤状突起。

4. 柘树属 Cudrania Trec.

柘树（柘刺）**C.tricuspidata**(Carr.) Bur. ex Lavall.，产于各地。

灌木或小乔木，枝具棘刺，刺长5.0~35mm。叶卵形至倒卵形，全缘或分裂。嫩枝及叶有乳汁。聚花果近球形，径约2.5cm，红色。

5. 无花果属 Ficus L.

1.匍匐或攀缘藤本。

2.花序托大型，直径在4.0cm以上，梨形或长椭圆形，花序梗粗壮；叶二型，在不生花序托的枝上者小，长不超过3.0cm，心状卵形，生花序托的枝上者长4.0~10cm，卵状椭圆形，先端钝，全缘（产于大别山、桐柏山、伏牛山区南部）…………………………………… **薜荔F. pumila** L.

2.花序托直径不超过1.5cm，花序梗较细或近无序梗；叶披针形，先端渐尖。

3.叶较小，一般宽在2.0(3.0)cm以下，下面无毛，苍白；花序托近球形，直径6.0~10mm，有短梗（产于大别山、桐柏山、伏牛山区南部） ………… **爬藤榕F. sarmentosa** Buch.-Ham. var **impressa**(Champ.) Corner（*F. martini* Lévl. et Vant.）

3.叶较大，宽2.0~6.0cm，下面有柔毛；花序托圆锥形，直径1.0~1.5cm，无梗或近无梗（产于大别山、桐柏山、伏牛山区南部）…………………………………… **珍珠莲F. sarmentosa** var. **henryi**(King ex Oliv.) Corner

1.直立乔木或灌木。

4.花序托无梗。

5.叶常绿，厚革质，长椭圆形，全缘，侧脉多数，平行，近水平展出；枝、叶光滑无毛（栽培观赏）… **印度胶树F. elastica** Roxb. ex Hornem.

5.叶脱落，厚膜质，叶异形，倒卵形至卵状披针形，或长圆形，有时琴形，两侧或一侧具深缺刻，侧脉不平行；枝、叶被毛或无毛（产于大别山、桐柏山、伏牛山区南部）……… **异叶榕F. heteromorpha** Hemsl.

4.花序托具梗。

6.叶近圆形，掌状3~5深裂（各地栽培） …………… **无花果F. carica** L.

6.叶倒卵状椭圆形或矩圆形，全缘或上部有疏浅齿（河南南部偶见）………………………………………………… **天仙果F. beecheyana** Hook. et Arn.

6. 桑属 Morus L.

1.叶背面密被短柔毛，上面疏生糙伏毛；花柱极短，柱头具较短柔毛（产于大别山、桐柏山、伏牛山南部）……………… **华桑M. cathayana** Hemsl.

1.叶背面无毛或仅沿脉上有疏短毛。
  2.叶缘锯齿先端为刺芒状；雌花有明显花柱。
    3.叶两面均无毛（各山区常见）……… **蒙桑M. mongolica**(Bur.) Schneid.
    3.叶上面粗糙，下面被柔毛（产于各山区）………………………………………………………………… **山桑M. mongolica** var. **diabolica** Koidz.
  2.叶缘锯齿先端锐或钝，不为刺芒状。
    4.幼枝灰黄色或黄褐色；叶上面光滑，下面脉上有疏毛，并具腋毛；花柱无，柱头2裂，内侧具乳头状突起（产于各地）……………………………………………… **桑M. alba** L.（*M. alba.* var. *skeletoniana* Schneid.）
    变种1：**垂枝桑**var. **pendula** Dipp.，枝细长下垂，叶通常分裂（栽培观赏）。
    变种2：**鲁桑**var. **multicaulis** Loud.，灌木状；叶大质厚，不分裂，表面粗糙（栽培）。
    4.幼枝黑褐色或灰褐色；叶上面粗糙，下面脉上疏生短毛，无腋毛；花柱明显，长达4.0mm，柱头2裂，与花柱近等长（产于各山区）…………………………………………………………… **鸡桑M. australis** Poir.

7. 构树属 Broussonetia L’Hér. ex Vent.

1.乔木；小枝粗壮；叶宽卵形至长椭圆状卵形，叶柄长3.0~5.0(8.0)cm；花雌雄异株；复果直径 2.0~3.0cm（产于各地）……………………………………………………………………………… **构树B. papyrifera**(L.) L’Hér. ex Vent.
1.灌木；小枝细；叶卵形至斜卵形，叶柄长5.0~15(20)mm；花雌雄同株；复果直径不超过1.0cm（产于伏牛山、桐柏山、大别山区）……………………………………………………………………………… **小构树B. kazinoki** Sieb.

九、荨麻科 Urticaceae

1.叶对生，有时上部叶互生。
  2.植物体具螫毛；花序穗状或圆锥状；柱头无柄，有多数放射状细毛呈画笔状 …………………………………………………………… **1.荨麻属Urtica**
  2.植物体无螫毛。

3.子房无花柱，柱头画笔状；聚伞花序通常不下垂 …… **5.冷水花属Pilea**

3.子房多数有花柱；柱头线形，有毛，但毛不作画笔状。

4.叶全缘，对生或茎上部的互生 ……………… **8.糯米团属Gonostegia**

4.叶缘有锯齿或分裂；花序穗状或圆锥状，下垂 …… **9.苎麻属Boehmeria**

1.叶互生。

5.植物体具螯毛。

6.瘦果直立；托叶侧生；柱头画笔状；雌花花被片外面2片比里面2片大；植株低矮，通常高不过30cm；叶较小，长与宽一般不超过3.0cm ……………………………………………………… **2.花点草属Nanocnide**

6.瘦果倾斜；托叶腋生；柱头线形或钻形；植株高大，通常高30cm以上；叶大，长5.0cm以上；宽3.0cm以上。

7.雌花花被片仅基部合生，花被裂片4枚，比花被管长；叶先端尾状渐尖 …………………………………………………… **3.艾麻属Laportea**

7.雌花花被片合生成有（2）3齿的佛焰苞状的鞘；叶先端渐尖 ……… …………………………………………………… **4.蝎子草属Girardinia**

5.植物体无螯毛。

8.叶下面被白色毡毛；团伞花序排列成圆锥花序 ……**9.苎麻属Boehmeria**

8.叶下面无毛或疏生短毛，无白色毡毛。

9.叶有锯齿。

10.叶具羽状脉；草本；雌花和雄花皆生在盘状或杯状的肉质花序托上 ……………………………………… **6.楼梯草属Elatostema**

10.叶具三出脉；木本；腋生头状花序 ………**10.水麻属Debregeasia**

9.叶全缘；腋生团集聚伞花序 ……………………… **7.墙草属Parietaria**

1. 荨麻属 Urtica L.

1.托叶每节4枚，彼此分生；花序穗状或圆锥状；叶不分裂。

2.雌雄同株；至少雌花序穗状或近穗状；雄花序长，位于茎上部叶腋，雌花序短，位于茎下部叶腋处；叶宽2.5~6.0cm（产于太行山、伏牛山区） ……………………………………………… **宽叶荨麻U. laetevirens** Maxim.

2.雌雄异株；花序圆锥状；叶宽1.2~3.5(5.0)cm（产于太行山、伏牛山区）

……………………………… **狭叶荨麻U. angustifolia** Fisch. ex Hornem.

1.托叶每节2枚，合生；花序常圆锥状，花序分枝较少且短；叶5~7浅裂或掌状3裂 ………………………………………………………………………荨麻**U. fissa** Pritz.

2. 花点草属 Nanocnide Bl.

1.茎常直立，疏生向上弯曲的短伏毛；雄花序长于叶（产于大别山、桐柏山、伏牛山南部）…………………………………………**花点草N. japonica** Bl.

1.茎常上升或平卧，被向下弯曲的毛，雄花序短于叶（产于商城、新县）………………………………………………………**毛花点草N. lobata** Wedd.(*N. pilosa* Migo)

3. 艾麻属 Laportea Gaud.

1.雌花花梗果时在两侧膨大为明显膜质翅；雌花序圆锥状；叶卵形至披针形，宽3.0~6.0cm，先端渐尖；叶腋内有或无珠芽（产于各山区）……………………………………………………………**珠芽艾麻L. bulbifera**(Sieb. et Zucc.) Wedd.(*L. terminalis* C.H. Wright；*L. bulbifera* var. *sinensis* C. H. Wedd.)

1.雌花序花梗果时无翅；雌花序长穗状；叶宽卵形，宽4.5~18cm，先端凹缺内伸出1长尾尖（产于各山区）……………………………………………………**艾麻L cuspidata** (Wedd.) Friis［*L. macrostachya*(Maxim.) Ohwi］

4. 蝎子草属 Girardinia Gaud.

1.植株高40~80cm；叶不分裂（产于太行山、伏牛山区）……………………………………………………………**蝎子草G. suborbiculata** C. J. Chen

1.植株高达2.5m；叶掌状3~5裂（产于太行山、伏牛山区）……………………………………………………………**大蝎子草G. diversifolia**(Link.) Friis

5. 冷水花属 Pilea Lindl.

1.雌、雄花被片均5枚，近等大；雄蕊5枚，雌花序有明显的花序梗；叶卵形或菱状卵形，宽7.0~20mm，常集生于茎及分枝顶端（产于伏牛山、桐柏山、大别山区）…………………… **山冷水花P. japonica**(Maxim.) Hand.-Mazz.

1.雌花花被片3（2）枚，常不等大；雄花花被片及雄蕊均（2~）4枚；雌花序梗极短或无。

2.雌花花被片2枚；雄花花被片及雄蕊均4枚；叶较小，长不过3.0cm，宽不过2.0cm。

3.叶菱状圆形，稀三角状卵形，全缘或波状，先端钝，基部楔形或宽楔形（卢氏）………………… **矮冷水花P. peploides**(Gaud.) Hook. et Arn.

3.叶三角形或卵形至狭卵形，先端锐尖，基部心形或近截形，边缘具数枚牙齿状锯齿或圆齿（产于大别山区）… **三角叶冷水花P. swinglei** Merr.

2.雌花花被片3枚，雄花花被片及雄蕊2~4枚；叶明显较宽大。

4.雄花花被片及雄蕊均为2枚；聚伞花序蝎尾状；雌花花被片线状披针形；叶卵形或菱状卵形，先端渐尖（产于各山区）……………………………………………… **透茎冷水花P. pumila**(L.) A. Gray(*P. mongolica* Wedd.)

4.雄花花被片及雄蕊均4枚；花序类型绝非蝎尾状。

5.铺散小草本；叶椭圆形、倒卵形至匙形，长2.0~8.0mm，全缘，羽状脉（栽培，花盆草本）………… **小叶冷水花P. microphylla**(L.) Lieb.

5.茎直立，高25~60cm；叶卵形或椭圆形，长4.0cm以上，叶缘具齿，基出三脉。

6.托叶三角形，长约2.0mm，宿存；雄花花被片先端钝圆；叶先端无锯齿，尾状，叶缘具粗牙齿（产于南部山区）……………………………………………………**粗齿冷水花P. sinofasciata** C. J. Chen

6.托叶长圆形，长7.0~20mm，脱落或半宿存；雄花花被片先端锐尖；叶先端渐尖或尾状渐尖，且有单锯齿，叶缘具浅锯齿（产于大别山、桐柏山、伏牛山区南部）… **冷水花P. notata** C. H. Wright

6. 楼梯草属 Elatostema Forst.

1.叶缘自基部以上密生粗锯齿，雄花序梗长7.0~32mm；叶的钟乳体长不足0.5mm（产于淅川、内乡）………… **楼梯草E. involucratum** Franch. et Sav.

1.叶缘自中部以上有锯齿，雄花序梗长3.0mm以下；叶的钟乳体长2.0~3.0mm（产于商城、新县）……………………… **庐山楼梯草E. stewardii** Merr.

7. 墙草属 Parietaria L.

墙草P. micrantha Ledeb.，产于各山区。

茎肉质，细弱，平卧或近直立，多分枝。叶卵形或窄卵形，宽3.0~20mm，钟乳体点状；叶柄长2.0~15mm；聚伞花序腋生，3~5朵花。

8. 糯米团属 Gonostegia Turcz.

糯米团G. hirta(Bl.) Miq.，产于大别山、桐柏山、伏牛山区南部。

多年生草本，茎斜升或平卧。叶对生，卵形至披针形，宽1.2~2.6cm，三出脉，无柄或近无柄。花簇生叶腋。

9. 苎麻属 Boehmeria Jacq.

1.叶互生；团伞花序集为圆锥花序；退化雌蕊顶端有小尖头；叶下面密被雪白毡毛。

2.茎密被开展长硬毛和近开展或伏贴的短毛；托叶分生（产于各山区）…………………………………………………………… **苎麻B. nivea**(L.) Gaud.

2.茎无开展长硬毛，仅有伏贴或上展的短糙毛；托叶基部合生（栽培）…………………………… **伏毛苎麻B. nivea** var. **nipononivea**(Koidz.) W. T. Wang

1.叶对生；团伞花序集为穗状或圆锥状；退化雌蕊顶端无短尖头。

3.叶先端明显3(~5)分裂。

4.叶大，纸质，扁五角形或扁圆卵形，先端近截形，基部截形或浅心形，宽7.0~14(20)cm，边缘牙齿长10~20mm，两面密生短糙毛；圆锥花序（产于各山区）……………………………………………………… **悬铃木叶苎麻B. tricuspis**(Hance) Makino(*B. platanifolia* Franch. et Sav.)

4.叶较小，草质，卵形至宽卵形，宽3.0~7.0(13)cm，边缘牙齿长不及10mm，两面有疏伏毛或下面无毛；穗状花序不分枝（产于伏牛山、大别山、桐柏山区）………………… **赤麻B. silvestrii**(Pamp.) W. T. Wang

3.叶不分裂，先端渐尖或骤尖。

5.叶近菱形或卵状菱形，长4.0~8.0cm，宽2.5~4.0cm，边缘每侧3~8枚狭三角形牙齿；穗状花序不分枝（产于伏牛山区）…………………………

…………………………………………… **小赤麻B. spicata**(Thunb.) Thunb.

5.叶卵形或近圆形。

6.花序分枝或不分枝；叶较大，长7.0~16cm、宽5.0~13cm，边缘每侧有7~12枚粗大重牙齿，且上部牙齿长为下部的3.0~5.0倍（长15~20mm），两面毛被明显（产于各山区）……………………………………………………

…………………… **大叶苎麻B. longispica** Steud.(*B. grandifolia* Wedd.)

6.穗状花序不分枝；叶长3.0~11cm、宽2.0~7.0cm，边缘每侧有较多近等大的小牙齿，下面近无毛（产于各山区）……………………………………

…………………………………………………… **细野麻B. gracilis** C. H. Wright

10. 水麻属 Debregeasia Gaud.

水麻D. edulis(Sieb. et Zucc.)Wedd.，产于伏牛山区西南部。

灌木或小乔木；小枝细，密生短伏毛；叶互生，披针形或长椭圆状披针形，宽1.0~3.0cm，基部三出脉，边缘密生小牙齿，下面密被白色短茸毛，叶柄长3.0~6.0mm。花序腋生，常叉状分枝，每分枝顶生1头状花序。

一〇、铁青树科 Olacaceae

青皮木属 Schoepfia Schreb.

青皮木S. jasminodora Sieb. et Zucc.，产于各山区。

叶卵形或卵状披针形，宽2.0~4.0cm，先端渐尖或近尾尖，全缘，叶柄短。花无柄，2~4朵生于长花序先端；子房半下位。核果长约10mm、宽约6mm。

一一、檀香科 Santalaceae

1.木本植物；叶对生；花单性；果实顶端有叶状苞片4(5)枚 …………………

…………………………………………………………… **1.米面蓊属Buckleya**

1.草本；叶互生；花两性；果实顶端不具叶状苞片 …… **2.百蕊草属Thesium**

1. 米面蓊属 Buckleya Torr.

1.叶片椭圆形或倒卵状长圆形，先端急尖或短渐尖，边缘有微锯齿，两面被短刺毛；核果被短柔毛（产于伏牛山区）…………………………………………………………………………… **秦岭米面蓊B. graebneriana** Diels

1.叶片卵形、披针形或披针状长圆形，上部枝之叶先端尾状渐尖，全缘，无毛或嫩时疏被短柔毛；核果无毛（产于伏牛山、大别山区）……………………………… **米面蓊B. lanceolata**(Sieb. et Zucc.)Miq.（*B. henryi* Diels）

2. 百蕊草属 Thesium L.

1.果表面有网脉，果柄短，长在3.5mm以下；叶长不超过3.5cm（产于各地）……………………………………………………… **百蕊草T. chinense** Turcz.

1.果表面有纵脉，纵脉偶分叉，但不呈网状；果柄长达1.0cm，果熟时反折；叶长3.0~5.0cm（产于太行山、伏牛山区）……………………………………………………………………………… **急折百蕊草T. refractum** C. A. Mey.

一二、桑寄生科 Loranthaceae

1.花两性，稀单性，副萼片环状；花被片花瓣状；叶具羽状脉。

2.穗状花序；花被片5~6枚，离生；花柱柱状 ……… **1.桑寄生属Loranthus**

2.花序聚伞状，1~3(5)个簇生于叶腋部呈伞形；花被片合生成花被管，裂片4枚；花柱线状 ……………………………………… **2.钝果寄生属Taxillus**

1.花单性；无副萼；花被萼片状，花被片离生，稀合生；叶具直出脉或叶退化为鳞片状。

3.小枝扁平；聚伞花序簇生于叶腋；花药2室，纵裂；叶退化为鳞片状 ………………………………………………………………… **3.栗寄生属Korthalsella**

3.小枝圆柱状或稍扁；聚伞花序腋生或顶生；花药多室，孔裂；具正常叶片或叶退化呈鳞片状 ………………………………………… **4.槲寄生属Viscum**

1. 桑寄生属 Loranthus Jacq.

1.穗状花序生于一年生小枝顶部，花两性，花被片长1.5~2.0mm；叶倒卵形或椭圆形，长2.5~ 4.0cm、宽1.0~2.0cm；果长约8.0mm（产于太行山、伏牛山区）…………………………………………………………………………………

北桑寄生 L. tanakae Franch. et Sav.［*L. europaens* auct. non(Jacq.) Danser］

1.穗状花序腋生，花单性；雄花的花被片长4.0~5.0mm，雌花的长2.5~3.0mm；叶卵形至长椭圆形，长(5)6.0~10cm、宽3.0~3.5cm；果长约5.0mm（产于西峡、南召、内乡、淅川）……………………………………………

…………**椆树桑寄生L. delavayi** Van Tiegh.(*L. hemsleyanum* auct. non Danser)

2. 钝果寄生属 Taxillus Van Tiegh.

1.叶柄无毛；花蕾顶部椭圆状；花被在花蕾时长2.2~2.8cm，裂片披针形，长6.0~9.0mm（产于伏牛山、桐柏山、大别山区）………………………………

………………………………………………**桑寄生T. sutchuenensis**(Lecomte) Danser

1.叶柄被茸毛；花蕾顶部卵球形；花被在花蕾时长1.2~1.8cm，裂片匙形，长4.0~6.0mm（产于大别山、桐柏山至伏牛山南部）………………**毛叶钝果寄生T. nigrans**(Hance) Danser (*Loranthus yadoriki* auct. non Sieb. ex Maxim.)

3. 栗寄生属 Korthalsella Van Tiegh.

1.小枝节间狭倒卵形至倒卵状披针形，宽3.0~6.0mm；果实椭圆状或梨形，长约2.0mm，直径约1.5mm；花果期几全年(产于伏牛山、桐柏山、大别山区)

………………………………………………… **栗寄生K. japonica**(Thunb.) Engl.

1.小枝节间带状或线形，宽2.0~2.5mm；短的侧枝呈长圆形，常2~4个簇生于叶腋，长3.0~4.0mm，其节间长约1.0mm；果实近球形，直径约1.0mm；花果期6~8月（产于栾川、西峡、卢氏、 南召等地）…………………………………

……………… **狭茎栗寄生K. japonica** var. **fasciculata**(Van Tiegh.) H. S. Kiu

4. 槲寄生属 Viscum L.

1.花雌雄异株；花序顶生或腋生于茎的叉状分枝处；植株具叶片，叶片宽7.0~20mm；小枝圆柱状，粗3.0~5.0mm（产于各山区）……………………………………………………………………………… **槲寄生V. coloratum**(Kom.) Nakai

1.花雌雄同株；花序腋生；成株叶退化呈鳞片状；小枝节间稍扁平，宽2.0~2.5mm，干后具纵肋2~3条（见河南产腊叶标本，无详细产地）………………………………………………………… **棱枝槲寄生V. diospyrosicolum** Hayata

一三、马兜铃科 Aristolochiaceae

1.花被辐射对称，裂片整齐；草本，无明显地上茎（限河南属）。

2.花被6裂，裂片2轮；心皮仅基部合生；蒴果蓇葖状，开裂 ………………………………………………………………………… **1.马蹄香属Saruma**

2.花被3裂，裂片1轮；心皮全部合生；蒴果浆果状，不开裂 ………………………………………………………………………… **2.细辛属Asarum**

1.花被两侧对称，花被管通常弯曲，裂片常偏斜或单侧生；缠绕藤本 ………………………………………………………………… **3.马兜铃属Aristolochia**

1. 马蹄香属 Saruma Oliv.

马蹄香S. henryi Oliv.，产于伏牛山、桐柏山区。

茎高达100cm。叶互生，心形，宽6.0~15cm，先端短渐尖，基部耳片圆形；叶柄长4.0~12cm。

2. 细辛属 Asarum L.

1.花被在子房以上合生为极短的花被管；花丝比花药长约2.0倍；花柱合生为柱状，顶端辐射状6裂；花被裂片花时反折（产于伏牛山区西南部） …………………………… **单叶细辛A. himalaicum** Hook. f. ex Thoms. et Koltzsch.

1.花被在子房以上合生为钟状或圆筒状的花被管；花丝至多稍长于花药；花

柱6个，离生或近离生。

2.雄蕊着生于子房上；花丝与花药近等长；花被管直径1.0~1.5cm，喉部无膜环；叶先端渐尖或急尖（产于大别山、桐柏山至伏牛山区南部）……………………………………………………………………… **细辛*A. sieboldii*** Miq.

2.雄蕊不生于子房上；花丝远比花药短；花被管直径8.0~10mm，喉部具窄膜环；叶先端钝或圆，叶面中脉两侧有白色云斑（产于大别山、桐柏山、伏牛山区南部）……………………………… **杜衡*A. forbesii*** Maxim.

3. 马兜铃属 Aristolochia L.

1.木质藤本；嫩枝及叶下面密生白色长毛；花被管中部急剧弯曲。

2.花大，开放时檐部直径4.0~6.0cm；叶片长10~29cm，宽13~28cm；蒴果长圆柱形，长9.0~11cm，直径3.0~4.0cm（产于伏牛山、桐柏山、太行山区）………………………………… **木通马兜铃*A. manshuriensis*** Kom.

2.花小，开放时檐部直径2.0~2.5cm；叶较小，长3.5~10cm，宽3.0~8.0cm；蒴果长圆状或椭圆状倒卵形，长3.0~5.0cm，直径1.0~2.0cm（产于各山区）………………………… **寻骨风**（绵毛马兜铃）***A. mollissima*** Hance

1.草质藤本；花被管直，基部急剧扩大呈球形；全株光滑无毛。

3.花被檐部舌片顶端延伸为长1.0~3.0cm的线形而变扭的尾尖；叶片卵状心形或三角状心形，叶柄长2.0~7.0cm（产于太行山、伏牛山区）…………………………………………………………… **北马兜铃*A. contorta*** Bge.

3.花被檐部舌片先端短尖或渐尖。

4.叶卵状三角形，长圆状卵形或戟状披针形，长为宽的1.0~2.0倍，叶柄长1.0~2.0cm；种子钝三角形，边缘有膜质宽翅（产于河南南部）……………………………………………………… **马兜铃*A. debilis*** Sieb. et Zucc.

4.叶卵状心形或卵状三角形；长宽近相等；种子卵形；无翅；叶柄和嫩枝折断后有微红色汁液渗出，叶片密布小油点（产于商城）…………………………………………………………… **管花马兜铃*A. tubiflora*** Dunn

一四、蛇菰科 Balanopharaceae

蛇菰属 Balanophora Forst.et Forst. f.

1.鳞片状叶2~5枚轮生，基部连合成筒鞘状包着花茎（产于伏牛山区南部）
……………………………………………… **筒鞘蛇菰*B. involucrata*** Hook. f.
1.鳞片状叶约7枚，螺旋排列于花茎上；根茎表面呈近脑状皱缩（产于河南南部、西峡）……………………………………… **宜昌蛇菰*B. henryi*** Hemsl.

一五、蓼科 Polygonaceae

1.灌木，常无叶，茎扁化，绿色；托叶鞘退化为1横线 ………………………
……………………………………………………… **1.竹节蓼属*Homalocladium***
1.草本植物，具叶，茎不扁化；托叶鞘发达。
2.花柱2个，果时变硬，顶端成钩状，宿存 …………**2.金线草属*Antenoron***
2.花柱2~3个，果时不变硬，顶端不为钩状，不宿存。
3.果实有翅。
4.花被片5枚；果实基部有角状附属物；草质藤本 ……………………
…………………………………………………… **3.翼蓼属*Pteroxygonum***
4.花被片6枚；果实基部无角状附属物；直立草本 … **4.大黄属*Rheum***
3.果实无翅。
5.花被片6枚，柱头画笔状 …………………………… **5.酸模属*Rumex***
5.花被片5(4)枚，柱头头状或流苏状。
6.茎缠绕或直立；花被片外面3枚果时增大，背部具翅或龙骨状突起。
7.茎缠绕；花两性；柱头头状 ………………… **8.何首乌属*Fallopia***
7.茎直立；花单性，雌雄异株；柱头流苏状 ………………………
…………………………………………… **9.虎杖属*Reynoutria***
6.茎直立；花被果时不增大。
8.瘦果具三棱，明显长于宿存花被 ………… **6.荞麦属*Fagopyrum***
8.瘦果具三棱或双凸透镜状，短于宿存花被 … **7.蓼属*Polygonum***

1. 竹节蓼属 Homalocladium L. H. Bailey

竹节蓼H. platycladum(F. Muell. ex Hook.) L. H. Bailey，庭园或温室栽培观赏。

灌木；枝扁平，横节线条明显，绿色，宽达13mm。叶稀少或无，披针形，长约2.5cm。花簇生于节，淡红色带绿白色。

2. 金线草属 Antenoron Raf.

1.叶先端短渐尖或急尖，两面均有短糙伏毛和长糙伏毛，毛长1.0~2.0mm（产于各山区）…………………… **金线草A. filiforme**(Thunb.) Roberty et Vautier

1.叶先端长渐尖，两面仅有短糙伏毛，毛长不及0.5mm（产于各山区）……………………………… **短毛金线草A. filiorme** var. **neofiliforme(**Nakai) A. J. Li

3. 翼蓼属 Pteroxygonum Damm. et Diels

翼蓼P. giraldii Damm. et Diels，产于太行山、伏牛山区。

多年生草本，块根肉质。茎缠绕或蔓生。叶常2~4枚簇生，三角形或三角状卵形，宽3.0~4.0cm，先端渐尖，基部宽心形。花序总状，有长总梗；花白色或淡绿色。果具3个膜质翅，基部有3个角状附属物。

4. 大黄属 Rheum L.

1.叶边缘波状全缘；叶心状卵形，基出脉及叶柄紫红色（济源有野生，常栽培）………………………………………… **华北大黄R. franzenbachii** Münt.

1.叶掌状分裂。

2.叶浅裂至中裂，裂片三角形。

3.叶浅裂，裂片大齿形或宽三角形；花白色，花蕾椭圆形；果枝开展（产于伏牛山区）……………… **药用大黄**（**大黄**）**R. officinale** Baill.

3.叶浅裂至中裂，裂片窄三角形；花带红或红紫色，花蕾倒金字塔形；果枝聚拢（栽培）……………………………… **掌叶大黄R. palmatum** L.

2.叶5深裂至近全裂，每枚裂片又1~2次羽状深裂。

4.叶小裂片条形；花黄白色，花被片边缘稍不整齐（产于熊耳山）……

……………………………………………… 条裂大黄**R. laciniatum** Prain

4.叶小裂片窄披针形；花红紫色，花被片全缘（产于熊耳山、灵宝）……

……………………………………… 鸡爪大黄**R. tanguticum** Maxim. ex Regel

5. 酸模属 Rumex L.

1.多年生草本。

2.花雌雄异株；叶戟形或箭形。

3.叶戟形；有根状茎；内花被片果时不增大或稍增大，无小瘤（产于太行山、大别山区）……………………………………小酸模**R. acetosella** L.

3.叶箭形；无根状茎；内花被片果时明显增大，有极小瘤（产于各山区）…………………………………………………………酸模**R. acetosa** L.

2.花两性；基生叶不为戟形或箭形。

4.内花被片果时无小瘤，长5.0~6.0mm；基生叶长圆状披针形或宽披针形，宽5.0~10cm（产于桐柏、南召）…… 长叶酸模**R. longifolius** DC.

4.内花被片果时部分或全部有小瘤。

5.内花被片果时近全缘。

6.基生叶披针形，宽2.0~5.0cm，边缘皱波状，基部楔形；内花被片果时宽卵形，基部近楔形，通常全部有小瘤（产于太行山、伏牛山、桐柏山区）…………………………………皱叶酸模**R. crispus** L.

6.基生叶长圆形或长圆状披针形，宽5.0~10cm，基部圆或近心形，边缘波状；内花被片果时宽心形，基部深心形，部分或全部有小瘤（产于太行山、伏牛山区）…………… 巴天酸模**R. patientia** L.

5.内花被片果时具齿或刺状齿。

7.内花被片果时全具小瘤，边缘具齿；基生叶宽3.0~10cm，基部圆或心形。

8.内花被片果时宽心形，渐尖，基部心形，边缘齿长0.3~0.5mm（产于大别山、桐柏山、伏牛山区南部）… 羊蹄**R. japonicus** Houtt.

8.内花被片果时三角状心形，急尖，基部近心形，边缘齿长1.0~1.5mm（产于各山区）……… 网果酸模**R. chalepensis** Mill.

7.内花被片果时部分或全具小瘤，宽卵形，长5.0~6.0mm，边缘刺状齿长2.0~3.0mm且顶端钩状（产于伏牛山区）…………………………………………………………………………………… **尼泊尔酸模R. nepalensis** Spreng.

1.一年生草本；内花被片果时全有小瘤，边缘具刺状齿或针刺。

9.内花被片果时有1片每侧边缘具2枚针刺，刺长3.0~4.0mm，其余2片每侧边缘具2枚小齿（产于太行山、大别山区）…………………………………………………………………… **黑龙江酸模R. amurensis** F. Schm. ex Maxim.

9.内花被片果时全部在边缘具针刺或刺状齿。

10.内花被片果时狭三角形，宽1.5~2.0mm（刺除外），边缘具针刺。

11.内花被片果时边缘每侧1枚针刺，刺长3.0~4.0mm（产于河南南部，如息县、潢川、内乡）……………… **长刺酸模R. trisetifer** Stokes

11.内花被片果时边缘每侧2~4枚针刺，刺长2.0~2.5mm（产于太行山区）…………………………………………… **刺酸模R. maritimus** L.

10.内花被片果时三角状卵形，宽2.0~2.5mm，边缘刺状齿长1.5~2.0mm；花梗中下部具关节（产于各地）…………… **齿果酸模R. dentatus** L.

6. 荞麦属 Fagopyrum Mill.

1.多年生草本，根状茎肥厚木质；花序伞房状，具2~4条穗形总状花序的分枝，花梗中部具关节；果具3条锐棱（产于河南南部）…………………………………… **金荞麦F. dibotrys**(D. Don) Hara［*F. cymosum*(Trev.) Meisn.］

1.一年生草本。

2.果具3条纵沟，上部棱角锐利，下部圆钝，有时有波状齿；花梗中部具关节（栽培或逸生）………………………… **苦荞麦F. tataricum**(L.) Gaertn.

2.果实平滑，角棱锐利；花梗顶部具关节或无关节。

3.花序稀疏，间断；花梗顶部有关节；果长约3.0mm；野生（产于栾川、卢氏）…………… **细柄野荞麦F. gracilipes**(Hemsl.) Damm. et Diels

3.花序紧密连续；花梗无关节；果长5.0~6.0mm（栽培或逸生）……………………………………… **荞麦F. esculentum** Moench(*F. sagittatum* Gilib.)

7. 蓼属 Polygonum L.

1.花单生或簇生叶腋；叶基部有关节；托叶鞘二裂或撕裂；花丝基部扩大。

2.花梗中部有关节；果平滑有光泽；叶宽2.0~4.0mm（产于各地） ……… ……………………………………………… **习见蓼P. plebeium** R. Br.

2.花梗顶部具关节；果密被由小点组成的细条纹，不光滑；叶宽3.0~12mm（产于各地） ……… **萹蓄P. aviculare** L.(*P. aviculare* var. *vegetum* Ledeb.)

1.花序总状、头状、穗状或圆锥状；托叶鞘不开裂；叶基部无关节；花丝基部不扩大。

3.茎及叶柄具倒刺。

4.托叶鞘叶状或边缘具绿色叶状翅。

5.叶柄盾状着生；花被片果时肉质增大（产于各山区） ……………… …………………………………………… **杠板归P. perfoliatum** L.

5.叶柄非盾状着生；花被片果时不增大，非肉质。

6.叶戟形或长戟形，基部截形或近心形。

7.叶两面密被星状毛，中裂片披针形或狭椭圆形，托叶鞘具牙齿（产于太行山、伏牛山、大别山区） ……………………………… ……………………………… **长戟叶蓼P. maackianum** Regel

7.叶两面疏生刺毛，中裂片卵形或宽卵形，托叶鞘全缘（产于各山区） ……………………… **戟叶蓼P. thunbergii** Sieb. et Zucc.

6.叶三角形或长三角形，基部戟形或箭形。

8.托叶鞘边缘具叶状翅，翅圆肾形；花序梗被腺毛（产于太行山区） …………………… **刺蓼P. senticosum**(Meisn.) Franch. et Sav.

8.托叶鞘边缘有1对披针形叶状耳；花序梗无腺毛（产于大别山、桐柏山、伏牛山区南部） ……………………………………… ………… **大箭叶蓼P. darrisii** Lévl.(*P. sagittifolium* Lévl. et Vant.)

4.托叶鞘非叶状，边缘也无叶状翅。

9.托叶鞘先端偏斜，无缘毛或有短缘毛。

10.苞片漏斗状，包围花序轴；叶卵状椭圆形；花被片5枚，花柱分离；托叶鞘有短缘毛（产于各山区） ……………………………… ……………………………… **稀花蓼P. dissitiflorum** Hemsl.

10.苞片椭圆形，不包围花序轴；叶基箭形；花柱3个，中下部合生；托叶鞘无缘毛（产于各山区） …… **箭叶蓼**（雀翅）**P. sieboldii** Meisn.

9.托叶鞘先端截形，具长缘毛；叶披针形或狭椭圆形，基部箭形或近戟形；花梗长于苞片；果长2.0~2.5mm（产于桐柏山、大别山区）………………………………………………………… **长箭叶蓼P. hastatosagittatum** Mak.

3.茎和叶柄无倒生皮刺。

11.花序圆锥状，顶生；株高10~25cm；叶长椭圆形或披针形，基部常戟形（产于太行山、伏牛山高海拔地区）… **西伯利亚蓼P. sibiricum** Laxm.

11.头状花序或穗状花序。

12.头状花序。

13.多年生草本；托叶鞘具腺毛或柔毛，先端截形，具缘毛。

14.叶羽状分裂，侧裂片1对；头状花序径5.0~7.0mm，成对着生或数个集为圆锥状（产于伏牛山、桐柏山、大别山区）……………… **赤胫散P. runcinatum** Buch.-Ham. ex D. Don var. **sinense** Hemsl.

14.叶全缘，宽卵形或三角形；叶柄具翅；花序梗无毛（产于桐柏）……………………………………… **小头蓼P. microcephalum** D. Don

13.一年生草本。

15.茎平卧，丛生；叶披针形或狭披针形（产于河南南部）……………………………… **蓼子草P. criopolitanum** Hance(*P. humile* Meisn.)

15.茎直立或外倾；叶卵形或狭卵形，下面有黄色透明腺点；叶柄具翅；托叶鞘无缘毛；花序梗上部有腺毛；头状花序托以叶状总苞（产于各地）………… **尼泊尔蓼**（头状蓼）**P. nepalense** Meisn. (*P. capitatum* Buch.-Ham. ex D. Don；*P. alatum* Buch.-Ham. ex D. Don)

12.穗状花序。

16.茎不分枝，稀上部分枝；托叶鞘先端偏斜，无缘毛。

17.花序下部生珠芽；基生叶宽0.5~3.0cm（产于各山区）………………………………………………………… **珠芽蓼P. viviparum** L.

17.花序无珠芽。

18.基生叶沿叶柄下延成翅。

19.基生叶卵圆形，先端钝（产于伏牛山区）…………………………………………………………… **河南蓼P. honanense** Kung

19.基生叶宽披针形或狭卵形，先端渐尖（产于各山区）……

……………………………………………… **拳参P. bistorta** L.

18.基生叶卵形，基部不下延；有念珠状根状茎；花序紧密（产于太行山、伏牛山区）……………………… **支柱蓼P. suffultum** Maxim.

变种：**细穗支柱蓼**var. **pergracile**(Hemsl.) Sam.，花序稀疏、细弱，下部间断。

16.茎分枝，无基生叶；托叶鞘顶端截形，具缘毛。

20.多年生。

21.水陆两栖植物；水生叶长圆形，基部近心形，陆生者叶披针形，基部近圆形（产于太行山、伏牛山、桐柏山区）…………………………………………**两栖蓼P. amphibium** L.(*P. amphibium* var. *terrestre* Leyss.)

21.陆生；叶披针形，基部楔形，两面被短硬伏毛及腺点；托叶鞘缘毛长10~12mm，鞘筒有硬伏毛（产于大别山、桐柏山、伏牛山区南部）……………………… **蚕茧蓼P. japonicum** Meisn.(*P. macranthum* Meisn.)

20.一年生。

22.花序梗被腺毛或腺体。

23.花序梗被短腺毛。

24.茎、枝及花序梗密被短腺毛或开展长硬毛；果三棱形（产于各山区）……**香蓼**（粘毛蓼）**P. viscosum** Buch. Ham. ex D. Don

24.茎枝疏被毛或无毛，花序梗疏生短腺毛；果双凸稀三棱；托叶鞘疏生柔毛（产于各山区）………………………………………………………………**春蓼**（桃叶蓼）**P. persicaria** L.

23.花序梗具腺体。

25.花被片5枚，果三棱；茎节间上部有伏毛（产于各山区）…………………………………… **粘蓼**（中轴蓼）**P. viscoferum** Mak.

(*P. excurrens* Stew.;*P. viscoferum* var. *robustum* Makino)

25.花被片4枚，果双凸形；茎无毛；托叶鞘无毛，无缘毛、稀短缘毛；叶下面仅中脉有短硬伏毛（产于各地区）………………………………… **酸模叶蓼 P. lapathifolium** L.

(*P. nodosum* Pers.;*P. lapathifolium* var. *xanthophyllum* Kung)

变种1：**绵毛酸模叶蓼**var. **salicifolium** Sibth.，叶下面密被

绵毛。

变种2：**密毛酸模叶蓼**var. **lanatum**(Roxb.) Stew.，全株密被绵毛。

22.花序梗无腺毛和腺体。

26.托叶鞘顶端具绿色叶状翅；叶宽5.0~12cm（产于各地区）……………………………………………………………………… **红蓼P. orientale** L.

26.托叶鞘顶端无翅；叶宽不及4.0cm。

27.叶干后暗蓝绿色；叶卵形或宽椭圆形，先端圆钝（栽培）…………………………………………………………………… **蓼蓝P. tinctorium** Ait.

27.叶干后非暗蓝绿色；野生。

28.花被片具腺点。

29.茎无毛；叶两面有黑色腺点；托叶鞘缘毛长1.0~5.0mm（产于各地区）………………………………………… **水蓼P. hydropiper** L.

29.茎被短硬伏毛（产于伏牛山南部、大别山区）……………………………………………………………… **伏毛蓼P. pubescens** Blume

28.花被片无腺点。

30.花序细弱，全部间断或下部间断。

31.托叶鞘缘毛长6.0~8.0mm；果三棱；花序下部间断。

32.叶卵形或卵状披针形，先端尾状渐尖，基部宽楔形（产于各山区）……………………………………………………

丛枝蓼P. posumbu Buch.-Ham. ex D. Don(*P. caespitosum* Bl.)

32.叶披针形，基部楔形（产于各地区）………………………………………………………… **长鬃蓼P. longisetum** De Bruyn

变种：**圆基长鬃蓼**var. **rotundatum** A. J. Li，叶基部圆或近圆形。

31.托叶鞘缘毛长3.0~5.0mm；果双凸形，有时三条棱；花序全部间断，数枚组成圆锥状；叶宽3.0~6.0mm（产于栾川、大别山区）……………… **细叶蓼P. taquetii** Lévl.（果多3条棱观察）

30.花序紧密，不间断。

33.托叶鞘长1.0~2.0cm，具柔毛，缘毛长1.0~3.0mm；花梗长1.5~2.0mm；果双凸形，稀三棱（产于各山区）……………………………………………………………… **春蓼P. persicaria** L.

33.托叶鞘长0.5~1.0cm，无毛，缘毛长5.0~11mm；花梗长4.0~6.0mm，远伸出苞片；果三棱（产于大别山、桐柏山区）……………………………………………………………………………………**愉悦蓼P. jucundum** Meisn.

8. 何首乌属 Fallopia Adens.

1.一年生；花序总状。

2.花被片外面3片背部具龙骨突或窄翅，果时稍增大（产于各山区）……………………………**卷茎蓼F. convolvula**(L.) Löve (*Polygonum convolvulum* L.)

2.花被片外面3片背部具翅，翅缘具齿，果时增大；果密被小颗粒（产于各山区）…………………………………………………………………………………**齿翅蓼F. dentato-alata**(F. Schm.) Holub (*Polygonum dentato-alatum* F. Schm.)

1.多年生草本或木质藤本；花序圆锥状。

3.近木质藤本；叶常簇生（产于伏牛山区）……………………………………………………**木藤蓼F. aubertii**(L. Henry) Holub(*Polygonum aubertii* L. Henry)

3.草质藤本；叶单生。

4.花被片外面3片背部具翅，果时增大；茎、叶均无毛（产于各地区）……………………………………………**何首乌F. multiflora**(Thunb.) Harald.

变种：**毛脉蓼**var. **ciliinervis**(Nakai) A. J. Li，叶下面沿脉有乳突。

4.花被片背部无翅；果时不增大；茎和叶柄密生褐色短柔毛及倒生疏长柔毛；叶片上面疏生短粗伏毛，下面密被褐色长柔毛（产于卢氏）…………………………………………**牛皮消蓼F. cynanchoides**(Hemsl.) Harald.

9. 虎杖属 Reynoutria Houtt.

虎杖R. japonica Houtt.，产于河南南部。

多年生草本；茎直立，粗壮，空心，高1.0~2.0m，具小突起，无毛，散生红色或紫红色斑点。叶宽卵或卵状椭圆形，宽4.0~9.0cm，全缘，无毛；叶柄长1.0~2.0cm；托叶鞘膜质，偏斜，长3.0~5.0mm，无缘毛。圆锥花序腋生。

一六、藜科 Chenopodiaceae

1.叶为平面叶（即叶片扁平）。

2.植物体多少有毛。

3.毛分枝状或星状。

4.花两性。

5.胞果背腹微凹，顶端2喙与果体近等长；叶及苞片先端针刺状，锐利 ………………………………………… **5.沙蓬属Agriophyllum**

5.胞果通常腹面平或微凹，背面凸，顶端之喙长为果体的1/8~1/5；叶及苞片先端锐尖，但不为针刺状 ……… **6.虫实属Corispermum**

4.花单性；雌花有花被；2枚苞片叶状 ……………… **3.轴藜属Axyris**

3.毛不分枝；花被裂片中下部生翅状附属物 …………… **8.地肤属Kochia**

2.植物体光滑无毛，或仅有糠秕状被覆物，或具粉粒状至圆柱状水毛，如有腺毛或短柔毛（仅藜属个别种），则植株有强烈气味。

6.花单性，雌雄异株；雌花无花被，子房以苞片包裹 ……**4.菠菜属Spinacia**

6.花两性，或兼有雌性但有花被。

7.果实为蒴果，成熟时盖裂；花序最末端分枝针刺状 …………………………………………………………… **1.千针苋属Acroglochin**

7.果实为胞果，不开裂；花序无上述针刺状分枝（刺藜例外）。

8.花被的下部与子房合生，合生部分在果时硬化；花被裂片内曲 ………………………………………………………… **2.甜菜属Beta**

8.花被与子房离生，不硬化；花下无小苞片 … **7.藜属Chenopodium**

1.叶圆柱形或半圆柱形。

9.花被片背面不具附属物，或花被片本身增厚延伸而形成翅状或角状附属物；小苞片不发达，膜质，鳞片状，位于花被下；团聚伞花序多生于叶腋 ………………………………………………………… **9.碱蓬属Suaeda**

9.花被片背面果时具发达的翅状附属物；小苞片发达，革质或肉质，常包围花被；总状花序顶生或生于小枝顶端 ……………… **10.猪毛菜属Salsola**

1. 千针苋属 Acroglochin Schrad.

千针苋A. persicarioides(Poir.) Moq.，产于伏牛山区。

一年生；茎高达1.0m。叶宽卵形，长1.0~5.0cm,宽1.0~4.0cm，边缘有不整齐锯齿，叶柄长达2.5cm。花1至数朵簇生于芒刺状小枝腋内。

2. 甜菜属 Beta L.

甜菜B. vulgaris L.，栽培。

茎高达1.0m，全株无毛。基生叶长圆形，宽12~18cm，全缘，常波状。圆锥花序；花小，黄绿色，常2至数个集为花簇，花被5裂，基部与子房合生，果期变硬；种子双凸状，径2.0~3.0mm。

变种1：**厚皮菜**（莙达菜）var. **cicla** L.，根不肥大，有分枝（栽培蔬菜）。

变种2：**糖萝卜**var. **saccharifera** Alef.，根纺锤形，肥厚，白色，富含糖分（栽培糖料）。

变种3：**紫菜头**var. **rosea** Moq.，根纺锤形至近球形，肥厚，紫红色；叶脉紫红色（偶见栽培观赏）。

3. 轴藜属 Axyris L.

1.叶片长3.0~7.0cm，披针形，下面密被星状毛；果实长圆状倒卵形，不具同心圆状皱纹，顶端附属物较大，1个，冠状，其中央微凹（产于太行山区）………………………………………………………… **轴藜A. amaranthoides** L.

1.叶片较小，长0.5~3.5cm，椭圆形或卵形，两面均密被星状毛；果实倒卵形，侧面具同心圆状皱纹，顶端附属物小，2个，三角状（产于辉县、林县、济源）………………………………………………… **杂配轴藜A. hybrida** L.

4. 菠菜属 Spinacia L.

菠菜S. oleracea L.，栽培蔬菜。

茎高达60cm，基生叶有长柄，戟形或三角状卵形。雌雄异株，雄花成穗状花序，雌花簇生叶腋。胞果包在硬化的常有2角刺的苞片内。

5. 沙蓬属 Agriophyllum Bieb.

沙蓬A. squarrosum(L.) Moq.，产于开封、商丘、新乡、安阳地区之沙区。

一年生草本，高达60cm，多分枝，幼时全株密生分枝毛。叶线状披针形，宽4.0~10mm，先端渐尖为刺尖，3~7脉，无柄。花序短穗状，无总梗，腋生；苞片宽卵形，先端骤尖为短针刺。

6. 虫实属 Corispermum L.

1.果实顶端急尖或圆形，不具缺刻。

2.穗状花序圆柱状，细长，花疏松；苞片明显由叶状逐渐过渡为窄卵形或卵形，膜质边缘较窄，具1脉，稀3脉。

3.植株通常高约35cm，分枝多；穗状花序纤细；苞片较窄，由叶状过渡为披针形或狭卵形；果实倒卵状长圆形，长3.0~4.0mm，宽约2.0mm，翅较窄或近无翅。

4.果实无毛；雄蕊1~3(5)枚；花被片1(3)枚（产于河南东部和北部）…………………………………… **蝇虫实C. declinatum** Steph. ex Stev.

4.果实被毛（产于河南南部、北部、内黄）…………………………………… **毛果蝇虫实C. declinatum** var. **tylocarpum**(Hance) Tsien et C. G. Ma

3.植株高7.0~10cm，分枝少，穗状花序稍粗；苞片较宽，披针形、尖椭圆形至卵形；果实长圆状宽椭圆形，长4.0~5.0mm，宽2.5~3.5mm，被毛，翅较宽，为果宽之半，略皱曲（产于祥符、封丘、中牟、兰考等县区）…………………………… **早熟虫实C. praecox** Tsien et C. G. Ma

2.穗状花序棍棒状圆柱形，粗壮，紧密或仅在花序基部有少数疏离的花；苞片除花序基部少数为叶状或披针形外，均为卵形或卵圆形，多具3脉，稀1脉，膜质边缘较宽；果实被毛。

5.穗状花序通常为圆柱形，稍细，直径3.0~8.0mm，通常约5.0mm；果实长2.0~3.5mm，宽 1.5~2.0mm；雄蕊5枚（产于豫东和豫北）……………… **毛果兴安虫实C. chinganicum** Ikjin var. **stellipille** Tsien et C. G. Ma

5.穗状花序常为棍棒形，较粗，直径8.0~15mm，通常约10mm；果实较大，长4.5~6.0mm、宽3.0~3.5mm；雄蕊3~(5)枚（产于郑州、新乡、开

封地区）…………………… **黄河虫实C. huanghoense** Tsien et C. G. Ma

1.果实顶端具明显的宽缺刻；果实被毛；穗状花序棍棒状，直径约8.0mm；苞片披针形（少数近基部的）至卵圆形，近膜质；雄蕊1~5枚（产于黄河两岸各县）…………………………………………… **软毛虫实C. puberulum** Iljin

变种：**光果软毛虫实**var. **ellipsocarpum** Tsien et C. G. Ma，植株较高，30~50cm；果实较大而无毛。

7. 藜属 Chenopodium L.

1.复二歧聚伞花序。

2.植物体不具腺体，无气味；花序分枝末端有针刺状不育枝；叶条形至披针形，全缘（产于淮河以北、南召）……………… **刺藜C. aristatum** L.

2.植物体具黄色腺体，有强烈气味；花序无针刺状不育分枝；叶长圆形至卵形，边缘分裂（伏牛山区）……………… **菊叶香藜C. foetidum** Schrad.

1.非二歧聚伞花序。

3.叶下面有黄色腺点。

4.茎直立，被腺毛或无毛；叶椭圆状披针形或披针形，较大，下部叶长达15cm，宽达 5.0cm；雄蕊5枚；柱头3(4)个；果萼常闭合（于各地区）…………………………………………… **土荆芥C. ambrosioides** L.

4.茎平卧或铺散，嫩枝密被节柔毛；叶椭圆形、长圆状椭圆形或卵状椭圆形，长1.0~2.5cm，宽4.0~10(12)mm；雄蕊1枚或无；柱头2个；果萼齿直立或开展（产于黄河沿岸各县）………… **铺地藜C. pumilio** R. Br.

3.叶下面不具腺点，无气味。

5.花被片3~4枚；植株具粉，叶下面灰白色；茎平卧或外倾（产于各地）…………………………………………………… **灰绿藜C. glaucum** L.

5.花被片5枚。

6.叶全缘或在中部以下具1(2)对侧裂片。

7.花在花序上排列紧密，花序轴或仅在花下有圆柱状毛束；叶宽卵形至卵形，长2.0~4.0cm，宽1.0~3.0cm，全缘；花被多在果期增厚，并呈五角星状（产于淮河以北、卢氏）…………… **尖头叶藜C. acuminatum** Willd.

亚种：**狭叶尖头叶藜**subsp. **virgatum**(Thunb.) Kitam.，叶较狭小，狭卵形、

长圆形乃至披针形，长度显著大于宽（产于各地）。

7.花序瘦细，花稀疏，花序轴上无圆柱状毛束；花被果时不增厚。

8.叶菱状卵形至卵形，长3.0~5.0cm，宽2.0~4.0cm，先端急尖至短渐尖，基部宽楔形，全缘或基部具1对不明显的钝浅裂片；叶柄长0.5~2.0cm；团集花簇间断排列成的穗状花序柔弱，长2.0~15mm，或可再排为1(2)回分枝的狭圆锥花序；种子直径1.1~1.5mm（产于伏牛山区）…………………………………… **细穗藜C. gracilispicum** Kung

8.茎中下部叶窄卵形，长8.0~11cm，宽4.0~6.0cm，先端渐尖，基部圆形或近截形，全缘或近基部具1~2对尖锐三角形裂片，叶柄长4.0~5.5cm；上部叶狭卵形至卵状披针形，基部微心形或近截形，全缘；团集花簇间断排成的穗状花序坚挺，长2.0~7.0cm，再排列为二至三回分枝的宽大圆锥花序，其一回分枝长可达13(15)cm；种子较大，径1.8~2.0mm（产于伏牛山区）……………………**长叶藜C. longifolium**(C. S. Zhu et X. D. Li.)

6.叶缘多少有齿。

9.全株无粉粒；叶菱形至菱状卵形，茎下部叶片长达15cm，近基部1对锯齿呈裂片状；花被裂片3~5枚，狭倒卵形（产于黄河沿岸各县）………………………… **东亚市藜C. urbicum** L. subsp. **sinicum** Kung et G. L. Chu

9.植株多少有粉粒。

10.叶片掌状浅裂；种子直径2.0~3.0mm，表面有明显的圆形深洼或呈凸凹不平（产于太行山、伏牛山区）……………………………………………………………………………… **杂配藜**（大叶藜）**C. hybridum** L.

10.叶非掌状浅裂；种子直径不超过2.0mm，表面非上述情形。

11.植株高2.0~3.0m；下部叶长达20cm；花序下垂（栽培或半野生）……………………………………………… **杖藜C. giganteum** D. Don

11.植株通常较矮；叶长不超过8.0cm；花序挺直。

12.叶明显呈三裂状，裂片均具锯齿；种子表面有清晰的六角形细洼；花被片镊合状闭合（产于各地）…… **小藜C. serotinum** L.

12.叶非三裂状；种子表面有浅沟纹；花被片覆瓦状闭合或展开。

13.叶片两侧边缘近于平行，先端圆形或钝（产于太行山区及黄河沿岸各县）……………………………… **圆头藜C. strictum** Roth

13.叶两侧边缘显然不平行，先端急尖或渐尖（产于各地）……………………………………………………………………………………**藜C. album** L.

8. 地肤属 Kochia Roth

1.花下无毛，或有时花下具锈色长柔毛（产于各地）……………………………………………………………………**地肤K. scoparia**(L.) Schrad.

变型：**扫帚菜**（扫帚苗）f. **trichophylla**(Hort.) Schinz et Thell.，分枝繁多，植株呈卵形或倒卵形；叶较狭；晚秋枝叶变红。

1.花下有较密的束生锈色柔毛（产于祥符、封丘、原阳等县区）……………………**碱地肤K. scoparia** var. **sieversiana**(Pall.) Ulbr. ex Aschers. et Graebn.

9. 碱蓬属 Suaeda Forsk. ex Scop.

1.团伞花序生于叶片基部，其总花梗与叶柄合并成短枝状，外观似花序生于叶柄上；种子直径约2.0mm；花被果时呈五角星状（产于黄河沿岸各县）……………………………………………………………………**碱蓬S. glauca**(Bge.) Bge.

1.团伞花序生于叶腋，或生于腋生短枝上，短枝基部与叶基部不合并。

2.种子表面具清晰的蜂窝状点纹；花药长约0.2mm；植株通常平卧（产于黄河沿岸各县）……………………………………**平卧碱蓬S. prostrata** Pall.

2.种子表面具不清晰的网状点纹；花药长0.3~0.4mm；茎直立（产于黄河沿岸各县）…………………………………………**盐地碱蓬S. salsa**(L.) Pall.

10. 猪毛菜属 Salsola L.

1.植株无毛；叶片半圆柱形，宽2.0~3.0mm（产于商丘市区、民权、兰考、封丘、原阳）…………………………………………**无翅猪毛菜S. komarovii** Iljin

1.植株生短硬毛；叶片丝状圆柱形，宽0.5~1.5mm（产于淮河以北地区）……………………………………………………………………**猪毛菜S. collina** Pall.

一七、苋科 Amaranthaceae

1.叶互生。

2.胚珠或种子2粒至数粒；雄蕊的花丝基部合生为杯状 … **1.青葙属Celosia**

2.胚珠或种子1粒；花丝离生 ………………………… **2.苋属Amaranthus**

1.叶对生或茎上部叶互生。

3.在苞片腋部有2朵或更多朵花，其中能育两性花1至数朵，常伴有退化为钩状的不育花 ………………………………………………… **3.杯苋属Cyathula**

3.每苞片腋部有1朵花，无退化的不育花。

4.花药2室；花在花期后向下折，贴近伸长的花序轴 ……………………………………………………………………………… **4.牛膝属Achyranthes**

4.花药1室；花在花期后不向下折。

5.花集成头状花序，花两性。

6.有退化雄蕊；柱头1个，头状 ………… **5.莲子草属Alternanthera**

6.无退化雄蕊；柱头2~3个，或2裂（栽培）……………………………………………………………… **6.千日红属Gomphrena**

5.花单性或两性，成穗状花序，再排成圆锥花序（栽培）……………………………………………………………… **7.血苋属Iresine**

1. 青葙属 Celosia L.

1.穗状花序塔状或圆柱状，无分枝；花被片白色或粉红色（产于各地）……………………………………………………………… 青葙**C. argenthea** L.

1.穗状花序鸡冠状、卷冠状或羽毛状，多分枝；花被片红色、黄色、紫色、橙色或红黄色相间（栽培观赏）……………………… 鸡冠花**C. cristata** L.

2. 苋属 Amaranthus L.

1.叶腋有2刺；苞片常变型成2锐刺，少数具1刺或无刺（产于各地） ………………………………………………………………… 刺苋**A. spinosus** L.

1.叶腋无刺；苞片不变为刺。

2.花被片5枚；雄蕊5枚；果实盖裂。
3.植株无毛或近无毛。
4.圆锥花序下垂，中央花序尾状，花穗先端钝；苞片及花被片顶端芒刺不明显，花被片短于胞果（产于各地）……………………………………………… **尾穗苋A. caudatus** L.(*A. caudatus* L. var. *atropurpureus* Hort.)
变种1：**白花尾穗苋**var. **albiflorus** Hort.，花与花穗绿白色（各地栽培）。
变种2：**球花尾穗苋**var. **gibbosus** Vilm.，花簇在花序轴上远离为球状簇（栽培）。
4.圆锥花序直立，花穗顶端尖；苞片及花被片顶端芒刺明显；花被片和果等长。
5.雌花苞片为花被片长的2.0倍；花被片顶端急尖或渐尖（栽培观赏）……………………………………………… **千穗谷A. hypochondriacus** L.
5.雌花苞片为花被片长的1.5倍，花被片顶端圆钝（栽培或半野生，产于各地）……………………………………… **繁穗苋A. paniculatus** L.
3.植株有毛。
6.圆锥花序分枝较短而粗；苞片长4.0~6.0mm；果实包裹在宿存花被内。生于田园、地边、旷地（产于各地）………… **反枝苋A. retroflexus** L.
6.圆锥花序分枝较细长；苞片较短，长3.0~4.5mm，果实超出花被片（产于各地）……………………………………………… **绿穗苋A. hybridus** L.
2.花被片3枚；雄蕊3枚［泰山苋花被片5或4枚，雄蕊2(3)枚，但果不开裂］。
7.果实盖裂。
8.叶较大，卵形或宽披针形，长4.0~10cm，宽2.0~7.0cm；花穗直径5.0~15mm，具多数密生的花（常栽培）……………………………………………………………… **苋A. tricolor** L.(*A. tricolor* var. *splendens* Bailey)
8.叶较小，菱状卵形、倒卵形或长圆形，长2.0~5.0cm，宽1.0~2.5cm；花穗较细（野生，产于伏牛山、桐柏山、大别山区）…………………………………………………… **腋花苋**（罗氏苋）**A. roxburghianus** Kung
7.果实不开裂。
9.花全部簇生叶腋，轮伞状；雌花花被片5 枚，下部合生，雄花花被片4枚，雄蕊2(3)枚；叶菱状卵形或椭圆形，宽3.0~15mm（产于驻马店、郑州、洛阳）……………………………………………………………………………………

………合被苋（泰山苋）**A. polygonoides** L.(*A. taishanensis* F. Z. Li et C. K. Ni)

9.花簇腋生于枝下部，在茎枝顶端也组成穗状或圆锥花序；花被片和雄蕊均3枚；叶较宽大。

10.茎常直立，稍分枝；胞果皱缩（产于各地）………… **皱果苋A. viridis** L.

10.茎伏卧上升，基部分枝；胞果近平滑（产于各地）……………………………………………………………………… **凹头苋A. lividus** L.(*A. ascendens* Loisel.)

3. 杯苋属 Cyathula Bl.

川牛膝C. officinalis Kuan［*C. tomentosa* auct. non(Roth)Moq.］，栽培药用。

茎直立，近方形，节部膨大，具糙毛，叶椭圆形或狭椭圆形，宽1.5~5.5cm，正面密生倒伏糙毛，背面灰绿色，密生长柔毛；叶柄长3.0~10mm。花密集为头状花序排列枝顶。

4. 牛膝属 Achyranthes L.

1.叶椭圆形或椭圆状披针形，少数为倒披针形；小苞片刺状，长为苞片的1/3~1/4，基部有2卵形膜质小裂片；退化雄蕊有明显的缺刻状细齿（产于各山区）…………………………………………………… **牛膝A. bidentata** Bl.

1.叶披针形或宽披针形；小苞片针状，长仅为苞片的1/6，基部有两耳状薄片；退化雄蕊顶端有不明显牙齿（产于太行山、大别山区）………………………………………………………… **柳叶牛膝A. longifolia**(Makino) Makino

5. 莲子草属 Alternanthera Forsk.

1.茎直立；叶片绿色或红色，或部分绿色，杂以红色或黄色斑纹（公园栽培观赏）……………………………… **锦绣苋A. bettzickiana**(Regel) Nichols.

变种1：**黄叶锦绣苋**var. **aurea** Hort.，叶带黄白色，稍皱缩。

变种2：**花锦绣苋**var. **tricolor** Hort.，叶具各色彩斑。

1.茎匍匐或上部上升；叶绿色（野生，稀栽培）。

2.头状花序1~4枚，无总花梗（产于大别山、桐柏山、鸡公山、舞阳）……………………………………………………… **莲子草A. sessilis**(L.) DC.

2.头状花序单一，具总花梗（产于各地）…………………………………………………………………… **喜旱莲子草A. philoxeroides**(Mart.) Griseb.

6. 千日红属 Gomphrena L.

千日红G. globosa L.，各地栽培供观赏。

茎粗硬，叉状分枝，节部膨大，具灰白色长毛。叶椭圆形或长圆状倒卵形，宽2.0~5.0cm，两面均被白色长柔毛，边缘有睫毛。头状花序顶生，直径2.0~2.5cm，基部有2叶状总苞。

7. 血苋属 Iresine P. Br.

血苋（红苋）**I. herbstii** Hook. f. ex Lindl.，公园栽培供观赏。

茎带红色，高达2.0m；叶对生，宽卵形至近圆形，长3.0~5.0cm，先端凹或2裂，紫红色，或绿色而叶脉黄色。

一八、紫茉莉科 Nyctaginaceae

1.具刺灌木；叶互生；苞片大而美丽，红色或紫色，3枚 ………………………………………………………………………… **1.叶子花属Bougainvillea**

1.草本；叶对生；花苞片花萼状，5裂，绿色 ………… **2.紫茉莉属Mirabilis**

1. 叶子花属 Bougainvillea Comm. ex Juss.

1.茎与叶几无毛，叶先端尖。花被管疏生柔毛，苞片与花几等长（庭院栽培观赏）……………………………………………… **叶子花B. glabra** Choisy

变种：**花叶子花**var. **variegata** Hort.，叶片具白色花纹（公园盆栽）。

1.茎与叶密生柔毛，叶先端钝。花被管密被毛，苞片长于花；公园栽培观赏 ……………………………………………………… **毛叶子花B. spectabilis** Willd.

2. 紫茉莉属 Mirabilis L.

紫茉莉M. jalapa L.，各地栽培观赏或逸生。

一年生草本，高达80cm。叶卵形或卵状三角形，宽3.0~8.0cm，无毛；

叶柄长1.0~4.0cm。花簇生枝端，苞片花萼状，钟形，长8.0~10mm；花被杂色，高脚碟状，长3.0~5.5cm。果球形，黑色。

一九、商陆科 Phytolaccaceae

商陆属 Phytolacca L.

1.果序粗壮直立；花多而密；雄蕊8(10)枚；心皮8个，分离（产于各山区）…………………………………………………………………………… **商陆P. acinosa** Roxb.

1.果序纤细下垂；花少而疏；雄蕊10枚；心皮10个，合生（各地栽培或逸生）……………………………………………… **垂穗商陆**（美国商陆）**P. americana** L.

二〇、番杏科 Aizoaceae

1.花无花瓣；叶薄，非肉质，扁平；野生（产于各地）…… **1.粟米草属Mollugo**

1.花瓣多数；叶肉质（栽培花卉）………… **2.日中花属Mesembryanthemum**

1. 粟米草属 Mollugo L.

1.花簇生；种子平滑有光泽，脊具3~5条弧形肋棱（产于光山、罗山）……………………………………………………………………… **种棱粟米草M. verticillata** L.

1.疏松聚伞花序；种子具颗粒状突起（产于各地）………………………………………………………………… **粟米草M. stricta** L.(*M. pentaphylla* non L.)

2. 日中花属 Mesembryanthemum L.

1.叶小，卵形，基部心形，或长匙形，具突起。

2.叶对生，心状卵形，长1.0~2.0cm（产于郑州、洛阳、开封）……………………………………………… **心叶日中花**（露花）**M. cordifolium** L. f.

2.叶互生，卵形或长匙形，长达15cm，宽达7.0cm（产于郑州、洛阳）………………………………………… **冰花**（冰叶日中花）**M. crystallinum** L.

1.叶细长，钝三棱形或舌形，无突起。

3.叶舌形，顶端有钝弯钩，长约6.0cm，宽约15mm；花橙黄色，径约2.0mm（偶见）……… **佛手掌**（弯叶日中花）**M. uncatum** Salm.-Duck.

3.叶细长，钝三棱形；花黄色或紫红色。

4.叶长7.0~10cm、宽约12mm；花黄色或紫色，柱头10~16个（温室栽培）…………………………………… **冰花果**（食用日中花）**M. edule** L.

4.叶长3.0~6.0cm、宽3.0~4.0mm；花紫红色，柱头5个 …………………………………………………………………… **龙须海棠M. spectabilis** Haw.

二一、马齿苋科 Portulacaceae

1.子房半下位；蒴果环状盖裂；平卧或斜生草本 ……… **1.马齿苋属Portulaca**

1.子房上位；蒴果瓣裂；直立草本或亚灌木 ……………… **2.土人参属Talinum**

1. 马齿苋属 Portulaca L.

1.花小，直径约5.0mm，黄色；叶片倒卵形，扁平；全体光滑无毛（产于各地）……………………………………………… **马齿苋P. oleracea** L.

1.花大，直径3.0~4.0cm，杂色；叶圆柱形，叶腋具1撮长柔毛（栽培观赏）……………………………… **半支莲**（大花马齿苋）**P. grandiflora** Hook.

2. 土人参属 Talinum Adans.

土人参T. paniculatum(Jacq.) Gaertn.，零星栽培，供药用。

茎肉质，高达60cm。叶倒卵形或倒卵状披针形，全缘，宽2.5~3.5cm。圆锥花序；花淡红色，径约6.0mm，花瓣长6.0~12mm。果近球形，长约5.0mm，3瓣裂。

二二、落葵科 Basellaceae

落葵属 Basella L.

落葵（木耳菜）**Basella alba** L. (*B. rubra* L.)，各地零星栽培，蔬菜。

一年生缠绕草本，多分枝，无毛。叶稍肉质，卵形或近圆形，宽3.0~10cm，基部心形；叶柄长1.0~3.0cm。穗状花序腋生，肉质，长5.0~10(20)cm；花淡紫红色。

二三、石竹科 Caryophyllaceae

1.叶具透明膜质的托叶；花柱3个；蒴果3瓣裂 …… **1.拟漆姑草属Spergularia**

1.叶无托叶。

2.萼片分生或近于分生；花瓣近无爪，稀无花瓣。

3.花二型，茎顶端有花瓣，通常不结实，基部无花瓣，结实；植株有块根 ………………………………………………… **2.孩儿参属Pseudostellaria**

3.花不为二型；植株无块根。

4.蒴果瓣先端多少2裂。

5.花柱4~5个。

6.蒴果卵球形，5瓣裂至中部，裂瓣先端2裂齿外弯；花瓣几裂至基部 ………………………………………… **3.鹅肠菜属Myosotom**

6.蒴果圆筒形或长圆状圆筒形，10齿裂，裂齿等大；花瓣裂至中部或全缘 ………………………………………… **4.卷耳属Cerastium**

5.花柱2~3个。

7.花瓣全缘；花柱3个 ………………………… **5.无心菜属Arenaria**

7.花瓣通常2深裂；花柱3(2)个…………………… **6.繁缕属Stellaria**

4.蒴果瓣先端不再分裂；花柱4~5个；花瓣全缘，小而不明显或无花瓣 ………………………………………………………… **7.漆姑草属Sagina**

2.萼片合生；花瓣通常具爪。

8.花柱3或5个。

9.花柱5个；蒴果5齿裂或5瓣裂 ································ **8.剪秋罗属Lychnis**

9.花柱3个。

10.蒴果不呈浆果状，先端6齿裂 ································ **9.蝇子草属Silene**

10.蒴果呈浆果状，成熟后质脆，不规则开裂 ································ **10.狗筋蔓属Cucubalus**

8.花柱2个。

11.花萼基部膨大，先端甚狭窄，具5条翅状脉棱；蒴果为不完全4室 ································ **11.王不留行属Vaccaria**

11.花萼通常圆筒状或钟状，不具翅状脉棱；蒴果1室。

12.花萼圆筒状，长(1.5)2.0cm以上，全部草质，萼下有1至数对苞片，萼筒具多数细脉；花瓣外缘牙齿状或细裂呈缝状 ································ **12.石竹属Dianthus**

12.花萼钟状，长不及4.0mm，萼下无苞片，萼筒5脉，脉间膜质；花瓣全缘或顶端微凹 ································ **13.石头花属Gypsophila**

1. 拟漆姑属 Spergularia(Pers.) J. et C. Presl

拟漆姑S. salina J. et C. Presl，产于黄河两岸及以北地区。

叶线形，长5.0~30mm，宽1.0~1.5mm；托叶三角形或广卵形。花单生叶腋，雄蕊2~3枚，花柱3个，花梗长2 .0~3.0mm。种子边缘有翅。果3瓣裂。

2. 孩儿参属 Pseudostellaria Pax

1.花瓣顶端微凹或2浅裂。

2.叶同型，线形，线状披针形或长圆状线形（产于太行山、伏牛山区）································ **细叶孩儿参P. sylvatica**(Maxim.) Pax

2.叶异型，茎下部叶匙形或倒披针形，基部渐狭，上部者卵状披针形、卵形或菱状卵形，顶生2对叶常增大而接近（产于各山区）································ **孩儿参P. heterophylla**(Miq.) Pax

1.花瓣先端通常全缘。

3.花瓣倒卵形或长圆状倒卵形。

4.叶除茎基部者外，全为卵形，长1.0~3.0cm，宽0.8~2.0cm；具短柄；

茎常铺散，枝渐向上，在湿润处生者常具细蔓状营养枝（产于太行山、伏牛山区）……………………………………**蔓孩儿参P. davidii**(Franch.) Pax

4.叶椭圆形、披针形或线状披针形，长1.0~2.0cm，宽3.0~5.0mm，有较长柄（产于太行山、伏牛山区）………………………………………………………………………………… **矮小孩儿参P. maximowicziana**(Franch.) Pax

3.花瓣倒披针形或长圆状披针形，长2.0~2.5cm，宽0.8~1.2cm；顶生花梗长为叶的近2.0倍（产于太行山、伏牛山区）……………………………………………………………………………………… **异花孩儿参P. heterantha**(Maxim.) Pax.

3. 鹅肠菜属 Myosoton Moench

鹅肠菜（牛繁缕）**M. aquaticum** (L.) Moench，产于各地。

茎多分枝，下部伏卧，无毛，上部上升，被腺毛。叶卵形或宽卵形，宽1.0~3.0cm，下部叶有具翼的柄，柄长5.0~15mm。二歧聚伞花序顶生；花梗、苞片及花萼均有腺毛；花瓣白色，2深裂至近基部，长3.0~4.0mm；雄蕊10枚；花柱5（4、6）个。蒴果卵球形（据观察，苞片无腺毛）。

4. 卷耳属 Cerastium L.

1.花瓣等长或稍短于萼片；叶卵状长圆形至披针形，先端急尖（产于各地区）…… **簇生卷耳C. fontanum** Baumg. subsp. **triviale**(Link) Jalas(*C. caespitosum* Gilib.)

1.花瓣明显长于萼片，或与萼片近等长（球序卷耳，但其叶先端钝圆）。

2.全株近无毛，叶长15~25mm，宽8.0~12mm(产于伏牛山区) ……………………………………………………………… **鄂西卷耳C. wilsonii** Takeda

2.全株被毛。

3.花丝具白色长柔毛；花瓣基部常有缘毛（产于太行山、伏牛山区）………………………………………… **缘毛卷耳C. furcatum** Cham. et Schlecht.

3.花丝无毛；花瓣基部无毛（《中国植物志》描述为被疏柔毛）。

4.叶先端钝圆；花梗长1.0~3.0mm（产于大别山、桐柏山、伏牛山区南部）…………………………………………………………………… **球序卷耳**（婆婆指甲草）**C.glomeratum** Thuill. (*C.Viscosum* L.)

4.叶先端急尖；花梗长10~15mm；花瓣长为花萼的2.0倍以上（产于河南北部和西部）………………………………………………………… **卷耳C. arvense** L.

5. 无心菜属（蚤缀属）Arenaria L.

1.多年生草本，具肉质粗主根；叶细线形，长1.5~10cm，宽0.3~1.0mm（产于嵩山）……………………………………**老牛筋**（灯心草蚤缀）**A.juncea** M.Bieb.

1.一年生草本；叶卵形或卵圆形，长3.0~8.0mm，宽2.0~5.0mm，无柄（产于各地区）……………**无心菜**（蚤缀）**A. serpyllifolia** L.(*A. leptoclados* Guss.)

6. 繁缕属 Stellaria L.

1.叶宽卵形或卵状披针形，全部叶或茎下部叶明显具柄。

2.植株被柔毛，腺具柔毛或无毛，但绝无星状毛。

3.茎被1列短柔毛

4.无花瓣或很微小；种子直径0.7~0.8mm（产于各地区）……………………………………………………… **无瓣繁缕S. apetala** Ucria ex Roem.

4.花瓣明显；种子直径约1.0mm(产于各地) ……………………………………………………………………………… **繁缕S.media** (L.) Cyr.

3.茎无毛；叶卵形至卵状披针形，先端渐尖(产于各地) …………………………………………………………………………… **中国繁缕S.chinensis** Regel

变种：**缘毛中国繁缕**var. **ciliata** C. S. Zhu ct II. M. Li，叶片下面沿中脉密被柔毛，叶缘全部及叶柄两侧边缘密披缘毛(产于内乡)。

2.植株被星状毛（产于各山区）…………………………………………………… **箐姑草**（石生繁缕）**S. vestita** Kurz (*S. saxatilis* Buch.-Ham.)

1.叶线状披针形、披针形、长圆形或卵状长圆形，无柄或近无柄，基部常半抱茎。

5.植株密被星状毛；叶披针形，宽3.0~5.0mm（产于太行山、伏牛山区）………………………………………………… **内曲繁缕S. infracta** Maxim.

5.植株无星状毛。

6.叶椭圆状披针形或卵状披针形，最宽处在5.0mm以上。

7.茎中上部叶椭圆状披针形，长3.0~9.0cm，宽4.0~12mm，最宽处在中部或近中部，边缘常皱波状；花药深褐色（产于商城金刚台）………
……………………………… **柳叶繁缕S. salicifolia** Y. W. Tsui et P. Ke

7.茎中上部叶卵状披针形，长2.0~5.0cm，宽3.0~8.0mm，最宽处在近基部，边缘常平直；花药黄色（产于商城黄柏山）……………………………
………………………………………… **翻白繁缕S. discolor** Turcz. ex Fenzl

6.叶披针形、条状披针形、椭圆状至长圆状披针形，明显狭窄，宽1.0~4.0mm。

8.叶披针形至条状披针形，长3.0~7.0cm，宽3.0~4.0mm，长为宽的5.0倍以上（产于太行山、伏牛山区）………………… **沼生繁缕S. palustris** Ehrh.

8.叶椭圆状至长圆状披针形，长8.0~20mm，宽2.0~4.0mm，长为宽的2~4倍（产于各山区）……………… **雀舌草S. uliginosa** Murr.(*S. alsine* Grimm.)

7. 漆姑草属 Sagina L.

漆姑草S. japonica(Sw.) Ohwi，产于各地区。

一年生小草本，高5.0~25cm；茎基部多分枝、簇生状。叶细线形，长5.0~15mm，宽约1.0mm，基部抱茎并合生形成膜质短鞘状。花单生叶腋，花梗长1.0~2.0cm；花瓣全缘，雄蕊5枚，花柱5个；蒴果5瓣裂；种子密生瘤突。

8. 剪秋罗属 Lychnis L.

1.植株密被灰白色茸毛；萼裂片钻形扭转（公园或庭院栽培）………………
…………………………………………………… **毛剪秋罗L. coronaria**(L.) Desr.

1.植株不被茸毛；萼裂片扁平，不扭转。

2.植株无毛或近无毛（栽培）。

3.叶线形；花瓣瓣片2裂 ……………………… **洋剪秋罗L. viscaria** L.

3.叶卵状椭圆形；花瓣橘红色，瓣片不规则多裂，呈锯齿状；萼齿披针形，长8.0~10mm ……………… **剪春罗（剪夏罗）L. coronata** Thunb.

2.植株被柔毛；花瓣深红色。

4.花瓣瓣片叉状深裂，裂片中间2枚大，侧生2枚狭小；叶片基部通常圆形（产于太行山、伏牛山区）…………… **大花剪秋罗L. fulgens** Fisch.

4.花瓣瓣片不规则深条裂，萼齿三角形，长2.0~4.0mm（产于大别山、桐柏山、伏牛山区）…………………………… **剪秋罗L. senno** Sieb. et Zucc.

9. 蝇子草属 Silene L.

1.花萼筒具20~30条平行突起纵脉，萼齿锥形，长为花萼的1/2或更长；蒴果呈花瓶状（产于各地）…………………… **麦瓶草**（米瓦罐）**S. conoidea** L.

1.花萼筒具平行脉10条，萼齿短小，多卵形或三角形；蒴果非花瓶状。

2.聚伞状圆锥花序，花序主轴发达明显。

3.多年生草本；花萼筒状或筒状棒形，长10~30（37）mm；花瓣2至多裂。

4.花序疏散大型，分枝长；萼筒长22~30mm；花瓣淡红色（产于各地）………………………………**鹤草**（蝇子草）**S. fortunei** Vis.

4.花序狭窄，分枝短；萼筒长11~15mm；花瓣白色（据记载产于太行山、伏牛山区，未见标本）…… **匍生蝇子草 S. repens** Patr. ex Pers.

3.一二年生草本；花萼卵状钟形；花瓣不外露或略外露。

5.茎不分枝，无毛；花序间断假轮伞总状，叶宽8.0~25mm（产于各山区）……………… **粗壮女娄菜**（坚硬女娄菜）**S. firma** Sieb. et Zucc.

变种：**疏毛女娄菜** var. **pubescens** S. Y. He，茎被疏柔毛。

5.茎多分枝，密被短毛，花序圆锥式；叶通常宽4.0~8.0mm（产于各山区）………………………… **女娄菜 S. aprica** Turcz. ex Fisch. et Mey.

2.二歧或单歧聚伞花序（有时花单生）。

6.多年生植物；野生。

7.块根簇生；花序分枝近等长，多花；花萼筒状棒形，长12~15mm；叶披针形或卵状披针形，宽5.0~20mm（产于太行山、伏牛山区）………………………**石生蝇子草**（山女娄菜）**S. tatarinowii** Regel

7.无块根；花序分枝不等长，（1）2~5朵花；花萼钟形，长10~13mm；叶线形或线状披针形，宽2.0~3.0mm（产于伏牛山、桐柏山区）…………………………………………**湖北蝇子草S. hupehensis** C. L. Tang

变种：**毛湖北蝇子草**var. **pubescens** C. L. Tang，花萼密被短柔毛（产于灵宝）。

6.一二年生草本；叶卵形或卵状披针形（栽培花卉）。

8.花序伞房状，花多而密集；全株无毛或近无毛，茎直立；花瓣瓣片全缘或先端微凹 ……………………………… **高雪轮 S. armeria** L.

8.单歧聚伞花序，花疏离；全株披白色柔毛并混生腺毛，茎基部稍匍匐；花瓣瓣片2裂 …………………………………………… **大蔓樱草 S. pendula** L.

10. 狗筋蔓属 Cucubalus L.

狗筋蔓 C. baccifer L.，产于各山区。

茎蔓状铺散。叶卵形至卵状披针形，长2.0~3.0cm，宽1.0~1.5cm。花梗长4.0~12mm，具茸毛；花萼钟形，裂片5枚；花瓣白色，喉部有2枚鳞片；雄蕊10枚；果球形，浆果状。

11. 王不留行属 Vaccaria N. M. Wolf

麦蓝菜（王不留行）**V. hispanica**(Mill.)Rausch. ［*V. segetalis*(Nech.)Garcke］，产于各地。

一二年生草本，茎高达80cm，全株无毛。叶无柄，卵状披针形，宽1.5~4.0cm，基部圆形或近心形，微抱茎。花序伞房状或圆锥状；花梗长1.0~4.0cm；花萼卵状圆锥形，长10~14mm，宽3.0~6.0mm，花后膨大呈卵球形，具5条翅棱；花瓣淡红色。蒴果宽卵球形，包藏于宿存萼内。

12. 石竹属 Dianthus L.

1.花簇生为头状，花梗极短或几无花梗（栽培花卉）。

2.叶披针形，宽不足1.0cm；苞片等长于花萼或稍较长 ……………………………………………………………… **须苞石竹D. barbatus** L.

2.叶卵形或椭圆形，宽1.0~2.5cm；苞片长为花萼的1/3~1/2 ……………………………………………………… **日本石竹 D. japonicus** Thunb.

1.花单生或疏聚伞花序，花梗长。

3.花瓣先端具齿裂。

4.花小，花瓣有髯毛；蒴果圆筒形；苞片长达萼筒的1/2或稍长；萼齿披针形，有缘毛；叶长3.0~5.0cm（各山区有野生）………………………………………………………………… **石竹 D. chinensis** L.

4.花大有香气，花瓣无髯毛；蒴果卵球形；苞片长达萼筒的1/4；萼齿三角形，边缘膜质；叶长为4.0~14cm（栽培花卉）…………………………

…………………………………………………… **香石竹 D. caryophyllus** L.

3.花瓣缝状深裂为狭条形或细丝状。

5.苞片倒卵形，先端长尖，长为花萼的1/4；萼筒短粗，长2.5~3.0cm，常带紫红色；蒴果等长或稍长于花萼（产于各山区）…………………………………………………………………………………… **瞿麦 D. superbus** L.

5.苞片卵形，先端短凸尖，长为花萼的1/5；萼筒细长，长3.0~4.0cm，绿色；蒴果短于花萼（各山区稀见）………… **长萼翟麦D. longicalyx** Miq.

13. 石头花属 Gypsophila L.

1.叶长圆形，宽5.0~15mm；花梗长2.0~5.0mm；花萼长2.0~3.0mm；雄蕊长于花瓣（产于太行山、伏牛山区、罗山）……………………………………………………………………………… **长蕊石头花**（霞草）**G. oldhamiana** Miq.

1.叶线状披针形，宽常不超过5.0mm；花梗长5.0~15mm；花萼长3.0~5.0mm；雄蕊短于花瓣（产于太行山、伏牛山区）……………………………………………… **河北石头花 G. tschiliensis** J. Krause(*G. acutifolia* Fisch.)

二四、睡莲科 Nymphaeaceae

1.叶盾形，叶柄有刺，或仅浮水叶、叶柄有刺。

2.叶面皱；浮水叶叶片及叶柄，花梗和花萼均有刺；子房下位 ………………………………………………………………………… **2.芡属Euryale**

2.叶面平滑；仅叶柄和花梗有刺；子房上位 ……………… **1.莲属Nelumbo**

1.叶不为盾形，与叶柄均无刺。

3.萼片4枚；子房半下位 ………………………………**3.睡莲属Nymphaea**

3.萼片5~6枚；子房上位 …………………………………… **4.萍蓬草属Nuphar**

1. 莲属 Nelumbo Adans.

莲 N. nucifera Gaertn.，见于各地，多栽培。

水生。根状茎肥粗，节间膨大，内有纵行通气孔道。叶挺水，叶片圆形，盾状着生，直径达90cm；叶柄散生小刺。花单生，大而艳丽；花托海绵质，果期膨大，直径5.0~14cm。坚果。

2. 芡属 Euryale Salisb.ex DC.

芡实（鸡头莲）**E. ferox** Salisb. ex König et Sims，产于信阳地区。

浮叶水生草本，全株有刺。叶圆或椭圆形，直径可达1.0m，多皱褶，下面常紫色；叶柄盾状着生。花单生，直径约5.0cm；萼片4枚，外面绿色，内面紫色；子房下位，8个心皮合生。浆果球形，直径5.0~10cm，有刺。

3. 睡莲属 Nymphaea L.

1.花瓣白色。

2.花大，直径7. 5~12cm；叶片长7.5~25cm；公园盆栽…………………………………………………………………………………**香睡莲N. odorata** Ait.

2.花较小，直径3.0~5.0cm；叶片长5.0~12cm（产于各地，信阳地区多见）……………………………………………………………… **睡莲 N. tetragona** Georgi

1.花瓣黄色或红色，花直径约10cm。

3.花瓣玫瑰红色；根状茎横生（公园栽培）……………………………………………………………………… **红睡莲N. alba** L. var. **rubra** Lonnr.

3.花瓣鲜黄色；根状茎直立（公园栽培观赏）… **黄睡莲N. mexicana** Zucc.

4. 萍蓬草属 Nuphar J. E. Smith

萍蓬草N. pumila (Hoffm.) DC.，产于河南各地。

浮叶水生草本。叶卵形、宽卵形或椭圆形，宽6.0~12cm，先端圆，基部心形，下面密生柔毛。花单生，直径2.0~4.0cm，萼片5枚，黄色，长约2.5cm，宽约2.0cm；子房上位。浆果卵形，不规则开裂。

二五、金鱼藻科 Ceratophyllaceae

金鱼藻属 Ceratophyllum L.

金鱼藻C. demersum L.，产于各地。

多年生沉水或浮水草本。茎纤细，多分枝。叶8~10枚轮生，一至二回二歧分裂，裂片线形，宽0.1~0.5mm。花单性，腋生，小，无柄。坚果扁椭圆形，具3枚长刺。

二六、水青树科 Tetracentraceae

水青树属 Tetracentron Oliv.

水青树 T. sinense Oliv.，产于淅川、西峡、南召、鲁山等县。

乔木，全株无毛。叶互生，卵形，宽4.0~11cm，先端渐尖，基部心形，边缘密生腺齿，掌状基出脉5~7条；叶柄长2.0~3.5cm。穗状花序下垂；4数花，无花瓣。蓇葖果4枚，轮生。

二七、领春木科 Eupteleaceae

领春木属 Euptelea Sieb. et Zucc.

领春木（水桃）**E. pleiosperma** Hook. f. et Thoms. [*E. pleiospermum* f. *franchetii*(Van Tiegh.)P. C. Kuo]，产于太行山、伏牛山区。

落叶小乔木。叶卵形、近圆形或菱状卵形，宽3.0~9.0cm，先端尾状突尖，基部楔形，边缘粗尖齿；叶柄长2.0~4.5cm。聚合翅果4~5枚簇生，果梗长5.0~10mm；小翅果红色，不规则倒卵形，一侧凹缺，先端圆。

二八、连香树科 Cercidiphyllaceae

连香树属 Cercidiphyllum Sieb. et Zucc.

连香树(子母树)**C. japonicum** Sieb. et Zucc.，产于太行山、伏牛山区。

乔木，树皮薄片状剥落。叶卵圆形、圆形或肾形，宽3.5~6.0cm，边缘有圆钝锯齿，齿端具腺体，掌状脉5~7条；叶柄长1.0~3.0cm。蓇葖果圆柱形，长8.0~18mm。

二九、芍药科 Paeoniaceae

芍药属 Paeonia L.

1.灌木；花盘发达，革质，全包住心皮；花单生于当年生枝顶。

2.花瓣内面基部无紫斑；顶生小叶3裂。

3.叶轴和叶柄均无毛，小叶下面无毛或仅沿脉疏生短柔毛；顶生小叶3裂至中部（各地栽培）………………………… **牡丹P. suffruticosa** Andr.

3.叶轴和叶柄均生柔毛，小叶下面遍生柔毛；顶生小叶3深裂，裂片再浅裂（产于太行山区）……… **矮牡丹P. suffruticosa** var. **spontanea** Rehd.

2.花瓣内面基部具深紫斑；顶生小叶常不裂，稀3裂（产于卢氏、西峡、内乡）……………… **紫斑牡丹P. suffruticosa** var. **papaveracea**(Andr.)Kerner

1.多年生草本；花盘不发达，仅包裹心皮基部。

4.小叶不分裂。

5.单花顶生；小叶全缘；常为野生。

6.小叶背面无毛，有时沿脉有疏柔毛（产于太行山、伏牛山、鸡公山）…………………………………… **草芍药P. obovata** Maxim.

6.小叶背面密生长柔毛或茸毛（产于伏牛山区）……………………………………………… **毛叶草芍药P. obovata** var. **willmottiae**(Stapf)Stearn

5.花常为数朵，但有时仅顶生1朵发育开放；小叶边缘具骨质细齿；心皮无毛 ……………………………………………… **芍药P. lactiflora** Pall.

4.小叶分裂；花数朵顶生或腋生，有时仅顶生1朵发育开放；心皮密生黄色茸毛（产于卢氏、栾川、灵宝）………………… 川赤药**P. veitchii** Lynch

三〇、毛茛科 Ranunculaceae

1.子房有数个或多个胚珠；果实为蓇葖果，少有蒴果或浆果。
2.花两侧对称；总状花序，花梗有2枚小苞片。
3.上萼片无距；花瓣有爪 ……………………………… **8.乌头属Aconitum**
3.上萼片有距；花瓣无爪。
4.退化雄蕊2枚；花瓣2片，分生；心皮3~7个 ………………………………………………………………………………… **9.翠雀属Delphinium**
4.退化雄蕊不存在；花瓣2片，合生；心皮1个 ………………………………………………………………………………… **10.飞燕草属Consolida**
2.花辐射对称；单歧聚伞花序，如为总状花序时，小苞片不存在。
5.花多数组成圆锥花序或总状花序。
6.单叶不分裂；退化雄蕊和花瓣均不存在 ………… **3.铁破锣属Beesia**
6.叶为一回或二回以上三出或近羽状复叶；退化雄蕊或花瓣存在。
7.基生叶正常发育；花序细长；花有短梗或近无梗；退化雄蕊存在；心皮1~8个，蓇葖果 ……………………… **4.升麻属Cimicifuga**
7.基生叶鳞片状；花序短；花有较长梗；心皮1个，浆果 ………………………………………………………… **5.类叶升麻属Actaea**
5.花单一顶生或少数组成单歧聚伞花序。
8.叶为单叶。
9花瓣不存在；叶不分裂，心形。 ………………… **1.驴蹄草属Caltha**
9.花瓣存在，小，有蜜腺。
10.心皮有细柄 ……………………………… **15.黄连属Coptis**
10.心皮无柄。
11.叶掌状深裂或全裂；花瓣线形 ………… **2.金莲花属Trollius**

11.叶鸟趾状全裂；花瓣管状杯形或喇叭形 …………**6.铁筷子属Helleborus**

8.叶为一回或二回以上的三出复叶。

12.心皮合生；蓇果 …………………………………………… **7.黑种草属Nigella**

12.心皮离生，少有在基部合生；蓇葖果。

13.叶的裂片和牙齿顶端微凹，有腺体；花瓣有细长爪；心皮2个，基部合生 …………………………………………**11.人字果属Dichocarpum**

13.叶的裂片和牙齿顶端全缘，无腺体；花瓣不存在，如存在时有极短柄或无柄；心皮通常2个以上，离生。

14.退化雄蕊存在。

15.萼片白色；雄蕊8~14个；花柱长为子房的1/5左右；花瓣小，杯状；一回三出复叶 ………………………**12.天葵属Semiaquilegia**

15.萼片蓝紫色；雄蕊多数；花柱长为子房的1/2左右；叶二回以上三出复叶；花瓣有距，稀无距 ……………**13.耧斗菜属Aquilegia**

14.退化雄蕊不存在；花瓣小，有蜜腺；心皮有细长柄 ………………………………………………………………………… **15.黄连属Coptis**

1.子房有1个胚珠；瘦果。

16.叶对生。

17.萼片覆瓦状排列；花柱在果期不延长，不呈羽毛状；多年生直立草本 ……………………………………………………**16.银莲花属Anemone**

17.萼片镊合状排列；花柱果期伸长呈羽毛状；多为攀缘灌木，稀多年生直立草本 ……………………………………**19.铁线莲属Clematis**

16.叶互生或基生。

18.无花瓣；萼片通常花瓣状，白色、黄色、蓝紫色、稀淡绿色。

19.花下无苞片；叶为复叶，基生或茎生 …… **14.唐松草属Thalictrum**

19.花或花序之下有苞片；叶均基生。

20.总苞紧接于花萼之下，呈花萼状；单叶，叶片浅裂 ……………………………………………………**17.獐耳细辛属Hepatica**

20.总苞与花分开；叶一至数回掌状3裂，或近羽状分裂，或不分裂。

21.花柱在果期时不延长，呈羽毛状 ………**16.银莲花属Anemone**

21.花柱在果期延长呈，羽毛状 ························ **18.白头翁属Pulsatilla**

18.花瓣存在，黄色或白色；萼片多为绿色。

22.瘦果有纵肋；有匍匐茎 ························ **22.碱毛茛属Halerpestes**

22.瘦果无纵肋。

23.陆生草本，稀水生；花黄色；瘦果平滑或有刺，或有瘤状突起 ······ ·· **20.毛茛属Ranunculus**

23.水生草本；花白色，稀黄色；瘦果有皱褶 ································ ·· **21.水毛茛属Batrachium**

1. 驴蹄草属 Caltha L.

1.叶片圆形，圆肾形或心形，边缘全部密生小牙齿（产于太行山、伏牛山区） ·· **驴蹄草C. palustris** L.

1.叶片多为宽三角状肾形，基部宽心形，边缘仅在下部有牙齿，上部微波状或近全缘（产于太行山）······ **三角叶驴蹄草C. palustris** var. **sibirica** Regel

2. 金莲花属 Trollius L.

金莲花T. chinensis Bge.，产于太行山至伏牛山区北部。

茎不分枝，无毛，高达70cm。茎生叶1~4枚，五角形，宽6.8~12cm，一回掌状分裂，一回三全裂，二回深裂至全裂，小裂片具锐牙齿。萼片8~15（19）枚，黄色，长1.5~1.8cm，花瓣长1.8~2.2cm；心皮20~30个，蓇葖果长10~12mm。

3. 铁破锣属 Beesia Balf. f. et W. W. Smith

铁破锣（单叶升麻）**B. calthifolia**(Maxim.)Ulbr.，产于伏牛山区南部。

具长根状茎。叶茎生，肾形或心形，宽5.5~16cm，密生浅牙齿；叶柄长5.5~26cm。花莛高14~18cm；萼片5枚，白色或粉红色，长3.0~5.0（8.0）mm；心皮1个；蓇葖果长11~17mm。

4. 升麻属 Cimicifuga L.

1.叶为一回三出复叶；叶片上面仅在边缘有糙伏毛（产于各山区）…………………………………………………… **小升麻C. acerina**(Sieb. et Zucc.)Tanaka

变型1：**硬毛小升麻**f. **hispidula** Hsiao，叶表面被短糙伏毛；萼片白色（商城）。

变型2：**紫花小升麻**f. **purpurea** Hsiao，萼片紫色；叶表面近无毛（产于伏牛山区）。

1.叶为二至三回羽状复叶。

2.花序不分枝或下部有少数极短分枝（产于卢氏、栾川）……………………………………………………………… **单穗升麻C. simplex** Wormsk.

2.花序有4至多条发达的分枝；心皮密被灰色柔毛（产于太行山、伏牛山）…………………………………………………………………… **升麻C. foetida** L.

变种：**华西升麻**var. **mairei**(Lévl.)W. T. Wang et Zh. Wang，花序侧生分枝与主枝上的花几乎同时开放(产于河南南部)。

5. 类叶升麻属 Actaea L.

类叶升麻A.asiatica Hara，产于太行山至伏牛山区。

植株高达80cm；茎不分枝。二至三回三出复叶；小叶宽卵形或宽菱状卵形，宽3.0~8.0cm，3裂。总状花序密生短柔毛。萼片4枚，白色，长约2.5mm，退化雄蕊倒卵形，雄蕊多数；心皮1个。浆果紫黑色，近球形，径约6.0mm。

6. 铁筷子属 Helleborus L.

铁筷子H. thibetanus Franch.，产于灵宝、济源、辉县。

植株高达50cm。叶肾形，宽14~24cm，鸡脚状3全裂，中裂片披针形，侧裂片又不等3全裂。花单生或聚伞花序2花；萼片5枚，粉红色，长16~23mm；花瓣8~10片，长5.0~6.0mm；心皮2~3个，蓇葖果长1.6~3.6cm。

7. 黑种草属 Nigella L.

黑种草N. damascena L.，郑州、洛阳栽培。

一年生；茎高达50cm，多分枝，无毛。叶二至三回羽状分裂，裂片线形，无毛。花单生枝端，具细裂叶状苞片；花直径2.5~3.5cm；萼片5枚；花瓣5片，先端2裂；雄蕊多数；心皮6个；蓇果圆形。

8. 乌头属 Aconitum L.

1.根为多年生直根；茎直立；上萼片圆筒形，高13mm以上。

2.全部茎生叶或茎中部以上叶在花序下密集成丛；小苞片生于花梗基部（产于伏牛山区）…………………………………………………………………………… **聚叶花葶乌头A.scaposum** Franch. var.**vaginatum**(Pritz.)Rapaics

2.茎生叶等距排列，或集中在茎基部或全基生。

3.叶掌状全裂；花萼黄色。

4.茎下部毛开展（产于河南西部山地）………………………………………………… **西伯利亚乌头A. barbatum** Pers. var. **hispidum** DC.

4.茎下部毛贴伏（产于太行山、伏牛山区）………………………………………**牛扁A. barbatum** var. **puberulum** Ledeb. (*A. ochranthum* Mey.)

3.叶掌状深裂。

5.小苞片生于花梗基部；叶3裂至中部或稍超过；叶全部基生或集生于茎基部（产于河南西南部）………… **花葶乌头A. scaposum** Franch.

5.小苞片生于花梗下部至上部；叶明显深裂。

6.花萼黄色。

7.基生叶裂片先端圆钝，茎生叶裂片尖锐(产于伏牛山区) ………………**异叶吉林乌头A. kirinanse** Nakai var. **heteropyllum** W. T. Wang

7.基生叶和茎生叶裂片先端均渐尖；叶背面密披短柔毛，子房常有毛（产于伏牛山区）……………………………………………………………………… **毛果吉林乌头A. kirinanse** var. **australe** W. T. Wang

6.花萼蓝紫色；上萼片粗约10mm（产于河南西部）………………………………………………………… **高乌头A. sinomontanum** Nakai

1.根由2或数个块根组成；上萼片盔形，高盔形，船形或镰刀形（瓜叶乌头为近圆筒形）。

8.茎直立，偶尔上部蔓生或外倾，但不缠绕。

9.叶掌状深裂；花序轴和花梗披反曲毛。

10.上萼片高盔形，高2.0~2. 6cm；总状花序顶生（产于各山区）………………………………………………………………… **乌头A. carmichaelii** Debx.

10.上萼片盔形，高约1. 7cm；花序伞房状，具2~4朵花（产于栾川）………………………………………… **太白乌头A. taipeicum** Hand. -Mazz.

9.叶掌状全裂。

11.叶的末回裂片较宽，卵形或狭卵形。

12.花序轴常缩短，花近簇生；叶的中全裂片顶端渐尖或长渐尖（产于商城、嵩县）……………………………………………………………… **黄山乌头A. carmichaeli** var. **hwangshanicum** W. T. Wang et Hsiao

12.花序轴伸长明显，总状花序；叶的中全裂片顶端急尖。

13.全裂片3~5枚，较窄；子房无毛（产于伏牛山、桐柏山、大别山区）…… **草乌A. carmichaell** var. **angustium** W. T. Wang et Hsiao

13.全裂片3枚，较宽；子房有毛 ………… **乌头A. carmichaeli** Debx.

11.叶的末回裂片狭窄，线形，宽仅1.0~2. 2mm；茎披开展的毛（产于河南西部山区）……………………………………………………………… **铁棒锤A. pendulum** Busch. (*A. szechenyianum* Gray)

8.茎缠绕。

14.花梗有开展的毛；叶的中全裂片不分裂或不明显3浅裂，叶缘有少数宽三角形粗齿（产于河南西部）……………………………………………… **展毛川鄂乌头A. henryi** Pritz. var. **villosum** W. T. Wang

14.花梗有反曲并贴伏的短柔毛或无毛。

15.叶掌状分裂稍超过中部；花梗有伏毛；花瓣距长达2.0mm（河南西部）……………………………… **瓜叶乌头A. hemsleyanum** Pritz.

15.叶掌状全裂；中全裂片菱形，下部3裂（产于伏牛山区）…………………………………………… **松潘乌头A. sungpanense** Hand.-Mazz.

9. 翠雀属 Delphinium L.

1.一年生草本；叶为二至三回羽状复叶。

2.退化雄蕊斧形，二裂至近基部（产于河南南部，辉县）…………………

还亮草D. anthriscifolium Hance (*D. ecalcaratum* S. Y. Wang et K. F. Zhou)

2.退化雄蕊卵形，先端微凹或二裂至中部（产于西峡、南召）……………………………………………………………… **卵瓣还亮草D. anthriscifolium** var. **savatieri**(Franch.)Munz.[*D. anthriscifolium* var. *calleryi*(Franch.)Fin. et Gagnep.]

变种：**大花还亮草**var. **majus** Pamp. ，花较大，长2.3~3.5cm，萼距长1.7~2.4cm(产于西峡)。

1.多年生草本；叶掌状深裂至全裂。

3.叶掌状深裂至距基部约8.0mm处。

4.花梗披反曲短柔毛和开展的黄色短腺毛（产于河南南部）……………………………………………………… **河南翠雀花D. honanense** W. T. Wang

4.花梗无黄色腺毛，仅披白色柔毛（产于卢氏）……………………………………………… **毛梗河南翠雀花D. honanense** var. **piliferum** W. T. Wang

3.叶掌状全裂。

5.花序伞房状，有2~4（5）朵花；叶片五角形。

6.植株高15~40（60）cm；叶长1.8~4.0cm、宽2.8~6.4cm；心皮3个（产于河南西南部）………………………………………………………………… **川狭翠雀D. henryi** Franch. (*D. albocoeruleum* Maxim.)

变型：**同色川陕翠雀**f. **concolor** W. T. Wang，蜜叶及退化雄蕊与萼片同色(产于卢氏、栾川)。

6.植株高达140cm；叶长6.0~7.0cm、宽10~12cm；心皮5个（产于灵宝）………………**灵宝翠雀花D. lingbaoense** S. Y. Wang et Q. S. Yang

5.花序总状，具较多花，或圆锥花序。

7.花瓣和退化雄蕊黑色或黑褐色，萼片紫色；总状花序；叶的全裂片浅裂（产于鸡公山、桐柏山、大别山）…………………………………………………………………… **全裂翠雀花D. trisectum** W. T. Wang

7.退化雄蕊与萼片同色，即蓝紫色。

8.叶的全裂片浅裂至深裂，末回裂片卵形至狭卵形；总状花序组成圆锥花序，花梗无毛（产于伏牛山区）…………………………………………………………… **秦岭翠雀花D. giraldii** Diels

8.叶的全裂片深裂至近中脉，末回裂片线状披针形至线形，宽0.6~2.5（3.0）mm；总状花序，花梗有毛。

9. 花序轴和花梗除被反曲白色短柔毛外，还有开展的黄色短腺毛（产于太行山至伏牛山区）…………………………………… **腺毛翠雀D. grandiflorum** var. **gilgiarum** Fin. et Gagnep.（*D. grandiflorum* var. *glandulosum* W. T. Wang）

9.花序轴和花梗仅密被贴伏的白色短柔毛（产于太行山区、商城）……………………………… **翠雀D. grandiflorum** L.(*Chienia honanensis* W. T. Wang)

10. 飞燕草属 Consolida(DC.)S. F. Gray

飞燕草C. ajacis(L.)Schur，郑州有栽培。

一年生草本，高达50cm，茎疏生反曲微毛。叶卵形，宽1.5~2.5cm，掌状多回细裂，末回小裂片线形，宽0. 5~1.0mm。总状花序长达15cm；萼片5枚，蓝色、紫蓝色或粉红色，上萼片长10~14mm，具钻形长距；心皮1个，蓇葖果长10~18mm。

11. 人字果属 Dichocarpum W. T. Wang et Hsiao

纵肋人字果D. fargesii(Franch.)W. T. Wang et Hsiao（产于伏牛山区，小秦岭）。

多年生草本，高12~25cm，全株无毛。基生叶二回鸟足状复叶，小叶扇形或肾形，长约1.0cm。花白色，心皮2个；蓇葖果长达16mm。

12. 天葵属 Semiaquilegia Makino

天葵S. adoxoides(DC.)Makino，产于大别山、桐柏山、伏牛山区南部。

多年生草本，高达30cm。基生叶三出；小叶扇状菱形或倒卵状菱形，宽1.0~3.0cm，3深裂。聚伞花序2至数朵花；萼片5枚，白色，长4.0~6.0mm；花瓣匙形；心皮3~5个；蓇葖果长6.0~7.0mm。

13. 耧斗菜属 Aquilegia L.

1.花瓣无距，或有短而细的距，距长2.0~6.0mm，粗1.5~2.0mm；萼片和花瓣均长10~14mm，紫红色（产于河南西部）…………………………………………………………………………………… **无距耧斗菜A. ecalcarata** Maxim.

1.花瓣有明显的长距，在5.0mm以上。

2.除花梗与叶柄外均无毛（栽培观赏）… **洋牡丹A. flabellata** Sieb. et Zucc.

2.茎上部和叶背面均有毛。

3.距直或末端微弯；花黄绿色；萼片长1.2~1.5cm（城市栽培）……………………………………………………………………………… **耧斗菜A. viridiflora** Pall.

变型：**紫花耧斗菜f. atropurpurea**(Willd.)Kitag.，萼片暗紫色或紫色（栽培）。

3.距末端弯曲呈钩状；花紫色，萼片长（1. 6）2.0~2.6cm；野生（产于太行山、伏牛山区）…………………… **华北耧斗菜A. yabeana** Kitag.

14. 唐松草属 Thalictrum L.

1. 小叶片盾状着生（产于太行山至伏牛山）…………………………………………………………………………………… **盾叶唐松草T. ichangense** Lecoy.

1. 小叶片非盾状着生。

2.花柱拳卷，常呈钩状，无明显柱头。

3.花序有毛；小叶卵形或狭卵形，长3.0~8.0cm，宽3.0~6.5cm，先端尖，边缘有锐齿，下面被短柔毛；萼淡紫红色（产于伏牛山区）…………………………………………………………………………… **粗壮唐松草T. robustum** Maxim.

3.植株全部无毛。

4.小叶卵形，顶端急尖至短渐尖，长5.0~10cm，边缘有粗尖齿（产于大别山区）……………………………… **大叶唐松草T. faberi** Ulbr.

4.小叶近圆形、菱形或宽倒卵形，顶端圆形，长在3.0cm以下，至多不超过4.0cm。

5.心皮10~20个，有短柄；果长7.0~9.0mm；小叶长（1.4）2.0~4.0cm（产于河南西部）……… **长喙唐松草T. macrorhynchum** Franch.

5.心皮3~6个，无柄；果长4.0~5.0mm；小叶长1.0~2.0cm（产于新县、商城）…………………………………… **华东唐松草T. fortunei** S. Moore

2.花柱直，有明显柱头，有时柱头向两侧延宽成翅。

6.花丝上部倒披针形或棒形，下部渐变细呈丝形。

7.心皮无柄，花柱明显，小叶长3.0~12mm、宽2.0~15mm，浅裂，裂片宽卵形（产于太行山至伏牛山区）……… **瓣蕊唐松草T. petaloideum** L.

7.心皮有柄。

8.心皮柄极短。

9.茎高达55cm，粗约2.0mm；小叶长1.0~3.0cm；花梗长1.0~3.0cm；瘦果纺锤形，花丝紫红色（产于伏牛山区）……………………………………………………………… **西南唐松草T. fargesii** Franch.

9.茎高50~100cm，粗4.0~7.0mm；小叶长1.0~6.0cm；花梗长3.0~7.0mm；瘦果近球形（产于太行山至伏牛山区）………………………………………………………… **贝加尔唐松草T. baicalense** Turcz.

8.心皮有细长柄，柄与果近等长或比果长，果柄长4.0~7.0mm。

10.多歧聚伞花序伞房状；瘦果倒卵球形，有3~4条纵翅；植株无毛；小叶长15~25mm，宽12~30mm（产于太行山、伏牛山区）……… **唐松草T. aquilegifolium** L. var. **sibiricum** Regel et Tiling

10.花序圆锥状；瘦果扁，无翅；小叶长8.0~16mm，宽8.0~18mm，背面沿脉有短毛（产于太行山至伏牛山区）…………………………………………………… **长柄唐松草T. przewalskii** Maxim.

6.花丝狭线形或丝形，有时顶端稍增宽或变粗。

11.小叶下面沿脉网有短柔毛和腺毛；柱头有宽翅，正三角形；瘦果有短毛（产于太行山至伏牛山北坡）………… **腺毛唐松草T. foetidum** L.

11.植株无毛。

12.小叶大，宽4.2~8.5cm，近圆形；先端圆钝，边缘具浅圆齿，花淡紫红色（产于伏牛山、桐柏山、大别山区）……………………………………………… **河南唐松草T. honanense** W. T. Wang et S. H. Wang

12.小叶较小，宽在4.0cm以下；花淡黄色或淡黄绿色。

13.圆锥花序多少呈伞房状，上宽下窄，近二叉状分枝，花梗长1.5~

3.0cm；瘦果狭卵球形，长5.0~6.0mm；柱头有宽翅，正三角形（产于修武）…………………………………………… **展枝唐松草T. squarrosum** Steph.

13.圆锥花序塔形，不明显二叉状分枝；瘦果长在4.0mm以下。

14.茎生叶和花序分枝向上直伸；小叶长圆状倒卵形，狭长圆形至线形，宽5.0~15mm，先端3裂或不裂；果梗与果近等长；萼淡黄色（产于太行山至伏牛山北坡）……… **短梗箭头唐松草T. simplex** L. var. **brevipes** Hara

14.茎生叶和花序分枝斜展；小叶楔状倒卵形、宽倒卵形或近圆形，宽1.0~4.0cm，3浅裂或上部具疏齿，背面有白粉；萼绿白色（产于各山区）…………………………………………………… **东亚唐松草**（秋唐松草）**T. minus** L. var. **hypoleucum** (Sieb. et. Zucc.)Miq. (*T. thunbergii* DC.)

15. 黄连属 Coptis Salisb.

1.叶片狭卵形或披针形，中全裂片比侧全裂片长3.0~3.5倍（南阳、信阳有栽培）………………………………… **峨眉黄连C. omeiensis**(Chen)C. Y. Cheng

1.叶片卵状三角形，中全裂片比侧全裂片稍长；萼片长9.0~12.5mm，较花瓣长近1.0倍（零星栽培，药用）…………………………**黄连C. chinensis** Franch.

16. 银莲花属 Anemone L.

1.心皮极多数密集呈球形，密披绵毛；苞片3枚，有柄。

2.叶背面密披茸毛；基生叶均为三出复叶，或少数为单叶（产于太行山至伏牛山区）……………………………… **大火草A. tomentosa**(Maxim.)Pei

2.叶背面疏披短伏毛。

3.萼片5枚，紫红色（产于伏牛山区南部）……………………………………………………………………… **打破碗花花A. hupehensis** Lem.

3.萼片约20枚，紫色（栽培，见于嵩县、南召）…………………………………………… **秋牡丹A. hupehensis** Lem. var. **japonica**(Thunb.)Bowles

1.心皮（80）40个以下，被长柔毛、短柔毛或无毛。

4.苞片有柄。

5.苞片的柄鞘状；萼片5(6)枚，外面先端有密毛；心皮无毛，花柱钩状拳卷（产于林县、灵宝）…………………………………………………………

… **小花草玉梅A. rivularis** Buch.-Ham. ex DC. var. **flore-minore** Maxim.

5.苞片之柄细长，不呈鞘状；心皮被短柔毛，花柱不钩状弯曲；萼片先端无密毛。

6.萼片6~7枚，线状长圆形，反折（产于伏牛山、尧山）………………

……………………………………………… **反萼银莲花A. reflexa** Steph.

6.萼片倒卵形或狭倒卵形，近平展。

7.苞片3深裂；萼片5枚；花梗长1.0~3.0cm（产于灵宝、卢氏）………

………………………………………………**小银莲花A. exigua** Maxim.

7.苞片3全裂；萼片8~15枚（产于河南西部）…………………………

………………………… **阿尔泰银莲花A. altaica** Fisch. ex C. A. Mey.

4.苞片无柄。

8.基生叶1~2枚；花莛上部被贴伏毛，花2~3朵；花丝丝状；根状茎粗（2.5）5.0~10mm。（产于河南南部）…………………………………………

……………………………… **鹅掌草**（林荫银莲花）**A. flaccida** Fr. Schmidt.

8.基生叶4~6（10）枚；花丝线形，有1条中脉；瘦果扁平，有宽边缘。

9.花莛及叶柄中上部近无毛或无毛；花莛高35cm以下，伞幅2~5个；子房有毛（产于林县、嵩县）…………………………………………………

…………………… **毛蕊银莲花A. cathayensis** Kitag. var **hispida** Tamura.

9.花莛和叶柄密披白色开展长柔毛，毛长1. 5~4.0mm；叶片宽达10cm，干后变黑（产于伏牛山区）…………………………………………………

… **宽叶展毛银莲花A. demissa** Hook. f. et Thoms. var. **major** W. T. Wang

17. 獐耳细辛属 Hepatica Mill.

獐耳细辛H. nobilis Schreb. var. **asiatica**(Nakai)Hara，产于商城。

根状茎细长。叶基生，三角状宽卵形，长2.5~3.8cm，基部心形，3中裂，裂片全缘。花单生，苞片3个；萼片7~11枚，白色，狭矩圆形，宽4.0~6.0mm；雄蕊8枚；子房密生长柔毛。

18. 白头翁属 Pulsatilla Adans.

1.叶掌状3全裂，中全裂片又3中裂，末回裂片卵形（产于各地区）……………………………………………………………… **白头翁P. chinensis**(Bge.)Regel

1.叶一至二回羽状全裂，羽片2~3对，末回裂片狭披针形，宽0.8~1.5mm（产于嵩县）……………………………………… **蒙古白头翁P. ambigua** Turcz.

19. 铁线莲属 Clematis L.

1.雄蕊有毛；萼片直立或斜上展。

2.退化雄蕊存在。

3.退化雄蕊花瓣状，卵状披针形，与萼片近等长（产于太行山至伏牛山区北部）……………………………… **长瓣铁线莲C. macropetala** Ledeb.

3.退化雄蕊匙状条形，长为萼片之半（产于修武）………………………………………………………………… **半钟铁线莲C. ochotensis**(Pall.)Poir.

2.退化雄蕊不存在。

4.单叶，卵状披针形，边缘具刺尖状小齿；花梗上有小苞片，萼片白色或淡黄色（产于商城、新县、罗山）……… **单叶铁线莲C. henryi** Oliv.

4.复叶。

5.直立草本或亚灌木；植株被毛；三出复叶。

6.花梗较瘦细，密被短柔毛（产于各地区）……………………………………………………………………… **大叶铁线莲C. heracleifolia** DC.

6.花梗强壮，密被短绒毛；萼片狭倒卵状长圆形或窄长圆形，长18~28mm、宽3.0~6.0mm，花后仅近顶端稍增宽（产于大别山、桐柏山、伏牛山区南部）……………………………… **狭卷萼铁线莲 C. tubulosa** Turcz. var. **ichangensis**(Rehd. et Wils.)W. T. Wang

5.草质藤本。

7.雄蕊花丝疏生柔毛；萼片先端渐尖；叶一至二回羽状复叶；小叶或裂片披针形或线状披针形，宽2.0~15mm，全缘或具少数牙齿（产于太行山区）………………………… **黄花铁线莲C. intricata** Bge.

7.雄蕊密被柔毛；萼片先端钝圆。

8.一至二回三出复叶。

9.茎有明显的棱或棱状突起；二回三出复叶，叶柄基部隆起；花苞片披针形（产于各山区）………………… **毛蕊铁线莲C. lasiandra** Maxim.

9.茎近圆柱形，无棱状突起；三出复叶；植株无毛；花梗上有1对叶状苞片；叶边缘具齿（产于伏牛山区）………………………… **华中铁线莲**

C. pseudootophora M. Y. Fang (*P. honanensis* S. Y. Wang et C. L. Chang）

8.二至三回羽状复叶；小叶羽状细裂，裂片线形（产于河南西部）………

……………………………………………… **芹叶铁线莲C. aethusifolia** Turcz.

1.雄蕊无毛；萼片开展，稀斜上展。

10.花常单生且与叶簇生，基部有宿存的芽鳞。

11.单叶不分裂；直立小灌木（修武）………………………………………

………… **无裂槭叶铁线莲C. acerifolia** Maxim. var. **elobata** S. X. Yan

11.复叶；草质藤木。

12.萼片外面伏生微柔毛，先端圆形；花直径3.0~5.0cm，花梗长3.0~12cm；果无毛（产于河南南部）…………………………………

…………………………… **绣球藤C. montana** Buch. -Ham. ex DC.

12.萼片外面沿边缘密被短茸毛，先端具长约1.0mm，短尖；花较大，径4.0~7.0（9）cm；花梗长8.0~24cm，果有时顶端生微柔毛（产于河南西南部，西峡）…………………………………………………

……………………**长梗绣球藤C. montana** var. **longipes** W. T. Wang

10. 花或花序腋生或顶生。

13.花常单生，较大，直径4.0~16cm；花梗上有1对叶状苞片，宽1.5~4.0cm；一至二回三出复叶，小叶或裂片全缘。

14.萼片4枚，深紫色，背面生厚层曲柔毛；果宿存花柱长3.5~5.0cm；叶轴在小叶着生处呈“之”字形弯曲（产于河南南部）…………

………………………………… **毛萼铁线莲C. hancockiana** Maxim.

14.萼片5~6枚，白色或带淡紫色，淡粉红色，背面疏生短柔毛。

15.子房狭卵状，长1.5~2.5mm；花柱长1.0~2.0mm，花后不伸长或仅伸长至5.0mm，伏生毛长0.1~0.5mm（产于大别山区）……………………………………………… **短柱铁线莲C. cadmia** Buch. -Ham. ex Wall.

15.子房球形，直径约1.0mm；花柱长2.5~7.5mm，花后伸长至1.2~5.0cm，开展毛长至3.0~4.0mm。

16.花丝与花药同宽；花柱长5.0~7.5mm，下部密被长柔毛，上部光滑（产于鸡公山）……………… **光柱铁线莲C. longistyla** Hand.-Mazz.

16.花丝宽于花药；花柱长约4.0mm，从基部几乎至顶端密被长柔毛（产于河南南部）………………… **大花威灵仙C. courtoisii** Hand. -Mazz.

13.聚伞花序或圆锥花序有3至多花，花直径一般不超过4.0cm；花梗上苞片宽不超过1.0cm。

17.直立草本；叶一至二回羽状深裂，裂片全缘；萼片外面密生绵毛(产于太行山、伏牛山区)…………… **棉团铁线莲**（山蓼）**C. hexapetala** Pall.

变种：**长冬草**var. **tchefouensis**(Debx.) S. Y. Hu，叶两面无毛，或下面有疏长柔毛；萼片除外面边缘有绒毛外，余部无毛（产于河南东部，云台山）。

17.藤本；三出复叶或一至二回羽状复叶。

18.花药长，长椭圆形至长圆状线形，长2.0~6.0mm；小叶片或裂片全缘，偶尔有齿。

19.全部三出复叶或间以单叶。

20.芽鳞三角形至宽三角形，长5.0~8.0mm；花单生或3~（7）朵成聚伞花序；瘦果镰刀状狭卵形或狭倒卵形；叶干后棕红色（产于大别山、桐柏山、伏牛山区南部）………………………………………………………………… **山木通C. finetiana** Lévl. et Vant.

20.芽鳞三角状卵形，卵形至长圆形，长8.0~35mm；聚伞花常具多花；瘦果扁，卵形至椭圆形（产于伏牛山区南部）……………………………………………………… **小木通C. armandii** Franch.

19.一至二回羽状复叶，小叶5~21枚，间有三出叶。

21.瘦果无毛，黑色，圆柱状锥形；全株除萼片及花柱外，全部无毛。

22.小叶纸质或薄纸质，两面网脉突出，上面不皱缩；叶干后变黑（产于河南南部）……………………………………

柱果铁线莲C. uncinata Champ. (*C. uncinata* var. *biternata* W. T. Wang)

22.小叶草质，上面皱缩，下面网脉不突出（产于西峡、南召、淅川）……………………………………… **皱叶铁线莲C. uncinata** var. **coriacea** Pamp.

21.子房及果被毛，卵形至卵圆形；全株多少有毛。

23.瘦果压扁，但不扁平，无凸出的边缘；小叶5枚，卵形，下面密被微柔毛；萼片4（5~6）枚，长13~20mm、宽4.0~7.0mm，先端钝（产于伏牛山、桐柏山区）………………… **陕西铁线莲C. shensiensis** W. T. Wang

23.瘦果强烈压扁，扁平，具明显的凸边。

24.小叶近革质，两面网脉明显。

25.叶一回羽状；花药先端钝（产于大别山、桐柏山区）………………………………… **巴山铁线莲C. pashanensis** (M. C. Chang)W. T. Wang

变种：**微尖巴山铁线莲**var. **latisepala**(M. C. Chang)W. T. Wang，其花药顶端具小凸尖（产于伏牛山区）。

25.叶二回羽状（产于各山区）……… **太行铁线莲C. kirilowii** Maxim.

变种：**狭裂太行铁线莲**var. **chanetii**(Lévl.)Hand. -Mazz.，小叶狭披针形或线形（产于各山区）。

24.小叶纸质，两面网脉不明显或下面稍显。

26.植物干后完全变黑色。

27.萼片4枚，长6.0~13mm、宽1.8~3.0(4.0)mm；小叶5枚，两面仅沿脉基有极疏微毛或近无毛；小枝光滑无毛或近无毛（产于河南南部山区）……………………………… **威灵仙C. chinensis** Osbeck

变种：**毛叶威灵仙**var. **vestita**(Rehd. et Wils.)W. T. Wang，枝和小叶下面密被微柔毛；萼片较小，长6.0~9.0mm、宽2.0~3.0mm（产于桐柏、泌阳）。

27.萼片（4~）5~6（7）枚，较大，长12~26mm、宽4.0~8.0mm；叶二回羽状或羽状（产于伏牛山区）…………………………………………………………………… **秦岭铁线莲C. obscura** Maxim.

26.植物（包括花、果）干后不变黑；小叶5（7）枚，卵形；花序多花，花梗长0.5~3.0cm；萼片4枚，长5.5~15（20）mm、宽2.0~5.0（6.0）mm（产于大别山、桐柏山、伏牛山区）…………

……………………………………………… **圆锥铁线莲C. terniflora** DC.

18.花药短，椭圆形至狭长圆形，长1.0~2.5mm；小叶片或裂片有齿，少数全缘。

28.叶全为三出复叶。

29.小叶片长2. 5~8.0cm，宽1. 5~7.0cm，下面疏生短柔毛，边缘为锯齿（产于大别山区） ……………………………… **女萎C. apiifolia** DC.

29.小叶片长5.0~13cm，宽3.0~9.0cm，下面常密生短柔毛，边缘有少数钝齿（产于河南南部） ……**钝齿铁线莲C. apiifolia** var. **argentilucida** (Lévl. et Van.)W. T. Wang (*C. apiifolia* var. *obtusidentata* Rehd. et Wils.)

28.叶一回或一至二回羽状复叶，茎上部有时为三出复叶。

30.除茎上部有三出叶外，通常为具5~21枚小叶的一至二回羽状复叶或二回三出复叶。

31.花梗长1.0~1.5cm；花序较紧密；萼片干时不变色；瘦果长约3.0mm，宽约2.0mm；花药长2.0~2.5mm（产于各山区） ………… ……………………………………… **短尾铁线莲C. brevicaudata** DC.

31.花梗长在1.5cm以上；花序较疏展；萼片干后变为褐色至黑色；瘦果长约5.0mm，宽约3.0mm；花药长1.0~2.0mm；子房和果有毛（产于伏牛山区） …… **毛果扬子铁线莲C. puberula** Hook. f. et Thoms. [C. *ganpiniana*(Lévl. et Vant.)Tamura var. *tenuisepala*(Maxim.)W.T. Wang]

变种：**扬子铁线莲C. puberula** var. **ganpiniana**(Lévl. et vant.)W. T. Wang，子房和果无毛（产于新县）。

30.除茎上部有三出叶外，常为5枚小叶的一回羽状复叶。

32.花直径1.5~2.0cm；腋生花序圆锥状，多花，花序基部常有1对叶状苞片；子房和果实无毛（产于河南西部） ………………………… …………………………………… **钝萼铁线莲C. peterae** Hand. -Mazz.

变种：**毛果铁线莲**var. **trichocarpa** W. T. Wang，子房和果有毛（产于河南西部）。

32. 花直径2.0~3.5cm；腋生聚伞花序常3~7朵花，花序基部无叶状苞片；子房和果实有毛（产于各山区） …**粗齿铁线莲C. grandidentata** (Rehd. et Wils.)W. T. Wang[*C. argentilucida*(Lévl. et Vant.)W. T. Wang]

变种：**丽江铁线莲**var. **likiangensis**(Rehd.)W. T. Wang。该变种子房及果均无毛(产于卢氏、登封)。

20. 毛茛属 Ranunculus L.

1.瘦果卵球形或稍扁，长1.0~2.0mm，宽为厚的1.0~3.0倍；花瓣基部蜜槽为点状或杯状袋穴；植物无毛或近无毛。

2.须根纤维状；瘦果有细皱纹；花托密生短毛；单叶3深裂（产于各山区）……………………………………………… **石龙芮R. sceleratus** L.

2.须根肉质膨大；瘦果光滑；花托无毛；叶3全裂或呈三出复叶状。

3.须根伸长，全部肉质增粗呈圆柱状；茎下部偃卧，节上有时生根（产于大别山区）……………………… **肉根毛茛R. poli** Franch. ex Hemsl.

3.须根肉质膨大为卵球形，先端质地硬化为爪状；茎渐升直立，节上不生根（产于河南南部）…………………… **猫爪草R. ternatus** Thunb.

1.瘦果扁平，长2.0~5.0mm，宽为厚的5.0倍以上；花瓣基部蜜槽上有分离的小鳞片。

4.瘦果两面具刺；植物无毛或近无毛；叶3浅裂至3深裂（仅见于鄢陵花圃草坪内）…………………………………………… **刺果毛茛R. muricatus** L.

4.瘦果无刺；茎与叶柄密生开展柔毛或糙毛。

5.基生叶3深裂不达基部；花托无毛（产于各山区）……………………………………………………………………………… **毛茛R. japonicus** Thunb.

变种：**伏毛毛茛**var. **propinquus**(C. A. Mey.)W. T. Wang，茎及叶柄被紧贴的短硬毛（产于太行山、伏牛山区）。

5.基生叶为三出复叶；花托具柔毛。

6.萼片向下反折；花与叶对生；茎铺散或下部节上生根；瘦果长约4.0mm，先端锥状外弯之喙长约1.0mm（产于河南南部）…………………………………………………………… **扬子毛茛R. sieboldii** Miq.

6.萼片平展，不反折；花集为松散聚伞花序；茎直立。

7.小叶倒卵形，有锯齿，不分裂；果喙先端弯钩状（产于大别山、桐柏山区）……………………………… **禺毛茛R. cantoniensis** DC.

7.小叶一至三回3深裂；果喙极短，点状，长约0.2mm（产于各地）…………………………………………………… **茴茴蒜R. chinensis** Bge.

21. 水毛茛属 Batrachium S. F. Gray

水毛茛B. bungei(Steud.)L. Liou，产于各地。

沉水草本，茎长30cm或更长，多分枝。叶三至四回三出细裂，小裂片线形或丝状，无毛；叶柄短或近无。花单生，与叶对生；萼片淡绿色；花瓣白色，基部橙黄色，长约7.0mm。聚合果近球形。

22. 碱毛茛属 Halerpestes Green

水葫芦苗H. sarmentosa (Adams)Kom.，产于郑州、新乡、安阳。

茎匍匐；叶基生，近圆形、肾形或宽卵形，长4.0~25mm，宽4.0~28mm，3~5浅裂至中裂；叶柄长3.0~13cm。花葶高达15cm，1~4朵花，花黄色。

三一、木通科 Lardizabalaceae

1.茎直立；奇数羽状复叶有小叶13枚以上；圆锥花序顶生 ……………………………………………………………………… **1.猫儿屎属Decaisnea**

1.茎攀缘，掌状复叶、三出复叶或单叶；总状花序腋生。

2.掌状复叶有小叶3~9枚；小叶两侧对称；果较大，长圆形至圆柱形，长3.0cm以上。

3.小叶边缘浅波状或全缘，顶端凹、圆或钝；萼片3~5枚；无花瓣 ……………………………………………………………… **2.木通属Akebia**

3.小叶全缘，顶端通常渐尖；萼片6枚；花瓣6片，细小，蜜腺状 ……………………………………………………………… **3.牛姆瓜属Holboellia**

2.三出复叶，侧生小叶两侧不对称；或单叶；花有6片蜜腺状花瓣；果卵形，长2.0cm以下。

4.三出复叶；心皮3个，每心皮具多数胚珠；浆果成串悬垂，种子多数 ……………………………………………………………… **4.串果藤属Sinofranchetia**

4.三出复叶或单叶；心皮多数，螺旋状排列；每心皮具1个胚珠；浆果

多个着生于球形花托上；种子单生………………… **5.大血藤属Sargentodoxa**

1. 猫儿屎属 Decaisnea Hook. f. et Thoms.

猫儿屎D. insignis(Griff.)Hook. f. et Thoms.(*D. fargesii* Franch.)。

灌木；奇数羽状复叶；小叶13~25枚，卵圆形或矩圆形，长5.0~14cm，全缘。圆锥花序顶生；花无花瓣，萼片6枚。浆果圆柱状。微弓弯。

2. 木通属 Akebia Decne.

1.小叶5（6~8）枚，长2~5cm（产于大别山、桐柏山、伏牛山区南部）……
…………………………………………………… **木通A. quinata**(Houtt.) Decne.

1.小叶3枚，偶4或5枚。

2.小叶边缘具波状齿或浅裂（产于各山区）……………………………
…………………………………… **三叶木通A. trifoliata**(Thunb.)Koidz.

2.小叶全缘（产于大别山、桐柏山、伏牛山南部）………………………
……………………………**白木通A. trifoliata** subsp **australis**(Diels)shimizu

3. 牛姆瓜属 Holboellia Wall.

1.羽状3枚小叶。花小，雄花长10~12mm（产于大别山、桐柏山、伏牛山南部）…………………………………………………… **鹰爪枫H. coriacea** Diels

1.掌状复叶有小叶3~7枚；花较大，雄花长2.0~3.0cm（产于伏牛山南部）…
………………………………………………………… **牛姆瓜H. grandiflora** Reaub.

4. 串果藤属 Sinofranchetia Hemsl.

串果藤S. chinensis(Franch.)Hemsl.，产于伏牛山区西部。

落叶木质藤本，全株无毛。三出叶，叶柄长10~20cm；小叶近椭圆形，宽7.0~12cm；先端渐尖。总状花序长而下垂，长15~30cm；花小，萼片6枚，长2.0~2.5mm；花瓣蜜腺状，长不及1.0mm。浆果长圆形，长1.0~2.0cm。

5. 大血藤属 Sargentodoxa Rehd. et Wils.

大血藤S. cuneata（Oliv. ）Rehd. et Wils. (*S. simplicifolia* S. Z. Qu et C. L.

Min)，产于大别山、桐柏山、伏牛山区南部。

落叶木质藤本。掌状三出复叶，有时单叶；顶生小叶菱状卵形或菱状椭圆形，有短柄，侧生小叶斜卵形，无柄。总状花序下垂；雌雄异株；花黄色，萼片6枚；花瓣6片，极小，鳞片状。浆果肉质，有柄，多数聚生于一球形花托上。

三二、小檗科 Berberidaceae

1.灌木。

2.叶为单叶；枝有单一或3~7(9)枚叉状刺 ……………………**1.小檗属Berberis**

2.叶为复叶；枝无刺。

3.叶为一回奇数羽状复叶，小叶边缘有锯齿 …… **3.十大功劳属Mahonia**

3.叶通常为二至三回三出复叶，小叶全缘 ……………**2.南天竹属Nandina**

1.多年生草本。

4.叶为一至三回三出复叶。

5.胚珠多数；果为正常蓇果；小叶不分裂，边缘有锯齿 …………………………………………………………………………………… **4.淫羊藿属Epimedium**

5.胚珠2个，花后不久子房破裂，胚珠露出、发育成熟，种子浆果状或核果状；小叶全缘或2~3裂 …… **5.红毛七属（牡丹草属）Caulophyllum**

4.叶为单叶，盾状。

6.叶掌状分裂；子房有胚珠多数；种子多数 ……… **6.八角莲属Dysosma**

6.叶深2裂；子房有胚珠5~6个；种子少数 ………… **7.山荷叶属Diphylleia**

1. 小檗属 Berberis L.

1.常绿灌木。

2.花簇生；叶长圆形、长圆状椭圆形或长圆状倒卵形，先端急尖，每边具5~20枚刺齿；萼片3轮；果含种子2~3粒（产于伏牛山区、内乡）………………………………………………………………… **假豪猪刺B. soulieana** Schneid.

2.总状花序；叶披针形至倒卵形，每边具1~4枚刺齿（产于伏牛山区） ………………………………………………………**少齿小檗B. potaninii** Maxim.

1.落叶植物。

3.花单生或簇生。

4.叶全缘，倒卵形，匙形或菱状卵形；茎刺单一，偶3叉（栽培）…………………………………………………………… **日本小檗B. thunbergii** DC.

变种：**紫叶小檗**var. **atropurpurea** Chenault,茎叶均紫红色。

4.叶缘具刺齿。

5.花单生；茎刺(3)5~7(9)枚分叉；花梗长7.0~12mm；花瓣先端具浅缺刻（产于栾川老君山）…………………**西伯利亚小檗B. sibirica** Pall.

5.花簇生，偶有单生（鲜黄小檗）；茎刺3分叉；花梗长12~30mm。

6.花瓣卵状椭圆形，先端锐裂；叶长圆形或倒卵状长圆形，先端微钝，边缘2~12枚刺齿，偶全缘（产于伏牛山区）……………………………………………… **鲜黄小檗**（黄花刺）**B. diaphana** Maxim.

6.花瓣倒卵形，先端全缘；叶倒卵状长圆形或倒卵形，先端圆，边缘密生15~40枚刺齿（产于伏牛山区）………………………………………………………… **秦岭小檗B. circumserrata** Schneid.

3.总状花序。

7.叶两面均被毛，椭圆形、长圆状椭圆形或倒卵形，宽1.5~3.5(5.0)cm，每边20~40枚刺齿；花梗长约2.0mm，萼片3轮（产于伏牛山区、确山）…………………… **短柄小檗**（毛叶小檗）**B. brachypoda** Maxim.

7.叶无毛。

8.叶全缘（异长穗小檗有时密生不明显细齿）。

9.叶倒披针形，宽5.0~10mm；幼枝生黑疣点；花瓣先端锐裂（产于太行山、伏牛山区）…………………………………………… **细叶小檗**（二籽针雀）**B. poiretii** Schneid. (*B. poiretii* var. *bisemilis* P. V. Li)

9.叶倒卵形或长圆状倒卵形，宽2.2~5.0cm；花序长7.0~18cm，花瓣先端有浅缺刻（产于灵宝、卢氏、邓县）……………………………………………………… **异长穗小檗B. feddeana** Schneid.

8.叶缘具明显刺齿。

10.萼片3轮；茎刺缺如，偶有单一刺，但长不超过10mm；叶椭圆形、长圆状椭圆形，稀倒卵形，宽5.0~30mm，每边20~40枚细刺齿；

花瓣椭圆形，先端全缘；药隔延伸，先端突尖（产于鲁山）……………………………………………………… **河南小檗B. honanensis** Ahrendt

10.萼片2轮。

11.果具明显宿存花柱；茎刺单一或3叉，长1.0~3.0cm，有时缺如；叶椭圆形或倒卵状椭圆形，宽8.0~18（30）mm，每边10~20枚不明显细齿；花瓣长圆状倒卵形，先端锐裂；药隔不延伸，先端平截（产于伏牛山、桐柏山区）………………… **川鄂小檗**（巴东小檗）**B. henryana** Schneid.

11.果无宿存花柱。

12.叶近圆形或宽椭圆形，宽2.5~4.0cm，叶柄长1.0~4.0cm；花瓣先端全缘（产于太行山、伏牛山区）……………………………………………… **直穗小檗B. dasystachya** Maxim. (*B. dolichobotrys* Fedde)

12.叶长圆形、椭圆形、椭圆状披针形、卵形或倒卵形。

13.叶椭圆形至椭圆状披针形，宽10~20mm（长宽比约为4∶1），先端渐尖至急尖；幼枝紫红；茎刺单一；花序长5.0~6.0cm，花序梗长4.0~15mm，偶1至数朵花簇生。花瓣先端深锐裂（产于伏牛山区）………………………………………… **首阳小檗B. dielsiana** Fedde

13.叶倒卵状椭圆形、椭圆形或卵形，长宽比为（2~3）∶1，先端急尖或圆钝。

14.叶长圆形至卵形，宽2.5~5.0cm，每边40~60枚细刺齿；花序长4.0~10cm，总梗长1.0~3.0cm，10~25朵花；花瓣先端浅缺裂；胚珠2个（产于太行山、伏牛山区）………………………………………………… **黄芦木**（大叶小檗）**B. amurensis** Rupr.

14.叶椭圆形至倒卵形，宽0. 5~1.7cm，每边10~20枚刺齿；花序长1.5~3.5cm，总梗长约5.0mm，4~8朵花；花瓣先端全缘；胚珠5~6个（灵宝、卢氏、嵩县、栾川）……………………………………………………… **陕西小檗B. shensiana** Ahrendt

2. 南天竹属 Nandina Thumb.

南天竹N. domestica Thunb.，新县有野生，各地栽培。

常绿灌木，高达3.0m。叶集生茎上部。三回羽状复叶；小叶椭圆形或椭圆状披针形，宽5.0~20mm，无毛。圆锥花序；花白色，径6.0~7.0mm。浆果。

3. 十大功劳属 Mahonia Nutt.

1.小叶7~15枚，卵形或宽卵形，每边有2~8枚刺齿；顶生小叶有柄，果具短宿存花柱或无（产于大别山、桐柏山、伏牛山区南部）…………………………………………………………………… **阔叶十大功劳 M. bealei**(Fort.)Carr.

1.小叶5~9枚，长圆状披针形或窄椭圆状披针形，每边有6~13枚刺齿；顶生小叶无柄；果无宿存花柱；栽培………… **十大功劳M. fortunei**(Lindl.) Fedde

4. 淫羊藿属 Epimedium L.

1.叶为二回三出复叶，花瓣距长约2.0mm（产于太行山、伏牛山区）………………………………………………………………… **淫羊藿E. brevicornu** Maxim.

1.叶为一回三出复叶；花瓣无距。

2.小叶下面疏生短硬毛；内轮萼片长约4.0mm，先端急尖；花序轴及花梗无毛（产于桐柏山、大别山区）………………………………………………………… **三枝九叶草**（淫羊藿）**E. sagittatum**(Sieb. et. Zucc.)Maxim.

2.小叶下面密被灰色柔毛或卷曲柔毛，沿脉及叶柄着生处尤多；内轮萼片长5.0~7.0mm，先端渐尖；花序轴及花梗有腺毛（产于伏牛山、桐柏山、大别山区）……………………………… **柔毛淫羊藿E. pubescens** Maxim.

5. 红毛七属（牡丹草属）Caulophyllum Michx.

红毛七（类叶牡丹，和尚头）**C. robustum** Maxim.[*Leontice robusta* (Maxim.) Diels]，产于各山区。

茎生叶2枚，互生，二至三回三出复叶；小叶卵形、长圆形或阔披针形，长4.0~8.0cm，宽1.5~5.0cm。圆锥花序，花黄绿色，直径7.0~8.0mm。种子球形，光滑。

6. 八角莲属 Dysosma R. E. Woodson

1.花簇生于2枚茎生叶柄交叉处；叶对生，8~9浅裂，裂片宽三角状卵形，两面无毛；花梗无毛（产于大别山、桐柏山、伏牛山南部）……………………………………………………………… **六角莲D. pleiantha**(Hance)Woodson

1.花簇生于叶柄上部离叶片不远处；叶互生，4~9浅裂至深裂，裂片宽三角状卵圆形或卵状长圆形，下面被柔毛；花梗有柔毛（产于大别山、桐柏山区）……………………………………… **八角莲D. versipellis**(Hance)M. Cheng

7. 山荷叶属 Diphylleia Michx.

南方山荷叶D. sinensis H. L. Li，产于伏牛山区。

基生叶1枚，盾状着生；茎生叶2（3）枚，互生；叶片扁圆形，2裂，长10~20cm、宽15~28cm。伞形花序顶生，花梗长5.0~27mm，花白色。浆果被白粉，直径7.0~9.0mm。

三三、防己科 Menispermaceae

1.叶盾形。

2.心皮2~4个；花丝分离；叶片近全缘至3~7掌状分裂，花序总状或圆锥状 ………………………………………………………………… **1.蝙蝠葛属Menispermum**

2.心皮1个；花丝合生为柱状体；叶片全缘；花序伞形或头状 ……………………………………………………………………………… **2.千金藤属Stephania**

1.叶非盾形。

3.花瓣顶端2裂；花药横裂；叶片全缘或3裂 ………… **3.木防己属Cocculus**

3.花瓣顶端不裂；花药纵裂；叶片全缘或掌状分裂 …… **4.防己属Sinomenium**

1. 蝙蝠葛属 Menispermum L.

蝙蝠葛（北山豆根）**M. dauricum** DC.，产于各山区。

落叶缠绕木质藤本，小枝绿色。叶盾状、圆肾形或卵圆形，长与宽均7.0~10cm，全缘或3~7裂，掌状脉5~7条，无毛；叶柄长6.0~12cm。圆锥花序腋生，花黄绿色。核果状果球形，侧扁，弯曲。

2. 千金藤属 Stephania Lour.

1.雌、雄小聚伞花序均呈伞形或聚伞状伞形排列，花序单生或数个聚生；雌花花被辐射对称；叶先端无小突尖 ……… **千金藤S. japonica**(Thunb.)Miers

1.雌、雄小聚伞花序均呈头状，雄性头状聚伞花序呈总状排列，雌花花被两侧对称；叶先端有1小突尖（产于大别山、桐柏山、伏牛山区南部） …………………………………………………………… **金线吊乌龟S. cepharantha** Hayata

3. 木防己属 Cocculus DC.

木防己C. orbiculatus(L.)DC.［*C. trilobus*(Thunb.)DC.］，产于各山区。

落叶缠绕藤本，小枝密生柔毛。叶长3.0~10cm，宽2.0~8.0cm，两面有柔毛，掌状基出脉3~5条。叶柄长1.0~3.0cm，有柔毛。聚伞圆锥花序腋生。

4. 防己属 Sinomenium Diels

防己S. acutum(Thunb.)Rehd. et Wils.［*S. acutum* var. *cinereum*(Diels) Rehd. et Wils.］，产于伏牛山、桐柏山、大别山区。

木质藤本，侧芽叠生；小枝绿色，无毛。叶互生，卵形，全缘或掌状分裂，宽5.0~10cm，有毛或无毛。掌状基出脉5~7条；叶柄长6.0~10cm。圆锥花序腋生；花小，淡绿色。

三四、木兰科 Magnoliaceae

1.叶全缘，很少先端2裂；成熟心皮为蓇葖果。

　2.花顶生。

　　3.每心皮有4个或更多胚珠；常绿植物 ………………**1.木莲属Manglietia**

　　3.每心皮有2个胚珠；常绿或落叶植物 ……………… **2.木兰属Magnolia**

　2.花腋生；雌蕊群显著具柄；叶柄上有托叶痕；部分心皮不发育 ……………………………………………………………………… **3.含笑属Michelia**

1.叶4~10裂，先端截形或呈宽阔的凹缺；成熟心皮呈翅果状，全部脱落 ……
 …………………………………………………… **4.鹅掌楸属Liriodendron**

1. 木莲属 Manglietia Bl.

木莲M. fordiana(Hemsl.)Oliv.，郑州、开封、洛阳、信阳等地栽培观赏。

常绿乔木，幼枝及芽有红褐色短毛。叶窄倒卵形、矩圆形或倒披针形，长7.0~16cm，宽2.5~5.0cm，先端短钝尖，基部楔形，下面疏生红褐色短硬毛。花白色，花被片9枚，长6.0~7.0cm。聚合果卵球形，红色。

2. 木兰属 Magnolia L.

1.花药内向开裂；花不先于叶开放，白色（天女花外轮花被片淡粉红色）；外轮花被片不呈萼片状；叶为落叶或常绿。

2.托叶与叶柄连生，叶柄上留有托叶痕。

3.叶常绿；植株各部无毛；叶片皱曲不平（郑州、洛阳等地栽培观赏）
 ………………………………………………… **夜合花 M. coco**(Lour.) DC.

3.叶为落叶性。

4.叶假轮生集于枝端，互生于新枝；芽无毛，嫩叶下面被白色长毛。

5.叶顶端无凹缺（各地栽培）…… **厚朴M. officinalis** Rehd. et Wils.

5.叶顶端有凹缺或2浅裂（信阳、商城、南召等县零星栽培） ……
 ………………… **凹叶厚朴M. officinalis** subsp. **biloba** Cheng et Law

4.叶不呈假轮生集于枝端，叶柄细长，互生于枝上，叶片下面被褐色及白色多细胞毛及散生金黄色小点（产于新县、商城）……………
 ………………………………………… **天女木兰M. sieboldii** K. Koch

2.托叶与叶柄分离，叶柄上无托叶痕；叶常绿，背面被浓密的红褐色茸毛（各地常见栽培）………………………………**荷花玉兰M. grandiflora** L.

1.花药侧向或近侧向开裂；花先叶开放或花叶近同时开放；落叶植物。

6.花被片大小近相等；花先叶开放。

7.花被片12~14枚，外面玫瑰红色。生于山谷或山坡杂木林中（产于卢氏、栾川、嵩县）………………………… **武当玉兰M. sprengeri** Pamp.

7.花被片9枚。

8.花被片白色，有时外面仅近基部带紫红色（产于大别山区，常见栽培）
…………………………………………… **玉兰**（白玉兰）**M. denudata** Desr.

8.花被片外面紫红色或红色，内面白色（栽培）………………………………
…………………………………………………… **二乔木兰M. soulangeana** Soul.

6.花被片极不相等；外轮的甚短小而呈萼片状，或较小而不呈萼片状。

9.花与叶同时或稍后于叶开放；内轮花被片紫色；托叶痕延伸达叶柄之半；叶片基部在叶柄上明显下延（栽培，各地常见）……………………
…………………………………………… **紫花玉兰**（木兰）**M. liliflora** Desr.

9.花先于叶开放；内轮花被片白色，基部紫色或红色；叶基不下延；托叶痕长不及叶柄之半。

10.叶最宽处在中部以下，长圆状被针形或卵状披针形；外轮花被片条形，长约为内2轮的1/4，呈萼片状；内2轮花被片白色，基部紫色。（栽培或野生，见于伏牛山、桐柏山、大别山区）…………………
…………………………………………………… **望春玉兰M. biondii** Pamp.

10.叶最宽处在中部以上，倒卵形、倒卵状长圆形、倒卵状椭圆形或倒披针状长圆形（产于大别山区）………… **黄山木兰M. cylindrica** Wils.

3. 含笑属 Michelia L.

1.野生；托叶与叶柄离生，叶柄上无托叶痕；花淡黄色；花被片6枚，外轮倒卵状长圆形，长4.0~4.5cm；小枝及叶无毛，芽及花梗密被黄褐色绒毛（产于伏牛山区南部）…………………………………………………………………
…………… **黄心夜合M. martinii**(Lévl.) Lévl. (*M. bodinieri* Fin. et Gagnep.)

1.栽培；托叶多少与叶柄连生，在叶柄上留有托叶痕；小枝及叶有毛或至少幼叶及叶下面沿脉有毛；花被 片近同形。

2.叶柄较长，长1.5~4.0cm；幼枝被柔毛；花白色或黄色，花被片3~4轮，外轮较大。

3.花白色；叶下面被短柔毛；托叶痕短于叶柄之半 ……**白兰 M. alba** DC.

3.花黄色；叶下面被平伏长绢毛；托叶痕沿叶柄延伸超过叶柄之半 ……
……………………………………………………… **黄兰M. champaca** L.

2.叶柄较短，长2.0~4.0mm；幼枝密生黄褐色绒毛；花淡黄色，花被片6

枚，边缘常带紫色，外轮较小；托叶痕长达叶柄顶端…………………………………………………………………………… **含笑M. figo**(Lour.)Spreng.

4. 鹅掌楸属 Liriodendron L.

鹅掌楸（马褂木）**L. chinense**(Hemsl.)Sarg.，栽培观赏，见于郑州、洛阳、鸡公山、商城等地。

落叶乔木。单叶互生，马褂状。宽5.0~18cm，先端截形，每边下部有1枚短裂片；叶柄长4.0~8.0cm。花黄色，杯状，直径5.0~6.0cm。

三五、五味子科 Schisandraceae

1.果期花托伸长；成熟心皮排列成穗状的聚合果 …… **1.五味子属Schisandra**

1.果期花托不伸长；成熟心皮排列成球状或椭圆体状的聚合果 ……………………………………………………………………………… **2.南五味子属Kadsura**

1. 五味子属 Schisandra Michx.

1.叶宽椭圆形，倒卵形，宽2.0~6.0cm；花梗长1. 5~7.0cm。雄花花托不膨大、不压扁；雄蕊螺旋状排列形成与花托近似而较大的雄蕊群。

2.雄花花托顶端不伸长形成附属物，短距圆形；雄蕊5（6）枚，相互靠贴，直立排列于花托顶端，形成近倒卵球形的雄蕊群（文献记载河南有分布，未见标本）……………………… **五味子S. chinensis**(Turcz.)Baill.

2.雄花花托顶端伸长形成头状或盾状的附属体；雄蕊螺旋状排列形成球形或扁球形的雄蕊群。

3.内芽鳞片紫红色，最大片长10~20mm，宽约15mm；幼枝有纵狭翅或锐棱；药隔宽扁，伸长超出花药；雄蕊30~40枚；花被片黄色；叶下面被白粉（产于大别山区）……………… **翼梗五味子S. henryi** Clarke

3.内芽鳞褐色或灰褐色，最宽1片长不超过10mm；幼枝无翅，无棱；药隔不伸长，与花药近等长； 雄蕊11~19（23）枚；花被片橙黄色；叶下面无白粉（产于各山区）……………………………………………………………… **华中五味子S. sphenanthera** Rehd. et Wils.

1.叶狭披针形或卵状披针形，宽1.0~3.0cm；花梗长5.0~10mm；雄花花托膨大，肉质，近球形；雄蕊6~9枚，每枚雄蕊嵌入花托凹入的穴内，形成球形的雄蕊群（产于伏牛山区南部）……………………………………………………
…………**铁箍散**（狭叶五味子）**S. propinque** (Wall.)Baill. var. **sinensis** Oliv.

2. 南五味子属 **Kadsura** Kaempf. ex Juss.

南五味子K. japonica(L.)Dunal(K. longepedunculata Fin. et Gagnep.)，产于大别山、桐柏山、伏牛山区南部。

常绿藤本。叶革质或近纸质，有光泽，椭圆形或椭圆状披针形，宽2.0~5.0cm，边缘有疏齿；叶柄长1.5~3.0cm。花单生叶腋，黄色，花梗细长下垂。聚合果近球形，直径2.5~3.5cm。

三六、八角科 Illiciaceae

八角属 Illicium L.

1. 心皮7~8（~10）个；雄蕊11~14枚（产于大别山、伏牛山区南部）………
……………………………………………………………… **红茴香I. henryi** Diels
1. 心皮10~14个；雄蕊6~11枚（产于大别山区，西峡、淅川等县）…………
………………………………… **红毒茴**（野八角）**I. lanceolatum** A. C. Smith

三七、蜡梅科 Calycanthaceae

蜡梅属 Chimonanthus Lindl.

1.叶卵圆形、卵状披针形、椭圆形或宽椭圆形，无毛或仅叶下面脉上被微毛。
2.叶椭圆形至宽椭圆形或卵圆形，落叶；花直径2.0~4.0cm；花被片外面无毛，内部花被片的基部有爪，花丝长于或近等于花药。各地栽培或野生

（产于大别山、桐柏山至伏牛山区南部）… **蜡梅 C. praecox**(L.)Link[*C. praecox* var. *concolor* Makino；*C. praecox* var. *grandiflorus*(Lindl.)Makino]

2.叶卵状披针形，常绿；花直径7.0~10mm；花被片外面被微毛，内部花被片的基部无爪；花丝短于花药（偶见栽培）……… **山蜡梅C. nitens** Oliv.

1.叶线状披针形或长圆状披针形，叶背被短柔毛（偶见栽培）………………………………………………………………………… **柳叶蜡梅C. salicifolius** Hu

三八、樟科 Lauraceae

1.花序呈假伞形或簇状，稀单花，或花序呈总状至圆锥状，其下承托有总苞，总苞片大且常交互对生，常宿存。

2.花2基数（花各部为2数或2的倍数）；叶具羽状脉。

3.雌雄异株或花两性；雄花具12枚雄蕊，排为3轮，每轮4枚，全部具腺体 …………………………………………………… **7.月桂属Laurus**

3.雌雄异株；雄花具6枚雄蕊，排为3轮，每轮2枚，第3轮雄蕊具腺体；雌花具6枚退化雄蕊 ……………………………… **6.新木姜子属Neolitsea**

2.花3基数（花各部为3数或3的倍数）。

4.花药4室 ……………………………………………………**5.木姜子属Litsea**

4.花药2室 ………………………………………………… **8.山胡椒属Lindera**

1.花序通常圆锥状，疏松、具梗，但亦有成簇状的，均无明显的总苞。

5.果着生于由花被筒发育而成的或浅或深的果托上，果托部分地包被果实；叶三出脉。

6.花序在开花前有大而迟落的苞片；叶互生，常浅裂 ……………………………………………………………………… **4.檫木属Sassafras**

6.花序在开花前有小而早落的苞片；叶常全缘 …… **3.樟属Cinnamomum**

5.果着生于无宿存花被的果梗上，若花被宿存则绝不形成果托；羽状叶脉。

7.果时花被直立而坚硬，紧抱果上 ……………………………… **2.楠属Phoebe**

7.果时花被裂片反卷或展开，绝不紧抱果上 ………… **1.润楠属Machilus**

1. 润楠属 Machilus Nees

1.叶长5.0~9.0cm，宽1.5~2.0cm，先端尾状渐尖，侧脉8~10对；花被片外面无毛；果直径5.0~6.0mm（产于大别山、桐柏山至伏牛山区南部）………………………………………………………… **小果润楠 M. microcarpa** Hemsl.

1.叶较大，长10~24cm，宽2.0~7.5cm，先端短渐尖；侧脉12~17对，花被片外面有贴伏小绢毛；果直径约10mm（产于大别山、桐柏山至伏牛山区南部）………………………………………… **宜昌润楠M. ichangensis** Rehd. et Wils.

2. 楠属 Phoebe Nees

1.花被外面及花序完全无毛或被紧贴微柔毛；果卵形；嫩叶下面密被紧贴白绢毛；花被片明显具缘毛（产于大别山区）…………………………………………………………………… **湘楠 P. hunanensis** Hand. -Mazz.

1.花被片外面及花序密被短柔毛、长柔毛或茸毛。

2.果长1.1~1.5cm，椭圆状卵形，椭圆形至长圆形，宿存花被片紧贴果基部。

3.叶披针形或倒披针形，横脉及小脉在下面十分明显并结为小网格状，叶柄长5.0~11（20）mm；圆锥花序紧缩，长3.0~7.0cm，分枝3~4条，最下部分枝长2.0~2.5cm；小枝被毛或有时近无毛（产于大别山、伏牛山区南部）……………………………………**闽楠 P. bournei**(Hemsl.)Yang

3.叶椭圆形，少为披针形，横脉及小脉在下面不明显或略明显，不呈小网格状，叶柄长10~22mm；圆锥花序十分开展，长（6.0）7.5~12cm，多分枝，最下部分枝2.5~4.0cm；小枝密被黄褐色或灰褐色柔毛（产于大别山、鸡公山）………………… **楠木 P. zhennan** S. Lee et F. N. Wei

2.果长在1.0cm以下，卵形；宿存花被片或多或少松散，不紧贴果基部。

4.老叶下面（含中脉）、小枝、花序及果梗均密被长柔毛或茸毛（产于大别山、桐柏山至伏牛山区南部，偶见）………………………………………………………………………………**紫楠P. sheareri**(Hemsl.)Gamble

4.老叶下面中脉和果梗近无毛或散生短柔毛，小枝、叶下面在果时与果序无毛或近无毛（产于大别山、桐柏山至伏牛山区南部）…………………………………………………………………**白楠P. neurantha**(Hemsl.)Gamble

3. 樟属 Cinnamomum Trew

1.叶互生，背面脉腋有明显腺窝（栽培，见于郑州、河南南部）……………………………………………………………………**樟 C. camphora**(L.)Presl

1.叶对生或近对生，至少枝条下部叶对生，背面脉腋无腺窝。

2.叶两面无毛，宽2.5~3.5cm；花序无毛；果下宿存花被具6枚圆齿（产于大别山区）………………………………………**天竺桂 C. japonicum** Sieb.

2.幼叶下面被白色绢毛，后变无毛；花序无毛或疏被短柔毛；果下宿存花被全缘或截形（产于大别山、桐柏山、伏牛山区南部）…………………………………………………………………………**川桂C. wilsonii** Gamble

4. 檫木属 Sassafras Trew

檫木 S. tzumu(Hemsl.)Hemsl.，栽培，见于大别山区。

落叶乔木。叶坚纸质，互生，常聚生于枝梢，卵圆形或倒卵形，宽6.0~10cm，全缘或1~3浅裂至中裂，离基三出脉；叶柄长1.0~7.0cm。花雌雄异株，先叶开放，黄色，长约4.0mm；花梗及花序梗均密被棕褐色柔毛。

5. 木姜子属 Litsea Lam.

1.落叶；叶片纸质或膜质；花被裂片6枚，花被筒果时不增大，无杯状果托（天目木姜子例外）。

2.叶柄长2.0~8.0cm；叶片椭圆形、圆状椭圆形或倒卵形，长9.5~23cm，宽6.0~13.5cm，基部耳形；树皮小鳞片状剥落；果托杯状（产于大别山、桐柏山、嵩山）…………………… **天目木姜子L. auriculata** Chien et Cheng

2.叶柄长2.0cm以下。

3.小枝无毛；叶片下面无毛；花梗无毛；叶长圆形或披针形，宽1.0~2.5cm。

4.叶先端渐尖（见河南产腊叶标本，产地不详）…………………………………………………………… **山鸡椒L. cubeba**（Lour. ）Pers.

4.叶先端圆或钝（产于新县）…………………………………………………………**钝叶山鸡椒L. cubeba** f. **obtusifolia** Yang et. P. H. Huang

3.嫩枝、叶片下面被灰色短绢状毛；叶片披针形或倒卵状披针形（产于大别山、伏牛山区南部）…………………… **木姜子L. pungens** Hemsl.

1.常绿，叶革质或薄革质。

5.花被筒在果时不增大或稍增大，果托扁平或呈浅小碟状，完全不包着果实。

6.伞形花序及果序几无总梗，亦无花梗及果梗；果实球形，成熟时灰蓝色；叶卵状长圆形或倒卵状长圆形（产于大别山、桐柏山、伏牛山南部）……………………………………… **豺皮樟 L. rotundifolia** Hemsl. var. **oblongifolia**(Nees)Allen(*Actinodaphne chinensis* Nees；*L. chinensis* Bl.)

6.伞形花序及果序有总梗，花、果亦有梗，如花序及果序无总梗，但也有花梗及果梗。

7.嫩枝无毛；幼叶下面无毛；叶片长圆形或披针形，叶柄上面有柔毛（产于大别山、鸡公山）…………………………………………………………**豹皮樟 L. coreana** Lévl. var. **sinensis**(Allen)Yang et P. H. Huang

7.嫩枝有柔毛；幼叶下面全被柔毛或沿中脉两侧有柔毛。

8.叶片倒卵状披针形、椭圆形或卵状椭圆形，长6.0~9.0cm，先端突尖，基部楔形；幼叶下面全被灰黄色柔毛；叶柄全有毛（产于大别山区）…… **毛豹皮樟L. coreana** var. **lanuginosa**(Migo) Yang et P. H. Huang

8.叶片狭披针形、披针形至椭圆状披针形，长10~13cm，先端渐尖，基部近圆形或楔形，幼叶下面沿中脉两侧有灰白色长柔毛；叶柄仅上面散生柔毛（产于内乡）…… **湖北木姜子L. hupehana** Hemsl.

5.花被筒在果时增大成杯状果托，多少包着果实；小枝及叶柄密被褐色茸毛；叶片下面被短柔毛，沿中脉及侧脉有长柔毛，叶柄长1.0~2.5cm（产于大别山、伏牛山南坡）…………………………………………………………………………………… **黄丹木姜子L. elongata**(Wall. ex Nees)Benth. et Hook. f.

6. 新木姜子属 Neolitsea Merr.

簇叶新木姜子 N. confertifolia（Hemsl.）Merr.，产于河南西南部。

灌木或小乔木。叶聚生于枝顶或分枝处，轮生状，革质，矩圆形或披针形，宽2.0~2.5cm，边缘微波状，背面有短柔毛；叶柄短。伞形花序近无总梗；果卵圆形，长约1.0cm，黑色；果梗长4.0~8.0mm。

7. 月桂属 Laurus L.

月桂 L. nobilis L.，郑州有栽培。

灌木状。叶长圆状椭圆形或长圆状披针形，宽1.8~3.2cm，先端渐尖，微波状边缘，无毛；叶柄长7.0~10mm。花或花簇腋生，总梗长达7.0mm。

8. 山胡椒属 Lindera Thunb.

1.叶具羽状脉。

2.伞形花序着生于顶芽或侧芽（即缩短枝）之下，两侧各一，或为混合芽，花后由此缩短枝发育为正常枝条。

3.花、果序明显具总梗；果托扩展为杯状或浅杯状，至少包被果实基部以上；能育雄蕊腺体呈长柄漏斗形。

4.叶簇生于枝端；果实椭圆形；枝、叶无毛；叶倒卵状披针形或椭圆形，革质，常绿性（产于大别山、桐柏山、伏牛山南部）……………………………………………………… **黑壳楠L. megaphylla** Hemsl.

4.叶疏生于枝条；果实圆球形；枝条和叶上面中脉初被白色柔毛，后脱落，下面脉上被白色柔毛；叶倒卵形，有时为倒卵状披针形，纸质，落叶性（产于大别山、桐柏山区，内乡、栾川）………………………………………………………… **江浙山胡椒L. chienii** Cheng

3.花、果序无总梗或具短于花、果梗的总梗；果托不如上项扩展；能育雄蕊腺体为具柄及角突的宽肾形；落叶。

5.花、果序总梗短于花、果梗。

6.叶倒披针形、倒卵形或椭圆状倒卵形，基部楔形或狭楔形。

7.小枝常灰白色或灰黄色；叶片下面被伏贴柔毛，脉上较密；花被片背面有柔毛；果实较大，直径7.0~8.0mm；果梗向上明显逐渐增粗（产于大别山、桐柏山、伏牛山区南部）……………………………… **红果山胡椒L. erythrocarpa** Makino(*L. umbellata* Bl.)

7.小枝红褐色或棕褐色；叶下面仅脉腋有髯毛，余部无毛；花被片背面无毛；果实直径5.0~6.0mm，成熟后不规则2裂；果梗纤细，直径约0.5mm，仅近顶端稍增粗（产于伏牛山区嵩县）…

………………………… **伏牛山胡椒L. funiushanensis** C. S. Zhu

6.叶宽椭圆形、椭圆形或椭圆状卵形，基部圆形或宽楔形。

8.小枝黄绿色，光滑，无皮孔；花序梗长约3.0mm；植株或多或少具毛（产于大别山、桐柏山至伏牛山区南部）…………………………………………………………… **山橿L. reflexa** Hemsl.

8.小枝红褐色，多皮孔；花序梗长5.0~7.0mm；植株无毛（产于商城）……………………………… **河南山胡椒L. henanensis** Tsui

5.花、果序无总梗或具长不及3.0mm的极短总梗。

9.枝条灰白色；叶宽卵形至椭圆形，偶有近披针形；芽鳞无脊（产于伏牛山、桐柏山、大别山区）…………………………………………………………………… **山胡椒L. glauca**(Sieb. et Zucc.)Bl.

9.枝条黄绿色；叶椭圆状披针形；芽鳞具脊（产于各山区）……………………………………………… **狭叶山胡椒 L. angustifolia** Cheng

2.花序在叶腋簇生状，即腋生短枝（长仅2.0~3.0mm）顶芽有1~2个伞形花序（栽培或偶见野生，见于河南南部山区）… **香叶树L. communis** Hemsl.

1.叶具三出脉或离基三出脉。

10.果圆球形；叶腋着生花序的短枝常发育为正常枝条；落叶。

11.叶3裂，偶5裂；花序生于混合芽中；花、果序无总梗（产于各山区）……………………… **三桠乌药 L. obtusiloba** Bl. (*L. cercidifolia* Hemsl.)

11.叶不分裂，全缘；花序常生于叶芽基部，两侧各一。

12.花序总梗长约2.0mm；叶具离基三出脉，至少远离3.0mm；叶长椭圆形至狭卵形，基部楔形，脉及叶柄秋后常变红色（产于大别山、桐柏山、伏牛山区南部）……… **红脉钓樟 L. rubronervia** Gamble

12.花序总梗约4.0mm，三出脉或离基三出脉；叶卵形至宽卵形，基部圆形，稀宽楔形（产于河南南部山区）…………………………………………………………………… **绿叶甘橿L. fruticosa** Hemsl.

10.果椭圆形；伞形花序（3~5朵花）生于常不发育的短枝上；叶常绿，椭圆形、长圆形或倒卵形，三出脉（产于伏牛山区）……………………… **川钓樟L. pulcherrima**(Wall.)Benth. var. **hemsleyana**（Diels）H. P. Tsui

三九、罂粟科 Papaveraceae

1.雄蕊多数，分离；植株具白色乳汁，有色汁液或无色水样汁液。

2.植株具白色乳汁或有色汁液。

3.叶具刺，有微黄色汁液；蒴果短瓣裂 …………… **8.蓟罂粟属Argemone**

3.叶无刺。

4.花无花瓣，集为圆锥花序；高大草本，高达2.0m有余；叶宽卵圆状心形，掌状分裂 ……………………………………… **1.博落回属 Macleaya**

4.花有花瓣；花单生，或集为伞形花序，或为聚伞花序；株高常1.0（1.5）m以下。

5.蒴果球形或椭圆形，顶孔开裂；植株具白色乳汁；花杂色 ……………………………………………………………… **7.罂粟属 Papaver**

5.蒴果线形或细长圆柱形，纵裂；花黄色或白色；植株具黄色或红色汁液。

6.叶全部基生，无茎生叶；萼片合生，盔状；花瓣白色 ………………………………………………………………… **3.血水草属Eomecon**

6.茎具叶或不具叶；萼片分离；花瓣黄色。

7.茎不分枝；花在枝顶排列为聚伞花序；叶一回羽状浅裂至深裂 ………………………………… **5.秃疮花属 Dicranostigma**

7.茎多分枝；花集为具总梗的伞形花序；叶羽状全裂或二回羽状深裂 ……………………………… **6.白屈菜属 Chelidonium**

2.植株具无色水样汁液。

8.叶三出式多回羽状丝裂；花单生（栽培）… **2.花菱草属Eschscholtzia**

8.叶为一回羽状复叶或一（二）回羽状分裂。

9.一回羽状复叶，小叶5枚 …………………… **4.荷青花属 Hylomecon**

9.叶羽状分裂，近基部全裂，近先端浅裂 …… **9.绿绒蒿属Meconopsis**

1.雄蕊4枚离生，或6枚合生为2束；植物体不具白色乳汁或有色液汁。

10.雄蕊4枚，离生；花冠辐射对称 ………………… **10.角茴香属 Hypecoum**

10.雄蕊6枚，合生为2束；花冠两侧对称。

11.外侧2片花瓣基部囊状；花有小苞片（栽培） … **11.荷包牡丹属Dicentra**

11.外侧1片花瓣基部延伸成距，花无小苞片；野生 ………**12.紫堇属Corydalis**

1. 博落回属 Macleaya R. Br.

1.果倒披针形，长1.5~2.0cm，有3~4粒种子；雄蕊20~36枚（产于伏牛山、桐柏山、大别山区）………………………… **博落回M. cordata**(Willd.)R. Br.

1.果卵圆形，长约5.0mm，含1粒种子；雄蕊8~12枚（分布同上种）………………………………………………… **小果博落回M. microcarpa** (Maxim.)Fedde

2. 花菱草属 Eschscholtzia Cham.

花菱草E. californica Cham.，庭园观赏植物（见于郑州、洛阳、开封等地）。

多年生草本，高达70cm，全株被白粉，无毛。基生叶具长柄；叶片长10~30cm，三出式多回羽状细裂；小裂片线形。花橘黄色，单生于茎、枝顶，直径4.0~6.0cm，花梗长5.0~15cm。蒴果线形，长达7.0cm。

3. 血水草属 Eomecon Hance

血水草 E. chionantha Hance，产于大别山、桐柏山区。

多年生草本，高达40cm，无毛，含红黄色汁液。叶基生，叶片心形，宽5.0~10cm，边缘有波状齿，背面有白粉，掌状脉5~7条；叶柄长达30cm，肉质。聚伞花序伞房状，3~5朵花，花梗长0.5~5.0cm；萼片2枚，下部合生为船形，长5.0~10mm；花瓣4片，白色。蒴果长约3.0cm。

4. 荷青花属 Hylomecon Maxim.

荷青花H. japonica (Thunb.) Prantl et Kündig，产于伏牛山、大别山区。

奇数羽状复叶；小叶5枚，宽披针形、长倒卵形或菱状卵形，宽1.5~5.0cm，边缘具不整齐重锯齿。茎生叶2枚；花金黄色。

变种1：**锐裂荷青花** var. **subincisa** Fedde，下部小叶常在一侧或两侧具深裂或缺刻（产于伏牛山区）。

变种2：**多裂荷青花**var. **dissecta** (Franch. et Sav.) Fedde，各小叶均羽状深裂，每裂片再次不整齐锐裂（产于伏牛山区）。

5. 秃疮花属 Dicranostigma Hook. f. et Thoms.

秃疮花（兔子花）**D. leptopodum**(Maxim.)Fedde，产于河南北部、西部及伏牛山区。

叶狭倒披针形，宽2.0~4.0cm，羽状深裂。聚伞花序1~3朵花，花瓣长约15mm。

6. 白屈菜属 Chelidonium L.

白屈菜C. majus L.，产于各山区。

叶倒卵状长圆形或宽倒卵形，一回全裂片2~4对。近伞形花序，花瓣长约9.0mm。

7. 罂粟属 Papaver L.

1.一年生草本；叶基生和茎生，叶缘具波状齿或二回羽状深裂；子房及果实无毛。

2.茎不分枝；茎生叶基部抱茎，叶、花梗常光滑，花丝白色（栽培药用）……………………………………………………………… **罂粟P. somniferum** L.

2.茎分枝；茎生叶基部不抱茎，叶、花梗被刚毛，花丝紫色或紫红色（栽培花卉）……………………………………………………… **虞美人P. rhoeas** L.

1.多年生草本，近无茎；叶全基生，羽状全裂，裂片再次羽状浅裂至深裂；子房及果实密被伏贴刚毛；花黄色（产于灵宝）…… **山罂粟P. nudicaule** L.

8. 蓟罂粟属 Argemone L.

1.花白色，稀紫色。

2.蒴果密生刺；茎密生刺（公园栽培）… **老鼠艻 A. platyceras** Link et Otto

2.蒴果有少数刺；茎几无刺（栽培观赏）…………………………………………………………………………………… **大花蓟罂粟A. grandiflora** Sweet

1.花黄色；蒴果有刺（栽培观赏）…………………………**蓟罂粟A. mexicana** L.

9. 绿绒蒿属 Meconopsis Vig.

柱果绿绒蒿M. oliverana Franch. et Prain ex Prain，产于卢氏、灵宝。

植株高达70cm，具无色水样汁液。叶卵形或长卵形，宽5.0~5.5cm，下部者羽状全裂，近先端者羽状浅裂，裂片3~5对，两面疏被长硬毛。花单生或2朵生于茎或枝最上部叶腋，黄色。蒴果长3.0~4.0cm。

10. 角茴香属 Hypecoum L.

角茴香H. erectum L.，产于各地。

茎高10~20cm。叶基生，有白粉，二至三回羽状细裂，裂片线形。聚伞花序，花淡黄色；花瓣4片，内2片3裂至中部；雄蕊4枚。蒴果长约5.0cm。

11. 荷包牡丹属 Dicentra Bernh.

荷包牡丹D. spectabilis(L.)Lem.，栽培花卉。

多年生，无毛，高达60cm。二回三出复叶，小叶全缘或具1~3齿裂。总状花序下垂，花生于一侧；花两侧对称，长约2.5cm；外面2片花瓣蔷薇红色，下部囊状，上部变狭且向外反曲，里面2片花瓣狭长，顶部红色；雄蕊6枚，呈2束。

12. 紫堇属 Corydalis DC.

1.具块根；茎下部有或不具鳞片状低出叶；子叶1枚。

2.茎无鳞片状低出叶；块茎叠生于上年生老块茎上，无年度更新现象；柱头非圆形；茎不分枝；叶二回三出；距长6.0~8.0mm；果线形，长13~18mm（记载河南有分布，未见标本）……………………………………………………… **夏天无**（伏生紫堇）**C. decumbens**(Thunb.)Pers.

2.茎下部具1片大而反折的鳞片状低出叶；块茎球形，每年更新1次；柱头圆形。

3.果宽卵圆形；小叶通常圆、全缘，叶柄及小叶柄细长；总状花序具少数花，花梗长1.5~4.0cm，明显长于苞片。

4.花蓝色或蓝紫色，长约2.0cm，距长12~14mm，内花瓣长7.0~

8.0mm；总状花序3~8朵花；小叶圆至椭圆形，有时浅裂；果卵圆形至椭圆形，长8.0~15mm（产于大别山、桐柏山、伏牛山区）……………………………………………… **小药八旦子*C. caudata*** Pers.

4.花白色，长1.0~1.2cm，距长5.0~7.0mm，内花瓣长约4.0mm；总状花序1~3朵花（产于大别山、鸡公山区）…… **土元胡*C. humosa*** Migo

3.果线形；小叶3裂或3深裂，叶柄及小叶柄较短粗；总状花序8~20花，花梗长5.0~15mm。

5.苞片全缘或多数全缘；外花瓣瓣片常具齿，顶端凹陷处有短尖；果长2.0~2.8cm（产于大别山区）……………………………………… **延胡索*C. yanhusuo*** W. T. Wang ex Z. Y. Su et C. Y. Wu

5.苞片多数分裂；外花瓣瓣片全缘，顶端凹陷处无短尖或有不明显短尖；果长1.0~2.0cm（产于灵宝）……………………………………………… **北京延胡索*C. gamosepala*** Maxim.

1.不具块根；茎下部无鳞片状低出叶；子叶通常2枚。

6.不具主根，须根纺锤状肉质增粗；茎不分枝；果实无毛。

7.茎生叶羽状复叶状分裂，仅下部1对裂片再次2~3深裂；基生叶5全裂至深裂，裂片椭圆形至披针形；花梗与苞片近等长；花黄色（产于卢氏）……………………………………… **秦岭紫堇*C. trisecta*** Franch.

7.茎生叶掌状分裂，绝非一回羽状分裂；花蓝色或紫色。

8.根狭纺锤形，具柄；苞片全缘，稀最下部者3~5深裂；上花瓣长12~14mm（产于伏牛山区）……………………………………… **曲花紫堇*C. curviflora*** Maxim. ex Hemsl.

8.根狭纺锤状圆柱形，无柄；苞片最下部者3~5全裂；上花瓣长14~16mm（产于卢氏、西峡）……… **陕西紫堇*C. shensiana*** Linden

6.具主根。

9.距圆筒形，约与瓣片等长或稍较长（紫堇有时距为花瓣长的1/3至稍短于瓣片）。

10.花黄色或污黄色；苞片长为花梗的2.0倍；花序13~20花（产于太行山、伏牛山区）………………………… **小黄紫堇*C. raddeana*** Regel

10.花粉红色、紫色或蓝紫色（刻叶紫堇紫红色到紫色，稀淡蓝色至苍白色）。

11.蒴果线形；花长1.5~2.0cm；叶二回三出或羽状全裂。

12.主根粗壮；花枝常腋生，苞片分裂或具缺刻；距约与瓣片等长或稍较长；外花瓣顶端稍后具鸡冠状突起（产于伏牛山区）………………………………………………………………**刻叶紫堇C. incisa**(Thunb.)Pers.

12.主根细长；花枝与叶对生；苞片全缘；距短于瓣片（产于各地区）………………………………………………………… **紫堇C. edulis** Maxim.

11.蒴果卵圆形；花长1.0~1.2cm；叶二回羽状全裂；苞片叶状，致花似单生（产于河南北部至西部）…………………… **地丁草C. bungeana** Turcz.

9.距短囊状，长为花瓣的1/5~1/3。

13.蒴果常念珠状；苞片较大，下部者常叶状；花黄色，长约2.0cm，柱头2深裂；种子具圆锥状或刺状突起；叶二回羽状分裂；花枝常腋生。

14.叶末回裂片较宽展；总状花序疏生多花，花黄色或淡黄色；叶二回羽状3深裂，裂片又有圆齿状裂片（产于大别山、桐柏山、伏牛山区南部）………………………………… **黄堇C. pallida**(Thunb.)Pers.

14.叶末回裂片较狭；总状花序密生多花，花金黄色；叶二回羽片2~4对，羽片再羽状深裂，末回裂片线形至披针形（产于伏牛山区）……………………………………………………… **球果黄堇C. speciosa** Maxim.

13.蒴果通常线形；苞片小，全缘；花长9.0~15mm或更长；花枝常与叶对生，或近花莛状。

15.花长约2.0cm，伸展；柱头2叉状分裂；花紫红色或近白色（产于太行山区）……………… **房山紫堇C. fangshanensis** W. T. Wang ex S. Y. He

15.花长1.0~1.5cm，多少S形；柱头短柱状4裂；花黄色至苍白色。

16.果蛇形弯曲；花长9.0~12mm，距长占花瓣全长的1/3（产于大别山、桐柏山、伏牛山区）… **蛇果黄堇C. ophiocarpa** Hook. f. et Thoms.

16.果线形，不蛇形弯曲；花较小。

17.花长7.0~10mm，外花瓣宽展，距占花瓣全长的1/3；种子平滑或具微小凹点（产于伏牛山区）……………………………………………………………………… **小花宽瓣黄堇C. giraldii** Fedde

17.花长6.0~7.0mm，外花瓣较狭，距约占花瓣全长1/5；种子具短刺状突起（产于大别山、桐柏山、伏牛山区）……………………………
……………………………………… **小花黄堇C. racemosa**(Thunb.)Pers.

四○、白花菜科 Capparidaceae

白花菜属 Cleome L.

1.雌、雄蕊柄长约20mm；子房柄长1.0~2.0mm；花白色；小叶5枚，倒卵形，长1.5~5.0cm，宽1.0~2.5cm（产于各地）……………**白花菜C. gynandra** L.

2.雌、雄蕊柄极短，长1.0~2.0mm；子房柄甚长，约4.0cm；花粉色；小叶5~7枚，长圆状披针形，长4.0~10cm，宽1.0~2.0cm（栽培）……………
…………………………………………………… **醉蝶花C. spinosa** Jacq.

四一、十字花科 Cruciferae

1.叶为典型复叶。

2.种子每室1行；果瓣无脉；花紫色或白色 ……… **12.碎米荠属Cardamine**

2.种子每室2行；果瓣至少有1条脉；花白色 ……… **16.豆瓣菜属Nasturtium**

1.单叶。

3.叶片羽状半裂、深裂、全裂或大头羽裂。

4.短角果。

5.果实2裂（指果体2分裂），纵向开裂成2果瓣，果瓣球形，具网状点及瘤体状；植株极臭 ………………………………**6.臭荠属Coronopus**

5.果实非上述2分裂，开裂或不开裂。

6.短角果开裂或微开裂。

7.短角果倒三角形，每室有少数至多数种子，植株体具星状毛 …
…………………………………………………………**9.荠属Capsella**

7.短角果圆扇状，每室1种子；植株体具单毛或腺毛 ……………
……………………………………………… **5.独行菜属Lepidium**

6.短角果不开裂，近球形，表面有网纹，纹间呈蜂窝状 ……………………………………………………………………………………… **10.球果芥属Neslia**

4.长角果。

8.叶为二至三回羽状深裂；花黄色或乳黄色 ………**30.播娘蒿属Descurainia**

8.叶为大头羽裂，或一回羽状半裂、深裂或全裂。

9.叶为大头羽裂。

10.花白色、淡红色或紫色。

11.上部叶不抱茎；长角果肉质、圆筒状，果皮在种子间缢缩，成熟时横裂成几个含单种子的节或裂为几部分…… **3.萝卜属Raphanus**

11.上部叶抱茎；长角果干燥、线形、具4条棱，成熟时2瓣裂 ……………………………………………**4.诸葛菜属Orychophragmus**

10.花黄色或乳黄色，少有白色。

12.长角果无喙。

13果瓣3条脉，果长6~10cm …………… **24.大蒜芥属Sisymbrium**

13.果瓣1条脉，果长不足3.0cm………………… **15. 蔊菜属Rorippa**

12.长角果有喙，果瓣1条脉 …………………………**1.芸薹属Brassica**

9.叶羽状半裂、浅裂或深裂。

14.长角果念珠状，常横裂成几个含2粒种子的节 ……………………………………………………………… **20.离子芥属Chorispora**

14.长角果非念珠状，纵裂、迟裂或不裂。

15.植株具单毛或无毛；花黄色。

16.花黄色；果实线状圆柱形、椭圆形，或个别种呈球形，无喙 ………………………………………………… **15. 蔊菜属Rorippa**

16.花污黄色，具棕色或紫色纹线；果实长圆形或近椭圆形，具1凸出扁平的喙 ………………………………**2.芝麻菜属Eruca**

15.植株具单毛及分叉毛；花白色、粉红色或紫色；长角果圆筒状线形 ……………………………………… **21.涩荠属Malcolmia**

3.叶全缘或有锯齿。

16.植株无毛或有单毛。

17.长角果。

18.长角果常横裂成几个含2粒种子部分；植株有腺毛 ……………………………………………………………………… **20.离子芥属Chorispora**

18.长角果纵裂；植株无腺毛。

19.茎具粉霜或蓝绿色；茎生叶抱茎或近抱茎；花白色或玫瑰红色；植株高不超过20cm ……………………… **28.盐芥属Thellungiella**

19.茎不具粉霜；茎生叶不抱茎。

20.花紫色、粉红或白色 ……………………… **12.碎米荠属Cardamine**

20.花瓣黄色，有时退化或不存在（蔊菜属）

21.果实无喙 ………………………………… **15.蔊菜属Rorippa**

21.果实具喙 ……………………………………**1.芸薹属Brassica**

17.短角果。

22.短角果不开裂，具翅；子房1室 ………………………… **7.菘蓝属Isatis**

22.短角果开裂。

23.总状花序有苞片，花白色 ……………………… **25.山嵛菜属Eutrema**

23.总状花序无苞片。

24.短角果无翅，倒三角形或倒心状三角形 …………**9.荠属Capselia**

24.短角果有翅。

25.茎常有蓝粉霜；茎生叶抱茎；花瓣较萼片长；雄蕊6枚；果大，长13~16mm，果翅明显 ………………… **8.菥蓂属Thlaspi**

25.茎无蓝粉霜；茎生叶常不抱茎；花瓣小，有时较萼片短，少数退化或不存在；雄蕊6枚，有时退化成4或2枚；果长不超过3.0mm，果翅不明显 ……………………… **5.独行菜属Lepidium**

16.植株有单毛及分叉毛或星状毛。

26.长角果。

27.植株有腺毛。

28.长雄蕊每2枚合生；内萼片基部稍呈囊状（野生） ………………………………………………………… **17.花旗杆属Dontostemon**

28.长雄蕊离生；内萼片基部囊状。

29.长角果长圆形，长7.0~8.0cm，宽3.0mm，有柔毛或腺毛；叶全缘或微波状；植株密被星状腺毛；栽培 …… **18.紫罗兰属Matthiola**

29.长角果宽线形，长不超过3.0(3.5)cm，无毛，有瘤状突起；叶边缘具羽状齿 ………………………………… **19.异蕊芥属Dimorphostemon**

27.植株无腺毛。

30.长角果弯曲或扭曲，常呈念珠状 ………………**27.念珠芥属Torularia**

30.长角果不呈念珠状。

31.全株有分叉毛及星状毛。

32.长角果无毛；茎生叶基部耳状、抱茎；果瓣有1条明显中脉；花白色 ……………………………………………………… **13.南芥属Arabis**

32.长角果有星状毛或“丁”字毛；叶匙形或长圆状倒卵形，全缘；果瓣有3条纵脉；全株密生星状毛，花淡紫色或白色 ……………………………………………………………… **26.锥果芥属Berteroella**

31.全株无星状毛。（糖芥属虽有分叉毛，但无星状毛）

33.花白色、粉红色或紫色。

34.茎生叶无柄，半抱茎或抱茎；角果稍压扁；种子多有翅，湿时不发黏 ……………………………………………… **13.南芥属Arabis**

34.茎生叶无柄或有柄；角果圆筒状；种子无翅，湿时发黏 ……………………………**14.拟南芥属**（鼠耳芥属）**Arabidopsis**

33.花黄色、枯黄色或带紫色。

35.具2~4叉状毛；花丝基部有侧蜜腺和中蜜腺；种子1行；野生 ……………………………………………… **22.糖芥属Erysimum**

35.具贴生二叉“丁”字毛；花丝基部仅有侧蜜腺，无中蜜腺；种子1~2行（栽培） …………………… **23.桂竹香属Cheiranthus**

26.短角果。

36.茎生叶基部箭状抱茎；短角果椭圆形、倒卵形或梨形 ……………………………………………………………**29.亚麻荠属Camelina**

36.茎生叶基部非箭状、不抱茎；短角果卵形、近球形、椭圆形或披针形 ……………………………………………………… **11.葶苈属Draba**

1. 芸薹属 Brassica L.

1.二年生或多年生；叶厚、肉质，粉蓝色或蓝绿色；花大，直径1.5~2.5cm，白色至浅黄色，花瓣有长爪。

2.植株不形成肥厚块根或块茎。

3.叶层层包裹成球状体（栽培蔬菜）… **甘蓝B. oleracea** L. var. **capitata** L.

3.叶不包裹成球状体。

4.由总花梗、花梗和未发育的花芽密集成乳白色肉质头状体（栽培蔬菜）………………………… **花椰菜**（花菜）**B. oleracea** var. **botrytis** L.

4.花序正常，不形成肉质头状体；叶皱缩，白黄色、黄绿色、粉红色或红紫色（栽培观赏）… **羽衣甘蓝B. oleracea** var. **acephala** L. f. **tricolor** Hort.

2.植株具肥厚的块茎或块根。

5.茎在近地面处肥厚成块茎；茎生叶有细柄（栽培蔬菜）………………………………………………………………………… **擘蓝B. caulorapa** Pasq.

5.块根下半部在地下，地上部分青紫色（栽培蔬菜）……………………………………………… **芜菁甘蓝**（大头菜）**B. napobrassica**(L.)Mill.

1.多为一二年生；花小，直径4.0~20mm，鲜黄色或浅黄色，花瓣具不明显的爪。

6.植物具肥厚肉质块根（栽培蔬菜）………… **芜菁**（蔓菁）**B. rapa** L.

6.无块根。

7.种子不具明显窠孔，长角果不呈念珠状，植物无辛辣味。

8.植物具粉霜；基生叶不太发育或长存，至少有些茎生叶基部成耳状，叶大头羽状分裂。

9.茎、叶片、叶柄、花序轴及果瓣均不带紫色（栽培油料）……………… **芸薹**（油菜）**B. campestris** L.(*B. campestris* var. *oleifera* DC.)

9.茎、叶片、叶柄、花序轴及果瓣均带紫色（栽培蔬菜）………………………………… **紫菜薹B. campestris** var. **purpraria** L. H. Bailey

8.植物绿色或稍具粉霜；基生叶丛发育，茎生叶抱茎但不呈耳状；叶全缘，边缘波状或有疏齿。

10.基生叶及中下部茎生叶的叶柄很宽，扁平，边缘具缺刻状的翅；二年生（栽培蔬菜） …………… **白菜B. pekinensis**(Lour.)Rupr.

10.基生叶和下部茎生叶柄粗厚，但无明显的翅；二年生或一年生。
11.茎生叶近圆形或长圆状卵形；长角果短粗，有粗短喙；喙长4.0~8.0mm（栽培蔬菜）……………… **塌棵菜**（瓢儿菜）**B. narinosa** L. H. Bailey
11.茎生叶倒卵形或椭圆形，基部常扩展；长角果长，具长8.0~12mm的喙 …………………………………………………………… **青菜B. chinensis** L.
7.种子具明显窠孔；长角果皱缩或具突出的果瓣及很短的喙；植物有辛辣味。
12.植物具块茎；基生叶大头羽状浅裂，边缘有不整齐的尖齿 ……………………………………………………………………………… **芥菜疙瘩B. napiformis** Bailey
12.植物无块茎。
13.块根肉质，膨大 …………………… **大头菜B. megarrhiza** Tsen et Lee
13.根不为肉质，也不膨大。
14.基生叶不分裂，倒披针形或长圆状倒披针，边缘具不整齐锯齿或重锯齿 …………………… **雪里蕻B. juncea** var. **multicepis** Tsen et Lee
14.基生叶大头羽状分裂或不分裂。
15.叶不皱缩，基生叶宽卵形至倒卵形，边缘具缺刻或裂齿 ……… ……………………………… **芥菜B. juncea**(L.)Czern. et Coss.
15.叶皱缩，基生叶及茎生叶具大裂片或狭长裂片，边缘具尖齿或深缺刻成皱缩 …………………………………………………………… ………………………… **皱叶芥菜B. juncea** var. **crispifolia** Bailey

2. 芝麻菜属 Eruca Mill.

1.长角果无毛(栽培或逸生) ……………………………… **芝麻菜E. sativa** Mill.
1.长角果具白色反曲绵毛或乳突状腺毛（零星栽培，见于新乡、安阳）…… ………………………………………… **绵果芝麻菜E. sativa** var. **eriocarpa** Boiss.

3. 萝卜属 Raphanus L.

1.基生叶长8.0~30cm，有4~6对羽裂片 ……………………………………… ……………………… **萝卜R. sativus** L. (*R. sativus* var. *sinoruber* Makino)
1.基生叶长达60cm，有8~12对羽裂片……………………………………… ……………………… **长羽裂萝卜R. stivus** var. **longipinnatus** L. H. Baailey

4. 诸葛菜属 Orychophragmus Bge.

1.长角果无毛。

2.叶顶裂片全缘或有牙齿，卵形或三角状卵形（产于各地）……………………………………………………………**诸葛菜O. violaceus**(L.)O. E. Schulz

2.叶顶裂片具不等深波状钝齿，叶轴上无小裂片（产于伏牛山、太行山区）…………………**湖北诸葛菜O. violaceus** var. **hupehensis**(Pamp.)O. E. Schulz

1.长角果密生长柔毛（产于济源、内乡）……………………………………………………………**毛果诸葛菜O. violaceus** var. **lasiocarpus** Migo

5. 独行菜属 Lepidium L.

1.多年生草本；叶宽大，宽3.0~5.0cm；植株无毛或有柔毛；短角果无毛或近无毛（产于黄河沿岸各县）……………………………………………………………**光果宽叶独行菜L. latifolium** L. var. **affine** C. A. Mey.

1.一二年生草本；叶狭窄，宽不及2.0cm；植株有腺毛。

2.茎生叶匙形或楔形，边缘有钝齿或锐齿（产于伏牛山区）……………………………………………………………**楔叶独行菜L. cuneiforme** C. Y. Wu

2.茎生叶倒披针形、线形、长圆状披针形或披针形，全缘或边缘有锯齿。

3.花瓣与花萼等长或较长；茎上部分枝（产于各地）……………………………………………………………**北美独行菜L. virginicum** L.

3.无花瓣，或花瓣退化，比萼片短。

4.植株有柱状腺毛；萼片外面无毛；无花瓣；角果顶端无明显窄翅；茎下部叶二回羽状浅裂（产于太行山、伏牛山、桐柏山区）……………………………………………………………**柱毛独行菜L. ruderale** L.

4.植株有头状腺毛，毛成棒状；萼片外面有柔毛；有花瓣或花瓣退化成丝状；角果顶端有明显窄翅；基生叶一回羽裂（产于各地）……………………………………………………………**独行菜L. apetalum** Willd.

6. 臭荠属 Coronopus J. G. Zinn

臭荠C. didymus(L.)J. E. Smith，产于各地。

植株具强烈臭气味；叶一至二回羽状全裂，裂片长4.0~8.0mm，宽0.5~1.0mm。花白色，直径约1.0mm，短角果肾形。

7. 菘蓝属 Isatis L.

1.短角果近长圆形；植株光滑无毛；叶耳部不明显或为圆形（各地栽培或逸生）…………………………………………… **菘蓝I. indigotica** Fortune

1.短角果宽楔形；植株具白色柔毛；叶耳部锐或钝，半抱茎（各地栽培或逸生）…………………………………………… **欧洲菘蓝I. tinctoria** L.

8. 菥蓂属 Thlaspi L.

菥蓂T. arvense L.，产于各地。

茎高10~45cm，全株无毛。基生叶倒卵状长圆形，全缘，有柄；茎生叶无柄，长圆状披针形或倒披针形，宽5.0~20mm，有疏齿，基部两侧箭形，抱茎。花白色。短角果倒卵形或近圆形，宽9.0~13mm，扁平，顶端凹，边翅宽约3.0mm。

9. 荠属 Capsella Medik.

荠（荠菜）**C. bursa-pastoris**(L.)Medik.，产于各地。

基生叶莲座状，平铺地面，大头羽裂或不分裂，长达10cm；茎生叶狭披针形，长1.0~2.0cm，基部抱茎。花白色；短角果倒三角状心形，宽约4.0mm。

10. 球果芥属 Neslia Desv.

球果芥N. paniculata(L.)Desv.，产于郑州、中牟、兰考。

具2~3叉毛。茎高达85cm，上部分枝。茎生叶长圆状披针形，宽2.0~18mm，基部箭形，抱茎。花黄色。短角果球形，直径2.0~3.0mm，不开裂。

11. 葶苈属 Draba L.

1.花白色或淡黄色；短角果条形，螺旋状扭转，无毛（产于太行山、伏牛山区）…………………………………………… **苞序葶苈D. ladyginii** Pohl

1.花黄色；短角果长圆形或长椭圆形，扁平，不扭转，有毛或无毛。

2.短角果有毛（产于各地）………………………… **葶苈D. nemorosa** L.
2.短角果无毛（产于太行山、伏牛山区）………………………………………………………………… **光果葶苈D. nemorosa** var. **leiocarpa** Lindl.

12. 碎米荠属 Cardamine L.

1.叶全为基生，单叶，近圆形或肾圆形，具裸露的花莛；植株高达15cm（产于太行山、伏牛山区）………………………………………………………………………… **裸茎碎米荠C. scaposa** Franch. (*C. denudata* O. E. Schulz)
1.基生叶与茎生叶多为羽状复叶或为3小叶，偶间有单叶；茎通常分枝。
2.叶无柄，至少茎中上部叶无柄，最下1对小叶基部耳状抱茎；花白色。茎基部生细长匍匐茎。
3.种子边缘显著有膜质翅，茎生叶有2~7对小叶，生于匍匐茎上的叶为单叶且具柄（产于各地）……………………… **水田碎米荠C. lyrata** Bge.
3.种子边缘无膜质翅；茎生叶常有1对侧生小叶，形小，顶生小叶特大（产于伏牛山区）…………… **光头山碎米荠C. engleriana** O. E. Schulz
2.叶具或长或短的叶柄。
4.茎生叶叶柄基部延伸成托叶状抱茎而弯曲的耳，耳长3.0~8.0mm；茎单或自上部分枝；果熟时弹裂。
5.小叶较窄小，散生短柔毛，具显著缘毛，卵形或卵状披针形，浅裂或钝齿状浅裂（产于各山区）………… **弹裂碎米荠C. impatiens.** L.
5.小叶较宽大，长2.0~5.0cm，宽1.0~1.5cm；茎、叶、萼片及长角果均显著有毛；小叶边缘有尖齿状浅裂或半裂（产于大别山、桐柏山至伏牛山区南部）……………………………………………… **毛果碎米荠 C. impatiens** var. **dasycarpa**(M. Bieb.) T. Y. Cheo et R. C. Fang
4.茎生叶叶柄基部从不延伸成耳状。
6.基生叶为单叶，圆心形或肾状心形，茎生叶具3枚小叶，叶及小叶先端钝圆；果梗扭转呈水平开展排列（产于大别山、桐柏山区）……… **异堇叶碎米荠C. violifolia** O. E. Schulz var. **diversifolia** O. E. Schulz
6.叶均为羽状复叶，小叶（2）3对以上。
7.大型羽状复叶，茎生叶的顶生小叶长4.0~11cm，近卵形或披针形。

8.花白色，长角果长1.0~2.0cm（产于各山区）……………………………………………… **白花碎米荠C. leucantha**(Tausch)O. E. Schulz

8.花紫色；长角果长3.0~4.5cm。

9.根状茎细长，匍匐延伸，有匍匐茎；小叶卵形、椭圆形或卵状披针形，顶端钝或短尖，有时仅最上方1对小叶基部略下延成翅状。

10.茎生叶3~5枚；小叶边缘具较整齐锯齿。

11.根状茎被鳞状物；茎生叶集生于茎中上部，小叶较小，长1.5~5.0cm，宽5.0~20mm（产于大别山、桐柏山、伏牛山区）……………………………… **紫花碎米荠C. tangutorum** O. E. Schulz

11.根状茎上无鳞状物；叶在茎上较均匀分布，小叶长3.0~6.0cm、宽10~25mm（产于太行山、伏牛山区）…………………………………………………… **大叶碎米荠C. macrophylla** Willd.

10.茎生叶有8枚以上；小叶边缘具不整齐锯齿，先端渐尖或尾状渐尖（产于伏牛山区）…………………………………… **多叶碎米荠 C. macrophylla** var. **polyphylla**(D. Don)T. Y. Cheo et R. C. Fang

9.根状茎粗壮，略呈块茎状，无匍匐茎；小叶卵状披针形或披针形，顶端渐尖或长渐尖，基部（至少叶轴上方2~3对小叶）下延呈翅状，边缘锯齿通常不整齐（产于商城、尧山）……………………………………………… **华中碎米荠C. urbaniana** O. E. Schulz

7.小型羽状复叶；茎生叶顶生小叶长0.2~3.0cm，形状多样。

12.茎较曲折；基生叶的顶生小叶菱状卵形，3齿裂，其余小叶几全为卵形、长卵形或线形；果序轴曲折，角果与果梗均开展（产于各地区）……………………………………………………… **弯曲碎米荠C. flexuosa** With.

12.茎不曲折；茎生叶上、下部小叶异型，下部的小叶较圆，上部的小叶卵形、长卵形至线形（产于各地）………………………**碎米荠C. hirsuta** L.

13. 南芥属 Arabis L.

1.茎匍匐；基生叶椭圆形或匙形，边缘有疏齿；全株被单毛，2~3叉毛和星状毛（产于大别山区、桐柏）…………………………**匍匐南芥A. flagellosa** Miq.

1.茎直立。

2.萼片被单毛及星状毛；果下垂，长达10cm（产于各山区）…………………………………………………………………………………………**垂果南芥A. pendula** L.

变种：**粉背垂果南芥**var. **hypoglauca** Franch.， 叶下面粉绿色，密被3叉毛、星状毛及单毛，长角果每室有2行种子。

2.萼片无星状毛；果不下垂，长达6. 5cm。

3.果排列疏松，果梗长2.0~4.0mm，外展；花紫色（产于伏牛山、太行山区）……………………………………………………**短梗南芥A. chanetii** Lévl.

3.果排列紧密，果梗长8.0~15mm，直立，果紧贴果序轴；茎生叶常紧贴茎，花白色（产于各山区）…………………**硬毛南芥A. hirsuta**(L.)Scop.

14. 拟南芥属（鼠耳芥属）Arabidopsis(DC.)Heynh.

鼠耳芥（拟南芥）**A. thaliana**(L.)Heynh.，产于大别山、桐柏山、伏牛山区。

植株被单毛和分枝毛。基生叶莲座状，倒卵形或匙形；茎生叶披针形、长圆形或椭圆形，长5.0~15(50)mm，宽1.0~3.0(10)mm。花白色，长3.0~4.0mm。长角果线形，长1.0~1.5cm。

15. 蔊菜属 Rorippa Scop.

1.长角果细圆柱形或线形。

2.花具黄色花瓣；种子每室2行；叶常大头羽裂，具柄（产于各地） ……………………………………………………**蔊菜**（印度蔊菜）**R. indica**(L.)Hiern

2.花无花瓣；种子每室1行（产于各地） ……………………………………………………**无瓣蔊菜R. dubia**(Pers.)Hara[*R. montana*(Wall.)Small]

1.短角果球形、近球形、圆柱形、椭圆形或长圆形。

3.总状花序顶生，花均具叶状苞片；短角果圆柱形；花、果近无梗；叶片羽状深裂或浅裂（产于各地）………………………………………………………………**广州蔊菜**（细子蔊菜）**R. cantoniensis**(Lour.)Ohwi

3.总状花序顶生或腋生，花无苞片；叶羽状深裂至全裂或大头羽裂。

4.短角果球形，直径约2.0mm（产于各地）………………………………………………**风花菜**（球果蔊菜）**R. globosa**(Turcz.)Hayek

4.短角果椭圆形，长3.0~8.0mm，宽1.0~3.0mm；果梗比果实长（产于各地）
……………… **沼生蔊菜R. islandica**(Oed.)Borb. [*R. palustris*(Leyss.)Bess.]

16. 豆瓣菜属 Nasturtium R. Br.

豆瓣菜N. officinale R. Br.，产于各地。

水生，无毛；茎中空，下部匍匐生根。奇数羽状复叶；小叶1~4对，卵形或宽卵形。花白色，长约4.0mm，长角果圆柱状，长1.0~2.0cm。

17. 花旗杆属 Dontostemon Andrz. ex Ledeb.

花旗杆D. dentatus(Bge.)Ledeb.（产于各山区）。

茎高达60cm。叶披针形至狭线形，宽2.0~10mm，边缘生疏齿，两面散生单毛。花淡紫红色，长8.0~10mm；长雄蕊的花丝成对合生。长角果线形，长4.0~5.0cm，宽约1.0mm。

18. 紫罗兰属 Matthiola R. Br.

紫罗兰M. incana(L.)R. Br.，栽培观赏。

全株密被灰白色星状绵毛。茎高达60cm，多分枝。叶长圆形或倒披针形，宽5.0~10mm，全缘；叶柄长5.0~10mm。花紫红色、淡紫色或白色，单瓣或重瓣。长角果圆柱形，长7.0~8.0cm，宽约3.0mm，果梗长10~15mm。

19. 异蕊芥属 Dimorphostemon Kitag.

山西异蕊芥D. shanxiensis R. L. Guo et T. Y. Cheo，产于灵宝小秦岭。

茎直立，高达50cm，被白色单毛和淡褐色腺毛，多数分枝。叶近无柄，长圆形至线形，长达5.0cm，边缘具羽状齿；花瓣白色，稀呈淡紫红色，宽楔形，长3.0~6.0mm，顶端平截；长雄蕊花丝扁平扩大呈片状。果线状圆柱形，长1.5~3.0cm，具瘤突。

20. 离子芥属 Chorispora R. Br. ex DC.

离子芥（离子草、水萝卜棵）**C. tenella**(Pall.)DC.，产于淮河以北各地。

茎高达40cm，具头状腺毛，基部多分枝。基生叶常羽状分裂，狭长圆形，宽约10mm；茎生叶长圆状披针形，宽4.0~7.0mm，边缘疏生波状牙齿。花紫色，径约3.0mm，花瓣长10~12mm。长角果串珠状，长3.0~5.0cm，不开裂。

21. 涩荠属 Malcolmia R. Br.

涩荠（马康草）**M. africana**（L.）R. Br.，产于淮河以北。

茎高20~35cm，被单毛和2~3分叉毛。叶卵状长圆形至披针形，宽10~15mm，全缘或疏生波状牙齿。花紫色或粉红色，长8.0~9.0mm。长角果长4.0~7.0cm，质坚硬，密被毛。

22. 糖芥属 Erysimum L.

1.花瓣橘黄色，长10~14mm；萼片长5.0~7.0mm；角果长4.5~8.5cm（产于太行山、伏牛山区北部）………………………………………………………………………… **糖芥E. bungei**(Kitag.)Kitag. [*E. aurantiacum*(Bge.) Maxim.]

1.花瓣黄色，长4.0~5.0mm；萼片长2.0~3.0mm；角果长2.0~4.0cm（产于各地）……………………………… **小花糖芥**（桂竹糖芥）**E. cheiranthoides** L.

23. 桂竹香属 Cheiranthus L.

桂竹香C. cheiri L.，栽培观赏。

茎高达70cm，分枝多而密。叶披针形，宽1.0~1.5cm，全缘，两面伏生“丁”字毛；叶柄长1.0~2.5cm。花黄色或橘红色，直径2.0~2.5cm，芳香。长角果呈扁四棱形，长4.0~7.5cm。

24. 大蒜芥属 Sisymbrium L.

1.茎上部叶有柄，叶片不分裂，边缘具锯齿；角果长8.0~10cm（产于太行山、伏牛山区）…………………… **全叶大蒜芥S. luteum**(Maxim.)O. E. Schulz

1.茎上部叶无柄，羽状浅裂，裂片披针形或宽条形；角果长4.0~8.0cm（产于太行山、伏牛山区）………………… **垂果大蒜芥S. heteromallum** C. A. Mey.

25. 山萮菜属 Eutrema R. Br.

1.植株高达80cm；角果长圆筒状；基生叶大，叶片长7.0~16cm（产于大别山、桐柏山至伏牛山区南部）……………… **山嵛菜E. yunnanense** Franch.

1.植株细弱，高20~30cm；角果非圆筒状；基生叶小，长1.0~2.0cm（产于商城、桐柏）…………… **细弱山嵛菜E. yunnanense** var. **tenerum** O. E. Schulz

26. 锥果芥属 Berteroella O. E. Schulz

锥果芥（星毛芥）**B. maximowiczii**(Palib.)O. E. Schulz ex Coss.，产于新县、鲁山、栾川、桐柏等地。

茎高达60cm，上部多分枝。全株密被灰白色星状毛。茎生叶倒卵状椭圆形至长椭圆形，宽10~15mm，先端圆，全缘。花红色或紫色，长3.0~4.0mm。长角果长8.0~10 mm，密被毛。

27. 念珠芥属 Torularia(Coss.)O. E. Schulz

1.叶窄匙形；花梗长1.0~2.0mm；花瓣长椭圆形，长约3.0mm；长角果长8.0~20（30）mm（产于太行山、伏牛山区北部）…………………………………………………………………… **蚓果芥T. humilis**(C. A. Mey.)O. E. Schulz

变型：**大花蚓果芥**f. **grandiflora** O. E. Schulz 花较大，花瓣长4.0~8.0mm，花梗长3.0~5.0mm（产于云台山）

1.叶窄条形；角果长5.0~16mm（产于灵宝、卢氏等县）…………… **窄叶蚓果芥T. humilis** f. **angustifolia** Z. X. An[*T. humilis* var. *pisezkii*(Maxim.) O. E. Schulz]

28. 盐芥属 Thellungiella O. E. Schulz

1.茎于中上部分枝，分枝向上；基生叶全缘，早枯；长角果长1.0~2.0cm（产于开封、新乡）……………………… **盐芥T. salsuginea**(Pall.)O. E. Schulz

1.茎于基部多分枝，分枝铺散或外倾；基生叶常有齿或羽裂，不早枯；长角果长0.6~1.0cm（产于开封，封丘）…………………………………………………………………………… **小盐芥T. halophila**(C. A. Mey.)O. E. Schulz

29. 亚麻荠属 Camelina Crantz.

小果亚麻荠C. microcarpa Andrz.，产于郑州、中牟、民权、兰考等地。

茎高达75cm，不分枝或少分枝，被星状短毛和硬毛。叶倒卵状长圆形，长1.5~5.0cm、宽2~5mm，全缘，基部箭形。花黄色，直径约2.0mm，花瓣长2.5~3.0mm。短角果梨形，长4.0~6.0mm、径2.5~3.0mm。

30. 播娘蒿属 Descurainia Webb et Berth.

播娘蒿D. sophia(L.)Webb et Prantl，各地广布。

全株有单毛和叉状毛。茎高达70cm。叶二至三回羽状全裂，末回裂片线细。花黄色，长约2.0mm。长角果细线形，长2.0~3.0cm、宽约1.0mm。

四二、景天科 Crassulaceae

1.花为4基数；花瓣合生成管状，花丝着生在花冠管基部；花常下垂，叶对生 ……………………………………………… **1.落地生根属Bryophyllum**

1.花常为5~6（12）基数，少有3~4基数；花瓣分离或多少合生；叶互生、对生、轮生或莲座状。

2.雄蕊与花瓣同数。

3.叶对生，通常基部连合 …………………………… **2.青锁龙属Crassula**

3.叶互生或幼株常有莲座状叶 ……………………… **3.石莲属Sinocrassula**

2.雄蕊通常为花瓣的2.0倍。

4.基生叶形成明显的莲座状叶丛。

5.叶近圆柱状；花瓣长于萼片；野生 …………… **4.瓦松属Orostachys**

5.叶楔形、宽厚；花瓣不长于或略长于萼片（栽培）………………………………………………………… **5.拟石莲花属Echeveria**

4.基生叶不形成明显的莲座状叶丛。

6.心皮有柄，基部渐狭，全部分离，直立；花两性 ………………………………………………………… **6.八宝属Hylotelephium**

6.心皮无柄，基部不渐狭，通常基部合生（景天属中少数为离心皮的）。

7.根生叶鳞片状（即根颈上的叶鳞片状）；花单性或两性，心皮直立………………………………………………………………………………………… **8.红景天属Rhodiola**

7.无鳞片状根生叶；花两性，稀退化为单性花，心皮先端反曲…… **7.景天属Sedum**

1. 落地生根属 Bryophyllum L.

1.羽状复叶，或上部叶3枚小叶及单叶（栽培观赏）……………………………………………………………………………… **复叶落地生根B. pinnatum**(L. f.)Oken

1.单叶。

2.叶三角形，长15~24cm，先端锐尖；花淡紫色（盆栽观赏）……………………………………………………………… **大叶落地生根B. daigremontianum** A. Berg

2.叶较小，卵圆形，长2.5~7.5cm，先端钝圆；花淡红色（盆栽观赏）……………………………………………………………………… **落地生根B. cruentum** Baker

2. 青锁龙属 Crassula L.

青锁龙C. lycopodioides Lam.，郑州、开封等城市公园有栽培，供观赏。

茎细、脆弱，多分枝，高约15cm。叶鳞片状，呈4列密集贴生于茎。花生于上部叶腋，绿色。

3. 石莲属 Sinocrassula Berger

1.花瓣红色，长4~5mm；叶先端渐尖（产于伏牛山区南部）……………………………………………………………………………… **石莲S. indica**(Decne.) Berger

1.花瓣黄绿色，长约2. 5mm（产于栾川）………………………………………………………………… **绿花石莲S. indica** var. **viridiflora** K. T. Fu

4. 瓦松属 Orostachys(DC.) Fisch.

1.全部叶不具尖头，叶椭圆形、卵形至长圆形或长圆状披针形，先端钝头或短渐尖；花黄色或绿白色；苞片宽，卵形；花药黄色（产于太行山、伏牛山区北部）………………………… **钝叶瓦松O. malacophyllus**(Pall.)Fisch.

1.茎生叶有尖头，莲座叶先端有软骨质的白色附属物且有尖头，或叶先端刺尖不为软骨质；苞片长圆形至线形。

2.莲座叶先端有刺尖，但刺尖非软骨质；花瓣白色，先端有红色圆斑点（产于大别山、桐柏山区）…… **晚红瓦松O. erubescens**(Maxim.) Ohwi

2.莲座叶先端软骨质附属物除中央有刺尖外，两侧有流苏状牙齿或两侧各有1~2枚齿；花药紫色。

3.莲座叶的软骨质附属物有流苏状牙齿；植株圆柱形至狭金字塔形；花瓣红色（产于各地）………………… **瓦松O. fimbriatus**(Turcz.) Berger

3.莲座叶先端有刺尖，两侧各有1~2枚齿；植株狭金字塔形；花瓣白色，先端有红色小斑点（产于太行山区）…………………………………………………………………………………………**塔花瓦松O. chanetii**(Lévl.) Berger

5. 拟石莲花属 Echeveria DC.

1.幼枝、叶及花萼均被天鹅绒状柔毛（栽培观赏）… **毛拟莲花E. pulvinata** Rose

1.幼枝、叶及花萼不具柔毛。

2.花鲜红色；叶倒卵状匙形（盆栽观赏）… **鲜红石莲花E. peacockii** Croucher

2. 花黄色带红，叶楔状倒卵形（盆栽观赏）…… **拟石莲花E. secunda** Boott

6. 八宝属 Hylotelephium H. Ohba

1.茎倾斜，长不及20cm。

2.叶互生，卵状长圆形，边缘有疏大牙齿（产于太行山区）………………………………………………… **华北八宝H. tatarinowii**(Maxim.) H. Ohba

2.叶3片轮生，圆扇形（庭院栽培观赏）……………………………………………………………… **圆扇八宝H. sieboldii**(Sweet ex HK.) H. Ohba

1.茎挺直，高30cm以上。

3.花序为间断的伞房状穗状花序（产于太行山、伏牛山区）………………………………………………… **狭穗八宝H. angustum**(Maxim.) H. Ohba

3.伞房状花序。

4.叶常3~5叶轮生，有时茎下部2叶对生，叶腋常有白色肉质珠芽；叶比节间长，长圆状披针形至卵状披针形，长4.0~8.0cm，宽1.0~3.0cm（产

于各山区）………………………………… **轮叶八宝H. verticillatum**(L.) H. Ohba

4.叶对生或互生，叶腋无珠芽。

5.叶常对生，少有3枚叶轮生，宽卵形至宽长圆状卵形；花药紫色。

6.雄蕊不超出花冠之上，花白色或粉红色（产于各山区）………………

………………………………………… **八宝H. erythrostictum**(Miq.) H. Ohba

6.雄蕊超出花冠之上；叶基部楔形；花紫红色（产于太行山区）………

………………………………………… **长药八宝H. spectabile**(A. Bor.)H. Ohba

5.叶常互生；花药黄色。

7.茎多少呈"之"字形曲折；叶椭圆状倒卵形至椭圆状宽倒披针形，先端急尖；花紫色（产于大别山区）…………………………………………

……………………………… **紫花八宝H. mingjinianum**(S. H. Fu) H. Ohba

7.茎直伸；叶圆状卵形或椭圆状披针形，先端钝；花白色（产于太行山区）………………………………… **白八宝H. pallescens**(Freyn) H. Ohba

7. 景天属 Sedum L.

1.花有梗，心皮直立，基部宽广，多少合生；蓇葖果腹面不作浅囊状。

2.叶基部无距，花白色或紫色。

3.植株无毛。

4.心皮密被小乳头状突起，基部甚宽；茎外倾，分枝多；叶片狭窄，宽2.0~4.0mm（产于伏牛山区） …… **细叶景天S. elatinoides** Franch.

4.心皮无毛；叶宽1.0cm以上。

5.花紫色；花茎分枝，高20cm或更高（产于伏牛山、大别山区）…

……………………………………………… **小山飘风S. filipes** Hemsl.

5.花白色；茎不分枝，高10cm左右（产于伏牛山区）………………

………………………………………… **山飘风S. major**(Hemsl.) Migo

3.植株被腺状毛。

6.一年生，茎柔弱；叶长2.0~4.0cm、宽1.5~2.5cm（产于大别山、桐柏山区）……………………………… **大叶火焰草S. drymarioides** Hance

6.二年生；茎略呈木质，褐色；叶较小，长1.0~1.5cm、宽5.0~10mm（产于各山区）……… **火焰草**（繁缕景天）**S. stellariifolium** Franch.

2.叶基部有距；花白色或黄色；多为高山小草本。叶互生，狭细，宽不超过2.0mm。

7.萼片无距；花瓣几离生；花茎下部叶卵状披针形，宿存，苍白色；种子有翅（产于伏牛山、卢氏、栾川）……… **离瓣景天S. barbeyi** Hamet

7.萼片有距；花瓣合生部分约长1.2mm；花茎下部叶线形，早枯；种子无翅（产于伏牛山、卢氏等）………… **秦岭景天S. pampaninii** Hamet

1.花无梗或几无梗；心皮基部多少合生，成熟时至少上半部叉开至呈星芒状排列；蓇葖果腹面浅囊状。

8.植株直立；叶常无距或有短距；萼片无距。

9.花序无叶状苞片；花大，花萼、花瓣及心皮长2.0~5.0mm或更长。

10.块根胡萝卜状，根状茎粗短，花序聚伞状，平顶，花密生，叶狭披针形、椭圆状披针形至倒卵状披针形，花全无梗（产于各地）…………………………………………………………… **费菜S. aizoon** L.

变种：**乳毛费菜var. scabrum** Maxim.，植株被微乳头状突起（产于伏牛山区）

10.无胡萝卜状块根，根状茎匍匐，较长，花序聚伞状或伞形聚伞状，顶端不平顶或稍呈平顶，花较稀疏，至少下部花有柄；叶匙形、倒卵形或倒披针形（产于太行山至伏牛山北部）……………………………………………………… **堪察加景天S. kamtschaticum** Fisch.

9.花序具叶状苞片；花小，萼片长不及1.0mm；叶有长柄，叶片长3.0~6.0cm；苞片近圆形（产于伏牛山区）……………………………………………………………… **大苞景天S. amplibracteatum** K. T. Fu

8.植株多少平卧，上升或外倾；叶常有距；萼有距，稀无距，常不等长。

11.植株带木质，细弱，丛生；萼片长为花瓣的1/4~1/3；叶互生；萼无距（产于各山区）…………………… **藓状景天S. polytrichoides** Hemsl.

11.植株草质，常非丛生；萼片长为花瓣的1/2或更长，常不等长。

12.叶常轮生；萼基部无距（佛甲草有时具短距）。

13.花萼与花冠同长或较长；叶长不及11mm，稀达14mm，宽2.0~2.5mm，先端渐尖；4（3）叶轮生（产于鸡公山、栾川）…………………………………………… **四叶景天S. quaternatum** Praeg.

13.花萼明显短于花冠；叶长常在14mm以上。

14.叶线形，长20~25mm，宽约2.0mm；3叶轮生；少有4叶轮生或对生（产于大别山、桐柏山、伏牛山区）……… **佛甲草S. lineare** Thunb.

14.叶倒披针形至椭圆状长圆形，长15~28mm，宽3.0~7.0mm（产于各山区）……………………………………… **垂盆草S. sarmentosum** Bge.

12.叶互生或对生；萼基部有距。

15.植株上部的叶腋有珠芽；茎基部叶常对生，卵状匙形，上部叶互生，匙状倒披针形，长1.0~1.5cm、宽2.0~4.0mm，先端钝（产于河南南部）……………………………………………… **珠芽景天S. bulbiferum** Makino

15.叶腋无珠芽；叶对生，匙状倒卵形至宽卵形，长1.0~2.0cm、宽5.0~10mm，先端圆，有微缺（产于河南南部山区）…………………………………………………………… **凹叶景天S. emarginatum** Mig.

8. 红景天属 Rhodiola L.

1.叶互生，线形至宽线形，长7.0~10mm、宽1.0~2.0mm，全缘（产于太行山、伏牛山区）………………… **小丛红景天R. dumulosa**(Franch.)S. H. Fu

1.3叶轮生，叶卵状菱形至椭圆状菱形，长1.0~3.0cm、宽0.8~2.0cm，边缘有疏锯齿3~6个（产于伏牛山南部）………………………………………………………… **菱叶红景天**（豌豆七）**R. henryi**(Diels)S. H. Fu

四三、虎耳草科 Saxifragaceae

1.草本。

2.叶为单叶。

3.花少数或多数集为花序，无退化雄蕊。

4.叶披针形至条形，长4.0~11cm、宽6.0~12mm；心皮5个，蒴果沿分离部分基部横裂 ……………………………… **1.扯根菜属Penthorum**

4.叶绝不为上述；心皮2个；蒴果不为上述分裂方式。

5.花有花瓣，雄蕊10枚。

6.蒴果上部裂开为长短不等的2枚果瓣 ……… **6.黄水枝属Tiarella**

6.蒴果具2等长的喙，裂开为近等长的果瓣 ……………………………………………………………… **5.虎耳草属Saxifraga**

5.花无花瓣。

7.叶基生兼茎生；花序具发达的苞叶；雄蕊8（10）或4枚 ……………………………………………………… **7.金腰属Chrysosplenium**

7.叶全基生；花序无苞片；雄蕊10~14枚 ……………………………………………………………… **4.独根草属Oresitrophe**

3.花单生茎顶；雄蕊5枚；退化雄蕊5枚，片状，上部常分裂 ……………………………………………………… **8.梅花草属Parnassia**

2.叶为复叶。

8.掌状复叶 ……………………………………………… **2.鬼灯擎属Rodgersia**

8.二至四回三出复叶 ………………………………………… **3.落新妇属Astilbe**

1.木本或亚灌木。

9.果实为蒴果。

10.花序周边花通常不育，其萼片常增大呈花瓣状。

11.叶互生 ………………………………………… **9.草绣球属Cardiandra**

11.叶对生。

12.不育花仅具1枚增大具柄的萼片，呈叶状，乳白色 ……………………………………………… **10.钻地风属Schizophragma**

12.不育花具3~5枚增大而呈花瓣状的萼片 **11.绣球属Hydrangea**

10.花全部能育，萼片从不增大呈花瓣状。

13.萼裂片和花瓣均7~10片；常绿攀缘灌木 … **12.赤壁草属Decumaria**

13.萼片（或萼齿）和花瓣均为4~5片；落叶灌木，从不攀缘。

14.叶通常被星状毛；花5数；蒴果3~5瓣裂 …… **13.溲疏属Deutzia**

14.叶无星状毛；花4数；蒴果4瓣裂 …… **14.山梅花属Philadelphus**

9.果实为浆果。

15.叶对生；花瓣5~6片；雄蕊为花瓣的2倍数 …… **15.黄常山属Dichroa**

15.叶互生；花瓣4~5片；雄蕊与花瓣同数 …………… **16.茶藨子属Ribes**

1. 扯根菜属 Penthorum Gronov. ex L.

扯根菜P. chinense Pursh，产于各山区。

全株无毛，茎高达80cm；根和茎均带紫红色。叶披针形，宽6.0~12mm，边缘细锯齿。顶生花序2~4分枝，花萼长约2.0mm，5深裂，无花瓣或有线形花瓣，心皮5个，下部合生。蒴果红紫色。

2. 鬼灯擎属 Rodgersia Gray

七叶鬼灯擎R. aesculifolia Batal.，产于伏牛山区。

根状茎粗壮，直径达5.0cm。茎不分枝。掌状复叶，小叶3~7枚，倒卵形至倒披针形，宽3.0~9.0（15）cm；边缘具不整齐重锯齿。圆锥花序顶生，密被褐色柔毛。无花瓣，子房半下位。

3. 落新妇属 Astilbe Buch.-Ham. ex D. Don

1.花具正常花瓣5片，花序之花较密。

2.花序轴密被褐色卷曲长柔毛；圆锥花序宽通常不超过12cm，第一回分枝与花序轴成15°~30° 角斜升（产于各山区）…………………………………………………………………**落新妇A. chinensis**(Maxim.) Franch. et Sav.

2.花序轴被腺毛；圆锥花序宽可达17cm，第一回分枝与花序轴常成30°~50° 斜升（产于商城、新县） …………**大落新妇A. grandis** Stapf ex Wils.

1.无花瓣或具1~5片退化花瓣；花序之花较疏。

3.无花瓣；侧生小叶卵形，小叶基部楔形至宽楔形（产于伏牛山区）……………………………………**溪畔落新妇A. rivularis** Buch.-Ham. ex D. Don

3.无花瓣或有时具1（2~5）片退化花瓣；小叶通常卵形、阔卵形至阔椭圆形，小叶基部圆形至心形（产于伏牛山区）………………………………………………………… **多花落新妇A. rivularis** var. **myriantha**(Diels) J. T. Pan

4. 独根草属 Oresitrophe Bge.

独根草O. rupifraga Bge.，产于太行山、伏牛山区。

根状茎粗壮，有鳞片。叶1~3枚，基生，卵形或心形，宽3.5~12(20)cm。花莛高达28cm，圆锥花序密生短腺毛；花萼花瓣状，粉红色，长

4.0~6.5mm；雄蕊10(14)枚；子房上位。蒴果长约5.0mm。

5. 虎耳草属 Saxifraga L.

1.花白色或淡红色；基生叶肾形，近心形或扁圆形，宽多在1.0cm以上，掌状分裂或边缘有锯齿。
2.花两侧对称；基生叶长2.0~16cm、宽2.0~20cm，茎生叶无或甚小呈苞片状。
3.具鞭匐枝；花瓣具羽状脉序；花盘半环状；叶两面均被腺毛（产于大别山、桐柏山及伏牛山区）………………… **虎耳草S. stolonifera** Curt.
3.无鞭匐枝；花瓣具弧曲脉序；无明显花盘；叶上面无毛，下面被长腺毛（产于西峡、淅川）………………… **齿瓣虎耳草S. fortunei** Hook. f.
2.花辐射对称；基生叶长0. 7~1. 8cm、宽1~2. 7cm，茎生叶与基生叶同形，向上渐小。
4.具鳞茎；叶腋和苞腋不具珠芽（产于太行山、伏牛山区）…… **球茎虎耳草 S. sibirica** L. [*S. sibirica* var. *pekinensis*(Maxim.)Engl. et Irm.; *S. sibirica* var. *bockiana* Engl.]
4.茎基具芽，叶腋和苞腋有珠芽（产于太行山、伏牛山区）……………… **零余虎耳草**（点头虎耳草）**S. cernua** L. (*S. cernua* f. *ramosa* Gmel.)
1.花鲜黄色；具莲座叶丛，莲座叶形状种种，但长度甚大于宽，宽1.0~2.0mm（爪瓣虎耳草莲座叶宽1.5~6.8mm）。
5.鞭匐枝自莲座叶腋部生出（产于伏牛山区）……………………………………………………………… **太白虎耳草**（纤细虎耳草）**S. josephii** Engl.
5.无鞭匐枝。
6.萼片无毛；茎密被腺毛；茎下部叶两面及边缘均有腺毛；莲座叶椭圆形至匙状长圆形，长3.0~5.0mm、宽1.0~1.6mm（产于伏牛山区）…………………………………… **聚叶虎耳草S. confertifolia** Engl. et Irm.
6.萼片被褐色腺毛；茎中下部无毛，上部被褐色柔毛；茎生叶两面无毛，边缘具腺睫毛；莲座叶匙形至近狭倒卵形，长5.0~19mm、宽1.5~6.8mm（产于太行山、伏牛山区北部）………………………………… **五台虎耳草S. unguiculata** Engl. var. **limprichtii**(Engl. et Irm.)J. T. Pan

6. 黄水枝属 Tiarella L.

黄水枝T. polyphylla D. Don，产于伏牛山、桐柏山、大别山区。

茎被白色粗毛。茎生叶2~3枚，近心形，宽2.0~11cm，常5浅裂，五出脉，边缘具不整齐锯齿。总状花序顶生，花瓣5片 ，白色，花梗及花萼有腺毛，雄蕊10枚。蒴果2裂瓣不等长。

7. 金腰属 Chrysosplenium Tourn. ex L.

1.叶互生，或仅具茎生叶1枚，或无茎生叶。

2.种子光滑无毛；叶片肾形，基部心形；具鞭匐枝。

3.无鳞茎；鞭匐枝通常在地下，具鳞片状叶；基生叶上面疏生柔毛，茎生叶通常1枚，多少具柔毛（产于太行山区）……………………………………………………………………………… **五台金腰**（互叶金腰）

C. serreanum Hand.-Mazz. (*C. alternifolium* L. var. *sibricum* Ser. ex DC.)

3.地下具1鳞茎；鞭匐枝在地上，无毛；叶片无毛；聚伞花序具6~15朵花（产于伏牛山、卢氏、嵩县）………………………………………………………………… **纤细金腰C. giraldianum** Engl. (*C. funiushanensis* S. Y. Wang)

2.种子具乳头状突起；叶片非肾形、基部楔形或近圆形；具不育枝，但无鞭匐枝。

4.基生叶倒卵形，长2.3~19cm、宽1.3~11.5cm，基部楔形，全缘或具微波状小圆齿（产于伏牛山、桐柏山、大别山区）………………………………………………………………… **大叶金腰C. macrophyllum** Oliv.

4.基生叶阔卵形、阔椭圆形或卵形、近椭圆形，长、宽均不超过4.5cm，基部阔楔形或近截形，边缘具圆齿。

5.花黄色，雄蕊与萼片近等长，子房半下位；茎被褐色卷曲柔毛（产于西峡、淅川）………… **锈毛金腰C. davidianum** Decne. ex Maxim.

5.花绿色，雄蕊短于萼片，子房近下位；茎被褐色柔毛或近无毛（产于淅川、西峡）……… **绵毛金腰C. lanuginosum** Hook. f. et Thoms.

1.叶对生。

6.蒴果的2果瓣明显不等大（其夹角90° 左右）；无花盘。

7.种子具微乳头状突起；花茎、花序及花梗、茎生叶及苞叶均无毛（产于各山区）…………… **中华金腰C. sinicum** Maxim. (*C. pseudofauriei* Lévl.)

7.种子具纵浅沟和纵肋，肋上具微突起；花茎、茎生叶和苞片背面及边缘具褐色柔毛（产于太行山、伏牛山区）………………………………………………………… **柔毛金腰C. pilosum** Maxim. var. **valdepilosum** Ohwi

6.蒴果2果瓣近等大，近水平叉开；花盘明显8裂；茎生叶两面疏生褐色乳头状突起（产于伏牛山、灵宝）……………… **秦岭金腰C. biondianum** Engl.

8. 梅花草属 Parnassia L.

1.药隔向上延伸呈钻形；花瓣边缘中部以下具流苏；退化雄蕊3裂（产于伏牛山区）…………………………………………… **突隔梅花草P. delavayi** Franch.

1.药隔不向上延伸；花瓣边缘无流苏、全缘或皱波状。

2.退化雄蕊3裂；叶片卵形，基部近圆形、截形至近心形；花瓣全缘或皱波状（产于太行山、伏牛山区）…………… **细叉梅花草P. orcophila** Hance

2.退化雄蕊11~23丝裂；叶片卵圆形或心脏形，基部心形；花瓣全缘，平展（记载产于太行山、伏牛山区， 未见标本）…… **梅花草P. palustris** L.

9. 草绣球属 Cardiandra Sieb. et Zucc.

草绣球C. moellendorffii (Hance) Migo，产于新县、商城。

株高30~60cm；茎不分枝，干后有纵槽棱。叶椭圆形或倒卵状椭圆形，宽3.0~7.0cm，基部渐狭成柄，两面疏生糙伏毛，边缘具粗锯齿。圆锥花序顶生，边缘有不育花；不育花的萼片2（3）枚，白色，长5.0~11mm。蒴果卵球形，顶孔开裂。

10. 钻地风属 Schizophragma Sieb. et Zucc.

1.叶缘有明显的牙齿，牙齿正三角形或扁三角形，长1.0~1.8mm，叶片下面沿脉疏被短毛，其余部分疏被毛或无毛（产于大别山区）……………… **秦榛钻地风S. corylifolium** Chun(*S. integrifolium* Oliv. f. *cordatum* S. Y. Wang)

1.叶缘无齿或具小尖头状的小齿，齿长仅0.5mm，叶下面仅在脉上或侧脉腋部有毛（产于大别山区）……………………………………………………

… **钻地风S. integrifolium** Oliv.[*S. integrifolium* f. *denticulatum* (Rehd.)Chun]

11. 绣球属 Hydrangea L.

1.子房半下位；蒴果先端突出萼筒之上。

2.蒴果顶端突出部分不为圆锥状；花瓣基部常具爪；种子具网状脉纹，常无翅；雄蕊近等长，较长的在蕾中不内折；花序具不育花。

3.蒴果先端1/2~2/3突出萼筒；花序无总梗，具少数不育边花；二年生小枝或老枝红褐色或褐色，树皮薄片状剥落，叶长圆形或狭椭圆形，先端尾状渐尖或具短渐尖 ………………… **中国绣球H. chinensis** Maxim.

3.蒴果先端约1/3突出萼筒；伞房状聚伞花序近球形，有总梗，多数为不育花；叶倒卵形或阔椭圆形，先端骤尖，具缺尖头（栽培）…………

……………………………………………… **绣球H. macrophylla**(Thunb.) Ser.

变型：**绣球花f.otaska** Bailey，植株低矮；叶倒卵形；花序球形、头状，花全不育，淡红色或蓝色。

2.蒴果先端突出部分呈圆锥形；花瓣基部平截；种子具纵脉纹，两端具长翅；雄蕊不等长，较长的在花蕾中反折。

4.圆锥形聚伞花序；叶2枚对生或3枚轮生 ……………………………………

……………………………………………………… **圆锥绣球H. paniculata** Sieb.

4.伞房状聚伞花序；叶全对生。

5.二年生枝或一年生枝均无皮孔；叶下面密被灰白色卷曲稍短细柔毛和近直的且较粗长柔毛，或后渐变无毛（产于太行山、伏牛山区）

……………………………………… **东陵绣球H. bretschneideri** Dipp.

5.二年生枝具皮孔，有时一年生枝也有；叶下面仅脉上或脉腋有毛；叶脉常淡黄色（产于伏牛山区）……………………………………………

……………………………… **挂苦绣球**（黄脉绣球）**H. xanthoneura** Diels

1.子房完全下位；蒴果先端平截，不突出萼筒。

6. 直立灌木，叶柄长4.0~20cm；花瓣相互分离，基部平截；种子两端具翅。

7.伞房状聚伞花序分枝密集，彼此间隔通常5.0~20mm；叶阔卵形或倒卵形，下面疏生近伏贴的短柔毛（产于伏牛山区）……………………
……………………………… **莼兰绣球**（长梗八仙花）***H. longipes*** Franch.

变种：**锈毛绣球** var. ***fulvescens***(Rehd.)W. T. Wang，叶下面毛被较密，近交织，脉上密被伸展的褐色或淡褐色粗长毛。

7.伞房状聚伞花序分枝疏散，彼此间隔较长；叶阔卵形至长卵形，或椭圆至阔椭圆形，下面密被灰白色短柔毛，或淡褐色疏短粗毛；种子两端的翅长不超过0.3mm（产于灵宝、卢氏、栾川）……………………………
…………………………………………………… **乐思绣球*H. rosthornii*** Diels

6. 攀缘藤本；叶柄长1.0~3.0（5.0）cm；花瓣连合为冠盖状；种子周边具翅；叶下面常无毛或有时沿中、侧脉上有少许短柔毛（产于大别山、桐柏山、伏牛山区南部）……………………………… **冠盖绣球*H. anomala*** D. Don

12. 赤壁草属 Decumaria L.

赤壁草*D. sinensis* Oliv.，产于大别山、桐柏山、伏牛山区南部。

常绿攀缘灌木，生气生根。叶对生，长圆形或倒卵状椭圆形，长4.0~7.5cm，无毛。花序顶生；花白色，花萼裂片7~10枚，花瓣7~10片。

13. 溲疏属 Deutzia Thunb.

1.花瓣阔卵形、倒卵形或圆形，蕾时覆瓦状排列；子房下位。

2.植株各部常无毛，但芽鳞和叶上面有时疏被3~4(5)条辐射星状毛。

3.叶卵形或卵状披针形，上面无毛或疏被3~4(5)条辐射星状毛，下面无毛；花枝上叶近无柄或柄长1.0~2.0mm（产于太行山、伏牛山区）…
…………………………………………………… **光萼溲疏*D. glabrata*** Kom.

3.叶阔卵状披针形，两面均无毛；花枝上叶无柄或柄极短………………
……………………**无柄溲疏*D. glabrata*** var. ***sessilifolia***(Pamp.) Zaikonn.

2.植株各部多少被毛，叶下面具6~12条辐线星状毛；花丝全为钻形或有时外轮截形，内轮具齿；花白色，直径8.0~15mm（产于太行山、伏牛山区）…………………………………………… **小花溲疏*D. parviflora*** Bge.

变种：**碎花溲疏**var. ***micrantha***(Engl.)Rehd.，花丝全为钻形；花径5.0~7.0mm。

1.花瓣长圆形或椭圆形，稀卵状长圆形或倒卵形，蕾时内向镊合状；子房下位或半下位。

4.花枝长3.0cm以上，花序有花5朵以上；花丝齿长不达花药。

5.圆锥花序、总状花序或聚伞状圆锥花序；花萼裂片较萼筒短一半；叶两面被毛的形状和疏密不同，星状毛辐线6~18条，下面较上面密且辐线数多1.0倍以上，稀下面无毛或疏被毛。

6.花枝无毛；叶下面无毛，如有毛也很稀疏（产于大别山区）………………………………………………………………… **黄山溲疏D. glauca** Cheng

6.花枝被毛；叶两面均被毛，下面更密。

7.叶下面灰白色，星状毛极密，连续覆盖；花枝上的叶柄长1.0~2.0mm；果直径4.0~5.0mm（产于大别山区）………………………………………………………… **宁波溲疏D. ningpoenesis** Rehd.

7.叶下面绿色，疏被星状毛，毛被不连续覆盖。

8.花梗和花萼的毛被黄褐色；萼筒直径约2.0mm，萼裂片卵形（产于太行山、伏牛山区）………………………………………… **齿叶溲疏D. crenata** Sieb. et Zucc. (D. scabra non Thunb.)

变种：**白花重瓣溲疏**var. **candidissima-plena** Froebel，花纯白色，重瓣（常见栽培）。

8.花梗及花萼之毛被灰绿色；萼筒直径约4.0mm，萼裂片三角形（产于大别山区）…………… **长江溲疏D. schneideriana** Rehd.

5.聚伞花序；花萼裂片长圆状披针形，较萼筒长或等长；叶椭圆状披针形或长圆状披针形，长5.0~10cm、 宽2.0~3.0cm（产于伏牛山区）……………………… **异色溲疏 D. discolor** Hemsl.(*D. vilmorinae* Lam. et Bois)

4.花枝长2.0cm以下，花序有1~3(5)朵花；花丝齿长超过花药，齿平展或下弯成钩状。

9.叶下面密被7~11条辐线星状毛，毛紧贴而细，连续覆盖………………………………………………………………… **大花溲疏D. grandiflora** Bge.

9.叶下面疏被5~6条辐线星状毛，毛斜伏，较粗，不连续覆盖（产于伏牛山区）…………………… **钩齿溲疏 D. hamata** Koehne ex Gilg. et Loes.
［*D. grandiflora* Bge. var. *baroniana*(Diels) Rehd.;*D. prunifolia* Rehd.］

14. 山梅花属 Philadelphus L.

1.花梗及萼外无毛或有疏柔毛。

2.花序轴及花萼干后黄绿色或黄褐色；萼片干后脉纹明显。

3.花柱先端稍分裂；萼外无毛；叶两面无毛或仅下面脉腋有毛（产于太行山、伏牛山、桐柏山区）………………… **太平花P. pekinensis** Rupr.

3.花柱裂至中部；花萼外面无毛或稍被糙伏毛；叶上面被糙伏毛，下面无毛或沿脉及脉腋疏被白色长柔毛（产于伏牛山区）…………………………………………………………………… **疏花山梅花P. laxiflorus** Rehd.

2.花序轴及花萼干后紫红色或暗褐色；萼片干后脉纹不明显。萼外面疏被微柔毛或有时变无毛；叶两面无毛或下面脉上疏生柔毛（产于内乡）………………………………… **紫萼山梅花P. purpurascens**(Koehne)Rehd.

1.花梗及花萼外面密被毛。

4.叶下面稍密被短柔毛；花萼外面密被紧贴糙伏毛。

5.总状花序疏松排列，有7~11朵花，花序轴长4.0~7.0cm，花梗长5.0~10mm。

6.花盘、花柱均无毛；叶下面密被毛（产于各山区）……………………………………………………………………… **山梅花P. incanus** Koehne

6.花盘及花柱被稀疏白柔毛；叶下面疏被毛（产于嵩县）……………………………… **米柴山梅花P. incanus** var. **mitsai**(S. Y. Hu) S. M. Hwang

5.总状花序排列密集，5~7朵花；花序轴长2.0~3.0cm，花梗长1.0~2.0mm（产于鸡公山）……………… **短轴山梅花P. incanus** var. **baileyi** Rehd.

4.叶下面无毛或仅沿脉有疏毛。

7.花萼外疏被糙伏毛，叶上面有糙伏毛（产于大别山、桐柏山、伏牛山区南部）……………………………… **绢毛山梅花P. sericanthus** Koehne

7.花萼外被稍外展的曲柔毛（产于太行山、伏牛山区）…………………………………………………… **毛萼山梅花P. dasycalyx**(Rehd.)S. Y. Hu

15. 黄常山属 Dichroa Lour.

常山（黄常山）**D. febrifuga** Lour.，记载河南南部有分布，未见标本。灌木，高达2.0m。小枝常有4条钝棱。叶椭圆形或倒卵状长圆形，宽

4.0~8.0cm，两端渐狭。伞房状圆锥花序，花序轴及花梗被毛；花蓝色，花瓣长5.0~6.0mm，子房几下位。浆果，径约5.0mm。

16. 茶藨子属 Ribes L.

1.枝具刺。

2.枝刺长7.0~11mm，3~7个簇生；花两性；浆果有刺（产于太行山、伏牛山区）……………………… **刺果茶藨子**（刺梨）**R. burejense** Fr. Schmidt

2.枝刺长不超过4.0mm，在叶柄基部2个呈对生状；花单性；浆果有具柄腺毛（产于伏牛山区）……… **陕西茶藨子**（腺毛茶藨子）**R. giraldii** Jancz.

1.枝无刺。

3.花两性；苞片短小，卵圆形或近圆形，极稀舌形、长圆形或披针形。

4.萼筒钟形或钟状短圆筒形；萼片直立。

5.萼片无睫毛；萼筒钟形，雄蕊与花柱短于萼片；总状花序较紧密，长5.0~12（16）cm，叶两面无毛或仅具腺毛，稀仅下面沿脉有短柔毛（产于伏牛山区）…………… **宝兴茶藨子R. moupinense** Franch.

5.萼片具睫毛；叶两面和叶柄无毛，稀微有短柔毛或混生少量短腺毛。

6.叶下面脉上和叶柄无瘤状突起；小枝、叶两面、叶柄和花序均被疏密不等的显著腺毛（产于嵩县、 内乡、西峡） ………………… **疏腺茶藨子R. himalense** Royle ex Decne. var. **glandulosum** Jancz.

6.叶下面脉上和叶柄具显著瘤状突起或混生少量短腺毛（产于伏牛山区）……………………………………………………………… **瘤糖茶藨子R. himalense** var. **verruculosum**(Rehd.)L. T. Lu

4.萼筒盆形或浅杯形；萼片反折，无睫毛；叶裂片先端急尖或短渐尖；叶幼时两面被平贴短柔毛，老时毛甚稀疏；花序长7.0~16(20)cm；萼片长2.0~3.0mm（产于太行山、伏牛山区） ……………………………………………………………… **东北茶藨子R. mandshuricum**(Maxim.) Kom.

变种：**光叶东北茶藨子**var. **subglabrum** Kom.，叶幼时上面无毛，下面仅沿脉和脉腋间有短柔毛；花序长3.0~8.0cm，萼片长1.0~2.0mm。

3.花单性，雌雄异株，苞片狭长，舌形、长圆形、椭圆形、披针形或线形。

7.总状花序；雄花序长5.0~15cm，(4)10~30朵花。

8.花萼外面无毛。

9.花序轴及花梗无毛；叶两面无毛，稀疏生腺毛，顶生裂片先端急尖（产于卢氏、栾川）………………… **长白茶藨子R. komarovii** Pojark.

9.花序轴和花梗具柔毛和腺毛。

10.叶基部截形至心形；萼筒碟形；小枝和叶柄无毛或仅有疏腺毛；叶3~5深裂，顶生裂片比侧生裂片长1.0~2.0倍，先端渐尖至尾尖（产于伏牛山区） ……………………………**细枝茶藨子R. tenue** Jancz.

10.叶基圆形至近截形；萼筒浅杯状；叶顶生裂片比侧生裂片长2.0~3.0倍，先端长渐尖（产于太行山、伏牛山、黄柏山区） ……………………………………………………… **冰川茶藨子R. glaciale** Wall.

8.花萼外面具柔毛；叶长5.0~9.0cm，深裂，顶生裂片长于侧生裂片，先端渐尖，两面无毛或疏生腺毛；果实红色或红褐色，无柔毛，仅有疏腺毛（产于灵宝）……………………………… **渐尖茶藨子R. takare** D. Don

7.伞形花序几无总梗，花2~9朵，稀单花；叶顶生裂片稍长于或近等长于侧生裂片；果实无毛（产于商城）…………………………………………………………………………………**簇花茶藨子R. fasciculatum** Sieb. et Zucc.

变种：**华蔓茶藨子**var. **chinense** Maxim.，嫩枝、叶两面和花梗均被较密柔毛；叶较大，直径可达10cm，冬季常不脱落（产于嵩县、商城）。

四四、海桐花科 Pittosporaceae

海桐花属 Pittosporum Banks

1.胎座3个，胚珠生于胎座中部；蒴果3瓣裂。

2.果裂瓣薄木质，厚1.0~2.5mm，种子长2.0~4.0mm；蒴果圆球形。

3.蒴果直径1.5~2.0cm，无毛；子房无毛；叶先端渐尖（产于西峡、淅川、内乡、南召）… **厚圆果海桐**（秦岭海桐）**P. rehderianum** Gowda

3.蒴果直径约1.2cm，有毛；子房密被柔毛；叶先端圆或钝（各地栽培）………………………………………………………… **海桐P. tobira**(Thunb.) Ait.

2.果裂瓣革质，厚不及1.0mm；种子长3.0~7.0mm。

4.蒴果椭圆形或长筒形，长2.0~2.7cm。

5.子房无毛；叶带状或狭披针形，宽1.0~2.0cm（产于新县、商城）…………… **狭叶海桐P. glabratum** Lindl. var. **neriifolium** Rehd. et Wils.

5.子房密被柔毛，果亦有毛；叶倒卵形或长圆状倒披针形，宽2.5~4.0cm（产于西峡、淅川、商城、新县）… **棱果海桐P. trigonocarpum** Lévl.

4.蒴果圆球形或略呈三角形，长9.0~12mm；叶倒卵状披针形或倒披针形，宽2.5~4.0cm；子房被糠秕或有微毛（产于大别山、桐柏山、伏牛山南部）… **海金子**（崖花海桐）**P. illicioides** Mak. (*P. sahnianum* Gowda)

1.胎座2个，胚珠生于胎座近基部；蒴果2瓣裂，长约9.0mm；嫩枝被灰色柔毛；叶菱形或倒卵形，先端短急尖（产于大别山、桐柏山至伏牛山区南部）………………………………………… **崖花子**（菱叶海桐）**P. truncatum** Pritz.

四五、金缕梅科 Hamamelidaceae

1.胚珠及种子多个；叶掌状3~5裂，具掌状脉 ………**1.枫香树属Liquidambar**

1.胚珠及种子1个；叶不分裂，具羽状脉。

2.花有花瓣。

3.花瓣长线形，4数，花序短穗状，果序近头状。

4.叶全缘，第1对侧脉无第2次分支的侧脉 ………**2.檵木属Loropetalum**

4.叶有明显锯齿，第1对侧脉常有第2次分支侧脉 …………………………………………………………………………… **3.金缕梅属Hamamelis**

3.花瓣倒卵形，或退化为鳞片状，5数；花序常伸长；萼筒长度为蒴果之半。

5.花瓣匙形，有退化雄蕊；蒴果无小瘤状皮孔，近无柄，宿存花柱外弯 ……………………………………………………**4.蜡瓣花属Corylopsis**

5.花瓣鳞片状，无退化雄蕊；蒴果具明显小瘤状皮孔，有柄，先端伸直，尖锐 ……………………………………… **5.牛鼻栓属Fortunearia**

2.花无花瓣。

6.叶纸质或膜质，脱落性。

7.雄花序长4.0~6.0mm；雌花序长1.5~3.0cm，果期伸长达15~30cm；

萼齿和雄蕊均为整齐的5数 ……………………… **6.山白树属Sinowilsonia**

7.短穗状花序呈头状，基部1~2朵花为雄花，其余花两性，花序轴果期不伸长；萼齿7~8（10）枚，形状不规则，雄蕊5~15枚 …… **9.银缕梅属Parrotia**

6.叶革质，常绿。

8.下位花；萼筒极短，花后脱落，蒴果无宿存的萼筒包着 ………………………………………………………………… **7.蚊母树属Distylium**

8.周位花；萼筒较长，花后增大，包着蒴果 ……………**8.水丝梨属Sycopsis**

1. 枫香树属 Liquidambar L.

1.小枝无木栓质翅；叶通常3裂（产于大别山、桐柏山至伏牛山区南部） ………………………………………… **枫香树L. formosana** Hance(*L. taiwaniana*)

1.小枝有木栓质翅；叶5~7裂（鸡公山、桐柏引种栽培） ………………………………………………………… **美国枫香L. styraciflua** L.

2. 檵木属 Loropetalum R. Br.

檵木L. chinense(R. Br.) Oliv.，产于大别山、桐柏山至伏牛山区南部。

常绿灌木，小枝密生锈色星状毛。叶卵形至卵圆状椭圆形，宽15~25mm，全缘，下面密生星状毛；叶柄长2.0~5.0mm。花瓣白色，长1.0~2.0cm。蒴果长约10mm，被锈褐色星状毛。

变种：**红花檵木**var. **rubrum** Yieh，嫩枝和叶均暗红色；栽培。

3. 金缕梅属 Hamamelis Gronov. ex L.

金缕梅H. mollis Oliv.，产于新县、商城、罗山。

芽密被黄色绒毛。叶厚纸质，阔倒卵形，宽6.0~8.0cm，下面密被黄色绒毛；叶柄长5.0~10mm。花数朵，集为头状腋生；花萼外被绒毛；花瓣金黄色，长1.5~2.0cm；蒴果径约10mm，密被星状毛。

4. 蜡瓣花属 Corylopsis Sieb. et Zucc.

蜡瓣花C. sinensis Hemsl.，产于商城、新县。

落叶灌木，幼枝有柔毛。叶倒卵形至长圆状倒卵形，宽4.0~7.0cm，边缘有刺毛状锯齿；叶柄长约1.0cm。总状花序长3.0~6.0cm；花瓣匙形，黄色，长5.0~6.0mm；花丝不伸出花瓣外。蒴果近球形，径7.0~8.0mm。

5. 牛鼻栓属 Fortunearia Rehd. et Wils.

牛鼻栓F. sinensis Rehd. et Wils.，产于河南南部山地。

小枝和叶柄均具星状毛，后近于无毛，叶倒卵形或倒卵状椭圆形，宽3.0~7.0cm，边缘具不规则波状齿，叶脉伸入齿尖或呈刺芒状；叶柄长4.0~8.0mm。蒴果长约15mm，外面密具白色皮孔。

6. 山白树属 Sinowilsonia Hemsl.

山白树S. henryi Hemsl.，产于济源及伏牛山区。

落叶乔木；小枝有星状毛。叶倒卵形或椭圆形，宽6.0~10cm，先端锐尖，边缘生细小锯齿。雄花序长4.0~6.0mm；雌花序长1.5~3.0cm，果时伸长达20(30)cm，密被星状毛。

7. 蚊母树属 Distylium Sieb. et Zucc.

蚊母树D. racemosum Sieb. et Zucc.，各城市常见栽培。

常绿小乔木，嫩枝有鳞垢。叶厚革质，椭圆形或倒卵形，宽1.5~3.0cm，全缘，无毛；叶柄长5.0~10mm。总状花序长约2.0cm。花单性，无花瓣。雌花位于花序上部；雄蕊5~6枚，花药红色。

8. 水丝梨属 Sycopsis Oliv.

水丝梨S. sinensis Oliv.，产于淅川、内乡、西峡等县。

常绿乔木，小枝近无毛。叶卵形或椭圆状卵形，稀披针形，宽2.5~5.0cm，全缘或上部疏生牙齿；叶柄长5.0~10mm，密被星状鳞片毛；短穗状花序。蒴果密被褐色丝状茸毛。

9. 银缕梅属 Parrotia C. A. Mey.

小叶银缕梅P. subaequalis(H. T. Chang) R. M. Hao et H. T. Wei［*Hamamelis subaequalis* H. T. Chang; *Shantodendron subaequale*(H. T. Chang)M. B. Deng et al.］，产于商城。

落叶小乔木。叶阔倒卵形或椭圆形，长4.0~6.5cm、宽2.0~4.5cm，先端急尖，基部圆形、截形或近心形，边缘中上部具不规则牙齿，侧脉4~5对，下面具星状微毛。短穗花序头状，基部1~2朵花雄性，其余为两性花；萼筒具不规则7~8枚齿；无花瓣；雄蕊5~15枚，花丝长15~18（20）mm，花期下垂。蒴果近球形，木质，径8.0~9.0mm，2瓣裂。

四六、杜仲科 Eucommiaceae

杜仲属 Eucommia Oliv.

杜仲E. ulmoides Oliv.，产于伏牛山、桐柏山、大别山区。

落叶乔木；树皮、枝、叶折断拉开有胶质细丝出现。叶互生，卵形、椭圆形或长圆形，宽3.5~6.0cm，先端渐尖；叶柄长1.0~2.0cm。花雌雄异株，无花被。翅果。

四七、悬铃木科 Platanaceae

悬铃木属 Platanus L.

1.果枝有球状果序3个或较多；叶深裂，掌状脉从基部发出，中央裂片长度大于宽度，托叶短于1.0cm；花4数；坚果之间有突出的茸毛（各地绿化栽培）…………………………………………………… **三球悬铃木P. orientalis** L.

1.果枝有球状果序1~2个，稀3个；叶深裂或浅裂，具离基三出脉；托叶长于1.0cm；花4~6数；坚果间的毛不突出。

2.托叶长约1.5cm，叶5~7掌状深裂；花4数；果序球常为2个，稀1或3个（栽培）………………………………**二球悬铃木P. × acerifolia**(Ait.) Willd.

2.托叶长于2.0cm，喇叭形，叶多为3浅裂；花4~6数；果序球常单生，稀2个（栽培）……………………………………… **一球悬铃木P. occidentalis** L.

四八、蔷薇科 Rosaceae

1.果实为开裂的蓇葖果，稀蒴果；心皮1~5（12）个，托叶有或无 ………………………………………………………………… **绣线菊亚科Spiraeoideae**

2.果实为蓇葖果；种子无翅；花径不超过2.0cm。

3.心皮5个，稀（1）3~4个。

4.单叶。

5.蓇葖果不膨大，沿腹缝线开裂；无托叶；心皮离生 ……………………………………………………………… **1.绣线菊属Spiraea**

5.蓇葖果膨大，沿背腹两缝线开裂；有托叶；心皮基部合生 ……………………………………………………… **2.风箱果属Physocarpus**

4.羽状复叶。

6.多年生草本；一至三回羽状复叶，无托叶；心皮3~4（5~8）个，离生 ……………………………………………**3.假升麻属Aruncus**

6.灌木；一回羽状复叶，有托叶；心皮5个，基部合生 …………………………………………………………… **4.珍珠梅属Sorbaria**

3.心皮1~2个；单叶，有托叶，早落。

7.花序总状或圆锥状；萼筒钟状至筒状；蓇葖果有2~10（12）粒种子 ………………………………………………… **5.绣线梅属Neillia**

7.花序圆锥状；萼筒杯状，蓇葖果有1~2粒种子 ……………………………………………………… **6.小米空木属Stephanandra**

2.果实为蒴果；种子有翅；花径在2.0cm以上；单叶，无托叶 ……………………………………………………………**7.白鹃梅属Exochorda**

1.果实不开裂，全有托叶。

8.子房下位或半下位；心皮（1）2~5个，大多与杯状花托内壁连合；梨果或浆果状，稀小核果状 ………………………………………**苹果亚科Maloideae**

9.内果皮在成熟时变为坚硬骨质，果实内含1~5枚小核；单叶。

10.叶全缘；枝条无刺；心皮2~5个，全部或大部分与萼筒合生 ……………………………………………………… **8.栒子属Cotoneaster**

10.叶有锯齿或裂片，稀全缘；枝条常有刺。

11.叶常绿；心皮5个，各有成熟的胚珠2个 ………… **9.火棘属Pyracantha**

11.叶凋落，稀半常绿；心皮1~5个，各有成熟胚珠1个 ……………………………………………………………… **10.山楂属Crataegus**

9.内果皮在成熟时变为革质或纸质，梨果1~5室，每室有1或多粒种子。

12.复伞房花序或圆锥花序，有花多朵。

13.单叶常绿，稀凋落。

14.心皮上部或顶端离生，子房半下位。

15.叶片全缘或有细锯齿；总花梗及花梗无瘤状突起；心皮在果实成熟时上半部与萼筒分离，裂开成为5瓣 ……………………………………………………………… **11.红果树属Stranvaesia**

15.叶片有锯齿，稀全缘；总花梗及花梗常有瘤状突起；心皮在果实成熟时仅顶端与萼筒分离，不裂开 ………… **12.石楠属Photinia**

14.心皮全部合生，子房下位；果期萼片宿存；叶片侧脉直出 ……………………………………………………………… **13.枇杷属Eriobotrya**

13.单叶或复叶，均凋落；总花梗及花梗无瘤状突起；心皮2~5个，全部或部分与萼筒合生，果期萼片宿存或脱落 ………… **14.花楸属Sorbus**

12.伞形或总状花序，有时花单生。

16.各心皮内含种子3至多数。

17.花柱离生；枝条无刺；果期萼片宿存 ………… **15.榅桲属Cydonia**

17.花柱基部合生；枝条有时具刺；萼片脱落 ……………………………………………………………… **16.木瓜属Chaenomeles**

16.各心皮内含种子1~2粒。

18.子房和果实2~5室，每室2个胚珠；花序伞形总状。

19.花柱离生；果实常有多数石细胞 ………………… **17.梨属Pyrus**

19.花柱基部合生；果实多无石细胞 ……………… **18.苹果属Malus**

18.子房和果实有不完全的6~10室，每室1个胚珠；花序总状，稀单花 ……………………………………………………………… **19.唐棣属Amelanchier**

8.子房上位，少数下位。

20.心皮常多数；瘦果；萼宿存；常具复叶，极稀单叶 ……………………………………………………………… **蔷薇亚科Rosoideae**

21.瘦果或小核果，着生于扁平或隆起的花托上。

22.托叶不与叶柄连合；花托扁平或微凹；单叶，花单生。

23.叶互生；花无副萼，黄色，五出；雌蕊5~8枚 ………………………………………………………………………… **20.棣棠花属Kerria**

23.叶对生；花有副萼，白色，四出；雌蕊4枚 ………………………………………………………………………… **21.鸡麻属Rhodotypos**

22.托叶常与叶柄连合；花托球形或圆锥形。

24.小核果聚合为聚合果，心皮各含胚珠2个；茎常有刺，稀无刺 ………………………………………………………………… **22.悬钩子属Rubus**

24.瘦果相互分离；心皮各有胚珠1个。

25.花柱顶生或近顶生，果期延长，常有钩刺或羽状毛。

26.花柱上部有关节，成熟时于关节处脱落，宿存部分顶端弯曲；基生叶为羽状复叶或大头羽状深裂 …………… **23.路边青属Geum**

26.花柱直立，上部无关节，成熟时不脱落，基生叶为单叶，不分裂 ………………………………………………… **24.太行花属Taihangia**

25.花柱侧生、基生或顶生，果期不延长或稍微延长。

27.花托在成熟时干燥；草本或灌木；叶茎生或基生，小叶3至多数。

28.雄蕊、雌蕊均多数，有副萼；基生叶为掌状复叶或羽状复叶；花瓣先端圆钝或微缺 ……………………**25.委陵菜属Potentilla**

28.雄蕊4~5枚，雌蕊4~20枚。

29.雄蕊与花瓣互生；基生叶为掌状复叶或羽状复叶；有副萼 ……………………………………………**26.山莓草属Sibbaldia**

29.雄蕊与花瓣对生；小叶3裂，深细裂至重复细裂；无副萼 ……………………………………… **27.地蔷薇属Chamaerhodos**

27.花托成熟时膨大或变为肉质；草本；叶基生；小叶3（5）枚。

30.花白色，副萼片比萼片小 ………………… **28.草莓属Fragaria**

30.花黄色，副萼片比萼片大 ……………… **29.蛇莓属Duchesnea**

21.瘦果，生于杯状或坛状花托里面。

31.雌蕊多数；花托成熟时肉质而有色泽；羽状复叶，极稀单叶；灌木。枝常有刺 ……………………………………………………………**30.蔷薇属Rosa**

31.雌蕊1~4枚；花托成熟时干燥坚硬。

32.花瓣黄色；花萼下有钩刺 ························ **31.龙牙草属Agrimonia**

32.花瓣无；萼片4枚，紫色；花密集为穗状或头状花序 ··· **32.地榆属Sanguisorba**

20.心皮常为1个，少数2或5个；核果；萼常脱落；单叶········ **李亚科Prunoideae**

33.花瓣和萼片均较大，5片。

34.灌木常有刺，枝条髓部呈薄片状，花柱侧生 ··· **33.扁核木属Prinsepia**

34.乔木或灌木，枝条髓部坚实，花柱顶生。

35.幼叶多为席卷式，少数为对折式；果实有沟，外面被毛或蜡粉。

36.侧芽3个，两侧为花芽，具顶芽；花1~2朵，常无柄，稀有柄；子房和果实被短柔毛，极稀无毛；果核常有孔穴，极稀光滑；叶片为对折式，花先叶开放 ························ **34.桃属Amygdalus**

36.侧芽单生，顶芽缺；果核极光滑或有不明显孔穴。

37.子房和果实常被短柔毛；花常无柄或有短柄，花先叶开放 ··· **35.杏属Armeniaca**

37.子房和果实均光滑无毛，常被蜡粉；花常有柄，花叶同时开放 ··· **36.李属Prunus**

35.幼叶常为对折式，果实无沟，不被蜡粉，枝有顶芽。

38.花单生或数朵集为短总状或伞房状花序，基部常有明显苞片 ··· **37.樱属Cerasus**

38.花小形，10朵至多朵集为顶生总状花序，苞片小形；叶凋落 ··· **38.稠李属Padus**

33.花瓣（或无）和萼片多细小，通常不易分清，10~12（~15）片；叶边有锯齿，托叶发达 ······································· **39.臭樱属Maddenia**

1. 绣线菊属 Spiraea L.

1.复伞房花序。

2.花序生于当年直立新枝上。果实无毛或仅沿腹缝线有疏短柔毛。

3.花序被短柔毛；花常粉红色，稀紫红色；果成熟时略分开（栽培观赏）…………………………………………… **粉花绣线菊S. japonica** L. f.

变种1：**渐尖叶粉花绣线菊**var. **acuminata** Franch.，叶片长卵形至披针形，基部楔形，先端渐尖，下面有短柔毛。

变种2：**光叶粉花绣线菊**var. **fortunei**(Planch.) Rehd.，叶片长圆状披针形，先端短渐尖，两面无毛。

3.花序无毛；花白色；果实成熟时直立（产于各山区）……………………………………………………………**华北绣线菊S. fritschiana** Schneid.

变种：**大叶华北绣线菊**var. **angulata**(Fisch. ex Schneid.) Rehd.，叶片长圆状卵形，长2.5~8.0cm、宽1.5~3.0cm，两面无毛，基部圆形（产于伏牛山区）。

2.花序生于去年生枝的侧生短枝上。

4.冬芽先端钝，具数个外露鳞片。

5.雄蕊长于花瓣2.0~3.0倍；蓇葖果外被短茸毛，叶边缘有重锯齿。

6.叶片上面被稀疏柔毛，下面密被柔毛；萼外被稀柔毛（产于商城）…………………**毛叶长蕊绣线菊S. miyabei** Koidz. var. **pilosula** Rehd.

6.叶片和花序均无毛（产于南召、嵩县）……………………………………………… **无毛长蕊绣线菊S. miyabei** Koidz. var. **glabrata** Rehd.

5.雄蕊短于花瓣或几与花瓣等长。

7.蓇葖果无毛，花序密被短柔毛；叶全缘，下面有时具极细短柔毛…………………………………………………………**鄂西绣线菊S. veitchii** Hemsl.

7.蓇葖果具毛。

8.花序无毛；叶片无毛或仅下面有短毛（产于伏牛山和桐柏山区）……………………………………………………**广椭绣线菊S. ovalis** Rehd.

8.花序有柔毛。

9.叶长圆形、倒卵形或椭圆状长圆形，长1.0~3.0cm，宽5.0~9.0(15)mm，全缘稀先端有少数齿；果密被短柔毛，花柱着生于背部顶端（产于伏牛山区）……… **陕西绣线菊S. wilsonii** Duchie

9.叶椭圆形、椭圆状长圆形或倒卵状长圆形，长2.0~7.0cm，宽8.0~23mm，全缘或有少数粗齿；果被细长柔毛，花柱顶生，稍外倾（产于太行山区）…………… **翠蓝绣线菊S. henryi** Hemsl.

4.冬芽先端急尖至渐尖，具2个外露鳞片。
10.叶全缘或中部以上有少数齿；雄蕊等长或稍长于花瓣。
11.叶全缘，无毛；花序无毛（产于太行山至伏牛山区）……………………………………………………………… **乌拉绣线菊S. uratensis** Franch.
11.叶全缘或先端不明显3齿，无毛；花序密被短毛（产于灵宝）……………… **粉叶楔叶绣线菊S. canescens** D. Don var. **glaucophylla** Franch.
10.叶具锯齿或缺刻；雄蕊长于花瓣；冬芽等长或长于叶柄。
12.花序及果被疏柔毛或近无毛；叶具单锯齿或重锯齿（产于伏牛山区）…………………………… **长芽绣线菊S. longigemmis** Maxim.
12.花序及果密被柔毛；叶具缺刻和重锯齿（产于伏牛山至大别山区）…………………………………………… **南川绣线菊S. rosthornii** Pritz.
1.伞房花序或伞形花序发生于去年生枝上，着生在有叶或无叶的短枝顶端。
13.花序为有总梗的伞形或伞形总状花序，基部常有叶。
14.冬芽有数个外露鳞片。
15.叶缘有锯齿或缺刻，有时分裂。
16.雄蕊稍长于花瓣；伞形总状花序；果无毛或近无毛，萼片果时反折；叶卵形或椭圆状卵形，具单锯齿或缺刻状重锯齿 …………………………………………………………… **华西绣线菊S. lacta** Rehd.
变种：**毛叶华西绣线菊**var. **subpubescens** Rehd.，叶下面密被短柔毛（产于卢氏、栾川）。
16.雄蕊等长于或短于花瓣；伞形花序；萼片在果时直立或开展。
17.叶、花序及果无毛，或果仅腹缝线上有疏毛。
18.长枝叶先端急尖，叶片菱状披针形或菱状长圆形；羽状叶脉，边缘有缺刻状锯齿，长为宽的2.0倍或2.0倍以上 ……………………………………… **麻叶绣线菊S. cantoniensis** Lour.
18.长枝叶先端圆钝；叶片近圆形，或菱状卵形至倒卵形，叶脉三至五出或羽状脉，长不及宽的1.5倍。
19.叶近圆形，先端常3裂，中部以上有圆钝缺刻状粗齿或3~5浅裂，基部圆形至微心形，具明显三至五出脉或羽状脉；果熟时开张，沿腹缝线有毛或无毛（产于各山区）……

……………………………………… **三裂绣线菊S. trilobata** L.

19.叶菱状卵形至倒卵形，中部以上有圆钝缺刻状粗齿或3~5浅裂，基部楔形，具不显著三出脉，或羽状脉；果熟时直立；花梗长6.0~10mm。

20.果无毛（产于各山区或栽培）……… **绣球绣线菊S. blumei** G. Don

20.子房和蓇葖果被短柔毛（产于灵宝、卢氏、嵩县、内乡）…………………………毛果绣球绣线菊 **S. blumei** var. **pubicarpa** W. C. Cheng

17.叶片背面有毛。

21.花序无毛；叶菱状卵形至椭圆形，先端急尖，基部宽楔形；果仅腹缝线具毛（产于各山区）……………… **土庄绣线菊S. pubescens** Turcz.

变种：**毛果土庄绣线菊**var. **lasiocarpa** Nakai，果全部被短柔毛（产于伏牛山区）。

21.花序和果均具毛。

22.叶下面有短柔毛，锯齿钝；花萼外被短柔毛（产于伏牛山区、嵩县）……………………… **疏毛绣线菊S. hirsuta** (Hemsl.) Schneid.

变种：**圆叶疏毛绣线菊**var. **rotundifolia**(Hemsl.) Rehd.，叶卵形，基部宽楔形至圆形（产于西峡、淅川）。

22.叶片下面密被茸毛。

23.萼片卵状披针形，先端长渐尖；叶菱状卵形至倒卵形，锯齿尖锐，下面密被黄色绒毛；萼筒外有疏柔毛（产于各山区）……………………………………… **中华绣线菊S. chinensis** Maxim.

23.萼片三角形或卵状三角形；叶菱状卵形，锯齿钝，下面及萼外均密被白色绒毛（产于卢氏、鲁山、嵩县、南召等）……………………………………………… **毛花绣线菊S. dasyantha** Bge.

15.叶全缘或仅先端有圆钝锯齿。

24.叶片和花序无毛或近无毛；果无毛或仅沿腹缝线具稀疏短柔毛；萼片果时直立或半开展；叶线状披针形或长圆状倒卵形，长7.0~15mm、宽2.0~5.0mm，全缘（产于伏牛山区）………… **高山绣线菊S. alpina** Pall.

24.叶片下面密被长绢毛；果被毛；萼片果时反折；小枝密被柔毛；花序有15~30朵花（产于太行山、伏牛山至桐柏山区）………………………………………………………… **绢毛绣线菊S. sericea** Turcz.

14.冬芽有2个外露鳞片。

25.叶缘有锯齿；雄蕊长于花瓣，萼片果时反折（栽培）………………………………………………………… **石蚕叶绣线菊S. chamaedryfolia** L.

25.叶片全缘，稀先端有少数齿；雄蕊等长于花瓣；萼片果期直立或开展；叶、小枝及花序均无毛（产于太行山至伏牛山区）………………………………………………………… **蒙古绣线菊S. mongolica** Maxim.

13.花序为无总梗的伞形花序，基部无叶或具极小叶。

26.叶缘有锯齿或缺刻；雄蕊短于花瓣。

27.叶卵形至长圆状披针形，下面被短柔毛；花重瓣（产于伏牛山至大别山）…………………………… **李叶绣线菊S. prunifolia** Sieb. et Zucc.

变种：**单瓣李叶绣线菊**var. **simpliciflora** Nakai（产于新县、商城）。

27.叶线状披针形，无毛（栽培）………………………………………………………………… **珍珠绣线菊S. thunbergii** Sieb. ex Bl.

26.叶全缘或近先端有少数圆钝锯齿；雄蕊近等长于花瓣。

28.叶长圆形、长圆状倒卵形至倒卵状披针形；嫩枝，叶背及果无毛（产于太行山至伏牛山北坡）……… **金丝桃叶绣线菊S. hypericifolia** L.

28.叶片扇形，先端常3裂，或部分叶片长圆状倒卵形及倒卵形；嫩枝、叶背及果有毛（产于太行山至伏牛山北坡）………………………………………………………… **楼斗菜叶绣线菊S. aquilegifolia** Pall.

2. 风箱果属 Physocarpus(Camb.) Maxim.

无毛风箱果P. opulifolius(L.) Maxim.，栽培。

灌木，小枝无毛或近无毛，幼时紫红色。叶宽卵形或宽三角状卵形，宽3.0~5.0cm，先端急尖，基部楔形或宽楔形，常3（5）浅裂，边缘具较钝重锯齿；叶柄长1.2~2.5cm。花序伞形总状，花白色，花梗及花萼无毛或疏生柔毛。蓇葖果膨胀，卵形，具长渐尖头。

3. 假升麻属 Aruncus Adans.

假升麻A. sylvester Kostel.，产于伏牛山、太行山区及商城。

茎高达1.5m； 二至三回羽状复叶；小叶卵形或卵状披针形，宽

2.0~5.5cm，先端渐尖，边缘有尖锐重锯齿。圆锥花序轴及花梗被柔毛和稀疏星状毛；花白色，直径2.0~4.0mm，心皮3（4~5）个。

4. 珍珠梅属 Sorbaria(Ser.)A. Br. ex Aschers.

1.圆锥花序密集，具直立分枝；果梗直立。

2.雄蕊40~50枚，长于花瓣；花柱顶生（郑州、开封、洛阳等地有栽培）……………………………………………………… **珍珠梅S. sorbifolia**(L.) A. Br.

2.雄蕊20枚，与花瓣等长或稍短；花柱稍侧生（产于太行山至伏牛山北坡）………………………………… **华北珍珠梅S. kirilowii**(Regel) Maxim.

1.圆锥花序稀疏，具开展分枝；果梗弯曲、下垂；雄蕊20~30枚，长于花瓣，花柱稍侧生（产于伏牛山至大别山区）…… **高丛珍珠梅S. arborea** Schneid.

变种1：**毛叶高丛珍珠梅**var. **subtomentosa** Rehd.，叶轴、叶片下面及花均被星状毛（产于西峡、南召、嵩县）。

变种2：**光叶高丛珍珠梅**var. **glabrata** Rehd.，叶片、叶轴和花序均平滑无毛（产于伏牛山区）。

5. 绣线梅属 Neillia D. Don

1.小枝、叶柄及叶片近无毛；叶片分裂较浅；花梗长3.0~10mm；萼筒长10~12mm；花瓣淡粉色（产于伏牛山区）…… **中华绣线梅N. sinensis** Oliv.

1.小枝、叶柄及叶片下面密被柔毛；叶片分裂较深；花梗长3.0~4.0mm；萼筒长8.0~9.0mm；花瓣白色或淡粉色（产于伏牛山南坡）……………………………………………………………………………**毛叶绣线梅N. ribesioides** Rehd.

6. 小米空木属 Stephanandra Sieb. et Zucc.

华空木S. chinensis Hance，产于伏牛山南坡、桐柏山、大别山区

灌木高达1.5m，小枝细、拱曲、红褐色。叶卵形或长椭圆形，宽2.0~5.0cm，先端渐尖或尾状尖，边缘具浅裂片或重锯齿，无毛。圆锥花序顶生；花白色，径约4.0mm；心皮1个，蓇葖果。

7. 白鹃梅属 Exochorda Lindl.

1.叶片中部以上有锯齿；叶柄长10~30mm；花梗长2.0~3.0mm；雄蕊25枚；当年生小枝、花序轴、花梗、叶柄及叶下面均密被白色曲柔毛（产于济源）…………………… **多毛白鹃梅E.serratifolia** S.Moore var. **polytricha** C. S. Zhu

1.叶片全缘，极少数先端有锯齿；小枝、花序轴、花梗、叶柄及叶无毛或近无毛。

2.花梗长5.0~15mm；花瓣基部急缩为短爪；雄蕊15~20枚；叶柄长5.0~15mm（产于桐柏山至大别山区）…………… **白鹃梅E. racemosa** (Lindl.) Rehd.

2.花梗短或近于无梗；花瓣基部渐狭成长爪；雄蕊25~30枚；叶柄长15~25mm（产于各山区）…………………… **红柄白鹃梅E. giraldii** Hesse

变种：**绿柄白鹃梅**var. **wilsonii** Rehd.，叶椭圆形至长圆形，叶柄长1.0~2.0cm，绿色，花直径约5.0cm（产于伏牛山至大别山区）。

8. 栒子属 Cotoneaster B. Ehrhart

1.聚伞花序有花3~15朵；叶长1.0~6.0cm。

2.花白色，花瓣平展；果实红色，具1~2枚小核。

3.叶下面无毛或稍具柔毛。

4.花梗、萼筒及叶下面均无毛（产于太行山、伏牛山区）……………………………………………………………… **水栒子C.multiflorus** Bge.

4.花梗和萼筒外有疏柔毛；叶下面被柔毛（产于太行山、伏牛山区）……………………………………**毛叶水栒子C. submultiflorus** Popov.

3.叶下面被灰白色茸毛，萼筒外被长柔毛；叶先端多急尖（产于大别山、桐柏山、伏牛山区南部）…………… **华中栒子C. silvestrii** Pamp.

2.花粉红色，花瓣直立，果实红色或黑色。

5.叶下面无毛或疏生柔毛。

6.果实红色；萼外稍有柔毛；花序有花2~3朵；叶椭圆状卵形至卵状披针形，上面有柔毛（产于卢氏、栾川）……………………………………………………………………… **尖叶栒子C. acuminatus** Lindl.

6.果实黑色；花序有花2~21（25）朵。

7.萼筒外面无毛或近无毛；花序5~10朵花；叶下面沿脉密生柔毛（产

于伏牛山区西南部）················**川康栒子*C. ambiguus*** Rehd. et Wils.

7.萼筒外面密被柔毛。

8.叶先端渐尖，下面有短柔毛；果实有3~5枚小核。

9.花序9~25朵花；叶上面多泡状隆起；果核4~5枚；平滑（产于伏牛山南坡）························**宝兴栒子*C. moupinensis*** Franch.

9.花序3~7花；叶上面脉微凹陷；果核3~4枚。有点纹（产于伏牛山区）···························**麻核栒子*C. foveolatus*** Rehd. et Wils.

8.叶先端急尖，幼时两面被疏柔毛；花序2~5朵花；果核2~3枚（主产于伏牛山区）·································**灰栒子*C. acutifolius*** Turcz.

变种：**毛叶灰栒子**var. ***villosulus*** Rehd. et Wils.，叶下面及萼筒外密生长柔毛（产于内乡）。

5.叶下面密被茸毛或短柔毛；果实红色，稀黑色。

10.萼筒外面无毛或有稀疏柔毛。

11.叶片下面密被灰白色茸毛，先端圆钝或急尖。

12.果蓝黑色，小核2~3枚；叶较大，长2.0~4.5cm、宽10~30mm（记载产于太行山区，未见标本）··· **黑果栒子*C. melanocarpus*** Lodd.

12.果红色，具2枚小核；叶较小，长1.0~2.5cm、宽8.0~17mm（产于伏牛山区） ······················**细弱栒子*C. gracilis*** Rehd.et Wils.

11.叶下面被柔毛，先端急尖至渐尖；果黑色，2~3（5）枚小核 ·····································**川康栒子*C. ambiquus*** Rehd. et Wils.

10.萼筒外密被茸毛状柔毛；叶先端圆钝；果红色，2枚小核（产于各山区） ··**西北栒子*C. zabelii*** Schneid.

1.花单生或聚伞花序2~(4)朵花；叶长不及2.0cm，先端圆钝或急尖；花红色；果实红色。

13.茎平铺或匍匐状，矮生灌木；花序1~2朵花。

14.茎丛生，不规则分枝；叶缘波状起伏；果核2枚（产于伏牛山区）···**匍匐栒子*C. adpressus*** Bois.

14.茎水平散开，分枝规则2列平面排列；叶缘平，无波状起伏；果核3（2）枚（产于西峡、南召）···········**平枝栒子*C. horizontalis*** Decne.

13.直立灌木；花序2~4朵花；小枝被糙伏毛；果核2枚（产于伏牛山区） ···

…………………………………… **散生栒子C. divaricatus** Rehd. et Wils.

9. 火棘属 Pyracantha Roem.

1.叶片通常倒卵形至倒卵状长圆形，先端圆钝或微凹。

2.叶缘有圆钝锯齿，中部以上最宽，下面绿色（产于大别山、桐柏山至伏牛山区南部）………………………… **火棘P. fortuneana** (Maxim.) H. L. Li

2.叶全缘，有时具细锯齿，中部或近中部最宽，下面带白霜（产于商城、新县、罗山、西峡、淅川等地）… **全缘火棘P. atalantioides**(Hance) Stapf

1.叶片长圆形至倒披针形，稀卵状披针形，先端常急尖而有尖刺，边缘有细圆锯齿，叶最宽处居中（产于大别山至伏牛山区南部）……………………………………………………………… **细圆齿火棘P. crenulata**(D. Don) Roem.

10. 山楂属 Crataegus L.

1.叶片羽状深裂，侧脉有的伸至裂片先端，有的伸至裂片分裂处，裂片3~5对；果实红色（产于太行山至伏牛山区）………… **山楂C. pinnatifida** Bge.

变种：**山里红**var. **major** N. E. Br.，果较大，直径约2.5cm，深红色；叶大，浅裂；各地栽培。

1.叶片不分裂或浅裂，侧脉伸至裂片先端，裂片分裂处无侧脉。

2.叶锯齿圆钝，中部以上有（1）2~4对浅裂片；萼筒和萼片外面无毛（产于各山区）…………………………………… **湖北山楂C. hupehensis** Sarg.

2.叶锯齿尖锐，常具3~7对裂片，稀仅先端3浅裂。

3.花梗及花序梗被柔毛或茸毛。

4.叶片宽倒卵形至倒卵状长圆形，基部楔形，先端有缺刻或3~（7）浅裂片，下面具稀疏柔毛；果具小核4~5枚，内面两侧平滑（产于伏牛山、桐柏山、大别山区）…………… **野山楂C. cuneata** Sieb. et Zucc.

4.叶基宽楔形至圆形，叶具3~7对裂片；小核内面两侧有凹痕。

5.叶片上面近无毛，下面有稀柔毛；果实椭圆形（产于伏牛山至鸡公山区）………………………………… **华中山楂C. wilsonii** Sarg.

5.叶片两面密被柔毛；果近球形（产于太行山至伏牛山区）………………………………………………………… **橘红山楂C. aurantia** Pojark.

3.花梗及花序梗均无毛。

6.叶片基部楔形，两面微有短柔毛；果实血红色，径约1.0cm，小核3枚，稀5枚（产于济源、辉县、卢氏、内乡） … **辽宁山楂C. sanguinea** Pall.

6.叶基截形或宽楔形，叶片上面无毛或近无毛，下面有稀柔毛；果实红色，径8.0~10mm，小核2~3枚（产于灵宝、卢氏、栾川、桐柏、南召等地） ………………………………………… **甘肃山楂C. kansuensis** Wils.

11. 红果树属 Stranvaesia Lindl.

红果树S. davidiana Decne.，产于西峡、淅川、内乡、南召等县。

灌木或小乔木，高2.0~4.0m；小枝粗壮，幼时密被长柔毛， 后渐脱落。叶长圆形、长圆状披针形或倒披针形，宽2.0~4.5cm；叶柄长1.0~2.0cm。复伞房花序，花序梗及花梗密被硬毛；花白色，径约8.0mm，花瓣近圆形，花药紫红色。果近球形，径7.0~8.0mm，深红色。

变种：**波叶红果树**var. **undulata** (Decne.) Rehd. et Wils.，叶较小，长3.0~8.0cm，宽1.2~2.5cm，边缘波皱起伏。

12. 石楠属 Photinia Lindl.

1.叶常绿；花序复伞房状；总花梗和花梗在果期无疣点。

2.叶柄长2.0~4.0cm，叶片长椭圆形、长倒卵形或倒卵状椭圆形，长10~20cm，花瓣无毛（各地栽培，商城县有野生） …………… **石楠P. serrulata** Lindl.

2.叶柄长0.5~2.0cm；叶片长5~10（11）cm。

3.花瓣内面有毛；植物无枝刺，幼嫩枝叶红色；总花梗、花梗及萼均无毛（产于郑州、鸡公山、新县、商城） …………………………………………………………………………… **光叶石楠P. glabra**(Thunb.) Maxim.

1.花瓣内面无毛；植物常具枝刺，幼嫩枝叶绿色；总花梗、花梗及萼外疏生平贴短柔毛（产于大别山至伏牛山区南部） …………………………………………………………………………… **椤木石楠P. davidsoniae** Rehd. et Wils.

1.叶冬季脱落；花序伞形、伞房状或复伞房状；总花梗和花梗在果期有明显疣点。

4.伞形花序无总梗，具6~10朵花；幼枝、叶柄、叶下面、花梗及萼筒外均无毛；叶片椭圆形、椭圆状卵形或菱状卵形，叶柄长1.0~2.0mm（产于大别山和桐柏山区）………………………… **小叶石楠P. parvifolia**(Pritz.) Schneid.

4.花序伞房状或复伞房状，具花10朵以上，有总花梗。

5.复伞房花序无毛；叶侧脉9~14对，叶柄长5.0~10mm（产于大别山、桐柏山至伏牛山区南部）………………… **中华石楠P. beauverdiana** Schneid.

变种1：**厚叶中华石楠**var. **notabilis**(Schneid.) Rehd. et Wils.，叶厚纸质，长圆状椭圆形，长9.0~13cm，先端急尖或细尖；花序直径8.0~10cm（产于西峡、南召、内乡、淅川）。

变种2：**短叶中华石楠**var. **brevifolia** Card.，叶卵形、椭圆形至倒卵形，长3.0~6.0cm，先端短尾状渐尖（产于大别山和伏牛山南坡）。

5.伞房花序有毛；叶侧脉5~7对，叶柄长1.0~5.0mm（产于大别山、桐柏山及伏牛山区）……………………………… **毛叶石楠P. villosa**(Thunb.) DC.

变种：**无毛石楠**var. **sinica** Rehd. et Wills.，叶椭圆形或长圆状椭圆形，两面无毛；果无毛。

13. 枇杷属 Eriobotrya Lindl.

枇杷E. japonica(Thunb.) Lindl.，栽培。

常绿小乔木；小枝粗壮，连同叶柄、叶下面、花序均被锈色或灰棕色茸毛。叶革质，倒披针形、倒卵形或椭圆状长圆形，宽3.0~9.0cm。圆锥花序顶生，花白色。果近球形，径2.0~5.0cm。

14. 花楸属 Sorbus L.

1.单叶。

2.果实上有宿存萼片；叶片下面被灰白色茸毛，仅中脉及侧脉光滑无毛；果实具斑点（产于伏牛山区南部）……… **黄脉花楸S. xanthoneura** Rehd.

2.果上无宿存萼片。

3.叶片下面无毛或微具毛；侧脉直达齿端。

4.叶柄长1.5~3.0cm；果实椭圆形或卵形，2室，不具斑点；叶缘具尖锐重锯齿（产于各山区）…………………………………………

…………………………………**水榆花楸S. alnifolia**(Sieb. et Zucc.) K. Koch

4.叶柄长1.0~2.0cm；果实球形，4~5室，外面有显著斑点；叶缘具圆钝锯齿（产于南召、西峡、淅川）… **美脉花楸S. caloneura** (Stapf) Rehd.

3.叶片下面被灰白色茸毛。

5.果实椭圆形，近平滑；叶中脉、侧脉和叶柄上均被白茸毛（产于伏牛山、大别山、桐柏山区）……………………… **石灰花楸S. folgneri** Rehd.

5.果实近球形；有少数斑点；叶中脉和侧脉无毛（产于大别山、桐柏山及伏牛山区南部）……………………………**江南花楸S. hemsleyi** Rehd.

1.羽状复叶；果实上有宿存萼片。

6.小叶片2~7（9）对。

7.托叶膜质，脱落早；果实白色；冬芽无毛；小叶下面沿中脉有白茸毛，渐变无毛（产于伏牛山和大别山区）… **湖北花楸S. hupehensis** Schneid.

7.托叶草质，脱落迟。

8.冬芽无毛或仅先端微具柔毛；果实白色或黄色；总花梗、花梗和叶轴均无毛（太行山和伏牛山区）……………………………………………
………………………………………… **北京花楸S. discolor** (Maxim.) Maxim.

8.冬芽密被白茸毛；果红色；总花梗、花梗和叶轴均密被白色茸毛（产于太行山及伏牛山区北部）…… **花楸树S. pohuashanensis** Hedl.

6.小叶8~12对，全部边缘有锯齿；叶轴和花序有稀疏白色柔毛；果实白色（产于太行山和伏牛山区）………………**陕甘花楸S. koehneana** Schneid.

15. 榅桲属 Cydonia Mill.

榅桲C. oblonga Mill.，栽培。

灌木或小乔木；小枝紫红或紫褐色，幼时密被茸毛。叶卵形或长圆形，宽3.0~5.0cm，全缘，先端急尖或圆钝，下面密生长柔毛；叶柄长8.0~15mm。花单生枝顶，白色，直径4.0~5.0cm，花梗及萼密生茸毛。

16. 木瓜属 Chaenomeles Lindl.

1.灌木或小乔木；枝无刺；花单生，叶后开放；托叶膜质（栽培）…………
…………………………………………………… **木瓜C. sinensis** (Thouin) Koechne

1.灌木，枝有刺；花簇生，先于叶或与叶同时开放；托叶草质。
2.小枝粗糙，二年生枝有疣状突起；果实直径3.0~4.0cm；叶片倒卵形至匙形，下面无毛，叶缘有圆钝锯齿；花柱无毛（栽培）……………………………………………………………… **日本木瓜C. japonica**(Thunb.) Lindl.
2.小枝平滑，二年生枝无疣状突起；果径5.0~8.0cm。
3.叶片卵形至长椭圆形，幼叶下面无毛或有短柔毛，边缘有尖锐锯齿；花柱基部无毛或稍有毛（栽培）…………………………………………… **皱皮木瓜C. speciosa**(Sweet) Nakai［*C. lagenaria*(Loisel.)Koidz.］
3.叶片椭圆形或披针形，幼时下面褐色茸毛，叶边有刺芒状锯齿；花柱基部常被柔毛或绵毛（栽培）……………………………………………… **毛叶木瓜C. cathayensis**(Hemsl.) Lindl.(*C. lagenaria* var.*wilsonii* Rehd.)

17. 梨属 Pyrus L.

1.果实上有宿存萼片。
2.叶边有带刺芒的尖锐锯齿；花柱5个；果黄色，叶先端短渐尖（各地栽培）……………………………………… **秋子梨P. ussuriensis** Maxim.
2.叶缘锯齿不带芒刺，锯齿尖锐或圆钝。
3.叶边有细锐锯齿；果多褐色，3~4室（产于大别山、桐柏山至伏牛山区南部）…………………………………………… **麻梨P. serrulata** Rehd.
3.叶边有圆钝锯齿。
4.果黄绿色，直径3.0~7.0cm（各地栽培）…………………………………………………… **西洋梨P. communis** L. var. **sativa** DC.
4.果褐色，径1.0~1.5cm（产于伏牛山和太行山区）……………………… **木梨P. xerophila** Yu(*P. taihangshanensis* S. Y. Wang et C. L. Chang)
1.果实上萼片多数脱落或少部分宿存。
5.叶边具有带刺芒的尖锐锯齿；花柱4~5个。
6.果实黄色；叶片基部宽楔形，各地栽培…………………………………………………………… **白梨P. bretschneideri** Rehd.
6.果实褐色；叶片基部圆形或近心形，先端长渐尖（各地零星栽培）………………………………………………… **沙梨P. pyrifolia**(Burm. f.) Nakai

5.叶边有不带刺芒的尖锐锯齿或圆钝锯齿。

7.叶边有尖锐锯齿。

8.果实近球形，2~3室，直径0.5~1.0cm；幼枝、花序和叶下面均被茸毛（河南各地均产）…………………………………… **杜梨P. betulaefolia** Bge.

8.果实球形或卵形，3~4室，直径2.0~2.5cm；幼枝、花序和叶下面具茸毛，不久脱落（产于太行山和伏牛山区）… **褐梨P. phaeocarpa** Rehd.

7.叶边有圆钝锯齿；雄蕊20枚；花柱2~3个。

9.叶片、花序均无毛，小枝幼时具茸毛（产于各山区）…………………………………………………………………………………… **豆梨P. calleryana** Decne.

9.小枝及幼叶密被白色茸毛，花序也被稀疏茸毛（产于太行山和伏牛山区）…………………………… **绒毛豆梨P. calleryana** f. **tomentella** Rehd.

18. 苹果属 Malus Mill.

1.叶片不分裂，在芽中呈席卷状。

2.萼片脱落（西府海棠有时宿存）；花柱3~5个；果实直径多在1.5cm以下。

3.花梗及花萼紫红色；外被细长柔毛；花瓣深蔷薇红色；果小，近球形，直径6.0~8.0mm（产于大别山或伏牛山区南部，常栽培）………………………………………………………… **垂丝海棠M. halliana** Koehne

3.花梗及花萼绿色或稍带紫色（若为紫红色，则近无毛或光滑无毛）。

4.花白色或稍带粉色；萼片脱落；果直径8.0~10mm。

5.叶亮绿色；萼片披针形；花柱5（4）个。

6.叶柄、叶脉、花梗和萼筒外部均光滑无毛；果实近球形（产于太行山至伏牛山区）……………… **山荆子M. baccata**(L.) Borkh.

6.叶柄、叶脉、花梗和萼筒外部常有稀疏绒毛；果实椭圆形或倒卵形（分布同山荆子）……………………………………………………………………………………… **毛山荆子M. manshurica**(Maxim.) Kom.

5.叶暗紫色，下面脉带紫红色；萼片三角状卵形，花柱3（重瓣花中为4或5）个（产于各山区）……… **湖北海棠M. hupehensis** Rehd.

4.花粉红色；萼片脱落或有时宿存；果直径10~15mm，果基凹陷；叶缘具锐锯齿；萼外密生细长毛（济源、内乡有野生，多栽培）……

…………………………………… **西府海棠M. micromalus** Makino

2.萼片永存，花柱（4）5个。

7.萼片先端渐尖，比萼筒长；果实大，直径常在2.0cm以上。

8.叶边有钝锯齿；果实扁球形或球形，先端常有隆起，萼洼下陷（栽培）…………………………………………………… **苹果M. pumila** Mill.

8.叶边锯齿常较尖锐；果实卵形，先端渐狭，不或稍隆起，萼洼微突。

9.叶片下面密被短柔毛；果直径4.0~5.0cm（零星栽培）……………………………………………………………………**花红M. asiatica** Nakai

9.叶片下面仅中脉具短柔毛或近无毛；果直径2.0~3.5cm（各地栽培）……………………………… **楸子M. prunifolia**(Willd.) Borkh.

7.萼片先端急尖，稍短于萼筒；萼外近无毛；叶缘具紧贴不明显钝锯齿；果径1.5(2.0)cm，基部不凹（各地栽培）…………………………………………………………………………**海棠花M. spectabilis** (Ait.) Borkh.

变种1：**粉红重瓣海棠**var. **riversii** Nash.。

变种2：**白重瓣海棠**var. **albiplena** Schelle。

1.叶片常分裂，稀不分裂或与分裂叶共存。

11.萼片脱落。

12.花柱基部有长柔毛；果实近球形；叶片不裂或在发育枝上者常具3~5浅裂（产于西峡、淅川、栾川、卢氏等县）……………………………………………………………… **三叶海棠M. sieboldii**(Regel) Rehd.

12.花柱基部无毛；果实椭圆形或倒卵形，稀近球形。

13.叶片多具3~5浅裂片，边缘有重锯齿，裂片三角状卵形，叶基圆形或截形（产于伏牛山区）…… **陇东海棠M. kansuensis**(Batal.) Schneid. (*M. komarovii* Rehd. var. *funiushanensis* S. Y. Wang)

变型：**无毛陇东海棠**f. **calva** Rehd.，叶背面、花梗及萼筒外均无毛（产于伏牛山区）。

13.叶片多具3~5深裂片，边缘无重锯齿；嫩枝及叶片两面均被茸毛（产于卢氏、栾川等县）…… **花叶海棠M. transitoria**(Batal.) Schneid.

11.萼片宿存；叶片有3~6浅裂片；边缘有尖锐重锯齿，下面具短柔毛；花柱3~4个（产于太行山和伏牛山区）…… **河南海棠M. honanensis** Rehd.

19. 唐棣属 Amelanchier Medik.

1.叶缘仅上半部有锯齿；花梗和总花梗无毛，嫩叶下面仅中脉附近稍有柔毛（产于伏牛山、太行山及桐柏山区）…………… **唐棣A. sinica**(Schneid.) Chun

1.叶缘全部有锯齿；花梗、总花梗及嫩叶下面均密被茸毛（产于嵩县）……………………………………………… **东亚唐棣A. asiatica**(Sieb.et Zucc.) Endl.

20. 棣棠花属 Kerria DC.

棣棠花K. japonica(L.) DC.，产于各山区。

小灌木，小枝绿色。叶卵形至卵状披针形，宽1.5~3.0cm，先端长渐尖，边缘具尖锐重锯齿；叶柄长5.0~10mm。花单生于小枝顶，黄色。

变型：**重瓣棣棠**f. **pleniflora** (Witte.) Rehd.，重瓣花（栽培）。

21. 鸡麻属 Rhodotypos Sieb.et Zucc.

鸡麻R. scandens(Thunb.) Makino，产于南召、内乡、桐柏、鸡公山、商城。

小灌木，小枝无毛。单叶对生，卵形，宽3.0~6.0cm，先端短突尖至渐尖，边缘具不规则尖锐重锯齿，叶下面被绢状长柔毛；叶柄长约2.0mm。花单生小枝顶，白色。

22. 悬钩子属 Rubus L.

1.单叶。

2.托叶与叶柄离生，早落。

3.叶片下面具柔毛；托叶和苞片分裂（产于大别山、桐柏山及伏牛山区南部）……………………………………… **高粱泡R. lambertianus** Ser.

变种：**光叶高粱泡**var. **glaber** Hemsl.，叶背面无毛。

3.叶片下面密被绒毛。

4.简单总状花序顶生或腋生，仅5~6朵花，花梗长1.0~3.0cm；叶片宽卵形至长圆状披针形，边缘有不整齐粗锐锯齿，稀缺刻状，羽状脉，托叶全缘或先端有齿（产于大别山区）…… **木莓R. swinhoei** Hance

4.大型圆锥花序顶生；叶片近圆形，边缘有明显5~7圆钝裂片和不整齐锯齿，掌状脉；托叶条状深裂或呈篦齿状（产于大别山区）……………………………………………………………… **灰白毛莓T. tephrodes** Hance.

2.托叶与叶柄合生。

5.叶片盾状着生；托叶卵状披针形；叶片卵状圆形，3~5掌状分裂；单花顶生，聚合果圆柱形（产于大别山区）…… **盾叶莓R. peltatus** Maxim.

5.叶片非盾状着生；托叶线形至线状披针形；聚合果球形或卵球形。

6.叶片不分裂或3浅裂，具掌状三出脉。

7.小枝及叶两面均无毛（产于大别山区、栾川老君山）……………………………………………… **三花悬钩子R. trianthus** Focke

7.小枝及叶两面均被柔毛，有时后期部分脱落（产于各山区）……………………………………………………… **山莓R. corchorifolius** L. f.

6.叶片掌状分裂，具掌状五出脉。

8.叶卵形至长卵形，3~5（7）浅裂，裂片基部宽大或稍狭缩，边缘具不规则缺刻状锯齿，两面无毛或沿脉有柔毛及小皮刺；花数朵簇生或为短总状花序；花梗长0.5~1.0cm，有柔毛；果无毛（产于济源）……………………………… **牛叠肚R. crataegifolius** Bge.

8.叶片近圆形，（3）5（7）深裂，裂片基部狭缩，边缘有重锯齿，两面沿脉有柔毛；单花腋生，花梗长2.0~3.5cm，无毛；果密被柔毛（产于大别山区）……………………… **掌叶覆盆子R. chingii** Hu

1.羽状复叶，托叶与叶柄合生。

9.托叶和苞片宽大，卵状披针形至卵形，长8.0~16mm，宽5.0~10mm；小叶3枚，顶生小叶分裂（产于伏牛山区）……**绵果悬钩子R. lasiostylus** Focke

9.托叶和苞片狭窄，常为线形、线状披针形，或披针形，稀钻形。

10.小叶片3或3~5枚。

11.叶片下面被柔毛，疏柔毛至无毛。

12.枝上被柔毛和稀疏皮刺。

13.花常单生或1~2（3）朵聚生；小叶3~5枚，先端渐尖至急尖，具尖锐重锯齿，两面疏生柔毛；叶柄长2.0~3.0cm（产于大别山、桐柏山、内乡）………………… **蓬蘽R. hirsutus** Thunb.

13.花3朵以上簇生或呈伞房状花序，稀单生。

14.小叶片卵形、菱状卵形或宽卵形，先端急尖，边缘有粗锯齿或缺刻状粗齿，下面仅沿脉被短柔毛。

15.伞房花序；萼外被灰白色短柔毛，萼片长卵形至卵状披针形，先端渐尖；花瓣倒卵形，与萼片近等长或稍短。枝被白粉（产于伏牛山、桐柏山及大别山区）…………… **插田泡R. coreanus** Miq.

变种：**毛叶插田泡** var. **tomentosus** Card.，小叶下面密生白色短茸毛。

15.短总状花序；萼外密被灰黄色长柔毛，萼片卵形或宽卵形，先端急尖；花瓣匙形，稀长倒卵形，长于萼片1.0倍或更长（产于伏牛山）………………………… **柱序悬钩子R. subcoreanus** Yü et Lu

14.小叶长圆形、椭圆状披针形，稀卵状披针形，先端急尖或圆钝，边缘有不整齐锯齿，下面仅沿脉有柔毛和细刺；花1~4朵呈伞房状排列（产于伏牛山区）…………………………………………………………………………… **黄果悬钩子R. xanthocarpus** Bureau et Franch.

12.枝上除具皮刺外，还密被刺毛或腺毛。

16.植物体具腺毛；总状花序顶生，腋生者成花簇；花紫红色（产于大别山、桐柏山至伏牛山区南部）………… **腺毛莓R. adenophorus** Rolfe

16.植物体不具腺毛；花数朵簇生叶腋；花白色（产于伏牛山区南部）…………………………………… **红毛悬钩子R. pinfaensis** Lévl. et Vant.

11.叶背面密被灰白色或黄灰色茸毛。

17.枝上密被刺毛、针刺或腺毛；小叶3~5枚，顶生小叶羽状浅裂。

18.枝、叶柄和花梗密被刺毛和腺毛；短总状花序；果实红色，无毛（产于伏牛山、桐柏山、大别山区）…………………………………………………………………………… **多腺悬钩子R. phoenicolasius** Maxim.

18.枝、叶柄和花梗密被针刺，无腺毛；伞房花序，稀2~3朵腋生；果蓝黑色，微具柔毛（产于伏牛山区）……………………………………………………………… **密刺悬钩子R. subtibetanus** Hand. -Mazz.

17.枝上被柔毛或稀疏皮刺，稀无毛。

19.花成伞房状或短总状花序，或少数花簇生及单生，极稀圆锥花序；顶生小叶分裂。

20.小叶3枚，先端急尖；顶生圆锥花序，侧生者近总状；花梗及萼外具腺毛和疏针刺；花瓣粉红色，近圆形，边缘缺刻状；叶柄长5.0~9.0cm，被长柔毛，稀疏小刺和短腺毛（产于大别山、桐柏山区）……………………………………………………**刺毛白叶莓R. spinulosoides** Metc.

20.小叶3~5（7）枚，先端急尖，圆钝至长渐尖。

21.小叶先端短渐尖至长渐尖，仅侧生小叶先端急尖。

22.果实密被茸毛，红色或橙黄色。

23.小叶片长卵形或椭圆形，边缘具粗锯齿或重锯齿；萼外具针刺；花瓣白色，匙形；花序短总状；果径10~14mm（产于太行山至伏牛山区北部、内乡、商城）………………… **覆盆子R. idaeus** L.

23.小叶片卵形、菱状卵形或卵状披针形，常羽状浅裂并具缺刻状重锯齿；萼外无针刺；花瓣浅红色，近圆形；花序伞房状，果径5.0~8.0mm（产于伏牛山区）…………………………………………………………………… **陕西悬钩子R. piluliferus** Focke

22.果实无毛，紫黑色；萼外无针刺；叶片卵形、宽菱状卵形、椭圆状卵形或椭圆形，边缘浅裂并有粗锯齿；花瓣白色或浅红色（产于伏牛山区）………………………… **喜阴悬钩子R. mesogaeus** Focke

21.小叶先端圆钝至急尖，稀短渐尖。

24.花单生或2~5朵簇生；果实黄色；小枝、叶柄和花梗均无毛；萼外无毛，无针刺，枝具白粉霜（产于伏牛山区）……………………………………………… **粉枝莓R. biflorus** Buch. -Ham. ex Smith

24.花多朵成伞房状或短总状花序；果实红色；枝、叶柄和花梗均具柔毛；萼外被柔毛和针刺（产于各山区）…… **茅莓R. parvifolius** L.

变种：**腺花茅莓**var. **adenochlamys**(Focke) Migo，花萼或花梗有带红色腺毛。

19.花成圆锥花序或总状花序；小叶3（5）枚。

25.花序总状，稀圆锥状；花梗长达1.0cm；萼外无针刺，萼片卵形，先端急尖；叶柄长2.0~4.0cm（产于伏牛山、桐柏山、大别山区）…………………………………………………………… **白叶莓R. innominatus** S. Moore

变种：**无腺白叶莓**var. **kuntzeanus**(Hemsl.) Bailey， 枝、叶柄、叶下

面、总花梗、花梗、花萼外均无腺毛（产于商城、新县）。

25.圆锥花序，腋生者近总状；花梗长1.5~2.5cm；萼外具针刺，萼片披针形或卵状披针形，先端尾尖；叶柄长5.0~9.0cm（产于大别山至伏牛山区南部）………………………………**刺毛白叶莓R. spinulosoides** Metc.

10.小叶5枚以上，多为5~7枚。

26.叶下面被柔毛，稀生疏柔毛至无毛。

27.枝上被柔毛和疏生皮刺，稀无皮刺及无毛；萼外常无刺。

28.花单生或1~2朵聚生，极少数超过5朵。小叶7~11枚。

29.枝、叶柄、叶两面和果实均无毛或近无毛（产于伏牛山区）…………………………………………………… **秀丽莓R. amabilis** Focke

29.枝、叶柄、叶两面和果实均被柔毛（产于伏牛山区）…………………………………………… **毛果悬钩子R. ptilocarpus** Yü et Lu

28.花多朵成伞房花序；小叶5~7枚；枝被白粉；小枝和花梗无毛（产于伏牛山、大别山区）……………… **菰帽悬钩子R. pileatus** Focke

27.枝上密被刺毛、针刺、腺毛和皮刺；顶生小叶羽状浅裂；萼外被较密而直立针刺（产于伏牛山区）……… **针刺悬钩子R. pungens** Camb.

变种：**香莓**var. **oldharmii**(Miq.) Maxim.，枝上针刺较稀少，萼具疏密不等的针刺，花枝、叶柄、花梗和萼上无腺毛或仅局部有稀疏腺毛（产于伏牛山区）。

26.叶片下面密被灰白色茸毛。

30.花组成圆锥花序或总状花序。

31.植株无腺毛。

32.小叶5~7枚，卵形、卵状披针形或卵状长圆形；枝、叶柄和花梗均被柔毛；花萼外被茸毛，萼片先端急尖，果时直立或开展（产于伏牛山区）………………… **弓茎悬钩子R. flosculosus** Focke

32.小叶（5）7~9枚，长圆状披针形或卵状披针形；枝、叶柄和花梗均无毛；花萼外无毛，仅内萼片边缘具绒毛，萼片先端长渐尖，果时反折；枝被白粉（产于伏牛山、桐柏山区）……………………………………… **华中悬钩子R. cockburnianus** Hemsl.

31.植株具腺毛；小叶5~7枚；萼片卵形，先端急尖（产于大别山、桐柏山

至伏牛山区南部）…………………………… **拟覆盆子R. idaeopsis** Focke

30.花组成伞房状花序；小叶(5)7~9（11）枚，边缘具不整齐粗锐锯齿；萼片先端急尖；枝被白粉（产于伏牛山区南部）… **红泡刺藤R. niveus** Thunb.

23. 路边青属 Geum L.

1.果托具长约1.0mm的硬毛；茎生叶变化大，具2~6对小叶，有时重复羽裂，小叶披针形或菱状椭圆形，顶端常渐尖，稀急尖（产于各山区）…………………………………………………………………………………… **路边青G. aleppicum** Jacq.

1.果托具长2.0~3.0mm的长硬毛；上部茎生叶常为单叶，不裂或3浅裂，小叶或顶生裂片卵形，顶端圆钝，稀急尖（产于各山区）…………………………………………………… **柔毛路边青G.japonicum** Thunb.var. **chinense** Bolle

24. 太行花属 Taihangia Yü et Li

太行花T. rupestris Yü et Li，太行山区特产。

多年生草木，根状茎粗长。单叶，基生，卵形或椭圆形，宽2.0~8.0cm，先端圆钝，边缘有粗大钝齿或波状圆齿；叶柄长2.0~10cm。花莛高达15cm，花单生顶端，稀2花；花白色，直径3.0~4.5cm。

25. 委陵菜属 Potentilla L.

1.灌木或小灌木；花白色。

2.小叶上面或多或少伏生柔毛，下面密被白色茸毛或绢毛（产于伏牛山区）…… **白毛银露梅P. glabra** Lodd. var. **mandshurica**(Maxim.) Hand. -Mazz.

1.小叶上面伏生白色绢毛，下面疏披白绢毛或脱落几无毛；花梗较粗，密被白色绢状柔毛（产于栾川鸡角尖）………………………………………………………………… **伏毛银露梅P. glabra** Lodd. var. **veitchii**(Wils.) Hand. -Mazz.

1.草本植物或亚灌木；花黄色。

3.基生叶为羽状复叶。

4.小叶全缘或顶端2浅裂，椭圆形、卵圆形或长圆形，两面被短柔毛或几无毛，常对生（产于太行山至伏牛山区）…… **二裂委陵菜P. bifurca** L.

4.小叶边缘有锯齿或裂片。

5.小叶下面绿色或淡绿色，有绢毛或柔毛，或脱落几无毛。

6.一二年生，植株铺散，分枝多；花径6.0~8.0(10)mm（产于各地）……………………………………………………………… **朝天委陵菜P. supina** L.

6.多年生，植株直立或上升；花径10~15mm。

7.茎基部木质化；花茎与叶柄伏生疏柔毛或微被开展短柔毛；副萼片狭窄，先端锐尖（产于太行山、伏牛山区）……………………………………………………… **钩叶委陵菜（皱叶委陵菜）P. ancistrifolia** Bge.

7.茎基部不木质化；花茎与叶柄被开展长柔毛；副萼片较宽，先端圆钝（产于各山区）………………………………………………**莓叶委陵菜 P. fragarioides** L.［*P. fragarioides* var. *sprengeliana*(Lehm.) Maxim.］

5.小叶下面密被白色或淡黄色茸毛或绢毛。

8.茎平卧，有匍匐茎；单花腋生；间断羽状复叶，小叶6~11对（产于太行山至伏牛山区北部及黄河沿岸各县）…………… **蕨麻P. anserina** L.

8.茎直立或上升，无匍匐茎，花序具1至多花。

9.小叶下面密被茸毛，间或杂有绢毛。

10.基生叶小叶2~4对；小叶片长圆形或长圆状披针形，边缘具圆钝锯齿（产于各山区） …………………… **翻白草P. discolor** Bge.

10.基生叶小叶3~11（15）对；小叶片边缘分裂成小裂片。

11.花茎和叶柄被相互交织的白茸毛，稀脱落；小叶3~5（8）对，下面密被白茸毛（产于太行山至伏牛山区） ……………………………………………… **西山委陵菜P. sischanensis** Bge.

11.花茎和叶柄被绢毛、长柔毛、曲柔毛或短柔毛，不被茸毛。

12.小叶分裂较深，裂片带形，篦齿状整齐排列；茎生托叶全缘；副萼片长约为萼片之半（产于太行山及伏牛山区） ………………………………… **多茎委陵菜P. multicaulis** Bge.

12.小叶分裂较浅，裂片三角形、三角状披针形或长圆状卵形；茎生托叶齿牙状分裂；副萼片约等长于萼片（产于各山区，药用） ……………………………… **委陵菜P. chinensis** Ser.

变种：**细裂委陵菜**var. **lineariloba** Franch. et Sav.，小叶片边缘深裂至中

脉或几达中脉，裂片狭窄带形（产于嵩县、栾川、桐柏）。

9.小叶下面及上面密被白色绢状长柔毛，花茎、花梗和叶柄也被同样的毛；基生叶小叶2~5对，椭圆形或椭圆状卵形（产于卢氏、内乡）……………………… **白毛皱叶委陵菜P. ancistrifolia** Bge. var. **tomentosa** Liou et Y. Y. Li

3.基生叶为掌状复叶，小叶3~5枚。

13.基生叶有3枚小叶。

14.植株全部被星状毛（产于太行山区）……… **星毛委陵菜P. acaulis** L.

14.植株全无星状毛。

15.花茎延长平卧，匍匐状，常在节处生根。

16.顶生聚伞花序具多花（产于郑州花园口黄河滩、灵宝）………………**匍行狼牙委陵菜P. cryptotaeniae** Maxim. var. **radicans** Yü et Li

16.单花腋生。

17.小叶片无柄，边缘锯齿较深，托叶革质，全缘（产于太行山至伏牛山区）………**三叶朝天委陵菜P. supina** L. var. **ternata** Peterm.(*P. parvipetala* B. C. Ding et S. Y .Wang)

17.小叶片有明显柄，边缘锯齿浅；托叶膜质，全缘或有锯齿（产于伏牛山区）………………… **蛇莓委陵菜P. centigrana** Maxim.

15.茎直立或上升。

18.植株高60~100cm；小叶长圆形至长圆状披针形，先端渐尖；茎生叶托叶披针形或长圆状披针形，大部分与叶柄合生（产于伏牛山区）……………………… **狼牙委陵菜P. cryptotaeniae** Maxim.

18.植株高30~50cm；小叶长圆形、卵形或椭圆形，先端圆钝；茎生叶托叶缺刻状锐裂，与叶柄合生部分不及分离部分之半（产于各山区）…………………………… **三叶委陵菜P. freyniana** Bornm.

变种：**中华三叶委陵菜**var. **sinica** Migo，茎和叶柄被开展柔毛、较密，小叶两面被开展或微开展柔毛，尤其沿脉较密；花茎或纤匍枝上托叶卵圆形且全缘（产于鲁山、商城）。

13.基生叶为掌状5小叶，或为3小叶之侧生2小叶各分裂为两部分。

19.聚伞花序顶生；小叶5枚，倒卵形或长圆状倒卵形；茎上升，仅基部节上生根（产于伏牛山、桐柏山、大别山区）…………………

…………………………………………………… **蛇含P. kleiniana** Wight. et Arn.

19.单花腋生；茎平卧，匍匐生根。

20.常3枚小叶，侧生小叶分裂为两部分，下面伏生绢状疏柔毛，小叶先端圆钝（产于各地）…………………………………………………………

………………… **绢毛匍匐委陵菜P. reptans** L. var. **sericophylla** Franch.

20.小叶5枚，不分裂，长圆状披针形，边缘锯齿极不相等，下面沿脉伏生疏柔毛，小叶先端急尖或渐尖（产于太行山区）………………………

……………………………… **匍枝委陵菜P. flagellaris** Willd. ex Schlecht.

26. 山莓草属 Sibbaldia L.

隐瓣山莓草S. procumbens L. var. **aphanopetala** (Hand.-Mazz.)Yu et Li，产于嵩县、栾川、西峡等县。

根状茎粗壮，被残存叶柄和托叶；茎丛生，不分枝，高达20cm，被黄褐色粗伏毛。三出复叶；小叶楔状卵形，长1.0~2.5cm，先端截形，具3（2~5）枚牙齿。伞房花序顶生，5至多花；萼片与副萼片近等长，约5.0mm；花瓣小，长1.0~1.5mm，黄色；心皮2~3个。

27. 地蔷薇属 Chamaerhodos Bge.

地蔷薇 C. erecta(L.) Bge.，产于辉县、济源、林县及邙山岭。

茎高达60cm，上部分枝，全株被长柔毛和腺毛。叶3深裂，裂片再3~5深裂，小裂片又分裂为线形；叶柄长10~25mm。圆锥花序；花粉红色或白色，径2.0~3.0mm，苞片常3裂；雄蕊5枚，心皮10~15个。

28. 草莓属 Fragaria L.

1.茎和叶柄被紧贴毛；萼片在果期反折；副萼片线形，全缘（产于伏牛山区）

……………………………………………………… **纤细草莓F. gracilis** Lozinsk.

1.茎和叶柄被开展毛。

2.花梗被紧贴毛；萼片在果期水平展开；小叶3或5枚，上面疏被柔毛，下面脉上柔毛较密（产于伏牛山区）………………………**野草莓F. vesca** L.

2.花梗密被展开的毛。

3.萼片果期紧贴果实；小叶3枚；植株被棕黄色毛；果实较大，直径达3.0cm；栽培种 ……………………………… **草莓F. × ananassa** Duch.

3.萼片果期反折或水平展开。

4.小叶3枚 ，质地较薄，两面有毛，下面脉上较密；萼片果期水平展开（产于太行山至伏牛山区）…………… **东方草莓F. orientalis** Lozinsk

4.小叶5枚，质地较厚，上面无毛，下面疏被柔毛；萼片果期反折（产于灵宝、卢氏）………………………… **五叶草莓F. pentaphylla** Lozinsk.

29. 蛇莓属 Duchesnea J. E. Smith

蛇莓D.indica(Andr.)Focke，各地均产。

茎匍匐。小叶3枚，菱状卵形或倒卵形，宽1.0~2.0cm，边缘有钝齿，几无柄。花单生叶腋，黄色，径1.0~1.8cm，副萼片5枚，先端3裂，较萼片大。

30. 蔷薇属 Rosa L.

1.托叶离生或仅基部与叶柄合生，脱落。

2.小叶3（5）枚；花单生，白色，直径5.0~7.0cm；花梗及萼筒密被刺毛（产于大别山及桐柏山区）…………………… **金樱子R. laevigata** Michx.

2.小叶3~5（7）枚；伞形花序或复伞房花序；花白或黄色；花梗及萼筒常光滑。

3.伞形花序；萼片全缘（栽培）………………… **木香花R. banksiae** Ait.

变型1：**黄木香花**f. **lutea** (Lindl.) Rehd.，花黄色重瓣。

变型2：**单瓣白木香**f. **normalis** Regel。

3.复伞房花序；萼片有羽状裂片（产于大别山、桐柏山至伏牛山南坡）……………………………………………… **小果蔷薇R. cymosa** Tratt.

1.托叶与叶柄合生；不脱落。

4.托叶篦齿状分裂；小叶片长1.5~5.0cm；圆锥状序；单瓣花，白色，花柱合生为柱状，外伸（产于伏牛山、桐柏山及大别山区）………………………………………………………… **野蔷薇R. multiflora** Thunb.

变种1：**粉团蔷薇** var. **cathayensis** Rehd. et Wils.， 花粉色至粉红色，单瓣，径2.0~4.0cm，花梗无毛或有腺毛。

变种2：**七姊妹**var. **carnea** Thory，花粉色至粉红色，重瓣，径3.0~4.0cm，花梗无毛。

变种3：**白玉堂**var. **albo-plena** Yü et Ku，花白色，重瓣，径2.0~3.0cm，花梗有短柔毛。

4.托叶全缘；花柱离生稀合生。

5.小叶3~5（7）枚。

6.叶边有重锯齿。

7.直立灌木，高不及1.5m；小枝密被皮刺和针刺；花单生（栽培）…………………………………………………………… **法国蔷薇R. gallica** L.

7.直立攀缘状灌木，高1.3~2.0m；小枝无刺或疏生皮刺；伞房花序（产于伏牛山区）……………………… **伞房蔷薇R. corymbulosa** Rolfe

6.叶边有单锯齿，稀混有少数重锯齿。

8.老枝有皮刺、针刺或刺毛；叶面有褶皱。

9.皮刺大小不一，叶具单锯齿，有时混生重锯齿；小叶3~5枚，下面被柔毛；花无苞片 ………………………………… **法国蔷薇R. gallica** L.

9.皮刺大小均一；全部单锯齿；小叶5~9枚，下面密被茸毛；花有苞片（栽培）……………………………………… **玫瑰R. rugosa** Thunb.

8.老枝只有皮刺，无针刺和刺毛。

10.叶片下面完全无毛。

11.直立灌木；小叶3~5枚；萼片常羽状分裂（栽培）……………………………………………………… **月季花R. chinensis** Jacq.

11.攀缘藤本。

12.花单生或2~3朵聚生；花柱离生；小叶5~7枚；萼片全缘（栽培）……………………………… **香水月季R. odorata** Sweet

12.花多朵成伞房花序；花柱合生；小叶3~5枚；萼片全缘或有少数裂片（产于大别山、桐柏山至伏牛山区南部）………………………………………… **软条七蔷薇R. henryi** Bouleng.

10.叶片下面密被柔毛（产于伏牛山区南部、新县）…………………………………………………… **悬钩子蔷薇R. rubus** Lévl. et Vant.

5.小叶在（5~）7枚以上。

13.小叶片长（1.5）2.0cm以下。

14.叶缘有单锯齿，稀部分有重锯齿。

15.叶片下面光滑无毛，稀在幼嫩时有柔毛，不久全部脱落变无毛。

16.枝条有皮刺、针刺和刺毛；小叶5~13枚，卵形、椭圆形或倒卵形；花黄色（产于灵宝、陕县） …… **黄蔷薇R. hugonis** Hemsl.

16.枝条只有皮刺，无针刺和刺毛。

17.皮刺基部宽大，直立不弯曲，花黄色，果萼片反折（伏牛山区有野生，常见栽培观赏） ………… **黄刺玫R. xanthina** Lindl.

变型：**单瓣黄刺玫**f. **normalis** Rehd. et Wils.（产于太行山、伏牛山区）。

17.皮刺细直。

18.叶边全部有锯齿，先端多急尖；小叶9~15枚；萼筒杯状；果外密生针刺（产于大别山至伏牛山区南部） ……………………………………………………… **缫丝花R. roxburghii** Tratt.

18.叶片基部近全缘，先端多圆钝；小叶7~11枚；花梗长1.5~3.0cm；萼筒坛状（产于伏牛山、桐柏山及大别山区） ………………………………………… **钝叶蔷薇R. sertata** Rolfe

15.叶片下面或在中脉被柔毛。

19.枝条细弱，无刺，或有扁而基部膨大皮刺，幼嫩时常密被针刺或无针刺；花瓣4片，白色（产于伏牛山区南部） ……………………………………………………… **峨嵋蔷薇R. omeiensis** Rolfe

19.枝条有细直或宽扁皮刺，无针刺或刺毛。

20.小叶先端短渐尖；花瓣5片，白色，花梗长1.5~2.0cm（产于大别山、桐柏山至伏牛山区南部） ……………………………………………………… **卵果蔷薇R. helenae** Rehd. et Wils.

20.小叶先端圆钝或急尖；花粉红色；萼片果时直立宿存；花梗长不及1.0cm（产于灵宝、栾川、卢氏、南召、西峡等） ……………………………………………… **陕西蔷薇R. giraldii** Crep.

变种：**毛叶陕西蔷薇**var. **venulosa** Rehd. et Wils.，叶片下面网脉明显，密被柔毛，上面也多少被毛。

14.叶缘明显重锯齿；小叶（7）9~15枚，叶片无毛或近无毛，下面有腺体；花单生，淡黄色，无苞片（产于南召）…………………………………………………………………… **樱草蔷薇R. primula** Bouleng.

13.小叶长2.0cm以上。

21.叶缘有重锯齿；果期萼片先端扩展为叶状。

22.伞房花序多花；小叶5~9枚（产于伏牛山区）………………………………………………………………………… **刺梗蔷薇R. setipoda** Hemsl.et Wils.

22.花单生或2~3朵簇生；小叶7~11枚（产于灵宝、卢氏、栾川）………………………………………………… **扁刺蔷薇R. sweginzowii** Koehne

21.叶缘有单锯齿。

23.叶片下面无毛或近无毛。

24.老枝有皮刺且常密被针刺，小枝常仅有皮刺；花梗长5.0~10mm，花梗及萼筒常密被腺毛（产于太行山、伏牛山区）……………………………………………………………… **美蔷薇R. bella** Rehd.et Wils.

变种：**光叶美蔷薇**var. **nuda** Yü et Tsai，花较小，萼筒和花梗平滑而无腺体（产于嵩山）。

24.老枝仅有皮刺，无刺毛。

25.皮刺宽扁；花红色，多朵成伞房花序；花序及萼筒常有腺毛，稀光滑；小叶长3.0~7.0cm，全部边缘有齿（产于伏牛山）……………………………………………………… **尾萼蔷薇R. caudata** Baker

25.皮刺细直，有时少刺或无刺；花粉红色，单生或3~5朵排为伞房状；花梗及萼筒常光滑；小叶长1.0~2.5cm，中部以下近全缘（产于伏牛山、商城）……………… **钝叶蔷薇R. sertata** Rolfe

23.叶片下面被毛或至少中、侧脉上被毛。

26.小枝和皮刺被茸毛；小叶5~9枚，上面多皱，下面密被茸毛；花单生（栽培观赏）…………………………………… **玫瑰R. rugosa** Thunb.

26.小枝和皮刺光滑，稀无皮刺。

27.花多朵成伞房花序。

28.花梗及萼筒光滑；小叶先端急尖；花粉红色，花柱离生（产于

伏牛山区）………………………………… **拟木香R. banksiopsis** Baker

28.花梗及萼筒被腺毛。

29.小叶椭圆形至卵状长圆形，先端急尖至渐尖；花粉红色，花柱离生（产于济源、辉县及伏牛山区）………… **西北蔷薇R. davidii** Crep.

29.小叶长圆状卵形至卵状披针形，先端渐尖；花白色，花柱连合成束 ……………………………………… **卵果蔷薇R. helenae** Rehd. et Wils.

27.花单生或2~3朵簇生；花梗及萼筒常有腺毛；稀光滑；花深红（产于伏牛山区）……………………………………… **华西蔷薇R. moyesii** Hemsl.

31. 龙牙草属 Agrimonia L.

1.花直径5.0~10mm；果的钩刺靠合，果连刺长约8.0mm，最宽处约4.0mm；小叶卵状披针形或倒卵形，沿脉生倒伏毛。

2.茎被疏柔毛及短柔毛，稀下部疏被长硬毛；叶片上面被疏柔毛，稀脱落几无毛（产于各地）……………………………… **龙牙草A. pilosa** Ledeb.

2.茎下部密被粗硬毛；叶片上面脉上被长硬毛或微硬毛，脉间密被柔毛或茸毛状柔毛（产于各山区）……………………………………………… ………………………… **黄龙尾A. pilosa** Ledeb. var. **nepalensis**(D. Don) Nakai

1.花径不超过5.0mm；果钩刺开展，连刺长约5.0mm，最宽处约2.0mm；小叶菱状椭圆形，下面脉上生横展长硬毛（产于大别山区）…………………… …………………… **小花龙牙草**A. **nipponica** Koidz. var. **occidentalis** Skalicky

32. 地榆属 Sanguisorba L.

1.基生叶小叶卵形或长圆状卵形，基部心形至微心形。

2.花紫红色、红色或淡紫色。

3.小叶两面无毛，有时仅叶柄基部或茎基部有稀疏腺毛（各地均产）… ……………………………………………………… **地榆S. officinalis** L.

3.小叶下面被疏柔毛；叶柄基部或茎基部有稀疏腺毛（产于太行山、伏牛山区）………… **腺地榆S. officinalis** var. **glandulosa**(Kom.) Worosch.

1.花粉色或白色（产于林县、辉县、济源）……………………………

……………………… **粉花地榆*S. officinalis*** var. ***carnea***(Fisch.) Regel ex Maxim.

1.基生叶小叶带状长圆形至带状披针形，基部微心形、圆形至宽楔形（产于各山区）……………… **长叶地榆*S. officinalis*** var. ***longifolia*** (Bertol.) Yü et Li

33. 扁核木属 Prinsepia Royle

扁核木*P. uniflora* Batal.，产于灵宝、陕县及卢氏等县。

落叶灌木；小枝绿色，有刺。叶线状长圆形或窄长圆形，长2.5~5.0cm。全缘或有浅齿，几无柄。花单生，或2~3朵簇生叶腋，花白色，径约15mm。核果直径10~15mm，暗紫色，有蜡粉。

34. 桃属 Amygdalus L.

1.果实成熟时干燥无汁，开裂。

2.叶披针形或椭圆状披针形，幼叶被疏柔毛，老时无毛；叶柄长10~20（30）mm；萼筒圆筒形；花梗长2.0~4.0mm（栽培观赏）………………………………………………………………………… **扁桃*A. communis*** L.

2.叶近圆形、椭圆形至倒卵形，被短柔毛，先端常不明显3裂；叶柄长5.0~10mm；萼筒宽钟形；花梗长4.0~8.0mm（栽培观赏）………………………………………………………………………… **榆叶梅*A. triloba*** (Lindl.) Ricker

变型：**重瓣榆叶梅**f. ***multiplex***(Beg.)Rehd.，花重瓣，粉红色；萼片常10枚。栽培观赏。

1.果实成熟时肉质多汁，不开裂。

3.果核表面具纵、横向浅沟纹；萼外有短柔毛（产于伏牛山区）…………………………………………………… **甘肃桃*A. kansuensis***(Rehd.) Skeels

3.果核有深沟纹或孔穴。

4.叶长圆状披针形、椭圆状披针形或倒卵状披针形，中部或中部以上最宽，下面沿中脉或脉腋有疏毛或无毛；萼外有短柔毛；果核两侧扁平，先端渐尖（栽培）…………………………………… **桃*A. persica*** L.

变种：**蟠桃**var. ***compressa*** (Loud.) Yu et Lu，果实扁平，核小，圆形，有深沟纹。

变型1：**碧桃**f. ***duplex*** Rehd.，花重瓣，淡红色。

变型2：**油桃**f. **nactarina** Maxim.，果光滑无毛，果肉不离核。

变型3：**白花桃**f. **alba**(Lindl.) Schneid.，花单瓣，白色。

变型4：**紫叶桃**f. **atropurpurea** Schneid.，叶紫色。

变型5：**千瓣白桃**f. **albo-plena** Schneid.，花重瓣，白色。

变型6：**垂枝碧桃**f. **pendula** Dipp.，枝下垂。

4.叶卵状披针形，边缘有细锐锯齿；最宽处明显居中部以下，下面无毛；萼外无毛；果核两侧不扁平，先端圆钝；果及果核近球形（产于太行山至伏牛山区）……………………………… **山桃A. davidiana**(Carr.) C. de Vos

35. 杏属 Armeniaca Mill.

1.果核球形或两侧稍扁，表面有蜂窝状小孔；一年生枝绿色；叶边具小锐锯齿，叶柄长约1.0cm（栽培观赏）………………………… **梅A. mume** Sieb.

变种1：**直脚梅**var. **mune**，枝条直立或斜展。

变种2：**照水梅**var. **pendula** Sieb.，枝条下垂。

变种3：**龙游梅**var. **tortuosa** T. Y. Chen et H. H. Lu，枝条自然扭曲如游龙。花蝶形，半重瓣。

变种4：**杏梅**var. **bungo** Makino，枝与叶似山杏，花半重瓣，粉红色。

1.果核两侧扁，表面平滑或粗糙；一年生枝灰褐色至红褐色；叶柄长2.0~3.0cm。

2.乔木，高5.0~8.0（12）m；叶片宽卵形或圆卵形，先端急尖至短渐尖；果实多汁，成熟时不开裂，核基部常对称（栽培果树）…………………………………………………………………………… **杏A. vulgaris** Lam.

变种：**野杏**var. **ansu**(Maxim.) Yu et Lu，叶片基部楔形或宽楔形；花常2朵簇生，淡红色；果近球形，红色；核卵球形，离肉，表面粗糙有网纹，腹棱常锐利（产于各山区）。

2.叶卵形或近圆形，先端长渐尖至尾尖；果实干燥，核基部不对称（产于济源、辉县、内乡）……………………………… **山杏A. sibirica** (L.) Lam.

36. 李属 Prunus L.

1.侧脉直出呈弧形，基部与主脉呈锐角，尤其在叶片基部更明显；果扁球形，果梗很短，长不及1.0cm，核常具纵沟（各地零星栽培果树）………

…………………………………………………………………… 杏李**P. simonii** Carr.

1.侧脉斜出与主脉成45° 角。

2.花常单生，稀2朵混生；叶片紫色，下面仅中脉被毛；果核光滑或粗糙（栽培观赏）… **紫叶李P. cerasifera** Ehrhart f. **atropurpurea** (Jacq.) Rehd.

2.花常3朵簇生，稀2朵；叶片绿色，光滑无毛；果实大，近球形，直径5.0~7.0cm，果梗长1.0~1.5cm，果核有沟纹（产于伏牛山区，各地有栽培）………………………………………………………… **李P. salicina** Lindl.

37. 樱属 Cerasus Mill.

1.腋芽单生，花序多伞形或伞房总状，稀花单生；叶柄一般较长。

2.萼片反折。

3.花序上有大型绿色苞片，果期宿存，或伞房花序基部有叶。

4.花序伞房总状，有总梗。

5.苞片及叶边锯齿有盘状或平头状腺体；雄蕊40~45枚（产于伏牛山区）……………………… **四川樱桃C. szechuanica**(Babal.) Yü et Li

5.苞片、叶边和萼齿有圆锥形腺体；雄蕊27~30枚（产于伏牛山区）……………………………… **锥腺樱桃C. conadenia** (Kochne)Yü et Li

4.花序伞形，有总梗，稀无总梗。

6.苞片边缘有盘状腺体。

7.萼筒无毛；花瓣顶端圆形（产于伏牛山区）……………………………………………… **康定樱桃C. tatsienensis** (Batal.)Yü et Li

7.萼筒被疏柔毛；花瓣顶端2裂；花先叶开放，稀花叶近同开（产于新县）………………………… **迎春樱桃C. discoidea** Yü et Li

6.苞片边缘有圆锥形或小球形腺体。

8.萼筒无毛；小枝、叶柄及叶下面沿脉被疏柔毛或完全无毛（产于辉县、济源及伏牛山区）………………………………………………………… **微毛樱桃C. clarofolia** (Schneid.) Yü et Li

8.萼筒外面密被柔毛；小枝、叶柄及叶下面密被开展长柔毛（产于伏牛山区）………… **多毛樱桃C. polytricha** (Koehne)Yü et Li

3.花序上苞片大多为褐色，稀绿褐色，果期常脱落，稀小型宿存，但不为绿色；花瓣2裂或先端深内凹。

9.萼片较萼筒长0.5~2.0倍；小叶、叶柄、叶背及花梗被柔毛；苞片边缘常撕裂状，裂片顶端有长柄腺体（产于伏牛山、桐柏山及大别山区）……………………………………… **尾叶樱桃C. dielsiana** (Schneid.)Yü et Li

9.萼片较萼筒短，稀近等长。

10.叶边有明显的尖锐重锯齿，叶下面沿脉被疏柔毛 ……………………………………………………………… **樱桃C. pseudocerasus** (Lindl.)G. Don

10.叶边有单锯齿或不明显重锯齿，叶片下面或仅脉上有稀疏柔毛；伞形花序有总梗（产于西峡、南召、内乡、淅川）………………………………………………………… **崖樱桃C. scopulorum** (Koehne) Yü et Li

2.萼片直立或开张。

11.叶边多为圆钝缺刻状重锯齿；萼筒外被糙毛；伞形花序2~3朵花，基部有2~3枚叶状苞片，苞片长5.0~20mm（产于伏牛山区）……………………………………………… **刺毛樱桃C. setulosa**(Batal.) Yü et Li

11.叶缘多为尖锐重锯齿，稀单锯齿。

12.花梗及萼筒被柔毛；总花梗极短；萼片有腺齿。花先叶开放；花柱基部有毛（栽培观赏）…… **东京樱花C. yedoensis**(Mats.)Yü et Li

12.花梗及萼筒无毛。

13.叶边尖锐锯齿呈芒状；花叶同时开放，萼片全缘；花柱无毛；果黑色（产于太行山、伏牛山及大别山区）……………………………………………… **山樱花C. serrulata** (Lindl.)G. Don ex London

变种1：**毛叶山樱花**var. **pubescens**(Makino)Yü et Li，叶柄、叶片下面及花梗均被短柔毛。

变种2：**日本晚樱**var. **lannesiana**(Carr.) Makino，叶边有渐尖重锯齿，齿端有长芒，花常有香气（庭院栽培）。

13.叶边尖锐锯齿不为芒状；花先叶开放；果实红色（产于伏牛山区）………………… **华中樱桃C. conradinae**(Koehne) Yü et Li

1.腋芽3个并生，中间为叶芽，两侧为花芽；叶柄较短。

14.萼片直立或开展，萼筒管状，长大于宽；花梗长不及2.5mm或近无，花柱全部或基部被毛；叶片上面被疏柔毛，下面密被茸毛，后渐稀疏（产于各山区）………………………… **毛樱桃C. tomentosa** (Thunb.) Wall.

14.萼片反折，萼筒杯状或钟状，长近等于宽；花梗长4.0~10mm；花柱无毛或仅基部有毛。

15.叶片中部以下最宽，卵形或卵状披针形，先端渐尖至急尖，基部圆形，边缘有缺刻状尖锐重锯齿；花柱无毛…… **郁李C. japonica** (Thunb.) Lois.

15.叶片中部或中部以上最宽，基部楔形至宽楔形。

16.叶片下面被微硬毛或仅脉上被疏柔毛。

17.叶片先端长尾尖，下面被疏柔毛，花柱基部被疏柔毛（产于大别山商城）…………………………………………………… **长尾毛柱樱桃 C. pogonostyla**(Maxim.) Yü et Li var. **obovata**(Koehne) Yü et Li

17.叶片先端圆钝稀急尖，基部楔形，下面密被黄褐色微硬毛；花柱无毛（产于太行山、伏牛山区）… **毛叶欧李C. dictyoneura** (Diels) Yu

16.叶片下面无毛或仅脉腋有簇毛。

18.叶片中部以上最宽，倒卵状长圆形或倒卵状披针形，先端急尖或短渐尖；花柱无毛（产于太行山、伏牛山区）…………………………………………………………………… **欧李C. humilis** (Bge.) Sok.

18.叶片中部或近中部最宽，卵状长圆形或长圆状披针形，先端急尖或渐尖；花柱基部有疏柔毛或无毛（产于伏牛山、鸡公山区）…………………………………………… **麦李C. glandulosa** (Thunb.) Lois.

变型1：**白花重瓣麦李**f. **albo-plena** Koehne。

变型2：**粉花重瓣麦李**f. **sinensis**(Pers.) Koehne。

38. 稠李属 Padus Mill.

1.花萼在果期宿存；雄蕊10枚；花序基部无叶。

2.小枝和叶片下面无毛；花序无毛或有稀疏短柔毛；叶片椭圆形或长圆状椭圆形（产于伏牛山、桐柏山或大别山区）……………………………………………… **橉木P. buergeriana** (Miq.) Yü et Ku(*Prunus venosa* Koehne)

2.小枝密被短茸毛，叶片下面被棕褐色星状毛；花序密被短绒毛（产于熊耳山、灵宝、嵩县）…………… **星毛稠李P. stellipila** (Koehne) Yü et Ku

1.花萼在果期脱落；雄蕊20~35枚；花序基部有叶。

3.花梗和总花梗在果期不增粗，也不具浅色明显增大的皮孔；叶边锯齿较密。

4.花柱长，伸出花瓣和雄蕊之外；叶常带黄绿色；叶柄顶端无腺体；花梗长2.0~4.0mm（产于南召、西峡、淅川）…………………………………………………………………………… **灰叶稠李P. grayana**(Maxim.) Schneid.

4.花柱短，不伸出或仅为雄蕊长的1/2；叶柄顶端有腺体或无。

5.花柱仅为雄蕊长的1/2；叶柄顶端有腺体；花梗长1.0~1.5cm或更长（产于太行山、伏牛山）…………………… **稠李P. racemosa** (Lam.) Gilib.

变种1：**毛叶稠李**var. **pubescens**(Regel. et Tiling)Schneid.，小枝、叶下面、叶柄和花序基部均密被棕褐色长柔毛，叶边有重锯齿，齿披针形（产于太行山区）。

变种2：**北亚稠李**var. **asiatica**(Kom.)Yü et Ku，小枝和花序、花梗和总花梗均被短柔毛（产于太行山、伏牛山区）。

5.花柱与雄蕊近等长；花梗长不超过1.0cm，萼筒内面被毛。

6.叶缘锯齿带短芒；花序长15~30cm；叶片下面无毛，基部圆形或微心形，稀截形；叶柄先端有2个腺体（产于伏牛山）……………………………………………… **短梗稠李P. brachypoda**(Batal.) Schneid.

6.锯齿不带芒；花序长不过15cm；叶基圆形或宽楔形。

7.叶片下面无毛，小枝、总花梗和花梗无毛或被短柔毛（产于伏牛山区）………………………… **细齿稠李P. obtusata** (Kochne) Yü et Li

7.叶片下面、小枝、总花梗和花梗均密被短茸毛（产于伏牛山）……………………………………… **毡毛稠李P. velutina** (Batal.) Schneid.

3.花梗和总花梗在果期增粗，并有明显增大的浅色皮孔；小枝密被短柔毛；叶片下面密被白色或棕褐色有光泽的绢状柔毛；叶缘锯齿较疏（产于伏牛山区）…………………………………………… **绢毛稠李P. wilsonii** Schneid.

39. 臭樱属 Maddenia Hook. f. et Thoms.

1.小枝无毛；叶片下面苍白色并带白霜，边缘有不整齐锯齿或混有重锯齿；托叶草质，披针形，反折（记载产于伏牛山区，未见标本）………………………………………………………………………… **臭樱M. hypoleuca** Koehne

1.小枝有毛；叶片下面淡绿色，不具白霜，边缘有缺刻状重锯齿；托叶膜质（产于伏牛山、桐柏山、大别山区）… **锐齿臭樱M. incisoserrata** Yü et Ku

四九、豆科 Leguminosae

1.花辐射对称；花瓣镊合状排列，中下部常合生（含羞草亚科Mimosoideae）。
2.雄蕊多数，常10枚以上。
3.花丝合生为单体；荚果扁平而直，不开裂 …………… **1.合欢属Albizia**
3.花丝分离 ………………………………………………… **2.金合欢属Acacia**
2.雄蕊4或8枚，离生；荚果成熟时横裂为数节，每节含1粒种子 ……………………………………………………………………… **3.含羞草属Mimosa**
1.花两侧对称；花瓣覆瓦状排列。
4.花稍两侧对称，近轴的1枚花瓣位于相邻两侧的花瓣之内，花丝通常分离（云实亚科 Caesalpinioideae）。
5.偶数羽状复叶。
6.二回偶数羽状复叶。
7.植株不具刺；顶生圆锥花序；荚果肥厚肿胀 ……………………………………………………………… **4.肥皂荚属Gymnocladus**
7.茎、枝或叶轴有刺。
8.花杂性或单性异株，近整齐，常淡绿或绿白色；小叶边缘常有齿 ………………………………………………… **5.皂荚属Gleditsia**
8.花两性，两侧对称，通常黄色或橙黄色；小叶全缘 ……………………………………………………………… **6.云实属Caesalpinia**
6.一回偶数羽状复叶。
9.茎干和枝有分枝粗刺；小叶边缘常有齿 ……… **5.皂荚属Gleditsia**
9.植株无刺；小叶全缘；叶轴和叶柄具腺体 ……… **7.决明属Cassia**
5.单叶；能育雄蕊10枚 …………………………………**8.紫荆属Cercis**
4.花明显两侧对称；花冠蝶形，近轴的1枚花瓣（旗瓣）位于相邻两侧的花瓣（翼瓣）之外，远轴的2片花瓣（龙骨瓣）沿连接处合生呈龙骨状（蝶形花亚科Papilionoideae）。

10.雄蕊10枚，分离或仅基部合生。
11.直立木本植物，稀为草本；叶为羽状复叶。
12.荚果扁平，含1至数粒种子，从不于种子间紧缩为串珠状。
13.花瓣有柄；荚果无翅而常膨大；种皮朱红色 ……………………………………………………………………… **9.红豆树属Ormosia**
13.花瓣无柄；荚果扁平，具翅或无翅；种皮不为朱红色。
14.芽单生，具芽鳞，不被叶柄基部所覆盖；小叶对生或近对生 ……………………………………………… **10.马鞍树属Maackia**
14.芽叠生，不具芽鳞，但为叶柄基部所覆盖；小叶互生 ……………………………………………………… **11.香槐属Cladrastis**
12.荚果圆柱形，含少数至多数种子，且于种子间紧缩呈串珠状 …………………………………………………………… **12.槐属Sophora**
11.草本植物；掌状三出叶 …………………………… **13.黄华属Thermopsis**
10.雄蕊10枚，合生为单体或2组，除紫穗槐外，多数具显著的雄蕊管。
15.荚果如含2粒以上种子时，不在种子间裂为节荚，通常2瓣裂或不开裂。
16.乔木或灌木；羽状复叶，小叶常互生；荚果扁平，长圆形或舌状，不开裂，含1~2 粒种子 ………………………… **50.黄檀属Dalbergia**
16.植株有各种习性，但多为草本；荚果含1至多数种子，开裂或否。
17.雄蕊连合成单体，花药二型，即有长短两种交互而生，长型的以基部附着花丝，短型的以背部附着花丝；单叶或具3枚小叶；荚果肿胀 ……………………………………………… **14.野百合属Crotalaria**
17.雄蕊合生为单体或9与1的两组，花药通常为一型（补骨脂属例外）。
18.叶为单叶，具腺点 ………………………… **38.补骨脂属Psoralea**
18.叶为复叶。
19.掌状三出复叶，或另具2枚小叶生于叶柄基部类似托叶；花序呈伞形或头状，其下托以1至数枚叶状苞片 ……………………………………………………………… **15.百脉根属Lotus**
19.羽状复叶或掌状复叶，花序各种类型，如为伞形或头状，其下亦不托以叶状苞片（有时车轴草属可例外）。
20.叶具3枚小叶，稀仅具小叶1枚或多至9枚。

21.小叶边缘常均有锯齿，托叶常与叶柄连合；子房基部无鞘状花盘；草本。
22.小叶羽状排列。
23.荚果劲直或微有弯曲，但从不弯作马蹄铁形或镰刀形。
24.龙骨瓣较翼瓣甚短小；荚果长或短，先端尖，呈喙状，含种子1至多数；花单生或为头状花序，或为短的腋生总状花序 …………………………………………………………… **16.胡卢巴属Trigonella**
24.龙骨瓣等长或稍短于翼瓣；荚果小而呈卵形，先端不尖作喙状，含1或2粒种子；花排为细长总状花序 ………… **17.草木樨属Melilotus**
23.荚果弯曲成马蹄铁形或卷曲成螺旋形，稀为镰刀形，具刺或否，含种子1至数粒，不开裂；花序总状或穗状 …………**18.苜蓿属Medicago**
22.小叶掌状排列；花多数聚为紧密的头状花序；花冠与雄蕊管连合而不脱落；荚果小，几为花萼所包被，含1~6粒种子 ……………………………………………………………………………**19.车轴草属Trifolium**
21.小叶全缘或具裂片；托叶不与叶柄相连合；子房基部常有鞘状花盘包围。
25.花单生或簇生，但常为总状花序，其花序轴延续一致而无节瘤；花柱光滑无毛。
26.叶不具腺体斑点；小托叶通常存在；苞片（除大豆属外）均为宿存。
27.子房基部的花盘很不发达，环状；苞片脱落 … **20.大豆属Glycine**
27.子房基部花盘鞘状；苞片宿存。
28.花有具花瓣和无花瓣二型；萼不倾斜，萼齿明显 ……………………………………………………………… **21.两型豆属Amphicarpaea**
28.花同一类型，萼倾斜，萼管口截形，近无萼齿 …………………………………………………………………… **22.山黑豆属Dumasia**
26.叶下面常具腺体斑点；小托叶通常不存在；苞片大都不存在或早落。
29.胚珠多数；荚果不于种子间收缩凹陷 ………**23.野扁豆属Dunbaria**
29.胚珠2个；荚果于种子间收缩凹陷 …………… **24.鹿藿属Rhynchosia**
25.花亦常组成总状花序，但花序轴于花着生处常凸出为节，或隆起为瘤；花柱具茸毛或无毛；小托叶通常存在。
30.花柱不具须毛，罕于其下端存在。
31.旗瓣或龙骨瓣较其他各花瓣为大。

32.旗瓣较翼瓣及龙骨瓣为大，乔木或直立灌木，枝条具刺 ……………………………………………………………… **25.刺桐属Erythrina**

32.旗瓣及翼瓣均较龙骨瓣为短小，缠绕草木，无刺。

33.小叶3枚 ……………………………………… **26.黎豆属Stizolobium**

33.小叶5~7枚，稀3~9枚 ……………………… **27.土圞儿属Apios**

31.所有花瓣几等长。

34.花萼钟形，其后方2裂片通常合生为一，前方居中的 1 裂片常较其他裂片为长；荚果长而稍扁，其缝线两侧不具纵肋；常具块根 ……………………………………………………………… **28.葛属Pueraria**

34.花萼2唇形，其后方2裂片远大于前方3裂片；荚果大而扁平，其腹缝线的两侧各具1纵肋；无块根 ……………… **29.刀豆属Canavalia**

30.花柱上部后方具纵列的须毛，或于柱头周围具茸毛。

35.龙骨瓣先端具螺旋卷曲的长喙；翼瓣与龙骨瓣合生 ……………………………………………………………… **30.菜豆属Phaseolus**

35.龙骨瓣先端钝圆或具喙，但不螺旋卷曲。

36.柱头倾斜，其下方（即花柱后方）具须毛，花柱细长成线形 ……………………………………………………………… **31.豇豆属Vigna**

36.柱头顶生，其周围或下方具须毛；荚果扁平 ……………………………………………………………… **32.扁豆属Lablab**

20.叶为4枚乃至多数小叶所成的复叶，稀仅具小叶1~3枚。

37.叶为偶数羽状复叶，叶轴顶端多半具卷须或少数变为刚毛状。

38.花柱圆柱形，其上部四周被长柔毛或在其顶端外面有1丛髯毛 ……………………………………………………………… **33.野豌豆属Vicia**

38.花柱扁，在其上部里面只有长柔毛，似刷形。

39.花柱不纵折；托叶或多或少小于小叶；雄蕊管口斜形。

40.种子双凸镜状；萼较花瓣稍长 ……………………… **34.兵豆属Lens**

40.种子不为双凸镜状；萼较花瓣短 ……………………………………………………………… **35.香豌豆属（山黧豆属）Lathyrus**

39.花柱向外纵折；托叶大于小叶；雄蕊管口截形 ……………………………………………………………… **36.豌豆属Pisum**

37.叶为奇数羽状复叶，如为偶数羽状复叶时，叶轴顶端则不具卷须，仅有时延伸作刺状；稀为具3~5枚小叶的掌状复叶。

41.植株具贴生的“丁”字毛；药隔顶端常具腺体或延伸而成小毫毛 ………………………………………………………………… **37.木蓝属Indigofera**

41.植株不具“丁”字毛（黄芪属Astragalus一些种例外）；药隔顶端无任何附属体。

42.叶常具腺点或透明微点；雄蕊合生为单体，荚果常含单种子而不开裂；花仅有1 旗瓣，无翼瓣和龙骨瓣……………………**39.紫穗槐属Amorpha**

42.叶不具腺点；雄蕊常为9与1两组；荚果含2至多数种子，两瓣开裂，亦可不裂。

43.缠绕性木质藤本；花大而显著，排列于下垂的总状花序上；叶通常具小叶9枚以至多数 ………………………………… **40.紫藤属Wisteria**

43.植株不为木质藤本。

44.荚果扁平或于种子间具有横隔。

45.乔木或灌木，叶具数对（常10对以下）小叶，托叶常变为刺；荚果薄而扁平，腹缝线上具窄翅，种子间不具横隔 ……………………………………………………………… **41.洋槐属Robinia**

45.草本或亚灌木；叶具多对（常20对以上）小叶；托叶不变为刺；荚果细长无翅而边缘常变厚，种子间具横隔 ……………………………………………………………… **42.田菁属Sesbania**

44.荚果常膨大或肿胀，或为圆柱形，但从不于种子间具横隔。

46.旗瓣常较宽而开展或向后翻；花柱的后方具纵裂的须毛。

47.灌木；总状花序具少数常为黄色的花 … **43.膀胱豆属Colutea**

47.草本或亚灌木；总状花序具多数花，花蓝紫色或红色 ………………………………………… **44.苦马豆属Sphaerophysa**

46.旗瓣常较窄，或近圆形及倒卵形，直立或开展，花柱通常光滑无毛。

48.落叶灌木；叶通常为偶数羽状复叶，其叶轴常延伸呈刺状而宿存，稀为假掌状复叶而无延伸的刺；花萼基部倾斜；托叶不与叶柄基部连合，脱落或宿存而呈刺状… **45.锦鸡儿属Caragana**

48.草本或灌木；叶通常为奇数羽状复叶，其叶轴常与小叶一同脱落，即宿存时也不呈刺状；花萼基部不倾斜。

49.花常集为头状花序；药室不于顶端联合；花药同型。

50.龙骨瓣先端钝圆或稀尖锐。

51.龙骨瓣近等长于翼瓣；荚果常以背缝线的深入使纵隔为假2室 ……………………………………………………… **46.黄芪属Astragalus**

51.龙骨瓣长仅及翼瓣之半；荚果1室 ……………………………………………………………………………… **47.米口袋属Gueldenstaedtia**

50.龙骨瓣先端具1锐利突出的尖头；荚果1室或以腹缝线的深入使纵隔为2室……………………………………………… **48.棘豆属Oxytropis**

49.总状或穗状花序；药室于顶端连合；花药不同大，其中5枚较小；植株常具腺毛；荚果光滑或常具刺与瘤状突起 ………**49.甘草属Glycyrrhiza**

15.当荚果含2粒以上种子时，则于种子间横裂或紧缩为2至数节，各节荚含1粒种子而不开裂，或有时荚果退化为1节。

52.雄蕊合生为单体或5和5两组；小托叶通常不存在。

53.奇数羽状复叶，小叶20~30对 …………… **51.田皂角属Aeschynomene**

53.偶数羽状复叶，小叶2对（栽培） ……………… **52.落花生属Arachis**

52.雄蕊合生为9与1两组，其后方的1枚雄蕊完全分离，亦或仅其基部分离而余部与雄蕊管多少连合。

54.叶为具多数小叶的羽状复叶，小托叶通常不存在。

55.后方1枚雄蕊完全与雄蕊管分离；荚果裂为1至数节，各节近圆形或呈方形 ………………………………………… **53.岩黄蓍属Hedysarum**

55.后方1枚雄蕊基部分离，中部则与雄蕊管相连合；荚果通常仅1节，呈半圆形或肾形 ……………………………… **54.驴豆属Onobrychis**

54.叶具3枚小叶（山蚂蝗属可具1枚或多数小叶）。

56.小托叶通常存在；荚果具2至数节；叶常具3枚小叶，稀具1枚或较多小叶。

57.无子房柄；荚果在种子间自背缝线深裂不达至腹缝线 ……………………………………………………… **55.山蚂蝗属Desmodium**

57.具细长子房柄；荚果在种子间自背缝线深裂至腹缝线 …………

………………………………………………… **56.长柄山蚂蝗属Podocarpium**

56.小托叶不存在，荚果通常仅1节或含1粒种子。

58.托叶细小，锥形，脱落；灌木或草本。

59.苞片宿存，其腋间常具2朵花；花梗不具关节 ……………………………………………………………………… **57.胡枝子属Lespedeza**

59.苞片通常脱落，其腋间仅具1朵花；花梗于萼下具关节 …………………………………………………………… **58.杭子梢属Campylotropis**

58.托叶大形，膜质而宿存；一年生草本 ……… **59.鸡眼草属Kummerowia**

1. 合欢属 Albizia Durazz.

1.叶的羽片2~3（4）对；小叶长圆形或卵状长圆形，长1.8~4.5cm、宽7.0~20mm（产于各山区） ……………………… **山槐A. kalkora**(Roxb.) Prain

1.叶的羽片4~12（20）对；叶线形至长圆形，长6.0~12mm、宽1.0~4.0mm（栽培或野生） ……………………… **合欢**（绒花树）**A. julibrissin** Durazz.

2. 金合欢属 Acacia Mill.

1.叶退化，叶柄变为叶状柄，叶状柄长6.0~10cm、宽4.0~10mm（盆栽观赏） ………………………………………………………… **台湾相思A. confusa** Merr.

1.二回羽状复叶；小枝“之”字形弯曲，具托叶刺；荚果肿胀（盆栽观赏） ……………………………… **金合欢**（鸭皂树）**A. farnesiana** (L.) Willd.

3. 含羞草属 Mimosa L.

含羞草M. pudica L.，各地栽培，供观赏。

全株散生锐刺或倒刺毛。二回偶数羽状复叶，羽片二至四掌状排列；每羽片常具7~24对小叶。小叶长圆形，宽1.5~3.0mm，边缘生刺状纤毛。头状花序，花淡红色。

4. 肥皂荚属 Gymnocladus Lam.

肥皂荚G. chinensis Baill.，产于大别山区。

乔木；腋芽叠生。二回偶数羽状复叶，羽片3~6（10）对，每羽片有小叶

20~30枚；小叶长圆形，宽9.0~15（20）mm，先端钝而微凹，两面被平伏毛。总状花序顶生，具长柄、下垂。荚果椭圆形，肥厚，长7.0~12（14）cm、宽3.0~4.0cm。

5. 皂荚属 Gleditsia L.

1.小叶小，长6.0~24mm、宽3.0~10mm，全缘，植株上部的小叶远比下部的为小；荚果长3.0~6.0cm，具1~3粒种子（产于太行山至伏牛山北部）………………………… **野皂荚G. microphylla** Gordon ex Y. T. Lee(*G. heterophylla* Bge.)

1.小叶大，长25mm以上，边缘具不规则齿牙；荚果长6.0cm以上，种子多粒。

2.棘刺圆柱形；小叶上面网脉明显凸起，边缘具细密锯齿；子房于缝线处和基部被柔毛；荚果肥厚，不扭转，劲直或指状稍弯呈猪牙状（产于各地）………………………………………………… **皂荚G. sinensis** Lam.

2.棘刺略扁，至少基部如此；小叶上面网脉不明显，全缘或具疏浅钝齿；子房无毛；荚果扁，不规则扭转或弯作镰刀状，长20~35cm、宽2.0~4.0cm，常具泡状隆起（产于各山区）……………………………………………………… **山皂荚G. japonica** Miq.(*G. melanacantha* Tang et Wang)

6. 云实属 Caesalpinia L.

云实C. decapetala (Roth) Alston(*C. sepiaria* Roxb.)，产于大别山、桐柏山、伏牛山区南部。

幼枝密被褐色短柔毛和倒钩刺。二回偶数羽状复叶；羽片对生，3~10对；小叶7~15对，长圆形，宽6.0~11mm，先端圆钝，微凹，两面被柔毛，后渐脱落。总状花序顶生，花梗长2.0~3.0(4.0)cm，顶端具关节，花黄色。

7. 决明属 Cassia L.

1.小叶不超过10对，长2.0cm以上，非线形。

2.叶具小叶3对，具腺体3枚，腺体位于小叶间的叶轴上；荚果近四棱柱形，长达15cm（各地栽培）……………………………… **决明C. tora** L.

2.叶有小叶4~10对，具腺体1枚，腺体位于叶柄基部上方。

3.小叶4~5对，长4.0~9.0cm、宽2.0~3.5cm，顶端渐尖；荚果带状镰形，长10~13cm（零星栽培）…………………………**望江南C. occidentalis** L.

3.小叶5~10对，顶端急尖或短渐尖；荚果近圆筒形，长5.0~10cm（零星栽培）…………………………………………… **槐叶决明C. sophera** L.

1.小叶常超过10对，线状披针形；长5.0~9.0mm、宽约2.0mm；花单生，雄蕊4枚（产于太行山、大别山、桐柏山区）………………………………………………………………………………… **豆茶决明C. nomame**(Sieb.) Kitag.

8. 紫荆属 Cercis L.

1.总状花序，有明显的总花梗，花序长不及2.0cm；花梗长（10）12~20（25）mm；叶片下面无毛或仅于基部脉腋有簇生柔毛；荚果基部常圆钝，背、腹缝线不等长（产于河南西南部，鲁山、桐柏、内乡、栾川）………………… **湖北紫荆C. glabra** Pamp.(*C. funiushanensis* S. Y. Wang. et T. B. Chao)

1.花簇生，无总花梗；荚果基部长渐尖；背、腹缝线近等长；花梗长6~10（12）mm。

2.幼枝和叶柄无毛，叶片两面通常无毛（产于各山区）……………………………………………………………………………… **紫荆C. chinensis** Bge.

2.幼枝、叶柄及叶片下面脉上均被短柔毛（产于伏牛山区）……………………………… **短毛紫荆C. chinensis** f. **pubescens** Wei(*C. pubescens* S. Y. Wang)

9. 红豆属 Ormosia G. Jacks.

1.小叶背面密被灰黄色短毛；荚果长7.0~11cm（产于大别山区）……………………………………………………………………………… **花榈木O. henryi** Prain

1.小叶背面无毛；荚果长4.0~6.5cm（产于伏牛山南部）………………………………………………………………………… **红豆树O. hosiei** Hemsl. et Wils.

10. 马鞍树属 Maackia Rupr.

1.花长约20mm；荚果线状披针形，无翅；小叶5（3）枚；灌木（产于大别山、桐柏山、伏牛山区南部）………………………………………………… **光叶马鞍树M. tenuifolia**(Hemsl.) Hand. -Mazz.(*M. honanensis* Bailey)

1.花长10mm以下；荚果长椭圆形；小叶7~13枚，乔木。

2.荚果的翅宽2.0~4.0mm（产于大别山、桐柏山、伏牛山区南部）…………
………………………………………………………… **马鞍树M. hupehensis** Takeda

2.荚果无翅或几无翅。

3.小叶下面密被短柔毛，长椭圆状披针形，顶端急尖或短渐尖（产于卢氏、灵宝、嵩县）……………… **华山马鞍树M. hwashanensis** W. T. Wang

3.小叶下面幼时被柔毛，后变无毛，多为椭圆形，顶端钝或急尖（济源、洛阳有栽培）……………………… **朝鲜槐M. amurensis** Rupr. et Maxim.

11. 香槐属 Cladrastis Raf.

1.小叶两面同色，具小托叶，花有小苞片；荚果两侧具翅；乔木；圆锥花序长20~30cm（产于商城）………… **翅荚香槐C. platycarpa**(Maxim.) Makino

1.小叶上面绿色，下面多少苍白色，无小托叶；花无小苞片；荚果两侧无翅。

2.小叶卵状披针形或长圆状披针形；花序长达30cm，花长15mm以内，子房疏被柔毛；荚果具2.0~3.0mm长的果颈（产于桐柏山、伏牛山区南部）…
……………………………………………………… **小花香槐C. sinensis** Hemsl.

2.小叶卵形或长圆状卵形；花序长15cm以内，花长约20mm，子房密被黄白色绢毛；果颈长4.0~6.0mm（产于大别山、桐柏山区）………………
………………………………………………………… **香槐C. wilsonii** Takeda

12. 槐属 Sophora L.

1.乔木或灌木。

2.灌木，枝条具刺；总状花序；小叶11~21枚，椭圆形或长卵形，长5.0~9.0（12）mm、宽4.0~5.0mm，花白色或蓝白色（产于各山区）……………
………… **白刺花**（马蹄针）**S. davidii**(Franch.) Skeels(*S. viciifolia* Hance)

2.乔木，枝无刺；圆锥花序；小叶长3.0~5.0cm；荚果肉质。

3.小叶7~15（17）枚。

4.枝与叶疏被伏毛（栽培）………………… **槐**（国槐）**S. japonica** L.

变型：**龙爪槐**f. **pendula** Loud.，枝条下垂，树冠如伞（栽培观赏）。

4.枝条被较密白毛，小叶下面密被开展软毛（零星栽培）……………
……………………… **毛叶槐S. japonica** var. **pubescens**(Tausch) Bosse

3.小叶3~5枚（零星栽培） …… **五叶槐S. japonica** f. **oligophylla** Franch.

1.多年生草本或亚灌木，无刺。

5.全株绿色，无毛或疏被毛；小叶披针形或线状披针形，先端尖；翼瓣无耳；荚果有种子1~5枚（产于各山区） …………… **苦参S. flavescens** Ait.

变种：**毛苦参**var. **kronei**(Hance)C. Y. Ma，小枝、叶、小叶柄均密被灰褐色或锈色柔毛，果熟时毛被仍十分明显。

5.全株灰白色，密被白色柔毛，小叶椭圆形或长圆形，先端钝或圆；翼瓣有耳；荚果有种子5~12枚（产于太行山、伏牛山区） ……………………………………………………………………… **苦豆子S. alopecuroides** L.

13. 野决明属 Thermopsis R. Br.

1.花互生；荚果披针状带形；小叶倒卵形或线状披针形，宽8.0~20mm；叶柄几等长于托叶（产于信阳、南阳、新乡等地） …………………………………………………………………… **小叶野决明T. chinensis** Benth. ex S. Moore

1.花轮生；荚果长圆状带形；小叶倒披针形，宽5.0~16mm，叶柄明显短于托叶（产于黄河沿岸地区） ………………… **披针叶野决明T. lanceolata** R. Br.

14. 野百合属 Crotalaria L.

1.叶为三出复叶，小叶长圆形或椭圆形，长3.0~6.0cm、宽2.0~4.0cm，先端圆钝或微凹，基部楔形；龙骨瓣先端不扭转；胚珠多数（栽培） ……………………………………………… **猪屎豆C. pallida** Ait.(*C. mucronata* Desv.)

1.叶为单叶；龙骨瓣喙部扭转。

2.花冠明显伸出花萼之外，长2.0cm以上；叶两面均被绢状短柔毛，长圆状披针形或长圆形，长5.0~10cm、宽1.5~2.3cm（栽培） ……………………………………………………………………………… **菽麻C. juncea** L.

2.花冠包被于萼内或稍外露，长不及12mm。

3.托叶极明显，披针形或三角状披针形，长0.5~1.0cm；叶长椭圆形或长圆状卵形，长3.0~9.0cm、宽1.0~3.5cm，先端钝圆或微尖（产于大别山、桐柏山、伏牛山区南部） …… **假地蓝C. ferruginea** Grah. ex Benth.

3.托叶细小，刚毛状；叶条形或条状披针形，长3.0~8.0cm、宽不超过

1.0cm，先端渐尖（产于大别山、桐柏山、伏牛山区南部）…………………………………………………………………… **野百合C. sessiliflora** L.

变种：**多枝野百合**var. **polyclada** Honda，茎基部分枝，丛生状，高8.0~12cm；叶线形（产于桐柏、淅川）。

15. 百脉根属 Lotus L.

1.小叶倒卵状椭圆形至倒披针形，长不及宽的3.0倍，宽达10mm；花序具3~7朵花，花长10~15mm；萼外面无毛（产于伏牛山区南部）…………………………………………………………………………… **百脉根L. corniculatus** L.

1.小叶线形或长圆状线形，长12~25mm、宽2.0~4.0mm；花序1~2（5）朵花，花长约8.0~11mm；萼外面被长硬毛（产于黄河沿岸各县）…………………………………………………… **细叶百脉根L. tenuis** Waldst. et Kit. ex Willd.

16. 胡卢巴属 Trigonella L.

1.花近无梗，1或2朵腋生；荚果圆锥状，长7.0~12cm（零星栽培）…………………………………………………………… **胡卢巴T. foenum-graecum** L.

1.花密集为头状，生于甚长的总梗上；荚果卵圆状，长2.5~5.0mm（栽培）…………………………………………………… **蓝胡卢巴T. cocrulca**(L.) Ser.

17. 草木樨属 Melilotus Mill.

1.花白色；荚果无毛，先端锐尖；托叶甚长，尖刺状（栽培或逸生）……………………………………………………… **白花草木樨M. albus** Medik. ex Desr.

1.花黄色，荚果有毛或无毛。

2.托叶披针形，基部戟形并裂为数齿或缺刻；小叶每侧15~20枚锐齿；荚果腹缝线龙骨状增厚，种子2粒（产于太行山、伏牛山区）…………………………………………… **细齿草木樨M. dentatus**(Waldst. et Kit.) Pers.

2.托叶长锥尖，基部全缘或有1~3枚细齿；小叶每侧有不明显锯齿15枚以下；果无上述特征。

3.托叶基部边缘膜质，呈小耳状，偶有2~3枚齿；花长不及3.0mm，花梗甚短；果球形，长约2.0mm（产于各山区）………………………

………………………………………… **印度草木樨M. indicus**(L.) All.

3.托叶基部边缘非膜质，偶有1枚齿；花长3.5~7.0mm；果卵形，长3.0~5.0mm，先端钝圆，种子1粒（产于各山区）……………………………………………… **草木樨M. officinalis** (L.) Pall.(*M. sauveolens* Ledeb.)

18. 苜蓿属 Medicago L.

1.花紫色，荚果螺旋形卷曲，黑褐色，稍有毛（栽培或逸生）……………………………………………………………………………… **紫苜蓿M. sativa** L.

1.花黄色。

2.荚果螺旋形卷曲，具刺。

3.茎、叶近无毛；托叶撕裂状，裂片线形；花序梗远短于叶柄（产于桐柏山、大别山、伏牛山区南部）…… **南苜蓿M. polymorpha** L.(*M. hispida* Gaertn.)

3.茎、叶明显被毛；托叶近全缘或有少数牙齿；花序梗常长于叶柄（产于各地区）……………………………………**小苜蓿M. minima** (L.) Grufb.

2.荚果不螺旋状卷曲，也不具刺。

4.荚果肾形，长不及3.0mm；花长小于2.5mm（产于各地区）…………………………………………………………………… **天蓝苜蓿M. lupulina** L.

4.荚果长8.0mm以上。

5.果镰形或线形，直或弧形弯曲至半圆形，宽不及3.0mm（产于太行山区）…………………………………………………**野苜蓿M. falcata** L.

5.果长圆形或卵状长圆形，宽3.5~5.0（7.0）mm；花瓣黄褐色，中央具深红色或有紫色条纹（产于太行山、伏牛山区北部）…………………………………………………………… **花苜蓿M. ruthenica**(L.) Trautv.

19. 车轴草属 Trifolium L.

1.茎匍匐；花白色或带粉红色；花序从匍匐茎上生出。

2.果期萼裂片不展开（栽培观赏）……………………… **白车轴草T. repens** L.

2.果期萼裂片展开（偶见栽培）……………… **草莓车轴草T. fragiferum** L.

1.茎直立或斜升；花序从具叶的枝上生出。

3.花白色或带淡红色，开放后在花序下面者朵朵下垂 ……………………

…………………………………………………… **杂种车轴草T. hybridum** L.

3.花红色或绛红色。

4.花序穗状，其下无叶状总苞，花绛红色 …… **绛车轴草T. incarnatum** L.

4.花序头状，托以叶状总苞，花红色 …………… **红车轴草T. pratense** L.

20. 大豆属 Glycine Willd.

1.野生；茎细长，缠绕或平卧，疏生长伏毛；叶较小，长1.5~5.0cm；荚果长1.5~3.0cm（产于各地） ………………………………………………………………… **野大豆G. soja** Sieb. et Zucc.(*G. soja* var. *cleistogama* C. S. Zhu et S. X. Zhu)

1.栽培；茎粗壮，直立，密被长硬毛；叶较大，长6.0~13cm；荚果长3.0~5.0cm…………………………………………………… **大豆G. max**(L.) Merr.

21. 两型豆属 Amphicarpaea Ell.

两型豆A. edgeworthii Benth.［*A. trisperma*(Miq.) Baker ex Jacks.］，产于各地。

缠绕草本，多分枝。小叶3枚，菱状卵形或斜卵形，宽1.5~3.5cm，先端急尖，两面被白柔毛，花二型；上部花序总状腋生，花有淡紫或白色花瓣；下部生于匍匐枝上的花无花瓣。地上荚果长圆形，长1.5~3.0cm，种子2~3粒。

22. 山黑豆属 Dumasia DC.

山黑豆D. truncata Sieb.et Zucc.，产于伏牛山、桐柏山、大别山区。

缠绕草本，全株无毛。小叶3枚，卵形或菱状卵形，长5.0~10cm。总状花序，花黄色；花萼筒状，先端截形。荚果长3.0~4.0cm。

23. 野扁豆属 Dunbaria Wight et Arn.

毛野扁豆D. villosa (Thunb.) Makino，产于大别山、桐柏山、伏牛山区南部。

缠绕草木，茎被短柔毛。小叶3枚，菱形，宽2.0~3.5cm，有锈色腺点；先端突尖或短渐尖，总状花序腋生，2~7朵花；花黄色。荚果线形，扁，长约4.0cm、宽约0.7cm。

24. 鹿藿属 Rhynchosia Lour.

1.顶生小叶先端钝，稀短急尖；小叶下面和茎密被柔毛；总状花序长1.5~4.0cm（产于大别山、桐柏山、伏牛山区南部）… **鹿藿R. volubilis** Lour.
1.顶生小叶先端渐尖、长渐尖或急尾状渐尖。
2.花序纤细，长1.0~3.0cm；茎纤细，微被短柔毛；小叶卵形或宽椭圆形，两面微被柔毛（产于大别山、桐柏山区）……………………………………………………………………………… **渐尖叶鹿藿R. acuminatifolia** Makino
2.花序粗壮，长7.0~13cm；茎密被黄褐色长柔毛或混生短毛；顶生小叶卵形、宽椭圆形、菱状卵形，长5.0~9.0cm、宽2.5~5.0cm，两面密被短毛；宿存花萼和果被短毛（产于大别山、桐柏山、伏牛山区）……………………………………………………………………… **菱叶鹿藿R. dielsii** Harms

25. 刺桐属 Erythrina L.

1.小叶肾状宽卵形，长10~15cm；叶柄无刺（公园栽培）……………………………………………………………………… **刺桐E. arborescens** Roxb.
1.小叶菱状卵形，长4.0~10cm；叶柄有刺（栽培观赏）……………………………………………………………………… **龙牙花E. corallodendron** L.

26. 黎豆属 Stizolobium P. Br.

茸毛黎豆S. deeringianum (Small) Bort，栽培。

一年生缠绕草木，茎被白色细毛。小叶菱状卵形至卵圆形，长达15cm，下面有白色柔毛。花序下垂，花紫色，长约3.7cm，旗瓣长不及龙骨瓣之半。荚果长5.0~7.5cm，膨胀，密生黑色茸毛。

27. 土圞儿属 Apios Medik.

土圞儿A. fortunei Maxim.，产于大别山、桐柏山、伏牛山区南部。

多年生缠绕草木，具卵形或卵球形块根。羽状复叶；小叶3~7枚，卵形或宽披针形，宽1.5~4.0cm，先端急尖，基部圆形。总状花序腋生，长达25cm，花绿白色。荚果长约8.0cm。

28. 葛属 Pueraria DC.

葛 P. lobata(Willd.) Ohwi，产于各山区。

全株密被黄色长硬毛；块根肥厚，茎缠绕；小叶3枚，菱状卵形或宽卵形，宽达15cm，有时浅裂。总状花序腋生，密生多花；花紫红色，长约15mm；荚果长5.0~10cm。

29. 刀豆属 Canavalia DC.

刀豆C. gladiata (Jacq.)DC.，栽培观赏。

茎缠绕，光滑。小叶3枚，宽卵形，宽5.0~15cm，有时浅裂。总状花序腋生，密生多花；花紫红色，长约15mm。荚果长5.0~10cm。

30. 菜豆属 Phaseolus L.

1.托叶基部以上着生；小苞片线形；花序长于叶，花鲜红色；果镰状长圆形，向顶端渐变宽 ………………………… **荷包豆**（红花菜豆）**P. coccineus** L.

1.托叶基部着生；小苞片卵形或椭圆形；花非鲜红色。

2.茎有短柔毛；叶两面沿脉疏生柔毛；花序短于叶；荚果线形，膨胀而为长指状，先端不增宽，长10~15cm、宽约1.0cm。

3.茎缠绕 …………………………………………………… **菜豆P. vulgaris** L.

3.茎直立，多分枝 …………………… **矮菜豆P. vulgaris** var. **humilis** Alef.

2.茎无毛；小叶近无毛；荚果长圆形，扁平，长5.0~9.0cm、宽约2.0cm …………………………………………………… **棉豆**（金甲豆）**O. lunatus** L.

31. 豇豆属 Vigna Savi

1.托叶基部着生；龙骨瓣先端具弯为180° 角的喙（产于各地区） ………… …………………………………………………… **野豇豆V. vexillata**(L.) Rich.

1.托叶盾状着生；茎缠绕或茎直立；小叶全缘。

2.荚果被毛；直立草本（栽培） ………………… **绿豆V.radiata**(L.)Wilczek

2.荚果无毛。

3.托叶长约4.0mm，披针形；茎缠绕（产于各地） ………………………

……………………… 贼小豆（野绿豆）**V. minima** (Roxb.)Ohwi et Ohashi

3.托叶长10~17mm。

4.托叶箭头形，长约17mm；茎直立 ………………………………………………………………………… 赤豆**V. angularis**(Willd.) Ohwi et Ohashi

4.托叶披针形或卵状披针形，长10~15mm。

5.托叶长10~15mm；荚果长6.0~10cm、宽约5.0mm；茎幼时被黄色长毛，老时无毛；小叶卵形至披针形，长10~15cm、宽（2.0）5.0~7.5cm；茎直立或上部缠绕…………… 赤小豆**V. umbellata** (Thunb.) Ohwi et Ohashi [*V. calcarata* (Roxb.) Ohwi et Ohashi]

5.托叶长约10mm；荚果长7.5~70（90）cm、宽6.0~10mm；茎叶近无毛。

6.茎缠绕，长2.0~4.0m；荚果长30~90cm ……………………………………………… 长豇豆**V. unquiculata** subsp. **sequipedalis**(L.) Verdc.

6.茎直立或蔓生，高15~80cm；荚果长不及30cm。

7.果长20~30cm，下垂 ……………………………………………………………… 豇豆**V. unquiculata** (L.)Walp.［*V. sinensis* (L.) Endl.］

7.果长7.5~13cm，直立或开展 ………………………………………………… 短豇豆（饭豇豆）**V. unquiculata** subsp. **cylindrica**(L.)Verdc.

32. 扁豆属 Lablab Adens.

1.荚果镰形或半椭圆形，长6.0~7.0cm、宽1.5~2.3cm，种子长约8.0mm ……………………………… 扁豆（眉豆）**L. purpureus**(L.) Sweet(*Dolichos lablab* L.)

1.荚果带形而略扁，长11~13cm、宽1.5~2.0cm，种子长约13mm（偶见栽培）……………………………………………………………………………… 长扁豆 **L. dolichocarpa**(Wang et Tang)C. S. Zhu(*Dolichos dolichocarpa* Wang et Tang)

33. 野豌豆属 Vicia L.

1.花序梗长。

2.花序有多花，通常5朵以上。

3.叶轴顶端无卷须，呈细刺状。

4.小叶2（~3）对；花梗基部具叶状苞片，苞片长约6.0mm（产于大别山区）…………………………………… **牯岭野豌豆V. kulingiana** Bailley

4.小叶1对。

5.总状花序之总花梗长于叶（产于各山区）…… **歪头菜V. unijuga** A. Br.

5.总状花序之花序轴基部分枝，总花梗极短（产于伏牛山、大别山区）……………………………………………… **头序歪头菜V. ohwiana** Hosokawa

3.卷须发达。

6.小叶长为宽的5.0~10倍；花序15~30（40）朵花；小叶线形或狭披针形，宽不及6.0(7.0)mm；花紫色或蓝紫色。

7.小叶线形或线状披针形，宽2.0~4.0mm；茎匍匐或蔓生；花长8.0~15mm；多年生（产于各地区） ………… **广布野豌豆V. cracca** L.

7.小叶长圆形、线形或披针形，宽3.0~7.0mm；植株被长柔毛或绢毛；花长15~19mm；一二年生（栽培或逸生）…………………………………………………………………………………… **长柔毛野豌豆V. villosa** Roth

6.小叶长为宽的2.5~5.0倍；花序有5~15朵花；小叶椭圆形、卵形或披针形。

8.托叶大，长在10mm以上；花紫色、蓝紫色或紫红色，长10mm以上；花序长于叶。

9.小叶长（2）~6（10）cm、宽1.2~2.5cm，先端渐尖，侧脉直达叶缘，呈波形或齿状连合（产于太行山、伏牛山区）………………………………… **大叶野豌豆**(假香野豌豆）**V. pseudorobus** Fisch.et Mey.

9.小叶长1.3~4.0cm、宽0.5~1.8cm，革质，先端圆或微凹；侧脉扇状展开，直达叶缘但不连续为网状（产于各山区）…………………………………………………………………… **山野豌豆V. amoena** Fisch. et DC.

变种：**绢毛山野豌豆**var. **sericea** Kitag.，小叶及植株密被灰白色伏绢毛。

8.托叶较小，长不及10mm。

10.植株高大，灌木状，被白柔毛；花长约7.0mm，杂色（白色、粉红色或青色）（产于太行山、伏牛山区）…… **大野豌豆V. gigantea** Bge.

10.草本非灌木状；花紫色、蓝紫色或红色。

11.花长7.0~14mm；花序长于叶；小叶3~7对，长圆形或椭圆形，侧脉呈锐角上升，干时褐色（产于各山区）……………………………………………………………………… **确山野豌豆V. kioshanica** Bailley

11.花长10~20mm，具苞片；花序短于叶；小叶6~10对，线状披针形、卵圆状披针形或长圆形（伏牛山区）………………………………………………………………… **宽苞野豌豆V. latibracteolata** K. T. Fu

2.花序具少数花；常1~4（7）朵。

12.花长20~25mm；小叶3~4(5)对；花序长于叶（产于淮河以北地区）………………………**大花野豌豆**（三齿萼野豌豆）**V. bungei** Ohwi

12.花长短于7.0mm。

13.花长约3.0mm；花序与叶近等长；荚果无毛（产于河南南部）…………………………………… **四籽野豌豆V. tetrasperma**(L.) Schreber

13.花长3.0~5.0mm；花序明显短于叶；荚果被褐色长硬毛（产于大别山、桐柏山、伏牛山区）………… **小巢菜V. hirsuta** (L.)S. F. Gray

1.花序梗极短，花1~4（6）朵。

14.叶轴顶端无卷须,呈短尖头；花长25~33mm；荚果肥厚（栽培）……………………………………………………………………………… **蚕豆V. faba** L.

14.叶轴顶端具卷须；荚果扁。

15.小叶长椭圆形或倒卵形；花长18~30mm；荚果熟时黄色，于种子间略缢缩（产于各地）…………………………… **救荒野豌豆V. sativa** L.

15.小叶线形或窄长圆状线形；花长10~18mm；荚果熟时黑色，种子间不缢缩（产于各地）………… **窄叶野豌豆V. angustifolia** L. ex Reichard

34. 兵豆属 Lens Mill.

兵豆（扁豆）**L. culinaris** Medik.，各地栽培食粮。

茎高达40cm，基部多分枝。羽状复叶；小叶2~7对，椭圆形或倒卵状披针形，长1.0~1.5cm、宽2.0~5.0mm，无毛。总状花序腋生，1~2朵花；花紫色或白色，长4.0~6.0mm。荚果长约1.0cm，种子（1）2枚。

35. 香豌豆属（山黧豆属）Lathyrus L.

1.茎具翅；花不为黄色。

2.小叶1对，卵状长圆形或椭圆形；花柱扭转；总状花序1~3（4）朵花，花长2.0~3.0cm，白色、粉红色、桃红色、紫色或蓝色（栽培）……………………………………………………………………… **香豌豆L. odoratus** L.

2.小叶1~2（3）对；椭圆状披针形或线状披针形；花柱不扭转；总状花序5~8朵花；花紫色，长（1.2）1.5~2.0cm（产于各山区）………………………………………………………… **山黧豆L. quinquenervius**(Miq.) Litv.

1.茎无翅。

3.托叶大，下部托叶几与小叶相等；小叶卵形至宽卵形；花深黄色（产于太行山、伏牛山、桐柏山区）… **大山黧豆**（茫江香豌豆）**L. davidii** Hance

3.托叶明显小于叶。

4.托叶半箭头状，宽2.0~5.0mm，全缘或上缘有1小裂片；花黄色（产于伏牛山区）……………………………………………………………………… **安徽山黧豆 L. anhuiensis** Y. J. Zhu et R. X. Meng (L. henanensis S. Y. Wang)

4.托叶斜卵形，宽(8.0)10~12mm，下缘常具齿；花粉红至紫红色（产于灵宝）……………………………… **中华山黧豆L. dielsianus** Harms

36. 豌豆属 Pisum L.

豌豆P. sativum L.，栽培作物。

攀缘草本，全株无毛，有白粉。小叶2~6枚，宽椭圆形，宽1.0~2.5cm；托叶大于小叶，花白色或紫红色；花柱扁，上部一侧有髯毛。荚果长圆形，长5.0~10cm。

37. 木蓝属 Indigofera L.

1.茎、叶轴及花序轴至少在幼时有二歧状开展毛；小叶2~4对；花紫红色，长10mm以上（达15mm）（产于大别山、鸡公山区）…………………………………………………… **鸡公木蓝I. jikongensis** Y. Y. Fang et C. Z. Zheng

1.茎或小枝、叶轴及花序无毛，或具平贴“丁”字毛。

2.花长不及10mm，稀达11.5mm。

3.花长小于5.0mm，稀达6.5mm。

4.花序通常短于叶；小叶4~9对，长椭圆形、倒卵形、倒卵状长圆形或倒披针形（栽培）。

5.果弯曲如钩，长1.0~1.5cm，被毛；小叶5~7（9）对，长椭圆形或倒披针形，长1.5~4.0cm，先端常急尖……… **野青树I. suffruticosa** Mill.

5.果线形，不弯曲，长2.5~3.0cm，近无毛；小叶4~6对，倒卵形至倒卵状长圆形，长1.0~1.5(2.0)cm，先端钝或微凹…………………………………………………………………………… **木蓝I. tinctoria** L.

4.花序通常长于叶；小叶2~4（5）对，椭圆形、长圆形或阔倒卵形；果线状圆柱形。

6.枝圆柱形；花序10~15朵花；萼齿略等长；果长不超过2.5cm（产于各山区）…………………… **河北木蓝**（**野蓝枝**）**I. bungeana** Walp.

6.枝常具棱；花序有花20朵以上；萼齿下方3枚较长；果长2.5~5.5cm（大别山、桐柏山、伏牛山区南部）……………………………………………………………………………… **马棘I. pseudotinctoria** Mats.

3.花长5.0~11.5mm；若为5.0mm，则花序轴上具红腺体。

7.茎、叶轴、花序轴及果常无毛；小叶仅幼时在叶边缘及下面中脉有少量“丁”字毛（产于新县）………………… **华东木蓝I. fortunei** Craib

7.茎、叶轴及花序轴至少幼时被平贴“丁”字毛；小叶至少下面具“丁”字毛。

8.小叶较大，长（1.5）2.0~4.0cm、宽1.0~2.0cm；花序长7.0cm以上（产于各山区）……………………… **多花木蓝I. amblyantha** Craib

8.小叶较小，长1.0~2.5cm、宽5.0~10mm；花序长约3.0cm（产于大别山、桐柏山、伏牛山区南部）………… **马棘I. pseudotinctoria** Mats.

2.花较大，长超过10mm。

9.旗瓣外面近无毛；花长12~15（17）mm（产于太行山、伏牛山区）……………………………………………… **花木蓝I. kirilowii** Maxim. ex Pallib.

9.旗瓣外面被毛。

10.小叶3~6对，先端急尖；小枝无毛；花梗长3.0mm以上；萼齿三角形，常短于萼筒（产于商城）……………………………………………………
…… **宜昌木蓝I. decora** Lindl.var. **ichangensis**(Craib) Y. Y. Fang et C. Z. Zheng

10.小叶（2）3（4）对，先端圆钝；小枝及叶轴有毛；花梗常不超过3.0mm；萼齿披针形至披针状钻形，长于或近等长于萼筒（产于河南南部）……………………………………………………**苏木蓝I. carlesii** Craib

38. 补骨脂属 Psoralea L.

补骨脂P. corylifolia L.，栽培药用。

一年生，茎高达1.5m，全株有白色和黑色腺点。单叶，有时具1侧生小叶，宽卵形，宽5.0~6.0cm，总状花序近头状，腋生；花淡紫色或白色，长3.0~5.0mm；单体雄蕊。荚果卵形，长约5.0mm。

39. 紫穗槐属 Amorpha L.

紫穗槐A. fruticosa L.栽培或逸生。

灌木；羽状复叶；小叶11~25枚，卵形、椭圆形，宽6.0~15mm；穗状花序长7.0~15cm；花冠仅有旗瓣，紫红色，长约6.0mm。荚果长7.0~9.0mm，生瘤状腺体。

40. 紫藤属 Wisteria Nutt.

1.小叶13~19枚；花序长（20）30~50cm（栽培）……………………………………………………………………**多花紫藤W. floribunda** (Willd.) DC.

1.小叶7~13枚；花序长20~30cm。

2.小叶成熟时无毛或几无毛；花紫色或深紫色。（栽培，大别山区有野生）……………………………………………………**紫藤W. sinensis** (Sims) Sweet

变型：**白花紫藤**f. **alba**(Lindl.) Rehd. et Wils.，花白色。

2.小叶成熟时下面密被丝状细毛；花淡紫色（产于桐柏山区）……………………………………………………………………**藤萝W. villosa** Rehd.

41. 洋槐属 Robinia L.

1.植株无刺毛；花白色；乔木（栽培或逸生）……………………………………………………………………………… **洋槐**（刺槐）**R. pseudoacacia** L.

变型：**红花刺槐**f. **decaisneana**(Carr.) Voss，花冠红色。

1.茎、枝、叶柄及总花梗密生细刺毛；花暗红色或淡紫色（栽培观赏）……………………………………………………………………………**毛刺槐R. hispida** L.

42. 田菁属 Sesbania Scop.

田菁S. cannabina (Retz.) Poir.，栽培或逸生。

草本高达1.7m。偶数羽状复叶；小叶20~60枚，线状长圆形，宽2.5~3.0（4.0）mm，两面密生褐色腺点。总状花序，2~6（10）朵花；花黄色，长约1.5cm。荚果细长，呈圆柱形，长15~18cm。

43. 膀胱豆属 Colutea L.

1.子房被白色柔毛；小叶17~25枚，长圆形或椭圆形，长1.0~2.0cm、宽6.0~10mm；花淡黄；荚果膜质膨胀；子房柄长15~20mm ……………………………………………………………………… **膀胱豆C. delavayi** Franch.

1.子房无毛；小叶7~11（13）枚，卵圆形或倒卵形，长1.5~3.0cm、宽10~18mm ……………………………………………… **鱼鳔槐C. arborescens** L.

44. 苦马豆属 Sphaerophysa DC.

苦马豆S. salsula (Pall.) DC.，产于太行山及黄河沿岸沙区。

灌木状草本，高达60cm，茎疏生短伏毛。羽状复叶；小叶6~10对，倒卵状椭圆形，宽3.0~6.0mm，先端圆或微凹，下面有白色伏毛。总状花序腋生；花淡红色；子房有柄，具柔毛。荚果长圆形，膀胱状膨胀。

45. 锦鸡儿属 Caragana Fabr.

1.小叶2对。

2.小叶假掌状排列，无明显的叶轴，叶柄顶端延伸为硬化的骨质突尖。

3.小枝及小叶两面均密被柔毛，旗瓣黄色或带浅红色（产于太行山、伏牛山区）…………………………………… **毛掌叶锦鸡儿C. leveillei** Kom.

3.小枝及小叶两面均无毛，旗瓣常紫红色或淡红色（产于各山区）…………………………………………………… **红花锦鸡儿C. rosea** Turcz.ex Maxim.

1.小叶对远离，羽状排列，叶轴硬化为针刺，小叶无毛（产于各山区）……………………………………………………………………… **锦鸡儿C. sinica** Rehd.

变种：**长柄锦鸡儿var. longipedunculata** C. W. Chang，小叶几掌状排列，花梗长10~25mm，密被短柔毛，中部以上具关节（产于伏牛山区、灵宝)。

1.小叶多对，全部羽状排列；叶轴不硬化为针刺。

4.子房及荚果扁平，基部具细长柄 …………… **柄荚锦鸡儿C.stipitata** Kom.

4.子房及荚果圆柱状或扁平，基部无子房柄。

5.花单生，萼筒管状或管状钟形，长大于宽，萼齿尖。小叶长3.0~10mm。

6.子房和果密被短柔毛；小叶两面密被柔毛（产于灵宝）……………………………………………………… **北京锦鸡儿C. pekinensis** Kom.

6.子房和果无毛（产于太行山、伏牛山区北部）………………………………………………………………… **小叶锦鸡儿C. microphylla** Lam.

5.花2~5朵簇生，花梗长为萼的2.0倍或2.0倍以上，萼筒钟状，长与宽几相等，萼齿极短而钝。小叶长8.0~35mm（产于太行山、伏牛山区）…………………………………………… **树锦鸡儿C. arborescens**(Amm.) Lam.

46. 黄芪属 Astragalus L.

1.茎和叶被单毛。

2.一二年生，根纤细，多不分枝；疏总状花序，花龙骨瓣长于翼瓣；萼齿极不等长，下方3枚甚长，刚毛状（产于太行山、伏牛山北部） ………………………………………………… **达乌里黄芪A. dahuricus**(Pall.) DC.

2.多年生，根或地下茎粗壮，多头并常多分枝。

3.柱头被簇毛，茎平卧，荚果背腹扁（产于太行山区及黄河沿岸地区）…………………………………………………… **背扁黄芪A. complanatus** Bge.

3.柱头无毛。

4.果瓣薄，膜质或纸质。

5.翼瓣先端全缘；荚果1室。

6.龙骨瓣长于旗瓣和翼瓣；果皮纸质，果颈细长；花黄色（产于灵宝）………………………………… **金翼黄芪A. chrysopterus** Bge.

6.龙骨瓣不长于旗瓣和翼瓣；果皮膜质；花白色，子房有柔毛；小叶13~27枚，长7.0~30mm、宽3.0~12mm，萼齿长为筒部的1/5~1/4（栽培）……………………………… **黄芪A. membranaceus**(Fisch.) Bge.

变种：**蒙古黄芪**var. **mongholicus** (Bge.) P. K. Hsiao，株矮，小叶长5.0~10mm、宽3.0~5.0mm。

5.翼瓣先端不等2裂或凹入，荚果2室或近假2室，长不超过6.0mm。

7.荚果长4.0~6.0mm；小叶5~9枚，长不及宽的3.0倍，上面无毛（产于太行山至黄河沿岸）……………………………………………………………………… **草珠黄芪**（毛细柄黄芪）**A. capillipes** Fisch. ex Bge.

7.荚果长2.5~3.5mm；小叶5~7枚，长为宽的3.0倍以上，两面被细伏毛（产于太行山至伏牛山区）……… **草木樨状黄芪A. melilotoides** Pall.

变种：**细叶黄芪**var. **tenuis** Ledeb.，小叶3(5)枚，细线形或丝状，长10~15(17)mm、宽约0.5mm。

4.荚果果瓣厚，革质。

8.萼筒下部生2小苞片（脱落）；果颈露出花萼；花黄色，长12~16mm，翼瓣明显短于旗瓣；小叶长15~25mm、宽4.0~9.0mm（产于黄河沿岸地区）……………………………………… **华黄芪A. chinensis** L. f.

8.萼筒下部无小苞片，果颈不外露或近无。

9.总状花序头状；花淡红色或白色，长6.0~7.0mm，花萼及花序轴均密被黑色毛并混生白毛；小叶长3.0~8.0mm、宽1.0~3.0mm；果长5.0~8.0mm（产于太行山区）………… **小果黄芪A. tataricus** Franch.

9.总状花序近伞形；花紫色或橙色，长10~11mm，花萼被白毛；小叶长10~15mm、宽4.0~10mm(栽培或逸生) ……… **紫云英A. sinicus** L.

1.茎和叶被“丁”字毛。

10.茎极缩短，不明显或稍明显，有时具伸长的当年生花茎，具匍匐茎；总状花序具总梗；花黄色；花萼密被硬伏毛（产于太行山、伏牛山区）

……………………………………………… **糙叶黄芪A. scaberrimus** Bge.

10.茎发达直立，稀地上茎缩短，并有横走地下茎。

11.花萼管状；小叶3~9枚，披针形，长约4.0cm、宽约1.0cm；花红色或白色（产于太行山、伏牛山区） ……… **鸡峰山黄芪A .kifonsanicus** Ulbr.

11.花萼钟状。

12.果长圆形，长7.0~18mm；花密生，蓝色或紫红色，花萼长5.0~6.0mm（产于太行山、伏牛山区北部） ……………………………………………… …………………………… **斜茎黄芪**（直立黄芪）**A. adsurgens** Pall.

12.果线形，长约30mm；花疏生，黄白色，花萼长约10mm（产于河南西部地区） ………………………………… **长管萼黄芪A. limprichtii** Ulbr.

47. 米口袋属 Gueldenstaedtia Fisch.

1.伞形花序2~3（5）朵花。

2.小叶早春卵形，夏秋线形；旗瓣圆形，粉红色（产于各地区）………… ……………………………………………………… **狭叶米口袋G. stenophylla** Bge.

2.小叶椭圆形至圆形（产于太行山区）… **太行米口袋G. taihangensis** Tsui

1. 伞形花序6~8朵花；小叶椭圆形或卵形。

3.花序梗花期长于叶1/3~1；花序8朵花（产于伏牛山区） ………………… ………………………………………………………… **长柄米口袋G. harmsii** Ulbr.

3.花序梗与叶等长或稍长；花序(2)~6朵花（产于各地区）………………… ……………… **米口袋G. verna**(Georgi)Boriss. subsp. **multiflora**(Bge.) Tsui

48. 棘豆属 Oxytropis DC.

1.小叶对生；植株高大，达50(70)cm。

2.植株密被长硬毛；小叶5~19（23）枚；花大，花萼长10~13（14）mm，花冠长约20mm；多花密集为长穗形总状花序；荚果包被于萼内（产于太行山、伏牛山区北部）……………………………… **硬毛棘豆O. hirta** Bge.

2.植株具柔毛；小叶25~41枚；花较小，花萼长3.0~4.0mm，花冠长10~12mm；花稀疏排列为细长的总状花序；荚果伸出萼外（产于嵩县）

…………………………………………………… **紫花棘豆O. subfalcata** Hance

1.小叶轮生；茎缩短；荚果不完全2室或2室。

3.花长15~25(30)mm；花萼筒状或筒状钟形。

4.荚果卵状长圆形，长17~22mm、宽约5.0mm。

5.花萼长12~17mm；旗瓣中部无黄斑，龙骨瓣先端具蓝紫色斑，喙长约1.5mm（产于济源）…………… **毛序棘豆O. trichophora** Franch.

5.花萼长9.0~12mm；旗瓣中部黄色，龙骨瓣先端无蓝紫色斑，喙长2.0~2.5mm（产于太行山、伏牛山区及河南北部、东部沙区）…… ………………………………………**地角儿苗**（二色棘豆）**O. bicolor** Bge.

4.荚果卵球形，长约17.5mm、宽约7.5mm；花序梗与叶等长；花淡黄色或白色（产于太行山、伏牛山北部）…… **黄毛棘豆O. ochrantha** Turcz.

3.花长8.0~12mm，花萼钟形；总状花序头状；果膜质膨胀，卵球形（产于太行山、伏牛山北部、黄河沿岸地区）…………………………………… …………………… **砂珍棘豆O. racemosa** Turcz.(*O. psammocharis* Hance)

49. 甘草属 Glycyrrhiza L.

1.荚果无刺，具瘤状突起，小叶长圆形或倒卵状长圆形，顶端钝圆或微凹（产于新乡、开封、安阳、商丘等地）… **圆果甘草G. squamulosa** Franch.

1.荚果具刺或腺刺。

2.小叶卵圆形或近圆形，先端钝或急尖；荚果弯曲成镰刀状或环状，具刺毛状腺体（栽培）……………………………… **甘草G. uralensis** Fisch.

2.小叶披针形或长圆状披针形，先端渐尖；荚果椭圆形，不弯曲，具褐色硬刺（产于黄河以北及黄河沿岸地区）… **刺果甘草G. pallidiflora** Franch.

50. 黄檀属 Dalbergia L. f.

1.花序顶生；小叶9~11枚；雄蕊二体，每体5枚；直立乔木（产于河南南部山区）……………………………………………… **黄檀D. hupeana** Hance

1.花序腋生；小叶11~15枚；雄蕊9枚，单体；大藤本（产于商城）………… ……………………………………… **大金刚藤黄檀D. dyeriana** Prain et Harms

51. 田皂角属 Aeschynomene L.

田皂角（合萌）**A. indica** L.，产于各地。

一年生，茎高达1.0m，多分枝。羽状复叶；小叶41~61枚，长圆形，宽1.0~3.0mm，无毛。总状花序腋生，1~4朵花，花黄白色带紫纹。荚果线状长圆形，6~10荚节。

52. 落花生属 Arachis L.

落花生A. hypogaea L.，栽培油料。

一年生；茎高达60cm，有棕色长柔毛；偶数羽状复叶；小叶4枚，倒卵形，宽1.5~2.5cm，先端圆形，无毛；花黄色，单生或簇生叶腋。荚果肿胀，具网纹。

53. 岩黄芪属 Hedysarum L.

1.半灌木；龙骨瓣前下角呈弓形弯曲；荚果具针刺（产于太行山、伏牛山区）…………………………………………… **红花岩黄芪H. multijugum** Maxim.

1.多年生草本；龙骨瓣前下角呈钝角弯曲；荚果无刺。

2.荚果边缘翅上具长约1.0mm的不规则牙齿；小叶长卵形或卵状披针形，长20~25mm、宽10~17mm（产于嵩县、栾川）………………………………………………………………………… **齿翅岩黄芪H. dentatoalatum** K. T. Fu

2.荚果边缘全缘，波状或有不明显微齿；小叶长圆状披针形，长15~25mm、宽4.0~6.0mm（产于辉县、林县）………………………………………………………………… **中国黄岩芪H. chinense**(B. Feedtsch.) Hand.-Mazz.

54. 驴豆属 Onobrychis Mill.

驴食草O. viciaefolia Scop.，栽培。

多年生草本，高达1.0m。奇数羽状复叶；小叶13~25枚或更多，长圆形或长椭圆形，长15~25mm，腋生穗形总状花序，多花，花序梗较叶长1.0~2.0倍；花淡红色。荚果很小，有网状皱纹，边缘有齿。

55. 山蚂蝗属 Desmodium Desv.

1.半灌木；小叶椭圆形、长椭圆形或倒卵形，长2.0~9.0mm、宽3.0~5.0mm，先端圆钝，微凹（产于大别山、桐柏山、伏牛山区南部）……………………………………………………… **小叶三点金草D. microphyllum**(Thunb.) DC.

1.小灌木；小叶窄卵形至披针形，长4.0~9.0mm、宽1.0~3.0mm，先端渐尖（记载河南产，未见标本）……………… **小槐花D. caudatum** (Thunb.) DC.

56. 长柄山蚂蝗属 Podocarpium (Benth.)Yang et Huang

1.小叶7（3，5）枚，无小托叶；荚节斜三角形，长10~15mm；果梗长6.0~11mm（产于大别山、桐柏山、伏牛山区） ……………………………………………………………………**羽叶长柄山蚂蝗P. oldhami** (Oliv.)Yang et Huang

1.小叶3枚，具小托叶。

2.顶生小叶宽倒卵形，最宽处居中上部，先端突尖（产于南部山区）……………… **长柄山蚂蝗**(圆菱叶山蚂蝗)**P. podocarpum**(DC.) Yang et Huang

2.顶生小叶宽卵形、卵形或菱形，最宽处居中部或中部以下。

3.顶生小叶宽卵形或卵形，宽2.5~8.0cm，下部最宽，先端短渐尖或急尖（产于大别山、桐柏山、伏牛山区南部）……………………………… **宽卵叶长柄山蚂蝗P. podocarpum** var. **fallax**(Schindl.)Yang et Huang

3.顶生小叶菱形，宽2.0~3.0cm，中部最宽（产于大别山、桐柏山区）…… **尖叶长柄山蚂蝗P. podocarpum** var. **oxyphyllum** (DC.)Yang et Huang

57. 胡枝子属 Lespedeza Michx.

1.无闭锁花。

2.花序短于叶，近无总花梗；花紫红色。

3.小叶宽卵形、卵状椭圆形或倒卵形，长1.5~4.5cm、宽1.0~3.0cm；荚果斜卵形，长6.0~7.0mm、宽约5.0mm（产于太行山、伏牛山区） ……………………………………………………………**短梗胡枝子L. cyrtobotrya** Miq.

3.小叶卵状长圆形或长圆形，长2.5~5.0cm、宽1.0~2.0cm；荚果长圆状椭圆形，长13~15mm（产于大别山区）…… **广东胡枝子L. fordii** Schindl.

2.花序多长于或近等长于叶，有明显的总花梗。

4.小叶先端急尖至长渐尖，或稍尖。

5.花淡黄绿色；叶鲜绿，上面无毛（产于各山区）…………………………………………………………………… **绿叶胡枝子L. buergeri** Miq.

5.花红紫色；叶上面被短毛。

6.花萼深裂，裂片长为筒部的2.0~4.0倍；花萼长5.0~7.0mm，花瓣长10~15mm，龙骨瓣明显长于旗瓣；小叶先端稍尖（产于各山区）………………………………… **美丽胡枝子L. formosa** (Vog.)Koehne

6.花萼中裂；花萼长4.0~5.0mm，花瓣长8.0~10mm；花序梗长3.0~5.0cm；小叶先端渐尖至急尖（产于大别山、桐柏山、伏牛山南部）………………………… **宽叶胡枝子L. maximowiczii** Schneid.

4.小叶先端常钝圆或微凹；花紫红色。

7.小叶下面被短柔毛；花萼浅裂至中裂。

8.小叶革质或纸质，宽倒卵形或宽倒心形，下面贴生密短柔毛；叶柄长0.5~3.0cm；花萼中裂（产于灵宝，小秦岭）……………………………………………… **路生胡枝子L. viatorum** Champ. ex Benth.

8.小叶草质，卵形、卵状长圆形或倒卵形，下面疏生柔毛，后变无毛；叶柄长2.0~7.0(9.0)cm；花萼浅裂（产于各山区）……………………………………………………………… **胡枝子L. bicolor** Turcz.

7.小叶下面密被丝状毛；花萼深裂，裂片披针形或线状披针形，小枝密被长柔毛或绒毛。

9.枝粗壮，具明显条棱；小叶宽卵形或宽倒卵形，长3.5~7.0（13）cm、宽2.5~8.0cm（产于大别山、桐柏山区）…………………………………………………… **大叶胡枝子L. davidii** Franch.

9.枝不及前者粗壮，微有细条棱；小叶椭圆形或卵状椭圆形，长3.0~5.5cm、宽约2.0cm；小枝、花序、花萼均密被茸毛状柔毛；花序花稀疏（产于大别山区）…… **春花胡枝子L. dunnii** Schindl.

1.有闭锁花（花瓣极其退化，微小或无，不伸出萼外）。

10.茎平卧，全株密被毛；花黄色或白色；小叶宽倒卵形或倒卵形，长1.5~

2.0cm、宽1.0~1.5cm（产于各山区） ………铁马鞭**L. pilosa** Sieb. et Zucc.

10.茎直立。

11.总花梗纤细。

12.花紫色；总花梗长约15mm，不为毛发状，具多毛；小叶长10~15mm、宽6.0~9.0mm（产于各山区）……………………………………………………………………………… **多花胡枝子L. floribunda** Bge.

12.花黄白色；总花梗毛发状，甚长于叶，常3朵花（产于各山区）……………………………………………… **细梗胡枝子L. virgata**(Thunb.) DC.

11.总花梗粗壮；花白色、黄白色或黄色（L. cuneata白色，基部带紫色）。

13.花萼裂片狭披针形，花萼长达花冠的1/2以上。

14.植株密被黄褐色茸毛；闭锁花簇生呈球形（产于各地） ………………… **绒毛胡枝子**（山豆花）**L. tomentosa**(Thunb.)Sieb. ex Maxim.

14.植株被粗硬毛或柔毛。

15.茎单一或数个簇生；花序与叶近等长；小叶长圆形、狭长圆形，长2.0~5.0cm、宽5.0~16mm（产于各地）……………………………… **兴安胡枝子**（达乌里胡枝子）**L. davurica** (Laxm.)Schindl.

15.茎常基部多分枝；花序明显长于叶；小叶狭长圆形，稀椭圆形或宽椭圆形，长8.0~15mm、宽2.0~5.0mm（产于太行山、伏牛山、豫北沙地） ………………………………**牛枝子L. potaninii** Vass.

13.花萼裂片披针形或三角形，长不及花冠之半。

16.小叶倒卵状长圆形、长圆形或卵形，长1.5~4.0cm、宽1.0~1.5cm，先端截形或微凹，边缘波状；果卵圆形，长约4.0mm、宽2.5~3.0mm（产于大别山区）………**中华胡枝子L. chinensis** G. Don

16.小叶狭披针形、披针形、长圆状披针形或线状楔形。

17.小叶长约为宽的10倍，长2.0~4.0cm、宽2.0~4.0mm；果长圆状卵形（产于太行山、伏牛山区北部） ………………………………………………………………………… **长叶胡枝子L. caraganae** Bge.

17.小叶长为宽的5.0（6.0）倍以下。

18.小叶楔形、线状楔形，长为宽的5.0~6.0倍，先端截形或近截形，长1.0~3.0cm、宽2.0~5.0(7.0)mm（产于各山区）…………

································ **截叶铁扫帚L. cuneata**(Dum.-Cours.) G. Don

18.小叶倒披针形、线状长圆形或长圆形，先端圆或稍尖。

19.小叶倒披针形或线状长圆形，长1.5~3.5cm、宽3.0~7.0mm，先端稍尖或圆钝；旗瓣不反卷（产于太行山、伏牛山区） ························

······ **尖叶铁扫帚L. juncea**(L. f.) Pers.［*L. hedysaroides*(Pall.) Kitag.］

19.小叶长圆形或倒卵状圆形，长1.0~2.0（2.5）cm、宽5.0~10mm，先端钝圆或微凹；旗瓣反卷（产于各山区） ···································

·················· **阴山胡枝子**（白指甲花）**L. inschanica** (Maxim.) Schindl.

58. 杭子梢属 Campylotropis Bge.

1.子房和荚果被短伏毛，果边缘密生纤毛（产于太行山、伏牛山区） ·········

············ **太白杭子梢C. macrocarpa** (Bge.) Rehd. f. **giraldii** (Schindl.)P. Y. Fu

1.子房和荚果仅背缝线边缘有短睫毛，余部无毛（产于各山区） ···············

·· **杭子梢C. marocarpa**(Bge.) Rehd.

(*C. macrocarpa* var. *alba* S. Y. Wang；*C. ichangensis* Schindl. ex Cheng f. et al.)

59. 鸡眼草属 Kummerowia Schindl.

1.枝被下向的毛；花梗无毛；花萼长超过成熟荚果之半；小叶较窄，长椭圆形或长圆形，先端常圆形（产于各地） ······**鸡眼草K. striata** (Thunb.) Schindl.

1.枝具向上的毛；花梗有毛；萼长不及荚果的1/3；小叶倒卵形或椭圆形，先端微凹（产于各地） ··············· **长萼鸡眼草K. stipulacea**(Maxim.) Makino

五〇、酢浆草科 Oxalidaceae

酢浆草属 Oxalis L.

1.有地上茎及茎生叶；花黄色。

2.茎平卧，多分枝；托叶大部与叶柄合生（产于各地） ·······················

·· **酢浆草O. corniculata** L.

2.茎直立，不分枝，稀有较少分枝；无托叶（产于太行山、伏牛山及大别山区）…………**直酢浆草O. corniculata** var. **stricta** (L.) Huang et L. R. Xu

1.无地上茎，叶基生；花淡紫色、紫红色、淡黄色或白色。

3.野生植物；小叶倒三角形；花淡黄色或白色，单生（产于伏牛山、卢氏）……**山酢浆草O. acetosella** L. subsp. **griffithii**(Edgew. et Hook. f.) Hara

3.栽培植物；叶宽倒卵形至圆倒卵形；花淡紫色或紫红色，成伞房或伞形花序。

4.花大，直径约3.0cm；无鳞茎（偶见栽培）………………………………………………………………………… **大花酢浆草O. bowiei** Lindl.

4.花较小，直径约2.5cm；地下部分有多数小鳞茎（栽培观赏，各地公园常见）……………………… **铜锤草**（红花酢浆草）**O. corymbosa** DC.

五一、牻牛儿苗科 Geraniaceae

1.花辐射对称，花萼无距，具腺体；野生植物。

2.雄蕊全部具花药；果瓣内面无毛；叶片轮廓为圆形、肾形或多角形，3~7（9）裂，每裂 片再分3~5裂，如为掌状多回复裂，则叶片有鱼腥气味 ……………………………………………………… **1.老鹳草属Geranium**

2.雄蕊仅5枚有花药，另5枚退化为鳞片状；果瓣内面有长毛；叶掌状或近羽状多回分裂，小裂片细小 ……………………… **2.牻牛儿苗属Erodium**

1.花两侧对称，花萼具距，距与花柄合生；无腺体（栽培花卉）……………………………………………………………………… **3.天竺葵属Pelargonium**

1. 老鹳草属 Geranium L.

1.花直径3.0~6.0mm，稀近10mm。

2.叶二至三回三出式羽状分裂；植株有鱼腥味（产于桐柏山、伏牛山区南部）……………………… **汉荭鱼腥草**（纤细老鹳草）**G. robertianum** L.

2.叶掌状分裂，无鱼腥味。

3.一年生，总花梗（短至几无总梗）常数个集生茎端呈伞形花序；基生叶和下部茎生叶圆肾形，5~7深裂（产于大别山区、驻马店、郑州）……………………………………………………… **野老鹳草G. carolinianum** L.

3.多年生。

4.茎生叶3深裂；植株有时具腺毛；基生叶和茎下部叶肾状三角形，3深裂（产于伏牛山、桐柏山、大别山区）……**老鹳草G. wilfordii** Maxim.

4.茎生叶5裂或仅上部3裂；植株无腺毛。

5.花白色或淡紫红色；总花梗粗壮，1（2）朵花；叶裂片先端锐尖（产于太行山、伏牛山区、鸡公山区）…**鼠掌老鹳草G. sibiricum** L.

5.花深紫红色；总花梗纤细，2（1）朵花；叶裂片先端钝圆，下面常淡紫色（产于伏牛山、桐柏山区）…………………………………………………………………………… **尼泊尔老鹳草G. nepalense** Sweet

1.花直径10mm以上。

6.花瓣反折，长为花萼的1.5倍；茎、叶柄、花序及花萼均被长糙毛和腺毛；叶互生，分裂至中部或稍过（产于太行山、伏牛山区）……………………… **毛蕊老鹳草G. platyanthum** Duthie(*G. eriostemon* Fisch. ex DC.)

6.花瓣开展或辐射状，决不反折。

7.花序梗具腺毛；叶常7~9分裂至近基部（产于太行山区）…………………………………………………………… **草地老鹳草G. pratense** L.

7.花序梗无腺毛。

8.基生叶圆形或心形，5~7分裂几达基部，小裂片披针状条形；根具束生状块根（产于太行山、伏牛山区）………………………………………………………………………… **粗根老鹳草G. dahuricum** DC.

8.基生叶常五角形，5~7裂超过2/3处或近基部，小裂片长卵形；茎从下部假二叉状分枝（产于伏牛山区）………………………………………………………………………… **湖北老鹳草**（血见愁老鹳草）**G. rosthornii** R. Kunth(*G. henryi* R. Kunth；*G. wilsonii* R. Kunth)

2. 牻牛儿苗属 Erodium L’Herit.

1.茎铺散或稍斜升；叶卵形或三角状卵形；花梗稍长于花；萼片先端具长芒尖（产于各地）…………………………… **牻牛儿苗E. stephanianum** Willd.

1.茎直立或斜升；叶长圆形或披针形；花梗长为花的3.0~4.0倍；萼片先端锐尖，无芒（偶见于郑州绿化草坪，未见野生）………………………………

……………………………… 芹叶牻牛儿苗**E. cicutarium**(L.) L' Herit. ex Ait.

3. 天竺葵属 Pelargonium L' Herit.

1.茎细弱，蔓生，叶盾形，无毛（偶见栽培）………………………………………

……………………………………………………盾叶天竺葵**P. peltatum** (L.) Ait.

1.茎较粗壮，直立；叶不为盾形，有毛。

2.叶掌状或羽状分裂。

3.叶近掌状5~7裂，小裂片宽6.0~8.0mm…………………………………

…………………………………… 香叶天竺葵**P. graveolens** L' Herit.

3.叶二回羽状狭裂，各裂片远离，小裂片宽约3.0mm ……………………

…………………………………… 菊叶天竺葵**P. radula** (Cav.)L' Herit.

2.叶缘波状浅裂或有锯齿。

4.叶表面常具马蹄形暗色环纹。

5.茎通常单一，仅幼时略有茸毛；花序腋生，花较小 …………………

…………………………………………… 马蹄纹天竺葵**P. zonale** Ait.

5.茎多分枝，通常有细毛和腺毛；花序顶生，花较大 …………………

……………………………………………… 天竺葵**P. hortorum** Bailey

4.叶表面无马蹄形环纹。

6.叶表面稍皱，边缘具锐锯齿；花较大，直径达5.0cm ………………

………………………………………大花天竺葵**P. domesticum** Bailey

6.叶表面无皱，边缘浅裂带锯齿；花直径不及3.0cm …………………

…………………………………………… 小花天竺葵**P. inquinans** Ait.

五二、旱金莲科 Tropaeolaceae

旱金莲属 Tropaeolum L.

旱金莲（金莲花）**T. majus** L.，各地公园栽培观赏。

一年生攀缘草本，光滑无毛。叶互生，盾状，近圆形，径5.0~10cm；叶柄长10~20cm。花单生叶腋，黄色或橘红色，长2.5~5.0cm；花萼有1距；花瓣5片，不等大。

五三、亚麻科 Linaceae

1.灌木；叶较宽，椭圆形至披针形，具柄，叶脉羽状；托叶刚毛状；花瓣黄色 ················ **1.石海椒属Reinwardtia** Dumort.

1.草本；叶狭长，无柄，条形或披针形，有1条中脉或数脉平行；托叶腺状或不存在；花非黄色 ················ **2.亚麻属Linum** L.

1. 石海椒属 Reinwardtia Dumort.

石海椒R. indica Dum.［*R. trigyna*(Roxb.) Planch.］，偶见栽培（郑州、洛阳等地）。

灌木。叶互生，椭圆状倒卵形，长3.0~7.5cm，全缘。花单生或少数聚生，黄色，直径2.5~5.0cm，花瓣基部合生为筒状，蒴果球形。

2. 亚麻属 Linum L.

1.花红色，直径2.5~3.5cm；宿存萼片长于蒴果（公园或庭院栽培观赏）················ **大花亚麻L. grandiflorum** Desf.

1.花蓝色或白色；宿存萼片短于蒴果。

2.萼片边缘有黑色腺体；花瓣长为萼片的（2.0）3.0~4.0倍（产于各山区、丘陵地）················ **野亚麻L. stelleroides** Planch.

2.萼片边缘无黑色腺体（栽培）。

3.一年生，茎上部分枝；柱头棍棒状；果实假隔膜边缘具缘毛，果稍长于花萼 ················ **亚麻**（胡麻）**L. usitatissimum** L.

3.多年生，茎基部有多分枝；柱头头状；果实假隔膜无缘毛，果长为花萼的2.0~3.0倍 ················ **宿根亚麻L. perenne** L.

五四、蒺藜科 Zygophyllaceae

1.单叶互生，细裂成线形裂片；雄蕊15枚，心皮3个；蒴果；多年生直立草本 …………………………………………………………… **1.骆驼蓬属Peganum** L.

1.偶数羽状复叶对生，小叶全缘；雄蕊10枚，心皮5个，分果具刺；一年生平卧草本 ……………………………………………………… **2.蒺藜属Tribulus** L.

1. 骆驼蓬属 Peganum L.

骆驼蒿P. nigellastrum Bge.，产于黄河沿岸各县。

多年生草本，高10~25cm，茎多分枝，密生短毛。叶互生，肉质，3~5全裂，小裂片线形，长达10mm；花白色，单生枝端；萼片5枚，长约15mm，深裂为5~7线形裂片；花瓣长12~15mm，倒披针形；雄蕊15枚；蒴果近球形。

2. 蒺藜属 Tribulus L.

蒺藜T. terrestris L.，产于各地。

一年生平卧草本。叶对生，偶数羽状复叶；小叶6~14枚，对生，长圆形，宽2.0~5.0mm，下面被丝状毛。花单生叶腋，黄色，长5.0~6.0mm。分果具刺。

五五、芸香科 Rutaceae

1.草本；叶有浓郁香气或强烈特殊气味；蓇葖果。

2.常绿（冬季有绿叶）；叶为二至三回羽状复叶，小羽片较狭长；聚伞花序；花瓣边缘撕裂状 ……………………………………… **4.芸香属Ruta**

2.冬季落叶的多年生宿根草本；一回羽状复叶；总状花序 ……………………………………………………………………… **5.白鲜属Dictamnus**

1.乔木，灌木或木质藤本。

3.叶对生；奇数羽状复叶。

4.蓇葖果，每果瓣内含种子1~2粒 ………………………… **3.吴茱萸属Euodia**

4.有黏胶质的核果，成熟时蓝黑色，每果含种子5或4粒 ……………………………………………………………… **7.黄檗属Phellodendron**

3.叶互生。

5.木质藤本，茎枝有皮刺；三出复叶；浆质核果（栽培）……………………………………………………………………………… **6.飞龙掌血属Toddalia**

5.直立乔木或灌木。

6.指状三至五出复叶；茎枝有刺。

7.刺为皮刺；蓇葖果 …………………………… **1.花椒属Zanthoxylum**

7.刺为枝刺；柑果 ………………………………………… **8.枳属Poncirus**

6.单叶、单小叶或奇数羽状复叶。

8.单叶或为具翼叶的单小叶。

9.茎枝无刺；单叶；雄蕊4数；蓇葖果 …………… **2.臭常山属Orixa**

9.茎枝有刺或因长期栽培而变为无刺；叶为具翼叶的单小叶；雄蕊为花瓣数的3倍以上；柑果。

10.子房2~5（6）室；果较小，直径不超过3.0cm ……………………………………………………………… **9.金橘属Fortunella**

10.子房6~18室或更多；果较大，直径通常4.0cm以上 …………………………………………………………………… **10.柑橘属Citrus**

8.奇数羽状复叶；茎枝有皮刺；蓇葖果 ……… **1.花椒属Zanthoxylum**

1. 花椒属 Zanthoxylum L.

1.花被片2轮，萼片与花瓣异色，均5片，雌花花柱挺直且彼此黏合；果油点不突起或微突起，干后呈凹窝孔状。

2.灌木；小叶宽稀超过2.0cm，上面被短毛或毛状突起，下面无毛（产于各山区）……………………… **青花椒**（崖椒）***Z. schinifolium*** Sieb. et Zucc.

2.乔木；小叶宽2.0cm以上；上面无毛，若叶被毛则下面被毛。

3.着生花序的小枝无刺；叶轴有狭窄的叶质边缘，腹面有浅纵沟；小叶披针形，先端长渐尖，基部近圆形（产于伏牛山区南部）………………………………………………………… **小花花椒*Z. micranthum*** Hemsl.

3.花枝具刺；叶轴至少下半部浑圆，无叶质边缘。

4.小叶两面无毛，下面有灰白粉霜（文献记载产于商城黄柏山，未见标本）……………………… **椿叶花椒*Z. ailanthoides*** Sieb. et Zucc.

4.小叶下面被毡状茸毛，油点不明显（产于大别山、桐柏山、伏牛山区南部）………………………………………… **朵花椒Z. molle** Rehd.

1.花被片1轮，同色，连同雄蕊均4~8枚；心皮背部顶端侧生1较大油点；花柱分离，外弯。

5.花被片大小形状不一，最宽处在中部以上；分果瓣油点不突起或不明显。

6.叶有小叶3~5枚，或兼有单小叶，小叶边缘无针状刺（产于桐柏）……………… **异叶花椒Z. ovalifolium** Wight(*Z. dimorphophyllum* Hemsl.)

6.小叶边缘有针状刺（产于伏牛山区）…………………………………………… **刺异叶花椒Z. ovalifolium** var. **spinifolium** (Rehd. et Wils.)Huang

5.花被片大小近相等，中部以下最宽；分果瓣油点明显突起。

7.分果瓣基部突然狭缩呈短柄状；小叶密布油点，上面常有倒伏细刺（产于各山区）…… **野花椒Z. simulans** Hance(*Z .podocarpum* Hemsl.)

7.分果瓣基部浑圆，无短柄状部分。

8.叶轴有翼叶或至少有窄叶质边缘；花序有明显总梗；嫩枝及花序轴均无毛（产于河南南部山区）……………………………………………… **竹叶花椒Z. armatum** DC.(*Z. planispimum* Sieb. et Zucc.)

变种：**毛竹叶花椒**var. **ferrugineum** (Rehd. et Wils.) Huang，嫩枝及花序轴均被短柔毛。

8.叶轴无翼叶，或若仅有甚狭窄的叶质边缘，则叶轴上面有浅纵沟。

9.小叶上面无毛，下面仅中脉两侧有小丛毛。

10.小叶仅叶缘及齿缝处生油点（产于各地）…………………………………………………… **花椒Z. bungeanum** Maxim.

10.小叶散生肉眼可见油点（产于内乡）……………………………………… **油叶花椒Z. bungeanum** var. **punctatum** Huang

9.小叶两面被毛或仅下面散生短柔毛（产于卢氏、西峡、灵宝）…………………………… **毛叶花椒Z. bungeanum** var. **pubescens** Huang

2. 臭常山属 Orixa Thunb.

臭常山（日本常山）**O.japonica** Thunb.，产于大别山、桐柏山、伏牛山区南部。

落叶灌木。叶互生，菱状卵形或卵状椭圆形，宽2.0~9.0cm，具细小透明腺点，两面脉上有毛，花雌雄异株，黄绿色，4数。蓇葖果1~2枚，表面有肋纹。

3. 吴茱萸属 Euodia J.R.et G.Forst.

1.每分果瓣有成熟种子1枚，先端无喙状芒尖。

2.嫩枝叶揉之有腥臭气味；当年生枝，小叶两面及花序轴均被长毛；小叶全缘或波状，油点光下肉眼可见。

3.雌花密集成簇，果密集成团（产于河南南部山区）……………………………………………………………… **吴茱萸E. rutaecarpa** (Juss.) Benth.

3.雌花疏离，果亦然…… **石虎E. rutaecarpa** var. **officinalis** (Dode)Huang

2.嫩枝叶无腥臭味；当年生枝无毛；小叶下面脉腋有丛毛，无油点；果疏离（产于河南南部山区）………… **臭辣吴萸**（臭辣树）**E. fargesii** Dode

1.每分果瓣有成熟种子2枚，先端有明显的喙状芒尖。

4.分果瓣长5.0~6.0mm，喙尖长1.0~3.0mm；花序轴及花梗被灰白色柔毛；叶中油点不明显或散生少数（产于各山区）…………………………………………………………………………………… **臭檀吴萸E. daniellii**(Benn.) Hemsl.

4.分果瓣长7.0~8.0mm，喙尖长3.0~5.0mm；叶散生多数而明显的油点，边缘具明显的圆或钝齿（产于大别山、桐柏山、伏牛山区）……………………… **密序吴萸**（假黄檗、湖北吴萸）**E. henryi** Dode (*E. hupehensis* Dode)

4. 芸香属 Ruta L.

芸香（臭草）**R. graveolens** L.，温室盆栽。

多年生木质草本，有强烈刺激气味，全体无毛但多腺点。二至三回羽状复叶，长6.0~12cm，小叶倒卵形、倒卵状长圆形或匙形，蓝青色。聚伞花序顶生，花金黄色，直径约2.0cm，花瓣撕裂为细须状。蒴果4~5裂。

5. 白鲜属 Dictamnus L.

白鲜D. dasycarpus Thunb.（产于太行山、伏牛山、桐柏山区）。

多年生，有强烈气味，幼嫩部分密被白色长毛和泡状突起腺点。羽状复叶；小叶9~13枚，卵形或卵状披针形，宽1.5~3.0cm，边缘有锯齿，几无小叶柄。总状花序顶生；花白色或紫色，花瓣长20~25mm，蒴果。

6. 飞龙掌血属 Toddalia Juss.

飞龙掌血T. asiatica (L.)Lam.，产于商城。

木质藤本，枝具下弯皮刺，小枝常被锈色短柔毛。三出叶；小叶倒卵形或椭圆形，宽1.5~3.5cm，边缘有细钝齿，叶面有透明腺点，核果。

7. 黄檗属 Phellodendron Rupr.

1.叶柄及叶轴密被褐锈色短柔毛；小叶背面密被毛，至少在脉上有长柔毛；果序上果密集聚为球形（产于大别山、桐柏山区）……………………………………………………………………………………**黄皮树P. chinense** Schneid.

1.叶柄及叶轴无毛或近无毛；小叶背面仅中脉基部两侧密生长柔毛；聚伞圆锥花序，果序上果不密集为球状（栽培）………… **黄檗P. amurense** Rupr.

8. 枳属 Poncirus Raf.

枳P. trifoliata (L.)Raf.，各地栽培作绿篱。

全株无毛，多分枝，绿色，多棘刺，刺长1.0~3.0cm。三出叶，常早落，椭圆形或倒卵形，宽1.0~3.0cm；叶柄具翅。花常先叶开放，黄白色，花瓣长1.8~3.0cm。柑果球形，直径3.0~5.0cm。

9. 金橘属 Fortunella Swingle

金橘F. margarita (Lour.) Swingle，各地栽培观赏。

常绿，多分枝。单身复叶，披针形至长圆形，宽2.0~3.0cm，全缘或具不明显细齿。花单生或2~3朵簇生叶腋，花瓣白色，长约7.0mm。柑果金黄色，长2.5~3.5cm。

10. 柑橘属 Citrus L.

1.单叶，无翼叶，叶片顶端圆，很少钝，叶缘有明显的圆或钝裂齿；果皮比果肉厚。

2.果不分裂 ……………………………………………**香橼**（枸橼）**C. medica** L.

2.果上部分裂成多条手指状肉条 ……………………………………………………………………… **佛手柑C. medica** var. **sarcodactylis** (Noot.) Swingle

1.单身复叶，有明显或甚窄的翼叶；果肉比果皮厚。

3.嫩枝上部、叶背至少在中脉的下半段、花梗、花萼及子房均有柔毛，有时成熟果也有毛；翼叶大；种子大，有明显的肋状棱 ……………………………………………… **柚C. maxima**(Burm.) Merr.[*C. grandis*(L.) Osbeck]

3.各部无毛，或仅嫩叶的翼叶中脉上有疏短毛。

4.花蕾和花瓣外面紫红色；雄蕊25枚以上；翼叶甚窄至仅具痕迹；果圆球形或扁圆形，果皮甚薄，较易剥离，深橙黄色至橙红色或淡黄色 ……………………………………………………………… **檸檬C. limonia** Osbeck

4.花蕾和花瓣均白色；雄蕊25枚以下。

5.翼叶通常明显或较宽阔；果皮难或较难剥离；子叶及胚均乳白色。

6.翼叶较宽阔，狭长形或倒心形；果皮粗糙；紧贴果肉，难剥离，果肉味酸 ……………………………………… **酸橙C. aurantium** L.

6.翼叶狭窄；果皮较平滑，不易与果肉分离，果肉味甜或酸甜适度 ……………………………………… **橙**（甜橙）**C. sinensis**(L.) Osbeck

5.翼叶甚窄或仅具痕迹，但夏梢或徒长枝上的叶常具较明显的翼叶；果皮甚易剥离；子叶及胚多为深绿色，稀淡绿色 ………………………………………………………… **橘**（宽皮橘）**C. reticulata** Blanco

五六、苦木科 Simaroubaceae

1.翅果条状矩圆形；萼脱落，雄蕊为花瓣数的2.0倍；叶全缘或波状，仅基部具1~4对粗齿，齿端背面具腺体 ……………………………… **1.臭椿属Ailanthus**

1.果为核果状，无翅；萼宿存，雄蕊与花瓣同数；叶缘具密锯齿或仅基部全缘 ………………………………………………………………………… **2.苦木属Picrasma**

1. 臭椿属 Ailanthus Desf.

1.嫩枝常具软刺，叶柄有时有软刺；小叶基部两侧通常有2~4枚粗锯齿（记载产于西峡，未见标本） ……………………… **刺臭椿A. vilmoriniana** Dode

1.嫩枝无软刺，叶柄无刺；小叶基部两侧仅有1~2枚腺粗齿（产于各地） …
………………………………………………………**臭椿*A. altissima*** (Mill.) Swingle

变种1：**红果臭椿**var. ***erythocarpa***(Carr.)Rehd.，小叶较宽；子房及幼果鲜红色，成熟翅果红褐色（产于伏牛山区）。

变种2：**大果臭椿**var. ***sutchuenensis*** (Dode)Rehd. et Wils.，小枝粗壮，紫红色，无毛；密生白色皮孔；叶柄基部常紫红色，上部有紫红色斑点；翅果长5.0~7.0cm、宽1.4~1.8cm；果和叶均无毛（记载产于南召、卢氏，未见标本）

2. 苦木属 Picrasma Bl.

苦木（苦檀、苦树皮）***P. quassioides***(D. Don) Benn.，产于各山区。

落叶乔木，树皮极苦，芽密被锈色毛。小枝红褐色无毛，皮孔黄色。羽状复叶；小叶7~15枚，对生，宽2.5~4.0cm，先端渐尖，边缘具钝齿。聚伞花序腋生，花黄绿色。核果长6.0~8.0mm。

五七、楝科 Meliaceae

1.雄蕊花丝连合成管状，核果或浆果；种子无翅。

2.落叶乔木，二回或二至三回羽状复叶；核果 ………………… **1.楝属*Melia***

2.常绿灌木；一回羽状复叶，小叶全缘；浆果（栽培） …… **2.米仔兰属*Aglaia***

1.雄蕊花丝离生；蒴果；种子具翅；一回羽状复叶 ……………**3.香椿属*Toona***

1. 楝属 Melia L.

1.小叶边缘有锯齿或缺刻；花序与叶约等长；子房5~6室；果实长1.0~2.0cm（产于各地） ……………………………………… **楝**（苦楝）***M. azedarach*** L.

1.小叶全缘，稀有不明显疏钝齿；花序长约为叶之半；子房6~8室；果较大，长约3.0cm（栽培，见于信阳、南阳等地区） ………………………………
……………………………………………… **川楝*M. toosendan*** Sieb. et Zucc.

2. 米仔兰属 Aglaia Lour.

米仔兰（米兰）**A. odorata** Lour.，栽培观赏。

常绿；茎多分枝，小枝无毛。羽状复叶；小叶3~5枚，对生，倒卵形或长圆形，宽1.0~3.5cm，先端钝，无毛。圆锥花序腋生，长5.0~10cm；花黄色，极香，花瓣长1.5~2.0mm。浆果近球形，径约10mm。

变种：**小叶米仔兰**var. **microphylla** DC.，小叶5~7（9）枚，狭长圆形或狭倒披针状长圆形，长不及4.0cm，宽8.0~15mm（各地公园栽培）。

3. 香椿属 Toona(Endl.) Roem

1.小叶两面无毛或仅背面脉腋有束毛（各地栽培）……………………………………………………………………………………… **香椿T. sinensis**(A. Juss.) Roem.

1.小叶两面被柔毛，背面脉上尤密（产于伏牛山区）……………………………… **陕西香椿**（毛香椿）**T. sinensis** var. **schensiana**(C. DC.)X. M. Chen

五八、远志科 Polygalaceae

远志属 Polygala L.

1. 一年生草本；萼片花后全部脱落；花瓣红色或淡红色，无鸡冠状附属物；蒴果顶端具突尖；被柔毛（产于各山区）……… **小扁豆P. tatarinowii** Regel

1.多年生草本；萼片花后全部宿存；花瓣蓝紫色或带紫色，龙骨瓣背面顶部具鸡冠状附属物；蒴果顶端凹缺。

2.花丝全部合生成鞘，花药无柄；叶卵形或卵状披针形，长1.0~2.3cm、宽5.0~10mm；蒴果无缘毛（产于各山区） …… **瓜子金P. japonica** Houtt.

2.花丝下部2/3全部合生成鞘，上部1/3全部分离或两侧各3枚合生，中间2枚分离。

3.花丝上部1/3全部分离；叶椭圆形至长圆状披针形，长1.0~2.0cm、宽3.0~6.0（8.0）mm；龙骨瓣背面被短柔毛；蒴果具缘毛（产于各山区）…………………………………………………… **西伯利亚远志P. sibirica** L.

3.花丝上部1/3以上两侧各3枚合生，花药无柄，中间2枚分离；叶狭条形，长1.0~4.0cm、宽1.0~2.0(3.0)mm；蒴果无缘毛（产于各山区）………………………………………………………………………… **远志*P. tenuifolia*** Willd.

五九、大戟科 Euphorbiaceae

1.花有花被，不包藏在总苞内，也不组成杯状聚伞花序。

2.子房每室有2个胚珠。

3.单叶；灌木或草本。

4.花无花瓣。

5.花无花盘或腺体，子房3~5室，花柱合生；花丝合生为柱状 ………………………………………………………………… **1.算盘子属*Glochidion***

5.花有花盘或腺体，子房3室，花柱分离或稀合生；花丝分生。

6.雄花有退化雌蕊，雄蕊通常5 枚 …………… **2.叶底珠属*Flueggea***

6.雄花无退化雌蕊，雄蕊2~5枚 …………… **3.叶下珠属*Phyllanthus***

4.花有花瓣，子房3室，腺体全缘或2裂 ……… **4.雀儿舌头属*Leptopus***

3.三出复叶；乔木 ………………………………………… **5.重阳木属*Bischofia***

2.子房每室有1个胚珠。

7.花有花瓣。

8.落叶乔木 ………………………………………………………**6.油桐属*Vernicia***

8.多年生草本 …………………………………… **7.地构叶属*Speranskia***

7.雌花无花瓣（在巴豆属有时具退化成丝状的花瓣）。

9.雌花有花盘或腺体。

10.植株有星状毛；雄花萼片覆瓦状排列，雄蕊10~20枚，花丝在芽中内曲 ……………………………………………… **8.巴豆属*Croton***

10.植株无星状毛；雄花萼片镊合状排列，雄蕊35~60枚；叶柄顶端具小托叶 ………………………………**9.假奓包叶属*Discocleidion***

9.花无花盘。

11.叶掌状深裂，盾形，雄蕊多数，花丝分枝 … **10.蓖麻属*Ricinus***

11.叶不掌状深裂，只在野桐属有少数种的叶为盾形；花丝不分枝。

12.草本；叶脉掌状 …………………………………… **11.铁苋菜属Acalypha**

12.乔木或灌木。

13.植株有星状毛；叶多互生，常具掌状脉 ………… **12.野桐属Mallotus**

13.植株无星状毛。

14.雄蕊2~3枚。

15.雌雄异株，如为同株时，极少同花序；萼片3枚，条状披针形 … ……………………………………………… **13.土沉香属Excoecaria**

15.雌雄同株同花序，稀异序；花萼3浅裂 ……… **14.乌桕属Sapium**

14.雄蕊8枚 …………………………………………… **15.山麻杆属Alchornea**

1.花无花被，包藏在总苞内，组成杯状聚伞花序；植物体有白色乳汁 ……… ……………………………………………………………… **16.大戟属Euphorbia**

1. 算盘子属 Glochidion J. R. et Forst.

1.小枝及叶下面密被柔毛（产于伏牛山、大别山、桐柏山区）……………… ………………………………………………………**算盘子G. puberum**(L.)Hutch.

1.全株无毛或仅叶柄被毛（产于伏牛山、桐柏山、大别山区）…………… ……………………………………………… **湖北算盘子G. wilsonii** Hutch.

2. 叶底珠属 Flueggea Willd.

1.小枝浅绿色；雌花1~2（3）朵生于叶腋；果实直径4.0~5.0mm，果梗长5.0~12mm（产于各山区） … **叶底珠**（一叶萩）**F. suffruticosa** (Pall.) Baill.

1.小枝紫褐色；雌花5~8（10）朵簇生叶腋；果较小，直径2.0~3.0mm，果梗长2.0~5.0mm（产于大别山区） ……………………………………… **小果叶底珠F. suffruticosa** var. **microcarpa**(B. C. Ding et S. Y. Wang)C. S. Zhu

3. 叶下珠属 Phyllanthus L.

1.灌木；叶较大，长2.0~5.0cm，宽1.0~2.5cm；果实为肉质浆果状，不开裂，熟时黑紫色。

2.雌雄异株，雄花有雄蕊2~3枚，雌花花柱3个，每花柱先端3深裂；雌花花梗长1.0~1.5cm；果时萼片脱落（产于大别山、桐柏山区）……………………………………………… **弯曲叶下珠P. flexuosus** (Seib. et Zucc.)Muell.-Arg.

2.雌雄同株；雄花雄蕊4枚，雌花花柱3个，花梗较短，长3.0~5.0（8.0）mm；果时萼片宿存（产于大别山区）………………………………………………………………… **青灰叶下珠P. glaucus** Wall. ex Muell.-Arg.

1.一年生草本或少数呈半灌木状；蒴果开裂，熟时褐色或淡棕色。

3.雄蕊3枚，花丝离生；一年生草本；叶线状披针形、长圆形或狭椭圆形；雄花萼片6枚，子房具鳞状突起 ……………… **黄珠子草P. virgatus** Forst.

3.雄蕊2或3枚，2枚雄蕊花丝离生；3枚雄蕊者花丝合生。

4.叶下面近边缘有1~3列短硬毛；子房和果具小疣突；雄花萼片6枚，雄蕊3枚；蒴果无梗（产于各地区）……………… **叶下珠P. urinaria** L.

4.叶下面边缘无短硬毛；子房和果平滑；雄花萼片4枚，雄蕊2枚；蒴果具梗（产于大别山、桐柏山、伏牛山区）………………………………………………… **密甘草P. ussuriensis** Rupr. et Maxim.(*P. matsumurae* Hayata)

4. 雀儿舌头属 Leptopus Decne.

雀儿舌头L. chinensis (Bge.) Pojark.，产于各山区、丘陵地。

小灌木。叶卵形或长椭圆形，宽4.0~20mm，先端急尖或钝，基部截形或近心形，全缘；叶柄长2.0~8.0mm。花单生或2~4朵簇生，单性，白色；腺体5个。蒴果直径约6.0mm。

5. 重阳木属 Bischofia Bl.

1.常绿或半常绿；小叶基部宽楔形或钝，叶缘锯齿每厘米2~3个；圆锥花序（栽培）…………………………………………………… **秋枫B. javanica** Bl.

1.落叶乔木；小叶基部圆形或浅心形，叶缘每厘米有锯齿4~5个；总状花序（栽培） …… **重阳木B. polycarpa**(Lévl.)Airy-Shaw(*B. racemosa* Cheng et Chu)

6. 油桐属 Vernicia Lour.

油桐V. fordii(Hemsl.)Airy-Shaw，栽培油料（产于大别山、伏牛山、桐柏山南部）。

落叶乔木，枝粗壮，无毛。叶卵圆形，宽3.0~12cm，先端渐尖，全缘或3浅裂；叶柄长达12cm，先端有2个红色腺体。花白色略带红色，核果近球形，直径3.0~6.0cm。

7. 地构叶属 Speranskia Baill.

地构叶S. tuberculata(Bge.) Baill.，产于伏牛山区。

多年生草本；茎多分枝，密被柔毛。叶椭圆形至披针形，宽5.0~15mm，边缘疏生不规则腺齿；叶柄短或近无。总状花序顶生，雌花在下。蒴果有多数疣状突起。

8. 巴豆属 Croton L.

巴豆C. tiglium L.，栽培。

常绿木本，幼枝绿色，疏被星状毛。叶卵形或长圆状卵形，宽2.5~6.0cm，先端渐尖；基部宽楔形，掌状三出脉，两面有疏星状毛，基部两侧各生1个腺体；叶柄长2.0~6.0cm。总状花序顶生，雌花在下方，或雌雄不同花序。蒴果长圆形，长约2.0cm。

9. 假奓包叶属 Discocleidion(Mull.-Arg.)Pax et Hoffm.

假奓包叶D. rufescens(Franch.) Pax et Hoffm.，产于西峡、南召、内乡、嵩县、淅川等县。

落叶木本，小枝被柔毛。叶卵形或卵状披针形，宽2.0~5.0cm，先端渐尖，三至五出脉，边缘有锯齿，背面有细密毛；叶柄长1.0~4.0cm。雌雄异株，总状花序或圆锥花序顶生，单被花。蒴果近球形，被毛。

10. 蓖麻属 Ricinus L.

蓖麻R. communis L.，栽培或逸生（产于各地）。

一年生高大草本；茎中空，幼枝被白粉。叶圆形，盾状，直径达50cm，掌状5~11深裂，裂片卵状披针形至长圆形，边缘有锯齿；花序上部雌花。蒴果有软刺。

11. 铁苋菜属 Acalypha L.

1.一年生草本；野生。

2.雌花苞片3~5深裂，裂片线形，长3.0~4.0mm，被长柔毛；花序长2.0cm以下（产于伏牛山、桐柏山、大别山区）………………………………………………………………… **裂苞铁苋菜**（短序铁苋菜）**A. brachystachya** Hornem.

2.雌花苞片叶状，边缘有锯齿，不分裂，花序长2.0cm以上（产于各地）………………………………………………………………… **铁苋菜A. australis** L.

1.灌木；栽培。

3.叶绿色；雌雄异株。盆栽观赏 …………… **绿叶铁苋菜A. hispida** Burm. f.

3.叶常具紫红色色斑；雌雄同株（产于郑州、洛阳、开封、南阳等地）……………………………… **红桑**（三色铁苋菜）**A. wilkesiana** Muell.-Arg.

12. 野桐属 Mallotus Lour.

1.蒴果无软刺，密被红色腺点及星状毛；小乔木；叶下面散生红色颗粒状腺体（产于伏牛山南部、南召） …… **粗糠柴M. philippensis**(Lam.) Muell.-Arg.

1.蒴果具软刺。

2.果密生线形软刺，软刺长6.0~8.0mm；叶卵状三角形，稀卵形或卵圆形，下面密被灰白色带红色茸毛（产于大别山、桐柏山、伏牛山区南部）………… **红叶野桐M. paxii** Pamp.［*M. apelta* auct. non(Lour.) Muell.-Arg.］

2.果具稀疏粗短软刺；叶宽卵形或近圆形，下面仅沿脉被星状柔毛，余部无毛或有疏毛（产于大别山、桐柏山、伏牛山区南部）…………… **野桐 M.japonicus**(Thunb.)Muell.-Arg. var. **floccosus**(Muell.-Arg.)S. M. Hwang (*M. tenuifolius* Pax)

13. 土沉香属 Excoecaria L.

红背桂花E. cochinchinensis Lour.，栽培。

常绿灌木。叶对生，长椭圆形或长圆形，长达15cm，边缘疏生细锯齿，背面深紫红色。花雌雄异株，腋生穗状花序。蒴果带肉质，红色。

14. 乌桕属 Sapium P. Br.

1.雄蕊3（2）枚；种子无蜡被，被棕褐色斑纹；叶卵形、椭圆状卵形至倒卵形，叶柄长15~22mm（产于大别山、桐柏山、伏牛山区南部）…………………………………… **白木乌桕S. japonicum**(Sieb. et Zucc.) Pax et K. Hoffm.

1.雄蕊2（3）枚；种子被蜡被，无棕褐色斑纹。

2.叶椭圆状卵形或长卵形，长约为宽的2.0倍，叶柄先端有2个腺体（产于大别山区）……………… **山乌桕S. discolor**(Champ. et Benth.)Muell.-Arg.

2.叶菱形至菱状卵形，长近等于宽；果序长5.0~12cm（产于各山区）……………………………………………………………… **乌桕S. sebiferum**(L.) Roxb.

变种：**复序乌桕**var. **multiracemosum** Ding ex S. Y. Wang et T. B. Chao(*S. sebiferum* var. *dabeshanensis* B. C. Ding et T. B. Chao；*S. sebiferum* var. *pendula* B. C. Ding et T. B. Chao)，顶生穗形总状花序全为雄花；由此雄花序基部的侧芽又抽出数个具叶或无叶的穗形总状花序，其雄花在上部，基部生雌花。

15. 山麻杆属 Alchornea Sw.

山麻杆A. davidii Franch.，产于大别山、桐柏山、伏牛山区南部。

灌木，高达2.0m；小枝密被茸毛。叶阔卵形至扁圆形，宽9~17cm，先端钝圆，基部心形，三出脉，下面带紫色，密被茸毛，边缘生牙齿；叶柄长3.0~9.0cm。花雌雄同株，无花瓣；穗状花序。蒴果扁球形，直径约10mm，密被短柔毛。

16. 大戟属 Euphorbia L.

1.总苞的腺体具花瓣状附属物。

2.茎平卧，匍匐状；叶对生，长不过10mm、宽不过6.0mm；托叶钻形。

3.枝和果无毛；叶先端钝圆，绿色或淡红色；种子平滑（产于各地区）……………………………………………………… **地锦草E. humifusa** Willd.

3.枝和果被白色细柔毛；叶先端锐尖，中央有1个紫斑；种子有角棱（产于各地区）…………………………………… **斑地锦E. maculata** L.

2.茎直立或斜升。

4.叶对生，狭长圆形或倒卵形，长1.0~2.5cm、宽4.0~8.0mm；托叶三角形；主茎幼时不发育，侧枝发达；蒴果无毛（产于新县、商城）…………………………………………………………… **通奶草E. hypericifolia** L.

4.叶在茎下部互生，上部对生或轮生，椭圆形，长（3.0）5.0~7.0cm、宽约3.0cm，上部叶边缘常为白色；无托叶；主茎发达；蒴果被柔毛（栽培）………………………………… **银边翠**（六月雪）**E. marginata** Pursh

1.总苞的腺体无附属物。

5.灌木或蔓状灌木；茎常肉质，有棱，有刺；叶仅存在于分枝顶部（栽培）。

6.蔓生灌木，茎及分枝褐色；刺锥状；总苞片2枚，红色 …………………………………………………………… **铁海棠**（虎刺）**E. milii** Ch. des Moulius

6.肉质灌木，茎及枝绿色；刺芒状；总苞绿色。

7.茎圆柱形，5棱，棱角无脊，常扭转呈螺旋状；托叶刺2枚，生于棱上 ……………………………………………………… **金刚纂E. neriifolia** L.

7.茎3~7棱，棱角具脊，翅状；托叶刺生于脊上。

8.茎3（4）棱；棱脊薄且边缘有不规则齿，宽达1.0~2.0cm……………………………………………………………… **火殃勒E. antiquorum** L.

8.茎5~7棱；棱脊扁平而肥厚，边缘波状 ………………………………………………………………………………… **鞭王鞭E. royleana** Boiss.

5.草本；叶不早落；茎无刺。

9.总苞腺体1（2~3）个；托叶腺体状；花序单歧分枝（栽培植物）。

10.茎顶部叶完全红色 ……… **一品红E. pulcherrima** Willd. ex Koltzsch

10.茎顶端叶部分红色，苞叶基部红色 ………………………………………………… **猩猩草E. cyathophora** Murr.(*E. heterophylla* non L.)

9.总苞腺体常4~5个；无托叶；花序2至多歧分枝。

11.叶交互对生；果不开裂（栽培） …………… **续随子E. lathyris** L.

11.叶互生；蒴果开裂。

12.总苞腺体圆、半圆或盘状，无角。

13.腺体盘状，盾状生于总苞边缘；苞叶和分枝常5数；叶倒卵形或匙形，长10~30mm、宽5.0~18mm，上部具细齿（产于各地）…
…………………………………………………… **泽漆E. helioscopia** L.

13.腺体片状，侧生于总苞边缘。

14.蒴果平滑无瘤。

15.根圆柱状，直径3.0~7.0cm；总苞内无毛（产于河南西部、西北部）………………………………… **甘肃大戟E. kansuensis** Prokh.

15.根纤维状，直径3.0~5.0mm；花序2歧分枝，每分枝顶具多个花序；苞叶及伞幅3~5枚（产于伏牛山至大别山区）………………………
………………… **湖北大戟**（西南大戟）**E. hylonoma** Hand.-Mazz.

14.蒴果具瘤或刺状突起；腺体圆形或半圆形。

16.子房和果脊上有稀疏的瘤状或刺状突起；茎自基部3~4分枝，每分枝不再分枝；叶长1.0~3.0cm、宽5.0~7.0mm（产于河南西北部）
…… **甘青大戟E. micractina** Boiss. var. **tangutica**(Proch.)W. T. Wang

16.子房和果密被锥状瘤；茎每分枝再有4~5分枝（产于各山区）……
… **大戟E. pekinensis** Rupr.(*E. pekinensis* var. *hupehensis* Hurusawa)

12.总苞腺体具2角或平截状或顶端具2角，呈新月形或中间内凹；蒴果无瘤。

17.根状茎细长，且生不定根；蒴果三棱球状；叶椭圆形、长椭圆形或倒卵状披针形，宽5.0~15mm（产于各山区）…………………………………
……………………………………… **钩腺大戟E. sieboldiana** Morr. et Decne.

17.无根状茎及不定根。

18.根末端呈念珠状膨大；茎高20~30cm；花序顶端无续发营养枝；叶线形、线状披针形或线状椭圆形；腺体新月形，两角不明显（产于各山区）……………………………………… **甘遂E. kansui** Liou ex S. B. Ho

18.根末端不膨大；茎高30~60cm；花序顶端常有续发营养枝；叶倒披针形或线状倒披针形；腺体角长而尖，或短而钝且明显（产于各地）…
…………………………………… **乳浆大戟E. esula** L.(*E. lunulata* Bge.)

六〇、水马齿科 Callitrichaceae

水马齿属 Callitriche L.

沼生水马齿C. palustris L.，产于信阳地区。

水生草本；高30~40cm，茎纤细，多分枝。叶互生，在茎端密集成莲座状；浮水叶倒卵形或倒卵状匙形，长4.0~6.0mm、宽约3.0mm，两面疏生褐色细小斑点，三出脉；茎生叶匙形或线形，宽2.0~5.0mm。花单生叶腋，单性，雄蕊1枚，花柱2个；果长1.0~1.5mm。

六一、黄杨科 Buxaceae

1.叶对生，全缘；木本 ……………………………………………… **1.黄杨属Buxus**

1.叶互生，上部叶大多有齿牙；草本状亚灌木 ……… **2.板凳果属Pachysandra**

1. 黄杨属 Buxus L.

1.叶两面中脉及侧脉均明显突起；叶片匙形或倒卵形，长2.0~4.0cm、宽8.0~15mm（产于大别山、伏牛山南坡） ………………………………………………… **雀舌黄杨B. bodinieri** Lévl.(*B. harlandii* Hance)

1.叶两面侧脉全不明显或仅叶面有明显侧脉；叶片阔椭圆形、阔倒卵形、卵状椭圆形，稀长圆形，长1.5~3.5cm、宽8.0~20mm（栽培） ……………………………… **黄杨B. sinica**(Rehd. et Wils.)Cheng(*B. sempervirens* non L.)

2. 板凳果属 Pachysandra Michx.

顶花板凳果（顶蕊三角咪）**P. terminalis** Sieb. et Zucc.，产于大别山、桐柏山至伏牛山区南部。

常绿半灌木；茎肉质，匍匐斜升，高20~30cm。叶互生，倒卵形或菱状椭圆形，长2.5~5.0cm，上部边缘有粗锯齿，无毛；叶柄长8.0~15mm。穗状花序顶生，长1.0~3.5cm；花小，白色，单性，无花瓣。核果浆果状卵形，长约10mm。

六二、马桑科 Coriariaceae

马桑属 Coriaria L.

马桑C. nepalensis Wall.(*C. sinica* Maxim.)，产于伏牛山区南部。

落叶有毒灌木，小枝四棱形。叶椭圆形或卵状椭圆形，长达8.0cm，基部三出脉；叶柄长1.0~3.0mm。总状花序长4.0~6.0cm，雄花先叶开放，雌花叶后开放；心皮5个，分离。聚合瘦果紫红色，外被宿存肉质花瓣。

六三、漆树科 Anacardiaceae

1.单叶 ………………………………………………………… **2.黄栌属Cotinus**

1.羽状复叶。

2.偶数羽状复叶或顶生小叶退化而较小；花无花瓣 …… **1.黄连木属Pistacia**

2.奇数羽状复叶；花有花萼和花瓣。

3.植物体无乳汁，子房5室；核果大，椭圆形，果核上部有5个小孔 ……

……………………………………………… **5.南酸枣属Choerospondias**

3.植物体有乳汁；子房1室；核果小，扁球形。

4.圆锥花序顶生，果序直立；果被腺毛和具节柔毛或单毛，成熟后红色 …………………………………………………… **3.盐肤木属Rhus**

4.圆锥花序腋生，果序下垂；果无毛或疏被微柔毛，但无腺毛 ………

………………………………………………… **4.漆属Toxicodendron**

1. 黄连木属 Pistacia L.

黄连木P. chinensis Bge.，产于各山区、丘陵。

落叶乔木；偶数羽状复叶，小叶10~12枚；小叶披针形或卵状披针形，宽约2.0cm，全缘，先端渐尖。花单性异株，无花瓣。核果倒卵圆形，径约6.0mm。

2. 黄栌属 Cotinus(Tourn.)Mill.

1.叶无毛，下面有白粉（产于太行山、伏牛山区）………………………………
………………………… **粉背黄栌C. coggygria** Scop. var. **glaucophylla** C. Y. Wu

1.叶下面显著被柔毛。

2.叶倒卵形或卵圆形，两面尤其下面显著被柔毛；花序被柔毛（产于太行山、伏牛山区）……………………… **红叶C. coggygria** var. **cinerea** Engl.

2.叶阔椭圆形，稀圆形，下面尤其沿脉上和叶柄密被柔毛；花序无毛或近无毛（产于各山区）…………… **毛黄栌C. coggygria** var. **pubescens** Engl.

3. 盐肤木属 Rhus(Tourn.)L.

1.小叶边缘具锯齿。

2.叶轴具叶状翅，小叶7~13枚，边缘具粗锯齿（产于各山区）……………
……………………………………………………………**盐肤木R. chinensis** Mill.

2.叶轴无翅；小叶9~23枚，边缘锯齿细密而整齐。（栽培，见于郑州、洛阳、南阳及各地公路边）……………**鹿角漆**（火炬树）**R. typhina** Tourn.

1.小叶全缘或稀有小锯齿；叶轴无翅或稀上部具极狭翅。

3.小枝被微柔毛；叶轴上部具极狭翅；小叶下面常变红色，被微柔毛，叶基圆或近心形，无柄（产于伏牛山区南部）………………………………
…………… **红麸杨R. punjabensis** Stewart var. **sinica** (Diels)Rehd. et Wils.

3.小枝无毛；叶轴无翅；小叶下面绿色，无毛或沿中脉有稀疏微柔毛，叶基宽楔形至近圆形，小叶柄明显（产于各山区）……………………………
…………………………………………………………**青麸杨R. potaninii** Maxim.

4. 漆属 Toxicodendron(Tourn.)Mill.

1.小枝、叶轴、叶柄及花序均被柔毛。

2.圆锥花序长15~30cm，与叶近等长；叶轴及花序被微柔毛；小叶下面沿脉被平展黄色柔毛；小叶柄长4.0~7.0mm；核果近对称（产于各山区）
…………………………………………… **漆T. vernicifluum**(Stokes)F. A. Barkl.

2.圆锥花序长8.0~15cm，长不超过叶长之半；叶轴、花序及小枝密被茸毛；小叶下面被密柔毛或脉上较密，小叶无柄或具短柄；核果极偏斜（产于大别山、桐柏山区）… **木蜡树T. sylvestre**(Sieb. et Zucc.)O. Kuntze

1.植株各部无毛，花序长7.0~15cm，为叶长之半；核果偏斜（产于各山区）……………………………………………**野漆T. succedaneum**(L.)O. Kuntze

5. 南酸枣属 Choerospondias Burtt et Hill.

南酸枣C. axillaris(Roxb.)Burtt et Hill，栽培。

乔木，小枝粗壮，暗紫褐色，无毛。羽状复叶，小叶7~19枚，卵形至卵状披针形，宽2.0~4.5cm，先端长渐尖，全缘。花杂性异株；雄花和两性花组成圆锥花序，花淡紫红色；雌花单生上部叶腋。

变种：**毛脉南酸枣**var. **pubinervis**(Rehd. et Wils.)Burtt et Hill，幼枝、叶轴、小叶柄及小叶下面脉上均密被灰白微柔毛；郑州有栽培。

六四、冬青科 Aquifoliaceae

冬青属 Ilex L.

1.常绿植物，均为长枝，无短枝，当年生枝常无皮孔。

2.雌雄花序均单生叶腋；果分核背部具单沟；叶椭圆形或披针形，稀卵形，宽2.0~4.0cm，边缘具圆齿，有时幼叶为锯齿，两面无毛（产于大别山、桐柏山区）…………………… **冬青I. chinensis** Sims(*I. purpurea* Hassk.)

2.雌雄花序均簇生于叶腋；果分核具皱纹及洼点，或具凸棱。

3.叶缘具刺，或全缘而先端有1枚刺。

4.果分核石质，具不规则皱纹及洼点；叶四角长圆形，长4.0~8.0cm、宽2.0~4.0cm，每边1~3枚硬刺，先端3枚刺；稀卵形，全缘或波状，先端1枚硬刺；果梗长8.0~14mm（产于大别山、桐柏山、伏牛山区南部）………………………………… **构骨I. cornuta** Lindl.ex Paxt.

4.果分核木质，具掌状条纹，背面较宽的一端凹；叶卵状披针形，长1.0~2.5(3.0) cm、宽5.0~14mm，边缘每边1~3枚刺，先端三角状渐尖，渐尖头长12~14mm，终于1枚刺（产于新县、商城、桐柏山、伏牛山区南部）…………………………… **猫儿刺I. pernyi** Franch.

3.叶全缘或具锯齿，绝无刺。

5.叶长圆形或卵状长圆形，长8.0~19（28）cm、宽4.5~7.5（9.0）cm，叶缘具疏锯齿；叶柄长15~25mm（产于大别山区）…………………………………………………………………………… **大叶冬青I. latifolia** Thunb.

5.叶倒卵形、倒卵状椭圆形，稀倒披针形，长3.5~6.0cm、宽1.5~3.0cm，全缘；叶柄长10~15mm（栽培）…………… **全缘冬青I. integra** Thunb.

1.落叶植物；常有长枝、短枝之分，当年生枝常有明显皮孔。

6.果直径12~14mm，宿存柱头圆柱形，分核7~9枚，果熟时黑色；果梗近等长于叶柄（产于大别山区）………………… **大果冬青I. macrocarpa** Oliv.

变种：**长梗冬青**var. **longipedunculata** S. Y. Hu，果梗长为叶柄的2.0倍以上，长1.4~3.3cm（产于黄柏山、西峡）。

6.果直径约为5.0mm，宿存柱头盘状，分核5枚，果熟时红色（产于新县、商城）……………………………………………… **大柄冬青I. macropoda** Miq.

六五、卫矛科 Celastraceae

1.叶对生；直立乔木或灌木，或为匍匐至蔓生状灌木；蒴果4~5室，或多或少分裂……………………………………………………… **1.卫矛属Euonymus**

1.叶互生；木质藤本；蒴果3室，近球形 ……………… **2.南蛇藤属Celastrus**

1. 卫矛属 Euonymus L.

1.果无翅状延展物；花药2室，花丝有或无；冬芽宽短，长4.0~8.0（10）mm。

2.果近球形，仅在腹缝线处稍凹入；假种皮全包种子；小枝有细密瘤点。

3.果皮平滑无刺突；冬芽长可达10mm，直径达6.0mm。常绿或半常绿。

4.藤本，茎及枝具气生根；果皮无细点；花绿白色（产于各山区）…

扶芳藤E. fortunei(Turcz.)Hand.-Mazz.(*E. fortunei* var. *radicans* Rehd.)

变种1：**小叶扶芳藤**var. **mininus** Rehd.，叶较小，长6.0~15mm，沿脉微呈白色，卵形至披针形（产于各山区）。

变种2：**紫叶扶芳藤**var. **coloratus** Rehd.，叶秋季暗紫色，背面淡紫色。

变种3：**斑叶扶芳藤**var. **reticulatus** Rehd.，叶面沿脉白色（栽培观赏）。

变种4：**花叶扶芳藤**var. **gracilis** Rehd.，叶心或及叶边缘有白色或黄色斑，或边缘染粉红色（栽培观赏）。

4.直立灌木；茎枝无气生根（各地栽培）… **冬青卫矛E. japonicus** Thunb.

变种1：**银边冬青卫矛**var. **albo-marginatus** T. Moore，叶具白色狭边。

变种2：**银心冬青卫矛**var. **argenteovariegatus** Regel，叶具黄斑及白边。

变种3：**金边冬青卫矛**var. **aureo-marginatus** Regel，叶具黄色边缘。

变种4：**金心冬青卫矛**var. **aureo-variegatus** Regel，叶面具黄斑。

3.果皮外有刺突；刺突长约1.5mm；冬芽较小，长达6.0mm、径3.0~4.0mm；小枝密被黄色细疣突；花丝长2.0~3.0mm；假种皮橙黄色（产于大别山区）…………………………………… **刺果卫矛E. acanthocarpus** Franch.

2.果实浅裂至深裂状，假种皮全部或部分包围种子；小枝平滑无瘤突；花4数。

5.果先端浅裂至半裂，假种皮全部包围种子。

6.胚珠每室4~12个。

7.花丝明显，长1.0~3.0mm；花黄白色；果具狭翅棱。

8.叶窄长圆形或窄倒卵形，先端圆或急尖，基部楔形；叶柄长达10mm；花直径达15mm（产于大别山、桐柏山、伏牛山南部）………………………………………… **大花卫矛E. grandiflorus** Wall.

8.叶长圆状椭圆形、阔椭圆形、窄长圆形或长圆状倒卵形，先端突成短渐尖，基部圆形；叶柄长达25mm（产于大别山、桐柏山区）………………………………………… **肉花卫矛E. carnosus** Hemsl.

7.花丝无或极短；花淡绿色；叶长椭圆形至长圆形，先端渐尖至短尾尖，叶柄长5.0~8.0mm。常绿植物（产于大别山区）…………………………………………**矩叶卫矛E. oblongifolius** Loes.et Rehd.

6.胚珠每室2个；雄蕊花丝明显；种子全被假种皮包围。

9.茎枝无栓翅。

10.落叶小乔木。

11.叶卵状椭圆形、卵圆形或窄椭圆形，长4.0~8.0cm、宽2.0~5.0cm，先端长渐尖；叶柄长15~35mm；果长不及10mm

（产于各山区）……………………………………………………

……　**白杜**（丝棉木）**E. maackii** Rupr.(*E. bungeanus* Maxim.)

11.叶长圆状椭圆形、卵状椭圆形或椭圆状披针形，长7.0~10cm、宽约7.0cm；先端圆钝或急尖；叶柄长达50mm；果长10~15mm（产于伏牛山区）………　**西南卫矛E. hamiltonianus** Wall. ex Roxb.

变型：**披针叶卫矛**f. **lanceifolius**(Loes)C. Y. Cheng，叶近披针形，花药暗紫色。

10.常绿灌木；叶阔倒卵形、卵形或椭圆形，长4.0~7.0cm、宽2.5~4.0cm，近全缘；叶柄长8.0~20mm；小枝上端2对叶密接呈4叶轮生状（产于伏牛山区）…　**小果卫矛E. microcarpus**(Oliv.) Sprague

9.茎枝有4条纵向栓翅，翅宽达6.0mm；叶长6.0~11cm、宽2.0~4.0cm；叶柄长8.0~15mm；花序疏散，总梗长10~15mm（产于伏牛山区）……………………………………………………………　**栓翅卫矛E. phellomanus** Loes.

5.蒴果深裂，仅基部连合；雄蕊有明显花丝。

12.茎枝具4条宽扁栓翅；花丝长约1.0mm；花绿白色；叶柄长1.0~3.0mm（产于各山区）………………………………　**卫矛E. alatus**(Thunb.) Sieb.

12.茎枝无栓翅；花丝长2.0~2.5mm；花紫色；叶柄长2.0~5.0mm；枝上部叶阔披针形，渐尖；小枝有黑色疣点（产于大别山、桐柏山、伏牛山区）………………………………………　**疣点卫矛E. verrucosoides** Loes.

1.蒴果心皮背部具翅，极少无明显翅而呈肋状；花药1室，无花丝；冬芽细长，约10mm。

13.常绿灌木；冬芽稍窄小，长达8.0mm；叶薄革质，线状披针形或披针形，长6.0~11cm、宽8.0~15mm，先端长渐尖或尾状渐尖；花紫红色，5或4数，花梗长12~18mm；果翅角状，长5.0~10mm（产于伏牛山区）…………………………………………　**角翅卫矛**（柳叶卫矛）**E. cornutus** Hemsl.

13.落叶灌木。

14.蒴果无明显翅，仅具肋状突起；果序梗细长下垂；花5数，淡绿色；叶卵形、椭圆状卵形或圆卵形，先端渐尖（产于大别山、桐柏山、伏牛山区）……………………………………　**垂丝卫矛E. oxyphyllus** Miq.

14.果翅明显；果序梗不下垂；花4数。

15.花深紫色；果翅长5.0~10mm；叶卵形、长卵形或阔椭圆形，长3.0~7.0cm、宽1.5~3.5cm，叶缘锯齿尖稍内曲；叶柄长3.0~7.0mm（产于伏牛山区） ………………………………… **紫花卫矛E. porphyreus** Loes.

15.花绿白色、黄绿色或黄色；叶缘有细密锯齿。

16.叶缘锯齿先端呈纤毛状；匍匐状灌木（产于太行山、伏牛山区） ……………………………………………………………… **纤齿卫矛E. giraldii** Loes.

(*E. giraldii* var. *angustialatus* Loes.；*E. ussuriensis* auct. non Maxim.)

16.叶缘锯齿不为纤毛状；直立灌木。

17.叶窄长卵形或披针形，宽1.5~2.0cm；果序梗细长下垂，长达15cm；果翅长8.0~12mm（产于灵宝） ……………………………………………………………………………… **陕西卫矛E. schensianus** Maxim.

17.叶非上述形状，宽在2.5cm以上。

18.叶多为倒卵形，基部楔形，纸质；叶柄长2.0~8.0mm；果翅长6.0~11mm（产于太行山、伏牛山区） ………………………………………………………………………… **黄心卫矛E. macropterus** Rupr.

18.叶多为卵形、卵状椭圆形或长圆状椭圆形，基部平截或阔楔形，厚纸质至近革质；叶柄长（5.0）8.0~10mm；果翅长4.0~6.0mm（产于伏牛山区） ………… **石枣子E. sanguineus** Loes.(*E. sanguineus* var. *brevipedunculatus* Loes.; *E. sanguineus* var. *laxus* Loes.)

2. 南蛇藤属 Celastrus L.

1.花序通常仅顶生，如在枝上部有腋生花序时，则花序分枝腋部无营养芽；小枝常有4~6条纵棱，具片状髓；叶长圆状椭圆形、阔卵形或圆形，长7.0~17cm、宽5.0~13cm；果皮内面具紫色斑点（产于各山区） …………………………………………………………………………… **苦皮藤C. angulatus** Maxim.

1.花序腋生，或腋生与顶生共存；花序分枝腋部有营养芽。

2.花1至数朵簇生于叶腋；小枝基部最外1对芽鳞特化为钩状刺，刺长1.5~2.5mm，下弯；无花序梗或长仅1.0~2.0mm（产于太行山、伏牛山、桐柏山区） ………………………………… **刺苞南蛇藤C. flagellaris** Rupr.

2.花序顶生及腋生，小枝基部无刺。

3.叶下面被白粉，灰白色；叶柄长12~20mm；顶生花序长7.0~10cm；果梗长10~25mm；果瓣内面具棕褐色斑点（产于大别山、桐柏山、伏牛山区）…………………………………… **粉背南蛇藤C. hypoleucus**(Oliv.)Warb. ex Loes.

3.叶下面无白粉，浅绿色；果瓣内面无色斑；顶生花序长不过5.0cm。

4.枝中空或具片状髓；腋生的聚伞花序几无总梗，花呈簇生状；叶柄长5.0~8.0mm（产于大别山、桐柏山、伏牛山区） …………… **短梗南蛇藤** **C.rosthornianus** Loes.［*C.rosthornianus* var.*loeseneri* (R.et W.)C.Y.Wu］

4.枝髓坚实；聚伞花序有明显的总梗；叶柄长10~20（23）mm。

5.冬芽大，长5.0~12mm；叶卵状椭圆形或长圆形，先端渐尖，花药具细尖头；果实直径10~13mm（产于伏牛山、桐柏山、大别山区）……………………………………… **大芽南蛇藤**（哥兰叶）**C. gemmatus** Loes.

5.冬芽小，长2.0~3.0mm；叶宽椭圆形，近圆形或倒卵形，先端短渐尖或圆阔而中央具小急尖；花药无细尖头；果直径7.0~9.0mm（产于各山区）…………………………………………… **南蛇藤C. orbiculatus** Thunb.

六六、省沽油科 Staphyleaceae

1.叶互生，奇数羽状复叶，小叶5~9枚 ……………………… **1.瘿椒树属Tapiscia**

1.叶对生。

2.果为蒴果，果皮膜质，肿胀；三出叶 ……………… **2.省沽油属Staphylea**

2.果为蓇葖果，果皮革质；奇数羽状复叶 …………… **3.野鸦椿属Euscaphis**

1. 瘿椒树属 Tapiscia Oliv.

瘿椒树（银鹊树）**T. sinensis** Oliv.，产于内乡、西峡。

乔木。小枝无毛。羽状复叶；小叶5~9枚，卵形或狭卵形，宽3.5~6.0cm，边缘有锯齿，无毛；叶柄长达12cm。圆锥花序腋生，雄花与两性花异株；花小，黄色，有香气。核果近球形，长约7.0mm。

2. 省沽油属 Staphylea L.

1.顶生小叶柄短，长仅1.0cm；叶片上面细脉平或微凹，叶面较平滑；蒴果扁平，2裂（产于大别山、桐柏山、伏牛山区）……………………………
省沽油S. bumalda DC.(*S. bumalda* var. *microphylla* B. C. Ding et T. B. Chao)

变种：**玫红省沽油**var. **rosea** Rehd. et Wils.，花玫瑰红色，小叶下面至少主脉被白茸毛（产于南召）。

1.顶生小叶柄较长，长1.5~4.0cm；叶片上面细脉明显突出，网脉明显，叶面较粗糙；蒴果梨形膨大，3裂（产于伏牛山区）……**膀胱果S. holocarpa** Hemsl.

3. 野鸦椿属 Euscaphis Sieb. et Zucc.

野鸦椿E. japonica (Thunb.) Dippel，产于大别山、桐柏山至伏牛山南部。

小枝紫红色，无毛；嫩枝叶破碎有恶臭气味。羽状复叶；小叶 (3) 5~9(11)枚，对生，卵形至卵状披针形，宽2.0~4.0cm，边缘有细锯齿，无毛。圆锥花序顶生；花黄绿色，直径约5.0mm。蓇葖果紫红色。

变种：**毛野鸦椿**var. **jianningensis** Q. J. Wang，花梗、叶轴、小叶柄及小叶片均密被锈色柔毛（分布同正种）。

六七、槭树科 Aceraceae

1.果实周围有圆形的翅；羽状复叶，小叶7~15枚；冬芽裸露 ……………………………………………………………………………**1.金钱槭属Dipteronia**

1.果实侧生双翅；单叶稀复叶，如为复叶仅有3~7枚小叶；冬芽有鳞片 ……………………………………………………………………………… **2.槭属Acer**

1. 金钱槭属 Dipteronia Oliv.

金钱槭D. sinensis Oliv.，产于伏牛山、尧山。

乔木；小枝灰绿色，密生皮孔。羽状复叶；小叶7~13枚，长卵形或长圆状披针形，宽2.0~4.0cm，最下1对有时3裂或为3枚小叶，先端渐尖，边缘疏生钝锯齿。圆锥花序顶生或腋生；花杂性，白色，直径约2.5mm。果实周围有翅，长约2.5cm。

2. 槭属 Acer L.

1.复叶。

2.小枝无毛，被白粉；小叶3~5（7~9）枚；果实无毛（栽培）……………………………………………………………………………**梣叶槭A. negundo** L.

2.小枝被短毛；小叶3枚。

3.果实无毛；小叶长6.0~12cm、宽3.0~5.0cm，老时下面无毛，顶生小叶柄长约10mm（产于各山区）……… **建始槭**（三叶槭）**A. henryi** Pax

3.果实被毛；小叶下面多少被毛。

4.叶下面仅沿脉有疏长柔毛；小叶长4.0~6.0cm、宽2.0~2.5cm，顶生小叶柄长3.0~5.0mm；果被灰黄色短柔毛，翅果长约4.5cm，张开近直立，翅宽15~20mm；小枝紫褐色（产于大别山、桐柏山、伏牛山区）…………………………… **陕西槭A. shensiensis** Fang et L. C. Hu

4.小叶下面遍生很稠密的毛。

5.小叶长7.0~14cm、宽3.0~6.0cm，先端锐尖，边缘有稀疏钝锯齿，下面被极密长柔毛；翅果有短柔毛，长4.0~5.0cm，张开成钝角（产于商城）…………………………**毛果槭A. nikoense** Maxim.

5.小叶长5.0~8.0cm、宽3.0~5.0cm，先端钝尖，边缘有2~3枚钝锯齿，下面有白粉色和淡黄色疏柔毛；翅果长3.0~3.8cm，张开近锐角或直角（产于灵宝亚武山区）… **血皮槭A. griseum** (Franch.)Pax

1.单叶。

6.花单性，稀杂性。

7.花4数；雄花序生于无叶的小枝旁边，雌花序生于有叶的小枝顶端；冬芽细小，鳞片镊合状。叶卵形或长卵形，长5.0~7.0cm、宽2.5~4.0cm，先端锐尖，不分裂或缺刻状分裂，边缘具不整齐锐尖锯齿；翅果长3.0~3.5cm，张开成锐角或近直立（产于伏牛山区）……………………………………………………………………**四蕊槭A. tetramerum** Pax

变种1：**桦叶四蕊槭**var. **betulifolium** (Maxim.) Rehd.，果张开成钝角；叶下面无毛。

变种2：**蒿苹四蕊槭**var. **haopingense** Fang，果张开成钝角；叶下面有白疏毛。

7.花5数；雌雄花序均生于小枝旁无叶处；冬芽卵圆形，较大，鳞片覆瓦状；叶3(5)裂。

8.叶较小，直径5.0~10cm，3~5浅裂，稀至中裂。

9.叶长5.0~7.0cm、宽6.0~8.0cm，3~5裂，裂片全缘或有稀疏钝齿；翅果有短柔毛，长3.5~3.7cm，张开近直角（产于新县、商城）………………………………………… **天目槭A. sinopurpurascens** Cheng

9.叶长与宽均4.0~6.0cm，3裂，裂片边缘浅波状；翅果宿存疏柔毛，长4.0~4.2cm，张开近直立（产于伏牛山、桐柏山区）………………………………………………… **秦岭槭A. tsinglingense** Fang et Hsieh

8.叶长10~20cm、宽12~23cm，裂片边缘有不整齐锯齿；总状花序，总梗长达15cm（产于河南西南部）………………… **房县槭A. franchetii** Pax

6.花两性或杂性，生于有叶的小枝顶端。

10.冬芽常无柄，鳞片较多，常覆瓦状排列；花序伞房状或圆锥状。

11.叶纸质，常3~5（7~11）裂，落叶性。

12.翅果扁平或压扁状；叶裂片全缘或浅波状；叶柄有乳汁。

13.叶3~5浅裂，裂片先端钝，边缘浅波状，有纤毛，下面密被柔毛；翅果明显扁平，长约2.5cm，脉纹明显（产于栾川）………………………………… **庙台槭A. miaotaicnsc** P. C. Tsoong

13.叶3~7裂，裂片先端锐尖或渐尖；翅果常压扁状，脉纹不明显。

14.果序梗长10~20mm。

15.叶下面无毛。

16.叶5~7裂，基部截形或近心形；小坚果长13~18mm、宽10~12mm，果翅与果体近等长（产于太行山、伏牛山区）……………………………… **元宝槭A. truncatum** Bge.

16.叶常5裂，基部心形或截形；小坚果长10~13mm、宽5.0~8.0mm，果翅长为果体的2.0~3.0倍（产于各山区）…………………………… **色木槭**（地锦槭）**A. mono** Maxim.

15.叶下面有宿存毛；叶3（5）裂或兼有不裂；翅果长3.0~3.5cm，张开成锐角；叶柄长5.0~9.0（15）cm（产于大别山、桐柏山、伏牛山区）……………………………………………

…………………………………… **长柄槭A. longipes** Franch. ex Rehd.

变种：**卷毛长柄槭**var. **pubigerum**(Fang) Fang，叶较小，长5.0~6.0cm，宽7.0~8.0cm，5(3)裂，裂片卵形或三角状卵形，先端近尾状急锐尖，下面密被淡黄色柔毛；翅果长，张开成锐角（产于栾川，河南新记录）

14.果序梗长在10mm以内。

17.叶下面被短柔毛并杂以星状毛；叶长9.0~15cm、宽6.0~20cm，7（5）裂；翅果长3.0~3.5cm，张开成锐角（产于新县、商城）………………………… **天童锐角槭A. acutum** Fang var. **tientungense** Fang et Fang f.

17.叶下面仅脉腋有丛毛，余部无毛。

18.叶长度明显大于宽，卵形或长卵形，长10~20cm、宽5.0~9.0cm，不分裂或中部以上具2小裂片；翅果长5.0~5.5cm，翅近先端最宽，下段狭窄，张开成锐角或直角（产于栾川、龙浴湾）…………………………………… **梓叶槭A. catalpifolium** Rehd.

18.叶宽度大于长度，扁圆形，长9.0~16cm、宽10~18cm，5（3）裂；翅果长3.5~4.5cm，张开成钝角（产于商城）…………………………………… **阔叶槭A. amplum** Rehd.

12.翅果突起；叶裂片边缘具锯齿；叶柄无乳汁。

19.叶（5）7~13裂；花序伞房状，仅有数花；子房无毛；叶柄和花梗通常无毛。

20.翅果长不足3.0cm，钝角张开。

21.叶较小，直径7.0~10cm，常7裂，裂片长圆状卵形或披针形，无毛；翅果长2.0~2.5cm（产于河南南部山区）…………………………………… **鸡爪槭A. palmatum** Thunb.

变种1：**羽毛槭**var. **dissectum**(Thunb.)K. Koch，叶7~9深裂至全裂，裂片具羽状缺刻；栽培。

变种2：**小鸡爪槭**var. **thunbergii** Pax，叶较小，直径约4.0cm，深7裂，基部心形，裂片披针形，边缘具尖锐重锯齿；坚果较小，卵圆形，翅较短；栽培。

变型：**红槭**f. **atropurpureum**(Van Houtt)Schwerim，叶深紫红色。

21.叶较大，直径13~14cm，常9裂，裂片长圆状卵形，下面宿存灰色短柔毛；翅果较大，长2.6~2.8cm（产于大别山区） ………………
…………………………………安徽槭**A. anhweiense** Fang et Fang f.

20.翅果长3.5~4.0cm，张开近水平；叶长6.0~8.0cm、宽7.0~12cm，7~9裂，裂片长圆形或近卵形（产于伏牛山区） ………………………
………………………………………………… 杈叶槭**A. robustum** Bge.

变种1：**河南杈叶槭**var. **henanense** Fang，小枝被蜡质白粉；叶常9裂，锯齿紧贴；翅果长3.0~3.2cm。

变种2：**小杈叶槭**var. **minus** Fang.，叶长4.5~5.0cm、宽5.0~6.0cm，翅果长约2.8cm，钝角张开。

19.叶3~7裂；花序伞房状、圆锥状或总状圆锥状，具多数花。

22.坚果一侧宽，一侧窄，侧扁，基部倾斜；叶长6.0~10cm、宽4.0~6.0cm，3~5深裂，边缘具不整齐钝尖锯齿；伞房花序无毛；翅果无毛，锐角或近直角张开（产于太行山、伏牛山区） ………………
………………………………………………… 茶条槭**A. ginnala** Maxim.

亚种：**苦茶槭**subsp. **theiferum** Fang，叶不明显3~5浅裂，先端短渐尖（产于各山区）。

22.坚果凸隆为卵圆形、长卵圆形或近球形，基部不倾斜；叶5~7裂。

23.总状圆锥花序。

24.叶下面无毛或有短柔毛，裂片尾状渐尖；翅果长15~28mm，张开呈锐角或近直立（产于伏牛山区） ……………………………
……… 多齿长尾槭**A. caudutum** Wall. var. **multiserratum** Rehd.

24.叶下面密被黄色茸毛，裂片锐尖；翅果长15~20mm，张开呈直角（产于大别山、桐柏山、伏牛山区） ……………………………
………………………… 花楷槭**A. ukurunduense** Trautv. et Mey.

23.圆锥花序或伞房花序；翅果长1.0~3.5cm，张开近水平。

25.叶7（5）裂，叶柄长5.0~9.0cm；圆锥花序；子房具淡黄色长柔毛（产于河南西南部） …………… 毛花槭**A. erianthum** Schwer.

25.叶5（3）裂，叶柄长2.5~5.0cm；伞房花序（产于伏牛山区） …
………………………………………… 五裂槭**A. oliverianum** Pax

11.叶革质或纸质，多常绿或半常绿，常不分裂，或3裂，叶或裂片全缘。

26.叶常3裂，落叶。

27.叶的侧裂片出自叶中部以上，且与中裂片大小近等；翅果长2.5~3.0cm，张开呈锐角或近直立（产于各地）…… **三角槭A. buergerianum** Miq.

27.叶的侧裂片出于叶中下部，短小且先端钝，明显小于中裂片；3裂叶与不分裂叶共存；翅果长2.0~2.2cm，钝角张开（产于河南西南部山区、淅川、西峡）……………………………**富宁槭A. paihengii** Fang

26.叶常不分裂，常绿或半常绿。叶片长圆状卵形，全缘，下面有白粉；翅果长1.8~2.5cm，张开近于直角（产于河南南部）…………………………………………………………………… **飞蛾槭A. oblongum** Wall. ex DC.

变种1：**绿叶飞蛾槭**var. **concolor** Pax，叶下面无白粉，淡绿色（产于伏牛山区）。

变种2：**三裂飞蛾槭** var. **trilobum** Henry，叶常3裂，裂片边缘具稀疏锐齿（桐柏栽培）。

10.冬芽有柄，鳞片常2对，镊合状排列；总状花序。

28.叶长度较宽度大0.3~1.0倍，常不分裂或3~5浅裂，侧裂片较小而钝。

29.叶不分裂，边缘有不整齐细锯齿，叶柄长2.0~8.0cm；果梗长10~15mm（产于各山区）……………………**青榨槭A. davidii** Franch.

29.叶3~5浅裂，边缘有锐尖重锯齿；叶柄长2.0~3.0（5.0）cm；果梗长5.0~7.0mm（产于各山区）…………**葛萝槭**（青皮槭）**A. grosseri** Pax

变种：**长裂葛萝槭**var. **hersii** Rehd.，侧裂片较长，先端渐尖。

28.叶长略大于宽，较宽度大1/10~3/10，常明显3~5分裂。

30.叶中央裂片卵形或椭圆形，基部收缩，中下部最宽（产于伏牛山区）……………………………… **五尖槭**（马氏槭）**A. maximowiczii** Pax

30.叶中央裂片三角形，基部最宽不收缩（产于大别山、桐柏山、伏牛山区）………………………………………**青楷槭A. tegmentosum** Maxim.

六八、七叶树科 Hippocastanaceae

七叶树属 Aesculus L.

1.组成花序的小花序长2.0~2.5cm，花梗长2.0~4.0mm；叶片下面仅中、侧脉基部嫩时有疏柔毛；中央小叶柄长1.0~1.8cm，两侧者长5.0~10mm；雄蕊6枚；花柱无毛；种脐约占种子的1/2。（栽培或野生，产于太行山、伏牛山区）…………………………………………………… **七叶树A. chinensis** Bge.

1.组成花序的小花序长3.0~4.0（6.0）cm，花梗长5.0~8.0mm；叶片下面被灰色茸毛或长柔毛；小叶柄长1.5~2.5cm；雄蕊7枚；花柱具长柔毛；种脐占种子的1/3以下（产于河南西南部、嵩县、西峡、登封）…………………………………………………………………… **天师栗A. wilsonii** Rehd.

六九、无患子科 Sapindaceae

1.草质攀缘藤本；花序的第1对分枝变为卷须；蒴果膨胀，囊状 ………………………………………………………………… **1.倒地铃属Cardiospermum**

1.乔木或直立灌木；花序无卷须。

2.果实不开裂，果皮肉质；种皮骨质，无假种皮 …… **2.无患子属Sapindus**

2.蒴果，室背开裂。

3.果膨胀，果皮膜质或纸质，有脉纹；大型圆锥花序 ………………………………………………………………………… **3.栾树属Koelreuteria**

3.果不膨胀，果皮木质；总状花序 ……………… **4.文冠果属Xanthoceras**

1. 倒地铃属 Cardiospermum L.

倒地铃C. halicacabum L.，郑州、开封有栽培，供药用。

一年生攀缘草本，茎纤细。叶二回三出复叶，长5.0~12cm；小叶卵形、长圆形或卵状披针形，宽15~25mm，基部下延成柄，边缘有少数齿裂。聚伞花序腋生，最下1对花梗发育为下弯的卷须；花白色，直径约2.5mm。蒴果。

2. 无患子属 Sapindus L.

无患子S. mukorossi Gaertn.，产于大别山、桐柏山至伏牛山区。

乔木。偶数羽状复叶；小叶4~8对，卵状披针形或长圆状披针形，宽2.0~5.5cm，小叶柄长3.0~5.0mm，圆锥花序顶生；花小，白绿色。核果球形，直径15~18mm。

3. 栾树属 Koelreuteria Laxm.

1.一回或不完全的二回羽状复叶；小叶边缘有粗大不规则的锯齿（产于各山区、丘陵地）…………………………………… **栾树K. paniculata Laxm.**

1.二回羽状复叶；小叶通常全缘，有时一侧近顶端边缘有锯齿（产于大别山、桐柏山至伏牛山南部，城镇有栽培）……………………………………
全缘叶栾树（黄山栾）**K. bipinnata** Franch. var. **integrifoliola** (Merr.) T. Chen

4. 文冠果属 Xanthoceras Bge.

文冠果X. sorbifolia Bge.，产于太行山、伏牛山北坡，城镇常见栽培。

小枝粗壮，紫褐色，光滑。叶互生，羽状复叶；小叶9~19枚，长圆形或披针形，宽1.0~2.0cm，边缘有锯齿。顶生圆锥花序或腋生总状花序，花序顶端的雌花结实；花瓣5片，倒卵形，长约17mm，白色，基部红色或黄色；花盘裂片背面具橙黄色角状附属体。蒴果球形，直径4.0~6.0cm，果皮近木质。

七〇、清风藤科 Sabiaceae

1.攀缘木质藤本；单叶；花辐射对称，排为聚伞花序；雄蕊5枚，全部发育
…………………………………………………………………… **1.清风藤属Sabia**

1.直立乔木或灌木；单叶或羽状复叶；花两侧对称，排为圆锥花序；雄蕊5枚，仅2枚发育 ………………………………………… **2.泡花树属Meliosma**

1. 清风藤属 Sabia Colebr.

1.花单生叶腋，花盘不肥厚，杯状，具5裂齿；叶柄基部木化变成刺状宿存于

老枝上（产于大别山、桐柏山至伏牛山区南部）……………………………………………………………………… **清风藤S. japonica** Maxim.

1.花1~5朵集为聚伞花序，花盘肿胀，肥厚，枕状或短圆柱状，决无明显裂齿；叶柄基部不木化变为刺状。

2.叶两面无毛；子房无毛。

3.萼片、花瓣、花丝及花盘均无红色腺点；聚伞花序1~3朵花；叶长圆状卵形，长3.0~13cm、宽1.5~3.5cm，下面淡绿色（产于伏牛山南部、新县）…………………………… **四川清风藤S. schumanniana** Diels

3.萼片、花瓣、花丝及花盘均具红色腺点；聚伞花序2~20朵花；叶狭椭圆形或线状披针形，长3.0~8.0cm、宽0.8~1.5cm；下面苍白色（产于伏牛山区南部）……………………………………………………………… **多花清风藤S. schumanniana** Diels subsp. **pluriflora** (Rehd. et Wils.)Y. F. Wu

2.叶两面有毛；子房有毛；叶片椭圆状长圆形或椭圆形，宽2.0~7.0cm；花瓣有缘毛；聚伞花序2~4朵花（产于大别山、桐柏山至伏牛山区南部）… **阔叶清风藤S. yunnanensis** Franch. subsp. **latifolia**(Rehd. et Wils.)Y. F. Wu

2. 泡花树属 Meliosma Bl.

1.单叶。

2.叶倒卵形、狭倒卵形或倒卵状长椭圆形，叶基楔形或狭楔形；内面2花瓣2裂，或有时在两裂间具中小裂片，短于发育雄蕊。

3.圆锥花序向下弯垂，主轴与侧枝明显呈"之"字形曲折，侧枝向下弯垂；腋芽常2个并生（产于西峡、内乡、淅川、南召）……………………………………………………………… **垂枝泡花树M. flexuosa** Pamp.

3.圆锥花序直立，主轴与侧枝劲直，或稍呈"之"字形，但侧枝不向下垂。

4.叶倒卵形，先端近平截，具短急尖，边缘具波状齿；果核扁球形，两侧面有明显网纹（产于大别山、伏牛山区南部）…………………………………………………… **细花泡花树M. parviflora** Lecomte

4.叶倒卵状楔形或狭倒卵状楔形，先端短渐尖，边缘3/4以上具由侧脉伸出的锐尖锯齿；果核三角状卵形，两侧面有不规则的纵条纹突起或近平滑；叶面被细毛（产于大别山、桐柏山、伏牛山区）………

…**泡花树**（龙须木）**M. cuneifolia** Franch.(*M. platypoda* Rehd. et Wils.)

2.叶长椭圆形或倒卵状长椭圆形，叶基圆形或钝圆；内面2花瓣不分裂，长于发育雄蕊。

5.叶全部边缘具锯齿，下面被疏长毛，侧脉每边20~25（30）条（产于伏牛山区南部）………………… **多花泡花树M. myriantha** Sieb. et Zucc.

5.叶近基部边缘无锯齿；叶下面被稀疏柔毛或仅沿中、侧脉被柔毛，侧脉每边12~22（25）条（产于南召）……………………………………………………………… **异色泡花树M. myriantha** var. **discolor** Dunn

1.叶为羽状复叶。

6.叶轴顶端3片小叶的小叶柄均无关节；小叶下面被柔毛或近无毛；萼片5枚（产于大别山、桐柏山、伏牛山区南部）… **红柴枝M. oldhamii** Maxim.

6.叶轴顶端的1（2）枚小叶的小叶柄具关节；萼片4枚。

7.小叶背面脉腋有髯毛；圆锥花序长12~30cm，花序主轴上皮孔不明显；内面2花瓣二尖裂；核果直径6.0~7.0mm（产于大别山、桐柏山、伏牛山区）……………………………… **珂楠树M. beaniana** Rehd. et Wils.

7.小叶背面脉腋无髯毛；圆锥花序长40~50cm；花序主轴和分枝有明显皮孔；内面2花瓣二钝裂；核果直径10~12mm（产于大别山、桐柏山、伏牛山区）……………………………… **暖木M. veitchiorum** Hemsl.

七一、凤仙花科 Balsaminaceae

凤仙花属 Impatiens L.

1.蒴果短，椭圆形，中间膨大，两端缩为喙状；花单生或2~3朵簇生叶腋，无花序梗（栽培）……………………………………………… **凤仙花I. balsamina** L.

1.蒴果长纺锤形、棒状或线状圆柱形；花序1至多花，具花序梗。

2.翼瓣基部裂片顶端钝，不伸长为长细丝。

3.全部花梗基部有苞片，侧生萼片2枚；唇瓣檐部漏斗状；花药尖。

4.花序梗仅具1朵花；花梗中上部具披针形或卵状披针形小苞片；花淡紫色或粉红色。

5.叶基部有2个球状腺体；翼瓣上部裂片斧形，唇瓣狭漏斗状，有内弯的细长距（产于伏牛山区）………**翼萼凤仙花I. pterosepala** Hook. f.

5.叶基部无腺体；翼瓣上部裂片斜圆形，唇瓣檐部舟状，具1.0~1.5cm的丝状略弯的长距（产于伏牛山区，稀见）……………………………………………………………… **秦岭凤仙花I. linocentra** Hand.-Mazz.

4.花序梗有2~3朵花；花梗中上部具1卵状披针形小苞片；花粉紫色；唇瓣囊状，具长6.0~7.0mm上弯二裂的距；叶片基部有1~2对球形腺体（产于大别山、桐柏山区）……… **中州凤仙花I. henanensis** Y. L. Chen

3.花序最下面的花梗基部无苞片。

5.侧生萼片4枚；花紫色或淡紫色；唇瓣囊状，基部圆、急狭为短或极短的2浅裂之距。

6.茎、枝和花序梗有紫色或红褐色斑点；外2萼片条状披针形，内2萼片条形；花药钝；叶基部楔形（产于伏牛山区）……………………………………………………………… **窄萼凤仙花I. stenosepala** Pritz. ex Diels

6.茎、枝和花序梗无斑点；外2萼片斜卵形，内2萼片条形；花药尖；叶基圆形或心形，稀宽楔形（产于大别山、桐柏山、伏牛山）……**卢氏凤仙花I. lushiensis** Y. L. Chen(*I. heterosepala* S. Y. Wang non J. D. Hook.)

5.侧生萼片2枚；花黄色。

7.花药尖；叶卵形或卵状椭圆形；花序梗长1.0~1.5cm，花梗长1.5~2.0mm；旗瓣中央有绿色鸡冠状突起；翼瓣长20~25mm（产于太行山、伏牛山、桐柏山区）………………… **水金凤I. noli-tangere** L.

7.花药钝；叶宽卵形或近圆形；花序梗长3.0~4.0cm，花梗长5.0~8.0（10）mm；旗瓣背面中肋具棱；翼瓣长约15mm（产于西峡、南召、内乡）……………………… **西固凤仙花I. notolophora** Maxim.

2.翼瓣基部裂片和上部裂片渐尖，顶端具细丝或至少基部裂片有细丝；花黄色或淡黄色，单生叶腋，唇瓣囊状。

8.侧萼片具粗齿，或至少一侧有4~5枚尖齿。

9.侧萼片常具粗齿；翼瓣无柄，裂片披针形，上下裂片顶端均具长细丝；唇瓣具2裂的内弯短距；小苞片卵形（产于伏牛山区）…………
……………………………… **齿萼凤仙花I. dicendra** Franch. ex Hook. f.

9.侧萼片一侧具4~5枚尖齿；翼瓣具柄，仅长圆形的基部裂片顶端具长6.0~7.0mm的细丝；唇瓣基部具4~6距；小苞片下方者线形，上方者卵形（产于伏牛山区栾川、鲁山）……………………………………………………
……………………………… **奇形凤仙花I. paradoxa** C. S. Zhu et H. W. Yang

8.侧萼片全缘；翼瓣具柄，基部裂片先端长尾状渐尖，上部裂片先端钝而无细丝；旗瓣中肋背面有绿色鸡冠状突起；唇瓣之距长约8.0mm，钩状，先端2裂（产于嵩县） ……………………………… **牯岭凤仙花I. davidii** Franch.

七二、鼠李科 Rhamnaceae

1.基生三出脉。

2.果序分枝增粗为肉质；托叶不变为针刺 ……………………**3.枳椇属Hovenia**

2.果序分枝不增粗为肉质；有托叶刺。

3.果实周围具平展的翅，果实干燥木质 ………………**6.马甲子属Paliurus**

3.果实无翅，肉质核果 ………………………………………… **7.枣属Ziziphus**

1.叶脉羽状。

4.果实通常为球形或近球形，具2~4分核。

5.花无梗，排成穗状花序或穗状圆锥花序，顶生兼腋生 …………………
…………………………………………………………… **1.雀梅藤属Sageretia**

5.花明显具梗，排列为腋生聚伞花序；枝端通常有刺；种子背面常有沟
……………………………………………………………… **2.鼠李属Rhamnus**

4.果实常为长柱形，仅具1核。

6.乔木或灌木；叶缘有细锯齿；腋生聚伞花序 ………**4.猫乳属Rhamnella**

6.藤状灌木；叶全缘；顶生聚伞花序或聚伞圆锥花序 ……………………
……………………………………………………………**5.勾儿茶属Berchemia**

1. 雀梅藤属 Sageretia Brongn.

1.花序轴无毛；叶长2.5~4.5cm、宽1.4~2.5cm，侧脉每边2~3（4）条，叶柄长

4.0~6.0mm（产于太行山至伏牛山区）…………………………………………
……… **少脉雀梅藤S. paucicostata** Maxim.(*S. pycnophulla* auct. non Schneid.)

1.花序轴被茸毛或密被短柔毛。

2.叶较小，长不超过4.5cm，宽在2.5cm以下，侧脉每边3~4（5）条，在叶上面不凹陷（产于伏牛山南部、桐柏山、大别山区）……………………
……………… **雀梅藤S. thea**(Osbeck)Johnst.[*S. theazans* (Osbeck) Brongn.]

变种：**毛叶雀梅藤**var. **tomentosa** C. Y. Chen et P. K. Chou，叶卵形或卵状椭圆形，下面被有茸毛，后渐脱落。

2.叶较大，长4.0~15cm，宽常在3.5cm以上，侧脉每边5~10条，在上面明显凹陷。

3.叶下面无毛，侧脉每边5~7条，网脉不明显，顶端渐尖稀锐尖，基部近圆形，稍不对称（产于内乡）………… **刺藤子S. melliana** Hand.-Mazz.

3.叶下面沿脉被柔毛，侧脉每边7~10条，网脉明显，顶端尾状渐尖或长渐尖，基部心形或近圆形，对称（产于伏牛山、桐柏山区）…………
…………………………………………… **尾叶雀梅藤S. subcaudata** Schneid.

2. 鼠李属 Rhamnus L.

1.顶芽裸露，无鳞片，被锈色或棕褐色茸毛；花两性，5基数；腋生聚伞花序具长4.0~10(15)mm的总花梗；叶互生；倒卵状椭圆形或倒卵形，下面被柔毛或沿脉密被柔毛（产于伏牛山、桐柏山、大别山区）……………………
…………………………………………………… **长叶冻绿R. crenata** Sieb. et Zucc.

1.芽具数个芽鳞；花单性；4基数，簇生，无明显的总花梗。

2.叶和枝对生或近对生，稀兼有互生。

3.叶狭小，长不超过3.0cm，宽通常在1.0cm以下，侧脉每边2~3（4）条。

4.叶纸质，卵形或卵状披针形，下面干时变黄，沿脉或脉腋被白色短柔毛；种子背面具长为种子4/5的宽沟（产于太行山至伏牛山区）
……………………………………………… **卵叶鼠李R. bungeana** J. Vass.

4.叶厚纸质，菱状倒卵形或菱状椭圆形，下面干时灰白色，脉腋窝孔内被短柔毛；种子背侧具长为种子4/5的狭沟（产于太行山、伏牛山、桐柏山区）………………………… **小叶鼠李R. parvifolia** Bge.

3.叶较大，长在3.0cm以上，宽超过1.5cm，侧脉每边（3）4~7条。

5.叶卵状心形或卵圆形，基部心形或圆形，边缘有密锐锯齿；果梗长1.3~2.0cm；叶两面和叶柄均无毛（产于太行山至伏牛山区北部）…………………………………………………………………**锐齿鼠李R. arguta** Maxim.

5.叶非卵状心形，基部楔形或近圆形，边缘具钝齿或圆齿状锯齿；果梗不超过1.2cm。

6.叶柄短，通常在1.0cm以下（薄叶鼠李叶柄长7.0~20mm），种子背面或背侧具长为种子1/2以上的纵沟。

7.幼枝、当年生枝、叶柄、叶两面或沿脉均被短柔毛；花和花梗疏被短柔毛；叶倒卵状圆形、卵圆形或近圆形（产于各山区）…………………………………………………………… **圆叶鼠李R. globosa** Bge.

7.幼枝、当年生枝及叶柄无毛或近无毛；花和花梗无毛。

8.叶上面无毛或沿中脉有疏毛，下面仅脉腋有簇毛；叶倒卵形或倒卵状椭圆形，宽2.0~5.0cm；叶柄长8.0~20mm（产于大别山、桐柏山、伏牛山区）………………… **薄叶鼠李R. leptophylla** Schneid.

8.叶上面或沿脉被疏柔毛，下面沿脉或脉腋被簇毛；叶柄长10mm以下。

9.小枝浅灰色或灰褐色；树皮粗糙无光泽；种子黑色，背面仅基部具短沟（产于嵩县）………… **刺鼠李R. dumetorum** Schneid.

9.小枝红褐、紫红或黑褐色；树皮平滑有光泽；种子红褐或褐色，背面纵沟长为种子的2/3以上。

10.叶菱状倒卵形或菱状椭圆形，宽5.0~15（20）mm，两面无毛或仅下面脉腋窝孔内生疏柔毛，侧脉每边2~4条，干时下面灰白色（产于太行山、伏牛山区）……………………………………………………… **小叶鼠李R. parvifolia** Bge.

10.叶椭圆形、倒卵状椭圆形或倒卵形，长2.5~6.0cm、宽1.0~3.5cm，上面被疏伏毛，下面干时变浅黄色，侧脉每边4~5条（产于灵宝、卢氏、嵩县、西峡、内乡）……………………………………………………**甘青鼠李R. tangutica** J. Vass.

6.叶柄较长，通常在1.0~1.5cm以上；种子背面基部仅有长为种子1/3以下的短沟。

11.小枝无毛；叶下面干时浅绿色，无毛或仅沿脉被白色疏柔毛，叶柄长1.5~4.0cm（产于太行山、伏牛山区）……………**鼠李R. davurica** Pall.

11.小枝有毛或无毛，叶下面干时变黄色或金黄色，沿脉或脉腋被金黄色柔毛；叶柄长5.0~15mm。

12.幼枝和当年生枝无毛，叶柄上面被疏柔毛或近无毛，花梗无毛；枝端常具刺；叶缘具细或圆锯齿（产于伏牛山、桐柏山、大别山区）…………………………………………………………………**冻绿R. utilis** Decne.

12.幼枝、当年生枝和叶柄被灰色或疏或密的柔毛；花梗被疏短柔毛（产于卢氏）……………**毛冻绿R. utilis** var. **hypochrysa** (Schneid.) Rehd.

2.叶和枝均互生，稀兼有近对生。

13.叶条形或条状披针形，长3.0~8.0cm、宽3.0~10mm，两面无毛（产于济源）……………………………………………**柳叶鼠李R. erythroxylon** Pall.

13.叶非条形，宽超过2.0cm。

14.幼枝、叶、叶柄、花及花梗均无毛；叶边缘有钩状内弯的圆锯齿，先端尾状渐尖或长渐尖（产于南召、内乡）……………………………………………………………………**钩齿鼠李R. lamprophylla** Schneid.

14.幼枝、叶两面及叶柄均被毛。

15.花萼及花梗有疏柔毛；叶柄长5.0~16mm；种子背沟与种子等长；叶缘有细钝锯齿或下部有不明显细齿，叶先端锐尖或短渐尖（产于大别山、桐柏山、伏牛山区）………**皱叶鼠李R. rugulosa** Hemsl.

15.花萼和花梗无毛；叶柄长2.0~4.0mm；种子背沟长约为种子之半（产于大别山区）…**毛山鼠李R. wilsonii** Schneid. var. **pilosa** Rehd.

3. 枳椇属 Hovenia Thunb.

1.花排成不对称的聚伞圆锥花序；花柱浅裂；果实成熟时黑色，直径6.5~7.5mm；叶具不整齐的锯齿或粗锯齿（产于各山区）…………………………………………………………………………**北枳椇H. dulcis** Thunb.

1.花排成对称的二歧聚伞圆锥花序；花柱半裂或深裂，果成熟时黄色，直径5.0~6.5mm；叶有浅而钝的细锯齿（产于河南南部）…………………………

……………………………………………………… 枳椇**H. acerba** Lindl.

4. 猫乳属 Rhamnella Miq.

猫乳R. franguloides(Maxim.) Weberb.(*R. obovalis* Schneid.)（产于伏牛山、桐柏山、大别山区）。

幼枝灰绿色，被短柔毛。叶椭圆形、倒卵状长圆形或倒卵形；宽2.0~4.0cm，先端急尖或尾状尖，边缘具细锯齿或近全缘，侧脉7~9（11）对；叶柄长2.0~5.0mm。聚伞花序腋生，花黄绿色。核果椭圆状长圆形，长6.0~8.0mm。

5. 勾儿茶属 Berchemia Neck.

1.叶仅下面脉腋被短柔毛，干时下面灰白色，侧脉每边8~13条（产于伏牛山、桐柏山区）…………………………………… 勾儿茶**B. sinica** Schneid.

1.叶下面无毛或仅沿脉基部疏被短柔毛，干时非灰白色。

2.全株无毛；叶侧脉每边12~18条，干时下面变金黄色；花排为具短分枝的窄聚伞圆锥花序（产于伏牛山南部）…………………………………………………… 黄背勾儿茶 **B. flavescens**(Wall.) Brongn.(*B. hypochrysa* Schneid.)

2.全株无毛或叶下面沿脉基部疏被短柔毛，侧脉每边9~12条，干时下面栗色；花排为具长分枝的宽聚伞圆锥花序（产于各山区）…………………………………… 多花勾儿茶**B. floribunda** Brongn.(*B. giraldiana* Schneid.)

6. 马甲子属 Paliurus Tourn. ex Mill.

1.花序被毛；核果小，杯状，周围有木栓质3浅裂的厚翅，直径10~17mm；叶先端钝或圆形（栽培）………………… 马甲子**P. ramosissimus** (Lour.) Poir.

1.花序无毛；核果大，草帽状，周围有革质宽翅，直径2.0~3.8cm；叶先端长渐尖或渐尖（产于伏牛山、大别山区）……… 铜钱树**P. hemsleyanus** Rehd.

7. 枣属 Ziziphus Mill.

1.核果大，直径1.5~2.0cm，味甜，核两端尖。

2.枝有刺（栽培）………………………………………… 枣**Z. jujuba** Mill.

变型：**葫芦枣**f. **lageniformis**(Nakai) Kitag.，果实中部以上缢缩而呈葫芦

状（栽培）。

2.枝无刺（栽培）……………… **无刺枣*Z. jujuba*** var. ***inemmis***(Bge.) Rehd.

1.核果小，直径不及1.2cm，味酸，核两端钝。

3.枝直立，不扭曲，具刺（产于河南各地）……………………………………………………………… **酸枣*Z. jujuba*** var. ***spinosa***(Bge.) Hu ex H. F. Chow

3.枝扭曲，无刺（庭院栽培）……………… **龙爪枣*Z. jujuba*** ‘Tortuosa’

七三、葡萄科 Vitaceae

1.花瓣在顶端互相黏着，花谢时整体脱落，狭圆锥花序；树皮无皮孔；髓褐色 ………………………………………………………………………… **1.葡萄属*Vitis***

1.花瓣分生；聚伞花序；树皮有皮孔；髓白色。

2.花瓣、雄蕊各5数；木质藤本；花序与叶对生或顶生。

3.花序分枝顶端不扩大成吸盘；花盘明显 ……… **2.蛇葡萄属*Ampelopsis***

3.花序分枝顶端常扩大成吸盘；花盘不明显或不存在。

4.卷须4~7总状分枝；花序伞房状或圆锥状聚伞花序 …………………………………………………………………… **3.爬山虎属*Parthenocissus***

4.卷须二分叉；典型复二歧聚伞花序 ……………………**4.俞藤属*Yua***

2.花瓣、雄蕊各4数；草质藤本；花序腋生 ………… **5.乌蔹莓属*Cayratia***

1. 葡萄属 Vitis L.

1.叶为三至五出复叶。

2.小枝和叶下面被毛（产于大别山、伏牛山区）…………………………………………………………… **变叶葡萄**（复叶葡萄）***V. piasezkii*** Maxim.

2.小枝和叶无毛或几无毛 … **少毛变叶葡萄*V. piasezkii*** var. ***pagnuccii*** Rehd.

1.单叶。

3.小枝有皮刺，老茎上皮刺变为瘤突（产于大别山、桐柏山、伏牛山区南部）……………………………… **刺葡萄*V. davidii*** (Roman. du Caill.) Foex.

3.小枝无刺，老茎上也无瘤突。

4.小枝和叶柄被刚毛及有柄或无柄腺体。

5.小枝和叶柄密被有腺刚毛；叶不分裂或不明显5浅裂，边缘锯齿尖锐（产于伏牛山区）…………… **秋葡萄V. romanetii** Roman. du Caill. ex Planch.

5.小枝和叶柄疏生有柄或无柄腺体；叶明显3~5浅裂，也有深裂几达基部或分裂不明显者，边缘锯齿较钝（产于伏牛山西北部）……………………………………………………………… **陕西葡萄V. shenxiensis** C. L. Li

4.小枝和叶柄被柔毛或蛛丝状茸毛，不具刚毛和腺毛。

6.叶下面覆盖以白色或锈色蛛丝状或毡状茸毛。

7.叶3~5裂或有时混生不分裂叶。

8.叶浅裂，裂片较宽。

9.小枝被白色茸毛；卷须二分叉；叶3浅裂至中裂，混生不分裂者（产于各山区）……………………………………………… **桑叶葡萄 V. heyneana** Roem. et Schult. subsp. **ficifolia** (Bge.) C. L. Li

9.小枝被短柔毛；卷须不分叉或混生二分叉（产于大别山区）…………………………………… **小叶葡萄V. sinocinerea** W. T. Wang

8.叶3~5深裂或中裂，稀混生不裂或浅裂者（产于大别山、桐柏山、伏牛山区）……………………………… **蘡薁V. bryoniaefolia** Bge. (*V. adstricta* Hance; *V. novisinensis* Vass.; *V. bryoniaefolia* var. *multilobata* S. Y. Wang et Y. H. Hu)

7.叶不分裂或不明显3~5浅裂；小枝及花序轴多少被蛛丝状茸毛（产于各山区）……………………………………………………… **毛葡萄V. heyneana** Roem. et Schult. (*V. quinquangularis* Rehd.; *V. pentagona* Diels et Gilg.)

6.叶下面无毛或被柔毛，或有稀疏蛛丝状茸毛，但毛被不覆盖叶面。

10.叶下面幼时有茸毛，后变无毛，或仅脉腋有毛，决无直毛（产于大别山、桐柏山、伏牛山区）……………………………………………… **葛藟V. flexuosa** Thunb.［*V. flexuosa* var. *parvifolia*(Roxb.) Gagn.］

10.叶下面多少被柔毛或至少脉上被短柔毛，或蛛丝状毛。

11.叶显著3~5裂或杂以不裂叶。

12.叶基深心形，两侧靠近或重叠（栽培）…… **葡萄V. vinifera** L.

12.叶基心形、缺凹成钝角或圆形，锯齿浅。

13.叶不分裂或3~5浅裂，裂片宽阔。

14.叶卵圆形或卵状椭圆形，基缺或裂缺成钝角（产于各山区）
…………………………… **桦叶葡萄V. betulifolia** Diels et Gilg.

14.叶阔卵圆形，基缺或裂缺圆形（产于太行山、伏牛山区）…
………………………………………… **山葡萄V. amurensis** Rupr.

13.叶3~5中裂至深裂，裂片狭窄，有时混生浅裂（产于大别山区）
…………………………………………… **湖北葡萄V. silvestri** Pamp.

11.叶不分裂，稀不明显3~5浅裂。

15.叶下面至少脉上、花序轴被蛛丝状茸毛，绝无直毛。

16.茎攀缘；叶长7.0~12cm、宽5.0~12cm，每侧锯齿16~20枚（产于大别山、桐柏山、伏牛山区）……………… **网脉葡萄V. wilsonae** Veitch

16.茎披散状；叶长3.0~7.0cm、宽2.5~6.0cm，每侧锯齿6~13枚（产于信阳、确山）…………………………**武汉葡萄V. wuhanensis** C. L. Li

15.叶下面至少脉上有直毛，有时混生蛛丝状茸毛。

17.叶基心形，下面沿脉密生短柔毛（产于大别山区）…………………
……………………………… **华东葡萄V. pseudoreticulata** W. T. Wang

17.叶基浅心形或近截形（产于各山区）………………………………
………………………………… **桦叶葡萄V. betulifolia** Diels et Gilg.

2. 蛇葡萄属 Ampelopsis Michx.

1.叶为掌状三至七出复叶。

2.小枝、叶柄和叶下面被疏柔毛；小叶3或5枚。

3.小叶3枚或杂以单叶，不分裂或侧生小叶基部分裂（产于桐柏山、伏牛山区南部）…………………………… **三裂蛇葡萄A. delavayana** Planch.

变种：**毛三裂蛇葡萄**var. **setulosa** (Diels et Gilg.)C. L. Li，小枝、花序和叶柄密生锈色短柔毛（产于伏牛山区）。

3.小叶5枚，边缘粗锯齿状或羽状分裂（产于太行山、伏牛山区）……
……………………………………… **乌头叶蛇葡萄A. aconitifolia** Bge.

2.小枝、叶柄和叶下面无毛；小叶3~5枚。

4.小叶羽状深裂且中部以下渐狭为窄翅（产于各地）…………………

……………………………………… **白蔹A. japonica**(Thunb.) Makino

4.小叶边缘锯齿状或浅裂（产于各山区）……… **掌裂蛇葡萄A. delavayan** var. **glabra**(Diels et Gilg.)C. L. Li(*A. aconitifolia* var. *glabra* Diels et Gilg.)

1.单叶，不裂或3~5裂，但绝不深裂至基部成全裂片。

5.小枝、叶柄和叶下面完全无毛或仅叶下面脉腋生簇毛。

6.叶不分裂或微3~5裂。

7.叶下面苍白色，上部2侧裂片较短或不明显，绝不外展；花梗无毛（产于伏牛山区）……… **蓝果蛇葡萄A. bodinieri**(Lévl.et Vant.)Rehd.

7.叶下面淡绿色，上部2角状侧裂片外展或前伸；小枝及叶无毛，叶下面脉腋偶有毛；花梗有细柔毛（产于大别山区）…………………………………… **牯岭蛇葡萄A. heterophylla** var. **kulingensis** (Rehd.)C. L. Li

6.叶3~5浅裂或中裂，或混生不裂叶；花梗被短伏毛（产于各山区）……………………………………………… **葎叶蛇葡萄A. humulifolia** Bge.

5.小枝、叶柄和叶下面多少被柔毛或茸毛。

8.叶不分裂，基部显著心形，两面被淡褐色短柔毛（产于大别山、桐柏山区）……………………………………… **锈毛蛇葡萄A. heterophylla** (Thunb.)Sieb. et Zucc. var. **vestita** Rehd.[*A. sinica* (Miq.) W. T. Wang]

8.叶3~5中裂，稀混生有浅裂或不裂叶。

9.花梗长2.0~3.0mm；叶多为3中裂；花梗被短伏毛……………………………………………………………… **葎叶蛇葡萄A. humulifolia** Bge

9.花梗长1.0~1.5mm；稀较长但不及2.0mm（据载河南有分布，未见标本）……………… **异叶蛇葡萄A. heterophylla**(Thunb.)Sieb. et Zucc.

变种：**光叶蛇葡萄**var. **hancei** Planch.，小枝、叶柄和叶片无毛或有极稀疏短柔毛（产于桐柏）。

3. 爬山虎属 Parthenocissus Planch.

1.叶为单叶，常3浅裂，仅在植株基部2~4个短枝上有三出复叶，叶柄和叶片无毛，或叶下面脉上有疏柔毛（产于各山区）……………………………………………………………… **爬山虎O. tricuspidata**(Sieb. et Zucc.) Planch.

1.叶全部或多数为掌状复叶，长枝上单叶明显较小。

2.小叶3枚，或长枝上有小型单叶。

3.植株全部无毛；卷须嫩时顶端膨大为圆球状；营养枝上常有单叶（产于大别山、桐柏山、伏牛山南部）……………………………………………………………………… **异叶爬山虎P. dalzielii** Gagn.［*P. heterophylla*(Bl.) Merr.］

3.小枝、叶柄及叶下面沿脉有短柔毛；卷须嫩时先端尖细卷曲；叶全部为三出复叶，偶混生3裂单叶（产于河南西南部）………………………… **三叶爬山虎 P. semicordata**(Wall.) Planch.[*P. himalayana*(Royle) Planch.]

2.小叶5枚。

4.植株无毛；卷须嫩时顶端细尖微卷曲；嫩芽红色或淡红色（栽培）……………………………………………… **五叶地锦P. quinquefolia** (L.) Planch.

4.叶下面及小叶柄有稀疏短柔毛，小叶狭倒卵形或倒卵形；卷须嫩时顶端块状；芽绿色。

5.幼枝四棱形；小叶边缘每侧上部有4~6枚齿，下面常红紫色（产于大别山、桐柏山、伏牛山南部）……………………………………………………………………… **川鄂爬山虎P. henryana**(Hemsl.)Diels et Gilg

变种：**毛脉花叶地锦**var. **hirsuta** Diels et Gilg，叶下面脉上被短柔毛（产于河南西南部山区）。

5.枝扁圆或明显6~7条棱；小叶边缘每侧自中部以上有较多锯齿，叶表面泡状隆起；下面淡绿色（产于大别山、桐柏山、伏牛山南部）……………………………………………… **绿叶爬山虎P. laetivirens** Rehd.

4. 俞藤属 Yua C. L. Li

华西俞藤Yua thomsoni (Laws.) C. L. Li var. **glaucescens** (Diels et Gilg) C. L. Li，产于卢氏。

木质藤本；卷须二叉分枝，相隔两节间断，与叶对生。掌状复叶，小叶5枚，披针形或卵状披针形，宽1.5~3.0cm，先端渐尖或尾状渐尖，下面有白粉霜，至少脉上有短毛。

5. 乌蔹莓属 Cayratia Juss.

1.叶为指状复叶，有3枚小叶，偶有少数叶具5枚小叶，先端渐尖至长渐尖（产于伏牛山区南部）……………………………………………………………………………… **尖叶乌蔹莓C. japonica** var. **pseudotrifolia**(W. T. Wang)C. L. Li

1.叶为鸟足状复叶，小叶5枚，先端急尖至短渐尖（产于各地） …………………………………………………………………… **乌蔹莓C. japonica** (Thunb.) Gagnep.

七四、椴树科 Tiliaceae

1.木本植物；核果。

2.花瓣内侧基部无腺体；花序梗下部附生于大形舌状苞片主脉上；果实表面有棱或否，但决无缢沟 …………………………………… **1.椴树属Tilia**

2.花瓣内侧基部有腺体；花序梗不具叶状苞片；果实表面有缢沟 ……………………………………………………………………………… **5.扁担杆属Grewia**

1.草本植物；蒴果。

3.蒴果无钩刺，带有棱或平滑。

4.叶基部有腺体变成的线状体；雄蕊全部发育；蒴果长筒形或圆球形，有棱或突起 ……………………………………………… **2.黄麻属Corchorus**

4.叶基部无腺体；花有退化雄蕊5枚；蒴果角果状，平滑 ……………………………………………………………… **3.田麻属Corchoropsis**

3.蒴果有钩刺 ……………………………………………………… **4.刺蒴麻属Triumfetta**

1. 椴树属 Tilia L.

1.果实表面有5条突起的棱或棱不明显，先端尖或钝。

2.老叶下面多毛；嫩枝有毛或无毛。

3.嫩枝有毛；苞片有柄。

4.枝和叶被灰色星状茸毛；叶片卵圆形，锯齿三角形，无芒状齿突（产于太行山区）…………… **辽椴T. mandshurica** Rupr. et Maxim.

4.枝和叶被黄色星状茸毛；叶圆形，锯齿有长芒状齿突（产于伏牛山、桐柏山、鸡公山区）…………… **毛糯米椴*T. henryana*** Szyszyl.

变种：**糯米椴**var. **subglabra** V. Engl.，嫩枝近无毛，叶下面仅脉腋有毛丛。

3.嫩枝无毛；苞片有柄或无柄。

5.苞片无柄或近无柄；花序1~3朵花；花梗长10~15mm（产于卢氏、栾川、嵩县）…………………………………… **华椴*T. chinensis*** Maxim.

5.苞片有短柄；花序6~15朵花；花梗长4.0~6.0mm（产于伏牛山、桐柏山及大别山）…………………………………… **粉椴*T. oliveri*** Szyszyl.

2.老叶下面无毛，或仅在脉腋间有毛丛；嫩枝秃净，稀在幼嫩时有毛。

6.苞片有柄，长约10mm，叶片长4.0~6.0cm、宽3.5~5.5cm，常3浅裂（产于太行山及伏牛山北坡）…………………… **蒙椴*T. mongolica*** Maxim.

6.苞片无柄；叶片长6.0~17cm、宽8.0~13cm（产于伏牛山区）…………………………………………………………………… **大椴*T. nobilis*** Rehd. et Wils.

1.果实表面无棱，先端圆形。

7.叶下面有毛；嫩枝被黄褐色茸毛，顶芽亦然；苞片柄长2.0~3.0mm（产于大别山、桐柏山及伏牛山南部）…………… **南京椴*T. miqueliana*** Maxim.

7.叶下面无毛或仅脉腋有毛丛。

8.叶片圆形或宽圆形，长5.0~10cm、宽4.0~9.0cm，下面脉腋有毛丛，干后暗褐色；果实卵圆形；苞片柄长10~15mm；萼片外面有稀疏星状柔毛（产于嵩县、内乡，鸡公山、大别山区）…**华东椴*T. japonica*** Simonk.

8.叶片卵形或三角状卵形，干后绿色；果实倒卵形；萼片外面无星状柔毛。

9.叶片卵形，长6.0~10cm、宽3.5~6.0cm，下面脉腋有毛丛（产于伏牛山、桐柏山区）……………………… **少脉椴*T. paucicostata*** Maxim.

9.叶片三角状卵形，长3.5~5.5cm、宽2.5~4.0cm，下面无毛（产于伏牛山区）…………………………………………………………… **红皮椴**

T. paucicostata var. **dictyoneura** (V. Engl.) H. T. Chang et E. W. Miau

2. 黄麻属 Corchorus L.

1.蒴果球形，顶端截形或凹陷，无突起的角；子房无毛（河南南部零星栽培）………………………………………………… **黄麻*C. capsularis*** L.

1.蒴果长筒形，顶端具突起的角；子房有毛。

2.蒴果顶端有3~5个突角，周围有3~10条棱或翅；叶片两面有疏长毛（漯河以南常见）……………………………………………… **甜麻C. aestuans** L.

2.蒴果顶端仅有1个突角，无翅；叶片两面无毛（河南南部零星栽培）…………………………………………………………… **长蒴黄麻C. olitorius** L.

3. 田麻属 Corchoropsis Sieb. et Zucc.

1.子房被短茸毛；蒴果有星状柔毛（产于伏牛山、桐柏山及大别山区）……………………………………………… **田麻C. tomentosa** (Thunb.) Makino

1.子房及果实均无毛（产于伏牛山、桐柏山区）…………………………… **光果田麻C. tomentosa** var. **psilocarpa** (Harms et Loes.)C. Y. Wu et Y. Tang

4. 刺蒴麻属 Triumfetta L.

单毛刺蒴麻T. annua L.，产于大别山区。

一年生亚灌木状草本，高达1.0m。叶卵形或狭卵形，宽3.0~8.0cm，先端长渐尖至尾状渐尖，边缘有锯齿，两面疏生长单毛，基出脉三至五条。聚伞花序腋生；花黄色。蒴果扁球形，直径约6.0mm，表面钩刺长3.0~5.0mm。

5. 扁担杆属 Grewia L.

1.叶下面仅脉上疏生星状毛；余部几无毛；花长10~15mm（产于内乡）…………………………………………………………… **扁担杆G. biloba** G. Don

1.叶下面密被黄褐色软茸毛；花较短小（产于各地区）………………………………… **小花扁担杆G. biloba** var. **parviflora** (Bge.)Hand.-Mazz.

七五、锦葵科 Malvaceae

1.果分裂为分果，与果托或果轴脱离。

2.子房每室含1个胚珠。

3.花具小苞片；成熟心皮无刺。

4.小苞片3枚，分离 ……………………………… **1.锦葵属Malva**

4.小苞片6~9枚，基部合生；果轴不超出分果之上 …… **2.蜀葵属Althaea**

3.花无小苞片，成熟心皮具2枚芒刺 ………………………… **3.黄花稔属Sida**

2.子房每室有数个胚珠；花无小苞片 ……………………… **4.苘麻属Abutilon**

1.果为蒴果，心皮合生。

5.花柱分枝；小苞片5~15枚。

6.萼佛焰苞状，花后在一边开裂而早落；种子平滑无毛 …………………… ……………………………………………………………**5.秋葵属Abelmoschus**

6.萼钟形或杯形，整齐5裂或具5枚齿，宿存；种子被毛或腺状乳突 …… ……………………………………………………………………**6.木槿属Hibiscus**

5.花柱不分枝；小苞片3枚，大而为叶状；种子有长绵毛 ………………… ……………………………………………………………… **7.棉属Gossypium**

1. 锦葵属 Malva L.

1.花大型，直径3.0~5.0cm；小苞片长圆形，先端圆形（栽培观赏或逸生）… ………………………………………………………… **锦葵M. sinensis** Cavan.

1.花小型，直径5.0~15mm；小苞片线状披针形，先端锐尖。

2.植株匍生，高约20cm；花梗长2.0~5.0cm，花冠长为萼片的2.0倍，瓣爪具髯毛（产于各地） ……………………………… **圆叶锦葵M. rotundifolia** L.

2.植株直立，高达1.0m，花近无梗；花冠微超过萼片，瓣爪不具髯毛（河南各地均产） …………………………………………… **野葵M. verticillata** L.

变种：**中华野葵**var. **chinensis**(Mill.) S. Y. Hu，叶浅裂，裂片圆形；花簇生，花梗不等长，其中1花梗特长。

2. 蜀葵属 Althaea L.

蜀葵A. rosea(L.)Cavan.，各地栽培或逸生。

茎高达2.0m，茎枝密被刺毛。叶近圆心形，直径6.0~16cm，5~7浅裂或具波状棱角，表面疏被星状柔毛，下面被星状长硬毛或茸毛。花腋生、单生或近簇生，小苞片杯状，常6~7裂；花直径6.0~10cm，杂色。果实盘状，直径约2.0cm，分果片多数。

3. 黄花稔属 Sida L.

湖南黄花稔S. cordifolioides Feng，产于济源、汝南、上蔡、新野。

一年生亚灌木状草本。叶卵形或狭卵状长圆形，长1.5~4.0cm、宽0.6~2.2cm，基部微心形；托叶线形，长约6.0mm。花单生或近簇生，花梗长4.0~7.0mm；花萼5裂；花冠黄色，长约8.0mm。果实分果瓣5片，密被星状柔毛和硬毛，先端具2枚芒尖，长约4.0mm。

4. 苘麻属 Abutilon Mill.

苘麻A. theophrasti Medik.，产于各地区。

一年生草本，高达2.0m。叶圆心形，长5.0~10cm，先端长渐尖，基部心形，边缘具细圆锯齿，两面被星状毛。花单生叶腋；花萼密被短茸毛；花瓣倒卵形，黄色。蒴果半球形，直径约2.0cm，分果瓣先端具长芒。

5. 秋葵属 Abelmoschus Medik.

黄秋葵A. moschatus L. Medik.，栽培。

叶掌状5~9深裂；裂片长圆状披针形，宽1.0~6.0cm，两面疏生硬毛；托叶披针形，长10~15mm。花单生枝端叶腋，直径约12cm；小苞片4~5枚，卵状披针形，宽4.0~5.0mm；花萼佛焰苞状；花瓣黄色，内面基部紫色。蒴果卵状椭圆形，长4.0~5.0cm、直径2.5~3.0cm。

6. 木槿属 Hibiscus L.

1.灌木或乔木。

2.叶不分裂；萼钟状。

3.花单瓣（栽培观赏）…………………… **朱槿**（扶桑）**H. rosa-sinensis** L.

3.花重瓣（栽培观赏）… **重瓣朱槿H. rosa-sinensis** var. **rubroplenus** Sweet

2.叶分裂，具裂片。

4.叶基心形；花柱分枝有毛；花梗和小苞片密被星状短绵毛（栽培观赏，见于南召、郑州）………………………………**木芙蓉H. mutabilis** L.

4.叶基楔形至宽楔形；花柱分枝平滑无毛；小苞片长6.0~15mm、宽1.0~2.0mm（栽培观赏） ………………………… **木槿H. syriacus** L.

1.草本植物。

5.子房和果瓣平滑无毛；叶片不分裂，下面密被白色黏毛（栽培观赏）…………………………………………………………**芙蓉葵H. moscheutos** L.

5.子房和果瓣具糙硬毛；叶片掌状深裂。

6.茎细软，矮而铺散，具长白毛（广布）……… **野西瓜苗H. trionum** L.

6.茎粗壮直立，具疏刺（栽培纤维植物）……… **大麻槿H. cannabinus** L.

7. 棉属 Gossypium L.

1.小苞片基部合生，裂齿长不超过宽度的2.0倍；花萼先端全缘或近截形。

2.叶3~5裂；小苞片长大于宽，全缘或先端具3~4枚粗齿……………………………………………………………………………… **树棉G. arboreum** L.

2.叶（3）5（7）裂；小苞片长小于宽，先端具6~9枚齿……………………………………………………………………………… **草棉G. herbaceum** L.

1.小苞片离生；裂齿长为宽的3.0~4.0倍；花萼具5枚齿……………………………………………………………………………… **陆地棉G. hirsutum** L.

七六、梧桐科 Sterculiaceae

1.落叶乔木；叶掌状分裂；无花瓣；蓇葖果开裂成叶状匙形……………………………………………………………………………… **1.梧桐属Firmiana**

1.草本植物；蒴果。

2.花有雄蕊5枚，无退化雄蕊，花柱5个 ………………… **2.马松子属Melochia**

2.花有能育雄蕊（10）15（20）枚，有退化雄蕊 ……**3.午时花属Pentapetes**

1. 梧桐属 Firmiana Marsili

梧桐F. platanifolia (L. f.) Marsili，庭院栽培。

落叶乔木，小枝粗壮，绿色。叶长宽均15~30cm，掌状3~5裂，裂片全缘，下面有星状毛。圆锥花序，有短茸毛。花单性，无花瓣；花萼淡黄绿色，花萼裂片带状披针形，长7.0~9.0mm，向外卷曲；蓇葖果，果皮膜质，匙形，网脉明显。

2. 马松子属 Melochia L.

马松子M. corchorifolia L.，产于息县、罗山、确山。

半灌木状草本，幼枝及叶柄均有星状毛。叶卵形、矩圆状卵形或披针形，长2.5~7.0cm、宽1.5~3.0cm。基出脉5条。花无柄，密集为头状花序，白色、淡红色或淡紫色，长约6.0mm，花丝大部合生为管状。蒴果球形，密生粗毛，直径5.0~6.0mm。

3. 午时花属 Pentapetes L.

午时花P. phoenicea L.，栽培。

一年生草本，叶条状披针形，长5.0~10（14）cm、宽1.0~2.0cm，先端渐尖或长尾状，边缘有浅牙齿；花1~2朵腋生，红色，直径约3.0cm，午间开放，隔日脱落。蒴果近球形，直径约12mm。

七七、猕猴桃科 Actinidiaceae

1.枝条髓心大多为片层状，少数实心；花雌雄异株，雄蕊多数，花柱分离；果为典型浆果，无棱 ………………………………… **1.猕猴桃属Actinidia**

1.枝条髓心全为实心；花两性，雄蕊10枚，花柱合生；果嫩时似浆果，成熟干燥为蒴果，有5条棱 ……………………………**2.藤山柳属Clematoclethra**

1. 猕猴桃属 Actinidia Lindl.

1.植株完全无毛或仅萼片和子房被毛，极少叶上面散生少量伏毛或背面脉腋有髯毛。

2.髓片层状，白色或褐色。

3.髓白色；花乳白色或淡绿色；子房瓶状；果具喙；叶片无白斑。

4.叶片下面粉绿色，仅脉腋有髯毛，锯齿内弯（产于伏牛山、大别山区）………………………………… **黑蕊猕猴桃A. melanandra** Franch.

4.叶片下面非粉绿色；花淡绿色。

5.叶片下面仅侧脉腋部有髯毛，至多沿中脉和侧脉下段两侧有少量卷曲柔毛；叶基两侧对称。

6.叶近圆形或阔椭圆形，锯齿锐利繁密；叶背脉腋髯毛白色；熟果黄色或橙黄色。

7.叶膜质或纸质，背面仅脉腋有髯毛，叶脉不太显著（产于太行山、伏牛山区）……… **软枣猕猴桃A. arguta**(Sieb. et Zucc.)Planch. ex Miq.

7.叶坚纸质，背面脉腋和中、侧下段两侧有少量卷曲柔毛，叶脉两面显著（产于伏牛山区）………………………………………………………… **凸脉猕猴桃A. arguta** var. **nervosa** C. F. Liang

6.叶卵形或长圆形，锯齿短小，叶背脉腋髯毛褐色；果熟时紫红色（产于西峡、内乡）…………………………………………………………………… **紫果猕猴桃A. arguta** var. **purpurea**(Rehd.)C. F. Liang

5.叶片下面较普遍被卷曲柔毛，中心部分尤多，叶常偏斜，两侧不对称（产于西峡）…… **陕西猕猴桃A. arguta** var. **giraldii**(Diels.)Vorosh.

3.髓茶褐色；花白色或红色；子房圆柱状；果无喙；叶片有白斑。

8.叶两侧常不对称，边缘常具重锯齿；花一般白色（产于太行山至伏牛山区）……………………………… **狗枣猕猴桃A. kolomikta** Maxim.

8.叶两侧基本对称；花白色，大多4数；果卵球形（产于伏牛山区）………………………………………… **四萼猕猴桃A.tetramera** Maxim.

2.髓实心，白色；花白色，萼片5（4）片；叶上面散生糙伏毛，间有白斑（产于太行山、伏牛山区）……………………………………………………………… **葛枣猕猴桃A. polygama**(Sieb. et Zucc.)Maxim

1.植株被黄褐色或锈色毛被，至少小枝被密毛。

9.植株各部毛被为柔软茸毛，至多局部有粗糙茸毛；枝条和果上毛易落；花枝叶倒阔卵形，顶端多平截或凹入（产于各山区）…………………………………………………………………… **中华猕猴桃A. chinensis** Planch.

9.小枝、叶柄和果被硬质长糙毛或长硬毛，不易脱落（产于伏牛山区）……………………………………… **硬毛猕猴桃A. chinensis** var. **hispida** C. F. Liang

2. 藤山柳属 Clematoclethra Maxim.

1.植株基本无毛，至多幼嫩小枝和花序有少量细茸毛。

2.花序仅有1朵花；叶一般较小，长3.5~9.0cm、宽1.5~4.0cm，边缘有小锯齿（产于伏牛山区）……………… **猕猴桃藤山柳C. actinidioides** Maxim.

2.花序常具3花；叶较大，长6.0~9.0cm、宽4.0~7.0cm（产于伏牛山区）……… **杨叶藤山柳C. actinidioides** var. **populifolia** C. F. Liang et Y. C. Chen

1.小枝、叶柄、花序、萼片等多少被细茸毛；花序具1~3朵花（产于伏牛山区）…………………………………………………… **藤山柳C. lasioclada** Maxim.

七八、山茶科 Theaceae

1.花两性，直径2.0~12cm；花药短，常为背部着生，花丝长；果为蒴果。
2.萼片、花瓣不定数，常多于5枚；萼片宿存或脱落，不包着或托着果实；种子大，无翅 ………………………………………………… **1.山茶属Camellia**
2.萼片、花瓣均为5枚；萼宿存，大型，包着或托着果实；种子周围有翅 ……………………………………………………………………… **2.紫茎属Stewartia**
1.花两性或单性，小，直径常小于2.0cm；花药长圆形，基部着生，花丝短；果为浆果或核果状浆果。
3.花两性，有长柄；花药有毛；叶近全缘 ……………… **3.红淡比属Cleyera**
3.花单性，具短柄；花药无毛；叶缘有锯齿 ……………………**4.柃属Eurya**

1. 山茶属 Camellia L.

1.苞片及萼片未分化，花开放时即脱落；花大，直径5.0~10cm，无梗。
2.花白色；花瓣离生，外轮花丝仅基部合生；子房密生白色丝状茸毛；叶两面中脉多少有毛或无毛（产于大别山、桐柏山区）…………………… ……………………………………………………………… **油茶C. oleifera** Abel
2.花红色或白色；花瓣基部高度合生，外轮花丝合生为短管，子房无毛；叶两面无毛（栽培花卉）………………………………… **山茶C. japonica** L.
1.苞及萼明显分化；苞片宿存或脱落，萼片宿存；花较小，直径2.0~5.0cm，有花梗。
3.子房3室均能育；果有中轴；苞片2枚，早落；花梗长6.0~10mm，下弯；叶椭圆状披针形至倒卵状披针形，长5.0~10cm，先端急尖或钝。（栽培，见于大别山、桐柏山区）……………………… **茶C. sinensis** O. Ktze.
3.子房仅1室发育；果无中轴；苞片4或5枚，宿存；花梗长3.0~4.0mm。
4.外轮花丝下半部合生为短管；嫩枝、花梗及苞片均被长柔毛（产于大别山区）……………………………… **毛花连蕊茶C. fraterna** Hance
4.花丝和花瓣基部合生外，其余部分离生；嫩枝和花各部均无毛（产于大别山区）…………………………… **尖连蕊茶C. cuspidata**(Kochs)Wright ex Gard.

2. 紫茎属 Stewartia L.

1.苞片先端尖；萼片先端尖，长达20mm。

2.子房被毛，花柱长16~18mm；蒴果长圆锥形，被毛（产于大别山区，内乡）…………………………………………………… **紫茎S. sinensis** Rehd. et Wils.

2.子房仅基部有毛；蒴果近球形，无毛（产于大别山区）…………………………………………………………… **长喙紫茎S. sinensis** var. **rostata** Chang

1.苞片先端圆，长圆形，宽5.0~6.0mm；萼片先端圆，长10~15mm；嫩枝、苞片和子房均有毛（产于伏牛山区，内乡）……………………………………………………………………………………… **陕西紫茎S. shensiensis** Chang

3. 红淡比属 Cleyera Thunb.

红淡比C. japonica Thunb.，产于大别山区。

常绿木本，高3.0~4.0m，除花外全株无毛。嫩枝有棱，红褐色；叶椭圆形，宽2.5~4.5cm，全缘；花白色，单生或2~5朵簇生叶腋，花梗长1.0~1.5cm；花瓣倒卵状，长约8.0mm；花药顶端有刺毛。浆果球形，直径8.0~9.0mm。

4. 柃属 Eurya Thunb.

1.嫩枝和顶芽被微毛；嫩枝圆柱形；子房无毛。

2.叶狭椭圆形或长圆状椭圆形，先端长渐尖，常呈短尾状；萼片卵形；花柱长2.0~3.0mm（产于大别山区）……………… **细枝柃E. loquaiana** Dunn

2.叶椭圆形或长圆状椭圆形，先端锐尖；萼片近圆形；花柱长约1.0mm（产于大别山区）………………………………… **微毛柃E. hebeclados** Ling

1.嫩枝及顶芽均无毛；嫩枝有2~4条棱。

3.嫩枝有4条棱；叶长圆状椭圆形，长4.0~7.5cm、宽1.5~2.5cm（产于商城、桐柏）……………………………………………… **翅柃E. alata** Kobuski

3.嫩枝有2条棱。

4.萼片边缘具短纤毛；叶椭圆形或倒卵状椭圆形，下面干后常黄绿色；

花柱3个，离生，长约1.0mm（产于大别山、桐柏山至伏牛山区南部）……………………………………………………………… **短柱柃E. brevistyla** Kobuski

4.萼片边缘无纤毛；叶长圆状椭圆形或倒卵状椭圆形，下面干后常淡绿色；花柱长2.5~3.0mm，先端3浅裂（产于大别山、伏牛山区南部）……………………………………………………………………………**细齿叶柃E. nitida** Korthals

七九、金丝桃科 Hypericaceae

金丝桃属 Hypericum L.

1.花瓣及雄蕊在花后凋落；灌木；植株各部无黑色腺点；雄蕊5束。

2.花柱合生，其长度至少为子房的1.5倍。

3.叶片下面有细密脉网，长2.0~11cm，宽1.0~2.5cm；花序1~30朵花，花直径3.0~5.0cm（产于各山区）……………… **金丝桃H.monogynum** L.

3.叶片下面无可见脉网，长1.0~3.1cm，花序通常1朵花。

4.子房及果卵球形，通常略具柄；叶长1.3~2.5cm、宽0.6~1.2cm，花直径1.0~2.0cm（产于伏牛山至大别山区）……………………………………………………………………… **长柱金丝桃H. longistylum** Oliv.

4.子房及果圆球形，无柄（产于伏牛山区）……………………………… **圆果金丝桃H. longistylum** subsp. **giraldii**(R. Keller)N. Robson

2.花柱离生，长为子房的4/5或近等长；萼片具啮蚀状小齿或小缘毛；茎具2条纵线棱（产于伏牛山至大别山区）……………………………………………………………… **金丝梅H. patulum** Thunb.ex Murray

1.花瓣及雄蕊在果期宿存；草本或半灌木；植株通常有黑色腺点（地耳草除外）。

5.花柱5个；雄蕊5束。

6.花较大，直径（2.5）3.0~8.0cm，花瓣十分弯曲；叶披针形、长圆状披针形或长圆状卵形至椭圆形（产于各地）……… **黄海棠H. ascyron** L.

6.花径约2.0cm；花瓣稍弯曲；叶倒卵形、卵形或卵状椭圆形（产于淅川、西峡、嵩县、内乡）…………**突脉金丝桃H. przewalskii** Maxim.

5.花柱3个，雄蕊3束或不规则排列。

7.雄蕊不规则排列；植株全无黑色腺点；叶通常卵形、卵状三角形、长圆形或椭圆形，长为宽的1.5~2.5倍（产于桐柏山、大别山区）……………………………………………………**地耳草H. japonicum** Thunb. ex Murray

7.雄蕊3束；叶片、花瓣、花药及有时在茎上有黑色腺点。

8.茎圆柱形。

9.对生叶茎部合生；蒴果具囊状腺体（产于伏牛山、大别山、桐柏山区）………………………………………**元宝草H. sampsonii** Hance

9.叶不合生，蒴果无囊状腺体。

10.叶、萼片及花瓣边缘或近边缘有黑色腺点，且萼片及花瓣全面有黑色腺条；叶长椭圆形至长卵形，长1.5~5.0cm，下面散布小黑色腺点（产于商城）… **小连翘H. erectum** Thunb. ex Hand.-Mazz.

10.叶、萼片及（或）花瓣边缘或近边缘有黑色腺点，但全面无黑色腺条或腺点；叶卵状长圆形至长圆形；花瓣无腺点或仅先端有少数黑色腺点（产于大别山、桐柏山区）………………………………………………**杨子小连翘H. faberi** R. Keller ex Hand.-Mazz.

8.茎具2或4条纵棱线。

11.萼片长圆形或披针形，先端渐尖至锐尖，蒴果有背生腺条及侧生囊状腺体；茎多分枝，分枝细而斜展（产于太行山至伏牛山区）…………………………………………………**贯叶连翘H. perforatum** L.

11.萼片狭长圆形、长圆形或卵状披针形；蒴果有细纵腺条但无囊状腺体；茎散生黑色腺点，常不分枝，或分枝近直立（产于各山区）……………………………………………**赶山鞭H. attenuatum** Choisy

八〇、沟繁缕科 Elatinaceae

田繁缕属 Bergia L.

信蕊田繁缕B. serrata Blanco，产于息县。

草本或亚灌木，高10~30cm，茎基部多分枝，淡红色，被腺毛和白色长柔毛，枝条下部常伏地。叶长圆形或长圆状披针形，长1.0~3.0cm，边缘具细锯齿，近无柄；托叶2深裂。花4~5朵簇生叶腋，淡红色，长约3.0mm；花柱5个。蒴果长2.0~2.5mm。

八一、柽柳科 Tamaricaceae

1.雄蕊4~5枚，花丝分离；花柱存在；种子具无柄的毛簇；叶鳞片状，长1.0~7.0mm ······ **1.柽柳属Tamarix**

1.雄蕊10枚，花丝基部或下半部结合成筒；无花柱；种子具有柄的毛簇；叶扁平，长圆形或线形，长达15mm ······ **2.水柏枝属Myricaria**

1. 柽柳属 Tamarix L.

1.枝柔弱细长，开展而下垂；总状花序和花梗柔软下垂；花梗较萼长（产于各地）······ **柽柳T. chinensis** Lour.

1.枝较硬，直立或斜生；总状花序轴质硬而直伸，花梗几无（产于黄河两岸地区）······ **甘蒙柽柳T. austromongolica** Nakai

2. 水柏枝属 Myricaria Desv.

三春水柏枝M. paniculata P. Y. Zhang et Y. J. Zhang，产于卢氏、栾川。

直立灌木。叶披针形、卵状披针形或长圆形，长2.0~4.0mm、宽0.5~1.0mm。圆锥花序顶生，稀侧生；苞片披针状卵形；雄蕊10枚，花丝下部合生。蒴果长约10mm。

八二、堇菜科 Violaceae

堇菜属 Viola L.

1.花柱上部2裂为片状；花黄色或淡黄色，下方花瓣之距长2.0~2.5mm；茎枝较细弱，常斜生，先端生2朵花；叶常肾形或近圆形，有时为宽卵形（产于太行山、伏牛山区）······ **双花堇菜V. biflora** L.

1.花柱上部不裂，通常肥厚，形成明显柱头。
  2.柱头呈球状，近基部两侧有柔毛；托叶叶状，羽状分裂；花杂色（栽培观赏）…………………………………… **三色堇V. tricolor** L.var. **hortensis** DC.
  2.柱头不呈球状，腹面具喙。
    3.果梗弯曲，果密被柔毛；柱头边缘呈钩状；叶宽卵形或近圆形，托叶边缘有长流苏（产于各地）………………… **球果堇菜V. collina** Besser
    3.果梗直立，成熟果无毛（稀幼果有疏短毛）。
      4.植株有地上茎。
        5.托叶长流苏状分裂；柱头腹面延伸为钩状喙。
          6.柱头有乳头状突起；植株常无基生叶；距长不超过3.5mm，侧生花瓣内面有须毛（产于各山区）…………………………………………………………………………… **鸡腿堇菜V. acuminata** Ledeb.
          6.柱头无乳头状突起；有基生叶；距长6.0~7.0mm；侧生花瓣内面无须毛（产于各山区）………… **紫花堇菜V. grypoceras** A. Gray
        5.托叶全缘或有细齿；柱头腹面不延伸为钩状喙（产于各山区）……………………… **如意草**（堇菜）**V. arcuata** Bl.(*V. verecunda* A. Gray)
      4.植株无地上茎，或有时具缩短的地上茎。
        7.托叶边缘具长流苏，柱头腹面延伸为钩状喙；叶片三角状卵形或肾形，基部微心形或近截形，不下延，两面被细伏毛（产于鸡公山、内乡）………………………… **细齿堇菜V. microdonta** Chang
        7.托叶边缘不具长流苏，柱头腹面不延伸为钩状喙；顶部平坦或微凹。
          8.托叶离生或仅基部与叶柄合生。
            9.植株具发达的匍匐枝，其顶端簇生莲座状叶；全株被柔毛或糙毛；叶卵形或卵状长圆形，长1.5~3.5cm、宽1.0~2.0cm，基部宽楔形至截形，先端钝或稍尖；侧方花瓣内面基部有明显短须毛（产于大别山、桐柏山区及嵩县、内乡）……………… **短须毛七星莲V. diffusa** Ging. var. **brevibarbata** C. J. Wang
            9.匍匐枝缺乏或于花期后生出；叶大型，心形或肾形，基部心形，先端常渐尖，两面无毛或仅下面脉上有毛。
              10.叶单一，稀2~3枚；侧方花瓣内面无须毛（记载产于卢氏，

未见标本）………………………………… **大叶堇菜V. diamantiaca** Nakai

10.叶多数；侧方花瓣内面有须毛（产于伏牛山至大别山区）…………… ………………………………………………………… **萱V. moupinensis** Franch.

8.托叶1/2~2/3与叶柄合生。

11.叶掌状3全裂，侧裂片又深裂。

12.花淡紫色或紫堇色；萼片附属物极短，长1.0~1.5mm；叶最终裂片线形（产于沁阳、焦作、栾川）………… **裂叶堇菜V. dissecta** Ledeb.

12.花白色或淡紫色；萼片附属物长4.0~6.0mm；叶最终裂片卵状披针形，披针形、线状披针形或长圆形（产于各山区）………………… ………………………… **南山堇菜V. chaerophylloides**(Regel)W. Beck.

11.叶不分裂，边缘具齿。

13.花白色。

14.叶狭长，长圆形、椭圆状长圆形、长圆状披针形或长三角形。

15.根黑色或深褐色；距囊状，长约3.0mm；叶长圆形、椭圆形或长圆状披针形（产于大别山、桐柏山、伏牛山区）…………… ……………………………… **白花地丁V. patrinii** DC. ex Ging.

15.根淡褐色；距筒状，长4.0~5.0mm；叶三角状或长圆形（产于大别山、桐柏山、伏牛山区）……… **白花堇菜V. lactiflora** Nakai

14.叶较宽，卵形或长卵形，长2.0~5.0cm、宽3.0~4.0cm；花萼附属物长2.0~2.5mm，先端有浅裂齿（产于伏牛山区）………………… ……………………………………… **蒙古堇菜V. mongolica** Franch.

13.花淡紫色，紫堇色，蓝紫色。

16.叶较宽，卵形、宽卵形、圆形、卵圆形、长圆状卵形、三角形或三角状卵形。

17.子房被短毛；果幼时密被短粗毛，渐变稀疏；叶卵形或卵圆形，基部心形，幼时密被短毛，果期叶显著增大（产于太行山、伏牛山区）……………… **茜堇菜V. phalacrocarpa** Maxim.

17.子房和果均无毛。

18.叶上面深绿色，沿脉有明显白色斑带，花果期特明显，下面常带紫红色，圆形或卵圆形，边缘具圆齿，两面常有短粗毛

（产于各山区）…………………… **斑叶堇菜V. variegata** Fisch. ex Link

18.叶上面无白色斑带。

19.叶三角形或三角状卵形至三角状披针形。

20.叶较大，长7.0~15cm、宽4.0~8.0cm，边缘具大而内弯的粗锯齿；萼片附属物长3.0~5.0mm（产于卢氏、栾川、桐柏）…………………… **犁头叶堇菜V. magnifica** C. J. Wang et X. D. Wang

20.叶较小，长1.5~7.0cm、宽1.0~3.5cm，边缘具圆锯齿；萼片附属物长约3.0mm，末端有缺刻状齿裂（产于桐柏、新蔡、商城、嵩县、内乡）……………………… **长萼堇菜V. inconspicua** Bl.

19.叶卵形、宽卵形、心形、圆形、卵圆形或长圆状卵形；花长1.5~2.0cm，距长4.0~7.0(9.0)mm。

21.根状茎细，长达10cm，节间长；叶两面疏被细短毛，叶基部狭深心形，两侧耳垂发达；叶柄被白色短毛（产于各山区）……………………………………… **深山堇菜V. selkirkii** Pursh ex Gold.

21.根状茎短粗，节密集；叶两面无毛或仅下面沿脉有细毛，叶柄常无毛。

22.叶较大，卵形或宽卵形，长、宽各3.0~8.0cm，果期增大呈三角状卵形，叶基宽心形或深心形；侧花瓣内无须毛，下方花瓣先端微缺（产于伏牛山区）…**心叶堇菜V. concordifolia** C. J. Wang

22.叶较小，心形、卵状心形或近圆形；侧花瓣内面有须毛，下方花瓣先端圆。

23.花淡紫色；叶近圆形或卵心形，长2.0~3.0cm，边缘有钝细锯齿；花萼附属物长2.0~3.0mm（产于伏牛山、桐柏山区）…………… **北京堇菜V. pekingensis**(Regel)W. Becker

23.花紫堇色；叶卵形或宽卵形，长1.0~3.0cm、宽1.0~2.0cm，果时增大，长约6.0cm、宽约4.0cm；基部近圆形或微心形，边缘有浅平圆齿；花萼附属物长1.0~1.5mm（产于罗山）……………………………………………… **细距堇菜V. tenuicornis** W. Becker

16.叶较狭长，舌形、长圆形、卵状长圆形、狭三角状卵形、三角状戟形、匙形、披针形，长大于宽2.0倍以上。

24.叶狭披针形、长三角状戟形或三角状卵形，基部戟形或截形；下方花瓣连距长1.3~1.5cm，距长2.0~6.0mm（产于各地）………………………………………………………………………… **戟叶堇菜V. betonicifolia** J. E. Smith

24.叶舌形、长圆形、匙形或披针形；下方花瓣连距长1.3~2.5cm，距长5.0~10mm。

25.根暗褐色；叶长圆形、舌形，基部截形或宽楔形；叶柄具狭翅，果期翅增宽；侧方花瓣里面有明显须毛（产于各山区）……………………………………………………………… **东北堇菜V. mandshurica** W. Beck.

25.根淡褐色或灰白色；侧方花瓣里面有少量须毛或有时无毛。

26.叶三角状卵形或狭卵形，长1.0~4.5cm、宽5.0~10mm，基部截形或楔形（各地均产）……………………**紫花地丁V. philippica** Cav.

26.叶常长圆状卵形、卵状披针形或狭卵形，长1.0~4.5cm、宽6.0~20mm，基部截形、宽楔形或微心形（各地均产）………………………………………………………… **早开堇菜V. prionantha** Bge.

变种：**泰山堇菜**var. **taishanensis**(C. J. Wang)Y. S. Chen，叶片、托叶和花梗均有毛（产于灵宝、嵩县）。

八三、大风子科 Flacourtiaceae

1.果为蒴果，种子周围具翅；花雌雄同株，花柱3个 …………………………………………………………………… **1.山拐枣属Poliothyrsis**

1.果为浆果，种子无翅；花雌雄异株或杂株，花柱通常5个，稀3或5个 ………………………………………………………………………**2.山桐子属Idesia**

1. 山拐枣属 Poliothyrsis Oliv.

1.枝幼时有短柔毛；叶下面有短柔毛；叶柄初有疏长毛；圆锥花序长10~20cm；蒴果上下交错3纵裂（产于各山区）…… **山拐枣P. sinensis** Oliv.

1.枝无毛；叶无毛或近无毛，或仅下面脉上有少数长毛，叶柄绝无毛；圆锥花序长10~30cm；蒴果基部不裂（产于舞阳）………………………………………………… **南方山拐枣P. sinensis** var. **subglabra** S. S. Lai

2. 山桐子属 Idesia Maxim.

1.叶片下面仅脉腋及脉上生柔毛，叶柄无毛（产于伏牛山区）…………………………………………………………………………… 山桐子**I. polycarpa** Maxim.

1.叶片下面全面密被短柔毛，叶柄有短毛。（栽培，见于郑州）……………………………………………………… 毛叶山桐子**I. polycarpa** var. **vestita** Diels

八四、旋节花科 Stachyuraceae

旋节花属 Stachyurus Sieb. et Zucc.

1.叶片卵形、长圆状卵形或长圆状椭圆形，长5.0~12cm、宽3.0~7.0cm，边缘圆齿状锯齿，基部圆形或近心形（产于伏牛山区）………………………………………………………… **中国旌节花**（通草）**S. chinensis** Franch.

1.叶片较宽，近圆形或卵形，长6.0~7.5cm、宽5.0~6.5cm，基部心形，边缘粗锯齿（产于伏牛山区）……………**宽叶旌节花S. chinensis** var. **latus** H. L. Li

八五、秋海棠科 Begoniaceae

秋海棠属 Begonia L.

1.茎直立，茎生叶多数或花葶具2~4枚叶。

2.茎直立，生多数叶。

3.叶片有白色斑点，全缘；茎节间粗短（栽培观赏）………………………………………………………………………… **竹节秋海棠B. maculata** Raddi

3.叶无白色斑点，边缘有锯齿，顶端钝圆；茎节间伸长（栽培观赏）……………………………………………… **四季秋海棠B. semperflorens** Link et Otto

2.茎基有块茎，花莛自块茎抽出，具2~4枚叶。

4.花瓣宽大，花径达5.0cm，单瓣或重瓣，颜色多样（偶见栽培）……………………………………………………… **球茎秋海棠B. tuberhybrida** Voss

4.花直径1.0~2.0（3.5）cm，大多粉红色。

5.植株粗壮，高（40）60~100cm，茎多分枝；叶卵形或宽卵形，下面红色，至少脉红色，叶柄带紫红色；雄蕊柱长超过2.0mm（产于嵩县）…………………………… **秋海棠B. grandis** Dry.(*B. evansiana* Andr.)

5.植株较细弱，高20~40（70）cm，几不分枝；叶椭圆状卵形或三角状卵形，下面淡绿色；雄蕊柱长短于2.0mm（产于各山区）……………………………………… **中华秋海棠B. grandis** subsp. **sinensis**(A. DC.)Irmsch.

1.植株具根状茎或匍匐茎，无直立茎；叶基生；花莛常无叶或有1枚缩小的叶片，叶片下面及叶柄密生长柔毛；蒴果无翅（偶见栽培）…………………………………………………………………… **毛叶秋海棠B. rex** Putz.

八六、仙人掌科 Cactaceae

1.茎上小窠内有倒刺毛；具叶，但常小而早落；花辐状 ………………………………………………………………………… **1.仙人掌属Opuntia**

1.茎上小窠内不具倒刺毛；常无叶；花具显著的筒部。

2.茎节多数，扁平；小窠内多无刺。

3.茎节短，每节长不超过5.0cm ……………… **2.蟹爪兰属Schlumbergera**

3.茎节长，每节长15~40cm，或更长。

4.花的筒部较鳞片为长；花白色，夜间开放 …… **3.昙花属Epiphyllum**

4.花的筒部较鳞片为短；花红色，白昼开放 ………………………………………………………… **4.令箭荷花属Napalxochia**

2.茎节棱状、圆柱状或球形；小窠内多具刺。

5.花与刺生于不同乳突上；植物具1节，球形或圆柱形 …………………………………………………………… **5.仙人球属Mammillaria**

5.花与刺生于同一乳突上；茎节少数至多数。

6.茎具3条棱，具气生根 ………………… **6.量天尺属Hylocereus**

6.茎具3条以上的棱。

7.茎具3~5条棱，多节，灌木状，分枝多 ……… **7.仙人山属Cereus**

7.茎具10~13条棱。

8.花红色，白昼开放；茎藤本状，具气生根 ……… **8.扭仙人指属Aporocactus**

8.花白色，夜间开放；茎不具气生根 ………………… **9.仙人鞭属Nyctocereus**

1. 仙人掌属 Opuntia Mill.

1.茎具节或无节，圆柱形。

2.刺具纸质鞘，刺1~3枚，长2.5~5.0cm ……… **姬珊瑚树O. leptocaulis** DC.

2.刺无鞘，刺3~5枚，长约6.0mm ………………………………………………… **珊瑚掌O. salmiana** Parm. ex Pfeiff.

1.茎多节，扁平。

3.茎节表面常具细柔毛；小窠彼此接近。

4.无刺或具1~3枚小刺。

5.小窠及刺毛褐色；花红至白色，长6.0~8.0cm…………………………………………………… **褐毛掌O. basilaris** Engelm. et Bigel.

5.小窠及刺毛黄色；花黄色，长4.0~5.0cm…………………………………………………… **黄毛掌O. microdasys**(Lehm.)Pfeiff.

4.刺白色，长刚毛状，长达8.0cm …………… **白毛掌O. leucotricha** DC.

3.茎节表面平滑无毛，小窠彼此疏远。

6.刺褐色或黄色。

7.刺褐色至淡褐色；植株平卧或伸展，茎节长10~15cm；果长约3.0cm …………………………………………仙人镜**O. phaeacantha** Engelm.

7.刺黄色，有时具黄褐色斑纹；植株灌木状，茎节长7.0~40cm；果长5.0~7.5cm……… **仙人掌O. stricta** Haw. var. **dillenii**(Ker.-Gawl.)Benson

6.刺白色，有时带淡黄色或淡褐色。

8.刺刚毛状，白色，有时带淡褐色，长5.0~12cm ……………………………………………………… **银毛扇O. erinacea** Engelm. et Bigel.

8.刺针形，白色，有时带淡黄色，长不足5.0cm，有时无刺 ………………………………………………… **梨果仙人掌O. ficus-indica** Mill.

2. 蟹爪兰属 Schlumbergera Lem.

蟹爪兰S. truncata(Haw.)Moran，常见。

老茎稍圆柱形；幼茎及分枝扁平，节间矩圆形或倒卵形，长3.0~6.0cm、宽1.5~2.5cm，绿色，两侧各有2~4枚粗齿。花单生，玫瑰红色，长5.0~8.0cm；花柱长于雄蕊，深红色。

3. 昙花属 Epiphyllum Haw.

昙花E. oxypetalum(DC.)Haw。

肉质灌木状，茎无刺，多分枝，茎枝扁平；节间矩圆形，长15~40cm、宽约6.0cm，绿色。花纯白色，长20~30cm、直径10~12cm，筒状。

4. 令箭荷花属 Napalxochia Britt. et Rose

1.花大，长15~20cm，深红色；花柱红色 ……**令箭荷花V. ackermannii** Kunth

1.花较小，长7.0~10cm；花柱白色（偶见栽培）…………………………………… ………………………………………**小令箭荷花N. phyllanthoides** Britt. et Rose

5. 仙人球属 Mammillaria Haw.

1.花具长花被筒，花直径3.0~4.0cm，黄色…………**八卦掌M. sphaerica** Dietr.

1.花被筒短，花较小。

2.植株无乳汁，具水状汁液。

3.辐射刺长白毛状。

4.中刺2~3枚，呈钩状；花白色 ………………**高砂球M. bocasana** Pos.

4.中刺直；花桃红色 …………………………**雪白球M. candida** Scheid.

3.辐射刺细针状，白色；中刺2枚，钩状；花白色，长约3.5cm ………… ………………………………………**千秋丸M. zephyranthoides** Scheidw.

2.植物体具乳汁。

5.中刺钩状，1（2~3）条，长约1.0cm，红褐色；辐射刺淡红色，4~6条；花桃红色 ………………………………… **金刚球M. uncinata** Zucc.

5.中刺直。

6.花黄色；辐射刺约30条，刚毛状，纯白色，中央刺2条，先端黑褐色，长约1.0cm ………………………………………… **白玉球M. parkinsonii** Ehrenb.

6.花红色或紫红色。

7.辐射刺长白毛状，长约4.0cm；中刺1~4枚，白色，先端红褐色 ………………………………………………………………… **玉翁M. hahniana** Werd.

7.辐射刺刚毛状，长约5.0mm；中刺2枚，白色或黄色，先端黑褐色 ……………………………………………………………………**雪月花M. elegans** DC.

6. 量天尺属 Hylocereus(Berg.)Britt. et Rose

三棱箭（量天尺）**H. undatus**(Haw.)Britt. et Rose。

气生根攀缘藤本，盆栽者直立。茎3条棱，小窠间距约4.0cm，窠内具1~3枚针刺。花长约30cm，外花被片黄绿色，内花被片白色。果长椭圆形，直径约11cm，红色。

7. 仙人山属 Cereus Mill.

仙人山C. pitajaya DC.，常见盆栽。

肉质木本，高达3.0m；茎多分枝，粗4.0~10cm，3~5条棱，棱扁平，边缘波状。小窠间距4.0~5.0cm，被白绵毛，辐射刺5~7枚，长约7.0mm，中央刺长约2.0cm。花长15~20cm，花被片外层带绿色，内层白色略带粉红色。

8. 扭仙人指属 Aporocactus Lem.

扭仙人指（鼠尾鞭）**A. flagelliformis**(L.)Lem.。

茎细长，初直立，后向下弯垂，直径1.0~2.0cm，棱10~12条，稍突起；小窠相间约5.0mm，具6~8枚刺。花红色，长约8.0cm，外花被片稍反卷。

9. 仙人鞭属 Nyctocereus Britt. et Rose

仙人鞭（仙人杖）**N. serpentinus** Britt. et Rose。

茎圆柱状，初直立，后渐伸长而平卧，直径2.5~5.0cm，具10~13条圆棱；小窠具10~16枚软刺。花白色，长15~20cm，直径约7.5cm，筒部绿色。

八七、瑞香科 Thymelaeaceae

1.花被在果期横断；草本（河南产种）。

2.花极小；花被4裂，柱头棒状；一年生草本 ……… **1.草瑞香属Diarthron**

2.花较大，花被5裂，柱头头状；多年生草本 …………… **2.狼毒属Stellera**

1.花被在果时不横断，木本。

3.萼筒内具鳞片（即花盘裂片），花序总状、穗状或圆锥状；花白色或黄白色（河南种） ………………………………… **3.荛花属Wikstroemia**

3.萼筒内无鳞片。花簇生或头状花序。

4.花柱短，柱头大，头状；花无苞片 ……………………… **4.瑞香属Daphne**

4.花柱甚长，柱头圆柱状，密生乳头状突起 ……… **5.结香属Edgeworthia**

1. 草瑞香属 Diarthron Turcz.

草瑞香（栗麻）**D. linifolium** Turcz.，产于太行山至伏牛山区。

一年生小草本；茎上部分枝，叶近无柄，条形或条状披针形，宽1.5~2.0mm，全缘。总状花序顶生；花被筒状，长4.0~5.0mm，无毛，先端4裂；雄蕊4枚。果实卵状，黑色。

2. 狼毒属 Stellera L.

狼毒S. chamaejasme L.，产于太行山、伏牛山区。

多年生草本，高20~45cm；茎丛生，无分枝，光滑。叶柄短或近无；叶片线状披针形或长圆状披针形，长1.0~2.4cm、宽3.0~7.0mm，全缘，无毛。头状花序顶生；花被管状，长达12mm，紫红色，先端5（6）裂，雄蕊10（12）枚。果长梨形，褐色。

3. 荛花属 Wikstroemia Endl.

1.花萼疏具短柔毛，4裂；子房顶端被黄色短柔毛；小灌木；叶长圆形或倒披针状长圆形，长0.5~4.0cm、宽3.0~17mm（记载产于伏牛山，未见标本） …………………………………………………… **小黄构W. micrantha** Hemsl.

1.萼筒及花序密被毛。

2.叶对生；花萼4裂；花序顶生；叶披针形至狭长圆状披针形，宽2.0~10mm（产于太行山、伏牛山区）…………… **河朔荛花W. chamaedaphne** Meissn.

2.叶多互生；少数互生与对生兼有；花萼4或5裂。

3.花萼5裂，密被绢状长柔毛；叶对生，近对生或互生，椭圆形或椭圆状卵形，长1.5~3.8cm、宽7.0~18mm（产于大别山、内乡）………………………………………………………………… **多毛荛花W. pilosa** Cheng

3.花萼4裂。

4.顶生多花的穗状花序与小圆锥花序并存；叶椭圆形、倒卵状椭圆形或窄椭圆形，长1.0~2.0cm、宽4.0~8.0mm，两面均被伏毛（产于大别山、桐柏山、伏牛山区）……………… **鄂北荛花W. pampaninii** Rehd.

4.头状花序顶生或腋生，盛花期稍伸长呈短总状；叶椭圆形、狭长圆形、长圆形至倒披针形，长1.0~4.0cm、宽4.0~15mm，近无毛；子房全被毛；芽球形，密被白茸毛（产于伏牛山区，嵩县）…………………………………………………………………… **羊眼子W. ligustrina** Rehd.

4. 瑞香属 Daphne L.

1.落叶灌木；叶对生，近对生或互生。

2.花黄色；幼枝光滑无毛；叶倒披针形，长3.0~6.0cm（产于灵宝）………………………………………………………………… **黄瑞香D. giraldii** Nitsche

2.花紫色或紫红色。

3.花3~6朵簇生叶腋或侧生，先叶开放；花盘杯状，边缘波状（产于各山区）………………………………………… **芫花D. genkwa** Sieb. et Zucc.

3.花3~5朵呈顶生总状花序，叶后开放；花盘浅杯状，边缘不裂（产于新县）………………… **金寨瑞香D. jinzhaiensis** D. C. Zhang et J. Z. Shao

1.常绿灌木；叶互生。

4.萼筒外面无毛，紫或紫红色；叶长7.0~13cm、宽2.5~5.0cm（栽培）……………………………………………………………… **瑞香D. odora** Thunb.

4.萼筒外面被毛，白色，有时黄白色；叶长5.0~10cm、宽1.5~3.0cm（产于大别山）……… **毛瑞香D. kiusiana** Miq. var. **atrocaulis**(Rehd.)F. Maekawa

5. 结香属 Edgeworthia Meissn.

结香E. chrysantha Lindl.，产于大别山、桐柏山、伏牛山区，亦常栽培。

落叶灌木，枝条棕红色。叶簇生枝端，椭圆状长圆形或椭圆状披针形，宽2.0~3.5cm，先端急尖，全缘，两面被柔毛。头状花序顶生，密被长绢毛；花黄色，先叶开放；花萼筒状，长10~12mm，先端4裂。

八八、胡颓子科 Elaeagnaceae

1.花两性或杂性，花萼4裂，雄蕊4枚，与花萼裂片互生 ……………………………………………………………………………………… **1.胡颓子属Elaeagnus**

1.花单性，雌雄异株，花萼2裂，雄蕊4枚，2枚与萼裂片互生，2枚与萼裂片对生 ……………………………………………………… **2.沙棘属Hippophae**

1. 胡颓子属 Elaeagnus L.

1.常绿直立或攀缘灌木；花常秋季或冬季开放。

2.花柱具星状毛。

3.果实长8.0~12mm，密被银白色鳞片和散生少数褐色鳞片；叶片窄披针形至窄椭圆形，稀椭圆形，宽1.0~2.0cm（产于伏牛山区）……………………………………………………………… **长叶胡颓子E. bockii** Diels

3.果实长12~16mm，褐色或锈色，稀淡白色；叶片宽椭圆形至椭圆状披针形，稀长圆状椭圆形，基部圆形稀钝形，叶宽1.5~3.6cm（产于伏牛山区）……………………………… **披针叶胡颓子E. lanceolata** Warb.

2.花柱无毛。

4.蔓生或攀缘灌木；萼筒长4.5~5.5mm，裂片长2.0~3.0mm（产于新县、栾川）…………………………………………… **蔓胡颓子E. glabra** Thunb.

4.直立灌木；萼筒长5.5~7.0mm（产于大别山区、嵩县、内乡、桐柏）……………………………………………………… **胡颓子E. pungens** Thunb.

1.落叶或半常绿直立灌木或乔木；花春夏季开放，稀冬季或早春开花。

5.乔木；果实无汁，粉质。花极香（栽培）………… **沙枣E. angustifolia** L.

5.灌木；果实多汁。

6.果实卵圆形，长5.0~7.0mm；萼筒漏斗形或圆筒状漏斗形（各地均产）…
………………………………………………… **牛奶子E. umbellata** Thunb.
6.果实椭圆形或长椭圆形，长12~14mm；萼筒圆筒形；花柱稍伸出萼筒喉部（产于各山区）……………………………… **木半夏E. multiflora** Thunb.
变种：**倒卵果木半夏var. obovoides** C. Y. Chang，萼筒漏斗状圆筒形，花柱长不及萼筒的1/2；果倒卵形，长6.0~10mm（产于桐柏山、大别山区）。

2. 沙棘属 Hippophae L.

中国沙棘H. rhamoides L. subsp. **sinensis** Rousi，太行山区及灵宝较常见。

落叶灌木或小乔木，具粗壮棘刺，小枝及叶两面均具银白色鳞片状毛被。叶常近对生，近无柄，狭披针形或长圆状披针形，宽4.0~10mm。核果圆球形，直径4.0~6.0mm。黄色或橘红色。

八九、千屈菜科 Lythraceae

1.草本植物。
2.花4基数；萼筒钟形或圆形，长、宽近相等；蒴果突出于萼筒之外。
3.蒴果不规则开裂，果壁无横条纹；花单生或组成腋生聚伞花序或为稠密花束 …………………………………… **1.水苋菜属Ammannia**
3.蒴果2~4瓣裂，果壁新鲜时在放大镜下可见密横纹；花单生或组成穗状或总状花序 ………………………………… **2.节节菜属Rotala**
2.花6基数；萼筒圆筒形，长为宽的2.0倍以上；蒴果包藏于萼筒内；花辐射对称 ……………………………………… **3.千屈菜属Lythrum**
1.木本植物；顶生圆锥花序；花瓣大而皱 …………… **4.紫薇属Lagerstroemia**

1. 水苋菜属 Ammannia L.

1.叶基部楔形或渐狭而钝形，或近圆形；聚伞花序几无总梗；萼近无棱；常无花瓣；花柱极短或无；蒴果直径约1.5mm（产于各地）…………………
…………………………………………………… **水苋菜A. baccifera** L.

1.叶基部心状耳形，或茎下部叶的基部呈楔形；花序总梗明显；有明显花瓣，花柱长为子房的1/3或更长。

2.叶基部全为耳形；聚伞花序总梗长约5.0mm，具3~15朵花；花柱等长于或长于子房；蒴果直径2.0~3.5mm（产于各地）………………………………………………………………………… **耳叶水苋菜A. arenaria** H. B. K.

2.茎下部叶基部楔形；聚伞花序总梗长约2.0mm，花15朵以上；花柱短于子房；蒴果直径约1.5mm（产于河南南部） **多花水苋菜A. multiflora** Roxb.

2. 节节菜属 Rotala L.

1.叶对生；叶片倒卵状椭圆形或矩圆状倒卵形，长4.0~17mm、宽3.0~8.0mm ………………………………………………… **节节菜R. indica**(Willd.)Koehne

1.叶3~5枚轮生，窄披针形或阔线形，长6.0~10mm、宽1.5~2.0mm（产于桐柏山区及信阳地区）……… **轮叶节节菜**（水松叶）**R. mexicana** Cham. et Schlecht.

3. 千屈菜属 Lythrum L.

千屈菜L. salicaria L.，产于全省各地。

多年生草本，高达1.0m。叶对生或3枚叶轮生，披针形，宽10~15mm。总状花序顶生；花紫色，多而密生；萼筒长4.0~6.0mm，先端6枚齿，齿间有尾状附属物；花瓣6枚。蒴果包于萼内。

4. 紫薇属 Lagerstroemia L.

1.小枝四棱形，常有狭翅；叶无柄或近无柄；花萼无棱或脉纹，长7.0~10mm；花瓣长12~20mm；果长10~12mm（产于桐柏山、大别山区，常栽培）……………………………………………………………………………… **紫薇L. indica** L.

1.小枝圆柱形或具4条棱线；叶柄长2.0~4.0mm；花萼有10~12条明显脉纹，长不足5.0mm；花瓣长2.0~6.0mm；果长6.0~8.0mm（产于桐柏、新县）…… ………………………………………………………… **南紫薇L. subcostata** Koehne

九〇、石榴科 Punicaceae

石榴属 Punica L.

石榴P. granatum L.，栽培。

品种1：**月季石榴 'Nana'** Pers.矮小灌木，叶线状，花果均较小。

品种2：**白石榴 'Albescens'** DC.花白色。

品种3：**重瓣白花石榴 'Multiplex'** Sweet.。

品种4：**黄石榴 'Flavescens'** Sweet，花黄色。

九一、蓝果树科 Nyssaceae

1.果实为翅果；常多数聚集为头状果序 ………………… **1.喜树属Camptotheca**

1.核果为核果状。

2.核果具3~5粒种子之核；子房6~10室；花被缺；头状花序，具2~3枚白色大型苞片 ……………………………………………………… **2.珙桐属Davidia**

2.核果具1粒种子之核；子房1~2室；花被存在；花簇生，苞片小，脱落 ………………………………………………………………… **3.蓝果树属Nyssa**

1. 喜树属 Camptotheca Decne.

喜树C. acuminata Decne.，各地栽培观赏或行道树。

落叶乔木。叶互生，长圆状卵形或椭圆状卵形，宽6.0~12cm，先端短渐尖，全缘，叶柄长1.5~3.0cm。头状花序2~9朵集为圆锥花序，常上部为雌花序；花小，花瓣5枚，长约2.0mm。翅果矩圆形，长20~25mm。

2. 珙桐属 Davidia Baill.

珙桐D. involucrata Baill.，郑州、洛阳有栽培。

落叶乔木，小枝紫绿色，无毛。叶常密集于幼枝顶端，阔卵形或近圆形，宽7.0~12cm，先端急尖或短尾状突尖，基部心形，边缘具三角形尖锐粗齿，下面密被丝状粗毛；叶柄长4.0~5.0cm。头状花序生于幼枝顶，托以白色花瓣状大型苞叶。

3. 蓝果树属 Nyssa Gronov. ex L.

蓝果树N. sinensis Oliver，新县有栽培。

落叶乔木，幼枝紫绿色，老枝褐色，皮孔明显。叶互生，椭圆形或长卵形，宽5.0~6.0cm，叶柄长1.5~2.0cm。花雌雄异株，短总状花序聚伞状，总梗长3.0~5.0cm，花梗长约2.0mm；花萼5裂，花瓣5枚，雄蕊5~10枚。核果紫绿色至暗褐色。

九二、八角枫科 Alangiaceae

八角枫属 Alangium Lam.

1.花较大，花瓣长1.0cm以上。

2.雄蕊药隔无毛。

3.花序通常仅3~5朵花；花瓣长2.5~3.5cm；核果长卵圆形，长8.0~12mm（产于各山区）……………… **瓜木A. platanifolium**(Sieb. et Zucc.)Herms

3.花序有7~30（50）朵花；花瓣长1.0~1.5cm，核果卵圆形，长5.0~7.0mm（产于伏牛山、桐柏山、大别山区）………………………………………………………………………**八角枫A. chinense**(Lour.)Harms

亚种1：**稀花八角枫**subsp. **pauciflorum** Fang，每花序3~5朵花，叶卵形，基部圆形，通常不分裂（产于伏牛山区，辉县）。

亚种2：**深裂八角枫**subsp. **triangulare**(Wanger.)Fang，每花序3~6朵花；叶基部三角形或近圆形，常3~5深裂，裂片披针形或近卵形（产于内乡）。

2.雄蕊药隔有毛；花瓣6~8枚，长2.0~2.5cm；叶片下面有黄褐色丝状微茸毛（产于伏牛山、桐柏山及大别山区）…… **毛八角枫A. kurzii** Craib

变种：**云山八角枫**var. **handelii**(Schnarf)Fang，小枝、叶柄和叶片幼时有毛，后变无毛（产于河南南部）。

1.花较小，花瓣长约7.0mm；叶片近圆形，两面有密毛，先端3浅裂；花柱有疏柔毛（产于伏牛山区南部）……………………………………………
……………………………… **云南八角枫A. yunnanense** C. Y. Wu ex Fang et al.

九三、菱科 Trapaceae

菱属 Trapa L.

1.果三角形，高1.0~2.0cm，具4枚刺角，刺角细锥状。

2.果表面凸凹不平；花盘变为8个瘤状物；萼脊无毛；叶基部楔形，边缘具缺刻状锐锯齿；叶柄中上部稍膨大（记载河南产，未见标本）………
……………………………………………… **四角刻叶菱T. incisa** Sieb. et Zucc.

2.果表面平滑；花盘全缘；萼脊被毛；叶边缘具浅圆齿，基部近圆截形；叶柄中部膨大为海绵质气囊（产于各地区）……………………………
…………………………………………… **细果野菱T. maximowizii** Korsh.

1.果形种种，具2枚刺角。

3.叶三角状菱形或广菱形，长、宽均1.5~4.5cm；果无腰角（记载河南北部产，未见标本）………………………………… **格菱T. pseudoincisa** Nakai

3.叶较大，质厚，广菱形或卵菱形。

4.果菱形或三角形；叶下面有毛。

5.果菱形，其腰角处明显呈小丘状突起，果喙稍明显，果颈高2.0~3.0mm（产于各地区） ……………… **丘角菱T. japonica** Flerow

5.果三角形或三角状菱形，腰角处丘突不明显，果喙不明显（产于各地）…………………………………………… **菱T. bispinosa** Roxb.

4.果弯牛角形或三角形。

6.果仅2角，两角先端向上直伸或向下弯曲呈牛角形；仅1对萼片具毛（信阳栽培）……………………………… **乌菱T. bicornis** Osbeck.

6.果2~4角，肩角较短小，平展或斜升，腰角退化为乳头状（栽培）
…… **越南菱T. bicornis** var. **cochinchinensis**(Lour.)H. Clück et Steenis

九四、柳叶菜科 Onagraceae

1.花萼具2枚裂片；花瓣2片；雄蕊2枚；子房2室，每室有1个胚珠；果实坚果状，有钩状毛 ………………………………………………………… **1.露珠草属Circaea**

1.花萼具4~6裂；花瓣(0)4~6片；雄蕊4枚以上；子房4~5室。

2.子房每室有1个胚珠；果核果状 ……………………… **2.山桃草属Gaura**

2.子房每室有多数胚珠。

3.花大美丽，红色、紫色或部分白色，常下垂，雄蕊及花柱伸出花外；灌木状草本；浆果 ………………………………… **3.倒挂金钟属Fuchsia**

3.花小或大，黄色或紫红色，直立；雄蕊和花柱多不伸出花外；草本；蒴果。

4.种子具束毛 ………………………………………… **4.柳叶菜属Epilobium**

4.种子无束毛。

5.花被管明显存在；花瓣大，显著，黄色、白色或玫瑰色；果室背开裂；花药“丁”字着生 ………………… **5.月见草属Oenothera**

5.花被管不存在；花瓣小，黄色，或缺；果室间开裂；花药基部着生 ……………………………………………… **6.丁香蓼属Ludwigia**

1. 露珠草属 Circaea L.

1.子房1室；果实具1粒种子；根状茎顶端具块根；茎纤细，高5.0~10(25)cm，被毛；花瓣白色，顶端凹缺深至中部（产于伏牛山区） ……………………… **高原露珠草C. alpine** L. subsp. **imaicola** Kitam.

1.子房2室；果实常有2粒种子；根状茎上不具块根；株高常30cm以上。

2.茎和叶密被毛；花白色；果梗与果体等长或稍长或稍短。

3.茎密被平展长柔毛、镰状外弯的曲柔毛或腺毛；蜜腺藏于花管中；叶基常心形；花瓣略短于萼片（产于各山区） ……………………………… **露珠草**（牛泷草）**C. cordata Royle**(*C. hybrida* Hand.-Mazz.)

3.茎密被短曲柔毛；蜜腺伸出花管外；形成1环状或柱状花盘；叶基常楔形，稀圆形；花瓣长约为萼片之半（产于大别山、桐柏山、太行山区） ……………………………… **南方露珠草C. mollis** Sieb. et Zucc.

2.茎和叶无毛或有疏毛；花红色或紫色；蜜腺伸出花管外形成花盘；果梗

长为果的1.5~3.0倍。

4.花序轴被短腺毛；果梗有短毛，长为果实的1.5~2.0倍；花瓣先端凹缺深至1/3~1/2；茎有疏毛（产于各山区）…………………………………………………………
…… **水珠草 *C. lutetiana*** L. subsp. ***quadrisulcata***（Maxim.）Asch. et Magnus

4.茎、花序轴及花梗均无毛；果梗长为果的2.0~3.0倍；花瓣先端凹缺深至1/10~1/5（产于伏牛山区）……………… **谷蓼*C. erubescens*** Franch. et Sav.

2. 山桃草属 Gaura L.

1.茎、叶密被粗伏毛；叶狭针形或匙形；花疏生成穗状花序，穗轴节间长达15mm，有时花序分枝成圆锥状花序；花大，萼片长约15mm；花瓣长12~15mm；果实具2（1）粒种子。（栽培或逸生，见于开封）……………
……………………………………………… **山桃草*C. lindheimeri*** Engelm et Gray

1.茎、叶密被开展的细长柔毛和短柔毛；叶阔披针形、卵状披针形、椭圆状倒披针形或卵形；花密集为穗状花序，穗轴节间长2.0~5.0mm，不分枝；花小、萼片长4.0~6.0mm；花瓣长不足3.0mm；果实具1粒种子。归化种（产于各地）……………………………… **小花山桃草 *G. parviflora*** Dougl.

3. 倒挂金钟属 Fuchsia L.

1.萼白色，花瓣红色（栽培观赏）………………………………………………
…………………………………………… **白萼倒挂金钟*F. albo-coccinia*** Hort.

1.萼红色。

2.萼筒与裂片近等长或短于萼裂片；雄蕊长，超出花瓣外。

3.萼筒短于萼裂片，萼筒长达9.0mm，裂片宽约3.0mm，粉红色；花瓣蓝紫色；叶柄长不及1.0cm（栽培观赏）……………………………………
………………………………………… **短筒倒挂金钟 *F. magellanica*** Lam.

3.萼筒与裂片近等长，长1.5~2.5cm，裂片宽约9.0mm，深红色；花瓣紫色、红色或白色；叶柄长1.0~3.0cm（栽培观赏）………………
…………………………………………………… **倒挂金钟 *F. hybrida*** Voss

2.萼筒长为萼裂片的2.0~3.0倍，萼及花瓣全为红色（栽培观赏）…………
……………………………………………………… **长筒倒挂金钟 *F. fulgens*** DC.

4. 柳叶菜属 Epilobium L.

1.叶互生；茎与叶中脉下面被毛；叶柄长2.0~7.0mm；叶片边缘具细牙齿，基部楔形（产于太行山、伏牛山区，常见栽培）………………………………………………………………………………………… **柳兰E. angustifolium** L.

1.叶对生，至少花序以下如此。

2.柱头4裂。

3.花瓣长9.0~20mm；柱头花时高出花药（产于各山区）…………………………………………………………………………… **柳叶菜E. hirsutum** L.

3.花瓣长5.0~8.0mm；柱头围以花药（产于各山区）…………………………………………………………… **小花柳叶菜E. parviflorum** Schreb.

2.柱头头状，全缘或微凹。

4.茎被毛，无棱线或具不明显的毛棱线。

5.植株入秋生基生根出条，常呈丛生；茎基部无宿存鳞片，稀有鳞片。

6.花序仅有曲柔毛，无腺毛；子房被曲柔毛；茎多分枝；叶线形或狭披针形，长1.0~4.5cm、宽2.0~5.0mm（产于太行山、伏牛山区）………………… **阔柱柳叶菜E. platystigmatosum** C. B. Robins

6.花序被曲柔毛，混生腺毛。

7.茎中上部叶基部狭楔形，叶柄长2.0~7.0mm；果梗短于10mm（产于河南西南部）………… **短梗柳叶菜E. royleanum** Haussk.

7.茎中上部叶基部圆形至楔形，叶柄长不超过2.0mm；果梗长4.0~15mm；叶披针形至卵形，或椭圆形；花瓣长7.0~11mm；子房被曲柔毛（产于河南南部）…………………………………………… **腺茎柳叶菜 E. brevifolium** D. Don subsp. **trichoneurum**（Haussk.）Raven

5.植株入秋自茎基部生出匍匐枝，茎基部常有宿存鳞片。

8.叶线形至狭披针形，近全缘或有少数不明显浅齿；果梗长2.0~3.0cm；种毛灰白色（产于太行山、伏牛山区）……………………………………………………………… **沼生柳叶菜E. palustre** L.

8.叶卵形、宽长圆形至披针形，边缘具锯齿；果梗长7.0~15mm；种毛带红褐色（产于大别山区）……………………………………………… **长籽柳叶菜 E. pyrricholophum** Franch. et Sav.

4.茎近无毛，仅花序以下具2或4条毛棱线；花序被毛。

9.花序无腺毛；叶密生，互生，狭匙形至线形，宽3.0~10mm，叶柄长2.0~11mm；果梗长1.3~4.0cm（产于河南西南部）……………………………………………………………… **中华柳叶菜E. sinense** Lévl.

9.花序混生腺毛；叶常卵形或卵状披针形，宽10~20mm；叶柄极短，不明显；花管在萼片交合处有髯毛（产于太行山至伏牛山北部）……………………………………………………………… **毛脉柳叶菜E. amurense** Hausskn.

亚种：**光滑柳叶菜**subsp. **cephalostigma**(Hausskn.)C. J. Chen，茎上2条毛棱线不明显，不贯通节间；花序轴无腺毛；花管萼片交合处无髯毛；叶长圆状披针形至狭卵形。

5. 月见草属 Oenothera L.

1.种子椭圆状或近球状，不具棱角，表面有整齐洼点；花瓣长0.5~2.7cm。

2.茎生叶狭倒卵形或狭椭圆形，宽0.7~3.0cm，边缘具锯齿至羽状深裂；叶柄长3.0~10mm；花瓣长5.0~13mm（产于罗山、光山、新县）……………………………………………………………… **裂叶月见草O. laciniata** Hill

2.茎生叶线形，宽5.0~8.0mm，边缘疏生齿突；无叶柄；花瓣长15~27mm；栽培或逸生…… **待宵草O. stricta** Ledeb. et Link（*O. odorata* Jacq.）

1.种子短楔形或棱形，具棱角，表面具不整齐洼点；花瓣长2.5~5.0cm。

3.柱头高超过花药；花瓣长4.0~5.0cm；栽培或逸生 ……………………………… **黄花月见草O. glazioviana** Mich. (*O. erythrosepala* Roxb.）

3.柱头围以花药；花瓣长2.5~3.0cm；栽培或逸生 ……………………………………………………………… **月见草**（夜来香）**O. biennis** L.

6. 丁香蓼属 Ludwigia L.

1.花无花瓣；茎匍匐，节上生根；叶卵形或宽椭圆形，长1.0~2.2cm、宽0.5~1.5cm，先端圆钝或锐尖；蒴果长圆状椭圆形，长4.0~5.0mm（产于光山）……………………………………………… **卵叶丁香蓼L. ovalis** Miq.

1.花瓣存在；茎直立；叶狭椭圆形、披针形至线状披针形，先端渐尖；蒴果圆柱形。

2.植株近无毛或局部具微柔毛；花瓣长2.0~2.5mm，雄蕊4枚；蒴果长1.0~2.8cm，果梗近无（产于黄河以南各地）…………………………………………………………………………… **假柳叶菜L. epilobioides** Maxim.

2.植株各部被伸展粗毛；花瓣长7.0~14mm，雄蕊8枚；蒴果长2.5~3.5cm，果梗长3.0~10mm（见于郑州绿博园）…… **毛草龙L. octovalvis**（Jacq.）Raven

九五、小二仙草科 Haloragaceae

1.陆生草本；叶不分裂，果为坚果或核果 …………… **1.小二仙草属Haloragis**

1.水生或沼生草本；生于水中叶羽状细裂；果成熟后裂为4(2)分果片 ………………………………………………………………………… **2.狐尾藻属Myriophyllum**

1. 小二仙草属 Haloragis J. R. et G. Forst.

小二仙草H. micrantha R. Br.，产于大别山区。

细弱分枝小草本，茎直立或下部匍匐生根。叶对生，卵形、卵圆形或椭圆形，长7.0~12mm、宽4.0~8.0mm,先端急尖，边缘具锯齿，无毛。圆锥花序，花梗极短；花萼4裂；花瓣4片，常红色，宽线形或舟形，雄蕊8枚。核果近球形，长约1.0mm。

2. 狐尾藻属 Myriophyllum L.

1.单花腋生，苞片羽状蓖齿形分裂(产于各地) ……………………………………………………………………………… **轮叶狐尾藻M. verticillatum** L.

1.花生茎顶端或叶腋，呈穗状花序，苞片全缘或有齿(产于各地) ……………………………………………………………………………… **穗状狐尾藻 M. spicatum** L.

九六、杉叶藻科 Hippuridaceae

杉叶藻属 Hippuris L.

杉叶藻 H. vulgaris L.，记载产于河南各地，未见标本。

多年生水生草本，高达60cm，无毛。根状茎匍匐生于泥中；茎直立，单一。叶6~12轮生，线形，全缘，长1.0~2.5cm、宽1.0~2mm。花单生叶腋，无柄，微小，无花瓣，雄蕊1枚，子房下位，核果狭长圆形，长约1.5mm。

九七、五加科 Araliaceae

1.叶互生；木本植物，稀草本植物，如为草本植物则为羽状复叶。
　2.藤本植物。
　　3.叶为掌状复叶；植物体有刺 ························ **5.五加属Acanthopanax**
　　3.叶为单叶；茎以气生根攀缘 ······························ **3.常春藤属Hedera**
　2.直立植物。
　　4.叶为一至数回羽状复叶 ·· **6.楤木属Aralia**
　　4.叶为单叶或掌状复叶。
　　　5.单叶，掌状分裂。
　　　　6.植物体有刺 ···**4.刺楸属Kalopanax**
　　　　6.植物体无刺。
　　　　　7.托叶与叶柄合生，锥状；子房2室 ······ **2.通脱木属Tetrapanax**
　　　　　7.无托叶；子房5或10室 ···························**1.八角金盘属Fatsia**
　　　5.叶为掌状复叶，小叶3~5枚 ····················· **5.五加属Acanthopanax**
1.叶轮生，掌状复叶；草本植物 ·································**7.人参属Panax**

1. 八角金盘属 Fatsia Decne. et Planch.

八角金盘F. japonica(Thunb.)**Dcene**. et Planch.，庭院栽培观赏。

常绿灌木，茎丛生，有白色大髓心。叶片大，掌状7~9深裂，裂片长椭圆形，边缘有粗锯齿，幼时下面及叶柄被褐色茸毛。圆锥花序，花黄白色，直径约3.0mm。果近球形，直径约8.0mm，紫黑色。

2. 通脱木属 Tetrapanax K. Koch

通脱木T. papyrifer(Hook)K. Koch，郑州栽培。

幼枝密被黄色星状茸毛。叶集生茎顶，径宽达60cm，掌状5~11浅裂至中裂或深裂，裂片全缘或疏生粗齿，下面有白色星状茸毛；圆锥花序，花淡黄色，果球形，直径约4.0mm，紫黑色。

3. 常春藤属 Hedera L.

1.幼枝和花序具鳞片(产于河南南部山区，常栽培) ………………………………………………………… **常春藤H. nepalensis** K. Koch var. **sinensis**(Tobl.)Rehd.

1.幼枝和花序具星状毛(栽培) ……………………………**洋常春藤H. helix** L.

4. 刺楸属 Kalopanax Miq.

1.叶掌状浅裂，裂片阔三角状卵形至长圆状卵形，长不及全叶片之半(产于河南南部) …………………………………… **刺楸K. septemlobus**(Thunb.)Koidz.

1.叶掌状深裂达全叶片的3/4，裂片长圆状披针形(产于登封) ………………………………… **深裂刺楸K. septemlobus** var. **maximowiczii**(V. Houtte)Hand.-Mazz.

5. 五加属 Acanthopanax Miq.

1.子房5室，稀4~3室；花柱5个，稀4~3个。

2.花柱离生或基部至中部以下合生；伞形花序单生。

3.花柱离生，先端反曲；植物体无刺无毛(产于河南西南部，卢氏、栾川) ……………………………………………… **离柱五加 A. eleutheristylus** Hoo

3.花柱基部合生；小枝密生直刺，稀无刺；小叶侧脉约5对；伞形花序直径1.5~2.5cm(产于卢氏) ……………………… **红毛五加A. giraldii** Harms

2.花柱全部合生为柱状，结实时稀柱头裂片离生；伞形花序常组成复伞形花序或短圆锥花序。

4.枝刺细长，直而不弯。

5.小叶片革质,下面灰白色(产于卢氏、栾川) ………………………………

………………………………… **蜀五加A. setchuenensis** Harms ex Diels

5.小叶片纸质或膜质，下面非灰白色。

6.花紫黄色；宿存花柱长1.5~1.8mm(产于济源、辉县、嵩县、西峡、内乡) ……………………**刺五加A. senticosus**(Rupr. et Maxim.)Harms

6.花绿黄色；宿存花柱长1.0~1.5mm，小叶柄及叶两面均无毛(产于河南南部山区) …………………… **藤五加A. leucorrhizus**(Oliv.)Harms

变种1：**狭叶藤五加**var. **scaberulus** Harms et Rehd.，小叶片较狭细，上面粗糙，下面脉上有黄色短柔毛，中脉和小叶柄有细刺(产于灵宝、内乡、商城)。

变种2：**糙叶藤五加**var. **fulvescens** Harms et Rehd. ，叶上面被糙毛，下面沿脉及小叶柄密被黄色短柔毛。

4.枝刺粗壮，下曲；小叶片上面脉上疏生小刚毛，下面无毛或沿脉有短柔毛(产于内乡及河南南部) …………………**糙叶五加A. henryi**(Oliv.)Harms

1.子房2室；花柱2个。

7.花柱离生，或基部至中部以下合生。

8.伞形花序腋生或生于短枝顶端；小叶5(3~4)枚。

9.小叶下面无毛，仅在脉腋有簇毛(产于各山区) ………………………………………………………………… **五加A. gracilistylus** W. W. Smith

9.小叶下面被长柔毛(产于伏牛山区) …………………………………………………… **柔毛五加A. gracilistylus** var. **villosulus**(Harms)Li

8.伞形花序顶生；小叶3(4~5)枚(产于河南南部) ………………………………………………………………………………………… **白簕A. trifoliatus**(L.)Merr.

7.花柱全合生，仅柱头分离；小叶5枚，下面密被短柔毛(产于大别山区)…………………………………………**两歧五加A. divaricatus**(Sieb. et Zucc.)Seem

6. 楤木属 Aralia L.

1.木本植物。

2.圆锥花序主轴较长，一级分枝在主轴上总状排列；苞片边缘无纤毛(产于各山区) ……………………………………………… **楤木A. chinensis** L.

变种：**白背叶楤木**var. **nuda** Nakai，小叶下面灰白色，除侧脉上有短毛外，余部无毛；花序主轴和分枝疏生短柔毛或几无毛(产于伏牛山区)。

2.圆锥花序主轴短，长约5.0cm，一级分枝呈指状或伞房状排列；苞片边缘有纤毛(产于桐柏山区，新县、嵩县、内乡) ………………………………………………………………………………………… **湖北楤木A. hupehensis** Hoo

1.多年生草本；圆锥花序1~2次总状分枝；花梗短粗，长5.0~6.0(10)mm；花柱基部合生，结果时中部以下合生(产于伏牛山) ………………………………………………………………………………… **东北土当归A. continentalis** Kitag.

7. 人参属 Panax L.

大叶三七P. pseudo-ginseng Wall. var. **japonicus**(C. A. Mey.)Hoo et Tseng，产于伏牛山区。

多年生草本，根状茎横走，竹鞭状或串珠状。掌状复叶3~5轮生于茎顶；小叶3~5枚，椭圆形或倒卵形，宽2.5~6.5cm。伞形花序常单生枝顶（有时花序分枝）。果球形或肾状球形，直径约4.0~6.0mm，红色。

九八、伞形科 Umbelliferae

1.叶为单叶。

2.单伞形花序；茎匍匐；叶圆形或肾形。

3.苞片缺或不明显；果实棱间无或有不明显的小横脉，表面不呈网纹状 ………………………………………………………… **1.天胡荽属Hydrocotyle**

3.苞片2枚，卵形，膜质；果实棱间有小横脉，表面明显网状 ………………………………………………………………………… **2.积雪草属Centella**

2.复伞形花序；茎直立。

4.花序为不规则伸展的复伞形；叶近圆形，掌状分裂，裂片边缘具齿或缺刻；果实常具刺 ………………………………… **3.变豆菜属Sanicula**

4.复伞形花序规则；叶通常狭长，具平行脉，全缘；果实无刺毛 ………………………………………………………………… **11.柴胡属Bupleurum**

1.叶为一至数回羽状或三出式羽状深裂，或为全裂的复叶；复伞形花序。

5.子房和果实有刺毛、刚毛状硬毛或小瘤突。

6.子房和果实有海绵质的小瘤或皱褶，无刺；茎分枝呈双叉式 ………………………………………………………… **35.防风属Saposhnikovia**

6.子房和果实有钩刺或刚毛状硬毛。

7.子房和果实具钩刺。

8.总苞片和小总苞片狭窄，全缘；胚乳腹面凹陷或成槽 ……………………………………………………………… **6.窃衣属Torilis**

8.总苞片和小总苞片羽状分裂；胚乳腹面平直或微凹 ……………………………………………………………… **36.胡萝卜属Daucus**

7.子房和果实的刺不呈钩状，有刚毛状硬毛；果实顶尖具喙。

9.果实基部圆钝；小总苞片膜质外折，宿存 ………**4.峨参属Anthriscus**

9.果实基部尖尾状；小总苞片叶状，凋落或缺乏 ……………………………………………………………… **5.香根芹属Osmorhiza**

5.子房和果实光滑或被柔毛，无刺毛。

10.子房与果实的横剖面圆形或两侧扁压，果棱无明显的翅。

11.栽培蔬菜植物。

12.小伞形花序具数枚线形小总苞片，外缘花具辐射瓣 ……………………………………………………………… **7.芫荽属Coriandrum**

12.小伞形花序无小总苞片，外缘花不具辐射瓣。

13.茎有白霜，粉绿色，有强烈茴香气味；叶多回羽状分裂，末回裂片线形；花金黄色 ……………………………**25.茴香属Foeniculum**

13.茎绿色或淡绿色，无茴香气味；叶一至二回三出式羽状分裂，裂片近菱形或倒卵形；花白色或黄绿色 …………… **12.芹属Apium**

11.野生植物，或栽培药用。

14.果实圆卵形或圆卵状心形，通常呈双球状。

15.总苞片和(或)小总苞片发达，大而宿存；果棱突起。

16.萼齿小或不明显；花柱短，开展至反折。

17.总苞片和小总苞片薄膜质，淡绿色，萼齿不明显 ……………………………………… **19.白苞芹属Nothosmyrnium**

17.总苞片和小总苞片绿叶状，深绿色；萼齿显著。

18.果实光滑无毛；叶一回羽状分裂或三出式羽状分裂，

裂片长圆形或披针形 ………………………… **22.泽芹属Sium**

18.果被浓密须毛，叶三回羽状分裂，裂片窄线形 ……………………

……………………………………………… **21.山茴香属Carlesia**

16.萼齿大而明显；花柱伸长，直立。

19.无小总苞片或有少数不明显的小总苞片；果棱显著，但不木栓化。

20.根茎有横隔膜；伞形花序圆球形；叶二回羽状分裂；果实光滑；生水边或沼泽地 …………………………… **13.毒芹属Cicuta**

20.根茎无横隔膜；伞形花序非圆球状；叶三回羽状分裂；果实有柔毛或茸毛，后变无毛；生于山地 ………… **23.岩风属Libanotis**

19.小总苞片多数，窄小或叶状；果棱显著，木栓化，或外果皮全面增厚且木栓化；生水边或沼生 ……………………**24.水芹属Oenanthe**

15.总苞片和小总苞片不发达，无或仅少数，狭小而凋落；果棱不明显突起，非木栓质。

21.胚乳腹面凹陷成沟槽。

22.果棱与棱槽界限分明；花瓣具爪 ………… **8.东俄芹属Tongoloa**

22.果棱与棱槽界限不明显；花瓣基部不窄狭为爪；叶三出或二至三回羽状分裂；茎有白霜 ……………… **20.明党参属Changium**

21.胚乳腹面平直或略凹陷。

23.花柱开展反曲或反折，花柱基分裂几近基部；植株有走茎，茎空心 ………………………………… **18.羊角芹属Aegopodium**

23.花柱开展或外弯，花柱基全部靠合；植株无走茎，茎实心 ……

……………………………………………… **17.茴芹属Pimpinella**

14.果实线形、长圆形或椭圆形。

24.叶一至三回三出分裂，裂片宽大；伞形花序的伞辐极不等长，呈圆锥花序状 ……………………………………… **14.鸭儿芹属Cryptotaenia**

24.叶一至三回三出或多回羽状分裂，裂片狭小；伞形花序的伞辐长短不等或近相等，为正常的复伞形花序。

25.小伞形花序有2~3朵花；花瓣基部内凹呈囊状 ……………………

…………………………………… **16.囊瓣芹属Pternopetalum**

25.小伞形花序有多数花；花瓣基部狭窄不内凹，顶端凹陷；花柱基圆

锥形 ……………………………………………………………… **15.葛缕子属Carum**

10.子房和果实的横剖面背腹扁或侧面略扁；果棱全部或部分有翅。

26.果实的背棱和侧棱都发育成翅或背棱突起。

27.总苞片和小总苞片均较发达，通常羽状分裂或3裂，少有全缘。

28.总苞片和小总苞片均柔软，边缘薄膜质；胚乳腹面常凹陷，少有平直。

29.花白色或粉红色，花瓣倒卵形，顶端有内折的小舌片；果棱的翅的边缘呈鸡冠状或波状…**9.棱子芹属Pleurospermum**

29.花黄色或黄绿色，花瓣椭圆形（栽培）……………………………………………………………… **31.欧当归属Levisticum**

28.总苞片和小总苞片均较硬，边缘非膜质；胚乳腹面平直；小叶卵圆形至倒卵形，末回裂片细线形至丝状…………………………………………………………………………… **26.藁本属Ligusticum**

27.总苞片和小总苞片不发达或仅有小总苞片，狭窄，全缘，很少分裂。

30.萼齿明显，呈三角形；棱翅发育不均匀；花瓣外面无毛；胚乳腹面凹陷……………………………… **10.羌活属Notopterygium**

30.萼齿通常不显或短小，棱翅发育均匀；胚乳腹面平直或凹陷。

31.果棱的翅薄膜质；花柱通常较短，长不超过花柱基的2.0倍 ………………………………………… **27.藁本属Ligusticum**

31.果棱的翅木栓质；花柱通常长超过花柱基的2.0~3.0倍 ……………………………………………………… **26.蛇床属Cnidium**

26.果实通常背腹扁平，较少略扁平；背棱无翅，或有翅但较侧棱的翅为窄，侧棱有明显或不明显的翅。

32.果实背腹压扁，背棱有翅。

33.总苞片和小总苞片多数、膜质、反折；果棱翅近相等 ……………………………………………………… **31.欧当归属Levisticum**

33.总苞片少数或无，小总苞片叶状或无；果侧棱的翅宽于背棱的翅。

34.侧棱的翅稍厚，较果体窄，两个分果的翅紧贴，成熟后分离 ………………………………………… **33.前胡属Peucedanum**

34.侧棱的翅薄，通常与果体的宽度相等或较宽，两个分果的翅不紧贴，易分离。

35.小叶羽状深裂为狭窄的小裂片 ………………… **28.山芎属Conioselinum**

35.小叶宽大，边缘具齿或浅裂。

36.萼齿细小而不显；果皮厚，不透明，成熟后与种子紧贴 ………… ……………………………………………………… **29.当归属Angelica**

36.萼齿大，果时宿存；果皮薄膜质透明，成熟后外果皮与显著纤维化的中果皮完全脱离 ………………………… **30.山芹属Ostericum**

32.果实背腹极压扁，背棱线形无翅或不明显。

37.伞形花序的外缘花无辐射瓣；油管的长度常达果实基部。

38.花序有分枝；中央伞形花序有短梗或无梗，多为结实花；侧生伞形花序有梗，多为不育花；花黄色；果实长10~15mm ………… ……………………………………………………… **32.阿魏属Ferula**

38.花序无上述分枝；伞形花序有梗，通常均为两性花；花白色、粉红色或深紫色；果实较小，长3.0~5.0(7.0)mm …………………… ………………………………………………… **33.前胡属Peucedanum**

37.伞形花序外缘花有辐射瓣，通常2裂；油管长度不及或达分生果全长之半或过半；花白色、黄绿色或粉红色 …………… **34.独活属Heracleum**

1. 天胡荽属 Hydrocotyle L.

1.花序梗数个簇生于枝条顶端，密被柔毛（产于大别山、桐柏山至伏牛山区南部）………………………………………………**红马蹄草H. nepalensis** Hook.

1.花序梗单生于茎、枝各节或枝梢，光滑或有毛；叶柄无毛或顶端有毛（分布同红马蹄草）……………………………… **天胡荽H. sibthorpioides** Lam.

2. 积雪草属 Centella L.

积雪草C. asiatica（L.）**Urban**，产于大别山、桐柏山至伏牛山区南部。

多年生，茎细长，匍匐，节上生根并常有2枚鳞片状叶。单叶，圆形、肾形或马蹄形，直径1.0~5.0cm，边缘具钝锯齿，掌状脉5~7条。单伞形花序腋生，总苞片2枚；花3~4朵，几无梗，花瓣紫红色或乳白色。果近球形，长约3.0mm、宽约3.5mm。

3. 变豆菜属 Sanicula L.

1.小伞形花序有两性花1朵；萼齿狭卵形；果表面生鳞片状直皮刺；花序柔弱而特别伸长（产于卢氏、栾川、桐柏）…………………………………………………………………………………… **长序变豆菜S. elongata** K. T. Fu

1.小伞形花序有两性花2~3朵；果表面具钩状皮刺。

2.茎和花序多分枝；花序梗及伞辐粗壮；萼片线形或呈刺毛状；果长4.0~5.0mm（产于各地）………………………… **变豆菜S. chinensis** Bge.

2.茎下部不分枝，上部及花序呈叉状分枝；花序梗和伞辐细长；萼片卵形；果实长2.0~3.0mm（产于太行山至伏牛山区）…………………………………………………………………………… **首阳变豆菜S. giraldii** Wolff

4. 峨参属 Anthriscus(Pers.)Hoffm.

峨参A. sylvestris(L.)Hoffm.，产于各山区。

茎粗壮，中空，高达1.5m。叶三回羽状分裂；一回羽片有长柄，卵形，宽2.0~8.0cm；二回羽片卵状披针形，宽1.5~4.0cm，羽状全裂或深裂，末回裂片长1.0~3.0cm、宽5.0~15mm，边缘有粗齿。复伞形花序，总苞缺；小总苞片5~8枚，膜质，先端渐尖，反折；花白色。果实长倒卵形或线状长圆形，长5.0~10mm、宽1.0~1.5mm。

5. 香根芹属 Osmorhiza Rafin.

香根芹 O. aristata(Thunb.)Makino et Yabe，产于各山区。

叶三角形或近圆形，二至三回羽状分裂或二回三出式羽状分裂；最终裂片卵形或窄卵形，缺刻状分裂，常两面被白色粗硬毛。总苞片1~4枚，伞辐3~5个，小总苞片4~5枚，常反折，花白色。果线形或棍棒状，长10~22mm、宽2.0~2.5mm，基部尾状尖，果棱有刺毛。

6. 窃衣属 Torilis Adans.

1.总苞片3~6枚，伞辐4~12个；果实圆卵形，长1.5~4.0mm、宽1.5~2.5mm（产于各地）……………………………… **小窃衣T. japonica**(Houtt.)DC.

1.总苞片通常无，稀有1线形总苞片，伞辐2~4个；果实长圆形，长

4.0~7.0mm、宽2.0~3.0mm（产于大别山、桐柏山及伏牛山区南部）………
……………………………………………………… **窃衣T. scabra**(Thunb.)DC.

7. 芫荽属 Coriandrum L.

芫荽C. sativum L.，各地栽培蔬菜。

具强烈气味。茎多分枝。基生叶一或二回羽状全裂，裂片广卵形或扇形，具缺刻至深裂；茎生叶二至三回羽状细裂，小裂片线形，宽0.5~1.0mm。总苞缺，小总苞片2~5枚，线形；花白色或带淡紫色，果实球形。

8. 东俄芹属 Tongoloa Wolff

大东俄芹T.elata H.wolff，产于伏牛山区。

茎多分枝，高达90cm。叶菱状三角形，长 12~20cm，四回三出式近羽状全裂；末回裂片披针状线形，长2.0~12mm、宽1.0~2mm。复伞形花序无总苞片和小总苞片，花白色。果心状长圆形，长约2mm。

9. 棱子芹属 Pleurospermum Hoffm.

1.果棱有较宽的波状翅；叶三出式三回羽状分裂，末回裂片披针状长圆形，长1.0~2.0cm、宽3.0~5.0mm（产于伏牛山区）………………………………
……………………………………… **松潘棱子芹P. franchetianum** Hemsl.

1.果棱呈明显鸡冠状翅；叶三出式二回羽状分裂，末回裂片菱状卵形，长1.5~6.0cm（产于伏牛山）………………… **鸡冠棱子芹P. cristatum** de Boiss.

10. 羌活属 Notopterygium de Boiss.

1.基部叶末回裂片卵状披针形，先端渐尖；伞辐10~17个（产于伏牛山区）
……………………………………………………… **宽叶羌活N. forbesii** de Boiss.

1.基部叶末回裂片卵形或长圆状卵形，先端钝；伞辐8~9个（产于栾川、鲁山）…………………… **卵叶羌活N. forbesii** var. **oviforme**(Shan)H. T. Chang

11. 柴胡属 Bupleurum L.

1.小总苞片大而阔，似“花瓣”，卵形、广卵形至近圆形。

2.茎通常单生；小苞片5枚；伞辐不再分枝（产于伏牛山区南部）……………………………… **空心柴胡B. longicaule** Wall. ex DC. var. **franchetii** de Boiss.

2.茎通常丛生；小总苞片6~9枚；根黑褐色；茎基部无纤维状叶鞘残余（产于太行山至伏牛山、鸡公山区）………………… **黑柴胡B. smithii** Wolff

1.小总苞片小而狭窄，多为披针形，稀卵状披针形，绿色。

3.叶大型，茎中部叶狭卵形至广卵形，基部扩大为心形或有耳抱茎；花序梗长3.0~10cm，伞辐长2. 5~5.5cm；花深紫色（产于伏牛山）…………… **紫花大叶柴胡B. longiradiatum** Turcz. var. **porphyranthum** Shan et Y. Li

变型：**南方大叶柴胡B. longiradiatum** f. **australe** Shan et Y. Li花黄色，产于新县、西峡。

3.叶非大型，茎中部叶窄线形、线形至披针形，基部不扩大，楔形或叶柄状。

4.主根表面红棕色，支根稀少；茎基部有多数毛刷状的叶鞘残留纤维；叶线形，长6.0~16cm、宽2.0~7mm（产于太行山、伏牛山区）……………………………………………… **红柴胡B. scorzonerifolium** Willd.

4.主根表面非红棕色；叶宽6.0~16mm。

5.叶两面绿色；分枝多；小伞形花序多而小（产于各地）………………………………………………………… **北柴胡B. chinensis** DC.

5.叶两面通常灰绿色（产于太行山至伏牛山区）……………………………………… **北京柴胡B. chinense** DC. f. **pekinense**(Franch.)Shan et Y. Li

12. 芹属 Apium L.

旱芹（芹菜）**A. graveolens** L.，栽培蔬菜。

有强烈香气。叶一至二回羽状全裂；裂片长2.0~4.5cm，常3浅裂至深裂，小裂片边缘具齿。复伞形花序，总花梗很短或近无，无总苞片和小苞片；花白色。果近球形，长约1.5mm。

13. 毒芹属 Cicuta L.

毒芹C. virosa L.，产于太行山至伏牛山区西北部。

根状茎绿色，内具横隔；茎粗，中空。叶鞘膜质抱茎；叶片二至三回羽状，小叶长圆状披针形，长4.0~8.0cm，边缘具粗齿至缺刻。复伞形花序顶生；总苞片无或1~2枚，小总苞片数枚；花白色。

14. 鸭儿芹属 Cryptotaenia DC.

1.小叶片不分裂，边缘有不规则的重锯齿（产于各山区）……………………………………………………………………… **鸭儿芹C. japonica** Hassk.

1.小叶片羽状半裂或深裂，边缘有锐锯齿（产于伏牛山）……………………………………………… **深裂鸭儿芹C. japonica** f. **dissecta**(Yabe)Hara

15. 葛缕子属 Carum L.

1.通常无小总苞片，稀有1~3枚；植株高30~70cm（产于太行山至伏牛山区）……………………………………………………………… **葛缕子C. carvi** L.

1.小总苞片5~8枚；茎基部有叶鞘纤维残留物（产于太行山、伏牛山、鸡公山区）…………………………………………… **田葛缕子C. buriaticum** Turcz.

16. 囊瓣芹属 Pternopetalum Franch.

1.植株高10~25（27）cm，通常不分枝；果实长2.0~2.5mm；基生叶末回裂片卵形（产于栾川、鲁山）………………………………………………………………………… **东亚囊瓣芹P. tanakae**(Franch. et Sav.)Hand.-Mazz.

1.植株高25~40cm，有1~2分枝；果实较大，长可达3.0mm；基生叶末回裂片扇形（产于灵宝）…………… **羊齿囊瓣芹P. filicinum**(Franch.)Hand.-Mazz.

17. 茴芹属 Pimpinella L.

1.果实有毛；无萼齿。

2.基生叶三出分裂，稀不分裂或羽状分裂；通常为须根；植株被微柔毛；花瓣倒卵形，顶端凹缺；幼果被细刺毛或片状物（产于伏牛山、桐柏山、大别山区）…………………………… **异叶茴芹P. diversifolia** DC.

2.基生叶二回羽状分裂或二回三出式分裂；伞辐极不等长（产于伏牛山区）…………………………………………………**直立茴芹P. smithii** Wolff

1.果实无毛；萼齿明显或无。

3.无萼齿。

4.基生叶一回羽状分裂。

5.羽片1~2对；茎中、上部叶三出；伞辐3~4个，小伞形花序3~5朵花，总苞片无或1枚，小总苞片2~3枚（产于商城）……………………………………………………………**锯边茴芹P. serra** Franch. et Sav.

5.羽片3~5对；伞辐10~20个，小伞形花序10~25朵花，无总苞片及小总苞片（产于太行山、伏牛山区）……… **羊红膻P. thellungiana** Wolff

4.基生叶二回三出分裂；无总苞片或偶有1~5片，小总苞片2~5枚（产于伏牛山）……………………………………… **菱叶茴芹P. rhomboidea** Diels

3.萼齿明显；基生叶二回三出分裂或三出式二回羽状分裂；末回裂片卵形或倒卵形，长2.0~6.0cm，宽1.0~3.0cm，基部楔形，先端渐尖（产于伏牛山）…………………………………………………… **锐叶茴芹P. arguta** Diels

18. 羊角芹属 Aegopodium L.

小叶羊角芹A. alpestre Lcdcb. f. **tcnuiscctum** Kitag.，产于太行山至伏牛山区西部。

叶三出式三回羽状分裂，羽片卵形或长卵状披针形，末回裂片长5.0~18mm、宽2.0~10mm。复伞形花序，无总苞片及小总苞片；花白色。花柱外折。

19. 白苞芹属 Nothosmyrnium Miq.

白苞芹N. japonicum Miq.，产于大别山、桐柏山至伏牛山区南部。

茎带紫色，高达1.5m。叶一至二回三出式羽状分裂，小叶卵形，长2.0~6.0cm、宽1.0~3.0cm，边缘有尖锐锯齿或缺刻，有缘毛。复伞形花序；总苞片和小总苞片均干膜质、反折；花白色。

20. 明党参属 Changium H. Wolff

明党参C. smyrnioides H. Wolff，产于伏牛山区、嵩县。

茎高达1.0m，光滑，被白色粉霜。叶三出式二至三回羽状分裂，末回裂片长圆状披针形，长2.0~4.0mm、宽1.0~2.0mm。复伞形花序伞辐6~10个，总苞片无或1~3枚；小总苞片少数，长4.0~6.0mm。果圆卵形至卵状长圆形，长2.0~3.0mm，果棱不明显。

21. 山茴香属 Carlesia Dunn

山茴香C. sinensis Dunn，产于太行山、伏牛山区。

多年生矮小草本，高不及20cm。茎多分枝。叶三回羽状全裂，末回裂片线形，长5.0~10mm、宽约1.0mm。复伞形花序，伞辐长1.5~3.0cm；总苞片及小总苞片线形；萼齿明显，花瓣白色。果长4.0~5.0mm，有短糙毛。

22. 泽芹属 Sium L.

泽芹S. suave Walt.，产于豫北、大别山区。

多年生；茎光滑，多分枝，近基部节上生根。一回羽状复叶，小叶3~9对，无柄，披针形至线形，宽3.0~15mm，边缘有齿。复伞形花序，总苞片3~10枚，外折，小总苞片5~10枚。果卵形，长2.0~3.0mm，果棱近翅状。

23. 岩风属 Libanotis Hill

1.根茎木化，逐年向上增高；花瓣外面密生细柔毛；基生叶二回羽状复叶，小叶椭圆形或椭圆状披针形，全缘（产于伏牛山区）……………………………………………………………………………… **条叶岩风L. lancifolia** K. T. Fu

1.根茎不逐年增长；花瓣外面中央有短毛；基生叶三回羽状全裂，末回裂片线形或线状披针形（产于太行山、伏牛山区，桐柏）………………………………………………………… **香芹L. seseloides**(Fisch. et Mey.ex Turcz.)Turcz.

24. 水芹属 Oenanthe L.

1.叶末回裂片卵形至卵状披针形，长2.0~5.0cm、宽1.0~2.0cm；果背棱稍木栓质，棱槽不显著（各地均产）……………………**水芹O. javanica**(Bl.)DC.

1.茎下部叶末回裂片楔状披针形或线状披针形，长1.0~3.0cm、宽2.0~10mm；茎上部叶末回裂片线形，宽仅1.0~2.0mm；果背棱非木栓质，棱槽显著（产于大别山、桐柏山区）…………………………**中华水芹O. sinensis** Dunn

25. 茴香属 Foeniculum Mill.

茴香（小茴香）**F. vulgare** Mill.，各地栽培的蔬菜。

全株无毛，有强烈香气，有粉霜。叶四全五回羽状全裂，末回裂片丝状，宽约1.0mm。无总苞片和小总苞片；花黄色。

26. 蛇床属 Cnidium Cuss.

1.果实长约2.5mm；叶末回裂片线形，宽1.0~1.2mm，全缘；伞辐长0.5~2.0cm（产于各地）…………………………………………**蛇床C. monnieri**(L.)Cuss.

1.果实长约4.0mm；叶末回裂片有缺刻状齿或羽状浅裂；伞辐长4.0~5.0cm（产于卢氏）……………………………**无油管蛇床C. nulivittatum** K. T. Fu

27. 藁本属 Ligusticum L.

1.叶末回裂片狭窄，常线状披针形、线形以至刚毛状。

2.小总苞片边缘不为膜质，长3.0~5.0mm（栽培药用）……………………………………………………………………**川芎L. chuanxiong** Hort.

2.小总苞片具白色膜质边缘，长5.0~7.0mm；叶末回裂片线形，宽0.5~1.0(2.0)mm（产于栾川、鲁山尧山、嵩县）…………………………………………………**岩茴香L. tachiroei**(Franch. et Sav.)Hiroe et Const.

1.叶末回裂片较宽，常为卵形至长圆状披针形。

3.小羽片先端渐尖至尾状。

4.小羽片长5.0~15mm、宽5.0~10mm；叶纸质（产于伏牛山区）……………………………………………**尖叶藁本L. acuminatum** Franch.

4.小羽片长约3.0cm、宽约2.0cm；叶非纸质（产于伏牛山区）…………………………………………………………**藁本L. sinense** Oliv.

3.小羽片先端钝或略尖，不呈尾状；茎呈“之”字形弯曲；根茎细长，节上膨大；伞辐10~14个；花瓣具爪（产于栾川老君山）………………………………………………………………………………**匍匐藁本L. reptans**(Diels)Wolff

28. 山芎属 Conioselinum Fisch. et Hoffm.

山芎C. chinense（L.）B. S. P.，产于商城。

多年生，茎圆柱形，中空，具细条纹，高达1.0m。叶三出式二至三回羽状深裂至全裂，二回羽片羽状深裂；末回裂片线形，长3.0~5.0mm、宽1.0~3.0mm。复伞形花序，总苞片1~3枚；小总苞片5~10枚，线形，长5.0~10mm。花白色，萼齿不明显。果长圆形或圆球形，长约4.0mm、宽约3.5mm，背腹压扁，背中棱狭翅状，侧棱扩大为膜质翅。

29. 当归属 Angelica L.

1.基生叶三出全裂或羽状三出小叶；无总苞片（产于伏牛山区）……………………………………………………………**秦岭当归A. tsinlingensis** K. T. Fu

1.基生叶二至三回三出式羽状分裂；有总苞片。

2.茎顶部叶鞘囊状或阔兜状。

3.茎高1.0~2.5m、直径3.0~8.0cm，小总苞片线状披针形，分果棱槽中油管1个，合生面油管2个。

4.花有萼齿；花瓣紫色；茎通常紫色（产于各山区）…………………………………………………………**紫花前胡A. decursiva**(Miq.)Franch.

4.花无萼齿；花瓣白色或黄绿色；小叶基部下延，背面无毛。

5.茎高1.5~2.5m，基部粗5.0~8.0cm，茎及叶鞘常带紫色；子房和果无毛或偶有短毛（栽培药用）…………………………………………
白芷A. dahurica(Fisch. ex Hoffm.)Benth. et Hook. f. ex Franch. et Sav.

5.茎高1.0~1.5m，基部粗3.0~5.0cm，茎及叶鞘常黄绿色。

6.根长圆锥形，上部近方形，表面灰棕色，有多数较大的皮孔样横向突起，或排列成4纵行，断面白色，粉性大。花黄绿色（栽培）……………………… **杭白芷A. dahurica** ‘Hangbaizhi’ Hort.

6.根圆锥形，表面灰黄色或黄棕白色，皮孔样的横向突起散生，油性较大（栽培）……………………………………………………

……………… **祁白芷**（禹白芷）**A. dahurica** ‘Qibaizhi ’ Hort.

3.茎高1.0~2.0m、直径达1.5cm；小叶基部不下延，背面有短毛；小总苞片阔披针形，先端长尖；分果棱槽中油管1~3个，合生面油管2~6个（产于大别山区、伏牛山区）…… **重齿当归A. biserrata**(Shan et Yuan)Yuan et Shan

2.茎顶端叶鞘不为囊状；花有萼齿。

7.叶轴及小叶柄不膝曲或反卷；果实椭圆形；叶末回裂片长1.0~2.0cm，宽5.0~15mm（栽培） ……………………………… **当归A. sinensis**(Oliv.)Diels

7.叶轴及小叶柄膝曲或反卷，成弧形弯曲；果实长圆形至近长方形；叶末回裂片长3.0~5.0cm，宽25~35mm（产于灵宝小秦岭） ……………………………………………………………………… **拐芹A. polymorpha** Maxim.

30. 山芹属 Ostericum Hoffm.

大齿山芹O. grosseserratum(Maxim.)Kitag.，产于各山区。

茎中空，具钝棱。叶三角形，长、宽达30cm；二至三回三出羽状全裂，末回裂片卵形至披针形，边缘有尖锐锯齿，无毛。花序常带紫红色，伞辐极不等长；总苞片常 2枚，条形至披针形；小总苞片10枚。果幼时紫红色；分果背棱狭翅状，侧棱翅与果体近等宽。

31. 欧当归属 Levisticum Hill

欧当归L. officinale Koch，引种栽培药用。

多年生，全株有香气；茎高达1.0m，带紫红色，中空，无毛，基部粗3.0~4.0cm。叶鞘带紫红色；叶二至三回羽状分裂；末回裂片倒卵形或卵状菱形，宽2.0~7.0cm，边缘上部2~3裂。总苞片和小总苞片披针形，先端长渐尖反曲。花黄绿色。

32. 阿魏属 Ferula L.

1.株高30~60cm，密被短柔毛；茎从下部分枝（产于太行山至伏牛山区）………………………………………………………………… **硬阿魏F. bungeana** Kitag.

1.株高1.2~1.8m，全株无毛；茎从中部以上分枝（产于太行山至伏牛山北坡）…………………………………………… **太行阿魏F. licentiana** Hand.-Mazz.

33. 前胡属 Peucedanum L.

1.茎下部无毛；叶两面无毛，有时下面脉上及边缘有稀疏短毛；萼齿细小不显著（产于各山区）…………………………… **前胡*P. praeruptorum*** Dunn

1.茎下部及叶鞘外均被白茸毛；叶片下面密生白色短硬毛，干后上面暗灰绿色，下面灰绿色；萼齿三角形，显著(产于伏牛山、桐柏山、鸡公山区)……………………………………… **华北前胡*P. harry-smithii*** Fedde ex Wolff

变种：**少毛北前胡**var. ***subglabrum***(Shan et Sheh)Shan et Shen，茎、叶和花序被毛较少或有时近无毛，但果实常有毛(产于嵩县、栾川、卢氏、桐柏)。

34. 独活属 Heracleum L.

1.叶一至二回羽状全裂，裂片3~5枚，被稀疏刺毛（产于灵宝）……………………………………………………………… **独活*H. hemsleyanum*** Diels

1.叶三出分裂，或羽状分裂，侧生小叶多3~5浅裂。

2.叶末回裂片宽卵形至圆形，长10~20cm，宽7.0~18cm（产于各山区）……………………………………………… **短毛独活*H. moellendorffii*** Hance

变种：**深裂短毛独活**var. ***sagenifolium*** K. T. Fu，叶二回三出羽状全裂；羽片3对，有柄；小羽片5~7羽状深裂，裂片卵状披针形，基部下延（产于卢氏）。

2.叶二回羽状全裂，末回裂片狭卵状披针形（产于太行山区、伏牛山区）……… **狭叶短毛独活*H. moellendorffii*** var. ***subbipinnatum***(Franch.)Kitag.

35. 防风属 Saposhnikovia Schischk.

防风*S. divaricata*(Turcz.)Schischk.，产于太行山至伏牛山区北坡，根供药用。

茎自基部多分枝，分枝斜上升，与主茎近等长；叶末回裂片狭楔形，长2.5cm、宽1.0~2.5cm。伞辐5~7个，无毛；小伞形花序4~10朵花，花黄色；无总苞片，小总苞片4~6枚。果长圆状卵形，长3.0~5.0mm、宽2.0~2.5mm，扁平，侧棱有翅。

36. 胡萝卜属 Daucus L.

1.根细，多分枝，浅棕色；野生（产于各地区）……… **野胡萝卜D. carota** L.

1.根长圆锥形，粗肥，肉质，呈红色或黄色（栽培供食用）…………………………………………………………………… **胡萝卜D. carota** var. **sativus** Hoffm.

九九、山茱萸科 Cornaceae

1.花雌雄异株；子房3~5室；叶脉羽状；伞形或聚伞花序生于叶面中脉上 ……………………………………………………………… **1.青荚叶属Helwingia**

1.花两性；子房2室；花序绝不出自叶面。

2.叶互生或对生；伞房状聚伞花序无总苞片；核果球形或近球形。

3.叶互生；果核顶端有1方形孔穴 …………… **2.灯台树属Bothrocaryum**

3.叶对生；果核顶端无孔穴 ……………………………… **3.梾木属Swida**

2.叶对生；伞形花序或头状花序有芽鳞状或花瓣状的总苞片。

4.伞形花序上有绿色芽鳞状的总苞片；核果长椭圆形 …………………………………………………………………… **4.山茱萸属Cornus**

4.头状花序有白色花瓣状的总苞片；果实为聚合状核果 …………………………………………………………… **5.四照花属Dendrobenthamia**

1. 青荚叶属 Helwingia Willd.

青荚叶(大叶通草)**H. japonica**(Thunb.)Dietr.，产于各山区。

落叶灌木，幼枝绿色或紫绿色。叶卵形或卵状椭圆形，宽1.5~9.0cm，先端渐尖或尾状尖，边缘有细锐锯齿，近基部有刺状齿，无毛。花雌雄异株，绿色；雌雄花序均生于叶面中脉上。浆果状核果球形，黑色。

2. 灯台树属 Bothrocaryum(Koehne)Pojark.

灯台树B. controversum(Hemsl.)Pojark.，产于各山区。

落叶乔木，枝条紫红色，无毛。叶互生，阔卵形或阔椭圆形，宽3.0~6.5cm，边缘全缘或微波状，上面无毛，下面密被白色“丁”字毛。伞房状聚伞花序顶生，花白色。核果球形，直径6.0~7.0mm，紫红色或蓝黑色。

3. 梾木属 Swida Opiz

1.花柱圆柱形而非棍棒形。

2.核果乳白色或浅蓝白色，核两侧压扁状，枝条暗红色（产于河南西部，城市有栽培）…………………………………………… **红瑞木S. alba** Opiz

2.果实黑色，核非两侧扁压。

3.叶下面有贴生短柔毛或"丁"字毛。

4.叶侧脉3~4(5)对，下面脉腋无毛；雄蕊不伸出花冠（产于河南南部）**光皮梾木S. wilsoniana**(Wanger.)Sojak.

4.叶侧脉5~7对，下面脉腋多少有簇生毛；雄蕊长于花冠；叶长在9.5cm以下。

5.老枝淡黄色；叶下面灰白；花药淡黄白色(产于太行山、伏牛山区) **沙梾S. bretschneideri**(H. Henry)Sojak.

变种：**细梗沙梾**var. **gracilis**(Wanger.)W. K. Hu，花序分枝疏散而甚为纤细，花梗较长，达7.0mm；花柱长达3.0mm（产于河南西部）。

5.老枝紫红色；叶下面灰绿色；花药浅蓝色（产于河南西部）…………………………………… **红椋子S. hemsieyi**(Schneid. et Wanger.)Sojak.

3.叶下面多少被卷曲毛。

6.萼齿三角形，等长于或稍短于花盘；花梗长0.3~2.0mm；雄蕊不伸出花外；叶上面散生短伏毛，下面被白色短伏毛，沿脉密被黄褐色卷曲毛（产于河南西部）…………………………………………………………………… **卷毛梾木S. ulotricha**(Schneid. et Wanger.)Sojak.

6.萼齿披针形，长于花盘；花梗长2.5~5.0mm ；雄蕊伸出花外；叶上面疏被卷曲毛，下面密被灰白色卷曲毛（产于卢氏、栾川、内乡）…………………… **灰叶梾木S. poliophylla**(Schneid. et Wanger.)Sojak.

1.花柱棍棒形。

7.叶下面密被粉白色乳头状突起，侧脉5~8对；萼齿稍长于花盘；叶长9.0~16cm、宽3.5~8.8cm（产于各山区）………………………………………………………………………………… **梾木S. macrophylla**(Wall.)Sojak.

7.叶下面不具乳头状突起，侧脉4（5）对；萼齿与花盘近等长；叶长

4.0~12cm、宽1.7~5.3cm（产于各山区）… **毛梾S. walteri**(Wanger.)Sojak.

4. 山茱萸属 Cornus L.

1.总花梗短，长约2.0mm；花萼裂片宽三角形；果实长12~17 mm；叶片下面脉腋具淡褐色丛毛(产于河南南部) ……… **山茱萸C. officinalis** Sieb. et Zucc.

1.总花梗较长，长5.0~12mm；花萼裂片三角状披针形；果实较小，长6.0~10mm；叶片下面脉腋密被灰色丛毛（产于河南西南部）……………………………………… **鄂山茱萸C. chinensis** Wanger.

5. 四照花属 Dendrobenthamia Hutch.

1.叶长椭圆形，下面密被"丁"字毛；花盘球状(产于大别山区) …………………………………………………………… **尖叶四照花D. angustitata**(Chun)Fang

1.叶卵状椭圆形，下面被白色柔毛；花盘垫状（产于各山区）……………………………………… **四照花D. japonica**(DC.)Fang var. **chinensis**(Osborn)Fang

一〇〇、鹿蹄草科 Pyrolaceae

1.绿色有叶植物；花药在花蕾中反折，后直立，顶孔开裂。

2.草本；叶基生或近基生或茎下部生，具长柄；总状花序；蒴果从基部开裂 ……………………………………………………… **1.鹿蹄草属Pyrola**

2.半灌木；叶茎生，具短柄；伞房或伞形花序，稀花单一；蒴果从顶端开展 …………………………………………………… **2.喜冬草属Chimaphila**

1.腐生肉质植物，无绿叶，有鳞片叶；花药在花蕾中直立，纵裂或横裂。

3.花单生茎顶或为总状花序，花白色。

4.子房表面有纵沟，4~5室，中轴胎座；蒴果 … **3.水晶兰属Monotropa**

4.子房表面平滑，1室，侧膜胎座；浆果 …… **4.假水晶兰属Cheilotheca**

3.花3~10朵成偏向一侧的总状花序，花白色、黄色或红色 …………………………………………………………………… **5.松下兰属Hypopitys**

1. 鹿蹄草属 Pyrola L.

1.叶心状宽卵形或肾状圆形，基部心形，下面带红紫色，边缘有疏圆齿（产于龙池曼）……………………………… **紫背鹿蹄草P. atropurpurea** Franch.

1.叶其他形状，基部不呈心形。

2.花冠紫红色；叶近圆形、圆卵形或卵状椭圆形（产于太行山区）…………………………………………………… **红花鹿蹄草P. incarnata** Fisch. ex DC.

2.花冠白色、绿色、黄绿色或黄色，有时带粉红色。

3.叶上面有明显的淡绿白色脉纹；叶片长圆形、倒卵状长圆形或匙形；花直径1.0~1.5cm（产于各山区）………**普通鹿蹄草P. decorata** H. Andr.

3.叶上面无淡绿白色脉纹，或不明显；叶片近圆形、广卵形至椭圆形。

4.萼片舌形；花柱长6~8（10）mm；苞片长舌形；花直径1.5~2.0cm（产于各山区）……………………………………………………… **鹿蹄草P. calliantha** H. Andr.(*P. rotundifolia* L. subsp. *chinensis* H. Andr.)

4.萼片披针状三角形；花柱长11~13mm；苞片线状披针形（产于太行山区）………………………… **日本鹿蹄草P. japonica** Klenze ex Alet.

2. 喜冬草属 Chimaphila Pursh

喜冬草C. japonica Miq.，产于太行山、伏牛山、桐柏山区。

常绿半灌木，高10~20cm；根状茎粗长。叶对生或3~4轮生，革质，长1.0~3.0cm，宽6.0~12mm，边缘有锯齿，下面苍白色；鳞状叶互生。花1(2)顶生，长7.0~8.0mm。蒴果扁圆球形，直径约5.0mm。

3. 水晶兰属 Monotropa L.

水晶兰M. uniflora L.，产于商城、黄柏山、白云山区。

多年生腐生肉质草本，无绿叶。茎生叶鳞片状，直立，互生，长圆形至宽披针形，宽4.0~4.5mm，全缘。花单一顶生，下垂，苞片和萼片均鳞状；花瓣5~6片，长12~16mm，内侧密生长粗毛，柱头膨大为漏斗状。蒴果椭圆状球形。

4. 假水晶兰属 Cheilotheca Hook.f.

毛花假水晶兰C. pubescens(K. F. Wu)Y. L. Chou，产于商城金刚台。

腐生草本，肉质，根系分枝密集为鸟巢状。茎高11~15cm，粗2.0~3.0mm。叶鳞片状，长圆形，宽4.0~5.0mm，全缘。花单一顶生，下垂，稍淡黄色；花冠筒长12~16mm，直径3.0~5.0mm；花丝有长柔毛；子房被粗毛，柱头盘状，周围密被长毛。

5. 松下兰属 Hypopitys Hill.

毛花松下兰H. monotropa Grantz. var. **hirsuta** Roth，产于大别山、鸡公山区。

多年生腐生肉质草本，根分枝极密。茎高7.0~20cm，白色至黄色，被灰白色糙毛。叶鳞片状，卵状长圆形至宽披针形，宽5.0~7.0mm。总状花序顶生；花3~10朵，俯垂，筒状钟形，长10~15mm，花各部均被灰白色糙毛；花冠淡黄色，基部囊状。蒴果直径5.0~7.0mm。

一〇一、杜鹃花科 Ericaceae

1.子房上位；蒴果，室间开裂 ························ **1.杜鹃花属Rhododendron**
1.子房下位；浆果 ··· **2.乌饭树属Vaccinium**

1. 杜鹃花属 Rhododendron L.

1.幼枝和叶柄密被腺头状刚毛；花冠7裂，长6.0~(10)cm；常绿（产于舞阳、确山、鲁山、嵩县）···
··· **耳叶杜鹃R. auriculatum** Hemsl.(*R. purdomii* Rehd. et Wils. var. *villosum* L. H. Wu)
1.幼枝和叶柄无腺头状刚毛。
2.幼枝和叶具鳞片或鳞腺。
3.花冠钟状，白色，长6.0~8.0mm；花丝无毛；叶基部楔形（产于各山区）·· **照山白R. micranthum** Turcz.
3.花冠漏斗状，淡紫色，长约3.5cm。花丝下部被短毛；叶基部圆形（产于伏牛山区）································ **秀雅杜鹃R. concinuum** Hemsl.

2.幼枝和叶不具鳞片和腺鳞。

4.叶常绿，革质。

5.花冠长4.5~5.0cm，7裂，粉红色；幼枝、花柄、花萼和花柱均有腺体；雄蕊14枚（栽培）……………………… **云锦杜鹃R. fortunei** Lindl.

5.花冠长不超过4.0cm，5裂；幼枝、花柄、花萼和花柱均无腺体；雄蕊10枚。

6.花冠内面基部具5个深色蜜腺槽；花萼无毛；叶下面沿中脉及其附近散生毛；子房密被黄褐色长硬毛（产于伏牛山区）………………………………… **毛房杜鹃R. praeteritum** Hutch. var. **hirsutum** W. K. Hu

6.花冠白色或近白色（具紫色或紫红色斑点），无蜜腺槽；花萼具毛；叶无毛。

7.叶宽3.0~5.0cm，基部圆至浅心形，侧脉14~18对，叶柄长15~25mm；花序轴长15~20mm；花梗长约20mm，有分枝硬毛；子房密被硬毛（产于伏牛山区）…… **河南杜鹃R. henanense** Fang

亚种：**灵宝杜鹃**subsp. **lingboense** Fang，叶薄革质；花较小，长约2.5cm。

7.叶宽2.5~3.5cm，基部楔形，侧脉10~12对，网脉明显，叶柄长10~15mm；花序轴长约10mm；花梗长10~15mm，密被灰白色柔毛；子房疏生短柔毛（记载产于伏牛山区，未见标本）………………………………………… **太白杜鹃R. purdomii** Rehd. et Wils.

4.叶脱落，纸质（锦绣杜鹃为半常绿）。

8.花黄色，雄蕊5枚；花出自顶芽，叶出自侧芽（产于大别山、桐柏山及伏牛山区南部）…………………………… **羊踯躅R. molle**(Bl.)G. Don.

8.花蔷薇色、红色或淡紫色，雄蕊8~10枚；花、叶出自同一顶芽。

9.幼枝被淡黄棕色柔毛，叶柄及叶片近无毛；叶基钝或近圆形；花丝扁平无毛（产于伏牛山、桐柏山、大别山区）………………………………………………………… **满山红R. mariesii** Hemsl. et Wils.

9.幼枝、叶柄及叶两面均密被亮棕色或褐色扁平的糙伏毛；叶基楔至宽楔形；花丝线形，中部以下生微柔毛。

10.芽鳞无黏性；雄蕊与花冠近等长；花萼裂片长约5.0mm；花冠长3.5~4.0cm（产于伏牛山、桐柏山、大别山区）………………

…………………………………………………… **杜鹃花R. simsii** Planch.

10.芽鳞无黏性；雄蕊短于花冠；萼裂片长约12mm；花冠长4.8~5.2cm；半常绿；栽培 ………………………………… **锦绣杜鹃R. pulchrum** Sweet

2. 乌饭树属 Vaccinium L.

1.总状花序具披针形早落的苞片（产于大别山区）……………………………… ……………………………**米饭花V. mandarinorum** Diels(*V. sprengelii* Sheumer)

1.总状花序具宿存的苞片，苞片大，叶状，长5.0~10mm（产于大别山区、嵩山）……………………………………… **南烛**（**乌饭树**）**V. bracteatum** Thunb.

一〇二、紫金牛科 Myrsinaceae

1.花两性，花冠裂片右向旋转状排列，柱头不为舌状 …… **1.紫金牛属Ardisia**

1.花单性，花冠裂片覆瓦状或镊合状排列，柱头舌状 ……… **2.铁仔属Myrsine**

1. 紫金牛属 Ardisia Sw.

1.叶对生或轮生，边缘有锯齿，齿缝间及齿尖无边缘腺点（产于大别山、鸡公山区）……………………………………… **紫金牛A. japonica**(Hornsted.)Bl.

1.叶互生，全缘或有波状齿，齿缝间或齿尖有边缘腺点（产于大别山、桐柏山区）…………………………………………………… **朱砂根A. crenata** Sims

2. 铁仔属 Myrsine L.

铁仔M. africana L.，产于大别山区，淅川。

灌木，多分枝，小枝被锈色短柔毛。叶椭圆状卵形、倒卵形或披针形，宽3.0~13mm，中上部边缘生刺状齿，近缘有腺点，无毛。花簇生叶腋。浆果直径3.0~5.0mm，黑紫色。

一〇三、报春花科 Primulaceae

1.花冠裂片在花蕾中旋转状排列或无花冠。

2.植物不具球状块茎。

3.花冠显著；花萼绿色；叶非肉质；花5基数 … **1.珍珠菜属Lysimachia**

3.无花冠；花萼常呈红色，叶小，对生，肉质 …………**2.海乳草属Glaux**

2.植物具球状块茎，花冠裂片剧烈反卷 ……………… **3.仙客来属Cyclamen**

1.花冠裂片在花蕾中覆瓦状排列。

4.雄蕊着生于花冠筒的基部；花药顶端尖锐 …………… **4.假报春属Cortusa**

4.雄蕊着生于花冠筒的中下部至中上部；花药先端钝；蒴果瓣裂；叶全部基生。

5.花冠筒短于花萼或与花萼近等长，因筒口收缩而常呈坛状；花单型 ……………………………………………………………… **5.点地梅属Androsace**

5.花冠筒通常明显长于花萼；花通常具长花柱和短花柱两型 ……………………………………………………………………… **6.报春花属Primula**

1. 珍珠菜属 Lysimachia L.

1.花黄色，花丝下半部合生。

2.花丝短，长不超过花药的一半；花药顶孔开裂；花单生叶腋；茎草质，有翅（产于河南南部）……………………… **细梗香草L. capillipes** Hemsl.

2.花丝比花药长，花药纵裂；植物体有时具有色腺条。

3.单花腋生，或花在茎端排成疏松的总状花序。

4.茎直立或斜升，花在茎端排为疏松的总状花序。

5.植物体无腺点或仅具透明腺点；茎下部有1~2对近圆形或菱状卵形的小叶(产于河南南部） …… **疏头过路黄L. pseudohenryi** Pamp.

5.植株具有色腺点或腺条；花单生于茎上部叶腋；茎高15~35cm（产于河南南部）……………………… **金瓜儿L. grammica** Hance

4.茎匍匐，花单生叶腋。

6.植株具紫色或黑色腺点，稀为透明腺点；茎长，蔓延，先端鞭状伸长（产于河南南部）……… **点腺过路黄L. hemsleyana** Maxim.

6.植株有紫色或黑色腺条；萼片背面扁平，无毛或连同边缘均被毛；花梗比叶短或近等长；茎先端不呈鞭状（产于河南南部）……………………………………………… **过路黄L. christinae** Hance

3.花在茎端密集为近头状或伞形花序。

7.植株不具有色腺，仅叶轮生种类有时具稀疏的棕色腺条。

8.叶对生，茎端2对常密接，但非轮生；花序近头状；茎直立 ………………………………………………… **疏头过路黄L. pseudohenryi** Pamp.

8.叶轮生，伞形花序；全株密被铁锈色柔毛（产于桐柏山、大别山区）………………………………… **轮叶过路黄L. klattiana** Hance

7.植株具有色腺点或腺条，花集生茎端或枝端成近头状花序；茎下部匍匐；叶卵形至椭圆形（产于桐柏、大别山区）……………………………………………………………………**临时救L. congestiflora** Hemsl.

1.花白色、淡红色或淡紫色；花丝分离。

9.花萼下部合生部分超过全长的1/3或达1/2；花冠筒极短，近离瓣；茎多分枝；叶互生，狭披针形至线形（产于各山区）……………………………………………………………………**狭叶珍珠菜L. pentapetala** Bge.

9.花萼分裂近至基部；花冠合生部分较长。

10.花柱粗短，内藏，通常长仅达花冠裂片的中部，果时比成熟蒴果短或与之近等长。

11.叶互生，极少近对生，有柄；花药顶端无红色腺体。

12.花序粗壮，花密集；花冠长5.0~9.0mm，裂片长圆形或近线形；花丝长2.0~4.0mm。

13.花冠长5.0~6.0mm；叶阔披针形或长椭圆形，有黑色腺点（产于各地）…………**矮桃**（珍珠菜）**L. clethroides** Duby

13.花冠长7.0~9.0mm；叶狭长圆形、倒披针形或近线形，无黑色腺点（产于各地）…**虎尾草**（狼尾花）**L. barystachys** Bge.

12.花序细瘦，花稍疏；花冠长3.0~5.0mm，裂片卵形；花丝长1.0~1.5mm；叶和花冠散生黑色腺点。

14.根状茎横走，红褐色；茎单一，很少分枝，稍光滑；叶长圆状披针形（产于河南南部）…………………………………………………… **红根草**（星宿菜）**L. fortunei** Maxim.

14.无横走根状茎；茎多分枝，被柔毛；叶狭披针形或线状披针形（产于河南南部、荥阳）…………………………………………………… **长穗珍珠菜L. chikungensis** Bail.

11.叶对生，仅在茎上部偶有互生，无柄，基部耳状抱茎；花药顶端有红色粗腺体或胼胝状尖头。

15.花冠裂片长圆形，先端钝或稍锐尖；花药长达1.5mm，顶端有红色粗腺体（产于河南南部）…………**耳叶珍珠菜L. auriculata** Hemsl.

15.花冠裂片近圆形或略呈扇形，先端齿蚀状；花药长不及1.0mm，顶端具胼胝状小尖头（产于河南南部）……………………………………………………………………………**繸瓣珍珠菜L. glanduliflora** Hanelt.

10.花柱伸出花冠外或达到近同等高度，果时长于成熟蒴果。

16.花药线形，长1.0~1.5mm，先端常反曲，顶端有红色腺体或增厚成胼胝体状；叶对生。

17.叶无柄，基部抱茎，两面密布黑色腺点；花序下方的苞片几与叶同形；花药顶端增厚成胼胝体状（产于大别山、桐柏山区）……………………………………………**黑腺珍珠菜L. heterogenea** Klatt.

17.叶无柄或具0.5~10mm的短柄，近边缘具紫色或褐色腺点或短腺条；苞片钻形；花药顶端有红色粗腺体；花冠长6.0~8.0mm（产于河南南部）……………………**腺药珍珠菜L. stenosepala** Hemsl.

16.花药椭圆形或卵圆形，先端无腺体，叶互生。

18.茎单条或数条簇生，至少中央主茎直立，分枝不伸长成鞭状；总状花序幼时阔圆锥形，花极密，后渐伸长；花柱长约5.0mm，与雄蕊等长（产于河南南部）…………………**泽珍珠菜L. candida** Lindl.

18.茎簇生，柔弱，多少匍匐，通常多分枝；枝纤细，伸长成鞭状；总状花序狭，花稀疏或极稀疏；花柱长约7.0mm，长于雄蕊（产于商城）……**小叶珍珠菜L. parvifolia** Franch. ex Hemsl.

2. 海乳草属 Glaux L.

海乳草G. maritima L.，产于黄河滩地。

全株无毛，高达25cm，茎下部匍匐状。叶近无柄，对生，肉质，线形、狭长圆形或近匙形，宽1.5~3.5mm，全缘。花单生叶腋，花萼钟形，白色或粉红色，无花冠。蒴果长2.5~3.0mm。

3. 仙客来属 Cyclamen L.

仙客来C. persicum Mill.，庭院栽培观赏。

块茎扁球形，直径4.0~5.0cm。叶心状圆卵形，直径3.0~14cm，边缘细圆齿。花莛高15~20cm。花冠白或玫瑰红色，喉部深紫色，裂片长圆状披针形，反折。

4. 假报春属 Cortusa L.

河北假报春C. matthioli L. subsp. **pekinensis**(All. Richt.)Kitag.，产于济源、渑池、灵宝。

根状茎纤细。叶基生，近圆形，直径5.0~9.0cm，羽状分裂，裂片具不整齐深锯齿，两面被毛。花莛1~3枚，伞形花序，花紫红色。蒴果卵球形。

5. 点地梅属 Androsace L.

1.叶圆形或肾形，基部心形；叶柄长1.0~4.0cm。

2.植株具细长丝状纤匐枝；叶5~7(9)枚中裂或分裂稍超中部，裂片先端具钝齿，叶基部的心形弯缺深达叶片的1/3~1/2；花冠裂片先端2浅裂（产于西峡）……………………………………细蔓点地梅**A. cuscutiformis** Franch.

2.植物无纤匐枝；叶不分裂，边缘具三角状齿；叶基浅心形；花冠裂片全缘（产于各地）……………………………点地梅**A. umbellata**(Lour.)Merr.

1.叶倒卵形、椭圆形或倒披针形，基部渐狭，无明显的叶柄；植株被柔毛或腺毛；苞片大，5.0~7.0mm（产于灵宝）………大苞点地梅**A. maxima** L.

6. 报春花属 Primula L.

1.蒴果球形，果皮近膜质，成熟后不规则脆裂为碎片；花冠裂片先端凹缺。

2.苞片三角形至卵状三角形；伞形花序5至多朵花；花莛粗壮；植株无粉，或在鳞片腹面、叶下面、花梗及花萼具淡黄色粉（产于淅川）…………………………………………………………宝兴报春**P. moupinensis** France

2.苞片自稍宽的基部渐狭为线形；伞形花序1~3朵花；花莛纤细；植株完全无粉（产于伏牛山区）……………齿萼报春**P. odontocalyx**(Framcj.)Pax.

1.蒴果长圆柱形，先端缺齿开裂。

3.花冠裂片先端圆钝，全缘。

4.叶丛基部的鳞片和具阔翅的叶柄包叠成假茎状；花冠蓝紫色至白色，花冠裂片开展不反折；花期叶下面密被白粉，叶缘外卷，有小钝齿或近全缘（产于灵宝）…………………………… **紫罗兰报春P. purdomii** Craib

4.叶丛基部无鳞片，叶柄散开；花冠黄色，裂片宽3.5~4.0mm；花萼分裂达中部或稍超过（产于伏牛山区）…………………………………………………………………………… **陕西报春P. handeliana** W. W. Smith et Forrest

3.花冠裂片先端深凹陷；伞形花序1(2)轮；花冠紫色或淡紫色；花莛近顶端、花梗及花萼外具粉质小腺体；叶无粉，宽0.5~1.5cm（产于太行山区）……………………………………………… **散布报春P. conspersa** Balf. f. et Purdom

一〇四、白花丹科 Plumbaginaceae

1.叶互生；花序通常呈头状，由2至多朵小花组成；花柱1个 ……………………………………………………………………………… **1.蓝雪花属Ceratostigma**

1.叶基生，呈莲座状；花序伞房状或圆锥状；花柱5个，分离 ……………………………………………………………………………… **2.补血草属Limonium**

1. 蓝雪花属 Ceratostigma Bge.

蓝雪花C. plumbaginoides Bge.，产于伏牛山、太行山、鸡公山。

半灌木，高达80cm，新枝带红色，有棱槽。叶倒卵形，宽1.2~4.5cm，先端钝或急尖，基部楔形，边缘有刺毛状缘毛。聚伞花序头状；花基部苞片红色；花冠高脚碟状，长17~23mm，深蓝色。

2. 补血草属 Limonium Mill.

二色补血草L. bicolor(Bge.)Kuntze，产于太行山至伏牛山北部。

多年生；茎高达50cm，无毛。叶基生，匙形或倒卵状匙形，宽1.0~2.5cm，先端钝。圆锥花序有不育小枝，花苞片紫红色；花萼漏斗状，长6.0~8.0mm，5裂，白色；花冠黄色。

一〇五、柿科 Ebenaceae

柿属 Diospyros L.

1.枝端有时成棘刺；叶椭圆形、倒卵形至长圆形，长1.5~6.0cm，宽1.5~3.0 cm，半常绿；果近球形，直径约2.0cm，有伏硬毛，果柄长10~12mm（郑州有栽培） ……………… **瓶兰花D. armata** Hemsl.

1.枝条无刺；叶较宽大，长6.0cm以上，宽超过3.5 cm，秋季脱落。

2.小枝明显被毛；果大，直径3.5~7.0cm，橙黄色至淡红色，果梗长6.0mm以上（各地栽培或逸生） ……………………………… **柿D. kaki** Thunb.

变种：**野柿**var. **silvestris** Makino小枝及叶柄常密被黄色、褐色柔毛，叶较小，叶片下面毛较多；果亦较小，直径2.0~5.0cm（产于伏牛山、大别山区）。

2.小枝无毛；果小，直径约1.5cm，暗褐色或带黄色，果无梗或近无梗（各地野生或栽培） ……………………………**君迁子**（软枣）**D. lotus** L.

变型：**长叶君迁子**f. **longifolia** Z. Y. Zhang，叶窄椭圆形或窄长圆形，长16~18cm，宽6.0~7.5cm（产于卢氏）。

一〇六、山矾科 Symplocaceae

山矾属 Symplocos Jacq.

1.常绿乔木；总状花序；子房3室；嫩枝褐色；叶先端常尾状渐尖（产于商城、新县） ………………………… **山矾S. sumuntia** Buch.-Ham. ex D. Don

1.落叶灌木或小乔木；圆锥花序；子房2室。

2.嫩枝、叶背及花序密被皱曲柔毛；圆锥花序狭长，上部花几无梗，下部花有短梗；核果被紧贴柔毛（产于河南南部） ……………………………………………………………………………… **华山矾S. chinensis**(Lour.)Druce

2.嫩枝、叶背及花序被疏柔毛或无毛，圆锥花序散开，花全部具梗；核果无毛（产于各地区及丘陵地） …………… **白檀S. paniculata**(Thunb.)Miq.

一〇七、安息香科 Styracaceae

1.子房上位；果通常作3瓣不规则开裂 ······················ **1.野茉莉属Styrax**
1.子房高度半下位；果木质，不开裂 ······················ **2.秤锤树属Sinojackia**

1. 野茉莉属 Styrax L.

1.叶下面密被星状茸毛。
　2.叶柄长1.0~3.0mm，冬芽裸露（产于鸡公山、商城）······················ ······················ **灰叶安息香S. calvescens** Perk.
　2.叶柄长10~15mm；小枝基部2叶近对生；花序梗及花序轴近无毛；叶柄基部呈鞘状包裹冬芽（产于各山区）········ **玉铃花S. obassia** Sieb. et Zucc.
1.叶下面近无毛或被稀疏星状毛。
　3.小枝基部2叶近对生；花序梗、花梗有星状茸毛；花梗长2.0~4.0mm，叶柄长7~15mm（产于伏牛山区）··············· **老鸹铃S. hemsleyanus** Diels
　3.叶全互生。
　　4.花梗长25~35mm；花序梗及花梗无毛（产于黄河以南）················ ······················ ···**野茉莉S. japonicus** Sieb. et Zucc.
　　变种：**毛萼野茉莉**var. **calycothrix** Gilg，花萼和花梗疏被星状柔毛。
　　4.花梗长不及20mm；花序梗及花梗被星状茸毛。
　　　5.花梗长15~18mm；种子具鳞片状毛；叶柄长5.0~10mm（产于大别山区）······························**芬芳安息香S. odoratissimus** Champ.
　　　5.花梗长不超过15mm；种子表面无鳞片状毛。
　　　　6.灌木；总状花序有3~5朵花，下部常有单花腋生；叶纸质，叶柄长1.0~3.0mm（产于新县）······················ **白花龙S. faberi** Perk.
　　　　6.乔木；总状花序或圆锥花序具多数花，下部常2至多朵花聚生叶腋；叶革质或近革质。
　　　　　7.总状花序；花长13~22mm；果直径8.0~15mm，叶柄长1.0~3.0mm（产于商城）············ **赛山梅S. confusus** Hemsl.
　　　　　7.圆锥花序；花长9.0~13mm；果直径5.0~7.0mm；叶柄长3.0~7.0mm（产于河南南部）········ **垂珠花S. dasyanthus** Perk.

2. 秤锤树属 Sinojackia Hu

秤锤树S. xylocarpa Hu，产于新县、商城。

乔木；小枝红褐色，幼时被星状毛。叶椭圆形或椭圆状倒卵形，宽2.0~4.0cm，边缘具细锯点，无毛或仅中脉疏生星状毛。聚伞花序，花3~5朵，白色。果实木质，卵形，连喙长2.0~2.5cm，红褐色。

一〇八、木樨科 Oleaceae

1.果实为翅果或蒴果。

2.翅果。

3.翅生于果四周；单叶 ……………………………… **1.雪柳属Fontanesia**

3.翅生于果顶端；奇数羽状复叶 ………………………… **2.梣属Fraxinus**

2.蒴果；种子有翅。

4.花黄色，花冠裂片明显长于冠筒；枝中空或具片状髓 ………………………………………………………………………… **3.连翘属Forsythia**

4.花紫色、红色、粉红色或白色；花冠裂片明显短于冠筒或近等长；枝实心 ………………………………………………………… **4.丁香属Syringa**

1.果实为核果、浆果或浆果状核果。

5.核果；花簇生叶腋或腋生圆锥花序。

6.叶常绿。

7.花簇生；花冠裂片覆瓦状排列 ………………… **5.木樨属Osmanthus**

7.短圆锥花序或总状花序；花冠裂片镊合状排列 …… **7.木樨榄属Olea**

6.落叶性；圆锥花序；花大，花冠裂片长10~25mm ………………………………………………………………… **6.流苏树属Chionanthus**

5.浆果或浆果状核果；花序多顶生。

8.单叶；花小，花冠漏斗状，檐部4裂；果单生 …… **8.女贞属Ligustrum**

8.单叶、三出复叶或羽状复叶；花大，花冠高脚碟状，檐部4~9裂；果常双生或其中一个不育而为单生 ……………………… **9.素馨属Jasminum**

1. 雪柳属 Fontanesia Labill

雪柳F. fortunei Carr.，产于各地区。

落叶灌木，高达5.0m，小枝四棱形。叶披针形或卵状披针形，宽1.0~3.0cm，全缘无毛，叶柄长1.0~3.0mm。总状花序或圆锥花序，花白色或淡红色；花冠4裂；雄蕊2枚，外露。种子长约7.0mm，周围有翅。

2. 梣属 Fraxinus L.

1.花序顶生枝端或出自当年生枝的叶腋；叶后开花，或花、叶同时开放。

2.花具花冠，先叶开放。

3.小叶明显具柄，柄长（5）8.0~15mm。

4.花序具苞片，常于花期宿存；小叶全缘（郑州、桐柏栽培）……………………………………………………… **光蜡树F. griffithii** C. B. Clarke

4.苞片早落或缺如；小叶边缘具锯齿。

5.小叶（3）5~7枚，披针形，边缘具整齐锯齿，两面光滑无毛；花萼大，萼齿平截（产于伏牛山、桐柏山、大别山）……………………… **齿缘苦枥木F. insularis** Hemsl. var. **henryana**(Oliv.)Z. Wei

5.小叶3~5（7）枚，卵状披针形或椭圆形，边缘有不整齐粗锯齿，下面沿中脉被稀疏曲柔毛；花萼小，萼齿尖三角形（产于伏牛山区）…………………………… **疏花梣F. depauperata**(Lingelsh.)Z. Wei

3.小叶无柄或近无柄，除小叶梣外，通常不超过5.0mm。

6.小叶长2.0~5.0cm，阔卵形、菱形至卵状披针形，先端尾尖（产于河南北部）………………………………………… **小叶梣F. bungeana** DC.

6.小叶长(2.5)3.0~8.0cm，先端锐尖至渐尖。

7.花黄绿色；小叶边缘具锯齿，下面散生细小腺点（产于河南南部）……………………………… **尖萼梣F. odontocalyx** Hand.-Mazz.

7.花淡黄色；小叶边缘具细锯齿，下面无腺点（产于伏牛山区）…………………………………………………… **宿柱梣F. stylosa** Lingelsh.

2.花无花冠；与叶同时开放。

8.小枝、叶轴被毛，小叶下面常在中脉基部被白色柔毛（产于各山区）……………………………………………………… **尖叶梣F. szaboana** Lingelsh.

8.小枝、叶轴和小叶下面常无毛，或有时在脉腋内或中脉基部被毛。

9.小叶阔卵形、倒卵形或卵状披针形，上面有时沿脉疏被柔毛；花萼杯状，开展（产于卢氏、淅川、桐柏、新县）…………………………………………………………… **花曲柳**（大叶白蜡树）**F. rhynchophylla** Hance

9.小叶卵形至披针形或倒卵状披针形，上面无毛。

10.小叶先端锐尖至渐尖；花萼筒状，紧贴坚果基部；各地栽培 ……………………………………………………… **白蜡树F. chinensis** Roxb.

10.小叶先端长渐尖至尾尖；花萼杯状，与坚果基部疏离 ……………………………………………………… **尖叶梣F. szaboana** Lingelsh.

1.花序侧生于去年生枝上，花序下无叶，先花后叶或花、叶同时开放。

11.小叶较小，长1.7~5.0cm，宽6.0~18mm，边缘具锐锯齿；花序缩短，花密集簇生；栽培 …………………… **湖北梣F. hupehensis** Chu, shang et Su

11.小叶较大，长（3.0）4.0~13（20）cm，宽（1.0）2.0~8.0cm；花序长或短，花疏离。

12.具花萼；翅果不扭曲。

13.叶柄基部不作囊状膨大；圆锥花序扩展；果翅仅延至坚果中部以上（各地栽培） ……………… **美国红梣F. pennsylvanica** Marsh.

13.叶柄基部呈囊状膨大，耳状抱茎；聚伞圆锥花序；果翅延至坚果基部（产于伏牛山区） ……………… **象蜡树F. platypoda** Oliv.

12.无花萼；果翅延至坚果基部，翅果明显扭曲；小枝近四棱形（产于伏牛山区) …………………………… **水曲柳F. mandschurica** Rupr.

3. 连翘属 Forsythia Vahl

1.节间中空；花萼裂片长（5.0）6.0~7.0mm；果梗长0.7~2.0cm。

2.单叶或三裂至三出复叶。叶缘具锯齿，叶无毛（各山区野生，亦栽培观赏）……………………………………………… **连翘F. suspensa**(Thunb.)Vahl

变型：**毛连翘**f. **pubescens** Rehd.，幼枝、叶柄及叶片两面均被短柔毛（产于伏牛山）。

2.全为单叶，全缘（产于卢氏）…………… **奇异连翘F. mira** M. C. Chang

1.节间具片状髓；花萼裂片长不及5.0mm；果梗长在7.0mm以下。

3.叶缘具锯齿，叶两面无毛（产于各山区，城镇有栽培）……………………………………………………………………………金钟花**F. viridissima** Lindl.

3.全缘或疏生小锯齿；叶两面被毛或无毛（产于河南西部，嵩县、西峡）…………………………………………………………………………秦连翘**F. giraldiana** Lingelsh.

4. 丁香属 Syringa L.

1.花冠紫色、红色、粉红色或白色，花冠管远比萼长；花药全部或部分藏于花冠管内。

2.花序由顶芽抽出，基部常有叶；花冠管近圆柱形（产于太行山区）……………………………………………………………………………红丁香**S. villosa** Vahl

2.花序由侧芽抽出，基部常无叶，稀由顶芽抽出。

3.叶背至少沿中脉被毛；花直径约6.0mm；果较狭，长卵形、长椭圆形至披针形。

4.花药位于距花冠管喉部0~1.0mm处；小枝、花序轴及花梗上的毛较长而密；花萼无毛；叶先端不歪斜（产于伏牛山区）………………**光萼巧玲花S. pubescens** subsp. **julianae**(Schneid.)M. C. Chang et X. L. Chen

4.花药位于距花冠管喉部1.0~3.0mm处。

5.叶片下方2对侧脉不汇合。

6.花序轴、花梗及花萼被微柔毛；花序轴近圆柱形（产于太行山、伏牛山区）………………………………………… **小叶巧玲花S. pubescens** subsp. **microphylla**(Diels)M. C. Chang et X. L. Chen

6.花序轴、花梗及花萼无毛；花序轴近四棱形（产于太行山、伏牛山区）…………………………………巧玲花**S. pubescens** Turcz.

5.叶片下方2对侧脉汇合；花蓝紫色（栽培观赏）…………………………………………………………………蓝丁香**S. meyeri** Schneid.

3.叶背无毛，若有毛则叶基为宽楔形至截形或近心形；花直径1.0~1.5cm；果较宽，倒卵状椭圆形、卵形至椭圆形。

7.叶基心形、截形、近圆形至宽楔形，叶片长卵形至卵圆形或肾形，全缘。

8.叶片卵圆形至肾形，通常宽大于长；小枝、花序轴、花梗、苞片、花萼、幼叶两面及叶柄均密被腺毛；花药在花冠筒中部以上（产于各地）……………………………………………**紫丁香S. oblata** Lindl.

变种1：**白丁香**var. **alba** Hort.ex Rehd.(*S.oblata* var. *affinis* Lingelsh.)，花白色（栽培）。

变种2：**毛紫丁香**var. **giraldii**(Lemoine)Rehd.，小枝、叶、花序和花梗除具腺毛外，被柔毛或无毛（产于太行山、伏牛山区）。

8.叶片卵形、宽卵形或长卵形，通常长大于或等于宽；小枝、叶柄、叶两面、花序轴、花梗及萼片无毛，或具腺毛，老时脱落。花药在花冠筒中部以下（栽培观赏）………………………… **欧丁香S. vulgaris** L.

7.叶基楔形；叶片全缘，稀具1~2对小裂片，或3~9羽状深裂至全裂。

9.叶片披针形至卵状披针形，全缘，稀具1~2对小裂片（栽培）………………………………………………………… **花叶丁香S. × persica** L.

9.叶片形状种种，常3~9羽状深裂至全裂，兼有全缘；果略带四棱形（栽培，见丁滑县）…**华丁香S. protolaciniata** P. C. Green et M. C. Chang

1.花冠白色；花冠管几与花萼等长或略长；花丝伸出花冠管外。

10.叶片厚纸质，先端常突尖，基部截形、圆形或近心形，下面侧脉隆起、网状；雄蕊长几为花冠裂片的2.0倍（产于太行山区）…………………………………… **暴马丁香S. reticulata**(Bl.)Hara var. **amurensis**(Rupr.)Pringle

10.叶片纸质，先端渐尖，基部阔楔形，叶脉在下面不明显；雄蕊约等长于花冠裂片（产于太行山区）……………… **北京丁香S. pekinensis** Rupr.

5. 木樨属 Osmanthus Lour.

1.叶异型，边缘每边有1~4枚长而坚硬的刺状牙齿，兼有全缘叶；小枝、叶柄和叶片上面中脉基部有短柔毛…… **柊树O. heterophyllus**(G. Don)P. S. Green

1.叶同型，边缘全缘或具锯齿；小枝、叶柄和叶片两面均无毛（栽培于各地）………………………………… **木樨**（桂花）**O. fragrans**(Thunb.)Lour.

变种1：**金桂**var. **thunbergii** Makino，花金黄色。

变种2：**丹桂**var. **aurantiacus** Makino，花橙红色或橙黄色。

变种3：**银桂**var. **latifolius** Makino，花白色或近白色。

变种4：**四季桂**var. **semperflorens** Hort.，花期长，春、夏、秋陆续开花。

6. 流苏树属 Chionanthus L.

流苏树C. retusus Lindl. et Paxt.，产于各山区。

落叶灌木或乔木。叶对生，长圆形、椭圆形、卵形或倒卵形，宽2.5~6.0cm。先端圆钝，微凹，全缘（幼树叶有细锯齿）；叶柄长1.0~2.5cm。圆锥花序；花白色，花冠裂片条状倒披针形或条形，长10~20mm，宽1.5~3.0mm。核果长10~15mm，蓝黑色。

7. 木樨榄属 Olea L.

油橄榄O. europaea L.栽培。

常绿小乔木，小枝四角形。叶对生，披针形至长圆形，长2.0~5.0cm，下面密被银色皮屑状鳞毛，全缘，中脉两面隆起。短圆锥花序腋生；花冠白色，长约4.0mm，4裂。核果椭圆状至近球形，长18~25mm。

8. 女贞属 Ligustrum L.

1.花冠管与裂片近等长。

2.叶常绿，革质，叶片宽大，长5.0cm以上，宽（2.5）3.0cm以上，先端多渐尖；植株无毛。

3.果不弯曲，长圆形或椭圆形；花冠管长约为花萼的2.0倍（栽培）……
…………………………………………… **日本女贞L. japonicum** Thunb.

变种：**圆叶日本女贞**var. **rotundifolium** Bl.，叶较小，近圆卵形，或卵状椭圆形，长3.0~5.0cm，先端钝叶面微凹，光亮，边缘向下卷曲。

3.果多少弯曲，肾形或近肾形；花冠管略长于花萼 … **女贞L. lucidum** Ait.

变型：**落叶女贞**f. **latifolium**(Cheng)Hsu，叶片纸质，椭圆形、长卵形至披针形，侧脉7~11对，近直伸，相互平行（产于商城）。

2.落叶或半常绿，叶质较薄，叶片较小，长1.0~6.0cm，宽3.0（3.5）cm以下，先端多钝而凹，或急尖，稀短渐尖；小枝幼时被毛。

4.叶背沿中脉被向上弯曲的短硬毛；具花梗（各地栽培）………………
……………………………………………………… **小蜡L. sinense** Lour.

4.叶两面无毛，花无梗（产于桐柏山、大别山及伏牛山区南部）………
………………………………………………… **小叶女贞L. quihoui** Carr.

1.花冠管长约为裂片的2.0倍或更长。
5.落叶灌木；花冠筒长为裂片的3.0倍，叶片两面多少被毛，下面中脉常被明显平展毛（产于河南南部）………………… **蜡子树L. molliculum** Hance (*L. acutissimum* koehne；*L. acutissimum* var. *glabrum* Z.Y. Zhang)
5.常绿灌木；花冠筒长为裂片的2.0倍；叶无毛（产于伏牛山区）…………………………………………………………………… **兴山蜡树L. henryi** Hemsl.

9. 素馨属 Jasminum L.

1.三出复叶或羽状复叶。
2.叶互生，小叶3~5（7）枚。
3.小枝无毛；叶片两面无毛，稀沿中脉被微柔毛。花萼无毛（产于河南西部）…………………………………………… **探春花J. floridum** Bge.
3.小枝常被短柔毛；叶片上面光滑或疏被短柔毛，下面被白色长柔毛；花萼疏被短柔毛（产于伏牛山区）………………………………………………………… **黄素馨J. floridum** subsp. **giraldii**(Diels)Miao
2.叶对生，三出复叶。
4.落叶灌木；花冠檐部短于筒部，宽1.8~2.5cm；小叶长1.0~2.5cm（产于河南南部）…………………………………… **迎春花J. nudiflorum** Lindl.
4.常绿灌木；花冠檐部长于筒部，宽3.5~5.0cm；小叶长2.5~7.0cm（各地栽培）……………………………………… **云南黄素馨J. mesnyi** Hance
1.单叶；花萼裂片锥状线形；花序被毛，常具3花；花冠管长7.0~15mm，直径2.0~3.0mm，花冠裂片宽5.0~9.0mm（栽培）… **茉莉花J. sambac**(L.)Ait.

一〇九、马钱科 Loganiaceae

1.常绿木质藤本；花冠近辐状，4~5裂，浆果 ………… **1.蓬莱葛属Gardneria**
1.灌木或亚灌木状草本；花冠筒状或漏斗状，4裂；蒴果 ………………………………………………………………………… **2.醉鱼草属Buddleja**

1. 蓬莱葛属 Gardneria Wall.

1.叶通常卵形或椭圆形；宽2.0~5.0cm，花多朵组成2~3歧聚伞花序，总花梗长1.5~2.0cm，花黄色（产于大别山、桐柏山至伏牛山区南部）…………………………………………………………………… **蓬莱葛G. multiflora** Makino

1.叶长圆形、披针形或线状披针形；宽1.0~2.5cm；花1~2（3）朵生于叶腋内；总花梗长7.0~10mm，花白色；花冠内面被短柔毛（产于淅川、内乡、大别山）……………………………………… **狭叶蓬莱葛G. angustifolia** Wall.

2. 醉鱼草属 Buddleja L.

1.叶在长枝上互生或兼对生，短枝上簇生；叶片常全缘或有波状齿；子房无毛（产于太行山、伏牛山）……………… **互叶醉鱼草B. alternifolia** Maxim.

1.叶对生。

2.花冠管直立；种子两端具翅；叶下面密被灰白色或淡黄色星状茸毛。

3.叶片全缘，稀有疏齿；雄蕊着生于花冠管中部；子房中部以上具星状茸毛；果有星状毛（各地丘陵、山区常见）……………………………………………………………………… **密蒙花B. officinalis** Maxim.

3.叶缘具明显锯齿；子房光滑无毛。

4.雄蕊着生于花冠管喉部或近喉部；枝条圆柱形或近圆柱形，叶柄间有托叶连线（产于伏牛山）……………………………………………… **巴东醉鱼草B. albiflora** Hemsl.(*B. giraldii* Diels)

4.雄蕊生于花冠管中部；小枝略四棱形，叶柄间有卵形或半圆形托叶（产于河南南部，郑州、开封有栽培）……………………………… **大叶醉鱼草B. davidii** Franch.(*B. striata* Z. Y. Zhang；*B. shanxiensis* Z. Y. Zhang)

2.花冠管弯曲；种子无翅；嫩枝，花序和叶下面密被棕黄色星状茸毛；小枝四棱，棱上有窄翅；雄蕊生于花冠管下部；叶片全缘或有波状齿；子房和果无毛（产于大别山、桐柏山至伏牛山区南部）……………………………………………………………………… **醉鱼草B. lindleyana** Fortune

一一〇、龙胆科 Gentianaceae

1.陆生草本；叶常对生，有时轮生。
　2.茎缠绕。
　　3.花4数，花冠裂片间无褶 ……………………… **6.翼萼蔓属Pterygocalyx**
　　3.花5数，花冠裂片间具褶 ………………… **3.双蝴蝶属Tripterospermum**
　2.茎直立或斜升。
　　4.花序多少作假二叉分枝；花药在开花后扭转；花冠高脚碟状，花冠筒细长 …………………………………………………… **1.百金花属Centaurium**
　　4.聚伞花序或单花；花药在花后不卷旋。
　　　5.花冠裂片间具褶；蜜腺轮状着生于子房基部 …… **2.龙胆属Gentiana**
　　　5.花冠裂片间无褶；蜜腺轮生于花冠筒基部，与雄蕊互生。
　　　　6.花冠筒基部具小腺体，无腺窝和距；花4数；花萼裂片具薄膜质边，通常1对较宽而短，另1对较狭而长，相间而生 …………………………………………………………………… **5.扁蕾属Gentianopsis**
　　　　6.花冠筒基部有明显的腺窝或距。
　　　　　7.无花柱，柱头沿子房缝线下延；花冠辐状，基部具腺窝 ……………………………………………………… **7.肋柱花属Lomatogonium**
　　　　　7.柱头生于花柱上，不沿子房下延。
　　　　　　8.花4~5（6）数；花冠辐状，裂片基部有浅腺窝，腺窝边缘常具有流苏或鳞片；无距 …………………… **8.獐牙菜属Swertia**
　　　　　　8.花4数；花冠宽钟状，具4距，腺体藏于距中 …………………………………………………………………… **4.花锚属Halenia**
1.水生草本；叶互生，仅茎先端的叶有时对生；单叶浮于水面；花簇生 ……………………………………………………………… **9.荇菜属Nymphoides**

1. 百金花属 Centaurium Hill

百金花C. pulchellum(Swartz.)Druce var. **altaicum**(Griseb.)Kitag. et Hara，各地均产。

一年生，高4.0~10(15)cm，无毛；茎四棱，多分枝；叶椭圆形至椭圆状披针形，宽3.0~6.0mm；叶无柄；疏散二歧聚伞花序，花白色或粉红色；花萼裂片钻形，中脉在背面突起呈脊状。

2. 龙胆属 Gentiana(Tourn.)L.

1.叶(5)6~7片轮生；茎上部叶及花萼裂片线形，先端渐尖；花冠钟状漏斗形，长3.5~4.5(5)cm，喉部直径1.7~2.5cm（产于栾川，鸡脚尖）……………………………………………… **七叶龙胆G. arethusae** Burk. var. **delicatula** Marq.

1.茎生叶对生。

2.花柱与子房近等长；蒴果先端非圆形，无狭翅状附属物；花冠淡红色，长3.0~4.0cm，褶流苏状；叶卵形，边缘具微齿（产于伏牛山区）……………………………………………**红花龙胆G. rhodantha** Franch. ex Hemsl.

2.花柱显著短于子房；蒴果先端圆形，有狭翅状附属物，并向基部延伸。

3.多年生草本，具略肉质的根，有或无莲座叶丛。

4.植株具莲座叶丛，茎基部被枯存的纤维状叶鞘包围。

5.聚伞花序在茎顶呈头状或在叶腋簇生呈轮伞状；叶长10~25cm，宽2.0~4.0cm；花冠长1.8~2.0cm（产于太行山、伏牛山区）……………………………………………………… **秦艽G. macrophylla** Pall.

变种：**大花秦艽**var. **fetissowii**(Regel et Winkl.)Ma et K. C. Hsia，花萼长为花冠之半，长(7.0)10~12(14)mm，花冠长2.0~2.5cm。

5.聚伞花序1~3朵花，疏松排列不呈头状；叶长5.0~12cm，宽8.0~12mm（产于太行山区）…… **达乌里龙胆G. dahurica** Fisch.

4.无莲座叶丛，由多数鳞片包被着侧芽；茎生叶二型，下部者膜质鳞片形，余者为叶质；花大，花冠长4.0~5.0cm。

6.茎上部叶卵形至卵状披针形或披针形，边缘粗糙，密生细乳突；多花簇生，花萼裂片常外翻或开展（产于各山区）…………………………………………………………………… **龙胆G. scabra** Bge.

6.茎上部叶线形或线状披针形，长3.0~10cm，宽4.0~14mm，边缘平滑；花1（2）朵顶生或腋生；花萼裂片直立，长于或等长于萼筒（产于各山区）…………………… **条叶龙胆G. manshurica** Kitag.

3.一年生草本，具瘦细木质主根，无莲座叶丛；花小，花冠长在18mm以下。

7.花萼裂片极窄，丝状或丝状锥形；主茎不明显；叶基部圆形，收缩成离生的细柄（产于伏牛山区）………………**母草叶龙胆G. vandellioides** Hemsl.

7.花萼裂片三角形、披针形或卵形。

8.花萼裂片直立；花冠长为花萼的2.0倍。

9.花冠长9.0~14mm；茎铺散或斜生，密被乳突；叶缘及叶柄边缘具乳突（产于太行山至伏牛山区）… **假水生龙胆G. pseudo-aquatica** Kusnez.

9.花冠长14~18mm；茎直立，光滑；叶缘平滑或有不明显细乳突；叶柄光滑（产于各地）……………………**笔龙胆G. zollingeri** Fawcette

8.花萼裂片开展至反折；花冠稍长于花萼，不超过花萼的1/3；叶柄边缘具短睫毛。

10.茎自基部分枝，似丛生状，主茎不明显，枝上部再二歧分枝，铺散或斜生。

11.花萼裂片反折，卵圆形，基部收缩，花冠仅稍伸出萼外（产于太行山至伏牛山区）…………………**鳞叶龙胆G. squarrosa** Ledeb.

11.花萼裂片直立，三角状披针形，基部不收缩；花冠长约为花萼之2.0倍（产于伏牛山区）…**苞叶龙胆G. incompta** H. Smith

10.茎直立，多分枝，但主茎明显；花萼长约10mm，花冠长约15mm（产于各地区）………………………………**灰绿龙胆G. yokusai** Burk.

3. 双蝴蝶属 Tripterospermum Bl.

1.蒴果；种子扁平，淡褐色，近圆形，具盘状双翅；叶柄长4.0~10 mm（产于河南东部和南部）…………………………**双蝴蝶T. chinense**(Migo)H. Smith

1.浆果；种子三棱状，暗紫色或近黑色，无翅，叶柄长10~20mm（产于河南东部）………………………………**细茎双蝴蝶T. filicaule**(Hemsl.)H. Smith

4. 花锚属 Halenia Borkh.

椭圆叶花锚H. elliptica D. Don，产于伏牛山区。

茎高达50cm，具四棱，无毛。叶卵形或椭圆形，宽8.0~35mm，先端圆或钝尖。聚伞花序；花萼深4裂，裂片卵形或椭圆形；花冠蓝色或紫色。

5. 扁蕾属 Gentianopsis Ma

扁蕾G. barbata(Fröel.)Ma，产于伏牛山、太行山区。

茎生叶狭披针形，宽3.0~9.0mm，先端渐尖；花萼筒状，略短于或近等长于花冠，萼裂片2对，异形，不等长；花冠长2.5~5.0cm，口径达12mm，蓝紫色，裂片椭圆形，宽6.0~8.0mm，下部两侧有短的细条状裂齿。

6. 翼萼蔓属 Pterygocalyx Maxim.

翼萼蔓P. volubilis Maxim.，产于各山区。

缠绕草本，上部分枝；叶披针形或卵形，宽7.0~20mm，先端尾尖，三出脉；花单生或聚伞花序1~3朵花；花萼沿脉具4条宽1.0~2.0mm的翅；花冠蓝色，冠筒长10~15mm；蒴果长约15mm。

7. 肋柱花属 Lomatogonium A. Br.

美丽肋柱花L. bellum(Hemsl.)H. Smith，产于栾川老君山。

茎直立，近四棱，高达40cm；叶卵形或心状卵形，宽5.0~11mm，上部叶卵状披针形，宽2.5~4.5mm；圆锥状复聚伞花序；花蓝色，直径15~25mm；花冠裂片基部两侧各有1腺窝；花药蓝色。

8. 獐牙菜属 Swertia L.

1.花冠裂片中部具2个黄绿色半圆形的大腺斑；叶宽椭圆形至卵状披针形，宽达5.0cm；花5数，花冠黄色，具紫色斑点（产于各地区）…………………………… **獐牙菜S. bimaculata**(Sieb. et Zucc.)Hook. f. et Thoms. ex C. B. Clarke

1.花冠裂片基部具腺窝。

2.花5数，花冠裂片基部具囊状、沟状或杯状腺窝，腺窝的鳞片无角状突起；茎多歧分枝；花冠淡蓝色。

3.花直径1.0~1.5cm，腺窝的毛光滑（产于太行山至伏牛山区）……………………………………… **北方獐牙菜S. diluta**(Turcz.)Benth. et Hook. f.

3.花直径2.0~2.5cm，腺窝的毛表面有瘤状突起（产于太行山区）……………………………………………… **瘤毛獐牙菜S. pseudochinensis** Hara

2.花4数；腺窝鳞片形，背部中央有角状突起；茎二歧式分枝；花冠白色，带紫红色（产于太行山至伏牛山区）……… **歧伞獐牙菜S. dichotoma** L.

9. 莕菜属 Nymphoides Seguier

1.茎分枝；上部叶对生，下部叶互生，近圆形；花直径3.0~3.5cm，金黄色；花冠裂片先端常凹陷，具膜质透明边缘（产于各地）…………………………………………………………………………… **莕菜N. peltatum**(Gmel.)O. Kuntze

1.茎不分枝；叶互生，圆状心形；花直径不超过2.0cm，白色；花冠裂片先端全缘，不具膜质透明边缘（产于潢川）………………………………………………………………………………… **金银莲花N. indica**(L.)O. Kuntze

一一一、夹竹桃科 Apocynaceae

1.雄蕊与花柱离生，花药长圆形或长圆状披针形，顶端钝，基部圆形。

2.灌木或小乔木；叶互生；核果 ………………… **1.黄花夹竹桃属Thevetia**

2.多年生草本或蔓性半灌木；叶对生；蓇葖果。

3.多年生直立草本；柱头无明显丛毛，也无明显增厚；花丝圆柱形，花药顶端无毛 ……………………………………… **2.长春花属Catharanthus**

3.蔓性半灌木；柱头有丛毛，基部明显环状增厚；花丝扁平，花药顶端有毛 …………………………………………………………… **3.蔓长春花属Vinca**

1.雄蕊相互黏合并黏生在柱头上，花药箭头状，先端渐尖，基部具耳；叶对生或轮生；蓇葖果。

4.小乔木、直立灌木或半灌木；花冠筒喉部有副花冠。

5.叶轮生，稀对生，全缘 ………………………………… **4.夹竹桃属Nerium**

5.叶通常对生，叶缘有锯齿 …………………………**5.罗布麻属Apocynum**

4.木质藤本；花冠筒喉部无副花冠；花冠高脚碟状 ……………………………………………………………………………………… **6.络石属Trachelospermum**

1. 黄花夹竹桃属 Thevetia L.

黄花夹竹桃T. peruviana(Pers.)K. Schum.，栽培观赏。

小乔木，全株无毛。叶互生，无柄，线形或线状披针形，宽5.0~12mm，全缘；聚伞花序，花梗长2.0~4.0cm；花冠漏斗状，黄色，喉部有5个鳞片，花冠裂片比冠筒长。核果扁三角状球形，直径2.5~4.0cm。

2. 长春花属 Catharanthus G. Don

长春花C. roseus(L.)G. Don，栽培花卉。

茎近方形，有条纹，高达60cm。叶对生，倒卵状长圆形，宽15~25mm，先端圆而带尖头，基部渐狭。聚伞花序；花冠红色，高脚碟状，长约2.8cm。蓇葖果长约2.5cm。

3. 蔓长春花属 Vinca L.

蔓长春花V. major L.，栽培花卉。

蔓性半灌木。茎下部伏卧，无毛，中空。叶对生，叶片卵形或宽卵形，宽1.5~4.5cm，全缘；叶柄长5.0~13(15)mm。花单生叶腋，花梗长3.5~4.5cm；花冠漏斗状，蓝紫色，长3.0~4.0cm，喉部内面有毛。

4. 夹竹桃属 Nerium L.

1.花萼直立，副花冠多次分裂而呈线形。
  2.花红色（栽培观赏）…………………………………… **夹竹桃N. indicum** Mill.
  2.花白色（栽培观赏）……………………………**白花夹竹桃N. indicum**‘Paihua’
1.花萼广展；副花冠不分裂（栽培观赏）………… **欧洲夹竹桃N. oleander** L.

5. 罗布麻属 Apocynum L.

罗布麻A. venetum L.，河南北部及东部常见。

直立半灌木，具乳汁；枝紫红色或淡红色，无毛。叶对生或近对生，椭圆状披针形或卵状长圆形，宽5.0~15mm，边缘细锯齿，无毛；圆锥状聚伞花序；花紫红或粉红色；蓇葖果长8.0~20cm，直径2.0~3.0mm。

6. 络石属 Trachelospermum Lem.

1.叶通常椭圆形，不呈异形；茎和枝条攀缘树上或石上，但不生气生根（产于各地）………………………………………………**络石T. jasminoides**(Lindl.)Lem.

1.叶通常披针形，呈异形；茎和枝条以气生根攀缘树上或石壁上，生气生根（产于各山区）……………… **石血T. jasminoides** var. **heterophyllum** Tsiang

一一二、萝藦科 Asclepiadaceae

1.四合花粉，承载在匙形的载粉器上，载粉器基部有1黏盘；花丝离生；副花冠异形 …………………………………………………………… **1.杠柳属Periploca**

1.花粉粒联结为块状，藏在1层坚韧薄膜内，通过花粉块柄系结于着粉腺上；花丝合生成筒状。

2.花粉块下垂。

3.茎直立或缠绕。

4.副花冠杯状或縰状 ……………………………… **2.鹅绒藤属Cynanchum**

4.副花冠小叶状，5个，匙形；蓇葖果平滑；茎直立 ………………… ……………………………………………………… **3.马利筋属Asclepias**

3.茎缠绕。

5.副花冠小叶状，5个，极短，不及合蕊冠之半 ……………………… ……………………………………………………… **4.秦岭藤属Biondia**

5.副花冠杯状或环状。

6.花较小，直径1.0cm以下；副花冠杯状，顶端有具浅细齿或流苏状的舌片 ……………………………………… **2.鹅绒藤属Cynanchum**

6.花中等，直径1.0cm以上；副花冠环状；柱头伸出花药之外… … …………………………………………………… **5.萝藦属Metaplexis**

2.花粉块平展或直立；茎缠绕；副花冠由5个卵形肉质的裂片所组成 …… ……………………………………………………… **6.娃儿藤属Tylophora**

1. 杠柳属 Periploca L.

杠柳（羊角叶）**P. sepium** Bge.，产于各地。

蔓性落叶灌木，具乳汁，除花外全株无毛；叶对生，卵状长圆形或长圆状披针形，宽1.0~2.0cm，先端渐尖，全缘。聚伞花序腋生；花萼5深裂，裂片内面基部有10个小腺体；花冠紫红色，辐状，直径约15mm，裂片反折，内面被长柔毛。

2. 鹅绒藤属 Cynanchum L.

1.副花冠2轮，即在副花冠筒部或副花冠裂片内面有舌状或各式裂片附属物。
2.副花冠上端条裂为10个丝状体伸出花喉之外，其筒部常将合蕊冠包藏在内；叶三角状心形（产于各地）………………… **鹅绒藤C. chinense** R. Br.
2.副花冠5深裂，不高出合蕊冠，其裂片卵形，内面中部有1明显小形舌片。
3.叶卵状心形，基部耳形或心形；花淡绿色或白色。
4.花序伞房状，花序梗比花梗长5.0~10倍，长达10cm；花冠裂片开放后反折；叶基部心形（产于各地）……………………………………………………………………………… **牛皮消C. auriculatum** Royle ex Wight
4.花序伞形，花序梗比花梗长5.0倍以下，长达5.0cm；花冠辐状；叶基部耳垂形；嫩枝和叶柄被单列微毛（产于伏牛山）…………………………………………………… **朱砂藤C. officinale**(Hemsl.)Tsiang et Zhang
3.叶戟形或戟状长圆形。
5.叶戟形；花冠白色或浅白色，裂片开放后反折，内面基部被微毛（产于太行山、伏牛山）…………………… **白首乌C. bungei** Decne.
5.叶戟状长圆形，基部耳状心形；花冠红色，开放后辐状，内面无毛（产于河南南部山区）………………… **峨眉牛皮消C. giraldii** Schltr.
1.副花冠仅1轮，即在副花冠筒或其裂片内侧均无附属物。
6.副花冠薄肉质，背腹两面均扁平，内面不成龙骨状而成方形，其端部截形，基部略紧缩；合蕊冠在近基部合生，在其弯缺处不形成5个兜状体（产于各山区）……………………… **隔山消C. wilfordii**(Maxim.)Hemsl.
6.副花冠厚肉质，内面呈龙骨状，在合蕊冠较高处合生，其弯缺处成为5个兜状体。
7.副花冠裂片披针形，比合蕊冠为长；花药顶端的膜片狭三角形，长于花药；根圆柱状，单生，稀分枝。
8.茎直立，自基部多分枝（产于各地）…………………………………………………………………… **地梢瓜C. thesioides**(Freyn)K. Schum.
8.茎柔弱，端部通常伸长而缠绕，分枝极少（产于各地）………………………… **雀瓢C. thesioides** var. **australe**(Maxim.)Txiang et P. T. Li
7.副花冠裂片半圆形或卵形，通常与合蕊冠等长；花药顶端膜片常卵形，短于花药；根成丛须状。

9.直立植物。

10.花冠内面全部，或花冠筒基部，或花冠喉部有毛。

11.叶狭披针形，长6.0~13cm、宽3.0~5.0mm，两端渐尖；茎无毛；花紫红色（产于桐柏、鸡公山）…………………………………………… **柳叶白前C. stauntonii**(Decne.)Schltr. ex Lev.

11.叶卵形、卵状披针形、椭圆形或琴形，长3.5~7.5cm、宽1.5~5.0cm。

12.叶无柄，基部抱茎；茎无毛；花紫色（产于太行山至伏牛山区）…………………………………… **紫花合掌消 C. amplexicaule**(Sieb. et Zucc.)Hemsl. var. **castaneum** Makino

12.叶有柄，基部不抱茎，茎被毛；花黄色，直径约3mm（产于灵宝）……………… **大理白前C. forrestii** Schltr.

10.花冠内面全面无毛。

13.叶线形至披针形，宽不超过15mm。

14.叶线形，长达12cm，宽约9.0mm；花紫红色；茎无毛；茎下部叶轮生（产于黄河岸）…………………………………………………… **荷花柳C. riparium** Tsiang et Zhang

14.叶披针形至线形，长达13cm，宽达15mm；花黄绿或黄白色；茎无毛，叶对生（产于各地）…………………………………………… **徐长卿C. paniculatum**(Bge.)Kitag.

13.叶卵形、卵状长圆形或宽椭圆形，宽在3.5cm以上。

15.花绿白色，花冠裂片长圆形，花序与叶等长或略短；叶椭圆形或宽椭圆形，基部宽楔形（产于河南北部，济源）……………………… **潮风草C. ascyrifolium**(Franch.et Sav.)Matsum.

15.花黄色、黄绿色或紫红色；花冠裂片卵形；花序比叶短。

16.花黄色或黄绿色；叶有柄，卵形，基部近心形；茎密被略下弯短柔毛……… **竹灵消C. inamoenum**(Maxim.)Loes.

16.花紫红色；叶基部宽楔形。

17.茎被单列短柔毛及幼嫩部分被柔毛；茎实心；叶卵状披

针形；花无毛，直径约7.0mm（产于太行山至伏牛山区）……………………………………………… **华北白前C. hancockianum**(Maxim.)Al. Iljinski

17.全株被茸毛，茎空心；叶卵形或卵状长圆形；除花萼和花冠内面无毛外，余部皆被茸毛；花直径约10mm（产于各山地）…**白薇C. atratum** Bge.

9.缠绕性植物或仅端部缠绕。

18.植株下部直立，端部缠绕。

19.叶大小相等，椭圆状卵形，长7.0~10cm，宽3.0~6.0cm，叶柄长1.0~7.0mm；花冠裂片内面被柔毛，全株被茸毛；花序近无总梗（产于河南北部，桐柏）…………………… **变色白前C. versicolor** Bge.

19.叶大小不等，下面的长16~28cm，宽9.0~15cm，上面的明显较小；茎中部2对叶很靠近，似4叶轮生状；叶柄长20~25mm；花冠内面无毛，花紫红色，全株近无毛（产于河南南部）…………………………………… **蔓剪草C. chekiangense** M. Cheng ex Tsiang et P. T. Li.

18.植株全部缠绕；花冠紫红色；叶卵状心形，长2.0~4.0cm、宽1.5~3.0cm，两面被黄色短柔毛；叶柄长1.0~2.0cm；茎密被柔毛；花序梗长达4.0cm（产于各山区）…………… **毛白前C. mooreanum** Hemsl.

3. 马利筋属 Asclepias L.

马利筋A. curassavica L.，栽培观赏。

灌木状直立草本，有乳汁；茎中空；叶对生，披针形或长圆状披针形，宽1.0~3.0cm；聚伞花序多花；花萼裂片反折；花冠橘红色，裂片长圆形，反折，副花冠橘黄色。

4. 秦岭藤属 Biondia Schltr.

1.花冠钟状，花冠裂片直立，短于花冠筒；叶长5.0~9.0cm、宽 10~15mm，叶柄长5.0~7.0mm（产于尧山、卢氏、内乡）………………………………………………………………… **宽叶秦岭藤B. hemsleyana**(Warb.)Tsiang

1.花冠坛状，花冠裂片展开，与冠筒等长；叶长2.0~3.5cm、宽3.0~7.0mm，叶柄长1.0~2.0mm（产于新县、商城、栾川老君山）………………………………………………………… **短叶秦岭藤B. yunnanensis**(Lévl.)Tsiang

5. 萝藦属 Metaplexis R. Br.

萝藦M. japonica(Thunb.)Makino，产于太行山、伏牛山区。

草质藤本，有乳汁，茎中空；叶对生，卵状心形或长卵形，宽2.0~10cm，先端渐尖，基部耳状心形；花蕾尖锥状；花萼裂片披针形，有微毛；花冠白色，具淡紫色斑纹，裂片先端反卷，内面密被茸毛。

6. 娃儿藤属 Tylophora R. Br.

1.叶无毛或近无毛。

2.花序轮伞状，比叶短；茎及叶柄被单列柔毛；叶卵形至宽卵形，长7.5~15cm、宽3.0~13cm；叶柄长2.0~6.0cm；蓇葖果长约8.0cm、直径约8.0mm（产于伏牛山区、栾川）…………… **紫花娃儿藤T. henryi** Warb.

2.花序疏散圆锥状，比叶长，花序梗曲折；全株无毛；叶卵状披针形，长3.0~5.0cm、宽1.0~2.5cm；叶柄长约5.0mm；蓇葖果长约5.0cm、直径约4.0mm（产于桐柏、新县、伏牛山区）…… **七层楼T. floribunda** Miq.

1.叶被毛，卵状长圆形，长2.0~3.0cm、宽0.8~1.3cm，基部浅心形，稀近截形；叶柄长6.0~10mm（产于商城金刚台）…………………………………………………………………… **湖北娃儿藤T. silvestrii**(Pamp.)Tsiang et P. T. Li

一一三、旋花科 Convolvulaceae

1.寄生植物；无绿叶 ……………………………………… **10.菟丝子属Cuscuta**

1.非寄生植物；具绿色营养叶。

2.子房分裂，花柱2个，基生，着生于分离心皮之间；匍匐小草本 ………………………………………………………………… **1.马蹄金属Dichondra**

2.子房不分裂，花柱1个，顶生。

3.全部萼片或3个外萼片在果时极增大成翅状，与果一起脱落；蒴果含1粒种子 …………………………………………… **2.飞蛾藤属Porana**

3.萼片于果期不增大，或增大，但不呈翅状，果开裂后宿存于果梗。

4.花萼包藏在2枚大苞片内；柱头2个，长圆形或椭圆形，扁平 ………………………………………………………… **3.打碗花属Calystegia**

4.花萼不为苞片所包，若有总苞片则柱头1个，头状。

5.柱头2个，线形或近棒状，直立；聚伞花序 ………… **4.旋花属Convolvulus**

5.柱头1个，头状或2裂；稀柱头2个，头状。

6.花冠通常黄色；花冠的纵带通常有5条暗色的条纹 ……………………………………………………………………………………… **5.鱼黄草属Merremia**

6.花冠白色、淡红色、红色、紫色，极少黄色；花冠的纵带无深色条纹。

7.雄蕊和花柱内藏；花冠漏斗状或钟状。

8.萼片顶端钝至锐尖；子房2或4室，4个胚珠 …… **6.番薯属Ipomoea**

8.萼片顶端长而狭渐尖，被硬毛或贴生柔毛；子房3室，6个胚珠 ……………………………………………………………………… **7.牵牛属Pharbitis**

7.雄蕊和花柱多少伸出；花冠高脚碟状。

9.萼片顶端有长芒或角状尖头，少有钝头；子房2室 ……………………………………………………………………… **8.月光花属Calonyction**

9.萼片顶端稍下处有小芒尖；子房4室 …………… **9.茑萝属Quamoclit**

1. 马蹄金属 Dichondra J. R. et G. Forst.

马蹄金D. repens G. Forst.，栽培。

匍匐小草本，茎细长，匍匐地面；叶互生，圆形或肾形，宽8.0~15mm，全缘，基部心形，叶柄长1.0~3.0cm；花单生叶腋，黄色，长约2.0mm。

2. 飞蛾藤属 Porana Burm. f.

飞蛾藤P. racemosa Roxb.，产于嵩县、内乡、栾川、大别山区。

缠绕草质藤本；叶卵圆形，宽3.0~7.0cm，基部心形，全缘；圆锥花序多花；萼片线状披针形，长约2.0mm，花后增大长达13mm，宿存；花冠漏斗状，白色，长约10mm。蒴果长圆状卵形，直径7.0~8.0mm。

3. 打碗花属 Calystegia R. Br.

1.植株常无毛。

2.苞片较小，长8.0~16mm；宿存萼及苞片与果近等长或稍短；植株常矮小铺地（产于各地） ………………………… **打碗花C. hederacea** Wall.

2.苞片较大，长15~23mm；宿存萼及苞片增大包藏果实；茎缠绕，伸长

（产于各地）…………………………………………… **旋花C. sepium**(L.)R. Br.

变种：**长裂旋花**var. **japonica**(Choisy)Makino，叶强烈3裂，具伸展的侧裂片和长圆形先端渐尖的中裂片。

1.植株被毛。

3.叶卵状长圆形、卵状三角形，或3裂，中裂片长圆形；叶柄长1.0~4.0(5.0)cm；植株被淡黄色短柔毛（产于各地）……………………………………………………………**毛打碗花C. dahurica**(Herb.)Choisy

3.叶长圆形或线状长圆形，基部圆形、截形或微心形；叶柄长0.2~1.5（2.0）cm；植株密被灰白色或黄褐色柔毛（产于各山区）……………………………………………………………… **藤长苗C. pellita**(Ledeb.)G. Don

4. 旋花属 Convolvulus L.

1.茎平卧或上升，全株密被贴生银色绢毛；叶线形或狭披针形，宽不及5.0mm；花常单1朵，花冠长（8.0）9.0~15mm（产于太行山区）…………………………………………………………………… **银灰旋花C. ammannii** Desr.

1.茎缠绕，植株近无毛或被疏柔毛；叶卵状长圆形至披针形，宽 1.0~3.0cm；花序有1至多花，花冠长15~26mm（产于各地）……………………………………………………………………… **田旋花**（箭叶旋花）**C. arvensis** L.

5. 鱼黄草属 Merremia Dennst.

北鱼黄草M. sibirica(L.)Hall. f.，产于各山区，稀见。

缠绕草本，全株无毛。叶互生，卵状心形，宽1.7~7.5cm，先端长渐尖至尾状渐尖；叶柄基部有耳状假托叶；花序腋生，1至多花；花冠漏斗状钟形，淡红色，长10~17mm，蒴果球形，无毛，4瓣裂。

6. 番薯属 Ipomoea L.

1.野生植物；茎缠绕，稀平卧；叶常3裂，稀全缘（郑州绿化带内杂草）………………………………………………………………………… **三裂叶薯I. triloba** L.

1.栽培植物。

2.湿地或水中栽培；茎蔓生，无毛，中空；无块根；叶全缘………………

……………………………………………… **蕹菜**（空心菜）**I. aquatica** Forsk.

2.陆地栽培；茎匍匐，有疏毛，实心；有块根，叶全缘或掌状深裂………

……………………………………………… **番薯**（红薯）**I. batatas**(L.)Lam.

7. 牵牛属 Pharbitis Choisy

1.叶通常全缘；外萼片长椭圆形，渐尖，长11~16mm………………………

……………………………………………… **圆叶牵牛P. purpurea**(L.)Voigt

1.叶片常3裂；外萼片披针状线形，长20~25mm ……… **牵牛P. nil**(L.)Choisy

8. 月光花属 Calonyction Choisy

1.花冠白色，冠筒长7.0~12cm，冠檐近辐状；花萼的芒平展（栽培观赏）…

……………………………………………… **月光花C. aculeatum**(L.)House

1.花冠紫色，冠筒长2.0~3.0cm，冠檐漏斗状；花萼的芒近直立（栽培花卉）

……………………………………………… **丁香茄C. muricatum**(L.)G. Don

9. 茑萝属 Quamoclit Mill.

1.叶卵形或长圆形，羽状深裂至中脉，裂片线形至丝状，平展（栽培观赏）

……………………………………………… **茑萝松Q. pennata**(Desr.)Boj.

1.叶心形，具掌状脉；花冠檐部5深裂。

2.叶全缘或边缘为多角状；花冠长0.8~2.5cm（栽培或逸生）………………

……………………………… **橙红茑萝**（圆叶茑萝）**Q. coccinea**(L.)Moench

2.叶掌状深裂，裂片披针形；花冠长3.0~5.0cm（栽培）……………………

……………………………………………… **葵叶茑萝Q. sloteri** House

10. 菟丝子属 Cuscuta L.

1.花柱2个；花常簇生成小伞形或小团伞花序；茎纤细，毛发状。

2.雄蕊着生于花冠裂片弯缺处；蒴果仅下半部被宿存花冠所包围，不规则开裂（产于各地）………………………… **南方菟丝子C. australis** R. Br.

2.雄蕊生于花冠裂片弯缺微下处；蒴果全为宿存花冠所包围，整齐周裂（产于各地）……………………………………**菟丝子C. chinensis** Lam.

1.花柱1个；穗状花序；茎较粗，径1.0~2.0mm，黄色，常带紫红色瘤状斑点；柱头明显有2枚裂片（产于各地） ………… **金灯藤C. japonica** Choisy

一一四、花荵科 Polemoniaceae

1.叶为羽状复叶 ……………………………………………… **1.花荵属Polemonium**

1.单叶全缘（栽培） ………………………………………… **2.天蓝绣球属Phlox**

1. 花荵属 Polemonium L.

中华花荵P. coeruleum L. var. **chinense** Brand，产于灵宝。

多年生，茎高达80cm。羽状复叶；小叶11~21枚，长卵形至披针形，宽5.0~14mm；聚伞圆锥花序疏散；花萼长5.0~8.0mm，被腺毛；花冠紫蓝色，钟状，长10~(15)mm，花柱和雄蕊伸出花冠外。

2. 天蓝绣球属 Phlox L.

1.多年生草本；叶对生。

2.茎直立，高达100cm；叶长圆形或卵状披针形，宽15~35mm；伞房状圆锥花序，具多花；花冠裂片全缘 ……………… **大蓝绣球P. paniculata** L.

2.茎丛生铺散，多分枝，高10~15cm；叶钻形或线形，宽1.0~3.0mm；聚伞花序（1）~3朵花；花冠裂片先端2裂（公园栽培） ……………………… ……………………………………………………… **针叶绣球P. subulata** L.

1.一年生；全株密被白色腺毛；上部叶互生，卵形、长圆形或披针形，宽10~25mm ………………………………… **小天蓝绣球P. drummondii** Hook.

一一五、紫草科 Boraginaceae

1.子房不分裂；花柱自子房顶端生出。

2.乔木；柱头2个 …………………………………………… **1.厚壳树属Ehretia**

2.草本植物；柱头1个。

3.果实成熟时无明显分化的中果皮，内果皮骨质 ……………………

…………………………………………………… **2.天芥菜属Heliotropium**

3.果熟时有明显木栓质的中果皮，多泡，紧包围内果皮 ……………………
…………………………………………………… **3.砂引草属Messerschmidia**

1.子房4（2）裂；花柱自子房裂片间的基部生出，子房裂片发育为小坚果；草本。

4.花冠喉部无附属物 ……………………………… **5.紫筒草属Stenosolenium**

4.花冠喉部或筒部有5个向内突出且与花冠裂片对生的附属物；若无附属物，则在附属物位置上有向筒部延伸的褶或毛条。

5.小坚果着生面内凹并有脐状组织，周围有环状突起。

6.花冠管直；雄蕊与喉部附属物着生于同一水平线上；花冠檐部浅裂，裂片牙齿状 ……………………………… **7.聚合草属Symphytum**

6.花冠管膝曲 ……………………………………………**6.狼紫草属Lycopsis**

5.小坚果着生面不内凹，无脐状组织和环状突起。

7.花药先端有小尖头；小坚果桃形，平滑而带乳白色（田紫草例外）
…………………………………………………… **4.紫草属Lithospermum**

7.花药先端无小尖头；小坚果非桃形。

8.小坚果有锚状刺或齿翅；雄蕊与花柱内藏。

9.小坚果着生面居果的顶部；茎生叶宽在1.0cm以上 ……………
……………………………………………… **14.琉璃草属Cynoglossum**

9.小坚果着生面居果腹面中部或中部之下；茎生叶狭，宽常不及1.0cm。

10.花托锥状，与小坚果近等长或长于小坚果，果具锚状刺 …
…………………………………………… **11.鹤虱属Lappula**

10.花托金字塔形，数倍短于小坚果；果缘具齿翅 ……………
……………………………………………**12.齿缘草属Eritrichium**

8.小坚果无锚状刺或齿翅。

11.小坚果四面体形或双凸镜状。

12.雄蕊伸出花冠喉部之外，或雄蕊内藏；小坚果背面有膜质杯状突起；叶卵状心形…… **10.车前紫草属Sinojohnstonia**

12.雄蕊内藏；小坚果无膜质杯状突起；叶非卵状心形。

13.花冠裂片覆瓦状排列；小坚果四面体形 ………… **9.附地菜属Trigonotis**

13.花冠裂片旋转状排列；小坚果双凸镜形 ………… **8.勿忘草属Myosotis**

11.小坚果非四面体形或双凸镜形；雄蕊内藏；小坚果背面或腹面有碗状、盘状或环状突起。

14.小坚果的碗状突起2层，外层突起的边缘有齿 ……………………………………………………………………………………………… **15.盾果草属Thyrocarpus**

14.小坚果腹面具碗状突起1层，如为2层而外层全缘；小坚果表面具密的疣状突起（斑种草例外）……………… **13.斑种草属Bothriospermum**

1. 厚壳树属 Ehretia L.

1.叶无毛，边缘锯齿齿尖向上内弯；花冠裂片比筒部长；核果直径3.0~4.0mm（产于河南南部）………………… **厚壳树E. thyrsiflora**(Sieb. et Zucc.)Nakai

1.叶下面密被短毛，边缘锯齿开展，齿端无尖；花冠裂片短于筒部；核果直径10~15mm（产于河南南部）………………… **粗糠树E. macrophylla** Wall.

变种：**光叶粗糠树**var. **glabrescens**(Nakai)Y. L. Liu，叶下面无毛。

2. 天芥菜属 Heliotropium L.

毛果天芥菜H. europaeum L. var. **lasiocarpum**(Fisch. et Mey.)Kazmi，产于河南北部。

一年生；茎高达40cm，多分枝；全株密被白色柔毛或短硬毛；叶椭圆形或椭圆状倒卵形，宽1.5~3.5cm，先端钝，全缘；镰状聚伞花序；花无梗，无苞片，成对排为2列，白色，筒状钟形，长4.0~4.5mm。

3. 砂引草属 Messerschmidia L.

1.叶披针形、倒披针形或长圆形，长1.0~5.0cm、宽6.0~10mm（产于河南北部）……………………………………………………… **砂引草M. sibirica** L.

1.叶狭细，线形或线状披针形（产于河南北部）……………………………………………………… **细叶砂引草M. sibirica** var. **angustior**(DC.)W. T. Wang

4. 紫草属 Lithospermum L.

1.花冠长1.0cm以下，白色（田紫草花冠有时呈现蓝色或浅蓝色）。

2.多年生；小坚果卵形，乳白色或带浅黄褐色，平滑，有光泽；花冠长7.0~9.0mm，筒部与檐部近等长（产于各山区）……………………………………………………………… **紫草L. erythrorhizon** Sieb. et Zucc.

2.一年生；小坚果三角状卵形，灰褐色，无光泽，具疣状突起；花冠长约6.0mm，檐部长约为筒部之半（各地均产）……… **田紫草L. arvense** L.

1.花冠长1.5~1.8cm，蓝色或蓝紫色；有长的匍匐茎，小坚果平滑有光泽（产于河南南部）…………………………………………… **梓木草L. zollingeri** DC.

5. 紫筒草属 Stenosolenium Turcz.

紫筒草S. saxatiles(Pall.)Turcz.，产于河南北部，济源。

多年生，根带紫红色。茎高10~25cm，密被开展白硬毛，毛基膨大。叶线状披针形，宽3.0~7.0mm，两面密生糙毛。苞片叶状；花冠紫色至白色，长10~14mm，喉部无附属物。小坚果有短柄。

6. 狼紫草属 Lycopsis L.

狼紫草L. orientalis L.，产于太行山、伏牛山区。

一年生，茎高达50cm，常自下部分枝，被开展长硬毛。下部叶具柄，倒披针形或长圆形，宽1.0~3.0cm，两面疏生硬毛。花冠蓝紫色，长约7.0mm，冠筒中部之下弯曲，喉部有5个附属物。小坚果有皱纹和小疣点。

7. 聚合草属 Symphytum L.

聚合草S. officinale L.，栽培观赏或作饲料（郑州常见）。

多年生，全株密被向下稍弯曲之硬毛和短伏毛。叶长卵状披针形或椭圆状长圆形，宽7.0~15cm，边缘波状；花无苞片，花冠淡紫红色，冠筒长约10mm，喉部附属物披针形，长约4.0mm。子房常不育。

8. 勿忘草属 Myosotis L.

1.花萼分裂至近中部，外面疏生等长糙伏毛；花冠长2.0~3.0mm、径3.0~4.0mm，裂片长约1.5mm（产于太行山区）………………………………………………………………………………… **湿地勿忘草M. caespitosa** Schultz.

1.花萼深裂至2/3~3/4，密被伸展的不等长毛；花冠径6.0~8.0mm，冠筒长约2.5mm（产于大别山、桐柏山及伏牛山区南部）……………………………………………………………………………… **勿忘草M. silvatica** Ehrh. ex Hoffm.

9. 附地菜属 Trigonotis Stev.

1.小坚果倒三棱锥状或斜三棱锥状四面体形，不背腹扁。

2.花冠直径1.5~2.5mm；花萼裂片卵形，先端渐尖（产于各地）………………………………… **附地菜T. peduncularis**(Trev.)Benth. ex Baker et Moore

2.花冠直径3.0~4.0mm；花萼裂片倒卵状长圆形或狭匙形，先端圆钝（产于太行山、伏牛山区）………… **钝萼附地菜T. amblyosepala** Nakai et Kitag.

1.小坚果半球状四面体形，背腹扁，背面凸；花径约2.5mm；萼裂片先端钝；全株被灰白色长柔毛（产于内乡）……… **湖北附地菜T. mollis** Hemsl.

10. 车前紫草属 Sinojohnstonia Hu

1.雄蕊内藏；花冠筒显著比檐部短；小坚果有毛（产于栾川、尧山）……………………… **短蕊车前紫草S. moupinensis**(Franch.)W. T. Wang ex Z. Y. Zhang

1.雄蕊长伸出或稍伸出花冠；花冠筒部比檐部长或近等长；小坚果无毛或稍有毛。

2.花冠裂片狭三角形，与筒部近等长；雄蕊着生于花冠喉部附属物之间，伸出花冠很长（产于桐柏、栾川）………… **车前紫草S. plantaginea** Hu

2.花冠裂片卵形，短于筒部一半；雄蕊生于喉部附属物之下，稍伸出花冠（产于栾川、尧山、嵩县、云台山、大别山）………………………………… **浙赣车前紫草S. chekiangensis**(Migo)W. T. Wang ex Z. Y. Zhang

11. 鹤虱属 Lappula V. Wolf

1.小坚果背面边缘具翅（由内行刺基部扩展联合而成）（河南北部常见）…
………………………… **异刺鹤虱**（东北鹤虱）**L. heteracantha**(Ledeb.)Gürke

1.小坚果背面边缘无翅，其2行刺近等长且均匀分布至果顶（产于各地区）
…………………………………………………………………… **鹤虱L. myosotis** V. Wolf

12. 齿缘草属 Eritrichium Schrad.

石生齿缘草E. **rupestre**(Pall.)Bge.，产于济源。

多年生，茎高10~20（30）cm，基部有短分枝，全株密被灰色糙伏毛。基生叶匙形或匙状倒披针形，宽2.0~5.0mm；茎生叶狭倒披针形，长10~15（20)mm、宽2.0~4.0mm。花序顶生，花生苞腋外；花萼5裂，裂片长约3.0mm；花冠蓝色，钟状辐形，径6.5~8.0mm，喉部附属物生短曲柔毛。小坚果陀螺形，长约2.0mm，背面有小疣状突起和毛，沿棱有三角形小齿。

13. 斑种草属 Bothriospermum Bge.

1.小坚果腹面具横的环状凹陷（河南北部习见）…… **斑种草B. chinense** Bge.

1.小坚果腹面具纵的环状凹陷。

2.茎被开展的硬毛及伏毛；苞片与花依次排列，各偏于一侧（各地均产）
…………………………………………………… **多苞斑种草B. secundum** Maxim.

2.茎被向上贴伏毛（产于各地）…………………………………………………
……………………………… **柔弱斑种草B. tenellum**(Hornem.)Fisch. et Mey.

14. 琉璃草属 Cynoglossum L.

1.茎生叶宽1.5~3.0cm，两面密生短伏毛；花冠长3.5~4.5mm，檐部直径约5.0mm；喉部附属物梯形（产于伏牛山、桐柏山至大别山区）……………
………………………………………**琉璃草C. zeylanicum**(Vahl)Thunb. ex Lehm.

1.茎生叶宽约1.0cm，上面密生基部具基盘的硬毛，下面密生柔毛；花冠长1.5~2.5mm，檐部直径2.0~2.5mm，喉部附属物半月形（产于河南南部）…
……………………………………………………… **小花琉璃草C. lanceolatum** Forsk.

15. 盾果草属 Thyrocarpus Hance

1.小坚果外层突起边缘的牙齿长约为内层突起高的一半，伸直，先端不膨大，内层突起不向里收缩（产于各山区）……… **盾果草T. sampsonii** Hance

1.小坚果外层突起边缘的牙齿长约与内层突起高相等，齿先端明显膨大并向内弯，内层突起显著向里收缩（产于各山区）…………………………………………………………………………………… **弯齿盾果草T. glochidiatus** Maxim.

一一六、马鞭草科 Verbenaceae

1.花无梗，组成穗状花序或密集为头状。

2.草本；果熟后分裂为4个小坚果 …………………………**1.马鞭草属Verbena**

2.有刺灌木；肉质核果 ……………………………………………**2.马缨丹属Lantana**

1.花有梗，聚伞花序，或由聚伞花序组成其他各式花序。

3.蒴果；草本、亚灌木或灌木 ………………………………… **7.莸属Caryopteris**

3.核果或浆果状；灌木或乔木。

4.掌状复叶 ………………………………………………………… **5.牡荆属Vitex**

4.单叶。

5.花序腋生；叶被星状毛或柔毛，边缘具锯齿 …… **3.紫珠属Callicarpa**

5.花序通常顶生。

6.花大而美丽，长在1.5cm以上，花冠筒长筒状 ……………………………………………………………………………… **6.大青属Clerodendrum**

6.花小，长不超过1.5cm ………………………… **4.豆腐柴属Premna**

1. 马鞭草属 Verbena L.

1.穗状花序细长如鞭，长达25（30）cm；野生种（产于各地区） …………………………………………………………………………… **马鞭草V. officinalis** L.

1.穗状花序紧缩为头状，或伸长为短圆柱状，长不超过5.0 cm；栽培种。

2.茎强壮，直立或近直立；叶椭圆状披针形、长圆状披针形或长圆形，边缘具齿，无柄，基部抱茎；穗状花序或头状花序再组成圆锥花序或伞房花序状。

3.苞片甚长于花萼；穗状花序逐渐伸长为圆柱状，长达5.0（6.0）cm，粗5.0~7.0（8.0）mm ………………………… **坚挺美女樱V. rigida** Spreng.

3.苞片约等长于或短于花萼；穗状花序紧缩为头状 ……………………………………………………………………………… **柳叶马鞭草V. bonariensis** L.

2.茎外倾或斜升；叶具短柄；穗状花序或头状花序单一。

4.叶长圆形或长圆状卵形，边缘具等大宽圆齿，或近基部齿略呈小裂片状 ……………………………………………………………… **美女樱V. hybrida** Voss

4.叶卵状长圆形、卵形或卵圆形，3深裂或二回羽状深裂。

5.叶3深裂，裂片具齿或缺刻状小裂片，裂片及小裂片绝非线形 ……………………………………………………… **加拿大美女樱V. Canadensis** Britt.

5.叶二回羽状细深裂，裂片线形 …………… **细叶美女樱V. tenera** Spreng.

2. 马缨丹属 Lantana L.

马缨丹（五色梅）**L. camara** L.，常见盆栽观赏花卉。

灌木，偶藤状；茎方形，常具下弯钩刺；叶对生，有气味，卵形至卵状长圆形，宽1.5~5.0cm，边缘有钝齿，两面均有糙毛；花序头状；花黄色或橙黄色，后变为粉红色至深红色，直径4.0~6.0mm。

3. 紫珠属 Callicarpa L.

1.花萼管状，深4裂至中部以下，裂齿长达2.0mm以上；果实几完全为花萼所包藏；花几近无柄；小枝密生棕褐色长茸毛（产于河南南部）……………………………………………………………… **枇杷叶紫珠C. kochiana** Makino

1.花萼杯状或钟状，在中部以上具深浅不等4裂或至截头状；果实裸露于花萼外。

2.花丝通常长于花冠，长为花冠的2.0倍或更长，花药药室纵裂。

3.叶片或花各部常有黄色腺点。

4.花萼被毛；叶片下面具星状毛。

5.叶片下面和花萼、花冠均疏被星状毛（产于伏牛山、桐柏山至大别山区）…………………………… **老鸦糊C. giraldii** Hesse ex Rehd.

5.叶片下面和花萼、花冠均密被星状毛（产于桐柏山、大别山区）

………………………… **毛叶老鸦糊C. giraldii** var **lyi**(Lévl.)C. Y. Wu

4.花萼无毛；叶片下面无毛，叶常倒卵形，仅上部边缘具数对粗锯齿；花序梗长于叶柄（产于各山区）……………………………………………… **白棠子树C. dichotoma**(Lour.)K. Koch

3.叶片或花各部有粒状红色或暗红色腺点；小枝、花序和叶下面全部被星状毛；叶片卵状椭圆形、椭圆形或长椭圆形，长7.0~18cm、宽4.0~7.0cm（产于河南南部）……………………………………**紫珠C. bodinieri** Lévl.

2.花丝常短于花冠，稀等于或略长于花冠；花药顶孔裂。

6.叶片及花各部密生红色或暗红色腺点；叶片下面无毛；花萼有星状毛（产于桐柏山、大别山区）…………… **华紫珠C. cathayana** H. T. Chang

6.叶片及花各部有黄色腺点或无腺点。

7.叶片通常倒卵形，或卵形、椭圆形，长7.0~12cm（产于嵩县、内乡）……………………………………………………… **日本紫珠C. japonica** Thunb.

7.叶片倒卵状披针形或披针形，常略带紫色（产于伏牛山、桐柏山至大别山）……………………… **窄叶紫珠C. japonica** var. **angustata** Rehd.

4. 豆腐柴属 Premna L.

豆腐柴P. microphylla Turcz.，产于大别山区。

直立灌木；叶揉之有臭味，卵状披针形、椭圆形、卵形或倒卵形，宽1.5~6.0cm，先端急尖至长渐尖，基部渐狭，全缘或有不规则粗齿，圆锥花序顶生，花萼近整齐，5浅裂；花冠淡黄色，长约7.0mm，外有柔毛和腺点。

5. 牡荆属 Vitex L.

1.小叶全缘，偶有少数锯齿，背面密被灰白茸毛（产于河南南部）…………………………………………………………………………… **黄荆V. negundo** L.

1.小叶边缘有锯齿，或浅裂至深裂。

2.小叶边缘有锯齿，背面疏生柔毛（产于各山区）……**牡荆V. negundo** var. **cannabifolia**(Sieb. et Zucc.)Hand.-Mazz.(*V. negundo* f. *intermedia* Pei)

2.小叶边缘有缺刻状锯齿，浅裂至深裂，背面密生灰白色茸毛（产于各山区）……………………… **荆条V. negundo** var. **heterophylla**(Franch.)Rehd.

6. 大青属 Clerodendrum L.

1.叶片椭圆形、卵状椭圆形、长圆形或长圆状披针形，长为宽的2.0倍以上，通常全缘；聚伞花序疏松排为伞房状，枝髓白色而坚实（产于河南南部，内乡、西峡、新县）…………………………… **大青C. cyrtophyllum** Turcz.

1.叶片宽卵形、卵形，卵状椭圆形或三角状卵形，长为宽的2.0倍以下。

2.聚伞花序密集排列呈头状；叶片宽卵形或卵形，边缘具锯齿（产于各山区）…………………………………………………… **臭牡丹C. bungei** Steud.

2.聚伞花序疏松排为伞房状；叶片卵形、卵状椭圆形或三角状卵形，全缘或有时具波状齿；枝髓为片状髓。

3.花冠筒长约2.0cm；叶纸质，基部对称，脉腋无腺体（产于各山区）……………………………………………**海州常山C. trichotomum** Thunb.

3.花冠筒长1.0~1.5cm；叶厚纸质，基部稍不对称，脉腋常有几个盘状腺体（产于大别山区、内乡）………… **浙江大青C. kaichianum** Hsu

7. 莸属 Caryopteris Bge.

1.花序无苞片和小苞片；花冠下唇中裂片边缘流苏状或齿状。

2.子房顶端被短毛；果实倒卵状球形，上部宽大于长度；花冠筒长约3.5mm（产于栾川）…………… **兰香草C. incana**(Thunb. et Houtt.)Miq.

2.子房无毛；果实长圆球形，长度大于宽；花冠筒长5.0~7.0mm（产于伏牛山）…………………………………………… **光果莸C. tangutica** Maxim.

1.花序有苞片和小苞片；花冠下唇中裂片全缘。

3.花2~3（5）朵组成腋生聚伞花序，花序梗长0.1~3.0cm。

4.花序梗长1.0~3.0cm（产于各山区）……… **三花莸C. terniflora** Maxim.

4.花序梗长0.1~0.3cm（产于伏牛山区，嵩县）……………………………………… **短梗三花莸C. terniflora** f. **brevipedunculata** Pei et S. L. Chen

2.花序有5至多朵花，花序梗长2.0~11cm；嫩枝与花序有柔毛（产于伏牛山区）……………… **莸**（叉枝莸）**C. divaricata**(Sieb. et Zucc.)Maxim.

一一七、唇形科 Labiatae

1.花冠单唇或假单唇（上唇不发达），稀2唇形及近辐射对称；小坚果侧腹面相接，背部常多少具皱纹；果脐明显，高度超过果轴之半；子房不裂至深裂，花柱着生点高于子房基部。

2.一年生直立草本；叶3~5掌状分裂；花萼5裂片相等；花冠蓝色；小坚果具网状皱纹 …………………………………… **3.水棘针属Amethystea**

2.一年生至多年生草本，或半灌木至灌木；叶不分裂或为羽状分裂。

3.花冠单唇形（上唇完全退化而不存在）………… **1.香科科属Teucrium**

3.花冠假单唇形（上唇不完全退化，稍存或有不明显2裂）；花序为密集或下部间断上部密集的穗状花序；萼裂片近相等 …… **2.筋骨草属Ajuga**

1.花冠2唇形；小坚果通常基部着生，侧腹面相接少；果脐小，高度不超过果轴之半；子房全裂，花柱着生于子房基部。

4.花萼2唇形，唇片全缘，上唇背部具盾片；胚多少横生 …………………………………………………………………………… **4.黄芩属Scutellaria**

4.花萼2唇形，呈3/2式或1/4式，稀5裂片相等，无盾片；胚直立；花盘裂片与子房裂片互生。

5.花冠2唇形，上唇先端微凹或2深裂，下唇3裂，稀近辐射对称；雄蕊上升或平展而直伸向前。

6.花冠筒内藏；雄蕊、花柱不伸出花冠筒外 …… **5.夏至草属Lagopsis**

6.花冠筒通常不藏于花萼内；雄蕊、花柱伸出花冠筒外。

7.花药非球形，药室平行或叉开，顶端通常不贯通为1室。

8.花冠明显2唇，裂片各异，上唇外凸，弧形、镰形或盔状。

9.雄蕊2枚（另2枚退化为小棒状、点状或消失），线形药隔与花丝相连成关节 ……………………………… **22.鼠尾草属Salvia**

9.雄蕊4枚，花丝丝状，无关节。

10.后对雄蕊长于前对雄蕊。

11.两对雄蕊不平行，通常前对直立上升，后对下倾，或后对上升，前对多少向前伸。

12.叶不分裂；后对雄蕊下倾；花盘裂片相等 ………… …………………………………… **6.藿香属Agastache**

12.叶掌状3裂或羽状深裂；后对雄蕊上升；花盘前对裂片较大 …………
……………………………………………………**7.裂叶荆芥属Schizonepeta**

11.两对雄蕊相互平行，均从花冠上唇下面上升。

13.萼齿间有增厚的瘤状胼胝体；或多少折皱；药隔突出成附属器，花药侧生 …………………………………………… **11.青兰属Dracocephalum**

13.萼齿间无增厚的瘤状胼胝体；药隔不突出，花药顶生。

14.花萼在果时不成壶形；花药水平叉开几成180º；轮伞花序组成顶生的假穗状花序或圆锥花序；植株无地上走茎 …… **8.荆芥属Nepeta**

14.花萼在果时呈壶形；药室叉开或平行；轮伞花序2~6朵花，多腋生；植株常具地上走茎。

15.药室叉开呈直角；花长不超过3.0cm；叶先端多钝圆，植株具地上走茎 …………………………………… **9.活血丹属Glechoma**

15.药室平行；花长一般超过3.0cm；叶先端锐尖或短渐尖，植株具地上走茎或否 ……………………………… **10.龙头草属Meehania**

10.后对雄蕊短于前对雄蕊。

16.花萼2唇形，喉部在果实成熟时由于下唇2裂片向上斜升而闭合 ………
…………………………………………………… **12.夏枯草属Prunella**

16.花萼5枚裂片近相等，喉部在果实成熟时张开。

17.花萼有钝三角形的4~5枚齿；花冠基部宽阔或逐渐向上部增宽，上唇较阔而略外凸；小坚果顶部有斜翅 ……**13.铃子香属Chelonopsis**

17.花萼有披针形或锥状三角形的尖锐裂片；小坚果无翅。

18.花冠上唇边缘常多毛或有流苏状缺刻；后对花丝基部多有附属器
…………………………………………………… **14.糙苏属Phlomis**

18.花冠上唇边缘全缘；后对花丝基部无附属器。

19.花药被毛或其中1室有纤毛。

20.花冠下唇裂片间有疣状突起；小坚果光滑无毛 ……………
……………………………………………**15.鼬瓣花属Galeopsis**

20.花冠下唇裂片间无疣状突起；小坚果具疣状突起 …………
…………………………………………… **16.野芝麻属Lamium**

19.花药无毛。

21.叶3~5掌状分裂或深裂。

22.全株被具节短柔毛和糙伏毛；花萼漏斗形，具5脉；花冠紫红色、粉红色至白色，冠筒内有微柔毛或毛环 …………**17.益母草属Leonurus**

22.全株密被棉状白色茸毛；花萼管状钟形，具10条脉；花冠黄白色，冠筒内无毛环 ………………………………………… **18.脓疮草属Panzeria**

21.叶不分裂，多为卵形或长圆形。

23.花萼5~8（10）条脉，下唇明显较上唇长，裂片不同形；花丝有疏柔毛；小坚果先端平截，有毛 ………………… **19.斜萼草属Loxocalyx**

23.花萼10条脉，上下唇近等长，裂片近同形；花丝无毛；小坚果近球形，光滑或具小瘤，无毛 ……………………… **20.水苏属Stachys**

8.花冠近辐射对称，有近似或略为分化的裂片，上唇如分化则扁平或外凸，花药卵形。

24.花萼筒状，3/2式2唇形，15条脉，后齿最大，卵圆形；叶心形…………
…………………………………………………**21.异野芝麻属Heterolamium**

24.花萼钟状或筒状，如2唇形则非后齿最大，齿均不具长芒，10~13条脉（牛至属15条脉，但叶非心形）。

25.雄蕊沿花冠上唇上升；雄蕊4枚全育。

26.小苞片条形或披针形，疏被短毛；花冠筒内面通常无毛；花时柱头裂片展开 ………………………………… **23.蜜蜂花属Melissa**

26.小苞片锥状或刺状，有疏长柔毛；花冠筒内面近下唇处有毛；花时柱头裂片常不展开 ………………… **24.风轮菜属Clinopodium**

25.雄蕊不沿花冠上唇上升，而从基部直伸。

27.能育雄蕊4枚，近等长。

28.叶通常全缘。

29.叶较大；小苞片卵形或披针形；花萼15条脉，5枚裂片相等；雄蕊药室平叉开或仅稍分开…… **25.牛至属Origanum**

29.叶常狭小；苞片小；花萼10~13条脉，3/2式2唇形；雄蕊药室平行……………………………… **26.百里香属Thymus**

28.叶缘具锯齿。

30.轮伞花序多花，有时在枝端密集呈头状或为圆柱形的穗状花序；花冠近辐射对称，裂片4枚；小坚果卵形，无毛，稍具小瘤 ………………………………………………………… **27.薄荷属Mentha**

30.轮伞花序2朵花，组成顶生或腋生且偏向一侧的总状花序；花冠2/3式2唇形；小坚果球形，具网纹 …………………… **29.紫苏属Perilla**

27.能育雄蕊2枚。

31.轮伞花序多花，腋生；花冠近辐射对称，4裂；小坚果倒卵状三棱形，有腺点 ……………………………………………… **28.地笋属Lycopus**

31.轮伞花序2朵花，在主茎及分枝上组成顶生的总状花序；花冠2/3式2唇形；小坚果近球形，具网纹或深穴状雕纹 ………… **30.石荠苎属Mosla**

7.花药球形，药室通常水平叉开，稀略叉开，顶通常贯通为1室。

32.叶3~10片轮生，线形，无柄；花冠近4裂；花丝具髯毛 ……………………………………………………………………… **34.水蜡烛属Dysophylla**

32.叶对生，非线形，有柄或无柄；花冠4裂或5裂，花丝无毛。

33.花萼5深裂；轮伞花序2朵花，组成假总状花序 …………………………………………………………………………… **33.香简草属Keiskea**

33.花萼具5齿；轮伞花序多花，组成假穗状花序。

34.花冠筒短，冠檐4裂，后裂片略外凸直立，前裂片及侧裂片展开；花萼5齿相等；小坚果顶端钝 ……… **31.香薷属Elsholtzia**

34.花冠5裂，2/3式2唇形；花萼5枚齿略不相等，2枚前齿稍大 ………………………………………… **32.绵穗苏属Comanthosphace**

5.花冠通常为4/1式2唇形；雄蕊下倾，平卧于花冠下唇上或包于其内。

35.花萼3/2式2唇形；花丝基部无附属物………………… **35.香茶菜属Rabdosia**

35.花萼不呈3/2式2唇形，上唇中裂片圆形或倒卵形，其他呈翅状下延；花丝基部具齿或具柔毛簇的附属物 …………………… **36.罗勒属Ocimum**

1. 香科科属 Teucrium L.

1.花萼明显2唇形，下唇2裂齿间弯缺裂至喉部；雄蕊超过花冠1.0倍，植株密被白色倒向短柔毛（产于大别山、桐柏山区，嵩县）……………………………………………………………………………… **庐山香科科T. pernyi** Franch.

1.花萼稍呈3/2式2唇形；雄蕊稍露出至露出部分相当于花冠的长度。

2.花冠展开后长度一般不及1.0cm，冠筒为唇片长度之半至与唇片等长；叶柄为叶片长的1/4左右。

3.叶圆形至卵圆状正三角形；苞片常3裂；假穗状花序由远离的轮伞花序组成（产于伏牛山区，济源）………… **裂苞香科科T. veronicoides** Maxim.

3.叶卵圆形至卵圆状长圆形；苞片全缘；假穗状花序由上下密接的轮伞花序组成（产于伏牛山、桐柏山、大别山区）………………………………………… **微毛血见愁T. viscidum** Bl. var. **nepetoides**(Lévl.)C. Y. Wu et S. Chow

2.花冠展开后长1.2~1.4cm，冠筒长为唇片的1/3；叶柄长为叶片的1/5以下；茎被小钩毛；叶片长圆形，长2.5cm、宽1.2cm左右（产于伏牛山、太行山区）… **小叶穗花香科科T. japonicum** Willd. var. **microphyllum** C. Y. Wu et S. Chow

2. 筋骨草属 Ajuga L.

1.花萼仅萼齿外面被疏柔毛或具明显睫毛，萼齿狭三角形（产于各山区）………………………………………………………………………… **筋骨草A. ciliata** Bge.

1.花萼外全部被毛，萼齿卵形、卵状三角形或三角形。

2.苞片与叶同形，同色；叶条形或条状披针形（产于鲁山、登封嵩山）………………………………………………………… **线叶筋骨草A. linearifolia** Pamp.

2.荀片与叶异形，叶非条形或条状披针形。

3.花冠蓝紫色，冠筒基部不膨大，茎生叶无柄或近无柄（产于信阳）………………………………………………………… **多花筋骨草A. multiflora** Bge.

3.花冠白色，有时略带淡蓝色，冠筒基部在毛环上方略膨大；叶有柄。

4.叶匙形、倒卵状披针形或倒披针形至几长圆形；植株花期具基生叶，茎平卧，具匍匐茎，逐节生根（产于桐柏、鸡公山、伏牛山、大别山区）……………………………… **金疮小草A. decumbens** Thunb.

4.叶阔椭圆形或倒卵状椭圆形；植株花期无基生叶，茎常直立，稀平卧，从基部分枝，高10~20cm或更高（产于伏牛山、桐柏山区）…………………………………………………… **紫背金盘A. nipponensis** Makino

3. 水棘针属 Amethystea L.

水棘针A. caerulea L.，各地均产。

茎高达1.0m，紫或紫绿色；叶3深裂，裂片披针形，宽8.0~15mm，先端长尖，边缘疏具粗齿，近无毛；聚伞花序具长梗，在茎枝顶组成松散的假圆锥花序，花梗与总花梗有腺毛；花冠蓝色或蓝紫色。

4. 黄芩属 Scutellaria L.

1.小坚果扁圆形，背腹面分化明显，背面具瘤，腹面圆柱状果脐四周密布刺状突起，缘具膜质篦齿状翅（产于伏牛山，嵩县）…………………………………………………………………………… **连钱黄芩S. guilielmi** A. Gray

1.小坚果多卵球形，背腹面分化不明显，具小瘤，被毛或无毛。

2.总状花序多顶生，稀间有腋生；花序下部苞叶与茎叶同型，中上部苞叶退化为苞片状，与茎叶不同型。

3.茎生叶明显具柄，叶片长宽相等或长为宽的2.0倍左右；苞片小，全缘，与茎生叶明显不同。

4.茎高80~100cm；叶长3.0~6.0cm、宽2.0~4.0cm，三角状卵形；全株密被平展的混生腺毛的微柔毛（产于河南西北部，内乡）……………………………………………… **莸状黄芩S. caryopteroides** Hand.-Mazz.

4.植株较矮小，高在40cm以下。

5.多年生草本，茎高12~28cm，通常带暗紫色，和叶柄均被微柔毛；叶片心状卵圆形、圆状卵圆形至椭圆形，长1.5~2.6（3.0）cm、宽1.2~2.3cm，两面被微柔毛或糙伏毛（产于各地）………………………………………………………………… **韩信草S. indica** L.

变种1：**缩茎韩信草**var. **subacaulis**(Sun ex C. H. Hu)C. Y. Wu et C. Chen，节间十分缩短；叶常聚生茎顶，卵圆形或三角状圆卵形，长1.6~4.0（5.0）cm、宽1.2~4.0cm；花序密集（产于新县）。

变种2：**长毛韩信草**var. **elliptica** Sun ex C. H. Hu，茎、叶柄和叶两面密被白色平展节柔毛（产于大别山区）。

变型：**多枝韩信草**f. **ramosa** C. Y. Wu et C. Chen，株略高大，茎多分枝。

5.一年生草本，茎高24~40cm，绿色，通常基部带紫色，茎和叶柄疏被上曲白色小柔毛；叶片卵圆形或三角状卵圆形，长 1.4~4.7cm、宽

1.2~3.5cm，两面疏被伏贴小柔毛（产于各山区）…………………………………………………………………………… **京黄芩S. pekinensis** Maxim.

变种1：**紫茎京黄芩**var. **purpureicaulis**(Migo)C. Y. Wu et H. W. Li，茎及叶柄密被短柔毛，常带紫色；叶两面疏被节柔毛，下面脉上密被短柔毛（产于大别山区）。

变种2：**短促京黄芩**var. **transitra**(Makino)Hara ex Ohwi，茎及叶柄几无毛或具白色上曲短柔毛；叶两面有极疏糙伏毛，下面有时脉上具细短柔毛；花萼及花序轴被具腺半展短柔毛（新县）。

3.茎生叶无柄或近无柄，常狭长，长为宽的2.0倍以上；苞叶多少类似茎生叶，向上渐小。

6.叶明显具牙齿状锯齿，两面被微柔毛（产于太行山区，嵩县）………………………………………………… **大齿黄芩S. macrodonta** Hand.-Mazz.

6.叶片全缘，上面无毛或疏被微柔毛，下面无毛或沿中脉疏被微柔毛，密具下陷腺点（产于各地）……………………**黄芩S.** baicalensis Georgi

2.总状花序多腋生或单花成对腋生。

7.总状花序腋生；茎密被上曲微柔毛；叶卵状披针形，长4.0~5.5cm、宽2.0~2.5cm，边缘具锐齿，下面密被紫红色腺点（产于信阳）…………………………………………………**河南黄芩S. honanensis** C. Y. Wu et H. W. Li

7.单花全腋生，单向对出。

8.茎仅节上有节状毛，节间近无毛；叶两面沿脉疏生紧贴小毛或几无毛；花长9.0~13mm（产于各地） ………… **半枝莲S. barbata** D. Don

8.茎密被上曲短柔毛；叶两面密被紧贴短柔毛；花长2.0~2.5cm（产于伏牛山区）…………………………………………………………**多毛并头黄芩 S. scordifolia** Fisch. ex Schrank. var. **villosissima** C. Y. Wu et W. T. Wang

5. 夏至草属 Lagopsis Bge. ex Benth.

夏至草L. supina(Steph.)Ik.-Gal. ex Knorr.，各地常见。

茎高达50cm，多分枝，带紫红色，密生微毛；叶近圆形，长与宽1.5~3.0cm，掌状3深裂，裂片有少数齿或浅裂，基部心形；轮伞花序多花，花白色；萼齿先端刺尖，边缘有细纤毛。

6. 藿香属 Agastache Clayt.

藿香A. rugosa(Fisch. et Mey.)O. Ktze.，野生或栽培于各地，供药用。

多年生，有强烈香气；茎高达1.5m，上部分枝，被短毛；叶心状卵形或长圆状披针形，宽2.0~6.0cm，先端尾状渐尖，边缘具粗齿；轮伞花序组成顶生圆柱状假穗状花序，花淡紫或红色。

7. 裂叶荆芥属 Schizonepeta Briq.

1.叶一回羽状深裂或全裂，有时浅裂至近全缘；穗状花序连续，很少间断（产于太行山、伏牛山区）………………… **多裂叶荆芥S. multifida**(L.)Briq.

1.叶指状3裂；穗状花序间断（产于太行山、伏牛山区，商城）……………………………………………………………**裂叶荆芥S. tenuifolia**(Benth.)Briq.

8. 荆芥属 Nepeta L.

1.花较小，长8.0~10mm。

2.花白色，花冠下唇中裂片凹陷，边缘具向上内弯的大牙齿；叶先端钝尖（产于伏牛山区）……………………………………………**荆芥N. cataria** L.

2.花紫色，花冠下唇中裂片全缘或微波状；叶先端渐尖至尾状渐尖（产于伏牛山区）……………………………………………… **心叶荆芥N. fordii** Hemsl.

1.花较大，长达20mm。

3.茎高1.5~2.3m；叶长10~15cm、宽4.0~10cm，下面灰白色，被极密茸毛状短硬毛和黄褐色腺点；花萼长7.0~8.0mm，具近相等5枚齿；小坚果具瘤状突起（产于鲁山、卢氏）…………… **河南荆芥N. henanensis** C. S. Zhu

3.茎高达1.0m；叶长4.0~7.5cm、宽3.0~5.0cm，两面被极细微柔毛；花萼长约5.0mm，近2唇形，上唇3齿较大；小坚果表面无瘤突（产于商城）……………………………………………………………… **浙荆芥N. everardii** S. Moore

9. 活血丹属 Glechoma L.

1.花冠较花萼长1.0倍或1.0倍以下；花萼长9mm以上，萼齿长为萼的1/3或2/5；叶被柔毛（产于各山区）………… **活血丹G. longituba**(Nakai)Kupr.

1.花冠较花萼长1.0倍以上。

2.叶片心状卵形，边缘具深而尖的粗齿，茎下部叶的叶柄长为叶片的2.0~3.0倍；花冠筒细长，钟状。

3.全株除花外被疏散的倒向短柔毛；萼齿卵状三角形，先端细尖…………………………………………………… **活血丹G. longituba**(Nakai)Kupr.

3.全株被长柔毛及倒向短柔毛；萼齿狭三角形，先端具长芒状细尖（产于伏牛山区）………………**白透骨消G. biondiana**(Diels)C. Y. Wu et C. Chen

变种：**无毛白透骨消**var. **glabrescens** C. Y. Wu et C. Chen，植株无毛或仅于幼嫩部被微柔毛，具较长的匍匐茎；花萼钟形，长1.2~1.5cm（产于嵩县、内乡）。

2.叶肾形或心状肾形，边缘具浅圆齿，茎下部叶之叶柄长为叶片的4.0~5.0倍；花冠筒漏斗状；花萼长约6.0mm，萼齿卵形（产于卢氏、栾川）……………………………………………………… **日本活血丹G. grandis**(A. Gray)Kupr.

10. 龙头草属 Meehania Britt.ex Small et Vaill.

1.茎细弱，高6.0~30cm，不分枝；叶心形或卵状心形，长、宽约1.0~5cm（产于大别山区）…………………………………………………………… **荨麻叶龙头草M. urticifolia**(Miq.)Makino [*M. fargesii*(Lévl.)C. Y. Wu]

1.茎粗壮，高达60cm，多分枝；具粗壮而长的匍匐走茎；叶长圆状心形或椭圆状心形，长3~15cm（产于金刚台）……………………………………………… **狭荨麻叶龙头草M. urticifolia** var. **angustifolia**(Dunn)Hand.-Mazz.

11. 青兰属 Dracocephalum L.

1.一年生；基生叶卵状三角形；茎生叶窄卵状长圆形、披针形或线状披针形，宽仅2.0~12mm，基部楔形至圆形；花长1.5~2.5cm（产于太行山区）…………………………………………………………………… **香青兰D. moldavica** L.

1.多年生；基生叶和茎生叶均为卵形或三角状卵形，基部心形；花较大，长3.5~4.0cm（产于太行山区，辉县）……………… **毛建兰D. rupestre** Hance

12. 夏枯草属 Prunella L.

1.植株较瘦弱；花冠长略超出花萼，长约13mm（各地常见）………………

……………………………………………………… **夏枯草P. vulgaris** L.

1.植株粗壮；花冠长约为萼的2.0倍，长18~21mm（未见野生标本，郑州有栽培）……………………………………………… **山菠菜P. asiatica** Nakai

13. 铃子香属 Chelonopsis Miq.

浙江铃子香C. chekiangensis C. Y. Wu，产于商城。

多年生，茎高达60cm；叶披针形，宽1.5~4.5cm，先端渐尖，边缘粗锯齿，两面脉上具节伏毛；腋生二歧聚伞花序3~5花；花萼长8.0~10mm，钟状，花后囊状增大，长达20mm；花冠紫色，长3.0~4.0cm。

14. 糙苏属 Phlomis L.

1.植物具茎生叶；小坚果顶端被短柔毛；叶上面被单毛，下面被星状毛；苞片披针形或狭披针形（产于灵宝）……… **大叶糙苏P. maximowiczii** Regel

1.植物全部具茎生叶；小坚果无毛。

2.苞片长仅为花萼之半；叶柄长0.5~3.0cm（产于灵宝）……………………………………………………………… **四川糙苏P. szechuanensis** C. Y. Wu

2.苞片等长或略长于花萼；叶柄长3.0~11cm（产于各山区）………………………………………………………………… **糙苏P. umbrosa** Turcz.

变种：**宽苞糙苏**P. **umbrosa** var. **latibracteata** Sun ex C. H. Hu，苞片线状长圆形或倒卵状长圆形，短于花萼，长5.0~7.0mm、宽1.8~2.5mm，先端具硬尖，产于各山区。

变型：**长毛宽苞糙苏**f. **villosa** C. Y. Wu，植株各部被长柔毛（产于伏牛山区）。

15. 鼬瓣花属 Galeopsis L.

鼬瓣花G. bifida Boenn.，产于太行山、伏牛山区。

一年生草本，高20~60cm；茎密被节长刚毛，上部常杂有腺毛；叶卵状披针形或披针形，长3.0~8.0cm；轮伞花序密集多花；苞片具长睫毛；花萼长约1.0cm，5等齿，齿端具长刺尖；花冠白黄色至粉红色，长约1.4cm；花药2瓣横裂，内瓣具1丛纤毛。小坚果具秕鳞。

16. 野芝麻属 Lamium L.

1.花冠筒直，圆筒形，内面无毛，紫红或粉红色；叶圆形或肾形，具深圆齿（产于各地）…………………………………… **宝盖草L. amplexicaule** L.

1.花冠筒内面近基部有毛环，自毛环以上扩展，几膨胀，白色或浅黄色；茎下部叶卵圆形或心脏形，上部叶卵圆状披针形，边缘具牙齿状锯齿（产于各山区）………………………………… **野芝麻L. barbatum** Sieb. et Zucc.

变种：**坚硬野芝麻**var. **rigidum** C. Y. Wu et Hsuan，茎锐四棱形，坚硬，被伏贴倒向短硬毛；果萼坚纸质，被疏短硬毛（产于卢氏）。

17. 益母草属 Leonurus L

1.花长10mm以上，花冠筒内有明显毛环。

2.叶片深裂达基部而为3枚窄裂片，裂片再羽状分裂为小裂片；花冠长1.0~1.2cm（产于各地）………………… **益母草L. artemisia**(Lour.)S. Y. Hu

2.叶常3裂至中部，上部叶3浅裂或不裂；花冠长约1.8cm（产于各山区）……………………………………………… **錾菜L. pseudomacranthus** Kitag.

1.花长7.0~8.0mm，花冠筒内无毛环（产于新县、商城、栾川）……………………………………………… **假鬃尾草L. chaituroides** C. Y. Wu et H. W. Li

18. 脓疮草属 Panzeria Moench

脓疮草P. alaschanica Kupr.，产于内蒙古、陕西、宁夏，生于砂地。河南见有标本（采集人及采集地点不详），可能黄河水将其种子传入河南某地沙滩或砂地，得以生存。

植株灰白色，茎叶密被白色短茸毛；叶宽卵形，宽3.0~5.0cm，掌状5深裂至近基部，裂片宽2.0~4.0mm；轮伞花序多花，密集为顶生假穗状花序；花淡黄色或白色，长3.0~4.0cm。

19. 斜萼草属 Loxocalyx Hemsl.

斜萼草L. urticifolius Hemsl.，产于太行山、伏牛山、桐柏山区。

茎高达1.0m，多分枝；叶宽卵形至披针形，宽2.0~7.0cm，先端长渐尖，边缘具粗齿状牙齿，两面疏生短刺毛；轮伞花序多花，小苞片钻形；花萼管状，长10~15mm，5~10条脉；花冠粉红色、紫色或暗红色，长15~20mm。

20. 水苏属 Stachys L.

1.小苞片明显，长达花萼之半或更长；植株各部密被灰白色丝状绵毛；叶肥厚；轮伞花序密集为长穗状花序，花圃中偶见栽培……………………………………………………………………………………绵毛水苏**S. Lanata** Jacq.

1.小苞片微小，不明显，较花梗短或稍长，早落。

2.叶狭长，披针形或长圆状披针形，叶柄短或近无叶柄。

3.叶下面密被灰白色柔毛状茸毛，沿脉被长柔毛，叶长宽比约4：1（产于伏牛山、桐柏山、大别山区）…………针筒菜**S. oblongifolia** Benth.

3.叶下面毛被非如上述，被微柔毛、刚毛、小刚毛或无毛。

4.茎密被刚毛或小刚毛，花萼密被白色长柔毛状刚毛，叶长宽比（5~7）：1（产于太行山、伏牛山区）……………………………………………………………………毛水苏**S. baicalensis** Fisch. ex Benth.

4.茎无毛或在棱及节上被柔毛状刚毛或小刚毛；花萼被柔毛状刚毛或具腺状微柔毛。

5.叶长圆状披针形，上面疏被小刚毛或近无毛，下面无毛，边缘有锯齿状圆齿；叶柄长2.0~5.0mm或近无柄；花萼沿脉上及齿缘疏具柔毛状刚毛（产于太行山、伏牛山区）……………………………………………………………………华水苏**S. chinensis** Bge.

5.叶长圆状宽披针形，两面均无毛，边缘为圆齿状锯齿，叶柄明显，长3.0~17mm；花萼被具腺微柔毛（产于河南东部及南部）……………………………………………………水苏**S. japonica** Miq.

2.叶卵圆形、长圆状卵圆形或心形。

6.茎自基部至上部均多分枝，密被柔毛；茎生叶心形，长2.5~6.5cm，宽1.5~3.0cm；轮伞花序2~6朵花，常2朵花（产于伏牛山、桐柏山、大别山区）……………………………………蜗儿菜**S. arrecta** L. H. Bailey

6.茎单一或多分枝，在棱及节上多少有向下斜展硬毛；茎生叶卵形或长椭圆状卵形，长3.0~12cm、宽1.5~6.0cm；轮伞花序通常6朵花（产于各山区）………………………………………………甘露子**S. sieboldi** Miq.

21. 异野芝麻属 Heterolamium C. Y. Wu

异野芝麻H. debile(Hemsl.)C. Y. Wu，产于淅川、西峡。

茎高15~40cm，纤细；叶心形、卵圆形，宽2.0~4.0cm，边缘具粗圆齿，两面散生白色多节伏贴毛；叶柄纤细，长约5.0cm。轮伞花序2~6朵花，在茎顶组成总状花序；花白色。

22. 鼠尾草属 Salvia L.

1.雄蕊药隔多少弯成半圆形或弧形，上臂比下臂长或相等，两端的药室均发育。

2.一年生或二年生草本；茎常多分枝；叶几全部为茎生。

3.花冠黄色；叶三角状戟形或箭形，基片近水平伸展成三角形，中裂片与基片间成钝角（产于栾川、卢氏）…… **黄鼠狼花S. tricuspis** Franch.

3.花冠蓝紫或紫色；叶三角形或卵圆状三角形，基片近不伸展，中裂片与基片间呈弧形（产于太行山、伏牛山区）……………………………………………………………… **荫生鼠尾草S. umbratica** Hance

2.多年生草本；茎通常不分枝；叶几乎全部基出。

4.花冠直伸，不弯曲，黄色，唇片上具紫晕，长约2.2cm；叶圆状心形或卵状心形（产于伏牛山区）……**鄂西鼠尾草S. maximowicziana** Hemsl.

4.花冠多少向上弯曲，不直伸，紫色，长3.0~4.5cm；叶宽卵形或宽心形（产于太行山、伏牛山区）……… **湖北鼠尾草S. hupehensis** Stip.

1.雄蕊药隔多少伸直，不弯成半圆形，下臂药室不育。

5.药隔下臂连合。

6.叶全为单叶。

7.叶片椭圆状卵形至椭圆状披针形；花冠长不及15mm。

8.花冠蓝紫色或淡红色，长4.0~6.0mm；萼外疏被柔毛并散生金黄色腺点（产于各地）……………………… **荔枝草S. plebeia** R. Br.

8.花冠青蓝色，长10~15mm；萼外密被白色或青蓝色绵毛（栽培）……………………………………… **一串蓝S. farinacea** Benth.

7.叶片卵圆形或三角状卵圆形；花冠长20~50mm（栽培）。

9.叶两面无毛；花萼与花冠同色，常红色；花冠长30~50mm………………………………………………… **一串红S. splendens** Ker-Gawl.

9.叶两面被毛；花萼常绿色；花冠红色，长20~23mm ……………………………………………………………………………… **朱唇S. coccinea** L.

6.叶多为三出叶或奇数羽状复叶，极稀为单叶，但苞片通常为绿色。

10.花冠筒内无毛环，比花萼长2.0~3.0倍；花萼内无长硬毛毛环（产于伏牛山区）…………………………… **长冠鼠尾草S. plectranthoides** Griff.

10.花冠筒内有完全或不完全毛环。

11.花冠下唇中裂片2裂，小裂片边缘流苏状；萼筒内面喉部有白色长柔毛毛环；花冠黄色；单叶或三出叶（产于新县、商城）………………………………………… **河南鼠尾草S. honania** L. H. Bailey

11.花冠下唇中裂片微缺，顶端不呈流苏状。

12.花冠淡黄至黄色。

13.花冠筒内几全被柔毛，无明显毛环；下唇中裂片具2枚小裂片；小坚果长约2.5mm；叶无黄色腺点（产于大别山、桐柏山区，内乡）…………………………………………………………… **拟丹参S. paramiltiorrhiza** H. W. Li et X. L. Huang

13.花冠筒内有斜向毛环；下唇中裂片扇形，先端无裂片；小坚果长0.8~1.2mm；叶两面有黄腺点（产于商城） ……………………………… **大别鼠尾草S. dabieshanensis** J. Q. He

12.花冠紫蓝色；花冠筒内具毛环（产于各地） ………………………………………………………… **丹参S. miltiorrhiza** Bge.

变种：**单叶丹参**var. **charbonnelii**(Lévl.)C. Y. Wu，叶为单叶，间有3小叶的复叶，叶片或小叶片圆形或近圆形（产于内乡、方城）。

变型：**白花丹参**f. **alba** C. Y. Wu et H. W. Li，花白色。

5.药隔下臂分离；叶为单叶或具3枚小叶；花冠长约1.0cm，紫色（产于大别山、桐柏山区）……………………………………… **华鼠尾草S. chinensis** Benth.

23. 蜜蜂花属 Melissa L.

蜜蜂花M. axillaris(Benth.)Bakh. f.，产于新野。

具根状茎；茎高达1.0m，被短毛。叶卵形，长2.0~6.0cm，宽1.3~3.0cm，下面近中脉两侧紫红色或有时全部紫色，有腺点。轮伞花序在枝端组成间断假穗状花序。苞片条形；花萼钟状，长6.0~8.0mm，疏生长节毛；花冠长约10mm。小坚果褐色，具皱纹。

24. 风轮菜属 Clinopodium L.

1.轮伞花序总梗明显且极多分枝，花多密集，常偏于一侧。

2.苞片针状，极细，无明显中肋；花萼长5.0~6.0mm；花冠长不及1.0cm（产于大别山、桐柏山、伏牛山区）…**风轮菜C. chinense**(Benth.)O. Ktze.

2.苞片线形，明显具肋；花萼长7.0~8.0mm；花冠长约1.2cm（产于各山区）…… **麻叶风轮菜C. urticifolium**(Hance)C. Y. Wu et Hsuan ex H. W. Li

1.轮伞花序无明显的总梗，或多少明显具总梗时但不为极多分枝，因而花不偏向于一侧。

3.茎单一或二茎丛生，直立；茎被平展糙硬毛及腺毛；叶两面被粗硬毛；轮伞花序圆球形，沿茎及分枝形成宽而多头的圆锥花序；花萼长超过5.0mm，花冠长约8.0mm（产于各山区）…………………………………………………… **灯笼草C. polycephalum**(Vaniot)C. Y. Wu et Hsuan ex Hsu

3.植株多茎，铺散或自基部多分枝，茎多柔弱上升。

4.花萼短小，长不及4.0mm；花冠长4.0~5.0mm。

5.轮伞花序具叶状苞叶；萼筒上下等宽，外面全无毛或沿脉上有极稀少的毛，上唇3齿果时不向上反折（产于大别山、桐柏山区）……………………………………… **邻近风轮菜C. confine**(Hance)O.Ktze.

5.轮伞花序不具苞叶；萼筒不等宽，外面沿脉被短硬毛，余部被微柔毛，上唇3齿果时向上反折（产于河南南部）………………………………………………………………… **细风轮菜C. gracile**(Benth.)Mats.

4.花萼长约6.0mm；轮伞花序具10余朵花，苞片几等长于花萼；花冠长约7.0mm（产于各地）… **匍匐风轮菜C. repens**(D. Don)Wall. ex Benth.

25. 牛至属 Origanum L.

牛至O. vulgare L.，各地均产，全草药用。

茎高达80cm，多分枝，被倒向或微卷曲的柔毛；叶卵形或卵圆形，宽5.0~20mm，先端钝，全缘或偶有疏齿，两面被柔毛和腺点；花紫红色至白色，长5.0~6.0mm。

26. 百里香属 Thymus L.

1.花萼上唇齿三角形或近三角形，齿长不超过全唇片长的1/3；叶卵圆形（产于卢氏、栾川）…………………………… **百里香T. mongolicus** Ronn.

1.花萼上唇齿披针形。

2.叶长圆状椭圆形或长圆状披针形，稀卵圆形或卵状披针形，长7.0~13mm、宽1.5~3.0(4.5)mm，侧脉2（3）对；花序轴被向下弯曲的短柔毛（产于太行山至伏牛山北坡）……… **地椒T. quinquecostatus** Celak.

2.叶宽卵状披针形，长10~12mm、宽4.0~5.0mm，侧脉3~4对；花序轴密被十分平展的毛（产于太行山、伏牛山区）……………………………………………………… **展毛地椒T. quinquecostatus** var. **przewalskii**(Kom.)Ronn.

27. 薄荷属 Mentha L.

1.轮伞花序生于茎叶腋内，远离；叶高出轮伞花序；苞叶与叶同形；花冠喉部有毛；茎多分枝，叶长3.0~5.0（7.0）cm，雄蕊与花柱稍伸出（各地均有）…………………………………………………… **薄荷M. haplocalyx** Briq.

1.轮伞花序密集成顶生常无叶的头状或穗状花序，或轮伞花序远离，但茎叶低于轮伞花序；苞叶线形或近似于茎叶；花冠喉部无毛（多栽培）。

2.叶面皱，卵形或卵状披针形，边缘具锐裂的锯齿；植株无毛；萼齿在果时稍靠合（栽培）………………………… **皱叶留兰香M. crispata** Schrad.

2.叶面平坦；萼齿在果时不靠合。

3.上部茎叶无柄或近无柄；花序细长，长4.0~10cm，沿全长间断；植株亮绿色（偶见栽培）……………………………… **留兰香M. spicata** L.

3.全部茎叶均具柄；花序粗大，仅在基部间断，植株暗绿色。

4.茎叶披针形至卵状披针形，先端锐尖，萼齿边缘具缘毛（偶见栽培）………………………………………………… **辣薄荷M. piperita** L.

4.茎叶宽卵圆形或椭圆形，先端钝；萼齿不具缘毛（偶见栽培）…………………………………………………… **柠檬留兰香M. citrata** Ehrh.

28. 地笋属 Lycopus L.

1.叶披针形或长圆状披针形，长可达8.0cm以上；轮伞花序直径超过10mm，花长约5.0mm。

2.茎无毛，或在节上疏生小硬毛；叶长圆状披针形，两面均无毛（产于太行山至伏牛山区）…………………………………… **地笋L. lucidus** Turcz.

2.茎棱上被向上小硬毛，节上密集硬毛；叶披针形，上面密被细刚毛状硬毛，下面脉上被刚毛状硬毛，叶缘具毛（产于各地）…………………………………………………… **硬毛地笋L. lucidus** var. **hirtus** Regel.

1.叶长圆状卵圆形或菱状卵圆形，长不超过5.0cm；茎叶近无毛或有微柔毛；轮伞花序直径5.0~7.0mm；花长不足4.0mm（产于桐柏）………………………………………………………………………… **小叶地笋L. coreanus** Lévl.

29. 紫苏属 Perilla L.

1.果萼大，长至11mm；茎密被长柔毛；叶阔卵形或圆形，长7.0~13cm、宽4.5~10cm，上面被疏柔毛，下面被贴生柔毛；小坚果灰褐色，直径约1.5mm（产于各地）………………………………… **紫苏P. frutescens**(L.)Britt.

1.果萼小，长4.0~5.5mm；茎被短疏柔毛；叶卵形，长4.5~7.5cm、宽2.8~5.0cm，两面被疏柔毛；小坚果土黄色，直径1.0~1.5mm（产于各山区）……………………………… **野生紫苏P. frutescens** var. **acuta**(Thunb.)Kudo

30. 石荠苎属 Mosla Buch.-Ham. ex Maxim.

1.苞叶线状披针形、披针形、卵状披针形或狭卵形；轮伞花序聚集为细长假总状。

2.花萼上唇具锐齿；茎密被短柔毛；小坚果具深雕纹（产于各山区）……………………………………… **石荠苎M. scabra**(Thunb.)C. Y. Wu et H. W. Li

2.花萼上唇具钝齿；茎枝无毛或仅棱及节上有短毛，或疏被长节柔毛；小坚果具疏网纹。

3.植株有稀疏长节柔毛；花长约2.5mm（产于大别山、桐柏山区）……………………………………………………… **小花荠苎M. cavaleriei** Lévl.

3.植株无毛，或仅棱及节上被短毛；花长3.0~5.0mm。

4.叶卵形或卵状披针形，边缘有锐尖疏齿；苞片与花梗等长或稍超出；花冠倍长于花萼（产于大别山、桐柏山、伏牛山区）…………………………………………………………………… **小鱼仙草M. dianthera**(Buch.-Ham.)Maxim.

4.叶倒卵形或菱形，边缘具圆齿或圆齿状锯齿；苞片长超过花梗；花冠稍长于花萼（产于嵩县）……… **长苞荠苧M. longibracteata** C. Y. Wu et H. W. Li

1.苞片阔卵形或圆形；轮伞花序密集为长1.0~3.0cm的穗状或头状花序（产于商城，黄柏山）………………………………………… **石香薷M. chinensis** Maxim.

31. 香薷属 Elsholtzia Willd.

1.苞片披针形、钻形或线形。

2.半灌木；叶下面除中、侧脉略被微柔毛外，余部无毛；穗状花序近偏于一侧；花冠长约9.0mm；叶披针形至椭圆状披针形（产于各山区） ………………………………………………………… **木香薷E. stauntoni** Benth.

2.草本植物；穗状花序圆柱形；花冠长2.0~3.0mm。

3.雄蕊4枚均能育，明显伸出花冠；叶卵形至长圆形，下面密被短柔毛（产于伏牛山区）… **野草香E. cypriani**(Pavol.)C. Y. Wu et S. Chow

3.前对雄蕊不育，后对雄蕊内藏或微伸出；叶菱状圆卵形，下面仅沿脉有短柔毛（产于大别山、桐柏山、伏牛山区南部）…………………………………………………… **穗状香薷E. stachyodes**(Link)C. Y. Wu

1.苞片扇形、近圆形、或多少阔卵形；穗状花序偏于一侧。

3.萼前2枚齿较其余3枚齿为长；叶卵形或椭圆状披针形，长2.0~9.0cm、宽1.0~4.0cm，边缘具锯齿（产于各地）…… **香薷E. ciliata**(Thunb.)Hyland.

3.萼齿近等长；叶卵状三角形、卵状长圆形至长圆状披针形或披针形，长1.5~6.0cm、宽0.5~2.5cm，边缘具整齐、锐或稍钝的疏锯齿（产于各地）**海州香薷E. splendens** Nakai ex F. Maekawa

32. 绵穗苏属 Comanthosphace S. Moore

1.老叶两面近无毛（产于商城、新县、息县）…………………………………………………………………… **绵穗苏C. ningpoensis**(Hemsl.)Hand.-Mazz.

1.老叶下面密生星状茸毛（产于商城）……………………………………

……………………………绒毛绵穗苏**C. ningpoensis** var. **stellipiloides** C. Y. Wu

33. 香简草属 Keiskea Miq.

香薷状香简草K. elsholtzioides Merr.，产于大别山区，固始。

多年生草本，具木质块状根茎。茎直立，下部带紫色；幼枝、花序轴及花梗均密被柔毛。叶卵形或长圆状卵形，长3.0~15cm，宽2.0~10cm，两面疏被短毛，下面遍布凹陷腺点。轮伞花序2花，组成顶生和腋生的假总状花序。花梗长1.5~3.0mm；花萼5深裂；花冠白色或带紫色，长8.0~10mm，外被短柔毛。

34. 水蜡烛属 Dysophylla Bl. ex El–Gazzar et Watson

1.假穗状花序直径8.0~15mm；花冠长4.0~5.0mm；叶3~4片轮生，狭披针形或线形，宽3.0~8.0mm（产于嵩县）……………水蜡烛**D. yatabeana** Makino

1.假穗状花序直径4.0~6.0mm；花冠长不超过2.0mm；叶4~8轮生，线形，宽1.5~4.0mm（产于嵩县）……………………水虎尾**D. stellata**(Lour.)Benth.

35. 香茶菜属 Rabdosia(Bl.)Hassk.

1.果萼具相等的5枚齿，通常直立。

2.果萼钟形或宽钟形；花序疏散圆锥状。

3.叶披针形或狭披针形，长3.5~13cm、宽1.0~2.0cm，先端长渐尖，基部楔形或狭楔形；萼齿披针形，锐尖；小坚果顶端被微柔毛（产于大别山、桐柏山、伏牛山区）…………………………………………………………………………显脉香茶菜**R. nervosa**(Hemsl.)C. Y. Wu et H. W. Li

3.叶阔卵形、卵圆形、卵形或卵状披针形，绝不为狭披针形。

4.茎多少被倒向节柔毛；花冠长7.0~8.0mm；花萼钟形；雄蕊和花柱内藏（包藏于花冠下唇内）。

5.花萼外面近无毛，萼齿近等长；果萼宽钟形，长4.0~5.0mm；聚伞花序分枝极叉开，组成顶生大型松散的假圆锥花序；叶宽1.5~3.5cm（记载产于河南南部，未见标本）…………………………………………………………香茶菜**R. amethystoides**(Benth.)Hara

5.花萼外面无毛，萼齿略呈3/2式二唇形；果萼筒状钟形，长5.0~6.0mm（长大于宽）；聚伞花序分枝略叉开，组成狭窄的假圆锥花序；叶上面散布短节柔毛，下面沿脉被节柔毛（产于大别山、桐柏山、鸡公山区）……………… **内折香茶菜R. inflexa**(Thunb.)Hara

4.茎近无毛或被微柔毛，无节柔毛；花冠长5.0~6.0mm；雄蕊和花柱略伸出；萼外被灰白柔毛。

6.叶先端急尖或渐尖；两面仅脉上被微柔毛，余部无毛，边缘具粗大内弯锯齿；萼齿近等大；果萼宽钟形；小坚果有毛（产于各山区）……………………………………………… **溪黄草R. serra**(Maxim.)Hara

6.叶先端常凹陷，凹部中央有1卵形具短尖或尾尖的顶齿，两面密被短柔毛及腺点，边缘具锐锯齿或圆齿状牙齿；花萼前2枚齿稍宽长；果萼筒状钟形；小坚果无毛（产于大别山、桐柏山、伏牛山区）……………………………………… **毛叶香茶菜R. japonica**(Burm. f.)Hara

变种：**蓝萼香茶菜**var. **glaucocalyx**(Maxim.)Hara，叶疏被短柔毛及腺点，顶齿卵形或披针形而渐尖，锯齿较钝；花萼常带蓝色，外面密被贴生微柔毛（产于太行山至伏牛山区）。

2.果萼管状或管状钟形；圆锥花序穗状而紧密，无苞片，花序轴及花梗密被白色卷曲短柔毛；花萼密被灰白色绵毛，果时变无毛（产于伏牛山区）……………………………… **毛萼香茶菜R. eriocalyx**(Dunn)Hara

1.果萼具近相等的5齿或3/2式2唇形，通常下倾。

7.花萼具近相等的5齿或微呈2唇形。

8.叶先端明显具1深凹，凹缺中有长2.0~2.5cm的长披针形顶齿，但下部茎生叶先端无深凹陷；二歧状聚伞花序10~15朵花（产于桐柏、确山、新县、商城）………………………………………………………………… **歧伞香茶菜R. macrophylla**(Migo)C. Y. Wu et H. W. Li

8.叶先端无明显深凹。

9.柔弱草本，茎基部匍匐生根；叶卵形、阔卵形或长圆状卵形，长1.5~8.5cm、宽0.5~5.3cm，花冠下倾，平伸（产于伏牛山区）……………… **线纹香茶菜R. lophanthoides**(Buch.-Ham.ex D. Don)Hara

9.亚灌木状草本，茎挺直，常带紫红色；幼枝密被柔毛状短节柔毛；

叶卵圆形或菱状卵圆形，长2.0~6.0cm、宽1.3~3.0cm，两面有节毛和腺毛；花冠下曲（产于各地区）………………… **碎米桠R. rubescens**(Hemsl.)Hara

变种1：**冬凌草**var. **taihangensis** Z. Y. Gao et Y. R. Li，茎上部分枝，分枝长达20cm，花序轴及花梗均绿色，叶脉背面稍凸起；萼绿色（产于太行山、伏牛山区）。

变种2：**卢氏香茶菜**var. **lushiensis** Z. Y. Gao et Y. R. Li，当年生植株不分枝，聚伞花序组成的窄圆锥花序仅生于茎端（产于伏牛山区）。

变种3：**鲁山香茶菜**var. **rubescens** f. **lushanensis** Z. Y. Gao et Y. R. Li，分枝纤弱，长不过10cm，枝顶具少数聚伞花序；茎上部、分枝、花梗及萼均绿色。

7.花萼明显呈3/2式2唇形。

10.花萼浅裂至中裂；叶菱状卵形或披针形，中部者长4.5~11cm，宽3.5~6.0cm，先端渐尖，顶齿伸长；花冠长约7.0mm，冠筒长约3.5mm；小坚果扁长圆形，长约1.3mm（产于伏牛山区）……………………………………………………………… **鄂西香茶菜R. henryi**(Hemsl.)Hara

10.花萼深裂；叶宽椭圆形、卵形或圆卵形，长8.5~15cm，宽7.5~13cm，先端锐尖状尾形；花冠长约10mm，冠筒长约6.0mm；小坚果近球形，径约1.5mm（产于伏牛山区）……………………………………………………… **拟缺香茶菜R. excisoides**(Sun ex C. H. Hu)C. Y. Wu et H. W. Li

36. 罗勒属 Ocimum L.

1.叶椭圆形或长圆状椭圆形，长2.0~6.0cm、宽1.0~3.0cm；叶柄和花序疏生柔毛 ……………………………………………………… **罗勒O. basilicum** L.

1.叶卵形或长圆状卵形，较小；叶柄和花序密被长柔毛(普遍栽培的蔬菜）……………………… **疏柔毛罗勒O. basilicum** L. var. **pilosum**(Willd.)Benth.

一一八、茄科 Solanaceae

1.灌木或小乔木。

2.花单生或簇生，花冠漏斗状；植株多具棘刺 ……………… **2.枸杞属Lycium**

2.聚伞花序，花冠辐状或窄长筒状。

3.花冠窄长筒状；果实具1至少数种子 …………… **11.夜香树属Cestrum**

3.花冠辐状；果实具多数种子；植株多具皮刺，无刺时则多被星状毛 ……………………………………………………………………… **8.茄属Solanum**

1.一年生或多年生草本，极稀半灌木。

4.花集生于各式聚伞花序上，花序顶生、腋生或腋外生。

5.花冠钟状、筒状漏斗形、高脚碟状或漏斗状；花药不围绕花柱靠合；花萼在花后增大，完全或不完全包围果实；蒴果。

6.花冠漏斗状或钟状；蒴果盖裂。

7.花集生于顶生聚伞花序上；果萼的齿不具强壮的边缘脉，顶端无刚硬针刺 ……………………………………**4.泡囊草属Physochlaina**

7.花在枝中下部单生于叶腋且常偏向一侧，而在上部逐渐集为蝎尾式总状花序；果萼的齿具强壮边脉，顶端有刚硬针刺 ……………………………………………………………… **3.天仙子属Hyoscyamus**

6.花冠筒状漏斗形、高脚碟状或筒状钟形，蒴果2瓣裂 ……………………………………………………………………………**12.烟草属Nicotiana**

5.花冠辐状；花药围绕花柱而靠合；花萼在花后不增大或稍增大，果时仅宿存于果实基部；浆果。

8.单叶（唯阳芋为羽状复叶）；花萼及花冠裂片5数；花药不向顶端渐狭 ……………………………………………………………… **8.茄属Solanum**

8.羽状复叶；花萼及花冠裂片5~7数；花药向顶端渐狭而成1长尖头 ……………………………………………………………………**9.番茄属Lycopersicon**

4.花单生或2至数朵簇生于枝腋或叶腋。

9.花萼在花后显著增大，完全包围果实。

10.花萼5深裂至近基部，裂片基部深心形且具2尖锐耳片，果时增大呈5棱状；花单生；子房3~5室 …………………… **1.假酸浆属Nicandra**

10.花萼5浅裂或5中裂，果时增大成卵球状；花单生或2~3朵簇生；子房2室。

11.果萼紧贴浆果而不成膀胱状；花1~3朵簇生 ……………………………………………………………… **5.散血丹属Physaliastrum**

11.果实不贴于浆果而成膀胱状；花单生；花冠5浅裂或不显著5角形 ……
…………………………………………………………… **6.酸浆属Physalis**

9.花萼在花后不显著增大，不包围果实或仅宿存于果实基部。

12.花冠辐状，白色；浆果；花萼具极短的5枚齿 ……… **7.辣椒属Capsicum**

12.花冠长漏斗状或高脚碟状；蒴果。

13.花萼5浅裂，果时自基部稍上处断落而仅基部宿存；雄蕊5枚全部能育；果实常具坚硬针刺或乳头状突起，4瓣裂 ……………………
………………………………………………………… **10.曼陀罗属Datura**

13.花萼5深裂，果时全部宿存；雄蕊两两成对而另1枚较短或退化；果实无刺，2瓣裂 ………………………………… **13.碧冬茄属Petunia**

1. 假酸浆属 Nicandra Adans.

假酸浆N. physalodes(L.)Gaertn.，栽培观赏或药用，或为逸生，见于郑州、信阳。

茎有棱条，无毛，高达1.0m；叶椭圆形或椭圆状卵形，宽2.5~10cm，边缘具波状齿或浅裂。花单生且与叶假对生；花萼5深裂至近基部，裂片基部箭形；花冠蓝色，径2.0~3.0cm，5浅裂。蒴果球状，径1.5~2.0cm。

2. 枸杞属 Lycium L.

枸杞L. chinense Mill.，各地常见。

灌木，茎多分枝，枝条细弱，具棘刺；叶互生，在短枝上簇生，卵形、卵状菱形或卵状披针形，宽4.0~17mm，全缘；花单生或2~6朵簇生于叶腋；花冠漏斗状，长9.0~12mm，淡紫色；浆果长圆形，长10~15mm，鲜红色。

3. 天仙子属 Hyoscyamus L.

天仙子H.niger L.，栽培药用或逸生，稀见。

茎高达1.0m，全株被短腺毛和长柔毛；基生叶卵状披针形或长矩圆形，宽约10cm；茎生叶长圆形至卵圆形，宽2.0~3.0cm，边缘具不规则波状齿或羽状浅裂；花单生叶腋，常偏生于一侧；花萼长1.0~1.5cm，花冠长为花萼长的2.0倍，黄绿色。

4. 泡囊草属 Physochlaina G. Don

漏斗泡囊草（华山参）**P. infundibularis** Kuang，产于河南南部和西部，济源、登封。

茎高25~60cm，除叶片外全株被腺状短柔毛。叶卵形或卵状三角形，宽2.0~6.0cm，先端钝或急尖，全缘或浅波状；花序伞房状或聚伞状，顶生；花黄绿色；蒴果盖裂。

5. 散血丹属 Physaliastrum Makino

1.叶具缘毛；花冠有蜜腺；果萼与浆果近等长，浆果顶端几乎裸露（产于栾川、桐柏、商城）… **日本散血丹P. japonicum**(Franch. et Sav.)Honda

1.叶无缘毛；花冠无蜜腺；果萼稍长于浆果，浆果顶端几被包被（产于伏牛山、桐柏山至大别山区）……… **江南散血丹P. heterophyllum**(Hemsl.)Migo

6. 酸浆属 Physalis L.

1.花冠白色，辐状；花药黄色；果成熟时果萼变橙色至火红色，近革质。

2.花梗及花萼密生柔毛；果成熟后果梗及果萼的毛被仍宿存（产于各地）……………………………………………………………… **酸浆P. alkekeng**i L.

2.花梗几无毛或仅有疏柔毛，花萼裂片毛较密而筒部稀疏，果成熟后毛被脱落（产于各地）……… **挂金灯P. alkekengi** var. **francheti**(Mast.)Makino

1.花冠淡黄色或黄色，辐状钟形；花药常紫色或稀黄色；果成熟时果萼草绿色或淡麦秆色，薄纸质。

3.叶基部歪斜，楔形或阔楔形；花冠长4.0~6.0mm、直径6.0~8.0mm，喉部常紫色。

4.全体近无毛或仅生稀疏柔毛（产于各地）………… **苦蘵P.angulata** L.

4.全体密生柔毛（产于河南南部）…………………………………………………………………… **毛苦蘵P. angulata** var. **villosa** Bonati

3.叶基部歪斜心脏形；花较大，长8.0~15mm、直径1.0~2.0cm；花药长1.0~2.0mm（栽培或逸生，产于鲁山、荥阳）… **毛酸浆P. pubescens** L.

7. 辣椒属 Capsicum L.

辣椒C. annuum L.，各地常见栽培蔬菜。

变种1：**菜椒**（灯笼椒）var. **grossum**(L.)Sendt.，果大型，近球状、圆柱状或扁球状,多纵沟，两端截形且稍向内凹；味不辣而略带甜或稍带辣味。

变种2：**朝天椒**var. **conoides**(Mill.)Irish.，果梗及果实均直立，果实较小，圆锥状，长1.5(3.0)cm，成熟后红色或紫色；味极辣（常作盆景栽培）。

变种3：**簇生椒**var. **fasciculatum**(Sturt.)Irish.，花在枝下部常单生，在枝顶由于节间极短缩而使数花和数叶呈簇生状，果梗粗壮直立，浆果指状或圆锥状，直立；味很辣（常作盆景栽培）。

8. 茄属 Solanum L.

1.植物体无刺；花药较短而厚；顶孔大多与药室直径相等。

2.地下枝顶端形成块茎；奇数羽状复叶，小叶片具柄，大小相间（栽培作物）………………………………………… **阳芋**（土豆）**S. tuberosum** L.

2.无地下块茎；单叶不分裂或羽状分裂。

3.直立灌木；花多单生，稀成蝎尾状花序；果直径约1.2~2.5cm。

4.全株光滑无毛（栽培观赏）…………… **珊瑚樱S. pseudocapsicum** L.

4.幼枝及叶下面沿脉常被树枝状簇茸毛（栽培观赏）…………………………………… **珊瑚豆S. pseudocapsicum** var. **diflorum**(Vell.)Bitter

3.草本植物；聚伞花序；果直径不及1.0cm。

5.直立草本或茎枝铺散；花白色，1~10朵集为蝎尾状聚伞花序；浆果黑色。

6.茎直立；植株绝无腺毛；花序出自分枝节间，4~10朵花（产于各地）…………………………………………………… **龙葵S. nigrum** L.

6.茎近直立或铺散状；茎、叶、花梗及花萼均密被黏质腺毛；花序出自茎枝分叉处，1~4朵花（产于各地）…………………………………………………………… **腺龙葵S. sarachoides** Sendt.

5.蔓生草本或藤本状亚灌木，枝细长。

7.叶通常5~7（9）羽状深裂，裂片卵形至披针形，全缘或浅波状；植株被毛。

8.植株被白色具节弯卷的短柔毛；叶裂片多为披针形，先端尖（产于各地）…………………………………………… **青杞S. septemlobum** Bge.

变种：**单叶青杞**var. **subintegrifolium** C. Y. Wu et S. C. Huang，叶不羽状分裂（产于卢氏）。

8.植株被腺毛及白色具节短柔毛；叶裂片近卵形或披针形，先端钝或尖（产于各地）…… **茄子蒿S. septemlobum** var. **indutum** Hand.-Mazz.

7.叶全缘，或全缘兼有基部（2）3~5裂，裂片全缘或具波状齿。

9.叶至少有少数在基部具（2）3~5裂。

10.植株近无毛或被短柔毛；叶三角状披针形或卵状披针形，稀基部3浅裂（产于各地） ……………………… **野海茄S. japonense** Nakai

10.茎叶均被多节长柔毛，叶全缘至基部3~5裂。

11.叶大多全缘，心脏形或卵状披针形，基部心形，稀自基部戟形3裂（产于各山区）………………………………………………………………………………… **千年不烂心S. cathayanum** C. Y. Wu et S. C. Huang

11.叶大多基部为戟形至琴形，3~5裂（产于伏牛山、桐柏山、大别山区）………………………………………… **白英S. lyratum** Thunb.

9.叶绝不分裂。

12.植物光滑无毛；叶披针形至卵状披针形；花多为白色，少数为紫色（产于桐柏山、大别山区）…………………………………………………………………………………… **海桐叶白英S. pittosporifolium** Hemsl.

12.叶柄、叶面沿脉及边缘被微硬毛，叶缘有细小而粗糙的缘毛；叶卵形至广卵形，基部阔心形或圆形；花紫色（产于卢氏） ………………………………… **光白英S. borealisinense** C. Y. Wu et S. C. Huang

1.植株有刺；花药长，并在顶端延长，顶孔细小。

13.植株毛被简单；茎枝无毛，具细而直的皮刺；叶上面及边缘多纤毛，下面无毛或在近边缘处被少数分散的纤毛；果实扁球形，成熟后橙红色（零星栽培，罗山有野生） ……………… **牛茄子S. surattense** Burm. f.

13.植株被星状毛或分枝毛，果单生，直径最小在3.0cm。

14.果圆形，顶基压扁，外面具肋棱，成熟后橙红色或橙黄色（嵩县、郑州有栽培） ……………………………………… **红茄S. integrifolium** Poir.

14.果圆形、长形、梨形或其他形状，外面无棱；萼长

10~15mm，裂片锐尖，披针形；花冠直径约2.5~3.0cm（各地栽培）……………………………………………………茄**S. melongena** L.

9. 番茄属 Lycopersicon Mill.

番茄（西红柿）**L. esculentum** Mill.，各地栽培蔬菜和水果。

全株被腺毛和长柔毛，有强烈气味。羽状复叶或羽状分裂；小叶常5~9枚，形状大小极不规则，边缘有不规则锯齿或裂片。聚伞花序3~7朵花；花辐状，黄色；大型浆果肉质多汁。

10. 曼陀罗属 Datura L.

1.果实直立生，规则4瓣裂；花萼筒部具5棱角；花冠长6.0~10cm（产于各地）……………………**曼陀罗D. stramonium** L.(*D. tatula* L.; *D. inermis Jacq*.)

1.果实横向或俯垂生，不规则4瓣裂，花萼筒部圆筒状，不具5棱角；花冠长14~20cm。

2.全体密生细腺毛及短柔毛；蒴果俯垂生，表面密生细针刺，针刺有韧曲性，全果亦密生灰白色柔毛（产于各地）…**毛曼陀罗D. innoxia** Mill.

2.全体无毛或仅幼嫩部分有稀疏短柔毛；蒴果斜升至横向生，表面针刺短而粗壮（产于河南南部，北部见栽培）……………… **洋金花D. mctcl** L.

11. 夜香树属 Cestrum L.

1.叶卵形或椭圆形；花金黄色，花冠裂片开展或向外反折；栽培……………………………………………………………………**黄花夜香树C. aurantiacum** Lindl.

1.叶长圆状卵形或长圆状披针形；花黄绿色或绿白色，花冠裂片直立或稍张开；栽培………………………………………………**夜香树C. nocturnum** L.

12. 烟草属 Nicotiana L.

1.假总状花序，少数花；叶长圆形或狭倒卵形，宽在5.0cm以下，具翅状柄；花冠高脚碟状，多黄绿色；栽培观赏………… **花烟草N. alata** Link et Otto

1.圆锥花序，多花。

2.叶柄无翅；花冠筒状钟形，黄绿色；栽培…………**黄花烟草N. rustica** L.

2.叶柄有翅或近无柄；花冠漏斗状，粉红色；圆锥花序，多花；栽培……
……………………………………………………………… **烟草N. tabacum** L.

13. 碧冬茄属 Petunia Juss.

碧冬茄（矮牵牛）**P. hybrida** Vilm.，栽培，观赏花卉。

一年生，全株密被腺毛；茎枝铺散状；叶卵形，宽1.5~4.5cm，先端急尖，全缘；花单生；花冠杂色，鲜艳，漏斗状，长5.0~7.0cm；蒴果长约1.0cm。

一一九、玄参科 Scrophulariaceae

1.花冠有囊或距；蒴果孔裂。
2.花冠筒基部有囊，蒴果基部前后偏斜 ………… **12.金鱼草属Antirrhinum**
2.花冠筒基部有距；蒴果不偏斜。
3.花单生叶腋；叶脉掌状；蔓性草本 …………**10.蔓柳穿鱼属Cymbalaria**
3.总状花序顶生；羽状脉序；直立草本 ………………**11.柳穿鱼属Linaria**
1.花冠无囊亦无距；蒴果室背开裂。
4.乔木；花萼革质 ………………………………………………**2.泡桐属Paulownia**
4.草本；花萼膜质或草质。
5.花冠上唇或上面2裂片不向前弓曲成盔状，直立或向后反卷；花药不全部靠合。
6.叶互生；花冠近无冠筒，辐状；雄蕊5或4枚 …………………………
…………………………………………………… **1.毛蕊花属Verbascum**
6.叶对生；花冠常有明显筒部，唇形或辐射对称，如筒部短则雄蕊为2枚。
7.花序通常复出，聚伞圆锥花序，能育雄蕊4枚，退化雄蕊1枚，位于花冠后方。
8.叶卵形、卵圆形至披针形，不退化为鳞片状；花药汇合成1室
……………………………………………**3.玄参属Scrophularia**
8.叶退化为披针形的鳞片；花药两室 ……… **23.爆仗竹属Russelia**
7.花单生或呈总状花序；能育雄蕊4、2或5枚，退化雄蕊如存在，

则为2枚，位于花冠前方。

9.雄蕊2枚；退化雄蕊如存在，也无花药。

10.花冠辐射对称，裂片4。

11.叶互生，稀轮生；花序穗状；花冠筒长；蒴果先端全缘 ……………………………………………………… **14.腹水草属Veronicastrum**

11.叶对生或上部者互生；花冠筒短，近辐状；蒴果顶端常微凹；花序总状，稀穗状 ……………………………………… **15.婆婆纳属Veronica**

10.花冠明显唇形，上唇2裂或全缘，下唇3裂；退化雄蕊2枚。

12.叶无柄，全缘；茎肉质；蒴果卵球形或球形，长宽近相等 ……………………………………………………… **4.虻眼属Dopatricum**

12.叶有柄，少无柄，边缘有齿；茎非肉质；蒴果狭披针状，渐尖，长甚超过宽 ……………………………………… **6.母草属Lindernia**

9.雄蕊4或5枚。

13.花萼大部合生，具明显的5条棱或5翅。

14.花萼口部不为截形，萼齿长，果期不肿胀；花丝常有附属物。

15.花萼具5条 棱，不呈唇形；蒴果隔膜宿存…… **6.母草属Lindernia**

15.花萼具5翅，多少呈唇形；蒴果隔膜不宿存 ……………………………………………………… **7.翼萼属Torenia**

14.花萼口部平截或斜截形，有睫毛，果期常肿胀呈囊泡状；花丝无附属物 ……………………………………… **8.沟酸浆属Mimulus**

13.花萼常分裂达一半以上，无棱或棱不明显。

16.叶下面有腺点；蒴果4裂；花萼分裂至中部，萼下常有1对小苞片；叶有时轮生，沉水者细裂 …………………… **5.石龙尾属Limnophila**

16.叶无腺点，蒴果2裂。

17.基生叶呈莲座状，茎生叶少而小；花冠大，呈喇叭状……………………………………………………… **13.地黄属Rehmannia**

17.基生叶稀呈莲座状，叶多茎生；花冠小呈唇形。

18.花萼钟状，中裂；蒴果短；花丝无附属物 ……………………………………………………… **9.通泉草属Mazus**

18.花萼5深裂几达基部，如浅裂则蒴果披针状狭长；花丝常有附

属物 …………………………………………………… **6.母草属Lindernia**

5.花冠上唇多少成盔状或倒舟状；所有雄蕊的花药全部靠合。

19.蒴果每室仅有1~2粒种子，种子大而平滑；花萼下无小苞片；苞片具芒状长齿或在下部有尖齿，稀全缘；花冠上唇边缘密被须毛 ………………………………………………………… **16.山萝花属Melampyrum**

19.蒴果每室含多数种子，种子细小；小苞片有或无；苞片常全缘；花冠上唇常无毛。

20.花萼下无小苞片。

21.花冠上唇顶端2裂或微凹，裂片边缘向外翻卷。

22.叶羽状分裂；种子有网纹 ……… **17.松蒿属Phtheirospermum**

22.叶缘具锯齿；种子有条纹。

23.花梗极短或无花梗，集为穗状花序 ………………………………………… **18.小米草属Euphrasia**

23.花梗极细长，疏总状花序再排列为圆锥花序 ……………………………………………… **19.脐草属Omphalothrix**

21.花冠上唇顶端2裂或否，常延长成各种形状之喙；花萼具2~5枚齿；蒴果顶端尖，多少歪斜；叶一至多回羽状分裂 ……………………………………………………… **20.马先蒿属Pedicularis**

20.花萼下有1对小苞片。

24.茎在基部即生寻常叶；植株高30~60cm；叶羽状分裂 ……………………………………………………… **21.阴行草属Siphonostegia**

24.茎在基部生鳞片状叶；低矮草本，高不及25cm；叶长圆状披针形或线状披针形，全缘 ………………………… **22.芯芭属Cymbaria**

1. 毛蕊花属 Verbascum L.

毛蕊花V. thapsus L.，鸡公山栽培。

二年生直立草本，高达1.5m，全株密被浅黄色星状毡毛；叶倒披针状长圆形，宽约6.0cm，近全缘或有钝齿，圆柱形穗状花序顶生，长20~30cm、直径约2.0cm；花黄色，直径1.0~2.0cm。

2. 泡桐属 Paulownia Sieb. et Zucc.

1.果实卵圆形、卵状椭圆形或椭圆形，长3.0~5.5cm；果皮较薄，厚不到3.0mm；花序金字塔形或狭圆锥形；花冠紫色或淡紫色，长5.0~9.5cm，基部强烈向前弓曲，腹部有两条明显纵褶；花萼长在2.0cm以下。

2.果实卵圆形，幼时被黏质腺毛；萼深裂过半，毛不脱落；叶片下面常具树枝状毛或黏质腺毛。

3.叶片下面被密毛，毛有较长的柄和丝状分枝，成熟后不脱落。（栽培或野生，见于各地）……………… **毛泡桐P. tomentosa**(Thunb.)Steud.

3.叶片下面幼时被稀疏毛，成熟后无毛或仅残留极稀疏的毛；栽培或野生……………………………………………………………………………… **光泡桐P. tomentosa** var. **tsinlingensis**(Pai)Gong Tong(*P. glabrata* Rehd.)

2.果实卵形或椭圆形、稀卵状椭圆形，幼时有茸毛；萼浅裂至1/3至2/5，部分脱毛；叶片下面被星状毛或树枝状毛。

4.果实卵形，稀卵状椭圆形；花冠紫色或粉白色，较宽，漏斗状钟形，顶端直径4.0~5.0cm；叶片卵状心脏形，长宽几相等或长稍过于宽；栽培或野生…………………………………… **兰考泡桐P. elongata** S. Y. Hu

4.果实椭圆形；花冠淡紫色，较细，管状漏斗形，顶端直径不超过3.5cm；叶片长卵状心脏形，长约为宽的2.0倍；栽培，太行山有野生………………………………………… **楸叶泡桐P. catalpifolia** Gong Tong

1.果实长圆形或长圆状椭圆形，长6.0~10cm；果皮厚而木化，厚3.0~6.0mm；花序圆柱形；花冠管状漏斗形，白色或淡紫色，长8.0~12cm，基部稍向前弓曲，腹部无明显纵褶；花萼长2.0~2.5cm，花后迅速脱毛；叶片长卵状心形，长甚大于宽；栽培………………… **白花泡桐P. fortunei**(Seemen)Hemsl.

3. 玄参属 Scrophularia L.

1.聚伞花序集为顶生圆锥花序，花梗较长，整个花序较疏松，宽超过2.0cm。

2.支根纺锤形；花冠紫褐色；叶卵形至披针形，边缘具规则细锯齿；萼裂片先端钝（产于各山区）……………………… **玄参S. ningpoensis** Hemsl.

2.支根非纺锤形膨大；花冠黄绿色；叶卵形或宽卵形。

3.萼裂片先端钝；花梗短粗，长不超过4.0mm，稀达10mm；花柱长

3.0~4.0mm；蒴果连喙长6.0~9.0mm，叶缘具粗锯齿（产于太行山、伏牛山北部）……………………………………… **山西玄参S. modesta** Kitag.

3.萼裂片先端渐尖；花梗纤细，长10~20mm；花柱长5.5~6.0mm；蒴果连喙长4.0~5.0mm，叶缘具浅裂片状重锯齿（产于太行山区）…………………………………… **太行山玄参S. taihangshanensis** C. S. Zhu et H. W. Yang

1.聚伞花序集为顶生穗状花序；支根纺锤形膨大；茎、叶柄、叶片下面无毛或仅有微毛；茎有狭翅；花冠黄绿色，长约4.0mm（产于太行山）……………………………………………………………… **北玄参S. buergeriana** Miq.

4. 虻眼属 Dopatricum Buch.–Ham. ex Benth.

虻眼D. junceum(Roxb.)Buch.-Ham. ex Benth.，产于河南南部，桐柏。

全株无毛；茎基部多分枝，稍肉质；叶对生，无柄，披针形，长达20mm，全缘；茎中上部叶卵圆形或椭圆形；单花腋生，无小苞片；萼5深裂，花冠淡红色、淡紫色或白色。

5. 石龙尾属 Limnophila R. Br.

石龙尾L. sessiliflora(Vahl)Bl.，产于河南南部。

多年生两栖草本；茎细长，沉水部分无毛，气生部分具短柔毛，沉水叶轮生，羽状丝裂；气生叶轮生，椭圆状披针形，羽状半裂至深裂，宽3.0~4.0mm，有腺点；花单生叶腋，粉红色或淡紫色，长约12mm。

6. 母草属 Lindernia All.

1.花萼深裂，仅基部合生。

2.叶脉基出3~5条，或近羽状脉（狭叶母草），雄蕊4枚，全育。

3.叶片椭圆形至长圆形；蒴果球形至卵球形，与萼近等长或略过之（各地均产）………………………… **陌上菜L. procumbens**(Krock.)Philcox

3.叶条状披针形至条形；蒴果条形，比萼长约2.0倍；花单生叶腋（产于河南南部）………………………… **狭叶母草L. angustifolia**(Benth.)Wettst.

2.叶脉羽状；能育雄蕊2枚，前方1对雄蕊退化无花药；蒴果圆柱形，长约为萼的2.0倍或较多；茎匍匐；短总状花序（产于新县、桐柏）…………
……………………………………………………… **泥花草L. antipoda**(L.)Alston

1.萼具5齿，花期浅裂，果期不规则分裂；叶片卵形或三角状卵形，边缘锯齿明显；蒴果椭圆形，与萼近等长（产于各地）………………………………
………………………………………………………**母草L. crustacea**(L.)F. Muell.

7. 翼萼属 Torenia L.

紫色翼萼T. violacea(Azaola)Pennell，产于桐柏，大别山区。

茎高10~30cm；叶卵形或长卵形，宽1.0~2.0cm，边缘有锯齿，叶柄长5.0~20mm；花单生叶腋或在茎端集为伞形花序；花萼矩圆形，果期常紫色，具5翅；花冠长1.5~2.2cm，淡蓝色或白色；蒴果狭椭圆形，包于萼内。

8. 沟酸浆属 Mimulus L.

1.萼筒圆筒形，口部斜截，萼齿长短不齐，后方1枚较大；茎直立（产于伏牛山南坡）…………………………………… **四川沟酸浆M. szechuanensis** Pai

1.萼圆筒形，口部平截，萼齿短而整齐；茎铺散状或近直立。

2.茎常铺散状；花梗与叶柄近等长，明显较叶短；花萼长约5.0mm（产于太行山、伏牛山区）……………………………… **沟酸浆M. tenellus** Bge.

2.茎近直立；花梗与叶近等长；花萼长1.0cm或更长（产于河南南部，嵩县，栾川）………**尼泊尔沟酸浆M. tenellus** var. **nepalensis**(Benth.)Tsoong

9. 通泉草属 Mazus Lour.

1.子房被毛；茎老时至少基部木质化；萼齿多为披针形，锐尖。

2.花大，长15mm或更长；果萼长8.0~16mm，直径大于10mm；茎生叶无柄（产于各地）…………………… **弹刀子菜M. stachydifolius**(Turcz.)Maxim.

2.花小，长12mm以下，果萼长5.0~8.0mm，直径小于10mm（产于商城、新县）……………………………………………… **毛果通泉草M. spicatus** Vant.

1.子房无毛；茎完全草质。

3.植株直立或倾卧状上升；茎生叶少数（产于各地）………………………
……………………………………… **通泉草M. japonicus**(Thunb.)O. Kuntze

3.茎匍匐，长达30cm，纤细（产于河南南部）…………………………………………………………… **纤细通泉草M. gracilis** Hemsl. ex Forbes et Hemsl.

10. 蔓柳穿鱼属 Cymbalaria Hill

蔓柳穿鱼C. muralis Gaertn.，产于鸡公山，信阳地区。

多年生草本，茎纤细匍匐，节生细长不定根；叶互生，近圆形，5（7）浅裂，基部心形；花单生叶腋，花冠淡紫色，2唇形，喉部带黄色，长约8.0mm，基部具短距；蒴果不规则开裂。

11. 柳穿鱼属 Linaria Mill.

柳穿鱼L. vulgaris Mill. subsp. **sinensis**(Bebeaux)Hong，产于各山区。

多年生直立草本，高20~80cm，常上部分枝；叶互生或下部者轮生，线形或线状披针形，宽2.0~5.0mm，全缘，无柄；总状花序顶生，各部被腺毛；花冠黄色，长1.2~1.5cm，假面状二唇形，距长5.0~10mm；蒴果卵圆形，长6.0~8.0mm。

12. 金鱼草属 Antirrhinum L.

金鱼草A. majus L.，各地常见栽培花卉。

茎高达1.0m，光滑；叶披针形，全缘，无毛；总状花序顶生，密被腺毛；花冠筒状唇形，外被茸毛，基部膨大成囊状，杂色；蒴果长约15mm。

13. 地黄属 Rehmannia Libosch. ex Fisch. et Mey.

地黄R. glutinosa(Gaert.)Libosch.ex Fisch. et Mey.，产于各地。

茎高10~30cm，紫红色，密被白色多细胞长柔毛和腺毛；叶卵形或长椭圆形，宽1.0~6.0cm，边缘具不规则圆齿至牙齿；总状花序顶生；花萼和花冠均密被多细胞长柔毛，花冠紫红色，长3.0~4.5cm。

14. 腹水草属 Veronicastrum Heist.ex Farbic.

1.穗状花序单一顶生于主茎；花有短梗；茎直立；4~6叶轮生，无柄（产于商城、济源）………………………… **草本威灵仙V. sibiricum**(L.)Pennell

1.穗状花序腋生或顶生于侧枝；花无梗；茎常弓曲；叶互生，具短梗；花冠筒长不足1.0mm，占花冠长1/5~1/6(产于河南南部）………………… **细穗腹水草V. stenostachyum**(Hemsl.)Yamazaki subsp. **plukenetii**(Yamazaki)Hong

15. 婆婆纳属 Veronica L.

1.总状花序顶生，有时苞片叶状，似花单生叶腋，但花梗上绝无小苞片。

2.多年生草本，具根状茎或木质化根。

3.总状花序疏生花，花序下部苞片与叶同形；花萼裂片4；花冠近辐状；蒴果近肾形，宽明显过于长度；茎高不及25cm，基部常匍匐生根（产于太行山至伏牛山）………………………… **小婆婆纳V. serpyllifolia** L.

3.总状花序长，花多而密集，呈长穗状；苞片狭小；花冠有明显筒部；果近圆形，稍扁。

4.叶互生或茎下部者对生。

5.叶条形或条状披针形，边缘具规则细齿（产于桐柏、嵩县、内乡）………………………… **细叶婆婆纳V. linariifolia** Pall. ex Link

5.叶宽条形至卵圆形，下部叶缘常全缘（产于各地）………………………… **水蔓菁V. lineariifolia** subsp. **dilatata**(Nakai et Kitag.)Hong

4.叶全对生（兔儿尾苗偶3叶轮生）。

6.花冠筒短，不超过花冠全长的1/3；叶无柄，基部多少抱茎，叶片卵形或卵状矩圆形，宽3.0~6.0m（产于新县、商城）………………………… **朝鲜婆婆纳V. rotunda** Nakai var. **coreana**(Nakai)Yamazaki

6.花冠筒较长，占花冠全长的1/3以上；叶有柄，绝不抱茎。

7.叶柄长10~15mm；叶片基部羽状浅裂，叶缘锯齿深而顶端钝（产于商城）…………………… **大婆婆纳V. dahurica** Stev.

7.叶柄长不超过7.0mm；叶片具细尖锯齿，绝不羽状分裂；公园栽培……………………………………… **兔儿尾苗V. longifolia** L.

2.一年生草本，根细，不具根状茎。

8.种子两面稍膨胀，平滑；苞片比花梗长数倍。

9.茎无毛或疏被毛；叶披针形至长矩圆形，基部楔形，全缘或中上部有三角状齿；花白色带淡红晕（产于各地）…… **蚊母草V. peregrina** L.

9.茎密生两列长柔毛；叶卵形或三角状卵形，基部圆钝，明显具钝齿；花常紫色或蓝色（产于河南东南部，郑州亦见）……………………………………………………………………… **直立婆婆纳V. arvensis** L.

8.种子舟状，一面臌，一面具深沟；花梗长，与苞片（或苞叶）近等长或过之；植株铺散分枝。

10.花梗比苞片略短；蒴果宽4.0~5.0mm，无明显网脉，先端凹口的角近于直角，裂片顶端圆；花柱与蒴果凹口齐或略超出（产于各地）…………………………………………………………… **婆婆纳V. didyma** Tenore

10.花梗比苞片长；蒴果宽5.0mm以上，具明显网脉，凹口大于90° 角，裂片顶端钝；花柱明显伸出凹口（产于各地）…………………………………………………………………… **阿拉伯婆婆纳V. persica** Poir.

1.总状花序侧生叶腋，往往成对。

11.陆生草本；根状茎极短，分不出节和节间；蒴果卵形至长卵状锥形；子房和果无毛或有极少几根毛（产于伏牛山，灵宝）…………………………………………………………………… **光果婆婆纳V. rockii** Li

11.水生或沼生草本，茎多少肉质；果圆形，略扁。

12.花梗弯曲上升；花序宽不足1.0cm；花柱长1.5~2.0mm；花序轴、花萼和果上常无腺毛或极少有几根腺毛（产于各地）…………………………………………………… **北水苦荬V. anagallis-aguatica** L.

12.花梗直而横叉开，与花序轴几成直角，花序宽1.0~1.5cm；花柱长1.0~1.5mm；花序轴、花萼和果上多少有腺毛（产于各地）………………………………………………………………… **水苦荬V. undulata** Wall.

16. 山萝花属 Melampyrum L.

山萝花M. roseum Maxim.，产于各山区。

全株疏被鳞片状短毛；茎多分枝，高达50cm；叶卵状披针形至披针形，宽0.8~3.0cm，全缘；总状花序顶生；下部苞片与叶同型，向上渐小，基部具芒状或刺毛状长齿，绿色或紫红色；萼齿长渐尖；花冠紫色、紫红色或红色，长15~20mm。

17. 松蒿属 Phtheirospermum Bge. ex Fisch.

松蒿P. japonicum(Thunb.)Kanitz，产于各山区。

全株密被多细胞腺毛；茎高达1.0m，多分枝；叶卵形至卵状披针形，宽0.8~3.0cm，羽状分裂，小裂片长卵形或长圆形，长4.0~10mm，宽2.0~5.0mm，边缘具齿裂；花单生叶腋，花萼裂片叶状，披针形，宽1.0~3.0mm，羽状分裂；花冠紫红色或淡紫红色，长8.0~25mm。

18. 小米草属 Euphrasia L.

短腺小米草E. regelii Wettst.，产于太行山、伏牛山区。

一年生直立小草本；叶对生，无柄；间断长穗状花序；苞片叶状，常大于叶；茎上部叶、苞叶及花萼多少被短腺毛。

19. 脐草属 Omphalothrix Maxim.

脐草O. longipes Maxim.，产于济源。

一年生；茎纤细，高20~70cm，被贴伏而倒生的白柔毛；叶对生，无柄，条状披针形或披针形，长约10mm，边缘疏具缺刻；圆锥花序顶生，苞片与叶同形；花梗长5.0~15mm；花长约5.0mm，药室下端急尖并延伸成芒。

20. 马先蒿属 Pedicularis L.

1.茎极短而不明显；叶近基生，具长柄；花冠紫色（产于济源、沁阳）………………………………………………………… **短茎马先蒿P. artselaeri** Maxim.

1.主茎明显；叶互生或轮生。

2.叶轮生。

3.花盔与下唇等长或稍短，绝不短至下唇之半；花萼前方显著分裂；叶羽状深裂至全裂（产于太行山、伏牛山区）………………………………………………………… **轮叶马先蒿P. verticillata** L.

3.花盔长仅为下唇之半或稍超过；花萼前方不裂或稍分裂。

4.一年生草本，高30~70cm，叶羽状深裂；花萼裂片两两结合成1个大裂片；花丝1对被毛（产于伏牛山区）……… **穗花马先蒿P. spicata** Pall.

4.多年生草本，高20~40cm；叶羽状浅裂至半裂；花萼裂片分离；花丝2对均被毛（产于伏牛山区）…………………………………………………………………………………… **条纹马先蒿P. lineata** Franch. ex Maxim.

2.叶互生。

5.花冠前端不狭缩为喙，或偶有极小突尖；花冠黄色或淡黄色。

6.花冠盔先端有齿；叶羽状全裂，裂片线形排为篦齿状（产于卢氏、栾川、龙池曼）……………………………… **红纹马先蒿P. striata** Pall.

6.花冠盔先端圆钝而无齿；叶羽状深裂，裂片三角状卵形至披针状长圆形（产于卢氏、龙池曼、内乡）…… **山西马先蒿P. shansiensis** Tsoong

5.花冠前端狭缩成喙；花冠紫红色或红色。

7.茎铺散；花冠管细管状，长4.0~7.0cm，为萼长的3.0倍以上（产于太行山、伏牛山区）……………………… **藓生马先蒿P. muscicola** Maxim.

7.茎直立；花冠管长为花萼的2.0倍以下。

8.盔在基部向一侧强烈扭折；萼齿3枚，均呈叶状，近掌状深裂（产于伏牛山区）………………………… **河南马先蒿P. honanensis** Tsoong

8.盔不在基部向一侧扭折，喙长，花冠管基部向右扭，使盔与下唇成回顾状（产于各山区）…………………… **返顾马先蒿P. resupinata** L.

21. 阴行草属 Siphonostegia Benth.

1.全体密被无腺的短毛；叶二回羽状全裂；萼齿长约为萼筒的1/4~1/3；花丝仅基部被毛（产于各地）……………………………… **阴行草S. chinensis** Benth.

1.全体密被腺毛；叶近掌状3深裂；萼齿长约为萼筒的1/2~2/3；花丝全长被毛（产于桐柏山、大别山区）…………………… **腺毛阴行草S. laeta** S. Moore

22. 芯芭属 Cymbaria L.

蒙古芯芭C. mongolica Maxim.，产于三门峡市陕州区。

多年生草本；茎直立，高10~25cm，细弱，有短毛；叶对生或茎上部近对生，无柄，长圆状披针形或线状披针形，宽3.0~4.0mm，全缘。花单生叶腋，花梗长3.0~10mm；小苞片2枚，长5~10mm，深3裂；花萼钟状，长1.5~3.0cm，萼齿长为筒部的2~3倍；花冠黄色，长约3.0cm。

23. 爆仗竹属 Russelia Jacq.

爆仗竹R. equisetiformis Schlecht. et Cham.，郑州公园有栽培，观赏花卉。

直立半灌木，高达1.2m，无毛。茎分枝轮生，细长。叶轮生，披针形，枝上叶多退化为鳞片状。二歧聚伞圆锥花序，苞片钻形；花萼长2.0~3.0mm；花冠长达2.0cm，红色，冠筒细长，先端5裂，稍呈2唇形。

一二〇、紫葳科 Bignoniaceae

1.单叶；能育雄蕊2枚；种子两端有束毛 ………………………… **1.梓属Catalpa**

1.羽状复叶；能育雄蕊4枚；种子具膜质透明翅。

 2.木质藤本，以气生根攀缘；奇数羽状复叶；花橙红色；蒴果长圆形 …… ……………………………………………………………………**2.凌霄属Campsis**

 2.一年生至多年生草本；蒴果长角形 ……………………**3.角蒿属Incarvillea**

1. 梓属 Catalpa Scop.

1.聚伞圆锥花序或圆锥花序；花淡黄色或纯白色。

 2.花黄色或黄白色；蒴果果瓣宽4.0~5.0(7.0)mm；种子宽约3.0mm；花冠长约2.5cm。嫩枝和叶柄被长柔毛，并有黏质；叶上面沿脉疏生长柔毛 … …………………………………………………………… **梓C. ovata** G. Don

 2.花纯白色；花冠长4.0~5.0cm（栽培）。

  3.叶先端短渐尖；圆锥花序有多数花；果瓣宽6.0~10mm ……………… ……………………………………………… **紫葳楸C. bignonioides** Walt.

  3.叶先端长渐尖；圆锥花序有少数花（最多10余朵）；果瓣宽10~20mm ………………………… **黄金树C. speciosa**(Warder ex Barney)Englemann

1.伞房花序或总状花序；花淡红色至淡紫色。

 4.叶三角状卵心形，花冠长约4.0cm，无毛；花序具少数花，无毛，第2级分枝简单；小枝和叶柄光滑（栽培或野生）…… **楸C. bungei** C. A. Mey.

 4.叶卵形；花序多花，第2级分枝可再分枝；幼枝、花序、叶柄及叶下面均被分枝毛（产于各山区）…………………………………**灰楸C. fargesii** Bur.

 变型：**滇楸f. duclouxii** Dode，叶和花序均无毛（产于伏牛山区）。

2. 凌霄属 Campsis Lour.

1.小叶7~9枚，下面无毛；花萼5裂至中部，裂片大，披针形（栽培观赏，薄山林场）………………………………… **凌霄C. grandiflora**(Thunb.)Schum.

1.小叶9~11枚，下面被毛，至少沿叶脉及叶轴被短柔毛；花萼5裂至1/3处，裂片短，卵状三角形（庭院常见栽培观赏植物）…………………………………………………………… **厚萼凌霄**（美国凌霄）**C. radicans**(L.)Seemen.

3. 角蒿属 Incarvillea Juss.

角蒿I. sinensis Lam.，产于太行山区至伏牛山区。

一年生草本；茎高达50cm。茎枝基部叶对生，上部互生，二至三回羽状全裂；裂片4~7对，长5.0~8.0cm，末回裂片线形或线状披针形，宽1.5~3.0mm。总状花序，花冠漏斗状，红色或红紫色，冠筒长2.0~4.0cm。

一二一、胡麻科 Pedaliaceae

胡麻属 Sesamum L.

芝麻（脂麻）**S. indicum** L.，各地栽培。

茎高达1.0m余，有纵槽棱，被短柔毛。叶对生或上部互生，卵形，长圆形至披针形，宽1.0~8.0cm，全缘或有锯齿，或下部3浅裂。花单生或2~3朵成腋生聚伞花序，花序梗近无；花冠筒状，长1.0~3.0cm，白色或淡紫色。蒴果长圆形，长2.0~3.0cm，常4~6（8）棱。

一二二、列当科 Orobanchaceae

1.花单生茎顶；花药1室发育；花萼佛焰苞状；花长2.0~3.0cm ………………………………………………………………………………………… **1.野菰属Aeginetia**

1.穗状或总状花序；花药2室均发育；花萼2或4裂；花长不超过2.0cm ………………………………………………………………………………………… **2.列当属Orobanche**

1. 野菰属 Aeginetia L.

野菰**A. indica** Roxb.，产于大别山、桐柏山区。

一年生寄生草本，高15~35cm。茎自基部分枝，紫红色或黄褐色。叶鳞片状，肉红色，无毛，疏生于茎基部。花单生茎顶，紫色，具长梗；花萼一侧斜裂，长2.0~4.5cm；花冠带黏液，长4.0~6.0cm。蒴果长2.0~3.0cm，2瓣裂。

2. 列当属 Orobanche L.

1.花药无毛；花深蓝色、蓝紫色或淡紫色；全株密被蛛丝状长棉毛（产于各地）…………………………………………………………**列当O. coerulescens** Steph.

1.花药有毛；花常黄色；全株密被腺毛（产于各地）…………………………………………………………………………………**黄花列当O. pycnostachya** Hance

一一三、苦苣苔科 Gesneriaceae

1.种子两端各具1长毛状附属物 ……………………………**5.吊石苣苔属Lysionotus**

1.种子无附属物。

2.能育雄蕊4枚，花药成对连着；叶全基生。

3.花丝在花药开裂后螺旋状弯曲；花冠上唇2浅裂，下唇3裂至中部，裂片明显不等大，下唇内面有密毛 ………… **1.珊瑚苣苔属Corallodiscus**

3.花丝不卷曲；花冠裂片近等大 ………………… **2.金盏苣苔属Isometrum**

2.能育雄蕊2枚。

4.蒴果成熟时螺旋状卷曲；叶全部基生 ……………… **4.旋蒴苣苔属Boea**

4.蒴果成熟时不螺旋状卷曲；具茎，叶对生 …… **3.半蒴苣苔属Hemiboea**

1. 珊瑚苣苔属 Corallodiscus Batal.

1.叶下面仅沿脉密被锈色绵毛（产于各山区）…………………………………………………………………………**珊瑚苣苔C. cordatulus**(Claib)Burtt

1.叶下面密被锈色绵毛（产于太行山、伏牛山区）…………………………………………… **锈毛石花C.flabellatus**(Craib)Burtt var. **puberulus** K. Y. Pan

2. 金盏苣苔属 Isometrum Craib

金盏苣苔I. farreri Craib，产于伏牛山区。

根状茎直径7.0~10mm。叶基生，菱状卵形、倒卵形或椭圆形，宽10~13mm，边缘具细圆齿，被灰白色短柔毛；叶柄长约10mm，被锈色长柔毛。聚伞花序5~7朵花；花梗长1.0~2.5cm，花冠细筒状，紫色或紫红色，花冠筒长约9.0mm，直径3.0~4.0mm，花冠上唇长约3.0mm，下唇长约1.0mm。蒴果披针形，长2.0~2.5cm。

3. 半蒴苣苔属 Hemiboea Clarke

1.1对叶柄的基部不合生；萼片长5.0~9.0mm（产于嵩县、内乡）……………………………………………………………… **降龙草H. subcapitata** Clarke

1.1对叶柄基部合生为船形；萼片长10~12mm（产于河南南部山区，南召、内乡）…………………………………………………… **半蒴苣苔H. henryi** Clarke

4. 旋蒴苣苔属 Boea Comm. ex Lam.

1.花冠长2.0~2.2cm、直径1.2~1.8cm；花萼5裂至中部；叶两面均被短柔毛（产于嵩县、南召）…………………… **大花旋蒴苣苔B. clarkeana** Hemsl.

1.花冠长8.0~13mm、直径6.0~10mm；花萼5裂至近基部；叶上面被白色长伏柔毛，下面被白色或淡褐色伏长茸毛（产于各山区）…………………………………………………… **旋蒴苣苔**（猫耳朵）**B. hygrometrica**(Bge.)R. Br.

5. 吊石苣苔属 Lysionotus D. Don

吊石苣苔L. pauciflorus Maxim.，产于伏牛山、桐柏山、太行山区。

藤木状小灌木，高5.0~30cm。叶对生或轮生，常密集枝端，倒卵状椭圆形或长圆形，宽4.0~12mm，中部以上有3~5齿，无毛。聚伞花序腋生，1~3朵花；花冠白色，常带紫晕，长3.5~4.5cm，2唇形。蒴果长7.0~11cm。

一二四、狸藻科 Lentibulariaceae

狸藻属 Utricularia L.

1.沼生或陆生；叶线形或线状倒披针形，全缘；花的小苞片短于苞片（产于河南南部，新县）………………………………………… **挖耳草U. bifida** L.

1.水生；叶数回分裂，末回裂片毛发状；花无小苞片；花序梗具1~4枚鳞片，花冠下唇边缘反曲（产于各地）………………………… **狸藻 U. vulgaris** L.

一二五、爵床科 Acanthaceae

1.子房每室有3~10个胚珠。

2.雄蕊2枚；花药基部和花丝有柔毛；圆锥花序（栽培）…………………………………………………………………………… **1.穿心莲属Andrographis**

2.雄蕊4枚，无毛；花1至数朵簇生于上部叶腋 ……………………………………………………………………………………… **2.水蓑衣属 Hygrophila**

1.子房每室有2个胚珠（即蒴果可有4粒种子）。

3.雄蕊4枚；花冠裂片近相等，花冠不呈2唇形，花冠筒细长（约4.0cm）；穗状花序 ……………………………………………… **3.白接骨属Asystasiella**

3.雄蕊2枚。

4.聚伞花序下有2~4枚总苞状的苞片，其内有1~4朵花 ………………………………………………………………………… **4.观音草属Peristrophe**

4.穗状花序下无总苞片状苞片。

5.苞片大，长达2.0cm，棕红色（栽培）…… **5.虾衣草属Calliaspidia**

5.苞片小，长在1.0cm以下，绿色；花萼裂片4个 ………………………………………………………………………………… **6.爵床属Rostellularia**

1. 穿心莲属 Andrographis Wall.

穿心莲A. paniculata(Burm. f.)Nees，栽培。

一年生草本，茎高达80cm，下部多分枝，节部膨大。茎叶极苦。叶对生，椭圆状披针形或卵状椭圆形，宽5.0~25mm，先端渐尖，全缘，无毛。圆锥花序；花冠白色或淡紫色，外被腺毛和短柔毛，二唇形，下唇中裂片有2块紫黑色斑纹；花药紫黑色。蒴果长约10mm、宽2.0~3.0mm。

2. 水蓑衣属 Hygrophila R. Br.

水蓑衣H. salicifolia(Vahl)Nees，产于桐柏。

直立草本，高达90cm；茎基部节生不定根，茎具4条棱和沟，仅节上有疏毛。叶长椭圆状披针形或线状披针形，全缘，宽5.0~20mm，无毛或近无毛，有披针状钟乳体；近无柄。花2~7朵簇生叶腋，淡红色，长10~12mm。

3. 白接骨属 Asystasiella Lindau

白接骨A. chinensis(S.Moore)E. Hossain，产于大别山、桐柏山及伏牛山南部。

根状茎富含黏液；茎高达1.0m。叶卵形、椭圆形或长椭圆形，宽1.5~5.0cm，先端渐尖，边缘浅波状或浅齿。花序穗状，顶生；花萼花冠均具腺毛；花冠粉红色或淡红紫色，漏斗状，冠筒长3.5~4.0cm。蒴果长椭圆形，长1.5~2.0cm，下部细长柄状。

4. 观音草属 Peristrophe Nees

九头狮子草P. japonica(Thunb.)Bremek.，产于大别山、桐柏山、伏牛山南部。

茎高达80cm。叶全缘，卵形或卵状椭圆形，宽1.0~4.0cm，先端渐尖，无毛。聚伞花序腋生，总苞片叶状；花萼裂片钻形；花冠粉红色至微紫色，长2.5~3.0cm。

5. 虾衣草属 Calliaspidia Bremek.

虾衣草C. guttata(Brand.)Bremek.，温室栽培花卉。

草本或半灌木，全株被毛。叶全缘，卵形或卵状椭圆形，宽1.5~2.5cm。穗状花序顶生，长6.0~10cm，下垂；苞片广卵形，鲜艳棕红色，长

1.0~2.0cm；花冠白色，长约3.0cm。蒴果有柄。

6. 爵床属 Rostellularia Reichb.

爵床R. procumbens(L.)Nees，产于伏牛山、桐柏山、大别山区。

一年生细弱草本，被短硬毛。叶椭圆形或椭圆状长圆形，宽1.0~2.0cm，全缘。穗状花序圆柱状，长1.0~4.0cm；苞片披针形，长4.0~6.0mm；花粉红色或淡蓝紫色，长约7.0mm。

一二六、透骨草科 Phrymaceae

透骨草属 Phryma L.

透骨草P. leptostachya L. subsp. **asiatica**(Hara)Kitam.，产于各山区。

茎直立，不分枝，高达80cm，倒生短柔毛。叶对生，卵状椭圆形，宽3.0~7.0cm，先端渐尖，边缘有钝锯齿，两面疏生细柔毛。穗状花序长10~30cm，果期花部下垂并伏贴花序轴。花萼上唇3裂细长，顶端反曲成芒状钩。

一二七、车前科 Plantaginaceae

车前属 Plantago L.

1.叶宽卵形或宽椭圆形，长不及宽的2.0倍；须根系。

2.花无梗；花药淡紫，稀白色；果在中部或稍低处周裂；种子（8）12~24粒（产于各山区）……………………………………… **大车前P. major** L.

2.花有短梗；花药白色；果于基部上方周裂；种子5~6（2）粒；穗状花序长占花莛的1/3~1/2（产于各地区）…………………**车前P. asiatica** L.

1.叶长为宽的2.0倍以上。

3.前对萼片合生至近顶端；须根系；叶线状披针形、披针形或椭圆状披针形，长6.0~20cm、宽0.5~4.5cm；种子（1）2粒；穗状花序长约占莛的1/10（记载产于驻马店地区，未见标本，但仅见于郑州绿化地）……
………………………………………………… **长叶车前P. lanceolata** L.

3.萼片全部分离；直根系。

4.叶倒卵形至倒披针形，脉3~5条；种子2粒，腹面凹为船形；苞片背面及边缘有白疏毛；叶及花莛均密被白色长柔毛（产于信阳、桐柏）………
………………………………………………… **北美车前P. virginica** L.

4.叶椭圆形、椭圆状披针形、卵状披针形，脉5~7条；种子4~5粒；腹面平或微凹，苞片无毛；叶及花莛疏生柔毛或近无毛（产于各地区）………
…………………………………………………**平车前P. depressa** Willd.

一二八、茜草科 Rubiaceae

1.缠绕木质藤本，揉之有恶臭气味 ………………………… **10.鸡矢藤属Paederia**

1.茎直立，攀缘或蔓生，但无缠绕性。

2.乔木或灌木。

3.花极多数，形成球形的头状花序 ………………………**1.水团花属Adina**

3.花不密集，不形成球形的头状花序。

4.花萼裂片不等大，部分花的萼裂片其中1枚极扩大成具柄的叶状；乔木 ………………………………………… **2.香果树属Emmenopterys**

4.花萼裂片等大，均不扩大成叶状；灌木。

5.子房1室；具2~6个胚珠；花大型，直径在3.0cm以上，芳香 ……
…………………………………………………… **6.栀子属Gardenia**

5.子房2~5室；每室1个胚珠。

6.子房5室；蒴果 ………………………… **7.野丁香属Leptodermis**

6.子房2~4室；核果。

7.萼裂片小，短于萼筒；有刺灌木（栽培）………………
………………………………………… **8.虎刺属Damnacanthus**

7.萼裂片长于萼筒；无刺灌木 ……………… **9.六月雪属Serissa**

2.草本。

8.子房每室2至多数胚珠；叶对生。

9.果扁，阔倒心形或菱形，宽大于长度，中部被萼筒所包围，顶端2裂……………………………………………… **5.蛇根草属Ophiorrhiza**

9.果近圆形或矩圆形。

10.种子具棱 …………………………………………………… **3.耳草属Hedyotis**

10.种子盾形，平凸状（即一面平一面凸）或底部具穴 ………………………………………………………………………… **4.新耳草属Neanotis**

8.子房每室仅1个胚珠；叶轮生，或轮生与对生共存；花冠辐状或短钟状。

11.花5基数（卵叶茜草R. ovatifolia花有4数或5数）；果肉质 …………………………………………………………………………… **11.茜草属Rubia**

11.花4基数；果干燥或近干燥 ……………………………… **12.拉拉藤属Galium**

1. 水团花属 Adina Salisb.

1.头状花序10余个排为总状；花淡黄色；叶卵形或椭圆形，长7.0~11cm、宽3.0~6.0cm，叶柄长2.0~3.0cm（产于淅川、镇平、桐柏） …………………………………………………………鸡仔木**A. racemosa**(Sieb. et Zucc.)Miq.

1.头状花序1（2~3）个；花紫红色或白色；叶宽不超过3.0cm，叶柄长不超过10mm。

2.花紫红色；叶卵状披针形或卵状椭圆形，长2.0~4.0cm，叶柄极短或近无（产于大别山、桐柏山、伏牛山区）……… **细叶水团花A. rubella** Hance

2.花白色，叶倒卵状长圆形、倒卵状披针形、椭圆状披针形或椭圆形，长5.0~12cm，叶柄长3.0~6.0（10）mm（产于伏牛山、桐柏山区） ………………………………………… **水团花A. pilulifera**(Lam.)Franch. ex Drake

2. 香果树属 Emmenopterys Oliv.

香果树E. henryi Oliv.，产于大别山、桐柏山、伏牛山南部。

落叶乔木；小枝淡黄色，芽红色。单叶对生，宽椭圆形或宽卵形，宽6.0~10cm，全缘；叶柄紫红色；托叶大，三角状卵形，早落。圆锥花序多花；花萼5裂，裂片圆形，其中1片扩大成叶状，白色并宿存；花冠漏斗状，浅黄色，长约2.0cm。果实红色，具棱，长2.5~5.0cm。

3. 耳草属 Hedyotis L.

1.果不开裂；花10余朵丛生叶腋；植株被毛；叶宽10~25mm，披针形或椭圆形，下面被粉末状短毛（记载桐柏产，未见标本）…………………………………………………………………………………… **耳草H. auricularia** L.

1.果先端背裂；花序1~3（4）朵花；植株近无毛；叶宽1.0~3.0mm，线形或线状披针形。

2.伞房花序（1）2~4朵花，花序梗长5.0~10mm，花梗长2.0~5.0mm；茎四棱形（栽培）………………………… **伞房花耳草H. corymbosa**(L.)Lam.

2.花单生或双生叶腋，无总梗，花梗长1.0~15mm；茎扁圆柱形；栽培……………………………………………………………… **白花蛇舌草H. diffusa** Willd.

4. 新耳草属 Neanotis Lewis

落叶新耳草N. hirsuta(L. f.)Lewis，产于桐柏。

披散状匍匐草本，多分枝，下部常生不定根。叶卵形或椭圆形，长2.0~4.0cm、宽1.0~1.5cm；托叶基部连合，檐部流苏状。花序1至数朵花，常集为头状。花4基数，白色或淡紫色，长4.0~5.0mm。蒴果近球形，常不开裂。

5. 蛇根草属 Ophiorrhiza L.

日本蛇根草O. japonica Bl.，产于商城，金刚台。

多年生草本，茎下部常匍匐，节上生根。叶卵形或卵状椭圆形，宽2.0~4.0cm，全缘；叶柄长1.0~2.5cm。二歧聚伞花序；花5基数，花冠漏斗状，外面白色，内面紫红色，长达17mm。蒴果倒心状宽菱形，宽甚大于长。

6. 栀子属 Gardenia Ellis

栀子G. jasminoides Ellis，栽培。

常绿灌木，幼枝绿色，有垢状毛。叶对生或3叶轮生，常椭圆形或倒卵状长圆形，宽2.0~5.0cm，全缘，仅下面脉腋簇生短毛。花单生枝顶，白色，直径约5.0cm，花冠筒长3.0~4.0cm。

变种：**白蟾**var. **fortuneana**(Lindl.)Hara，花重瓣。

7. 野丁香属 Leptodermis Wall.

薄皮木L. oblonga Bge.，产于太行山、伏牛山区。

落叶小灌木，枝柔弱。叶对生，长圆形或长圆状披针形，宽5.0~10mm，全缘，上面疏生短刺毛，下面疏短柔毛，叶柄长3.0~4.0mm。花2~10朵簇生，花冠窄漏斗状，长10~12mm，淡红色或紫红色。

8. 虎刺属 Damnacanthus Gaertn. f.

虎刺D. indicus(L.)Gaertn. f.，栽培观赏。

常绿小灌木，二叉状分枝，有针状刺，刺长7.0~15（20）mm。叶对生，卵形或广椭圆形，常大、小叶对相间，叶宽10~15mm。花单生或成对生，白色，花冠筒状漏斗形，长约10mm。

9. 六月雪属 Serissa Comm. ex A. L. Jussieu

1.叶薄纸质，倒卵形至倒披针形，长1.5~4.0cm、宽7.0~13mm；花冠长约6.5mm，管部等长于花萼裂片（产于大别山、桐柏山、伏牛山南部，或栽培）…………………………………………… **白马骨S. serissoides**(DC.)Druce

1.叶革质，卵形至倒披针形，长0.6~2.2cm、宽3.0~6.0mm；花冠长6.0~12mm，管部长于花萼裂片（产于大别山、桐柏山、伏牛山区南部）…………………………………………… **六月雪S. japonica**(Thunb.)Thunb.

10. 鸡矢藤属 Paederia L.

1.茎和叶无毛或近无毛，有时叶下面脉腋有束毛（产于各山区）……………………………………………………………… **鸡矢藤P. scandens**(Lour.)Merr.

1.小枝被柔毛或茸毛，叶上面被柔毛或无毛，下面被小茸毛或近无毛（产于各山区）……………… **毛鸡矢藤P. scandens** var. **tomentosa**(Bl.)Hand.-Mazz.

11. 茜草属 Rubia L.

1.叶4~10(~12)片轮生，卵圆形至近圆形，长3.0~12cm，宽2.0~9.0cm（产于济源）………………………………………… **林生茜草R. sylvatica**(Maxim.)Naxai

1.叶常4片轮生。

2.花冠裂片明显反折；叶卵心形至圆心形，长近等于宽（产于内乡、灵宝）…………………………………………… **卵叶茜草R. ovatifolia** Z. Y. Zhang

2.花冠裂片不反折，外展、近直立或内弯。

3.叶狭窄，线形或线状披针形，长3.5~9.0cm、宽0.4~2.0cm，长为宽的5.0~10倍；边缘反卷，茎常有翅（产于伏牛山区，桐柏）……………………………… **金剑草**（披针叶茜草）**R. alata** Roxb.(*R. lanceolata* Hayata)

3.叶较阔，非线形，长不及宽的3.0倍。

4.花大，紫红色；花冠裂片长3.0~4.0mm，尾状长渐尖；叶披针形，长1.0~6.0cm、宽0.5~2.0cm，叶脉上无皮刺（产于伏牛山区？未见标本）…………………………………… **金线草**（膜叶茜草）**R. membranacea** Diels

4.花较小，白色或淡黄色，花冠裂片长1.3~2.0mm，先端短尖或渐尖；叶脉倒生皮刺。

5.叶卵心形或圆心形，长宽近等；果熟后黑色；花白色（产于嵩县、栾川、内乡）…………………………………………………………**东南茜草 R. argyi**(Lévl. et Vant.)Hara ex L. A. Lauener et D. K. Ferguson

5.叶披针形或长圆状披针形，长为宽的2.0~3.0倍；果熟后橙黄色；花淡黄色（产于各地区）……………………………… **茜草 R. cordifolia** L.

12. 拉拉藤属 Galium L.

1.花冠钟状，合生至中部；茎直立，无毛；叶4~8片轮生，3（5）条脉，宽7.0~20mm（产于河南北部、东部至东南部）……………………………………………………………………… **异叶轮草G. maximowiczii**(Kom.)Pobed.

1.花冠辐状，基部合生。

2.叶1条脉，有时有少数羽状侧脉（林猪殃殃G. paradoxum）。

3.叶每轮4片。

4.同轮叶片等大。

5.茎被毛（产于大别山、伏牛山区）………………………………………………… **硬毛四叶葎G. bungei** Steud.var.**hispidum**(Kitag.)Cuf.

5.茎无毛；花冠裂片无毛。

6.叶阔椭圆形、倒卵形或阔披针形，长10~18mm、宽5.0~12mm；

花序密集为头状 ………………………………………………………………

……………… **阔叶四叶葎G. bungei** var. **trachyspermum**(A. Gray)Cuf.

6.叶窄披针形、线状披针形或卵状披针形；花序较疏松。

7.下部叶卵状披针形，向上渐狭，长6.0~34mm、宽2.0~6.0mm（产于各地区）……………………………………… **四叶葎G. bungei** Steud.

7.叶狭披针形或线状披针形，长10~30mm，宽1.0~6.0mm（产于各地区）…………… **狭叶四叶葎G. bungei** var. **angustifolium**(Loes.)Cuf.

4.同轮叶片不等大，其中2片较大，稀5片轮生，在茎下部有时2片对生，卵形，近圆形至卵状披针形，宽5.0~23mm，羽状脉，侧脉常2对；叶柄长短不一；果具钩毛（产于伏牛山区）………………………………………

………………………………………………… **林猪殃殃G. paradoxum** Maxim.

3.叶每轮4片以上。

8.聚伞花序较少，常不分枝，疏花，最末分枝常1~3朵花。

9.聚伞花序长不及2.0cm；果具钩毛；叶每轮6~8（4~5）片。

10.植株较高较壮，花序少至多花；叶条状倒披针形或长圆状倒披针形，长1.0~5.0cm、宽1.0~7.0mm ……………………………………

……………………… **拉拉藤G. aparine** L. var. **echinospermum** Cuf.

10.植株低矮柔弱，花序常单花 … **猪殃殃G. aparine** var. **tenerum** Rchb.

9.聚伞花序长于2.0cm，分枝广展叉开；茎中部以上6叶轮生，下部者常4~5叶轮生，叶长1.0~3.2cm、宽4.0~13mm（产于大别山、桐柏山、伏牛山区）……… **六叶葎G. asperuloides** Edgew. subsp. **hoffmeisteri** Hara

8.聚伞花序较多，常分枝，分枝多而扩展，有时呈圆锥式。

11.叶线形，长15~30mm、宽1.0~1.5mm，边缘极反卷。

12.萼筒及果无毛；花黄色。

13.叶上面无毛，平滑。

14.叶长1.5~3.0cm（产于伏牛山、太行山区） ………………

…………………………………………………… **蓬子菜G. verum** L.

14.叶长5.0~7.0cm（产于伏牛山、太行山、鸡公山区）…………

………………… **长叶蓬子菜G. verum** var. **asiaticum** Nakai

13.叶上面被毛，粗糙（产于伏牛山区）…………………………

………………………… **粗糙蓬子菜*G. verum*** var. ***trachyphyllum*** Wallr.

12.萼筒及果被毛，叶上面平滑无毛 …………………………………………

………………………… **毛果蓬子菜*G. verum*** var. ***trachycarpum*** DC.

11.叶非线形，边缘不反卷或稍反卷；果有毛或小瘤突。

15.叶条状倒披针形或长圆状倒披针形；果较大，直径达5.5mm，果梗粗壮，长达2.5mm。

16.果有小瘤突，果柄弓形下弯（产于各地区） ……………………

…………………………………………… **麦仁珠*G. tricorne*** Stokes

16.果具钩毛，果柄直（产于各地区） ……………………………

…………………………**拉拉藤*G. aparine*** var. ***echinospermum*** Cuf.

15.叶线状披针形、线状长圆形或狭长圆形，长0.7~4.0cm、宽0.3~1.1cm；果直径约2.0mm，果柄毛发状（产于太行山、伏牛山区） ………………………… **山猪殃殃*G. pseudoasprellum*** Makino

变种：**密花拉拉藤**var. ***densiflorum*** Cuf.，叶常较小；花序较短较密集；苞片较大，与叶近似；花梗较粗，长约5.0mm，稀超过之。

2.叶3条脉。

17.叶较薄，纸质或薄纸质，先端渐尖或长渐尖，稀稍钝，边缘不反卷，叶脉在两面稍凸或上面平，下面有时具棕色小条纹；花序花疏，花直径2.0~2.5mm，果无毛（产于南部山区） ……………………………

………………………………………… **显脉拉拉藤*G. kinuta*** Nakai et Hara

17.叶较厚，薄革质或纸质，先端钝或稍尖，稀短渐尖，边缘常稍反卷，叶脉上面凹下面凸，下面无小条纹；花序花密，花直径3.0~4.0mm；果有毛或无毛。

18.萼筒和果被毛。

19.叶下面无毛，叶宽不及4.0mm（产于太行山区） …………………

……………………………………………… **北方拉拉藤*G. boreale*** L.

19.叶下面至少脉上有疏毛或粗糙，叶阔披针形或卵状披针形 ………

……… **堪察加拉拉藤*G. boreale*** var. ***kamtschaticum***(Maxim.)Nakai

18.萼筒和果无毛；叶卵状披针形或卵形，下面至少脉上有疏柔毛或粗糙

………………………… **茜砧草*G. boreale*** var. ***rubioides***(L.)Celak.

一二九、忍冬科 Caprifoliaceae

1.单数羽状复叶；花药外向 ………………………… **1.接骨木属Sambucus**

1.单叶；花药内向。

2.多年生草本；叶成对基部相连，若不相连则叶羽状深裂 ………………………………………………………… **3.莛子藨属Triosteum**

2.灌木或木质藤木；叶基部不相连，若相连则叶不分裂。

3.花冠整齐，通常辐状，若为钟状、筒状或高脚碟状，则花柱极短，不具蜜腺；茎干有皮孔 ………………………… **2.荚蒾属Viburnum**

3.花冠多少不整齐或2唇形，若整齐则花柱细长，有蜜腺；茎干无皮孔，常纵裂。

4.木质藤本 ………………………………………… **7.忍冬属Lonicera**

4.灌木或小乔木。

5.总花梗上并生两花，两花的萼筒常多少合生。

6.萼筒外密生长刺刚毛，超出子房部分缢缩成细长的颈 ………………………………………… **4.猬实属Kolkwitzia**

6.萼筒外无长刺刚毛，超出子房部分不缢缩成细长的颈 ………………………………………… **7.忍冬属Lonicera**

5.相邻两花的萼筒分离；聚伞花序1~3朵花，单生或组成圆锥花序。

7.雄蕊4枚；瘦果状核果，冠以增大具宿存的萼裂片 ………………………………………… **5.六道木属Abelia**

7.雄蕊5枚；蒴果，顶端无宿存的萼裂片 …… **6.锦带花属Weigela**

1. 接骨木属 Sambucus L.

1.多年生高大草本，嫩枝具棱条；聚伞花序平散，伞形，具杯形不孕花 ………………………………………… **接骨草*S. chinensis*** Lindl.

1.木本植物，枝具明显皮孔；聚伞花序圆锥形。

2.枝髓部浅褐色；小叶柄、小叶下面及叶轴均光滑无毛，稀小叶下面略有毛（产于各地）………………………… **接骨木*S. williamsii*** Hance

2.枝髓白色；小叶柄基部、小叶下面中脉基部及叶轴均被短柔毛（庭院栽培）……………………………………………………西洋接骨木**S. nigra** L.

2. 荚蒾属 Viburnum L.

1.常绿灌木或小乔木。

2.圆锥花序；叶两面无毛，上面光亮，下面脉腋有小孔窝（栽培）………………………………………………………………**日本珊瑚树**（法国冬青）**V. odoratissimum** Ker-Gawl. var. **awabukii**(K. Koch)Zabel ex Ruempl.

2.复伞形花序；叶下面密被星状茸毛。

3.叶上面脉均下陷，叶面极皱；萼筒密生星状毛（见有栽培）……………………………………………………**皱叶荚蒾V. rhytidophyllum** Hemsl.

3.叶上面脉不下陷，叶面平；萼筒无毛（产于淅川、桐柏）……………………………………………………………**烟管荚蒾V. utile** Hemsl.

1.落叶灌木或小乔木。

4.叶不分裂，羽状脉。

5.花序具大型不孕花；无托叶。

6.冬芽裸露，无鳞片；叶具5~6对侧脉，侧脉近叶缘时网结不直达齿端。

7.花序全部由大型不孕花组成（栽培）………………………………………………………………**绣球荚蒾V. macrocephalum** Fort.

7.花序仅外围有大型不孕花（栽培）………………………………………………**琼花V. macrocephalum** f. **keteleeri**(Carr.)Rehd.

6.冬芽具1~2对鳞片；叶侧脉10对以上，直伸齿端。

8.花序全部由大型不孕花组成（栽培）……**粉团V. plicatum** Thunb.

8.花序仅外围有4~6朵大型不孕花（产于大别山、鸡公山区）……………………**蝴蝶戏珠花V. plicatum** var. **tomentosum**(Thunb.)Miq.

5.花序不具大型不孕花。

9.冬芽裸露；植物体被簇状毛而无鳞片。

10.花冠粉红色，筒状，花冠裂片长约为冠筒的1/3（产于新县、商城、嵩县）………………………………………………………**备中荚蒾V. carlesii** Hemsl. var. **bitchiuense**(Makino)Nakai

10.花冠白色，辐状，花冠裂片长于或等长于冠筒。

11.叶的侧脉近缘时虽分枝，但直达齿端而非互相网结；萼筒被白色簇状毛（产于河南西南部） …………… **聚花荚蒾V. glomeratum** Maxim.

11.叶的侧脉近缘时互相网结而非直达脉端，或至少大部如此；萼筒无毛（产于各山区） …………………… **陕西荚蒾V. schensianum** Maxim.

9.冬芽具1~2对鳞片，如裸露，则植株均被鳞片状毛。

12.穗状或总状花序组成圆锥花序或伞房状圆锥花序；果核腹面有1沟。

13.花冠高脚碟状，冠筒长7.0~10mm；圆锥花序，花先叶开放（栽培） ……………………………… **香荚蒾V. farreri** W. T. Stearn

13.花冠辐状，冠筒长不及2.0mm；伞房状圆锥花序（产于确山） … ………………………… **西博氏荚蒾**（薄山荚蒾）**V. sieboldii** Miq.

12.复伞形聚伞花序。

14.花冠外面被簇状短毛；叶片下面有腺点及叉状或簇状毛，脉上更密，叶柄长(5.0)10~15mm，无托叶（产于河南南部山区） …… ……………………………………………… **荚蒾V. dilatatum** Thunb.

14.花冠外面无毛；叶片下面仅沿中脉和侧脉被长伏毛或脉腋集聚簇状毛（宜昌荚迷例外），腺点有或无。

15.花序1级分枝常7出，花生于（3）4~5级分枝上，花序梗长5.0~12cm，果熟时红色；叶柄长1.0~2.0(3.5)cm；具托叶；叶背脉上散生伏毛（产于伏牛山、桐柏山、大别山区） …………… ……………………………………… **桦叶荚蒾V. betulifolium** Batal.

15.花序1级分枝常5出，花生于2~4级分枝上；花序梗长不超过5.0cm。

16.果核多少浅杓状；叶片顶端常收缩成骤短尖，下面仅脉上有较密长伏毛；叶柄长1.0~2.0（4.0）cm，无托叶（产于鸡公山、大别山区）………………**黑果荚蒾V. melanocarpum** Hsu

16.果核非浅杓状；叶片先端常渐尖，下面密被簇状毛；叶柄长3.0~5.0mm（产于伏牛山、桐柏山至大别山区） …………… ……… **宜昌荚蒾V.erosum** Thunb.[*V. ichangense*(Hemsl.)Rehd.]

4.叶掌状分裂，具掌状脉；叶柄顶端或叶基有2~4个腺体，花序有大型白色不育花（产于各山区）…… **鸡树条V. opulus** L. var. **calvescens**(Rehd.)Hara(var.

sargenti Koehne)

据文献记载，河南西部还产有：**1.阔叶荚蒾V. lobophyllum** Graebn.冬芽褐色，无毛或仅顶端有少数纤毛；萼筒无毛；花冠直径约6.0mm；果实长约7.0mm。**2.湖北荚蒾V. hupehense** Rehd.冬芽、当年生小枝、叶柄和花序均被疏或密有时呈茸状的簇状短毛；叶宽卵形或倒卵形，先端渐尖或短尾尖；萼筒被簇状毛和腺点；花冠外面密被由簇状毛组成的茸毛；柱头不高出萼齿，果长5.0~8.0mm。**3.北方荚蒾V. hupehense** Rehd. subsp. **septentrionale** Hsu，冬芽无毛，叶下面有黄白色腺点；花冠有时无毛。它们相互间及与桦叶荚蒾之间，在特征上存在着错综复杂的变化和过渡现象，难以鉴定区分。本书暂把阔叶荚蒾、湖北荚蒾及北方荚蒾作广义的桦叶荚蒾处理。

3. 莛子藨属 Triosteum L.

1.叶全缘，基部成对相连，茎贯穿其中（产于灵宝、栾川）……………………………………………………………………**穿心莛子藨T. himalayanum** Wall.

1.叶羽状深裂，基部不相连（产于太行山、伏牛山区）……………………………………………………………………………**莛子藨T. pinnatifidum** Maxim.

4. 猬实属 Kolkwitzia Graebn.

猬实K. amabilis Graebn.，产于伏牛山、内乡、济源。

落叶灌木，幼枝红褐色。叶椭圆形或卵状椭圆形，宽1.5~3.0cm，全缘或具少数浅齿，两面被毛，边缘具睫毛。伞房状聚伞花序，相邻2朵花的萼筒相互紧贴；萼筒外密生长刚毛；花冠钟状，浅红色，长15~25mm。

5. 六道木属 Abelia R. Br.

1.叶柄基部不扩大亦不连合；枝节不膨大；花萼裂片2或5枚。

2.萼裂片5（4）枚；雄蕊和花柱明显伸出花冠外；栽培……………………………………………………………………**糯米条A. chinensis** R. Br.

2.萼裂片2枚；雄蕊和花柱均不伸出花冠之外。

3.叶较大，长3.0~8.0cm，卵形，基部钝；幼枝光滑无毛（产于河南西南部）…………………… **二翅六道木A. macrotera**(Graebn. et Buchw.)Rehd.

3.叶较小，长1.5~4.0cm，矩圆形或近菱形，基部渐狭；幼枝被短柔毛（产于伏牛山、桐柏山区）……………… **通梗花A. engleriana**(Graebn.)Rehd.

1.叶柄基部扩大并连合；枝节膨大；萼裂片4。

4.无总花梗；花单生叶腋；花梗长5.0~10mm（产于伏牛山区、太行山区）………………………………………………………… **六道木A. biflora** Turcz.

4.总花梗具2朵花；花梗极短或几无（产于伏牛山、桐柏山至大别山区）………………………………………… **南方六道木A. dielsii**(Graebn.)Rehd.

6. 锦带花属 Weigela Thunb.

1.萼檐裂至中部或稍下，萼齿披针形；种子近无翅（产于太行山至伏牛山区）……………………………………………… **锦带花W. florida**(Bge.)A. DC.

1.花萼分裂至基部，裂片条形；种子稍有翅。

2.叶长卵形或卵状椭圆形，上面疏被糙毛，中脉上较密，下面密被糙毛；幼枝及花冠外面被短糙毛或微毛（产于新县）……………………………………………………… **半边月W. japonica** Thunb. var. **sinica**(Rehd.)Bailey

2.叶阔椭圆形或近圆形至倒卵形，两面叶脉疏被平伏毛；幼枝和花冠外面无毛或疏被柔毛；栽培 ………………………… **海仙花W. coraeensis** Thunb.

7. 忍冬属 Lonicera L.

1.花双生于总花梗顶端；对生2叶的基部均不相连成盘状。

2.缠绕藤本；苞叶大，叶状，卵形，长达3.0cm（产于各地） ……………………………………………………… **忍冬**（二花）**L. japonica** Thunb.

变种：**红花忍冬**var. **chinensis**(Wats.)Bak.，蔓生落叶藤本；幼枝紫黑色，老枝、叶背面、 叶柄及叶脉均红色，花冠外面紫红色，内面白色；栽培。

2.直立灌木。

3.小枝具白色密实的髓。

4.冬芽有多对外芽鳞；小苞片分离或合生或无小苞片，如合生为杯状则外面无腺毛。

5.花冠裂片相等或略不等大，绝非唇形，短于花冠筒。

6.花药内藏；苞片钻形、披针形或条状倒披针形，短于或略长于萼筒；花柱高出花冠裂片；叶两面有短糙毛（产于灵宝）………………………………………………………………… **唐古特忍冬L. tangutica** Maxim.

6.花药顶端超出花冠筒；冬芽内芽鳞在幼枝伸长时不增大和反折。

7.花药有短糙毛；叶两面被灰白弯曲的短伏柔毛，下面更密（产于伏牛山、大别山区）……………………… **毛药忍冬L. serreana** Hand.-Mazz.

7.花药无毛；叶两面无毛或被稍弯的短糙伏毛，或仅上面有毛。

8.苞片叶状，长超过萼筒2.0~3.0倍或近相等；总花梗长1.0~2.5cm；叶两面被稍弯糙伏毛（产于伏牛山区）…… **袋花忍冬L. saccata** Rehd.

8.苞片小，非叶状，短于或略长于萼筒；叶两面无毛。

9.总花梗细长，长15~35mm；常有小苞片；萼檐常杯状，先端有明显的齿或呈波状；全株近无毛（产于卢氏、嵩县）………………………………………………… **短苞忍冬L. schneideriana** Rehd.

9.总花梗粗壮，长2.0~5.0(15)mm；常无小苞片或极微小；萼檐极短呈环状凸起，先端截形或波状齿不明显（产于灵宝）……………………………………………………… **四川忍冬L. szechuanica** Batal.

5.花冠唇形。

10.冬芽不具4棱角；内芽鳞在幼枝伸长时增大且反折。

11.双花的相邻两萼筒1/2或全部合生。

12.小苞片分离；苞片叶状，卵状披针形至卵状矩圆形，长8.0~15mm；幼枝、叶柄和总花梗均被开展的污白色糙毛及具腺糙毛；总花梗长3.0~4.0（5.0）cm（产于太行山、伏牛山区）………………………………………………… **黏毛忍冬L. fargesii** Franch.

12.小苞片合生为杯状；苞片钻形，长3.0~5.0mm；幼枝、叶柄和总花梗仅初时散生腺毛，后变无毛；总花梗长在2.0~3.0cm以下（产于黄柏山区） …………… **倒卵叶忍冬L. hemsleyana**(O. Ktze.)Rehd.

11.双花的相邻两萼筒分离；小苞片2对，分离；总花梗长不到5.0cm（产于河南西部，卢氏） …………… **华西忍冬L. webbiana** Wall. ex DC.

10.冬芽具4棱角，内芽鳞在小枝伸长后不十分增大。

13.总花梗或果梗短于或稍长于叶柄；果实黑色或红色；相邻两萼筒合

生。

14.叶下面粉白色，常被微糙伏毛，叶长1.0~2.5cm；果实黑色；幼枝、叶柄和总花梗无毛（产于卢氏、灵宝）… **凹叶忍冬L. retusa** Franch.

14.叶下面非粉白色，被短或长的柔毛，叶长2.0~4.0（8.0）cm，果实红色。

15.萼筒上有腺；花冠筒与唇瓣等长或略较短；幼枝、叶柄和总花梗被短柔毛；叶下面全面被短柔毛（产于商城，黄柏山）…………………………………………………………… **下江忍冬L. modesta** Rehd.

15.萼筒无腺；花冠筒长约为唇瓣之半；幼枝、叶柄和总花梗疏生柔毛或近无毛（产于河南西部，卢氏、嵩县）……………………………………………………………… **短梗忍冬L. graebneri** Rehd.

13.总花梗或果梗明显比叶柄长；果实黑色，相邻两萼筒分离；叶无毛或上面有肉眼难见的微糙毛或微腺（产于河南西部） …………………………………………………………… **红脉忍冬L. nervosa** Maxim.

4.冬芽仅1对外芽鳞，如多对则小苞片合生为杯状，外面有多数腺毛。

16.小苞片合生成坛状壳斗，完全或部分包围双花的相邻两萼筒。

17.小苞片无毛，果熟时变为肉质而不开裂；花冠筒漏斗形，比裂片长1.5~2.0倍；丝上部伸出花冠（产于太行山至伏牛山北部）……………………………… **蓝靛果L. caerulca** L. var. **edulis** Turcz. ex Herd.

17.小苞片外面有毛，果熟时不变为肉质并开裂而释出果实；花冠唇形，壮枝上2叶柄间有盘状托叶（产于太行山、息县、舞阳、伏牛山）…………………………………… **葱皮忍冬L. ferdinandii** Franch.

16.小苞片非上述。

18.冬芽有1对联合为帽状、有纵褶皱的外鳞片。

19.雄蕊高出花冠筒，花冠长1.5~3.0cm；萼檐不十分宽大，萼筒常有刚毛和腺毛（产于太行山、伏牛山区） …………………………………………………… **刚毛忍冬L. hispida** Pall. ex Roem. et Schult.

19.雄蕊不高出花冠筒；花冠长3.0~4.0cm；萼檐宽大，长4.0~5.0mm（产于灵宝） ………………… **冠果忍冬L. stephanocarpa** Franch.

18.冬芽有数对分离、交互对生的鳞片，有时最下方1对与芽体等长而将其余鳞片盖没，但无纵褶皱。

20.花冠整齐或稍不整齐，但非唇形；双花的萼筒分离（产于河南北部、西部，商城、黄柏山）…………………… **北京忍冬L. elisae** Franch.

20.花冠唇形；双花的两萼筒连合至中部。

21.叶无毛或仅下面中脉有少数刚伏毛，更或仅下面中脉基部两侧有稍弯短糙毛（产于西峡、嵩县）…………………………………………………………………… **郁香忍冬L. fragrantissima** Lindl. ex Paxt.

21.叶两面或至少下面中脉密被刚伏毛，有时夹杂短糙毛或短柔毛。

22.叶下面被刚伏毛而无短柔毛，或有时中脉下部或基部两侧有短糙毛（产于各山区）…………………………………………… **苦糖果L. fragrantissima** subsp. **standishii**(Carr.)Hsu et H. J. Wang

22.叶下面除被刚伏毛外，还夹杂短柔毛或仅基部中脉两侧有短柔毛（产于河南西北部，宜阳、内乡）…………… **樱桃忍冬 L. fragrantissima** subsp. **phyllocarpa**(Maxim.)Hsu et H. J. Wang

3.小枝具黑褐色的髓，后因髓消失而变中空；相邻两萼筒分离。

23.小苞片分离，长为萼筒的1/4~1/2；总花梗长于1.0cm，远超出叶柄。

24.幼枝、叶柄、总花梗均被开展直糙毛和微糙毛；叶下面疏生直或稍弯的糙伏毛（产于河南西部）……………………………………………………………………… **金花忍冬L. chrysantha** Turcz. ex Ledeb.

24.幼枝、叶柄、总花梗被多少弯曲的短柔毛；叶下面被茸毛、短柔毛至近无毛（产于河南西部）…………………………………… **须蕊忍冬L. chrysantha** subsp. **koehneana**(Rehd.)Hsu et H. J. Wang

23.小苞片多少连合，长为萼筒的1/2至几相等，顶端多少截状；总花梗长不到1.0cm，很少超过叶柄。

25.花冠先为白色，后变黄色；小苞片和幼叶绿色（各地栽培或山野野生）…………………………… **金银忍冬L. maackii**(Rupr.)Maxim.

25.花冠、小苞片和幼叶均带淡紫红色（产于鸡公山）……………………………………… **红花金银忍冬L. maackii** var. **erubescens** Rehd.

1.花单生，6~9（18）朵密集成头状花序生于小枝顶端；花序下方1~2对叶基部相连合成盘状；花冠长5.0~9.0cm（产于伏牛山、太行山区）……………………………………………………………… **盘叶忍冬L. tragophylla** Hemsl.

一三〇、五福花科 Adoxaceae

五福花属 Adoxa L.

五福花A. moschatellina L.，产于济源。

根状茎匍匐，末端肥大。茎单生，纤细，高6.0~15cm。一至二回三出复叶；小叶宽卵形或圆形，长1.0~2.0cm，无毛，边缘有钝齿。头状花序常5朵花；花绿色，花冠辐状，4（6）裂，雄蕊内轮退化。果实球形，直径2.0~3.0mm。

一三一、败酱科 Valerianaceae

1.雄蕊4枚，极少退化至1~3枚；萼齿5枚，直立或外展，果期不呈冠毛状；花冠白色或黄色 ……………………………………………………… **1.败酱属Patrinia**

1.雄蕊3枚；花萼多裂，开花时内卷，果期伸长并外展成羽毛状冠毛 ………………………………………………………………………… **2.缬草属Valeriana**

1. 败酱属 Patrinia Juss.

1.果无翅状苞片；花序梗仅上方一侧被开展的白色粗糙毛；花冠黄色（产于各地山区丘陵）……………………………**败酱P. scabiosifolia** Fisch. ex Trev.

1.果实有增大的翅状苞片；花序梗四周被毛或仅两侧具毛；花冠黄色、淡黄色或白色。

2.叶羽状深裂，裂片狭，线形或狭披针形；花黄色。

3.花冠较小，直径3.0~4.0（5.0）mm；果苞较小，长3.0~5.0mm、宽约3.5mm，网脉常具3条主脉；茎生叶羽裂片3~6对，深裂至全裂（产于太行山、伏牛山区）…………………… **岩败酱P. rupestris**(Pall.)Juss.

3.花冠较大，直径5.0~7.0mm；果苞宽大，长达8.0mm、宽6.0~8.0mm；网脉常具2条主脉，极少3条；茎生叶羽裂片1~3对（产于各山区、丘陵）……………… **糙叶败酱P. rupestris** subsp. **scabra**(Bge.)H. J. Wang

2.叶裂片较宽，非线形或披针形，或叶不分裂；花冠黄色或白色；果苞具2条主脉，极少3条。

4.花序梗被微糙毛或短糙毛；茎生叶常有羽状裂片1~3对或不分裂（产于各地山野及丘陵）…………………… **墓头回**（异叶败酱）**P. heterophylla** Bge.

变种：**窄叶败酱**subsp. **angustifolia**(Hemsl.)H. J. Wang，花序最下分枝处总苞叶不分裂，花丝较长（3.5mm以上），子房较长（0.8~1.5mm），茎下部和中部叶常不分裂或有时基部仅具1~2对裂片（产于嵩县、鸡公山）。

4.花序梗被较长粗毛；茎生叶常不分裂或有时具1~2（3）对侧裂片。

5.花冠白色，盛开时直径常4.0~5.0mm（产于桐柏山、大别山区）……………………… **攀倒甑**（白色败酱）**P. villosa**(Thunb.)Juss.(*P.sinensis* Koidz.)

5.花冠淡黄色（稀混杂白色花），较小，盛开时直径1.0~4.0mm。

6.雄蕊4枚；花冠直径2.5~4.0mm，具棕红色或褐色微腺；叶片亦具微腺（产于河南南部）……… **斑花败酱P. punctiflora** Hsu et H. J. Wang

6.雄蕊1~2（3）枚；花很小，直径1.0~2.0（3.0）mm，花冠和叶片不具微腺（产于各山区）……………… **少蕊败酱P. monandra** C. B. Clarke

2. 缬草属 Valeriana L.

1.叶通常为基生叶，不分裂，具长柄；茎生叶不分裂或3~7羽状分裂；花白色（产于伏牛山、桐柏山区）…**蜘蛛香**（心叶缬草）**V. jatamansi** Jones

1.叶通常茎生；基生叶花期枯落，茎生叶7~11羽状全裂，裂片近等大，同型（产于各山区）……………………………………………………………………

缬草V. pseudofficinalis C. Y. Cheng et H. B. Cheng(*V. officinalis* auct. non L.)

变种：**宽叶缬草**var. **latifolia** Miq.，叶裂片5~7，较宽，中裂片较大，边缘具锯齿（产于大别山区）。

一三二、川续断科 Dipsacaceae

1.植物体具刺毛；花托总苞片硬质，具刺尖；萼檐无刺毛 ……………………………………………………………………………… **1.川续断属Dipsacus**

1.植物体不具刺毛；花托总苞片草质或退化为毛状，不具刺尖；萼檐具刺毛 ……………………………………………………………………………… **2.蓝盆花属Scabiosa**

1. 川续断属 Dipsacus L.

日本续断D. japonicus Miq.，产于各地。

茎高1.0m以上，中空，4~6条棱，棱上具钩刺。叶羽状分裂；裂片3至数对，长椭圆状卵形、菱状卵形或卵形，边缘有锯齿，上面有白刺毛，背面脉上疏生钩刺。头状花序球形，长1.0~3.0cm；花常紫红色。

2. 蓝盆花属 Scabiosa L.

1.叶裂片线形，宽1.0~1.5mm（产于伏牛山、大别山区）……………………
……………………………… **窄叶蓝盆花S. comosa** Fisch. ex Roem. et Schult.
1.叶裂片披针形，宽3.0~4.0mm，先端渐尖（产于太行山、伏牛山区）……
……………………………………………………… **华北蓝盆花S. tschiliensis** Grun.

一三三、葫芦科 Cucurbitaceae

1.花冠裂片全缘或近全缘，绝不流苏状。
2.雄蕊5枚，药室卵形且通直。
3.单叶。
4.花较小，花冠裂片长不及1.0cm；果实成熟后由中部以上或顶端盖裂或3瓣裂。
5.叶长三角形，基部戟状心形，无腺体；果实成熟后由中部盖裂；种子无翅 …………………………………… **1.盒子草属Actinostemma**
5.叶近圆形，叶片基部裂片顶端有1~2对突出腺体；果实顶端盖裂；种子有膜质长翅 ………………………… **2.假贝母属Bolbostemma**
4.花较大，花冠裂片长2.0cm左右；果实浆果状，不开裂；种子无翅；叶缘有明显锯齿 ……………………………… **3.赤爬属Thladiantha**
3.叶为鸟足状，3~9枚小叶；雌雄异株。
6.花极小，花冠裂片长不及3.0mm；果实球形，含种子1~3粒；种子无翅 ……………………………………………… **14.绞股蓝属Gynostemma**
6.花较大，花冠裂片长超过5.0mm；果实棍棒状圆筒形或倒锥形，内含种子6枚以上；种子周围有膜质翅 ……………**15.雪胆属Hemsleya**

2.雄蕊3枚，极稀5枚而药室折曲。

7.花及果均小型；药室直或稍弓曲。

8.花常雌雄同株，稀异株；果实不开裂；种子多数水平生；雄蕊全部2室；雄花序为总状聚伞花序或近伞形序 …………………………………………………………………… **4.马瓟儿属Zehneria**

8.花雌雄异株或稀两性花；果实成熟后3瓣开裂；种子1~3粒下垂生；雄蕊1枚具1室花药，2枚具2室花药 …………… **5.裂瓜属Schizopepon**

7.花及果中等大或大型，药室"S"形折曲或多回折曲。

9.花冠辐状，若钟状时即5深裂或近分离。

10.雄花萼筒不伸长。

11.花梗上有盾状苞片；果实常具明显的瘤状突起 ……………………………………………………………… **6.苦瓜属Momordica**

11.花梗上无盾状苞片。

12.雄花生于总状或聚伞花序上 ………………… **7.丝瓜属Luffa**

12.雄花单生或簇生。

13.叶两面密被硬毛；花萼裂片叶状，有锯齿，反折 …………………………………………… **8.冬瓜属Benincasa**

13.叶两面被柔毛状硬毛；花萼裂片钻形，近全缘，不反折。

14.卷须2~3歧；叶羽状深裂；药隔不伸出 ……………………………………………… **9.西瓜属Citrullus**

14.卷须不分歧；叶3~7浅裂；药隔伸出 ……………………………………………… **10.黄瓜属Cucumis**

10.雄花萼筒伸长，筒状或漏斗状；花白色；叶片基部有2明显腺体 ……………………………………………………… **11.葫芦属Lagenaria**

9.花冠钟状，5中裂；叶片被长硬毛，而基部无腺体；花黄色；果大型 ……………………………………………………… **13.南瓜属Cucurbita**

1.花冠裂片流苏状；草质藤本 …………………………… **12.栝楼属Trichosanthes**

1. 盒子草属 Actinostemma Griff.

盒子草A. tenerum Griff.(*A. lobatum* Maxim. ex Franch. et Sav.)，产于鸡公山、潢川、嵩县。

茎攀缘，长达2.0m；卷须二分叉，与叶对生。叶戟形、披针状三角形或卵状心形，宽3.0~8.0cm，不分裂或下部3~5裂。花萼裂片线状披针形；花冠裂片狭卵状披针形或三角状披针形，先端尾尖，黄绿色。蒴果长1.5~2.5cm，宽1.0~1.5cm，近中部横裂。

2. 假贝母属 Bolbostemma Franquet

假贝母B. paniculatum(Maxim.)Franquet，产于太行山、伏牛山区。

鳞茎直径达3.0cm。茎细弱，无毛，卷须单一或2叉。叶卵状，近圆形或心形，宽4.0~10cm，掌状5深裂，裂片又3~5浅裂，基部小裂片顶端有2腺体。花序轴和花梗均丝状，花梗长1.5~3.5cm，花黄绿色，花冠裂片先端长尾状。蒴果长15~33mm，顶端盖裂。

3. 赤爮属 Thladiantha Bge.

1.卷须不分叉。

  2.子房和果纺锤形，顶端喙状（产于河南南部）…………………………………………………………………………… **斑赤爮T. maculata** Cogn.

  2.子房和果实顶端绝不为喙状。

    3.子房长圆形；雄花单生或聚生于短枝上呈假总状花序；果实卵状长圆形，具10条纵纹（产于太行山、伏牛山）…………**赤爮T. dubia** Bge.

    3.子房狭长圆形；雄花序总状，常2~7朵花，总花梗中部常有1~2枚叶状总苞片；果实长圆形（产于河南南部）……………………………………………………………………………**长毛赤爮T. villosula** Cogn.

1.卷须2歧；全体密被柔毛状硬毛（产于河南南部）……………………………………………………**南赤爮T. nudiflora** Hemsl. ex Forbes et Hemsl.

  变种：**大果赤爮**var. **macrocarpa** Z. Y. Zhang，植株几无长柔毛；叶上面被具白色泡状毛基的短刚毛，下面被淡黄色刺毛状柔毛（产于商城）。

4. 马㼎儿属 Zehneria Endl.

马㼎儿Z. indica(Lour.)Keraudren，产于鸡公山、大别山，嵩县。

茎纤细，卷须单一，丝状。叶三角形，三角状卵形或心形，宽

2.0~5.0cm，不分裂或3~5裂，有不规则锯齿。雌雄花生于同一叶腋，雌花1（2）枚，雄花1或几朵簇生，花白色。果实长1.0~1.5cm，不裂。

5. 裂瓜属 Schizopepon Maxim.

湖北裂瓜S. dioicus Cogn. ex Oliv.，产于河南西南部，汝南。

茎纤弱，无毛，卷须2叉。叶宽卵心形，宽3.0~7.0cm，先端渐尖，每边2~3三角状浅裂片，边缘有细锯齿。花两性，极小，单生或3~5朵集为总状花序，白色。果实长10~15mm，3瓣裂。

6. 苦瓜属 Momordica L.

1.花雌雄同株；苞片生于雄花花梗中部或中部以下；叶片5~7深裂；果实纺锤形或圆柱形，外面多瘤皱。栽培 ························ **苦瓜M. charantia** L.

1.花雌雄异株；苞片生于雄花花梗顶端；叶片3~5中裂至深裂或不分裂；果实卵球形，密生具刺尖的突起（产于新县）······································ **木鳖子M. cochinchinensis**(Lour.)Spreng.

7. 丝瓜属 Luffa Mill.

1.雄蕊通常5枚；果实表面平滑，无棱。栽培 ··· **丝瓜L. cylindrica**(L.)Roem.

1.雄蕊3枚；果实具5~10条纵棱。偶见栽培 ······································ **广东丝瓜L. acutangula**(L.)Roxb.

8. 冬瓜属 Benincasa Savi

冬瓜B. hispida(Thunb.)Cogn.，各地栽培。

9. 西瓜属 Citrullus Schrad. ex Kckl. et Zeyh.

西瓜C. lanatus(Thunb.)Matsum. et Nakai，各地栽培。

10. 黄瓜属 Cucumis L.

1.果实平滑，无瘤状突起。

2.花单性，雄花常数朵簇生于叶腋；果实大型。各地广泛栽培 ……………………………………………………………………………………**甜瓜C. melo** L.

变种1：**菜瓜**var. **conomon**(Thunb.)Makino，果实长圆状圆柱形或近棒状，长20~50cm、直径6.0~15cm，平滑无毛。

变种2：**马爬瓜**var. **agrestis** Naud.，花较小，双生或3朵聚生；子房密被微柔毛和糙硬毛；果实小，长圆形、球形、陀螺形，有香味，不甜，果皮极薄。偶见栽培观赏。

2.花两性，单生或双生于叶腋；果实长仅4.0cm（主产于河南东部至东南部）…**小马泡**（马包）**C. bisexualis** A. M. Lu et G. C. Wang ex Lu et Z. Y. Zhang

1.果皮粗糙，通常具刺尖的瘤状突起，果长圆形或圆柱形，长远超过5.0cm（各地栽培）……………………………………………………**黄瓜C. sativus** L.

11. 葫芦属 Lagenaria Ser.

葫芦L. siceraria(Molina)Standl.，广泛栽培。

变种1：**瓠子**var. **hispida**(Thunb.)Hara，果实圆柱状，直或稍弯曲，长达60~80cm，绿白色（栽培蔬菜）。

变种2：**小葫芦**var. **microcarpa**(Naud.)Hara，植株结实多，果实中部缢细，形状似胡芦，但长仅约10cm。

变种3：**瓠瓜**var. **depressa**(Ser.)Hara，果扁球形，直径约30cm（各地栽培做水瓢和容器）。

12. 栝楼属 Trichosanthes L.

1.一年生；雌雄同株；果实长圆柱形，长达1.0m，扭曲为蛇形；栽培 ………………………………………………………………………………**蛇瓜T. anguina** L.

1.多年生；雌雄异株；果实近球形。

2.叶面常具圆糙点；雄花苞片大，阔卵形，兜状，边缘具细长裂齿；果瓤墨绿色；种子长方形，膨胀（产于大别山区，嵩县）………………………………………………………………**长萼栝楼T. laceribractea** Hayata

2.叶面光滑，无糙点；雄花苞片菱形、卵形或扇形，全缘或具粗齿，绝不为兜状和具锐裂齿；果瓤橙黄色；种子卵形或卵状椭圆形，压扁。

3.叶常5深裂几达基部，裂片披针形或倒披针形；苞片长5.0~16mm、宽5.0~11mm；萼裂片线形（产于伏牛山、桐柏山区）…………………………………………………………………………… **中华栝楼T. rosthornii** Harms

3.叶3~5浅裂至中裂；苞片长15~25（30）mm、宽10~20mm；萼裂片披针形（产于各地区）……………………………… **栝楼T. kirilowii** Maxim.

13. 南瓜属 Cucurbita L.

1.花萼裂片不扩大成叶状；瓜蒂不扩大成喇叭状。

2.叶片三角形或卵状三角形，不规则5~7浅裂；果梗有强烈的棱沟 ……………………………………………………………………… **西葫芦C. pepo** L.

2.叶片肾形或圆形，近全缘或仅具细锯齿；果棱不具棱和槽（栽培）……………………………………………………… **笋瓜C. maxima** Duch. ex Lam.

1.花萼裂片条形，上部扩大成叶状；瓜蒂明显扩大成喇叭状（各地普遍栽培）……………………… **南瓜C. moschata**(Duch. ex Lam.)Duch. ex Poiret

14. 绞股蓝属 Gynostemma Bl.

1.叶具5~7枚小叶，中央小叶长3.0~9.0cm，宽1.5~3.5cm，侧生小叶较小（产于河南南部）……………………… **绞股蓝G. pentaphyllum**(Thunb.)Makino

1.叶具3枚小叶，中央小叶长7.0~14cm、宽3.0~3.5cm，侧生小叶基部明显偏斜（产于新县）……………………………… **光叶绞股蓝G. laxum**(Wall.)Cogn.

15. 雪胆属 Hemsleya Cogn.

雪胆H. chinensis Cogn. ex Forbes et Hemsl.，产于内乡宝天曼。

多年生草质藤本，块根肥大。幼枝生短而密的柔毛，卷须常分2叉。叶鸟足状，5~7枚小叶，小叶矩圆状披针形或宽披针形，宽2.0~3.0cm。花冠橙黄色，裂片矩圆形，反折，长约13mm。果实筒状倒圆锥形，顶端截形，长约3.0cm。

一三四、桔梗科 Campanulaceae

1.花冠辐射对称；雄蕊离生。

2.蒴果在顶端（花冠着生处以上部分）瓣裂；柱头裂片较短而不卷曲。

3.柱头裂片宽，卵形或长圆形；花多为单生；茎缠绕（河南种）……………………………………………………………… **2.党参属Codonopsis**

3.柱头裂片窄，条形；花集为聚伞花序或疏散圆锥花序；茎直立或上升。

4.蒴果裂瓣与宿存的萼裂片对生；子房和果5室；高大草本，叶轮生或对生 …………………………………………………… **3.桔梗属Platycodon**

4.蒴果裂瓣与萼裂片互生；子房2~3室；多年生小草本，叶互生 ……………………………………………………………… **1.蓝花参属Wahlenbergia**

2.蒴果在侧面（宿存萼片着生处以下）的基部或上部孔裂；柱头裂片狭长而反卷。

5.花无花盘；蒴果在基部、中部或顶端孔裂 …… **4.风铃草属Campanula**

5.花有环状或筒状花盘围绕在花柱基部；蒴果在基部孔裂 ……………………………………………………………………………… **5.沙参属Adenophora**

1.花冠两侧对称；雄蕊合生；蒴果顶端圆锥状渐尖，2瓣裂 …………………………………………………………………………… **6.半边莲属Lobelia**

1. 蓝花参属 Wahlenbergia Schrad. et Roth

蓝花参W. marginata(Thunb.)A. DC.，产于河南南部。

茎直立或匍匐，自基部多分枝。叶倒披针形或线状披针形，宽2.0~4.0mm，全缘或浅波状，圆锥花序顶生；花萼裂片线状披针形；花冠蓝色，漏斗状狭钟形，长5.0~8.0mm。蒴果倒圆锥形。

2. 党参属 Codonopsis Wall.

1.茎缠绕。

2.叶3~4片簇生于短侧枝末端，呈假轮生状（产于各山区）……………………………………………… **羊乳C. lanceolata**(Sieb. et Zucc.)Trautv.

2.叶在主茎及侧枝上互生，在小枝上近于对生；两面明显被毛（产于各山区）…………………………………………… **党参C. pilosula**(Franch.)Nannf.

变种：**无毛党参**var.**glaberrima**(Nannf.)Tsoong，叶柄、叶两面均无毛，有时仅表面边缘疏具白柔毛（灵宝）。

1.茎直立或斜升。

3.茎、叶无毛或近无毛；花萼无毛（产于嵩县）………………………………………………………………… **光叶党参C. cardiophylla** Diels ex Kom.

3.茎、叶密被长硬毛；花萼被硬毛（产于灵宝）………………………………………………………………… **秦岭党参C. tsinglingensis** Pax et Hoffm.

3. 桔梗属 Platycodon A. DC.

桔梗P. grandiflorus(Jacq.)A. DC.，产于各地。

多年生，具乳汁，无毛。叶轮生或兼有互生，卵形至卵状披针形，宽1.5~3.0cm，边缘锐锯齿。花单生或常数朵生于枝端；萼齿三角状披针形；花冠宽钟状，蓝紫色，直径3.0~5.0cm，5中裂，裂片三角形。蒴果长、宽各约1.5cm。

4. 风铃草属 Campanula L.

紫斑风铃草C. punctata Lam.，产于太行山、伏牛山、桐柏山。

全株被刚毛。根状茎细长，茎高达1.0m。茎生叶卵形或卵状披针形，长4.0~5.0cm，边缘有不规则浅齿，两面被毛。花1~3朵生于茎枝端，下垂；花冠白色，有多数紫斑，钟状，长约4.0cm，先端5浅裂。

5. 沙参属 Adenophora Fisch.

1.花盘细长，长2.0~7.0mm，直径一般不超过1.0mm，长远远超过直径；花冠细小，近于筒状，口部稍收缢，长一般为10mm左右，个别达18mm；花柱长为花冠的2.0倍，至少为花冠的1.5倍；花萼裂片狭小，毛发状或钻状。

2.叶轮生，花序分枝也常轮生；花盘较短，长2.0~4.0mm（产于伏牛山，桐柏）………………………………… **轮叶沙参A. tetraphylla**(Thunb.)Fisch.

2.叶及花序分枝均互生。花盘长(2.0)3.0~7.0mm；花萼裂片毛发状。

3.萼裂片长(3.0)6.0~14(20)mm，下部有时具1~2对瘤状小齿；果球形，少为卵形（产于卢氏、栾川、内乡）…… **丝裂沙参A. capillaris** Hemsl.

3.萼裂片长(2.0)3.0~5.0(7.0)mm，全缘；果实卵形或卵状长圆形（产于伏牛山、鸡公山区）………………………… **细叶沙参A. paniculata** Nannf.

1.无上述综合性状，至少花冠不呈筒状，口部不收缢；花柱长为花冠的1.3倍以下。

4.植株常有横走的茎基分枝，其上有互生的膜质鳞片；花柱不长于花冠，花盘长不足1.0mm，花冠长13~15mm，浅裂；茎生叶心形，叶柄长2.0~4.0cm（产于伏牛山、桐柏山、鲁山尧山）……………………………………………………………………………… **心叶沙参A. cordifolia** Hong

4.植株无横走的茎基分枝，也无上述综合性状。

5.茎生叶至少下部者具柄，极少近无柄；萼筒绝不为圆球状，裂片全缘（如有齿，不管叶柄有无均不在此项）而常宽大，卵形至披针形，宽(1.0)1.5~4.0mm。

6.茎生叶全部具明显的柄，基部宽浅心形，不下延或下延很短；花萼裂片长2.5~4.0mm；花冠长20~25mm，花盘长2.0~3.0mm；萼筒至少在花期为倒三角状圆锥形（产于太行山、伏牛山区）………………………………………………………………… **荠苨A. trachelioides** Maxim.

6.茎生叶无柄或仅有楔状叶柄，叶基常楔状下延。

7.萼裂片卵形至长卵形，最宽处在中、下部，边缘常多少重叠，宽1.5~4.0mm；花盘有毛，少无毛；花柱与花冠等长；花序分枝粗壮，几平展或弓曲向上（产于伏牛山、桐柏山、大别山区）…………………………… **杏叶沙参（宽裂沙参）A. hunanensis** Nannf.

7.萼裂片卵状披针形至条状披针形，宽1.0~2.0（3.0）mm，绝不重叠，花盘无毛。

8.花冠长20~27mm，裂片长约8.0~11mm；花柱与花冠近等长（产于伏牛山区）……………… **秦岭沙参A. petiolata** Pax ex Hoffm.

8.花冠长约17mm，裂片长约5.0mm；花柱明显伸出花冠；叶两面疏生短硬毛，极少近无毛；花萼常被毛（产于伏牛山区）……………………………………………………**多毛沙参A. rupincola** Hemsl.

5.茎生叶无柄，仅个别种（沙参）的少数植株下部有极短而带翅的叶柄；如明显有柄则萼裂片具齿；萼裂片披针形或更窄，若宽则具齿或浅裂。

9.萼裂片全缘。

10.萼裂片长钻形，基部最宽，长6.0~8.0mm；花盘长1.0~1.8mm；花冠长1.5~2.3cm；萼筒倒卵形或倒卵状锥形，常有毛（产于各山区）………………………………………………………………………… **沙参A. stricta** Miq.

亚种：**无柄沙参**subsp. **sessilifolia** Hong，茎叶被短毛；花萼多被短硬毛或粒状毛，稀无毛；花冠外面无毛或仅顶端脉上有几根硬毛。

10.萼裂片三角状披针形或条状披针形，长2.0~6.0mm；花盘长0.8~4.0mm。

11.茎生叶条形，全缘，或宽而疏生锯齿；花萼无毛；花柱稍短于花冠（产于太行山、伏牛山区）………………**狭叶沙参A. gmelinii** Fisch.

11.茎生叶卵形至披针形，稀近圆形，边缘疏生尖锯齿或刺状齿；萼常被毛，稀近无毛；花柱通常稍长于花冠，稀近等长（产于太行山、伏牛山区）…………………………………**石沙参A. polyantha** Nakai

9.花萼裂片有齿；茎生叶有明显叶柄，至少茎下部叶如此。

12.茎生叶具长2.0~4.0cm的叶柄；叶基部深心形；花盘长仅0.7mm；花柱与花冠等长 ……………………………………**心叶沙参A. cordifolia** Hong

12.茎生叶叶柄长在2.5cm以下；叶基浅心形、圆形或楔形；花盘长1.5~2.0mm；花柱伸出花冠（产于嵩山、栾川）……………………………………………………………………… **多歧沙参A. wawreana** Zahlbr.

6. 半边莲属 Lobelia L.

1.平卧草本，节上生根；叶片线形或长圆状披针形，长8.0~25mm、宽3.0~7.0mm；花冠长10~15mm，粉红色或白色，萼片5裂，偏于一侧（产于河南南部）…………………………………………**半边莲L. chinensis** Lour.

1.粗壮直立草本；叶披针形或线状披针形，长25~55mm、宽3.0~16mm；花冠长25~30mm，紫红色，2唇形（郑州有栽培）…………………………………………………………………………………**山梗菜L. sessilifolia** Lamb.

一三五、菊科 Compositae

1.头状花序具管状花或兼有舌状花；植物体不具乳汁。

2.头状花序全为管状花，有时小花成二唇形。

3.叶对生。

4.冠毛鳞片状；头状花序具多朵小花 ……………… **2.藿香蓟属Ageratum**

4.冠毛毛状。

5.花药上端截形，无附片；冠毛3~5根，坚硬，棒槌状，果期分叉 ……………………………………………………… **1.下田菊属Adenostemma**

5.花药上端尖，有附片；冠毛多数，刚毛状 …… **3.泽兰属Eupatorium**

3.叶互生或基生。

6.花序单性，雌雄同株或异株。

7.小灌木，雌雄异株。

8.总苞片6~10枚或更多；花冠5深裂 ……………… **80.帚菊属Pertya**

8.总苞片5枚；花冠不规则深裂成二唇形或舌状 …………………………………………………………… **81.蚂蚱腿子属Myripnois**

7.草本植物。

9.叶二至三回羽状分裂；雌头状花序总苞片合生，顶端具6~9枚尖齿 ……………………………………………………**24.豚草属Ambrosia**

9.叶不分裂或3（5）掌状分裂。

10.雌头状花序总苞片合生为囊状，外具多数钩刺；瘦果无冠毛；叶茎生 ……………………………………… **25.苍耳属Xanthium**

10.雌头状花序总苞片不合生为囊状，无刺；冠毛多数；叶基生 ……………………………………………… **54.蜂斗菜属Petasites**

6.花两性；通常具冠毛（石胡荽属无冠毛）。

11.总苞片1~2层，等长，基部有时具小外苞片。

12.无冠毛；一年生小草本；花冠淡绿黄色；瘦果有毛 …………………………………………………………… **51.石胡荽属Centipeda**

12.具冠毛。

13.总苞基部无小外苞片；叶抱茎，花冠紫红色 …………………………………………………… **57.一点红属Emilia**

13.总苞基部有小外苞片。

14.花白色、黄白色或稍带红色；野生。

15.基生叶掌状多裂，呈伞状下垂；小花带红色 ………………………………………………………………………………………………**59.兔儿伞属Syneilesis**

15.基生叶非掌状多裂，不呈伞状下垂，小花白色 ………………………………………………………………………………………**60.蟹甲草属Parasenecio**

14.花黄色或朱红色；柱头顶端有长钻状附器。

16.花黄色；叶柄基部有假托叶（栽培） ………… **55.三七草属Gynura**

16.花朱红色；叶柄基部无假托叶 …………**56.野茼蒿属Crassocephalum**

11.总苞片多层，外层短，向内渐长。

17.叶缘和（或）总苞具刺。

18.叶片沿茎下延成翅 ………………………………… **72.飞廉属Carduus**

18.叶片不沿茎下延成翅。

19.复头状花序成球形；花冠蓝色，每一管状花围以1枚小总苞 ……………………………………………………………………… **67.蓝刺头属Echinops**

19.非球形复头状花序。

20.叶缘无刺，总苞具刺。

21.总苞具钩刺，几无白色蛛丝状毛 ……… **69.牛蒡属Arctium**

21.总苞具直刺，密被白色蛛丝状毛 …… **76.山牛蒡属Synurus**

20.叶缘和总苞均有刺，但不为钩刺。

22.冠毛羽毛状。

23.瘦果被丝状密毛；头状花序基部有叶状苞叶包围 ……………………………………… **68.苍术属Atractylodes**

23.瘦果无毛；头状花序基部无叶状苞叶。

24.叶光滑，表面有白斑点；花丝合生（栽培） ………………………………………… **73.水飞蓟属Silybum**

24.叶表面无白斑点 …………………… **70.蓟属Cirsium**

22.无冠毛；花橘红色；总苞为具刺的苞叶所包围（栽培） …………………………………………………… **78.红花属Carthamus**

17.叶缘和总苞片均不具刺。

25.总苞片干膜质或边缘干膜质。

26.头状花序小，直径一般不超过6.0mm；总苞片边缘干膜质；瘦果无冠毛。

27.头状花序组成总状或复总状、穗状或复穗状花序 ……………………………………………………………… **52.蒿属Artemisia**

27.头状花序组成伞房状花序 ……………………… **50.亚菊属Ajania**

26.头状花序大，总苞片全为干膜质，有冠毛。

28.两性花全部或大部结实，花柱分枝；总苞片一般具彩色，有光泽 ……………………………………………… **19.鼠曲草属Gnaphalium**

28.两性花不结实，花柱不分枝；总苞非彩色。

29.头状花序密集成团，基部有数苞叶… **17.火绒草属Leontopodium**

29.头状花序集为伞房状，基部无苞叶；冠毛分离 …………………………………………………………… **18.香青属Anaphalis**

25.总苞片不为干膜质，通常草质，或有时仅具窄膜质边缘。

30.瘦果无冠毛。

31.头状花序柄和果实有具柄的腺；花白色；瘦果无纵肋……………………………………………………… **22.和尚菜属Adenocaulon**

31.头状花序柄和果实无具柄的腺；花黄色；瘦果有纵肋……………………………………………………… **21.天名精属Carpesium**

30.瘦果具冠毛。

32.叶基生。

33.两性花的花冠5深裂，裂片等大同形；冠毛羽毛状 …………………………………………………… **82.兔儿风属Ainsliaea**

33.两性花的花冠显然二唇形；冠毛有糙毛 … **83.大丁草属Gerbera**

32.具茎生叶和基生叶；花冠管状。

34.花柱上端无膨大的毛节；头状花序小，总苞直径在10mm以下；叶三出脉 ……………………………………… **80.帚菊属Pertya**

34.花柱上端具膨大的毛节；头状花序较大。

35.瘦果有平整的基底着生面；冠毛1~2层，羽毛状。

36.总苞片背面具龙骨状附片；花冠筒部远较冠檐为长；果具15条肋 ………………………… **71.泥胡菜属Hemistepta**

36.总苞片无龙骨状附片；果有4条棱 …………………………

………………………………………………… **74.凤毛菊属Saussurea**

35.瘦果有歪斜的基底着生面；冠毛糙毛状（漏芦属为刚毛状具羽状短毛）。

37.总苞片无明显的附片 ……………………………**75.麻花头属Serratula**

37.总苞片具大而宿存的附片。

38.总苞片有先全缘后撕裂的附片；果有4条棱 ……………………

…………………………………………………… **77.漏芦属Stemmacantha**

38.总苞片上端或边缘有睫毛状或篦齿状附片…………………………

…………………………………………………… **79.矢车菊属Centaurea**

2.头状花序有管状花并兼有舌状花。

39.毛状冠毛存在，较果为长或甚短。

40.花全为黄色。

41.总苞片1层，有时总苞基部具1层外苞片。

42.叶基生，茎生叶鳞片状；头状花序单生茎顶，花先叶开放；舌状花雌性；管状花两性，不结实 …… **53.款冬属Tussilago**

42.具茎生叶；头状花序排为总状、伞房状或圆锥状，两性花结实。

43.头状花序多数排为塔形圆锥花序，舌状花2~3朵…………

………………………………………… **61.华蟹甲草属Sinacalia**

43.头状花序较少，一般排为总状花序或伞房状，舌状花较多。

44.叶柄基部无扩展的叶鞘。

45.头状花序总苞基部无外层小总苞片。

46.叶具掌状脉 ……………… **64.蒲儿根属Sinosenecio**

46.叶具羽状脉 ……………… **63.狗舌草属Tephroseris**

45.头状花序总苞基部具外层小总苞片；花柱分枝外弯

……………………………………… **62.千里光属Senecio**

44.叶柄基部有短鞘抱茎 ……………… **65.橐吾属Ligularia**

41.总苞片多层，外层较内层为短；冠毛1轮。

47.头状花序排为穗状、总状或圆锥状；花药无尾，柱头有三角形附器 …………………………………**4.一枝黄花属Solidago**

47.头状花序排为聚伞状；花药具尾，柱头线形 ……………………

…………………………………………………… **20.旋覆花属Inula**

40.舌状花不为黄色；舌状花和管状花通常不同色。

48.总苞片外层叶状 ………………………………… **8.翠菊属Callistephus**

48.总苞片外层不为叶状。

49.舌状花2轮或多数。

50.舌状花的舌片短。

51.舌状花冠较冠毛短；总苞长为舌状花之半 ……………………
……………………………………………**14.短星菊属Brachyactis**

51.舌状花冠较冠毛长；总苞与舌状花几等长 ……………………
……………………………………………… **15.飞蓬属Erigeron**

50.舌状花的舌片极不显著，雌花细管状，有直立的小舌片；一年生草本 ………………………………… **16.白酒草属Conyza**

49.舌状花1层；总苞较宽。

52.总苞片1层，基部常有小外苞片；果压扁，雌花的果常有翅（栽培） ………………………………………**58.瓜叶菊属Cineraria**

52.总苞片数层。

53.舌状花白色。

54.叶心形；瘦果无毛或近无毛 ……………………………
………………………………… **10.东风菜属Doellingeria**

54.叶线状披针形；瘦果有毛 ………………………………
…………………………………**11.女菀属Turczaninovia**

53.舌状花蓝色、蓝紫色或红色。

55.一年生；叶线形或长圆状披针形，稍肉质，全缘；瘦果两面各有1条细肋；冠毛多层，全部毛状 ……………………
……………………………………… **13.碱菀属Tripolium**

55.多年生草本；叶不带肉质。

56.管状花两侧对称，1裂片较长；舌状花冠毛毛状、膜片状或无冠毛 ………………… **9.狗娃花属Heteropappus**

56.管状花辐射对称，5裂片等长；冠毛均为毛状，1~2层
……………………………………… **12.紫菀属Aster**

39.毛状冠毛不存在，或有鳞片状、芒状或冠状冠毛。

57.叶对生。

58.叶及总苞具透明油腺点；总苞片1层，合生为筒状（栽培草花）……………………………………………………………**38.万寿菊属Tagetes**

58.植物不具油腺点；总苞片不合生为筒状。

59.冠毛2~4根，刺芒状，具倒刺。

60.瘦果具喙；舌状花粉红色、紫色或橙色；茎圆柱形（栽培）……………………………………………………… **35.秋英属Cosmos**

60.瘦果无喙；花黄色；茎常四条棱；野生 … **36.鬼针草属Bidens**

59.冠毛非刺芒状或缺。

61.舌状花宿存于果上，随果脱落；总苞片覆瓦状排列，向内渐长；叶无柄，全缘 ……………………………… **26.百日菊属Zinnia**

61.舌状花不宿存于果上。

62.外轮总苞片具棒槌状腺毛，内轮总苞片包围果实；头状花序有柄 ……………………………………… **27.豨莶属Siegesbeckia**

62.外轮总苞片不具腺毛，内轮不包围果实。

63.头状花序小，直径不及1.0cm，舌状花白色；叶不分裂。

64.舌状花2轮；花序托平；果实无冠毛；叶披针形、椭圆状或条状披针形，近无柄………… **28.鳢肠属Eclipta**

64.舌状花1轮，5朵；花序托圆锥形；冠毛鳞片状；叶卵形，具柄 ………………………… **37.牛膝菊属Galinsoga**

63.头状花序直径（2.0）3.0cm以上；舌状花黄色、粉红色或紫红色。

65.叶不分裂，边缘具粗齿或缺刻，舌状花黄色 …………………………………………………… **31.松香草属Silphium**

65.叶通常羽状深裂至全裂，或为复叶。

66.植物具块根；复叶；无冠毛 …… **34.大丽花属Dahlia**

66.植物无块根；瘦果具2~4根芒状冠毛。

67.果无喙；舌状花黄色，有时基部紫色 …………………………………………… **33.金鸡菊属Coreopsis**

67.果具喙；花粉红色、紫色、橙黄色、稀白色 ········ **35.秋英属Cosmos**

57.叶互生或仅下部叶对生，有时仅有基生叶。

68.单叶全缘，线形或倒披针形，宽3.0~4.0mm；头状花序小，径2.0~4.0mm，3~5朵花；舌状花舌片长约1.5mm，宽约1.0mm ································ **23.虾须草属Sheareria**

68.叶较大，宽1.5cm以上；头状花序大，直径在1.0cm以上（蓍属头状花序较小，但叶羽状分裂或具齿）。

69.总苞片全部或边缘干膜质。

70.花序托有托片。

71.头状花序大，总苞直径7.0~15mm，单生茎枝顶端 ································ **40.春黄菊属Anthemis**

71.头状花序小，总苞直径2.0~7.0mm，复伞房状花序具极多花 ································ **41.蓍属Achillea**

70.花序托无托片，少数有托毛。

72.头状花序无舌状花；叶二至三回羽状分裂，裂片线形或丝形，宽达1.0mm ························ **47.线叶菊属Filifolium**

72.头状花序有明显的舌状花。

73.瘦果具翅肋（栽培）。

74.半灌木；瘦果有长0.4mm的冠状冠毛；舌状花常为白色 ························· **42.木茼蒿属Argyranthemum**

74.草本；瘦果无冠状冠毛；舌状花黄色 ································ **43.茼蒿属Chrysanthemum**

73.瘦果无翅肋。

75.瘦果无冠状冠毛或无真正的冠状冠毛。

76.果肋在果顶端延伸成钝形冠齿，无真正的冠状冠毛；舌状花白色 ······ **44.滨菊属Leucanthemum**

76.果肋不向果顶端延伸形成冠齿；舌状花白色、黄色、红色、紫色。

77.一年生；舌状花白色；瘦果压扁，背部突起，腹面有3~5条细肋 ········ **46.母菊属Matricaria**

77.多年生；舌状花各色；瘦果圆柱形，有5~8条细肋 ……………………………………………………… **45.菊属Dendranthema**

75.瘦果有冠状冠毛。

78.冠状冠毛芒片状，大小及长短不等，着生于瘦果背面顶端边缘；叶羽状或二回羽状分裂 ……… **49.太行菊属Opisthopappus**

78.冠毛冠状，冠缘浅裂、深裂或全裂，绝非芒片状 ……………………………………………………… **48.匹菊属Pyrethrum**

69.总苞片边缘不为干膜质。

79.头状花序单生于无叶花莛上；叶基生（栽培花草）……………………………………………………… **5.雏菊属Bellis**

79.头状花序生于具叶茎上；叶茎生。

80.舌状花淡蓝色或淡紫色。

81.瘦果无冠毛，先端仅具白色环痕……… **6.裸菀属Gymnaster**

81.瘦果具短冠毛，冠毛长不足1.0mm ……… **7.马兰属Kalimeris**

80.舌状花多为黄色、橘黄色或橙色。

82.花序托具托片。

83.冠毛不存在或有具齿的短冠状边缘；花序托隆起，圆锥状或圆柱状 ……………………… **29.金光菊属Rudbeckia**

83.冠毛鳞片状或膜片状，具2枚芒刺；花序托平或稍隆起。

84.冠毛有凋落或宿存的芒和宿存的小鳞片；花序梗棒槌状，上端空心 ………………… **30.肿柄菊属Tithonia**

84.冠毛有凋落的芒，无宿存的鳞片；花序梗非棒槌状……………………………………… **32.向日葵属Helianthus**

82.花序托无托片，有时稍有毛。

85.无冠毛；瘦果弯曲，背面具薄片状横皱褶；花黄色至橘黄色 ……………………………… **66.金盏花属Calendula**

85.冠毛为5~10枚芒状鳞片；瘦果直；花黄、橘黄或橙红色 ……………………………………… **39.天人菊属Gaillardia**

1.头状花序全为舌状花，植物体具乳汁。

86.冠毛膜片状或无冠毛。

87.冠毛膜片状；舌状花蓝色 ……………………… **86.菊苣属Cichorium**

87.无冠毛；花黄色；果顶两侧各有1枚下垂钩刺 …………………………………………………………………… **84.稻槎菜属Lapsana**

86.冠毛羽毛状、单毛状或糙毛状。

88.冠毛羽毛状；总苞片多层或2层。

89.花序托有膜片状托毛，托毛长于果实 … **85.猫儿菊属Hypochaeris**

89.花序托无托毛。

90.冠毛羽毛状分枝不相互交错；果具横皱纹；植株常有锚状刺毛 ………………………………………………… **88.毛连菜属Picris**

90.冠毛羽状分枝彼此交错；果无横皱纹；植株无锚状刺毛 ……………………………………………………… **87.鸦葱属Scorzonera**

88.冠毛单毛状或糙毛状。

91.果至少在上部具瘤状或鳞片状突起 ……… **89.蒲公英属Taraxacum**

91.果无瘤状或鳞片状突起。

92.冠毛细柔，互相纠缠；头状花序有小花80朵以上 ……………………………………………………………… **90.苦苣菜属Sonchus**

92.冠毛坚挺，不相互纠缠；头状花序含小花少数。

93.总苞片2~3层，内层等长，外层小，呈小苞片状。

94.舌状花紫红色或蓝紫色 …………… **91.乳苣属Mulgedium**

94.舌状花黄色。

95.瘦果极扁或稍扁，具2条较强的侧肋或翅，两面又有细纵肋。

96.头状花序果期卵球形，总苞质地厚；果缘具厚翅 ………………………… **92.翅果菊属Pterocypsela**

96.头状花序果期非卵球形，总苞质薄；果缘无厚翅，果喙长于或等于果体 ………… **93.莴苣属Lactuca**

95.瘦果近圆柱形或微扁。

97.瘦果顶端截形，呈盘状；花黄色或略带紫色；花冠的管部与舌片等长或稍长 ……………………… ……………………… **94.盘果菊属Prenanthes**

97.瘦果上端渐窄，有长喙，稀无喙；花黄色；花冠的管部较舌片为短。

98.瘦果有等形的纵肋，上部有长或短的喙。

99.瘦果圆柱形或纺锤形，有10~20条纵肋 …………… **95.还阳参属Crepis**

99.瘦果纺锤形或披针形，背腹稍扁，有9~12条纵肋。

100.果顶端急尖成细丝状喙，喙短于果体。

101.果具10条高起的锐翅状纵肋 …………… **97.苦荬菜属Ixeris**

101.果具9~12条高起的钝纵肋；基生叶花期存活 …………………………………………………… **98.小苦荬属Ixeridium**

100.果顶端急尖成粗喙；基生叶花期常枯萎 …………………………………………………………………… **99.黄瓜菜属Paraixeris**

98.瘦果压扁，有不等形的纵裂，通常无明显的喙部 ……………………………………………………………………… **96.黄鹌菜属Youngia**

93.总苞片3~4层，覆瓦状排列，内向渐长；瘦果圆柱形，稍扁，上端截形，无喙；花冠筒部较舌片短1.0~1.5倍 …………… **100.山柳菊属Hieracium**

1. 下田菊属 Adenostemma J. R. et G. Forst.

下田菊A. lavenia(L.)O. Kuntze，产于大别山区。

茎高达1.0m；叶对生，宽卵形或长圆状卵形，宽2.0~8.0cm，先端急尖，边缘具不整齐粗锯齿；圆锥状伞房花序；总苞宽钟形；筒状花长约5.0mm，外密被腺毛。冠毛3根，刺状，先端具棒状腺体。

2. 藿香蓟属 Ageratum L.

1.叶基心形或截形；总苞片狭披针形，先端长渐尖，全缘，外面被腺质细柔毛（栽培或逸生） ……………………… **熊耳草A. houstonianum** Mill.

1.叶基钝或宽楔形；总苞片长圆形或披针状长圆形，先端急尖，边缘具栉齿状、繸状或缘毛状撕裂，无毛无腺（栽培或逸生） **藿香蓟A. conyzoides** L.

3. 泽兰属 Eupatorium L.

1.叶两面无毛，也无腺点，平滑，或下面有极稀疏短柔毛；瘦果无毛无腺点；叶常3裂，裂片长椭圆状披针形或倒披针形，羽状脉（产于伏牛山、桐别山、大别山区）……………………………………… **佩兰E. fortunei** Turcz.

1.叶两面被或疏或密的毛，两面或至少下面有腺点；果被毛或无毛而有腺点。
2.总苞片先端急尖；叶基出3条脉（产于各山区）…………………… **林泽兰**(白鼓钉)**E. lindleyanum** DC.(*E. lindleyanum* var. *trifoliolatum* Makino)
2.总苞片顶端钝或圆形；叶具羽状脉。
3.叶片卵形、宽卵形或长卵形，基部圆形，无叶柄或叶柄长仅2.0~4.0mm（产于桐柏山、大别山、伏牛山区）………………………………………………………………………… **多须公**（华泽兰）**E. chinense** L.
3.叶片椭圆形、长椭圆形、卵状长椭圆形或披针形，基部楔形，叶柄长1.0~2.0cm（产于各山区）……… **白头婆**（泽兰）**E. japonicum** Thunb.
变种：**轮叶泽兰**var. **tripartitum** Makino，叶片3全裂，中裂片大，貌似6枚叶轮生状（大别山区）。

4. 一枝黄花属 Solidago L.

1.叶卵形、椭圆形或披针形，具长柄；圆锥花序狭窄，具叶；头状花序直径6.0~8.0（10）mm，舌状花长约6.0mm（产于大别山、桐柏山至伏牛山南部）…………………………………………………… **一枝黄花S. decurrens** Lour.
1.叶条状披针形，近无柄；蝎尾状聚伞花序组成宽大圆锥花序，头状花序径不足3.0mm，单侧着生；舌状花长3.0~4.0mm（栽培或逸生）……………………………………………………………… **加拿大一枝黄花S. canadensis** L.

5. 雏菊属 Bellis L.

雏菊B. perennis L.，庭院栽培供观赏。

莛状草本，高10~20cm。茎缩短，丛生。叶簇生于茎基部，匙形或倒卵形，宽1.0~3.0cm，全缘或波状，叶柄长3.0~5.0cm。头状花序单生于花莛顶端，直径2.5~3.5cm，总苞长5.0~8.0mm；舌状花白或浅粉红色，舌片长10~15mm。

6. 裸菀属 Gymnaster Kitam.

1.茎直立，不曲折；叶长圆状披针形或狭卵状长圆形，两面均散生糙伏毛；瘦果扁平，具2条肋（产于太行山、伏牛山区）………………………………

……………………………………………… **裸菀G. piccolii**(Hook. f.)Kitam.

1.茎曲折；叶卵形、宽椭圆形或倒卵状披针形，上面被白色短糙毛，下面被密而厚的贴生长毛；瘦果稍柱状，具5或多条肋（产于伏牛山区）………………………………………………… **卢氏裸菀G. lushiensis** J. Q. Fu

7. 马兰属 Kalimeris Cass.

1.总苞片上部草质，顶端稍尖；瘦果长1.5~2.5mm，上部有腺及短毛，冠毛长0.1~0.5mm。

2.叶条状披针形或长圆形，有时倒披针形，全缘，两面被粉状密短毛；瘦果长1.8~2.0mm，冠毛长0.3~0.5mm（产于各山区）………………………………………………………… **全叶马兰K. integrifolia** Turcz. ex DC.

2.叶倒卵状长圆形或倒披针形，有齿或具羽状裂片，但上部叶常全缘。

3.叶质较厚，被毡状密短毛；瘦果长2.5~2.7mm；冠毛长约0.3mm；叶具1~2对齿或近全缘（产于大别山、桐柏山、伏牛山区） ……………………………… **毡毛马兰K. shimadai** Kitam.[*K. pinnatifida*(Maxim.)Kitam.]

3.叶质较薄，被疏微毛或近无毛；瘦果长1.5~2.0mm，冠毛长0.1~0.3mm；叶形多变。

4.总苞片倒卵状长圆形，顶端稍尖；茎多少有分枝。

5.叶披针形至倒卵状长圆形，被疏毛。

6.茎中下部叶有齿或近全缘（常见于黄河以南各地）………………………………………………………… **马兰K. indica**(L.)Sch.-Bip.

6.茎中下部叶羽状深裂（产于大别山、桐柏山、伏牛山南部）………………… **多型马兰K. indica** var. **polymorpha**(Vant.)Kitam.

5.叶条状披针形或披针形，近无毛（产于大别山区）……………………………………………… **狭叶马兰K. indica** var. **stenophylla** Kitam.

4.总苞片狭披针形至条状披针形，顶端尖；茎多分枝（产于大别山、桐柏山、伏牛山南部）…… **狭苞马兰K. indica** var. **stenolepis** Kitam.

1.总苞片近革质，边缘膜质，上部稍绿色或红紫色，顶端圆形或钝；瘦果长2.5~3.5mm，被长疏毛，冠毛长0.7~1.5(2.0)mm。

7.叶全缘或有疏浅齿或具浅裂片，质地较厚（产于各山区）………………

…………………………………… 山马兰**K. lautureana**(Debx.)Kitam.

7.叶羽状中裂，质地较薄（产于太行山、伏牛山区）…………………………

…………………………………… 蒙古马兰**K. mongolica**(Franch.)Kitam.

8. 翠菊属 Callistephus Cass.

翠菊C. chinensis(L.)Nees，庭院及公园栽培观赏。

茎高达1.0m，被白色节状糙毛或近无毛；叶长宽达6.0cm，先端渐尖，边缘具不整齐粗齿；叶柄长2.0~8.0cm，有狭翅。头状花序单生枝端，直径5.0~8.0cm，舌状花常红紫色；总苞片外层草质或叶状。

9. 狗娃花属 Heteropappus Less.

1.多年生草本；全部小花有同型冠毛；总苞片边缘膜质。

2.植株绿色，有散生的分枝；叶不常贴伏于茎上。

3.茎常从基部分枝，高10~30cm，斜升，基部多少偃卧，分枝具1头状花序或稍再分枝（产于太行山至伏牛山区）……………………………………

……………………………… **阿尔泰狗娃花H. altaicus**(Willd.)Novopokr.

3.茎高20~60cm，常在中部以上分枝，或分枝多而短，且近等长，各具1头状花序。

4.叶披针形，长约3.0cm，宽约4.0mm；花序少分枝；茎直立（产于开封）…………………**糙毛狗娃花H. altaicus** var. **scaber**(Lallem.)Wang

4.叶条状披针形，较狭；花序有多数分枝，有密生的叶，茎直立或斜升（产于西峡、林县）……………………………………………………

………………… **千叶狗娃花 H. altaicus** var. **millefolius**(Vant.)Wang

2.植株常灰绿色，有帚状分枝；叶，特别是上部的叶贴伏于茎或花序梗上（产于卢氏）……… **灰白狗娃花H. altaicus** var. **canescens**(Nees)Serg.

1.一二年生草本；舌状花无冠毛或仅有短冠毛。

5.舌状花瘦果狭长，不育，有时无冠毛（产于卢氏）…………………………

…………… **砂狗娃花H. meyendorffii**(Reg. et Maack)Komar. et Klob-Alis.

5.舌状花瘦果能育，有膜片状短冠毛；茎生叶长圆状披针形或条形，全缘（产于各地区）……………………………**狗娃花H. hispidus**(Thunb.)Less.

变型：**多毛狗娃花**f. **hispedissimus** Ling et W. Wang，全株密被开展的长

硬毛；总苞片内面无毛，外面密被开展的长硬毛。

10. 东风菜属 Doellingeria Nees

东风菜D. scaber(Thunb.)Nees，产于各山区。

茎高达1.5m，叶心形，宽6.0~15cm，先端渐尖，基部心形、平截或楔形，边缘粗齿，两面被疏短糙毛。圆锥状伞房花序；头状花序直径2.5~3.0cm；舌状花白色。

11. 女菀属 Turczaninovia DC.

女菀T. fastigiata(Fisch.)DC.，产于桐柏、鸡公山。

茎高达1.0m，上部分枝，被短柔毛。叶线状披针形，宽3.0~15mm，上面无毛，下面密被短毛及腺点，边缘有糙毛。复伞房花序；总苞片3~4层，草质；舌状花白色。

12. 紫菀属 Aster L.

1.全株光滑无毛；叶线状披针形或线形，全缘；头状花序直径约5.0mm，舌状花舌片长2.0~3.0mm（产于各地平原、丘陵）…**钻形紫菀A. subulatus** L.

1.植株茎叶多少被毛；叶较宽大，非线状披针形或线形；舌状花舌片长6.0~8.0mm。

2.总苞片上部或外层全部草质，边缘有时狭膜质。

3.冠毛与管状花花冠近等长；总苞直径10~25mm；羽状脉（产于伏牛山、济源）…………………………………………… **紫菀A. tataricus** L. f.

3.冠毛与管状花筒部等长或几达花冠裂片基部。

4.舌状花常无冠毛；总苞直径6.0~9.0mm；叶具离基三出脉（产于内乡）………………………………**甘川紫菀A. smithianus** Hand.-Mazz.

4.舌状花有冠毛；总苞直径12~15mm；叶脉羽状（产于太行山区）…………………………………………………… **高茎紫菀A. procerus** Hemsl.

2.总苞片干膜质或厚干膜质，有时上部草质。

5.叶圆形或卵圆披针形，基部急狭成具翅的叶柄，具3~4对羽状脉；总苞直径约5.0mm（产于卢氏、嵩县）……… **翼柄紫菀A. alatipes** Hemsl.

5.叶长圆状至卵圆状披针形，离基三出脉；总苞直径6.0~8.0（10.0）mm。

6.叶下面沿脉、茎和花序梗被疏短毛或近无毛；有疏腺点或无腺点。

7.总苞片较宽大，宽1.0~2.0mm，顶端较钝，有密缘毛，或较尖而有短缘毛，边缘有齿蚀状细锯齿。

8.茎中部叶长圆状披针形或狭披针形，长为宽的3.0~4.0倍；总苞片顶端紫褐或紫红色，有时叶质；叶常有粗齿，基部常急缢缩成具宽翅的长柄（产于各山区）………………**三脉紫菀A. ageratoides** Turcz.

8.茎中部叶卵圆形或卵状披针形，长为宽的2.0~3.0倍；总苞片顶端常有紫红色小尖头；叶常有浅齿；下部叶基部常渐狭为短柄（产于卢氏、内乡、大别山区）………………………………………………………………………………**卵叶三脉紫菀A. ageratoides** var. **oophyllus** Ling

7.总苞片宽仅1.0mm，顶端稍尖，边缘无毛或有短缘毛，常全缘。

9.花序枝有披针形近全缘的叶，较茎上部叶稍小；总苞片顶端有时紫色（产于卢氏）………………………………………………………………**异叶三脉紫菀A. ageratoides** var. **heterophyllus** Maxim.

9.花序枝有卵圆形具齿的叶，远比茎上部叶为小；总苞片顶端常绿色（产于淅川）……………………………………………………………**宽伞三脉紫菀A. ageratoides** var. **laticorymbus** Hand.-Mazz.

6.叶下面沿脉、茎和花序梗被开展的灰白色长粗毛，叶下面常被短柔毛及腺点（产于伏牛山西南部）………………………………………………………**长毛三脉紫菀A. ageratoides** var. **pilosus**(Diels)Hand.-Mazz.

13. 碱菀属 Tripolium Nees

碱菀T. vulgale Nees，产于郑州、开封地区。

茎高30~50（80）cm，上部分枝，无毛。叶条状披针形或长圆状披针形，宽5.0~12cm，无毛，稍肉质。头状花序直径20~25mm，伞房状排列；总苞片2~3层，肉质，边缘常红色；舌状花蓝紫色或淡红色。

14. 短星菊属 Brachyactis Ledeb.

短星菊B. ciliata Ledeb.，产于伏牛山、太行山区及开封、新乡。

茎高30~50cm，上部分枝，无毛。叶线状披针形或线形，宽1.0~4.0mm，肉质，边缘微波状或具软骨质睫毛。头状花序单生短分枝顶端，直径10~14mm；总苞片3层，狭披针形或线形；舌状花斜筒状，舌片极短。

15. 飞蓬属 Erigeron L.

1.头状花序具二型花，雌花全部舌状，两性花管状；总苞片密被长节毛。

2.基生叶椭圆形或倒卵状椭圆形，先端短渐尖，花期枯萎；中上部茎生叶基部渐狭为柄状，不抱茎；舌状花白色或淡蓝色（产于各地）…………………………………………………………………… **一年蓬E. annuus**(L.)Pers.

2.基生叶匙形或倒卵状披针形，先端圆钝，花期尚存；茎生叶基部呈耳状心形抱茎；舌状花白色略带粉红色（产于河南东部、东南部）………………………………………………………………… **春飞蓬E. philadelphicus** L.

1.头状花序具三型花，雌花二型，外层舌状，较内层细管状，两性花管状；总苞片密被具柄的腺毛（产于卢氏）…… **堪察加飞蓬E. kamtschaticus** DC.

16. 白酒草属 Conyza Less

1.植株绿色，被疏长硬毛；叶两面或仅上面被疏短毛，边缘常具上弯的硬缘毛；头状花序小，直径3.0~4.0mm（产于各地）…………………………………………………………………… **小蓬草**（加拿大蓬）**C. canadensis**(L.)Cronq.

1.植株灰绿色，被贴生短毛和疏长毛；叶两面被灰白色短糙毛；头状花序较大，直径约5.0~10mm。

2.茎高30~50cm，较细，中上部分枝；茎生叶线形或窄披针形；头状花序排成总状或总状圆锥花序；总苞长约5.0mm、宽5.0~7.0mm；冠毛红褐色（产于各地）…………………**香丝草**（野塘蒿）**C. bonariensis(**L.)Cronq.

2.茎高80~150cm，粗壮，上部分枝；茎生叶狭倒披针形或宽线形；头状花序极多，排为大型圆锥花序；总苞长约4.0mm、宽3.0~4.0mm；冠毛黄褐色（产于大别山、桐柏山、伏牛山区南部）………………………………………………………………… **苏门白酒草C. sumatrensis**(Retz.)Walker

17. 火绒草属 Leontopodium R. Br.

1.头状花序小，直径3.0~5.0mm。

2.叶在茎上排列疏松，倒卵状披针形至披针形，长2.5~5.5cm、宽0.5~1.3cm，边缘微波状，通常不反卷；头状花序直径3.5~4.5mm（产于各山区）…………………………………… **薄雪火绒草L. japonicum** Miq.

变种：**厚茸薄雪火绒草**var. **xerogenes** Hand.-Mazz.，茎粗壮，上部有长分枝，被白色厚茸毛；叶较大，长达7.0cm、宽达1.5cm；头状花序较大，直径约5.0mm；总苞片先端埋没于茸毛中（产于卢氏）。

2.叶在茎上排列较紧密，狭披针形至线状披针形，长1.5~4.5cm、宽3.0~4.0mm，边缘反卷；头状花序小，直径约3.0mm（产于伏牛山区）………… **小头薄雪火绒草L. japonicum** var. **microcephalum** Hand.-Mazz.

1.头状花序大，直径7.0~10mm；叶条形或条状披针形，宽2.0~5.0mm（记载产于太行山、伏牛山区，未见标本）…………………………………………………………………………………… **火绒草L. leontopodioides**(Willd.)Beauv.

18. 香青属 Anaphalis DC.

1.叶基不沿茎下延为翅，叶线形或线状披针形。

2.叶线状披针形，长5.0~9.0cm，宽3.0~8.0mm（产于卢氏、栾川、内乡、西峡、嵩县、灵宝）…… **珠光香青A. margaritacea**(L.)Benth. et Hook. f.

2.叶线形，长3.0~10cm，宽3.0~6.0mm（产于栾川、卢氏）………………………………… **线叶珠光香青A. margaritacea** var. **japonica**(Sch.-Bip.)Makino

1.叶基沿茎下延成翅。

3.总苞长4.0~5.0mm；茎全部有较密的叶，节间长0.5~2.0cm；叶有单脉或离基三出脉。

4.茎疏散丛生，高20~50cm，节间长5.0~20mm；花序密集或开展。

5.叶长圆形或倒披针状长圆形；茎节间长5.0~10mm（产于河南南部）…………………………………………………… **香青A. sinica** Hance

5.叶披针状或线状长圆形，或线形；节间长10~20mm；上部节间更长（产于伏牛山区）……………… **疏生香青A. sinica** var. **remota** Ling

4.茎从根状茎分枝密集丛生，高约20cm，节间长2.0~10mm；叶披针状或倒披针状线形，长2.5~4.0cm、宽2.0~5.0mm，两面和茎均密被厚棉毛；花序密集（产于嵩山）……………**棉毛香青A. sinica** var. **lanata** Ling

3.总苞长5.0~6.0mm；茎上部叶较疏，节间长4.0~10cm；叶具离基三或五出脉。

6.叶下面被蛛丝状毛或脱毛，有离基三出脉或单脉（产于卢氏、栾川、嵩县）……………………**黄腺香青A. aureo-punctata** Lingelsh. et Borza

变型：**脱毛黄腺香青**f. **calvescens**(Pamp.)Chen，叶下面被薄棉毛或蛛丝状毛或脱毛（产于卢 氏）。

6.叶下面被蛛丝状厚棉毛，有长达叶端的离基三出脉（产于卢氏、灵宝）…… **绒毛黄腺香青A. aureo-punctata** var. **tomentosa** Hand.-Mazz.

19. 鼠曲草属 Gnaphalium L.

1.头状花序排列成具叶的穗状或总状花序；总苞片黄褐色或污黄色（产于大别山区）…………………………………… **多茎鼠曲草G. polycaulon** Pers.

1.头状花序排列成头状或伞房状。

2.头状花序在茎枝顶端密集为单一的球形复头状花序，其下托为以3~6片呈星芒状排列的小叶；总苞片红褐色（产于大别山区）……………………………………………………………… **细叶鼠曲草G. japonicum** Thunb.

2.头状花序在茎枝顶端排列成伞房花序，其下无星芒状排列的小叶；总苞片淡黄色、亮褐色、金黄色或柠檬黄色，有光泽。

3.总苞片黄白色、麦秆黄色或亮褐色；叶匙形或匙状长圆形，基部狭于中部2.0~3.0倍（产于各地）………………… **丝棉草G. luteo-album** L.

3.总苞片金黄色或柠檬黄色。

4.矮小草本，茎高10~40cm，基部直径约3.0mm，基部常有匍匐或斜上的分枝；叶匙形或匙状倒披针形；冠毛基部联合成2束（产于各地）………………………………………………… **鼠曲草G. affine** D. Don

4.粗壮草本，茎高可达70cm，基部直径约5.0mm，基部不分枝，上部有斜升分枝；叶线形或宽线形；冠毛基部分离（产于各地）………………………………………………………**秋鼠曲草G. hypoleucum** DC.

20. 旋覆花属 Inula L.

1.总苞片多少等长，稀内层较长；一或二年生草本；叶长3.0cm以上，宽7.0mm以上。

2.叶椭圆状或长圆状披针形，无毛或下面脉上有极疏的粗毛；总苞常为密集的苞叶所包围；外层总苞片披针状长圆形；瘦果无毛（产于嵩山）……………………………………………………………… **柳叶旋覆花I. salicina** L.

2.叶卵圆形、椭圆形、披针形或线状披针形，两面或下面或至少脉上有密毛；总苞不为密集的苞叶所包裹；外层总苞片线形、匙状线形或线状披针形。

3.叶线状披针形，边缘反卷，基部渐狭，头状花序径1.5~2.5cm；总苞片外面有腺，被柔毛 …………………… **线叶旋覆花I. lineariifolia** Turcz.

3.叶长圆状或椭圆状披针形或椭圆形，边缘不反卷；总苞片外面有毛，有或无腺点。

4.叶基部宽大，心形，有耳，半抱茎，长圆状或椭圆状披针形；头状花序直径2.5~5.0cm，总苞直径1.5~2.2cm（产于河南北部） ………………………………………………………………… **欧亚旋覆花I.britanica** L.

4.叶基部渐狭、急狭，或有半抱茎的小耳，椭圆形或长圆形；头状花序直径2.5~4.0cm，总苞直径1.3~1.7cm（各地均产） ………………………………………………………………… **旋覆花I. japonica** Thunb.

变型：**多毛旋覆花**f. **giraldii**(Diels)J. Q. Fu，叶上面被较密的短毛和白色腺点，下面密被长伏毛，总苞片毛被亦较密。

1.总苞片外层较内层短4.0~5.0倍；亚灌木；叶小，披针状或长圆状线形，长5.0~10mm、宽1.0~3.0mm，基部常心形或有小耳（产于郑州） ……………………………………………………………… **蓼子朴I. salsoloides**(Turcz.)Ostenf.

21. 天名精属 Carpesium L.

1.总苞的外层苞片草质或叶状，与内层苞片近等长或更长，常与苞叶无明显区别。

2.头状花序盘状或半球形，直径常超过10mm，着生于第一次分枝端；花冠无毛。

3.头状花序大，直径2.5~3.5cm（产于各山区）…………………………………………………………… **大花金挖耳C. macrocephalum** Franch. et Sav.

3.头状花序小，直径1.0~2.0cm；苞片先端钝；下部叶基部长渐狭，下延为翼柄（产于各山区）………………………… **烟管头草C. cernuum** L.

2.头状花序钟状，直径4.0~10mm，生于第一次及第二次分枝端，排为总状或圆锥状花序；花冠筒部被疏柔毛（产于太行山、伏牛山区）………………………………………… **毛暗花金挖耳C. triste** Maxim. var. **sinense** Diels

1.总苞外层苞片短（向内逐层渐长），干膜质或先端稍带草质，与苞片有明显区别。

4.花冠被极稀疏的柔毛；头状花序直径6.0~10mm，单生于茎端或枝端，具明显的花序梗（产于各山区）……… **金挖耳C. divaricatum** Sieb. et Zucc.

4.花冠无毛；头状花序直径6.0~8.0mm，腋生或生于茎、枝端；近无梗，呈穗状或总状式排列；下部茎叶广椭圆形或长椭圆形，密被短柔毛（产于各地）……………………………………………… **天名精C. abrotanoides** L.

22. 和尚菜属 Adenocaulon Hook.

和尚菜H. himalaicum Edgew.，产于各山区。

根状茎匍匐，茎高20~50cm，被蛛丝状毛。叶圆肾形，宽4.0~8.0cm，下面密被蛛丝状毛，三出脉，边缘具不规则钝齿或波状牙齿。头状花序排列为圆锥状；密被茸毛和头状有柄腺毛；总苞直径约5.0mm，花白色。果棒状，被腺毛。

23. 虾须草属 Sheareria S. Moore

虾须草S. nana S. Moore，汝南。

一年生湿生草本，茎高10~30cm，基部多分枝，常淡紫色，无毛。叶狭椭圆形、倒披针形或线形，宽2.0~6.0mm，全缘。头状花序直径2.0~4.0mm，舌状花2~4朵，白色或稍带粉红色，舌片长约1.5mm。果长椭圆形，长约3.0mm，具3条翼状棱，无冠毛。

24. 豚草属 Ambrosia L.

豚草A. artemisiifolia L.(*A. elatior* L.)，产于新县、罗山、桐柏。

茎高达1.0m，上部多分枝，具柔毛，茎枝常紫红色。茎下部叶对生，上部叶互生；二至三回羽状分裂，裂片披针形，上面被伏毛，下面被长柔毛。雄头状花序黄绿色，直径2.0~4.0mm，在枝端排为总状；雌头状花序单生或2~3朵聚生于叶腋或紧接雄性花序基部；总苞片1层。瘦果外包以宿存的总苞片。

25. 苍耳属 Xanthium L.

1.茎具3叉硬刺；叶狭卵状披针形或阔披针形，全缘或3裂,下面密被灰白色茸毛（产于郸城、中牟、兰考）……………………………**刺苍耳X. spinosum** L.

1.茎无刺，叶三角状卵形或宽卵圆心形。边缘有不规则缺刻状粗齿或3（5）浅裂。

2.果苞椭圆形，连喙长达18~20mm，刺长3.0~5.0mm，茎及叶柄被上弯的锥形粗短刺毛；叶3~5浅裂至中裂 ………… **蒙古苍耳X. mongolicum** Kitag.

2.果苞卵球形或椭圆形，连喙长不及15mm，刺长1.0~1.5mm；茎及叶柄具短糙伏毛；叶近全缘或不明显3（5）波状浅裂（产于各地区）…………
…………………………………………**苍耳X. sibiricum** Patrin ex Widder

26. 百日菊属 Zinnia L.

1.头状花序大，直径5.0~6.0cm，花序梗不肿胀；托片有三角形流苏状附片；管状花瘦果无芒刺（各地栽培观赏）… …………… **百日菊Z. elegans** Jacq.

1.头状花序小，直径2.5~3.0cm，花序梗在花后肿胀；托片无附片，上端圆形，撕裂；管状花瘦果有1~2枚长芒刺（产于伏牛山区） …………………
…………………………………………………… **多花百日菊Z. peruviana** L.

27. 豨莶属 Siegesbeckia L.

1.花序梗和分枝上部无紫褐色头状具柄的腺毛和长柔毛；中部以上的叶三角状卵形，边缘有不规则的浅裂或粗齿；分枝常呈复二歧状(产于伏牛山、桐柏山、大别山区）……………………………………… **豨莶S. orientalis** L.

1.花序梗和分枝上部被紫褐色头状具柄的蜜腺毛和长柔毛，中部以上的叶卵圆形或卵形，边缘有不规则尖齿；分枝非二歧状（产于各山区）…………………………………………………… **腺梗豨莶S. pubescens**(Makino)Makino

变型：**无腺豨莶f. eglandulosa** Ling et Hwang，花序梗不具紫褐色头状具柄的腺毛。

28. 鳢肠属 Eclipta L.

鳢肠E. prostrata(L.)L.，产于各地。

茎直立或下部匍匐，高达50cm。叶长圆状披针形至线状披针形，对生，宽5.0~20mm，两面有糙伏毛。头状花序1~3腋生或顶生，直径5.0~8.0mm；总苞片5~6枚，外被糙伏毛，托片线形，舌状花白色；果无冠毛。

29. 金光菊属 Rudbeckia L.

1.管状花花冠黄色或黄绿色；叶3~5深裂（庭院栽培观赏）………………………………………………………………………………… **金光菊R. laciniata** L

1.管状花花冠褐紫色或黑紫色；叶不分裂（庭院栽培观赏）…………………………………………………………………………………**黑心金光菊R. hirta** L.

30. 肿柄菊属 Tithonia Desf. ex Juss.

肿柄菊T. diversifolia A. Gray，栽培观赏。

株高2.0~5.0m；茎上部密被短柔毛。叶卵形、卵状三角形或近圆形，长7.0~20cm，3~5深裂，裂片卵形或披针形，有细锯齿；基出三出脉。头状花序直径5.0~15cm，舌状花黄色。

31. 松香草属 Silphium L.

串叶松香草S. perfoliatum L.，逸生种，产于嵩县、新野、驻马店。

茎4条棱，高达2.5m。叶卵形或椭圆状卵形，长约30cm，边缘具粗齿或缺刻；上部叶渐小，无柄，2枚叶基部合生为贯穿（茎）叶；叶被短糙毛。头状花序直径5.0~7.5cm，舌状花黄色。瘦果扁平具翅。

32. 向日葵属 Helianthus L.

1.一年生草本；无块茎；头状花序极大，直径10~30cm；管状花棕色或紫色（各地栽培）…………………………………………… **向日葵H. annuus** L.

1.多年生草本；有地下块茎；头状花序较小，直径2.0~5.0cm；管状花黄色（各地栽培或逸生）…………………………………… **菊芋H. tuberosus** L.

33. 金鸡菊属 Coreopsis L.

1.管状花及舌状花均黄色；瘦果有翅。

2.瘦果广椭圆形或近圆形，边缘有较厚的翅，内凹成耳状，内面有多数小瘤状突起；下部叶羽状全裂，裂片线形或线状长圆形。栽培观赏 ……………………………………………………… **大花金鸡菊C. grandiflora** Hogg.

2.瘦果圆形，边缘有薄膜质的翅，稍内凹，内面常有胼胝体；下部叶全缘，匙形或线状倒披针形。栽培观赏（产于鸡公山）…………………………………………………………………… **剑叶金鸡菊C. lanceolata** L.

1.管状花红褐色，舌状花上部黄色，下部红褐色；瘦果无翅。栽培观赏 ……………………………………………………… **两色金鸡菊C. tinctoria** Nutt.

34. 大丽花属 Dahlia Cav.

大丽花D. pinnata Cav.，栽培观赏。

茎高达1.0m，多分枝，光滑。叶对生，一至三回羽状全裂，叶轴有翅。头状花序顶生，直径4.0~15cm，花序梗长5.0~16cm；总苞片2层，外层5枚，绿色，匙形，花期外折；舌状花红色、粉红色、黄色、白色等。

35. 秋英属 Cosmos Cav.

1.叶片全裂，裂片线形；舌状花红色、紫色或白色（栽培观赏）……………………………………………………… **秋英**（波斯菊）**C. bipinnata** Cav.

1.叶片深裂，裂片披针形或长圆状披针形；舌状花橘黄色（栽培观赏）……………………………………………… **黄秋英**（硫黄菊）**C. sulphureus** Cav.

36. 鬼针草属 Bidens L.

1.瘦果较宽，楔形或倒卵状楔形，顶端截形，先端比中部粗宽。

2.瘦果4条棱，顶端有芒刺4枚；有舌状花，盘花花冠5裂；叶不分裂（产于太行山至伏牛山区）…………………………………… **柳叶鬼针草*B. cernua*** L.

2.瘦果扁平，顶端芒刺通常2枚，极少3~4枚；无舌状花；盘花花冠4裂；茎中部叶3~5 深裂（产于各地） ………………………… **狼把草*B. tripartita*** L.

1.瘦果条形，先端渐狭，先端比中部狭窄。

3.瘦果顶端芒刺2枚，盘花花冠4裂；叶二至三回羽状分裂，裂片宽约2mm（产于各地）……………………………… **小花鬼针草*B. parviflora*** Willd.

3.瘦果顶端芒刺3~4枚，盘花花冠5裂。

4.总苞外层苞片匙形，先端增宽，无毛或仅边缘有稀疏柔毛; 叶通常为三出复叶，无毛或被极稀疏的柔毛；舌状花白色，或无舌状花。

5.头状花序无舌状花（产于大别山、桐柏山、伏牛山区）……………………………………………………………………… **鬼针草*B. pilosa*** L.

5.头状花序有白色舌状花（产于大别山、桐柏山、伏牛山区）………………………………………… **白花鬼针草*B. pilosa*** var. ***radiata*** Sch.-Bip.

4.总苞外层苞叶披针形，先端不增宽，被柔毛；叶二至三回羽状分裂或一至二回羽状复叶，两面被柔毛；舌状花黄色（金盏银盘有时无舌状花）。

6.叶二至三回羽状深裂，顶生裂片先端渐尖，边缘具稀疏不规则的粗齿（产于各地）……………………………………**婆婆针*B. bipinnata*** L.

6.叶一（二）回羽状复叶，顶生小叶先端短渐尖，边缘具稍密且近均匀的锯齿（产于各地）… **金盏银盘*B. biternata***(Lour.)Merr. et Sherff

37. 牛膝菊属 Galinsoga Ruiz et Pav.

牛膝菊（辣子草）***G. parviflora*** Cav.，产于各地区。

茎高达50cm，多分枝。叶对生，卵圆形至窄卵形，宽1.0~3.0(5.0)cm，边缘有浅圆齿或近全缘，三出脉。头状花序直径约3.0~4.0mm；总苞片2层，舌状花4~5朵，白色。果顶具睫毛状鳞片。

38. 万寿菊属 Tagetes L.

1.头状花序梗顶端稍增粗；总苞长1.5cm、宽0.7cm；舌状花金黄色或橙黄色，带红色斑，舌片多少圆形，管部短于冠毛；叶裂片线状披针形（栽培花卉）…………………………………………………… **孔雀草*T. patula*** L.

1.头状花序顶端棒状膨大；总苞长1.8~2.0cm、宽1.0~1.5cm；舌状花黄色或暗橙黄色，无红色斑，舌片倒卵形，管部几与冠毛等长；叶裂片长椭圆形或披针形（栽培花卉）…………………………………… **万寿菊*T. erecta*** L.

39. 天人菊属 Gaillardia Foug.

1.一年生草本；舌状花红紫色，先端黄色（庭院栽培观赏）…………………………………………………………………………………… **天人菊*G. pulchella*** Foug.

1.多年生草本；舌状花黄色（栽培观赏）……… **宿根天人菊*G. aristata*** Pursh

40. 春黄菊属 Anthemis L.

春黄菊*A. tinctoria* L，栽培。

多年生直立草本；茎上部分枝，被白绵毛。叶二回羽状深裂，裂片短篦齿状；叶轴宽2.0~3.0mm，具齿；下面密被毛。头状花序单生枝顶，直径2.0~3.0cm，总梗长10~13cm；舌状花黄色。

41. 蓍属 Achillea L.

1.叶二回羽状全裂；头状花序边花6~8(16)朵（产于河南西北部）…………………………………………… **云南蓍*A. wilsoniana*** Heimerl ex Hand.-Mazz.

1.叶(一)三回羽状全裂；头状花序边花5朵（栽培）…………………………………………………………………………………… **蓍*A. millefolium*** L.

42. 木茼蒿属 Argyranthemum Webb ex Sch.–Bip.

木茼蒿*A. frutescens*(L.)Sch.-Bip.，公园常盆栽观赏或逸生。

半灌木，高达1.0m，多分枝。叶卵形、宽卵形或长椭圆形，宽3.0~4.0cm，一至二回羽状分裂，末回裂片披针形，两面无毛。头状花序单生枝端，直径3.0~4.0cm；舌状花白色或橘黄色，舌片长15~20mm。

43. 茼蒿属 Chrysanthemum L.

1.舌状花瘦果有3条强烈突起的背腹翅肋；叶二回羽状分裂（栽培观赏）……………………………………………………………… **蒿子杆C. carinatum** Schousb.

1.舌状花瘦果有2条强烈突起的椭圆形侧肋；叶缘有不规则大锯齿或羽状浅裂（栽培蔬菜）……………………………………………… **南茼蒿C. segetum** L.

44. 滨菊属 Leucanthemum Mill.

滨菊L. vulgare Lam.，郑州栽培。

基生叶椭圆形、倒披针形、倒卵形或卵形，宽1.5~2.5cm；茎中下部叶长椭圆形或线状椭圆形，中部以下或近基部有时羽状浅裂，两面无毛。总苞直径10~20mm，无毛；舌状花白色，舌片长10~25mm，无冠毛。

45. 菊属 Dendranthema(DC.)Des Moul.

1.全部总苞片草质，边缘膜质，白色、褐色、棕褐色或黑褐色。

2.头状花序直径5.0~10mm，舌状花舌片长1.0~2.5mm（产于栾川老君山）………………………………… **拟亚菊D. glabriusculum**(W. W. Smith)Shih

2.头状花序直径1.5~5.0cm，舌状花舌片长在5.0mm以上。

3.叶缘有浅波状疏锯齿，或羽状半裂，浅裂至具浅锯齿。

4.叶缘有浅波状疏锯齿，下面灰白色，被稠密厚实的贴伏短柔毛（产于伏牛山区）………………………… **毛华菊D. vestitum**(Hemsl.)Ling

4.叶缘浅裂至半裂。

5.栽培；叶裂先端圆或钝（产于各地）……………………………………………………………… **菊花D. morifolium**(Ramat.)Tzvel.

5.野生；叶裂片先端尖。

6.舌状花白色、粉红色或淡紫色；叶肾形、半圆形至圆形，3~5掌状或近羽状浅裂至半裂，长2.0~5.0cm（产于太行山、伏牛山区）………………………………… **小红菊D. chanetii**(Lévl.)Shih

6.舌状花黄色，舌片长10~13mm（产于各山区）……………… **野菊 D. indicum**(L.)Des Moul.(*D. nankingense* (Hand.-Mazz.)X. D. Cui)

3.叶二回羽状分裂，一回全裂或几全裂，二回为半裂；舌状花舌片长

3.0~7.5mm或8.0~10mm。

7.叶两面同色或几同色，绿色或淡绿色，两面被稀疏的或下面有稍多或较多但蓬松的柔毛；舌状花舌片长5.0~7.5mm（产于各山区）………………… **甘菊D. lavandulifolium**(Fisch. ex Ttrautv.)Ling et Shih

变种1：**甘野菊**var. **seticuspe**(Maxim.)Shih [*D. boreale*(Maxim.)Ling]，叶大而质薄，两面无毛或几无毛（产于伏牛山、太行山区）。

变种2：**毛叶甘菊**var. **tomentellum**(Hand.-Mazz.)Ling et Shih，叶被极密蓬松柔毛（产于各山区）。

7.叶两面明显异色，上面绿色，有疏毛或几无毛，下面灰白色，被厚密短柔毛，叶柄基部有假托叶；舌状花舌片长8.0~10mm（产于卢氏、灵宝、沁阳、淇县、修武）…… **委陵菊D. potentilloides**(Hand.-Mazz.)Shih

1.外层或中外层总苞片叶质，羽状浅裂或半裂，裂片顶端芒尖状；叶不分裂或大头羽裂，下面银白色，被密厚贴伏的长柔毛（产于老君山、尧山、卢氏、西峡）…………………………… **银背菊D. argyrophyllum** Ling et Shih

46. 母菊属 Matricaria L.

母菊M. recutita L.，偶见栽培，供观赏。

全株无毛。茎上部多分枝，下部叶长圆形或倒披针形，宽1.0~2.0cm；上部叶卵形或狭卵形，无柄；二回羽状全裂，裂片细线形。头状花序直径约1.5cm，在茎枝端伞房状排列；舌状花白色，舌片长约5.0mm。

47. 线叶菊属 Filifolium Kitam.

线叶菊F. sibiricum(L.)Kitam.，产于太行山区。

多年生，茎丛生，高达60cm，基部具密厚的纤维鞘；叶倒卵形或长圆状椭圆形，宽5.0~6.0cm，二至三回羽状分裂，末回裂片线形或丝状，宽达1.0mm，无毛。头状花序在枝茎顶排为复伞房状，总苞直径4.0~5.0mm；雌花花冠筒状，先端2裂；两性花黄色，先端4齿裂。果无冠毛。

48. 匹菊属 Pyrethrum Zinn

除虫菊P. cinerariifolium Trev.，栽培药用。

植株银灰色。茎及叶两面被丁字毛及顶端分叉的短柔毛。叶卵形或椭圆形，宽1.0~2.0cm，二回羽状分裂，末回裂片条形至矩圆状卵形。头状花序单生枝端，总苞直径12~15mm，舌状花白色，舌片长12~15mm、宽4.0~5.0mm。

49. 太行菊属 Opisthopappus Shih

1.茎生叶多为二回羽状分裂，叶两面被贴伏短柔毛（产于太行山区）………………………………………………………… **太行菊O. taihangensis**(Ling)Shih

1.茎生叶多为一回羽状分裂，叶两面光滑无毛（产于太行山区）……………………………………………………………… **长裂太行菊O. longilobus** Shih

50. 亚菊属 Ajania Poljak.

1.叶二回羽状分裂，末回裂片长圆形或三角状长圆形，边缘具齿，叶上面具腺体及密柔毛，下面密被棕黄色厚层茸毛；叶柄基部具掌状分裂的假托叶；外层总苞片顶端具圆形蜡质附属物（产于登封，太行山区）………………………………………………… **亚菊A. pallasiana**(Fisch. ex Bess.)Poljak.

1.叶一回羽状深裂，3~5裂，披针形至线形，长1.0~3.0cm，宽约2.0mm，全缘，上面无毛、无腺体，下面密被绢毛；叶柄基部无假托叶；外层总苞片顶端无圆形蜡质附属物（产于灵宝，小秦岭）……………………………………………………………… **异叶亚菊A. variifolia**(Chang)Tzvel.

51. 石胡荽属 Centipeda Lour.

石胡荽C. minima(L.)A. Br. et Aschers.，产于各地。

茎平卧，多分枝。叶互生，楔状倒披针形或楔状倒卵形，长7.0~20mm、宽3.0~5.0mm，边缘有疏齿。头状花序单生于叶腋，直径约5.0mm；小花全为管状，绿黄色。

52. 蒿属 Artemisia L.

1.中央花为两性花，结实，开花时花柱近等于或略长于花冠，先端2叉，子房明显。

2.花序托具托毛。

3.头状花序直径4.0~6.0mm；叶小裂片披针形，宽约5.0mm或超过5.0mm（产于太行山区、济源）……… **大籽蒿A. sieversiana** Ehrhart ex Willd.

3.头状花序直径1.5~2.0（2.5）mm；中部叶二至三回羽状全裂；小裂片细线形或毛发状，长2.0~4.0mm（产于河南北部、嵩县、郑州）…………………………………………………………… **莳萝蒿A. anethoides** Mattf.

2.花序托无托毛。

4.茎、枝、叶及总苞片背面无明显的腺毛或黏毛；外、中层总苞片背面草质，有毛或无毛，常有绿色中肋，边缘膜质。

5.头状花序通常球形，稀半球形或卵球形；叶的小裂片狭线形，狭线状棒形或狭线状披针形，通常宽不及1.0mm，稀达1.5(3.0)mm。

6.多年生草本或半灌木状，茎少数或多数，稀单一；主根多少木质，非狭纺锤状；中部叶二至三回栉齿状羽状分裂，栉齿三角形。

7.叶两面初时微有灰白短柔毛，后脱落或下面毛宿存。

8.叶下面初时密被灰白色平贴短柔毛，后脱落无毛（产于各地）………………………………………………… **白莲蒿A. sacrorum** Ledeb.

8.叶下面被灰白色宿存的毛（产于各地）…………………………………………… **灰莲蒿A. sacrorum** var. **incana**(Bess.)Y. R. Ling

7.叶两面被短柔毛，但叶面毛略稀疏，两面毛均宿存（产于各山区）…… **密毛白莲蒿A. sacrorun** var. **messerschmidtiana**(Bess.)Y. R. Ling

6.一二年生草本，茎常单一；主根狭纺锤形，垂直；叶二至三回羽状分裂或栉齿状羽状分裂。

9.中部叶二至三回羽状分裂，每侧裂片3~4枚，末回为深裂齿或粗的栉齿，宽3.0mm以上；头状花序总苞片背面疏被短柔毛（产于河南西南部、卢氏、桐柏）……………………………………………………………………… **商南蒿A. shangnanensis** Ling et Y. R. Ling

9.中部叶二至三回或二回羽状分裂，每侧裂片4~10枚，末回为细小栉齿或栉齿状的披针形小齿，宽不及2.0mm；总苞片背面无毛。

10.中部叶为二回栉齿状羽状分裂，下面深绿色，无腺点；叶轴或羽轴两侧有栉齿，上面中肋不突起；头状花序直径3.5mm以上。

11.叶的小裂齿先端长尖，头状花序直径3.5~4.5mm，花后总苞片稍开展（产于各地）……………………………………………
…………………………………… **青蒿A. carvifolia** Buch.-Ham. ex Roxb.

11.叶的小裂齿先端短尖，头状花序直径4.5~7.0mm，花后总苞片放射状开展（产于郑州花园口、中牟）…………………………………………
……………………… **大头青蒿A. carvifolia** var. **schochii**(Mattf.)Pamp.

10.中部叶二至三回栉齿状羽状分裂，下面黄绿色，微有白腺点；叶轴或羽轴两侧通常无栉齿，上面中肋凸起；头状花序直径1.5~2.5mm（产于各地）……………………………………………………… **黄花蒿A. annua** L.

5.头状花序椭圆形、长圆状球形或长卵球形，稀半球形、近球形或卵钟形；叶的小裂片为宽线形、线状披针形、椭圆形或为缺裂，宽（1.5）2.0mm以上；或叶不分裂，全缘或具小齿或浅裂齿。

12.叶上面具密而明显的白色或棕色腺点及小凹点，或白腺点脱落而留有明显的小凹点。

13.茎中部或上部仅具着生头状花序的短分枝；茎中部叶全缘或中部以上边缘有2~3枚浅或深裂齿，基部楔形，渐狭成柄；头状花序直径3.0~4.0mm，外、中层总苞片背面中部深褐色（产于商城、黄柏山、新县）………………………… **宽叶山蒿A. stolonifera**(Maxim.)Kom.

13.茎具明显或长或短分枝，茎中部二回、一至二回或一回羽状分裂；头状花序径1.5~3.0mm，外、中层总苞片背面中部非深褐色。

14.茎中部叶二回、一至二回或一回羽状深裂、半裂或浅裂。

15.茎中部叶长4.0~6.0cm、宽2.0~3.0cm， 一(二)回羽状深裂，每侧裂片1~2枚，裂片宽5.0mm以上，叶干后下面主、侧脉不呈褐色或锈色，叶的中裂片和侧裂片近等大（产于各山区）…
……………………………………… **黄毛蒿A. velutina** Pamp.

15.茎中部叶二回或一至二回，稀一回羽状深裂或半裂，每侧裂片2~3枚，裂片宽2.0~3.0(4.0)mm；叶干后主、侧脉为深褐色或锈色。

16.中部叶第一回为羽状半裂（产于各地）……………………
…………………………………… **艾A. argyi** Lévl. et Van.

16.中部叶第一回为羽状深裂（产于各地）……………………

…………………………………… **朝鲜艾A. argyi** var. **gracilis** Pamp.

14.中部叶二回或一至二回羽状全裂，至少第一回为全裂。

17.茎中部以上分枝，枝通常长(3.0~)5.0~10cm；中部叶长5.0~10cm，宽3.0~8.0cm，下面被灰白色茸毛，叶的小裂片披针形或线状披针形，宽3.0mm以上；头状花序直径2.0~2.5mm。

18.茎、枝被灰白色蛛丝状短柔毛；中部叶长6.0~8.0cm、宽5.0~7.0cm，一至二回羽状全裂，上面初时微被蛛丝状柔毛，后稀疏或无毛；总苞片背面密被蛛丝状毛（产于各地）………………

………………………………………… **野艾蒿A. lavandulifolia** DC.

18.茎、枝初时被灰白色蛛丝状短柔毛，后无毛；中部叶一(二)回羽状全裂，上面近无毛；总苞片背面初时微有蛛丝状柔毛，后无毛（产于各地）……………………… **南艾蒿A. verlotorum** Lamotte

17.茎上部分枝，枝长2.0~3.0(~5.0)cm；中部叶长1.5~2.5(3.0)cm，宽1.0~2.0(2.5)cm，一(二)回羽状全裂，下面密被蛛丝状毛，小裂片长1.5~2.5cm，宽1.0~2.0mm（产于各山区）……… **矮蒿A. lancea** Van.

12.叶上面无白色腺点，若稍有稀疏白色腺点，但无明显的小凹点。

19.茎中部叶一至二回羽状分裂，第一回深裂，每侧裂片2~3枚，裂片再次(2)3(4)深裂或浅裂或具粗齿（产于太行山、伏牛山区、卢氏）………

…………………………………………………… **歧茎蒿A. igniaria** Maxim.

19.茎中部叶二至三回，二回或一至二回羽状全裂，至少第一回羽状全裂。

20.中部叶每侧具4~6枚裂片；小裂片每侧3~5枚或为齿状；头状花序直径3.0~3.5cm，在分枝的小枝上排成疏松的穗状花序（产于伏牛山、桐柏山区）………………… **秦岭蒿A. qinlingensis** Ling et Y. R. Ling

20.中部叶每侧裂片1~2或2~3枚。

21.总苞片背面密被蛛丝状毛；中部叶每侧裂片2~3枚，小裂片披针形、线状披针形或线形；头状花序直径1.5~2.0mm（产于各地）

……………………… **蒙古蒿A. mongolica**(Fisch. ex Bees.)Nakai

21.总苞片背面无毛、近无毛或被稀疏的薄茸毛或为薄层蛛丝状柔毛。

22.头状花序多数，长圆球形或椭圆形，直径（1.5）2.0~3.0mm，在茎上通常排成狭窄或中等开展（稀为开展）的圆锥花序。

23.着生头状花序的分枝上通常无明显的小苞叶；茎中部叶近掌状5深裂或指状3深裂，稀不分裂，裂片或不分裂的叶片狭长，线形或线状披针形，叶缘或裂片边缘有规则细锯齿或无锯齿；叶柄基部无假托叶。

24.叶缘或裂片边缘具规则细锯齿（产于河南南部、东南部、新县）……………………………… 蒌蒿**A.selengensis** Turcz. ex Bess.

24.叶缘或裂片边缘无锯齿，稀间有少数小锯齿（产于新县）……………………………… 无齿蒌蒿**A. selengensis** var. **shansiensis** Y. R. Ling

23.着生头状花序的枝上通常间杂有小苞叶，叶非上述分裂方式，边缘常有裂齿；叶柄基部有小型假托叶。

25.茎中部叶一（二）回羽状分裂或大头羽状深裂，第一回羽状全裂，每侧裂片三（四）枚，第二回为深或浅裂齿，下面密被蛛线状茸毛；头状花序直立或斜展（产于河南南部）…五月艾**A. indica** Willd.

25.茎中部叶每侧裂片2（3）枚，中央裂片较侧裂片大而长，侧裂片中基部的裂片较大，不再分裂或每侧偶有1~2个浅裂齿。

26.头状花序不下垂，总苞矩圆形，宽约1.5mm（产于桐柏山、大别山区）……………………………… 红足蒿**A. rubripes** Nakai

26.头状花序常下垂，总苞卵圆形，宽2.0~2.5mm（产于各山区）………………………………………… 魁蒿**A. princeps** Pamp.

22.头状花序极多数，近球形，宽卵球形或卵状椭圆形，直径1.0~2.0(2.5)mm，在茎上通常组成开展、具多分枝的圆锥花序。

27.叶薄纸质，叶下面及总苞片背面初时被灰白色蛛丝状薄茸毛，后脱落变无毛；头状花序在分枝上疏离着生（产于各山区）………………………………………………………… 阴地蒿**A. sylvatica** Maxim.

27.叶厚纸质，叶下面及总苞片背面被薄茸毛；头状花序在分枝上密集着生（产于各山区）… 密序阴地蒿**A. sylvatica** var. **meridionalis** Pamp.

4.茎、枝、叶及总苞片背面有明显的腺毛或黏质柔毛；或仅茎、枝与叶下面有明显腺毛；外、中层总苞片草质，边缘膜质，有绿色中肋；或植株无明显腺毛或黏毛，而头状花序的外、中、内层总苞片全为半透明膜质，背面无毛，亦无绿色中肋。

28.植株有明显的腺毛或黏毛；或仅茎、枝与叶下面有明显腺毛，而外、中层总苞片无腺毛；外、中层总苞片草质，有时背面被茸毛或柔毛，具绿色中肋，边缘膜质；头状花序基部具明显的小苞叶。

29.茎、枝密被黏质柔毛及稀疏腺毛；中部叶无柄，基部有小型假托叶，叶裂片宽3.0~6.0(8.0)mm，边缘常反卷，叶面被腺毛，并有稀疏的蛛丝状毛，叶下面主、侧脉上的毛色与脉外其余部分的毛色迥异（产于河南南部）……………………………… **南毛蒿A. chingii** Pamp.

29.茎、枝初时被短柔毛与短腺毛，后柔毛渐脱落；茎中部叶叶柄长1.0~2.0cm，基部无假托叶，叶裂片宽（0.5~）1.0~1.5cm，边缘不反卷；叶面密被白色腺点、短腺毛及不宿存的丝状短柔毛（产于河南南部、栾川）……………………… **暗绿蒿A. atrovirens** Hand. -Mazz.

28.植株无明显的腺毛或黏毛；外、中、内层的总苞片全为半透明膜质，背面无毛亦无绿色中肋；头状花序基部通常无或具极小而不明显的小苞片。

30.叶厚纸质，茎中部叶不分裂或先端间有2~3浅裂齿，边缘具整齐的细锯齿，下面初时微有蛛丝状绵毛，后脱落（产于鸡公山、大别山区）…………………………………… **奇蒿A. anomala** S. Moore

30.叶纸质或薄纸质，茎中部叶羽状分裂，裂片边缘具整齐或不整齐锯齿或裂齿。

31.中部叶羽状深裂或半裂，稀浅裂，每侧裂片2（3）枚，上部叶指状3深裂，裂片边缘具锯齿（产于卢氏、栾川、嵩县）………………………………………………………… **侧蒿A. deversa** Diels

31.中部叶一至二回羽状全裂或深裂，上部叶羽状深裂或全裂，裂片边缘有小裂齿或锯齿或近全缘（产于鸡公山、伏牛山区）…………………………………… **白苞蒿A. lactiflora** Wall. ex DC.

1.中央花两性，但不结实，开花时花柱不伸长，长仅及花冠中部或中上部，先端常呈棒状或漏斗状，2裂，通常不叉开，稀稍叉开，退化子房细小或不存在。

32.叶的小裂片狭线形，狭线状披针形或近钻形，宽1.5mm以下；茎中部叶羽状全裂。

33.小灌木或丛生状半灌木，主根与根状茎通常粗大木质；茎多数，丛生，木质或至少下半部木质。

34.中部叶的叶柄长2.0~3.0（~4.5）cm；头状花序近球形（见有腊叶标本，产地不详，河南产？）…… **蒙古沙地蒿A. klementze** Krasch.

34.中部叶近无柄；头状花序卵形（见有腊叶标本，产地不详，河南？）………………………………… **黑沙蒿A. ordosica** Krasch.

33.多年生或一二年生草本，根细、垂直；或植株半灌木状，但非丛生。

35.一二年或多年生草本；茎基部叶二至三回羽状全裂；中部叶长圆形或长卵形，一二回羽状全裂，小裂片狭线形至毛发状，宽0.2~0.3（0.5）mm；头状花序小，直径1.0~1.5（2）mm，具极短梗或近无梗（产于各地）………………… **猪毛蒿A. scoparia** Waldst. et Kit.

35.半灌木状草本；茎基部叶二（三）回羽状全裂；中部叶宽卵形，近圆形或卵圆形一至二回羽状全裂，小裂片狭线形或丝线形，宽0.3~1.0mm；头状花序较大，直径1.5~2.0mm，具短梗（产于各地）……………………………… **茵陈蒿A. capillaris** Thunb.

32.叶的小裂片略宽，宽线形、线状披针形、椭圆形、披针形或为栉齿、缺刻等，宽（1.5）2.0mm以上，或叶匙形、倒卵形，先端具锯齿或浅裂齿。

36.茎中部叶一至二回或一回羽状全裂或深裂，裂片宽不及5.0mm，裂片边缘常有裂齿；或叶匙形，边缘不分裂，仅上端有小锯齿或自上端向基部斜向分裂。

37.根状茎稍膨大，常不肥厚，亦不形成短圆柱状；茎中部叶不分裂或自上端斜向3~5浅裂至深裂，或一至二回羽状深裂至全裂。

38.中部叶匙形，长2.5~4.0cm、宽0.5~1.0(2.0)cm，上端截平或半圆形，常有细锯齿，不分裂或有斜向的3~5浅裂或深裂（产于各山区）……………………………… **牡蒿A. japonica** Thunb.

38.中部叶卵形或近圆形，长、宽均1.5~2.0cm，一至二回深裂或全裂，裂片狭线形或狭线状披针形，长5.0~8.0（10）mm、宽0.8~3.0mm（产于太行山、伏牛山区）………… **狭叶牡蒿A. littoricola** Kitam.

37.根状茎肥厚短粗，常呈短圆柱状；茎中部叶二回，一至二回或一回羽状全裂，或第一回全裂，第二回深裂或浅裂。

39.基生叶宽卵形或倒卵形，一至二回大头羽状全裂（产于各山区）……………………………… **南牡蒿A. eriopoda** Bge.

39.基生叶近圆形或倒卵状宽匙形，不分裂或仅先端有浅裂齿或为大头羽状深裂（产于大别山）………………………………………………………………圆叶南牡蒿**A. eriopoda** var. **rotundifolia**(Debeaux)Y. R. Ling

36.茎中部叶指状3深裂或规整的5深裂，裂片宽达5.0~12mm。

40.茎分枝多而长，长15~35cm或更长，常屈曲平展；中部叶大，长5.0~12cm，5或3深裂，裂片椭圆状披针形或披针形，长3.0~8.0cm，宽5.0~12mm；叶下面被短柔毛，后脱落（产于太行山区、嵩县）……………………………………………………………牛尾蒿**A. dubia** Wall.ex Bess.

变种：**无毛牛尾蒿**var. **subdigitata**(Mattf.)Y. R. Ling，叶两面无毛（产于栾川、嵩县、鸡公山）。

40.茎分枝短，长8.0~14（~20）cm，斜向上展，中部叶长仅2.0~3.0cm，指状3深裂，裂片线形或线状披针形，长1.0~2.0cm，宽1.0~2.0mm（产于林县、卢氏）……………………………华北米蒿**A. giraldii** Pamp.

变种：**长梗米蒿**var. **longipedunculata** Y. R. Ling，茎中上部叶常不分裂，稀有3深裂；头状花序具长5.0~10mm的总梗（产于渑池）。

53. 款冬属 Tussilago L.

款冬T. farfara L.，栽培或逸生（产于内乡、灵宝、林州）。

褐色根状茎横走，花茎及叶被白色棉毛。花茎先叶抽出，高5.0~15cm，具互生鳞叶。叶圆肾形，宽5.0~8.0cm，基部心形，表面无毛，背面密被白棉毛，叶脉常紫色。头状花序单一顶生，直径约2.5cm，舌状花黄色，舌片长约10mm。

54. 蜂斗菜属 Petasites Mill.

蜂斗菜P. japonicus(Sieb.et Zucc.)Maxim.，产于大别山、桐柏山、伏牛山区。

具发达根状茎。花茎先叶抽出，基生叶圆肾形，宽18~30cm，边缘不整齐尖齿，两面及叶柄均被蛛丝状白色绵毛。雌头状花序在茎顶端排成聚伞花序，花白色，细丝状；雄株花黄白色。

55. 三七草属 Gynura Cass.

三七草G. japonica(Thunb.)Juel，伏牛山、桐柏山、大别山区常见栽培。

茎粗壮，高约1.0m，上部分枝。茎生叶长椭圆形，宽6.0~15cm，羽状深裂；裂片长圆状披针形，宽1.0~2.0cm，边缘有不整齐疏齿，无毛；叶柄基部有2假托叶。头状花序排为疏松伞房状，直径1.5~2.0cm，全为管状花，金黄色。

56. 野茼蒿属 Crassocephalum Moench

野茼蒿（革命菜）**C. crepidioides**(Benth.)S. Moore，产于大别山、桐柏山、伏牛山南部。

茎高达1.2m，光滑，上部常多分枝。叶长圆状椭圆形，宽2.0~5.0cm，先端渐尖，边缘具不规则锐锯齿，或基部具1~3枚羽状裂片，两面近无毛。头状花序排为圆锥状聚伞花序；总苞圆柱形，长约10mm，宽5.0~6.0mm，基部有数枚深褐色小总苞片，全为筒状花，朱红色；冠毛白色。

57. 一点红属 Emilia Cass.

1.下部叶大头羽状分裂，长5.0~10cm、宽2.5~6.5cm，裂片1对，宽大，具不规则齿（产于大别山区）……………………… **一点红E. sonchifolia**(L.)DC.

1.下部叶长圆形、倒卵形或近匙形，长5.0~7.0cm、宽2.0~2.5cm，基部渐狭成翅，近全缘或波状细齿，两面有细柔毛（栽培）……………………………………………………………………………**绒缨菊E. coccinea**(Sims)G. Don

58. 瓜叶菊属 Cineraria L.

瓜叶菊C. cruenta Mass. ex L′Herit.，栽培花卉。

茎高达50cm，密被白色长柔毛。叶互生，宽心形或心状三角形，宽10~20cm，边缘具不规则钝齿，下面密被灰白茸毛。头状花序直径3.0~5.0cm，舌片长约2.5cm。

59. 兔儿伞属 Syneilesis Maxim.

1.叶直径20~30cm；总苞片宽4.0~8.0mm（产于各山区）……………………………………………………………………**兔儿伞S. aconitifolia**(Bge.)Maxim.

1.叶直径30~40cm；总苞片宽2.0~3.0mm（产于大别山、桐柏山区）………………………………………………………………**南方兔儿伞S. australis** Ling

60. 蟹甲草属 Parasenecio W. W. Smith et J. Small

1.茎生叶多数，叶片掌状中裂至深裂。

2.叶5~7中裂至深裂；总苞片和小花各3数（记载伏牛山区有，未见标本）……………………………… **太白山蟹甲草P. pilgerianus**(Diels)Y. L. Chen

2.叶5~7深裂；总苞片7~8枚，小花10~14朵（产于伏牛山区）……………………………………………………… **中华蟹甲草P. sinicus**(Ling)Y. L. Chen

1.茎生叶少至多数，边缘具粗齿至浅裂。

3.叶下面无毛或具柔毛。

4.总苞宽约8.0mm，总苞片7~8枚，小花8~15（20）朵；叶三角状戟形（产于太行山、伏牛山区）………… **山尖子P. hastatus**(L.)H.Koyama

4.总苞宽不及3.0mm，总苞片3~5枚，小花3~5朵；叶非三角状戟形。

5.总苞直径1.0~2.0mm，总苞片及小花3~5枚；叶多角形，5~7掌状浅裂。

6.总苞长约5.0mm，直径约1.0mm，总苞片3枚，小花3朵；叶柄无翅（产于各山区）…… **两似蟹甲草P. ambiguus**(Ling)Y. L. Chen

6.总苞长6.0~8.0mm，直径1.5~2.0mm；总苞片及小花均5数（产于栾川老君山、大别山区）……………………………………………………………… **兔儿风蟹甲草P. ainsliiflorus**(Franch.)Y. L. Chen

5.总苞直径2.0~2.5mm，总苞片(3)5枚；叶宽心形或肾状心形，不分裂，叶柄具宽翅，基部具抱茎之耳（产于伏牛山区）………………………………………… **耳翼蟹甲草P. otopteryx**(Hand.-Mazz.)Y. L. Chen

3.叶下面被蛛丝状毛或密棉毛，或初被毛后渐脱落。

7.叶具掌状五出脉，下面被白色或灰白色蛛丝状毛；总苞片3(4）枚，小花3~4(1~2)朵（产于伏牛山区）………………………………………………… **蛛毛蟹甲草P. roborowskii**(Maxim.)Y. L. Chen

7.叶具掌状5~7条脉，下面被蛛丝状茸毛或腺毛；总苞片4~5（6）枚，小花5~（8）枚。

8.茎、叶柄和总苞被蛛丝状毛或后脱落；总苞长约10mm，总苞片5枚，小花7~8 朵（产于大别山区）……………………………………………………………………**黄山蟹甲草P. hwangshanicus**(Ling)Y. L. Chen

8.茎、叶柄和总苞被红褐色或褐色柔毛，或具腺状节柔毛。

9.茎、叶柄和总苞被红褐色或褐色柔毛；头状花序近无梗，总苞片5~6枚。

10.叶片宽卵状心形或肾形，具5个三角形裂片或深锯齿，两面被红褐色透明腺毛；叶柄长5.0~10cm，基部不扩大（产于伏牛山区）…………………………………**红毛蟹甲草P. rufipilis**(Franch.)Y. L. Chen

10.叶片肾形或卵状心形，边缘波状浅裂，裂片三角形，上面被褐色短柔毛，下面被蛛丝状毛及短毛；叶柄长10~15cm，基部扩大半抱茎（产于灵宝小秦岭、卢氏）……………………………………………………**秦岭蟹甲草P. tsinlingensis**(Hand.-Mazz.)Y. L. Chen

9.茎下部被腺状柔毛，上部被蛛丝状毛或短硬毛，总苞具开展疏腺毛；头状花序梗长3.0~4.0mm，总苞片4~5枚，小花5~6朵（产于太行山、伏牛山区）…………**山西蟹甲草P. dasythyrsus**(Hand.-Mazz.)Y. L. Chen

61. 华蟹甲草属 Sinacalia H. Robins. et Brettel

华蟹甲草S. tangutica(Maxim.)B. Nord.，产于太行山、伏牛山区。

茎高达1.5m，疏被蛛丝状毛或后脱落。叶心形，宽7.0~15cm，羽状深裂，裂片3~5对，每裂片又具羽状裂片或粗锯齿。头状花序集为宽圆锥花序，总苞长约8.0mm，总苞片5枚，舌状花2~3朵，黄色，筒状花3~5朵。

62. 千里光属 Senecio L.

1.茎攀缘状，曲折；叶卵状披针形至长三角形，边缘具齿或深裂；花药基部尾状（产于各山区）………………**千里光S. scandens** Buch.-Ham.ex D. Don

1.茎直立；花药基部钝圆或短箭形。

2.茎生叶不分裂，边缘具齿（产于各山区）… **林荫千里光S. nemorensis** L.

2.茎生叶羽状分裂。

3.总苞长5.0~6.0mm、宽3.0~5.0mm，总苞片常有蛛丝状毛，无明显脉；舌状花舌片长约6.0mm；叶羽状深裂（产于各山区）…………………………………………………………………………**额河千里光S. argunensis** Turcz.

3.总苞长7.0~8.0mm、宽6.0~10mm，总苞片背面无毛，仅先端具髯毛；舌状花舌片长9.0~12（15）mm；茎中部叶常二回羽状分裂（产于太行山、伏牛山、桐柏山区，确山）……………………………………………………**琥珀千里光S. ambraceus** Turcz. ex DC.(*S. manshuricus* Kitam.)

63. 狗舌草属 Tephroseris Reichenb.

1.瘦果无毛；总苞长5.0~6.0mm，总苞片21~25枚，舌状花黄色，舌片长约10mm；茎生叶基部具耳，半抱茎（产于嵩县）……………………………………………… **黔狗舌草T. pseudosonchus**(Vant.)C. Jeffrey et Y. L. Chen

1.瘦果被柔毛，或至少部分被毛。

2.舌状花黄色，舌片长约10mm（产于各山区）…………………………………………………………… **狗舌草T. kirilowii**(Turcz. ex DC.)Holub

2.舌状花橙色至紫红色，舌片长12~16mm；总苞深紫色（产于太行山、伏牛山北部）………………… **红轮狗舌草T. flammea**(Trucz. ex DC.)Holub

64. 蒲儿根属 Sinosenecio B. Nord.

蒲儿根S. oldhamianus(Maxim.)B. Nord.，产于各山地。

茎高达80cm，下部被白色柔毛。叶宽卵状心形至卵状三角形，宽3.0~5.0cm，边缘具不整齐三角状牙齿，背面被白色棉毛，掌状脉。头状花序排列成复伞房状；总苞钟形，直径4.0~8.0mm，总苞片13枚，舌状花黄色，舌片长约5.0mm。

65. 橐吾属 LiguLaria Cass.

1.头状花序排列成伞房状或复伞房状聚伞花序；总苞半球形，宽大于长，长1.5~2.5cm，宽1.8~3.0cm；舌状花黄色，舌片长4.0~6.5cm；叶肾形，长7.0~30cm、宽12~38cm，边缘具齿（产于桐柏山、伏牛山、大别山）…………………………………………………………… **齿叶橐吾L. dentata**(A. Gray)Hara

1.头状花序排列为总状或圆锥形总状花序。

2.苞片卵形或卵状披针形，边缘具齿；舌状花黄色；冠毛红褐色，短于管状花管部；叶片肾形，茎下部叶长10~30 cm、宽13~40 cm，上部叶长4.5~5.5cm、宽5.0~6.0cm；叶与总苞 片均光滑（产于伏牛山、桐柏山、大别山区）……………………………… **蹄叶囊吾L. fischeri**(Ledeb.)Turcz.

2.苞片线状披针形，全缘。

3.总苞钟形，长8.0~11mm、宽4.0~5.0mm，总苞片6~8枚，小花多数，舌状花4~5朵；叶肾形或心形（产于伏牛山区）…………………………………………………………………… **狭苞囊吾L. intermedia** Nakai

3.总苞狭筒形，有时宽筒形，长6.0~12mm、宽2.0~4.0mm，总苞片4~5枚，小花5~15朵；叶心状戟形。

4.茎粗3.0~6.0（20）mm；头状花序有6~15朵小花，总苞宽2.5~4.0mm，稀较宽；叶基部边缘间生1~3枚大牙齿（产于各山区）………………… **窄头囊吾L. stenocephala**(Maxim.)Matsum. et Koidz.

4.茎纤细，粗2.0~3.0mm；头状花序有4~6朵小花；总苞宽约2.0mm（产于栾川、内乡）……………… **太白山囊吾L. dolichobotrys** Diels

66. 金盏花属 Calendula L.

金盏花C. officinalis L.，各地栽培花卉。

一年生，茎被柔毛及腺毛，上部分枝。叶无柄，长达15cm、宽1.0~3.0cm，全缘或波状具极疏的小尖头细齿。头状花序单生，直径3.0~5.0cm；总苞片2层，外层稍较长；舌状花黄色或橙黄色；花药箭形。果实向内弯曲。

67. 蓝刺头属 Echinops L.

1.多年生草本；全部苞片外面无蛛丝状长毛，且无毛、亦无腺点。

2.茎灰白色，被稀疏或密厚的蛛丝状毛或蛛丝状绵毛，无刚毛或糙毛。

3.中下部茎叶羽状分裂，全部裂片边缘有细密均匀的刺状缘毛（产于大别山区、确山）…………………………… **华东蓝刺头E. grijsii** Hance

3.中下部茎叶二回羽状分裂，全部裂片边缘具不规则刺齿或三角形刺齿（产于太行山、伏牛山区）………………… **驴欺口E. latifolius** Tausch

2.茎中下部被稠密的长刚毛或糙毛及稀疏的贴伏蛛丝状毛；叶上面粗糙，散生稀疏短粗毛（产于卢氏）………………… **糙毛蓝刺头E. setifer** Iljin

1.一年生草本；外层总苞片基部、内中层总苞片外面被蛛丝状长毛；茎枝淡黄色，被头状具柄的腺毛或腺点（产于河南北部、嵩县）……………………………………………………………………………砂蓝刺头**E. gmelinii** Turcz.

68. 苍术属 Atractylodes DC.

1.叶不分裂，倒卵形、长倒卵形、倒披针形或长倒披针形，硬纸质（产于各山区）…… **苍术A. lancea**(Thunb.)DC.[*A. lancea* var. *chinensis*(Bge.)Kitam.]

1.叶羽状分裂。

2.叶大头羽状深裂或半裂，侧裂片椭圆形、长椭圆形或倒卵状长椭圆形；总苞直径1.0~1.5cm，小花白色或稍带红色…… **苍术A. lancea**(Thunb.)DC.

2.叶羽状全裂；裂片3~5对，总苞直径3.0~4.0cm，小花红紫色（栽培药用）………………………………………… **白术A. macrocephala** Koidz.

69. 牛蒡属 Arctium L.

牛蒡A. lappa L.，产于各地。

根肉质。茎高1.0~2.0m，上部多分枝，叶卵形或心形，宽30~40cm，下面密被灰白茸毛，先端圆钝，边缘波状或有细齿。头状花序直径3.0~4.0cm，总苞球形；总苞片披针形，长1.0~2.0cm，顶端呈钩刺状；花淡紫色。冠毛短刚毛状。

70. 蓟属 Cirsium Mill.

1.雌雄异株，雌花的雄蕊发育不完全或退化；或两性植株全部小花为两性，但自花不育；果期冠毛通常长于小花花冠；叶两面绿色，无毛或下面稍有蛛丝状毛，基部渐狭（产于各地）……………… **刺儿菜C. setosum**(Willd.) MB.[*Cephalonoplos setosum*(MB.)Kitam; *C. segetum*(Bge.)Kitam.]

1.雌雄同株，全部小花两性，果期冠毛与小花花冠等长或短于小花花冠。

2.全部总苞片先端急尖、渐尖或钻状，顶端无曲膝状的红色膜质扩大，边缘无宽膜质的淡黄色撕裂边缘；叶两面绿色。

3.全部总苞片近等长，镊合状排列，至少不呈明显的覆瓦状排列，中外层总苞片边缘及顶端有长针刺；总苞直径约4.0cm；叶两面绿色，被多细胞长节毛（产于太行山、伏牛山区）…………… **魁蓟C. leo** Nakai et Kitag.

3.总苞片向内层渐长，明显呈覆瓦状排列；如果总苞片钻状，至少非钻状部分为明显覆瓦状排列；总苞片边缘常无针刺。

4.总苞片钻状，钻状部分反折或开展；小花管部为细丝状，2.0~3.0倍长于檐部（产于伏牛山、桐柏山、大别山区）………………………………………………………………………… **烟管蓟C. pendulum** Fisch. ex DC.

4.总苞片非钻状，直立，紧贴，背面有黑色黏腺；小花檐部稍长于细管部（产于桐柏山、信阳、大别山区）…………………………………………………………………………………… **蓟C. japonicum** Fisch. ex DC.

2.内层总苞片顶端红色膜质膨大；叶下面灰白色，被厚密茸毛。

5.叶不分裂。

6.叶宽线形，下面或至少上部叶下面被薄茸毛（产于大别山区）……………………………………………… **线叶蓟C.lineare**(Thunb.)Sch.-Bip.

6.叶长椭圆形或椭圆状披针形，下面被密厚的茸毛（产于伏牛山、大别山、郑州花园口）…………………………… **湖北蓟C. hupehense** Pamp.

5.叶羽状浅裂、半裂或深裂，侧裂片有不等大的2齿裂（产于大别山、伏牛山区）…………………………………………… **牛口蓟C. shansiense** Petrak.

71. 泥胡菜属 Hemistepta Bge.

泥胡菜H. lyrata(Bge.)Bge.，遍布全省。

茎高达1.0m，有蛛丝状毛。茎中下部叶倒披针状椭圆形或狭倒卵形，长达20cm，大头羽状深裂至几全裂，裂片7~8对，下面密被白茸毛。总苞倒圆锥状钟形，宽18~22mm，中外层总苞片先端背面具1紫红色鸡冠状附片；花紫色。

72. 飞廉属 Carduus L.

1.叶两面异色或近异色，上面绿色，沿脉有稀疏多细胞节毛，下面灰绿色或浅灰白色，被薄层蛛丝状绵毛（产于各地）…………**丝毛飞廉C. crispus** L.

1.叶两面均绿色，两面沿脉有多细胞长节毛（产于各地）……………………………………………………………………………… **节毛飞廉C.acanthoides** L.

73. 水飞蓟属 Silybum Adans.

水飞蓟S. marianum(L.)Gaertn.，公园偶见栽培，供观赏。

茎高达1.2m，具纵棱槽，被白色蛛丝状毛。叶长圆形或长圆状披针形，宽达25cm，裂片先端及边缘有坚硬针刺，上面具白色斑纹。头状花序单生枝顶，总苞直径3.0~6.0cm，具针刺。

74. 风毛菊属 Saussurea DC.

1.头状花序在茎端密集，被扩大的膜质染色的苞叶所承托或包围；叶线状披针形或线状长圆形。

2.叶上面被长柔毛，下面无毛，边缘具锐锯齿；苞叶包围总花序（产于太行山、伏牛山区）………………………… **紫苞雪莲S. iodostegia** Hance

2.叶两面被长柔毛或变无毛；边缘倒生锯齿；苞叶承托总花序（产于伏牛山区）……………………………………… **钝苞雪莲S. nigrescens** Maxim.

1.头状花序排为总状、伞房状或圆锥状，不被扩大的膜质染色之苞叶承托或包围。

3.总苞片至少内层先端有扩大的红紫色膜质附片。

4.总苞片4层，外层先端无附片；茎无翼；叶不分裂，边缘具波状齿或近全缘；冠毛白色（产于太行山、伏牛山区）……………………………………………………………………………… **草地风毛菊S. amara**(L.)DC.

4.总苞片6层，全部先端具附片；茎无翼或有翼；叶羽状分裂；冠毛淡棕色（产于各山区）……………………… **风毛菊S. japonica**(Thunb.)DC.

3.总苞片先端无扩大的膜质附片。

5.叶片两面异色，上面绿色，下面密被白色、灰白色的茸毛或蛛丝状毛。

6.根及根状茎纤维状撕裂或被纤维；叶柄长不及3.0cm，叶片基部楔形；总苞直径不超过5.0mm。

7.总花序被最上部茎叶所承托；总苞直径约5.0mm；总苞片麦秆黄色，外面无毛（产于伏牛山区）…… **川陕风毛菊S. licentiana** Hand.-Mazz.

7.总花序不被最上部茎叶所承托；总苞直径约3.0mm；总苞片边缘具蛛丝缘毛（产于灵宝）………………… **假蓬风毛菊S. conyzoides** Hemsl.

6.根及根状茎不纤维状撕裂；叶柄长(3.0)4.0cm以上；叶片基部非楔形（翅茎风毛菊例外而具翼柄）；总苞直径不小于6.0mm，总苞片外面被白色棉毛或蛛丝状毛。

8.叶大头羽状分裂，侧裂片1对；叶基部楔形至近截形；总苞片背面被稀疏蛛丝状毛，先端具直立黑色尖头（产于灵宝）……………………………………………………………… **秦岭风毛菊S. tsinlingensis** Hand.-Mazz.

8.叶不分裂（华山风毛菊有时叶中下部深波状或具1~2对侧裂片，但叶基为心形）。

9.叶基部通常为心形。

10.下部茎叶卵状三角形、心形或戟形（产于太行山、伏牛山区）……………………………………………… **银背风毛菊S. nivea** Turcz.

10.叶肾形、卵形或椭圆形；总苞片顶端有黑色小尖头。

11.叶宽肾形，先端微凹、圆形或突尖，基部两侧圆耳形（产于伏牛山区、大别山区）…………………………………………………… **肾叶风毛菊S. acromelaena** Hand.-Mazz.

11.叶卵形或椭圆形，先端急尖至渐尖，有时叶中下部深波状或具1~2对侧裂片（产于灵宝）…………………………………………… **华山风毛菊S. huashanensis**(Ling)X. Y. Wu

9.叶基部楔形、渐狭，稀截形，具短的翼柄；茎具狭翼或无翼；总苞片顶端具黑色小尖头（产于灵宝）……………………………………………………………… **翅茎风毛菊S. cauloptera** Hand.-Mazz.

5.叶两面绿色。

12.叶羽状分裂或大头羽状分裂，或与不分裂叶共存。

13.总苞片边缘有栉齿，总苞直径1.0~2.0cm；叶羽状深裂，裂片(4)5~8对（产于太行山、伏牛山区）………… **篦苞风毛菊S. pectinata** Bge.

13.总苞片边缘全缘或几全缘。

14.茎具狭翼；叶大头羽裂，侧裂片仅1对，或叶不分裂，或二者共存；中外层总苞片先端有长3.0~4.0mm的钻状渐尖头（产于太行山、伏牛山区）………………… **狭翼风毛菊S. frondosa** Hand.-Mazz.

14.茎无翼。

15.总苞片顶端有马刀形，长渐尖具反折的附属物；叶羽状分裂，侧裂片1~3(4)对（产于太行山区）…………………………………………………………………… **蒙古风毛菊S. mongolica**(Franch.)Franch.

15.总苞片先端无附属物。

16.叶片多少缺刻状浅裂，上面及边缘被微糙毛并密布黑腺点（产于太行山、伏牛山区北部）……………………………………………………………… **乌苏里风毛菊S. ussuriensis** Maxim.

16.叶羽状分裂或大头羽状分裂，侧裂片明显；叶无毛或几无毛，亦无黑腺点。

17.叶大头羽状分裂，侧裂片1~2对；中部茎叶之叶柄长5.0~11cm；小花白色（产于灵宝）………………………………………………………………… **变叶风毛菊S. mutabilis** Diels

17.叶不分裂或羽状分裂，侧裂片2~3对；中部叶柄长3.0~6.0cm；小花紫红色（产于太行山、伏牛山区北部）…………………………………………… **狭头风毛菊S. dielsiana** Kocdz.

12.叶不分裂。

18.头状花序单生茎端或茎生2个头状花序；总苞直径2.0~2.5cm（产于伏牛山区）……………………………… **杨叶风毛菊S. populifolia** Hensl.

18.头状花序少或多数，伞房状、总状或圆锥状排列；总苞直径小于16mm。

19.茎、花序梗、总苞片及叶柄密被锈色短柔毛；总苞片先端叶状，常具齿（产于各山区）……………… **锈毛风毛菊S. dutaillyana** Franch.

变种1：**陕西风毛菊**var. **shensiensis** Pai，总苞狭圆柱形，被蛛丝状毛，总苞片先端具圆钝齿；花白色，花序梗长2.0~15mm。

变种2：**大头风毛菊**var. **macrocephala**(Ling)C. Y. Wu，头状花序大，

长20~25mm，总苞长宽均约15mm，花冠长14~15mm。

19.茎、花序梗和总苞片均无锈色短柔毛，总苞片全缘。

20.叶片基部心形。

21.总苞片自中部以上有明显的附属物。

22.总苞圆柱形或楔状圆柱形，直径5.0~7.0mm，总苞片附属物尖头状（产于伏牛山、桐柏山区）……………………………………………………………………… **喜林风毛菊S. stricta** Franch.

22.总苞钟状或倒圆锥形，直径8.0~15mm，总苞片附属物渐尖，直立或反折。

23.中下部茎生叶心形；茎无毛（产于大别山、桐柏山、伏牛山区）…………………………… **心叶风毛菊S. cordifolia** Hemsl.

23.中下部茎生叶卵状心形或近戟形；茎有稀疏节毛或后变无毛（记载产于伏牛山区，未见标本）……………………………………………………………………… **少花风毛菊S. oligantha** Franch.

21.总苞片先端无附属物，仅外层有芒刺尖，中内层先端钝；总苞倒圆锥形，直径12~15mm；中部茎生叶柄长16~17mm（产于大别山、桐柏山、伏牛山区）……………………… **卢山风毛菊S. bullockii** Dunn

20.叶片基部渐狭，楔形、截形或圆形，绝非心形。

24.茎具狭翼；叶具翼柄或无柄。

25.叶宽3.0~6.0cm，不分裂，或具1对侧裂片；总苞片外被蛛丝状毛，中外层先端有长3.0~4.0mm的钻状渐尖；小花长约16mm（产于伏牛山区）…………………………… **狭翼风毛菊S. frondosa** Hand.-Mazz.

25.叶较窄，宽1.5~3.5cm，绝不分裂；总苞片顶端急尖或钝，无毛或有睫毛；小花长约10mm（产于卢氏）……………………………………………………………… **小花风毛菊S. parviflora**(Poir.)DC.

24.茎无翼；叶柄无翼。

26.叶长圆状三角形，不分裂，或具2~3对羽状裂片；中部叶柄长3.0~6.0cm；总苞片边缘有蛛丝状毛，外层总苞片先端紫色，急尖且外弯（产于太行山、伏牛山区北部）……………………………………………………………… **狭头风毛菊S. dielsiana** Koidz.

26.叶长圆状披针形、卵状披针形或长圆形，绝不分裂，叶柄长1.0~3.0cm；总苞片外面无毛或内层顶端有髯毛。

27.总苞直径5.0~7.0mm；花序梗粗壮，长1.5~5.0cm（产于伏牛山区，灵宝）……………………………………………… **长梗风毛菊S. dolichopoda** Diels

27.总苞直径3.0~5.0mm；花序梗较细，长0.3~3.0cm（产于灵宝）…………………………………………………………… **尾尖风毛菊S. saligna** Franch.

75. 麻花头属 Serratula L.

1.叶不分裂，椭圆形、长椭圆形至披针形，边缘具齿（产于伏牛山、大别山、桐柏山区）…………………………………… **华麻花头S. chinensis** S.Moore

1.叶羽状分裂。

2.茎枝被多细胞节毛；叶羽状浅裂至深裂；总苞片顶端有针刺。

3.总苞碗状，上部不收缢，直径2.0~3.5cm；头状花序3~6（12）朵在茎枝顶端排列成明显的伞房状（记载产于河南北部，未见标本）………………………………………………………… **碗苞麻花头S. chanetii** Lévl.

3.总苞卵形或长卵形，上部收缢或稍收缢，直径1.5~2.0cm；头状花序少数；常单生茎枝顶，不形成明显的伞房状（产于各山区）……………………………………………………………… **麻花头S. centauroides** L.

2.茎枝无毛；叶羽状全裂；总苞片先端无刺（产于伏牛山区）……………………………………………………………… **伪泥糊菜S. coronata** L.

76. 山牛蒡属 Synurus Iljin

山牛蒡S. deltoids(Ait.)Nakai，产于各山区。

茎高达1.0m，密被蛛丝状毛；叶心形，卵形或卵状三角形，宽6.0~10cm，边缘缺刻状齿，下面密被灰白茸毛。头状花序单生枝顶，下垂；总苞片先端长渐尖，被蛛丝状毛；小花长约2.5cm，淡紫色。

77. 漏芦属 Stemmacantha Cass.

漏芦（祁州漏芦）**S. uniflora**(L.)Dittrich [*Rhaponticum uniflorum*(L.)DC.]，产于太行山、伏牛山区。

茎高达80cm，不分枝。叶长椭圆形，宽5.0~10cm，羽状浅至深裂，头状花序单生茎端，直径约5.0cm；总苞片先端具干膜质附片；花淡紫色。

78. 红花属 Carthamus L.

红花C. tinctorius L.，栽培药用。

茎高约1.0m，无毛，上部分枝。叶椭圆形或卵状披针形，宽1.0~3.0cm，基部渐狭而抱茎，边缘羽状齿裂，齿端有针刺，无毛。头状花序直径3.0~4.0cm；总苞片边缘具针刺；花长20~25mm，初为黄色，后渐变为橘红色、深红色。

79. 矢车菊属 Centaurea L.

1.叶全缘或提琴状羽裂，下面被白色长毛；总苞片边缘篦齿状（栽培观赏，见于郑州、开封等市公园、花园）……………………… **矢车菊C. cyanus** L.

1.叶羽状分裂，两面无毛；总苞片全缘 ………………**香矢车菊C. moschata** L.

80. 帚菊属 Pertya Sch. –Bip.

1.叶长圆状披针形至披针形，宽1.2~2.5cm，基部渐狭，全缘；头状花序梗长2.0~3.0cm（产于太行山、伏牛山区）……………… **华帚菊P. sinensis** Oliv.

1.叶卵形或阔卵形，宽3.0~7.0cm，基部阔楔形或截形，边缘具角状粗齿；头状花序梗长4.0~15mm（产于大别山、桐柏山、伏牛山区） ……………… ………………………………………… **瓜叶帚菊P. henanensis** Y. C. Tseng

81. 蚂蚱腿子属 Myripnois Bge.

蚂蚱腿子M.dioica Bge.，产于各山区。

小灌木，分枝多，细直呈帚状密集。叶披针形或卵状披针形，宽1.0~2.0cm，全缘；近无毛。头状花序单生枝顶；总苞片5枚，长8.0~10mm，背面被贴生绢毛；花先叶开放，白色。

82. 兔儿风属 Ainsliaea DC.

杏香兔儿风A. fragrans Champ.，产于大别山区。

多年生莛状草本。叶簇生茎基部，卵状长圆形，宽2.0~5.0cm，先端圆钝，基部心形，下面常紫红色，被棕色茸毛；叶柄和花莛均被棕色茸毛；头状花序排列为穗状，小花3~4朵，白色。冠毛羽状，棕黄色。

83. 大丁草属 Gerbera Cass.

1.花莛苞叶线形或线状钻形，长6.0~7.0mm；头状花序直径约2.5cm；叶下面密被蛛丝状棉毛（产于各山区）………… **大丁草G. anandria**(L.)Sch. -Bip.

1.花莛无苞叶；头状花序直径6.0~10cm；叶下面被短柔毛或老时脱毛（栽培）…………………………………………… **非洲菊**（扶郎花）**G. jamesonii** Bollus

84. 稻槎菜属 Lapsana L.

1.内层总苞片椭圆状披针形，顶端喙状；瘦果顶端两侧各有1条钩刺状附属物（产于大别山区）……………………………… **稻槎菜L. apogonoides** Maxim.

1.内层总苞片卵形，顶端尾尖；瘦果顶端无钩刺状附属物（仅见于鄢陵花圃草坪内）…………………………………… **矮小稻槎菜L. humilis**(Thunb.)Makino

85. 猫儿菊属 Hypochaeris L.

猫儿菊H. ciliata(Thunb.)Makino[*Achyrophorus ciliatus*(Thunb.)Sch.-Bip.]，产于太行山、伏牛山区。

茎高约40cm，不分枝，密被白色硬刺毛。叶倒卵状长椭圆形、长圆形或椭圆形，宽2.0~4.0cm，边缘不规则粗齿，两面生硬毛。头状花序单生茎顶，总苞直径约2.5cm；总苞片具缘毛；花黄色，冠毛羽毛状。

86. 菊苣属 Cichorium L.

菊苣C. intybus L.，栽培。

茎高达1.0m，分枝开展，常偏斜且先端稍增粗，被疏绢毛。基生叶倒披针形，宽3.0~8.0cm，不分裂或倒向羽状不规则分裂，茎生叶披针形或卵状披针形，全缘或有尖齿。头状花序单生枝端或2~3朵簇生叶腋；总苞圆柱状，长8.0~13mm；舌状花浅蓝色，长约10mm。冠毛鳞状。

87. 鸦葱属 Scorzonera L.

1.头状花序单生茎顶；莛状或近葶状草本（即茎生叶少数，鳞片状，披针形或钻状披针形）。

2.基生叶较宽，宽卵形、宽披针形、倒披针形或长椭圆形，边缘明显皱波状（产于太行山、伏牛山区）……………………………………………………**桃叶鸦葱S. sinensis** Lipsch. et Krasch. ex Lipsch.

2.基生叶较窄，线形、线状披针形、线状长椭圆形或长椭圆形，边缘平或稍皱波状（产于太行山、伏牛山区北部）……… **鸦葱S. austriaca** Willd.

1.头状花序在茎枝顶端呈花序式排列；非莛状草本，有明显茎及其分枝。茎生叶与基生叶同形。

3.果无毛；头状花序排为伞形或伞房花序；冠毛有5根超长（产于各山区）……………………………………………**华北鸦葱**（笔管草）**S. albicaulis** Bge.

3.果被长柔毛；头状花序单生或聚伞状排列；茎有对生叶（产于新乡地区、荥阳）………………………………… **蒙古鸦葱S. mongolica** Maxim.

88. 毛连菜属 Picris L.

1.茎枝被黑色或黑绿色钩状硬毛（产于嵩县、桐柏）……………………………………………………………………………**毛连菜P. hieracioides** L.

1.茎枝被光亮钩状硬毛（产于各山区）……… **日本毛连菜P. japonica** Thunb.

89. 蒲公英属 Taraxacum F. H. Wigg.

1.外层总苞片宽卵形，宽大于或等于3.0mm，具宽膜质边缘，总苞长15~17mm（产于伏牛山区）……………… **白缘蒲公英T. platypecidum** Diels

1.外层总苞片宽不及3.0mm。

2.总苞片先端背部具角状突出；舌状花黄色（产于各地）…………………………………………………………… **蒲公英T. mongolicum** Hand. -Mazz.

2.总苞片先端无小角状突出或仅稍增厚。

3.外层总苞片花期反卷或开展，先端平坦（栽培或逸生）……………………………………………………… **药蒲公英T. officinale** Wigg.

3.外层总苞片花期直立或伏贴。

4.外层总苞片卵形，先端背部不增厚或微增厚（产于太行山、伏牛山区）…………………………… **华蒲公英T. borealisinense** Kitam.(*T. sinicum* Kitam.)

4.外层总苞片宽卵形、卵形或卵状披针形，具明显宽膜质边缘，先端背部有紫红色增厚突起，甚至呈短角状；花葶花期无毛或仅上部疏被蛛丝状毛；舌状花白色或淡黄色（记载河南北部产，未见标本）………………………………………………… **亚洲蒲公英T. asiaticum** Dahlst.(*T. leucanthus* Ledeb.)

90. 苦苣菜属 Sonchus L.

1.瘦果无横皱纹，每面各有3条细纵肋，茎生叶有抱茎扩大的圆耳（产于各地区）……………………………… **花叶滇苦菜**（续断菊）**S. asper**(L.)Hill

1.瘦果有横皱纹。

2.瘦果每面各有3条细纵肋；茎生叶基部抱茎扩大的耳急尖至长渐尖（产于各地区）……………………………………………… **苦苣菜S. oleraceus** L.

2.瘦果每面各有5条细纵肋。

3.总苞片外面沿中脉有1行具柄腺毛；叶羽状分裂（产于各地区）……………………………………………………………… **苣荬菜S. arvensis** L.

3.总苞片外面光滑无毛。

4.叶不分裂（产于伏牛山区）…… **全叶苦苣菜S. transcaspicus** Nevski

4.叶羽状分裂，侧裂片偏斜卵形、宽三角形或半圆形（产于太行山、伏牛山区）………………………… **短裂苦苣菜S. uliginosus** M. B.

91. 乳苣属 Mulgedium Cass.

乳菊（蒙山莴苣）**M. tataricum**(L.)DC.，产于河南北部。

茎高达40cm，叶肉质，长圆形、长圆状披针形至披针形，宽1.0~3.0cm，羽状或倒向羽状分裂，边缘有刺状小齿。头状花序在茎枝端排成开展的圆锥花序；总苞圆筒状，长13~14mm；舌状花蓝紫色或淡紫色。

92. 翅果菊属 Pterocypsela Shih

1.瘦果每面有3条脉纹。

2.叶不分裂，卵形、宽卵形、椭圆形、卵状三角形或三角形（产于各山

区）……………………………………………高大翅果菊**P. elata**(Hemsl.)Shih

2.叶羽状或大头羽状深裂，茎及叶下面脉上密被膜片状毛或长粗毛（产于各山区）……………………………… **毛脉翅果菊P. raddeana**(Maxim.)Shih

1.瘦果每面具1条脉纹。

3.果喙细丝状，长2.0~8.0mm；叶羽状深裂至全裂，叶下面沿脉有刚毛状刺毛；茎有时亦具刚毛状刺毛（产于黄河以南山区）…………………………………………………………………… **台湾翅果菊P. formosana** Shih

3.果喙粗短，长0.5~1.5mm。

4.叶规则或不规则二回羽状分裂（产于各地区）……………………………………………………………… **多裂翅果菊P. laciniata**(Houtt.)Shih

4.叶不分裂。

5.叶三角状戟形或宽卵状心形；叶柄具宽翅，基部抱茎；茎无毛（产于太行山、伏牛山区）………**翼柄翅果菊P. triangulata**(Maxim.)Shih

5.叶线形、线状长椭圆形、长椭圆形、倒披针状长椭圆形（产于太行山、伏牛山区）…………………………………**翅果菊P. indica**(L.)Shih

93. 莴苣属 Lactuca L.

1.叶倒卵状长椭圆形，羽状深裂，下面沿脉生刺毛；瘦果每面有5条细脉纹（外来野生种，多见于公路两旁）……………………… **毒莴苣L. virosa** L.

1.叶倒披针形、椭圆形或椭圆状倒披针形，无毛；瘦果每面有6~7条细脉纹（栽培蔬菜）……………………………………………………… **莴苣L. sativa** L.

变种1：**莴笋**var. **angustata** Irish.，茎特别粗壮，肉质。

变种2：**卷心莴苣**var. **capitata** DC.，基部叶卷心。

变种3：**生菜**var. **romosa** Hort.，茎细而短，叶大而圆，皱缩。

94. 盘果菊属 Prenanthes L.

1.叶不分裂；叶柄中上部常具1对耳状裂片（产于太行山、伏牛山区） ……………………………………………………………………**盘果菊P. tatarynowii** Maxim.

1.叶羽状或掌状分裂，裂片3~4对；叶柄上无耳状裂片（产于太行山、伏牛山区）……………………………………… **大叶盘果菊P. macrophylla** Franch.

95. 还阳参属 Crepis L.

北方还阳参C. crocea(Lam.)Babc.，产于太行山、伏牛山区。

茎高达15~20cm，被硬毛及长柔毛，无叶，仅有苞叶。叶基生，倒披针形，宽4.0~10mm，边缘具波状齿或倒齿至羽状半裂；叶柄具翅。头状花序单生于枝端；总苞片被腺毛及柔毛；舌状花黄色，舌片长12~16mm。

96. 黄鹌菜属 Youngia Cass.

1.多年生，茎基部有残存叶柄；叶倒披针形，羽状半裂至深裂或倒向羽裂，侧裂片宽三角形（产于伏牛山区）…… **川西黄鹌菜Y. pratti** Babc. et Stebb.

1.一二年生；茎基部无残存叶柄；总苞长4.0~6.0mm。

2.茎裸露或几裸露，无叶或具1（2）枚叶；基生叶大头羽状深裂或全裂，侧裂片2~3对（产于各山区）………………… **黄鹌菜Y. japonica**(L.)DC.

2.茎不裸露，具良好发育的茎生叶；基生叶羽状深裂，稀大头羽裂（产于各地）………………………… **卵裂黄鹌菜Y. pseudosenecio**(Vaniot)Shih

97. 苦荬菜属 Ixeris Cass.

1.茎生叶基部不扩大为箭形；叶匙状倒披针形或舌形，边缘具锯齿至羽状浅裂，多年生，具长匍匐根状茎（产于各地区）…………………………………………………………… **剪刀股I. japonica**(Burm. f.)Nakai(*I. debilis* A. Gray)

1.叶基部扩大为箭形半抱茎。

2.全部叶全缘，不分裂（产于各地）……………**苦荬菜I. polycephala** Cass.

2.叶羽状深裂（产于河南东部）……… **深裂苦荬菜I. dissecta**(Makino)Shih

98. 小苦荬属 Ixeridium(A. Gray)Tzvel.

1.冠毛褐色。

2.总苞长6.5~8.0mm，舌状花5~7朵；叶倒披针形或倒披针状长圆形，宽10~20mm，边缘有疏尖齿或羽状分裂，稀全缘（产于河南南部）……………………………………………………… **小苦荬I. dentatum**(Thunb.)Tzvel.

2.总苞长4.5~5.5mm，舌状花6朵；叶线形或线状披针形，宽6.0~10mm，全缘或下部有缘毛状微齿（产于河南南部）… **细叶小苦荬I. gracil**e(DC.)Shih

1.冠毛白色。

3.叶不分裂，线形（记载河南产，未见标本）…………………………………………………………………… **丝叶小苦荬I. graminifolium**(Ledeb.)Tzvel.

3.叶羽状分裂，至少部分叶如此。

4.总苞长7.0~10mm；果喙长2.5~4.0mm。

5.茎生叶2~4枚，基部扩大为耳状抱茎；总苞长8.0~9.0mm（产于各地）…………………………… **中华小苦荬I. chinense**(Thunb.)Tzvel.

5.茎生叶1~2枚，基部不抱茎或抱茎；总苞长7.0~8.0mm………………………………………………… **窄叶小苦荬I. gramineum**(Fisch.)Tzvel.

4.总苞长5.0~6.0mm；果喙长不及1.0mm。

6.叶侧裂片菱形，不规则菱形或宽三角形，基部收窄为柄状…………………………………………… **精细小苦荬I. elegans**(Franch.)Shih

6.叶侧裂片非上述形状，基部也不收窄（产于各地）………………………………………………… **抱茎小苦荬I. sonchifolium**(Maxim.)Shih

99. 黄瓜菜属 Paraixeris Nakai

1.叶不分裂，边缘有大锯齿或重锯齿（产于各地）…………………………………………………………………… **黄瓜菜P. denticulata**(Houtt.)Nakai

1.叶羽状分裂；头状花序12~19朵小花。

2.总苞长7.0~8.0mm；果喙长约0.4mm（产于大别山区） ………………………………………………… **羽裂黄瓜菜P. pinnatipartita**(Makino)Tzvel.

2.总苞长4.5~5.5mm；果喙长约0.7mm（产于西峡） ………………………………………………… **尖裂黄瓜菜P. serotina**(Maxim.)Tzvel.

100. 山柳菊属 Hieracium L.

山柳菊H. umbellatum L.，产于各山区。

植株具棕色或浅乳黄色乳汁，高达1.0m。叶长椭圆形或披针形，宽5.0~25mm，无柄，叶缘具稀疏不规则锯齿，下面脉上密被短毛。头状花序单生枝顶并排为伞房状；总苞长约10mm，总苞片3~4层，披针形；舌状花黄色，长约15mm；冠毛浅棕色。

一三六、香蒲科 Typhaceae

香蒲属 Typha L.

1.雌花无小苞片；雌性穗状花序与雄性穗状花序紧密连接，或相互远离。

2.雌、雄穗状花序紧密连接，从不分离；叶宽4.0~15mm。

3.雌花柱头宽匙形，白色丝状毛与花柱近等长，或有时超出（产于各地）……………………………………………………**香蒲T. orientalis** Presl

3.雌花柱头披针形，白色丝状毛明显短于花柱（产于各地）……………………………………………………………………… **宽叶香蒲T. latifolia** L.

2.雌、雄穗状花序远离；叶宽2.0~4.0mm … **无苞香蒲T. laxmannii** Lepech.

1.雌花具小苞片；雌、雄穗状花序远离，从不连接。

4.植株高1.0m以上，基部无鞘状叶，白色丝状毛先端不呈圆形。

5.花药长约2.0mm；雄花序轴密生褐色扁柔毛，单出或分叉；柱头窄条形，与花柱近等宽 ……………………………………… **水烛T. angustifolia** L.

5.花药长1.2~1.5mm，雄花序轴具稀疏白色或黄褐色柔毛，从不分叉；柱头宽条形至披针形，比花柱宽……………………………………………………………………… **长苞香蒲T. angustata** Bory et Chaubard

4.植株高约0.8m，或更矮，通常只有鞘状叶；如叶片存在，不长于花序，宽1.0~2.0mm； 雄花序轴无毛 …………………… **小香蒲T. minima** Funk

一三七、黑三棱科 Sparganiaceae

黑三棱属 Sparganium L.

黑三棱S. stoloniferum(Graebn.)Buch.-Ham. ex Juz.(*S. ramosum* auct. non Huds.)。

沼生，高达1.2m。根状茎横走。叶线形，宽1.0~2.5cm，无毛。圆锥花序，每分枝上部生雄头状花序，下部具1~2枚雌头状花序；雌花花柱比柱头短。果实倒圆锥状，宽4.0~5.0mm，先端具喙。

一三八、水麦冬科 Juncaginaceae

水麦冬属 Triglochin L.

1.植株弱小；总状花序的花排列较疏散，花梗长约2.0mm；心皮3个；蒴果长6.0~8.0mm，棒状条形，成熟后呈3瓣开裂（产于河南西部）…………………………………………………………………………… **水麦冬*T. palustre*** L.

1.植株稍粗壮；总状花序的花排列较紧密，花梗长约1.0mm或近无梗；心皮6个；蒴果长3.0~5.0mm，椭圆形，具6棱，成熟后6瓣开裂（产于河南西部）…………………………………………………………………… **海韭菜*T. maritimum*** L.

一三九、眼子菜科 Potamogetonaceae

眼子菜属 Potamogeton L.

1.叶漂浮水面或沉没水中，具柄或无柄，托叶与叶片离生，稀基部稍合生，但不形成叶鞘；穗状花序花期伸出水面。

2.叶单型，全为沉水叶。

3.叶线形，宽1.0~3.0mm，无柄。

4.叶宽2.0~3.0mm，基部与托叶合生，边缘具细微的齿（产于各地）…………………………………… **微齿眼子菜*P. maackianus*** A. Benn.

4.叶宽1.0~3.0mm，基部完全与托叶离生，全缘。

5.叶宽约1.0mm，托叶边缘合生，呈套管状抱茎；休眠芽腋生，呈纺锤状；果实长1.5~2.0mm（产于各地）…………………………………………………………………… **小眼子菜*P. pusillus*** L.

5.叶宽1.5~3.0mm；托叶不合生呈管状，两侧边缘叠压而抱茎；休眠芽侧生，呈短枝状，具多叶；果长3.0~3.5mm …………………………………………………………… **尖叶眼子菜*P. oxyphyllus*** Miq.

3.叶非线形，宽通常在5.0mm以上。

6.有明显特化的休眠芽；果实基部合生，顶端具长达1.0~2.0mm的喙，背脊约1/2以下具齿牙（产于各地） ………………… **菹草P. crispus** L.

6.无特化的休眠芽；果实完全离生，喙长不超过0.5mm，背脊平滑无齿。

7.叶无柄，卵状披针形、宽卵形至近圆形，基部心形或近心形，呈耳状抱茎（产于各地）…………………… **穿叶眼子菜P. perfoliatus** L.

7.叶无柄至具短柄，或具长柄，基部楔形或近楔形，非耳状抱茎。

8.叶条形至长椭圆形，具长柄（产于各地）………………………………………………………… **竹叶眼子菜P. malaianus** Miq.

8.叶长椭圆形至卵状椭圆形，无柄至具短柄（产于各地）……………………………………………………… **光叶眼子菜P. lucens** L.

2.叶两型，有浮水叶和沉水叶之分。

9.雌蕊4枚；浮水叶长8.0~25mm、宽5.0~10mm，通常只在开花时或近花期出现。

10.果实背脊圆钝，平滑无凸起 ……………………………………… **钝脊眼子菜P. actandrum** Poir. var. **midubikimo**(Makino)Hara

10.果实背脊呈明显鸡冠状，脊翅较宽（产于桐柏） …………………………………………… **鸡冠眼子菜P. cristatus** Rgl. et Maack

9.雌蕊2枚，稀1枚或3枚；浮水叶卵状披针形、宽披针形至椭圆状披针形；果实背部明显具3锐脊（产于各地区） ………………………………………………………… **眼子菜P. distinctus** A. Benn.

1.叶全部为沉水叶，无柄，托叶与叶片基部贴生，形成明显的叶鞘；穗状花序花期漂浮水面；叶宽仅0.2~1.0mm（产于各地） ………………………………………………………… **篦齿眼子菜P. pectinatus** L.

一四〇、茨藻科 Najadaceae

1.叶全缘，叶基具鞘状托叶；花丝细长；离生心皮4个（稀2~8个）；瘦果先端具喙… ………………………………………………… **1.角果藻属Zannichellia**

1.叶缘具锯齿，托叶缺，叶基扩展成鞘；花丝无；心皮1个；瘦果先端无喙 ……………………………………………………………… **2.茨藻属Najas**

1. 角果藻属 Zannichellia L.

角果藻Z. palustris L.，产于各地。

沉水草本；茎细弱，直径约0.3mm，下部匍生泥中，上部多分枝。叶线形，宽0.3~0.5mm；托叶鞘状抱茎、膜质。花腋生；雄花仅1枚雄蕊；雌花花被杯状，离生心皮4(6)个。瘦果新月形，长2.0~2.5mm，具果柄（心皮柄）。

2. 茨藻属 Najas L.

1.雌雄异株；茎节间具刺；叶宽1.0~3.0mm，叶缘具4~10枚粗锯齿（产于各地）……………………………………………………………大茨藻**N. marina** L.

1.雌雄同株；叶宽0.5~1.0mm。

2.花药1室；瘦果狭长椭圆形，顶端渐窄，稍弯曲（产于各地）……………………………………………………………………小茨藻**N. minor** All.

2.花药4室；瘦果长椭圆形，不弯曲；雄花无佛焰苞（产于各地）………………………………………………………………草茨藻**N. graminea** Del.

一四一、泽泻科 Alismataceae

1.花序仅下部1~2(3)轮具分枝，分枝不再次分枝，雌花集生于花序下部，心皮螺旋状排列或簇生……………………………………………**1.慈姑属Sagittaria**

1.大型圆锥花序，分枝达上部，并可再次分枝，花两性；心皮轮生………………………………………………………………………**2.泽泻属Alisma**

1. 慈姑属 Sagittaria L.

1.植株高大、粗壮；叶片箭形，具长柄。

2.野生植物，植株较小；叶片顶裂片先端尖，不呈广卵形，与侧裂片之间无明显缢缩；无球茎或球茎小，长椭圆形。

3.叶片较大，不呈飞燕状；圆锥花序常具2~3分枝，分枝着生雌花（产于各地）……………………………………………………野慈姑**S. trifolia** L.

3.叶片较小，呈飞燕状；花序常无分枝，或仅具1分枝，通常分枝上无雌花，稀1~2朵雌花（产于桐柏、南阳、鸡公山）………………………

…………………… **剪刀草S. trifolia** var. **trifolia** f. **longiloba**(Turcz.)Makino

2.栽培植物或逸生；叶片宽大肥厚，顶裂片广卵形，先端钝圆，与侧裂片间明显缢缩；球茎呈球形至卵球形，长5.0~8.0cm、宽4.0~8.0cm；花序高大，分枝通常3轮，每轮具3侧枝，雌花2~3轮 ……………………………… **慈姑S. trifolia** L. var. **sinensis**(Sims)Makino

1.植株矮小细弱；叶无叶片与叶柄之分，条形；总状花序，雌花1朵（产于大别山、桐柏山、伏牛山南部）……………………… **矮慈姑S. pygmaea** Miq.

2. 泽泻属 Alisma L.

1.挺水叶宽披针形或椭圆形，基部近圆形或浅心形，叶脉5~7条（产于各地）……………………………………………… **东方泽泻A. orientale**(Samuel.)Juz.

1.挺水叶披针形，稍呈镰状弯曲，基部楔形或渐尖，叶脉3~5条（产于商城）……………………………………**窄叶泽泻A. canaliculatum** A. Braun et Bouche

一四二、花蔺科 Butomaceae

花蔺属 Butomus L.

花蔺B. umbellatus L.，产于各地。

水生，根状茎节上生须根。叶基生，宽3.0~10mm，基部扩大为鞘状。花莛高达70cm，顶生伞形花序，花柄长4.0~10cm；花直径约2.0cm，内轮花被片粉红色。聚合蓇葖果。

一四三、水鳖科 Hydrocharitaceae

1.叶基生。

2.叶线形，无柄；果实长圆柱形；雄花离体浮于水面后开放；雌花花梗极长，受精后呈螺旋状 ……………………………………… **3.苦草属Vallisneria**

2.叶披针形至近圆形，通常具叶柄；果实近球形或长椭圆形。

3.根生于泥中；无匍匐茎；叶沉水，叶背无蜂窝状贮气组织；佛焰苞常

具棱或纵翅 …………………………………………………… **1.水车前属Ottelia**

3.根浮于水中；具匍匐茎；叶浮水，叶背具蜂窝状贮气组织；佛焰苞无棱无翅 ……………………………………………… **2.水鳖属Hydrocharis**

1.叶茎生，轮生 ………………………………………………… **4.黑藻属Hydrilla**

1. 水车前属 Ottelia Pers.

龙舌草（水车前）**O. alismoides**(L.)Pers.，产于各地。

茎短缩。叶基生，沉水叶狭窄，长圆状椭圆形，浮水叶宽卵形，宽达18cm。佛焰苞宽15~25mm，先端2~3浅裂，具3~6条波状纵翅。花单生于佛焰苞内，直径约15mm，内轮花被片白色或淡紫色。

2. 水鳖属 Hydrocharis L.

水鳖H. dubia(Bl.)Backer(*H. asiatica* Miq.)。

浮水草本，匍匐茎细长。叶簇生，圆形或肾形，宽5.0~5.5cm，全缘，基部心形，中间具蜂窝状贮气组织。花单性异株；雌花内轮花被片白色，雄花内轮花被片黄色。

3. 苦草属 Vallisneria L.

苦草V. natans(Lour.)Hara(*V. spiralis* auct. non L.Hook. f.)，产于河南南部。

沉水草本，匍匐茎粗约2.0mm。叶基生，线形，长达2.0m，宽5.0~20mm。花雌雄异株；雄花序佛焰苞卵状锥形，长15~20mm、宽5.0~10mm；雌花序佛焰苞筒状，先端2裂，长15~20mm；花均生于佛焰苞内。

4. 黑藻属 Hydrilla Rich.

黑藻H. verticillata(L. f.)Royle，产于河南各地。

沉水草本。叶3~8枚轮生，长7.0~17mm、宽1.0~1.8mm。休眠芽长卵圆形，芽苞片狭披针形，边缘锯齿大而明显。

变种：**罗氏轮叶黑藻**var. **roxburghii** Casp.，休眠芽长椭圆形，芽苞片为卵圆形，边缘锯齿小而不明显。

一四四、禾本科 Gramineae

1.秆木质；秆箨与叶鞘有区别，箨叶较小，通常无明显中脉；普通叶片具短柄，且与叶鞘相连处有关节，故容易自叶鞘脱落。

2.地下茎为单轴型或复轴型，有显著的竹鞭；竹秆散生或兼有丛生。

3.地下茎为单轴型，秆散生；秆每节分枝多数2枚，分枝的一侧扁平或具纵沟；其不分枝的节间为圆筒形，秆箨脱落……………………………………………………………………………… **5.刚竹属Phyllostachys**

3.地下茎为复轴型，秆兼有散生和丛生；秆每节分枝1枚或3~7枚，节间分枝的一侧无纵沟；秆箨迟落或宿存。

4.秆每节分枝1~3枚，枝粗壮。

5.秆每节分枝1枚，分枝与主秆近等粗；叶片大型，宽1.5~7.0cm；秆高小于2.0m ……………………………… **1.箬竹属Indocalamus**

5.秆每节分枝1~3枚，分枝明显较主秆细；叶宽1.0~2.5cm；秆高大于2.0m ………………………………… **3.茶秆竹属Pseudosasa**

4.秆每节分枝3~7枚，分枝细弱 … **4.大明竹属**（苦竹属）**Pleioblastus**

2.地下茎为合轴型，无竹鞭或因秆柄延伸而呈竹鞭状；竹秆丛生或呈散生。

6.秆丛生；箨片基部与箨鞘顶端等宽；雄蕊6枚（低山或平原栽培）…………………………………………………………………… **6. 簕竹属Bambusa**

6.秆散生；箨片基部较箨鞘顶端为窄；雄蕊3枚；高山野生 ……………………………………………………………………………**2.箭竹属Fargesia**

1.秆为草质，稀带木质；秆箨与叶鞘常无区别，其箨叶即是普通叶片，甚发达而具明显中脉，通常无叶柄，也不于叶鞘相连处成关节，故不脱落。

7.小穗含多花乃至1朵花，大多数两侧压扁（显子草属例外），通常脱节于颖上，并在各小花间逐节断落；小穗轴大多延伸至最上小花的内稃之后而呈细柄状或刚毛状。

8.小穗的2颖退化或仅在小穗柄顶端留有痕迹；成熟花的稃体常以其边缘互相紧扣；内稃具脊或无脊。

9.小穗单性，多少有些圆筒形或微压扁；外稃无柄状基盘 ……………………………………………………………………… **81.菰属Zizania**

9.小穗两性，两侧压扁而具脊。

10.不孕小花之外稃2枚，虽小但甚显著 ……………………… **82.稻属Oryza**

10.不孕小花之外稃缺如………………………………………**83.假稻属Leersia**

8.小穗的2颖或1片常明显；成熟花的稃体并不相紧扣；内稃常具2条脊。

11.成熟花的外稃具多脉乃至5条脉，或因质地较硬而脉不明显（芦竹属、龙常草属、雀麦属及早熟禾属的个别种少至3条脉）；叶舌通常无纤毛（芦竹属例外）。

12.小穗无柄或几无柄，排成穗状花序。

13.小穗常以2至数枚生于穗轴各节。

14.两颖均存在。

15.小穗含1朵小花，以3枚生于穗轴的每节 ……………………… ……………………………………………**10.大麦属Hordeum**

15.小穗3~7朵小花，以2至数枚生于穗轴的每节。

16.植物无根状茎，基部不为碎裂的纤维状叶鞘所包；叶片较柔软，常扁平，绿色；小穗具芒……… **7.披碱草属Elymus**

16.植物具下伸或横走的根状茎，基部常为枯死纤维状叶鞘所包；叶片质地较硬，常卷折，灰绿色；小穗无芒………… ……………………………………………**8.赖草属Leymus**

14.颖退化不存在或微小呈芒状；小穗在穗轴上较稀疏排列，成熟时水平开展或上举 ……………………………**11.猬草属Hystrix**

13.小穗单生于穗轴各节。

17.颖锥刺状，具1条脉，外稃背脊上具刺毛 …… **12.黑麦属Secale**

17.颖披针形、卵圆形或长圆形，具3至数条脉。

18.颖卵圆形或长圆形，脉在顶部不汇合，分别伸于顶部的裂齿中（小麦属的颖可由2裂齿渐退化为1裂齿；外稃无基盘，脉在顶部亦不汇合）。

19.穗状花序成熟时常自基部整个脱落或穗轴逐节断落，小穗常圆柱形，不甚两侧扁，颖背部扁平、无明显的脊 ……… ……………………………………… **13.山羊草属Aegilops**

19.穗状花序成熟时不自基部整个脱落，穗轴坚韧不断落，小穗甚两侧压扁；颖背部具2条脊或退化为1条脊…………………………………………………………………… **14.小麦属Triticum**

18.颖披针形，脉于顶端汇合，外稃有基盘，脉在顶端亦汇合；穗状花序细长，长(7.0)10cm以上；小穗长13mm以上，相距较疏松 ……………………………………………………… **15.鹅观草属Roegneria**

12.小穗具柄，稀无柄或近无柄，排列为开展或紧缩的圆锥花序（短柄草属为穗形总状花序，黑麦草属为压扁的穗形花序）。

20.小穗通常仅含1朵花（稀可在拂子茅属为2朵花）；外稃具5条脉或稀可更少。

21.外稃大多数为膜质，通常短于颖，也可与颖略等长，如长于颖时则质地稍硬，成熟时疏松包着颖果或几不包裹。

22.圆锥花序极紧密，呈圆柱状到长圆状；花柱长形，柱头细长，开花时伸出小花。

23.小穗脱节于颖之上，颖及外稃的边缘均不连合，外稃无芒，稍长于内稃 ……………………………… **26.梯牧草属Phleum**

23.小穗脱节于颖之下；颖在下部彼此相连合；外稃边缘在下部也相互连合，中部以下生芒；内稃缺如 …………………………………………………………………… **27.看麦娘属Alopecurus**

22.圆锥花序开展或紧缩，但不呈圆柱状。

24.小穗无柄，几呈圆形，覆瓦状排列于穗轴一侧，而后再排成圆锥花序……………………………… **25.菵草属Beckmannia**

24.小穗多少具柄，长形。

25.颖不等长，短于小花，第2颖仅达外稃的中部或中部以下；外稃无芒 ……………………… **20.沟稃草属Aulacolepis**

25.颖等长或几等长，等于或长于小花，稀可较短。

26.小穗脱节于颖之上。

27.外稃的基盘有较长的柔毛。

28.小穗轴延伸至内稃之后，常具丝状柔毛；颖披针形，顶端尖；外稃草质或膜质而透明 …………………………………………… **21.野青茅属Deyeuxia**

28.小穗轴不延伸，或有时仅于内稃之基部残留微小痕迹；颖锥状披针形，顶端渐尖；外稃透明膜质 ………………………………………………………………**22.拂子茅属Calamagrostis**

27.外稃基盘无毛或仅有微毛 ………………… **23.剪股颖属Agrostis**

26.小穗脱节于颖之下；圆锥花序穗状或塔形；小穗轴不延伸 ………………………………………………………… **24.棒头草属Polypogon**

21.外稃质地厚于颖片，至少在背部较颖坚硬，成熟后与内稃一起紧包颖果。

29.外稃无芒，不具显著的基盘；内外稃坚硬，平滑，有光泽…………………………………………………………………… **28.粟草属Milium**

29.外稃有芒，具尖锐或圆钝的基盘。

30.芒易脱落，大多数简短细弱，基部不扭转，自外稃顶端伸出 …………………………………………………… **30.落芒草属Oryzopsis**

30.芒宿存，粗壮（芨芨草属有时较易脱落）。

31.芒下部扭转，且与外稃顶端成关节；外稃常具成纵行排列的短柔毛，基盘大多数长而尖锐；内稃背部在结实时不外露，常无毛 …………………………………………… **29.针茅属Stipa**

31.芒下部扭转或否，不与外稃成关节；外稃有散生柔毛；内稃背部常在结实时裸露，脊间无毛。

32.芒下部粗壮劲直；外稃较宽作披针形，基盘钝圆 ………………………………………… **31.直芒草属Orthoraphium**

32.芒下部扭转或几不扭转，但不粗壮劲直；外稃较细长或呈条状披针形，基盘多少尖锐。

33.芒下部无毛或具微毛；小穗柄较粗壮，大多数短于小穗 …………………………………… **33.芨芨草属Achnatherum**

33.芒全部被柔毛；小穗柄呈毛细管状，较长于小穗 ………………………………………… **32.细柄茅属Ptilagrostis**

20.小穗含2至多数小花，如为1朵花时则外稃有5条以上的脉。

34.小穗含3朵小花，其中两性小花只1朵，位于2朵不孕花的上方，或因不孕花退化而使小穗仅含1朵花；成熟外稃质硬，无芒。

35.植株干燥后无香味；小穗2不孕花之外稃空虚，退化为小鳞片状而无芒，远较两性花的外稃为短；两性花雄蕊3枚 ……………………………………………………………… **79.虉草属Phalaris**

35.植株干后仍有香味；小穗2不孕花的外稃内含雄蕊或否；不孕花等长或稍长于两性花，其外稃无芒或仅具小尖头，第2外稃也可具细长膝曲之芒；两性花雄蕊2枚 ……………………………… **80.茅香属Hierochloe**

34.小穗的两性花1朵或更多，但位于不孕花的下方，稀位于小穗中部（即两性花的上下方均有不孕花），有时无不孕花。

36.第2颖大多数等长或长于第1朵小花；芒存在时大多数膝曲而有扭转的芒柱，通常位于外稃的背部或有时自近顶端伸出。

37.外稃无芒或顶端具小尖头至短芒；圆锥花序紧密呈穗状，常为圆柱形 ………………………………………………… **16.溚草属Koeleria**

37.外稃显著具芒（栽培的燕麦属中可无芒），如无芒时则圆锥花序不成穗状。

38.小穗长不及1.0cm；子房无毛；颖果不具腹沟；外稃背部有脊，芒自背部的中部以上伸出……………………… **17.三毛草属Trisetum**

38.小穗长于1.0cm；子房上部或全部有毛；颖果具腹沟。

39.一年生，小穗下垂；2颖近相等，具7~11条脉 ……………………………………………………………………… **19.燕麦属Avena**

39.多年生，小穗直立或开展；2颖不等大，具1~7条脉 …………………………………………………… **18.异燕麦属Helictotrichon**

36.第2颖通常较短于第1小花；芒存在时则劲直（稀可反曲）而不扭转，通常自外稃顶端伸出，有时可在外稃顶端二裂齿间或裂隙的下方伸出。

40.外稃或基盘生有长丝状柔毛或柔毛（龙常草属例外），具3条脉（龙常草属等偶在基部可具5条脉）；叶舌具纤毛或为1圈柔毛（龙常草属例外）；高大或中型禾草。

41.中型禾草；叶舌厚膜质；外稃基盘无毛；颖果顶端具锥状的喙…………………………………………………… **45.龙常草属Diarrhena**

41.通常大型禾草；外稃或基盘通常生丝状长柔毛。

42.外稃无毛，但其基盘延长而有丝状柔毛 ……………………………………………………………… **34.芦苇属Phragmites**

42.外稃有毛，至少在中部以下遍生丝状柔毛 ………… **35.芦竹属Arundo**

40.外稃或基盘无毛或有毛（毛大多短于外稃），具5条或更多的脉；叶舌通常膜质，无纤毛。

43.叶片宽披针形或卵形，有明显的小横脉；小穗近无柄 ……………………………………………………………………… **36.淡竹叶属Lophatherum**

43.叶片狭长，叶带状、条形、细长披针形或针状，无小横脉。

44.小穗以外稃背腹面对穗轴而排列成穗状花序；侧生小穗无第1颖……………………………………………………………… **9.黑麦草属Lolium**

44.小穗排列成圆锥花序或总状花序，稀可为穗形总状花序而以侧面对向穗轴，且侧生小穗第1颖存在。

45.外稃通常具7条或更多的脉，亦可具5条脉；叶鞘闭合（短柄草属不闭合或仅基部闭合）。

46.子房顶端有糙毛，内稃脊上有硬纤毛或短纤毛；颖果顶端有生毛的附属物或短喙。

47.叶鞘闭合；花柱生于子房的前下方 ……… **43.雀麦属Bromus**

47.叶鞘不闭合或仅在基部闭合；花柱顶生；小穗柄极短，排列成穗形总状花序 ………………… **44.短柄草属Brachypodium**

46.子房顶端无毛或偶可有短柔毛；内稃脊上无毛或具短纤毛或柔纤毛；颖果顶端无具附属物的喙，有时具无毛的短喙。

48.外颖1条脉，内颖3条脉；小穗柄无关节；外稃诸脉显著平行，不于先端汇合 ……………………… **42.甜茅属Glyceria**

48.外颖常3条脉，内颖5条脉；小穗柄具关节而使小穗整个脱落；外稃诸脉并不显著平行，而于先端汇合 …… **41.臭草属Melica**

45.外稃具(3)5条脉；叶鞘通常不闭合或仅在基部闭合而边缘互相覆盖。

49.外稃背部圆形。

50.外稃顶端钝，脉平行不于顶端汇合 …… **40.碱茅属Puccinellia**

50.外稃顶端尖或有芒，脉在顶端汇合 ……… **37.羊茅属Festuca**

49.外稃背部具脊。

51.小穗近无柄，密集簇生于圆锥花序分枝上端一侧 …………………………………………………………… **47.鸭茅属Dactylis**

51.小穗具柄，排列于紧缩或开展的圆锥花序上；无芒。

52.外稃的脉较细弱，脊和边缘有柔毛，基盘常有绵毛，稀可全无毛；花柱存在 …………………………………………………… **38.早熟禾属Poa**

52.外稃无毛，下部有粗壮的5条脉；花柱缺如 …………………………………………………………………………………… **39.硬草属Sclerochloa**

11.成熟花的外稃具3或1条脉（冠芒草属、獐毛属及隐子草属可例外）；叶舌通常具纤毛或为1圈毛所代替。

53.外稃具7~9条脉。

54.外稃具9条或更多常呈羽状的芒 ………… **46.冠芒草属Enneapogon**

54.外稃无芒；小穗近无柄而排列于花序分枝的一侧 …………………………………………………………………………… **48.獐毛属Aeluropus**

53.外稃具(1)3(5)条脉。

55.小穗具(2)3至多数结实小花。

56.小穗无柄，紧密覆瓦状排列于较宽扁的穗轴一侧而形成穗状花序，此穗状花序再以数枚指状排列。

57.穗状花序具顶生小穗；外稃无芒 …………… **54.穇属Eleusine**

57.穗状花序无顶生小穗；外稃及内颖有短芒，内稃脊翼缘有细纤毛 ……………………………… **55.龙爪茅属Dactyloctenium**

56.小穗有柄，排列为圆锥花序，稀为总状花序；如小穗无柄或近无柄而着生于穗轴一侧，则穗状花序再呈总状排列或单生于主轴上。

58.小穗明显两侧压扁，背部明显具脊；小穗轴大多数不逐节脱落（个别种例外）；外稃无芒，平滑无毛，基盘无毛………………………………………………………………… **49.画眉草属Eragrostis**

58.小穗背部圆形或微两侧压扁而具脊；小穗轴成熟时与小花一起逐节断落；外稃多少有毛，顶端大多数具芒或于裂齿间生1小尖头（隐子草属个别种和千金子属可无芒），基盘多少生短柔毛。

59.小穗不排列于穗轴一侧；叶鞘内有隐藏的小穗；叶片枯老后自叶鞘顶端处脱落 ………… **50.隐子草属Cleistogenes**

59.小穗常作2行排列于穗轴的一侧；叶鞘内无隐藏的小穗；叶片枯老后不脱落。

60.穗状花序单生茎顶；外稃背部圆形，顶端具芒 ………………………………………………………………………… **53.草沙蚕属Tripogon**

60.穗状花序多数，呈总状排列于延长的主轴上；外稃顶端2裂齿间伸出1短芒，或完整而无芒。

61.外稃背部稍带圆形，顶端常2齿裂，裂齿间生短芒或小尖头；小穗较大，长6.0~10mm，疏松排列 ……………………………………………………………………… **51.双稃草属Diplachne**

61.外稃背部具脊，顶端圆钝无芒；小穗长不超过4.0mm，密集排列 ……………………………………………… **52.千金子属Leptochloa**

55.小穗含1(2)朵结实小花。

62.小穗无柄或近无柄，排列于穗轴一侧形成穗状花序或穗形总状花序，此花序再以多数或1枚沿主轴排列成圆锥状、指状或总状。

63.雌雄同株或异株；植株低矮具匍匐茎………… **58.野牛草属Buchloe**

63.两性花。

64.外稃显著有芒，两侧压扁，其边缘诸脉上部有长柔毛 ……………………………………………………………**56.虎尾草属Chloris**

64.外稃无芒；植株具长匍匐茎 ……………… **57.狗牙根属Cynodon**

62.小穗通常具柄，如无柄或近无柄时也不排列于穗轴一侧。

65.小穗含2朵小花，均结实或第1小花为雄性；颖大小几相等 ……………………………………………………………… **68.柳叶箬属Isachne**

65.小穗仅含1朵结实小花。

66.外稃成熟时质地变硬，圆筒形，顶端有3裂的芒或具3芒……………………………………………………………… **63.三芒草属Aristida**

66.外稃成熟时为透明膜质或膜质，如变厚则为两侧压扁，顶端无芒或仅具1芒。

67.穗状花序或穗形总状花序；第1颖微小或缺如。

68.小穗单生于主轴上；2颖均有芒 ………… **64.茅根属Perotis**

68.小穗成簇或单生于主轴上；颖无芒。

69.小穗单生，两侧压扁；第1颖缺如 ………………… **65.结缕草属Zoysia**

69.小穗2~5枚簇生，背腹压扁，每簇中最下方的两成熟小穗合并为一刺球体；第1颖微小或缺如 ………………………… **66.锋芒草属Tragus**

67.圆锥花序开展或紧缩。

70.小穗两侧压扁或为细长圆柱形；果实为囊果或颖果。

71.外稃或基盘无毛，外稃无芒；囊果。

72.圆锥花序多少延长；小穗脱节于颖之上 ……………………… ……………………………………… **59.鼠尾粟属Sporobolus**

72.圆锥花序紧缩成头状或穗状，位于宽广苞片之腋中；小穗脱节于颖之下 ……………………………… **60.隐花草属Crypsis**

71.外稃和基盘有毛，外稃通常有芒；颖果；小穗脱节于颖之上，颖短于外稃 ……………………………**61.乱子草属Muhlenbergia**

70.小穗背腹压扁；颖果；叶片上下面反转 ……………………………… ……………………………………………… **62.显子草属Phaenosperma**

7.小穗含2朵花；下部花常不发育而为雄性，甚至退化仅存外稃；背腹扁或为圆筒形，稀可两侧压扁，脱节于颖之下（野古草属例外）；小穗轴从不延伸，在最上部成熟花的内稃后无1细柄或1刚毛存在。

73.第2花的外稃及内稃通常质地坚韧而无芒（野古草属例外）。

74.小穗成对，稀可单一，脱节于颖之上；成熟花的外稃大多数都具芒，其基盘常有毛 ………………………………**67.野古草属Arundinella**

74.小穗单生或成对，脱节于颖之下；成熟花外稃常无芒，且基盘无毛。

75.花序中有不育小枝形成的刚毛。

76.小穗脱落时，附于其下的刚毛仍宿存于花序上 ………………… ………………………………………………… **77.狗尾草属Setaria**

76.小穗与附于其下的刚毛一起脱落 ……… **78.狼尾草属Pennisetum**

75.花序中无不育的小枝。

77.小穗排列为开展或紧缩的圆锥花序。

78.圆锥花序紧缩为穗状，小穗柄简短而顶端呈盘状，第2颖基部膨大呈囊状 ……………………… **70.囊颖草属Sacciolepis**

78.圆锥花序开展，小穗背腹压扁，第2颖等长或稍短于小穗…

……………………………………………… **69.黍属Panicum**

77.小穗排列于穗轴一侧而为穗状花序或穗形总状花序，此种花序通常再呈指状或总状排列于伸长的主轴上而彼此微分离，稀可单独存在。

79.第2外稃在果实成熟时为骨质或革质，通常有狭窄而内卷的边缘，故内稃露出较多。

80.颖或第1外稃先端有芒（稗属个别种例外）。

81.小穗自颖上生芒，第1颖的芒最长；秆基部平卧；叶片披针形 ……………………………………… **71.求米草属Oplismenus**

81.小穗自第1外稃上生芒或芒状尖头，颖无芒或几无芒；叶无显著叶舌 ……………………………………… **72.稗属Echinochloa**

80.颖及第1外稃均无芒。

82.第1颖显著存在 ……………………… **73.臂形草属Brachiaria**

82.第1颖常缺如（雀稗属中可例外），或退化为一微小的托附物。

83.小穗基部有1环状或珠状的基盘；第2外稃的背部为离轴性，即背离穗轴而生 ………………… **74.野黍属Eriochloa**

83.小穗基部无上述基盘；第2外稃的背部为向轴性 ………… ……………………………………… **75.雀稗属Paspalum**

79.第2外稃成熟时为软骨质，通常具扁平膜质边缘以覆盖内稃，使内稃露出较少；外稃无芒 ………………………… **76.马唐属Digitaria**

73.外稃及内稃均为膜质或透明膜质，第2外稃具芒，亦可无芒。

84.小穗两性，或成熟小穗与不孕小穗同时混生。

85.成对小穗均可成熟且同形，或每对中的有柄小穗可成熟（为雌性或两性）并且生长芒（稀无芒），无柄小穗至少在总状花序之基部者为不孕而无芒（莠竹属中有时有柄小穗亦可退化）。

86.无柄小穗之第1颖具宽广而呈截平的先端，以及扁平或内卷的边缘；芒存在，无毛或有纤毛；总状花序作指状排列；秆基部叶鞘及根头上均密生毡毛 ………………… **89.拟金茅属Eulaliopsis**

86.无柄小穗之第1颖常具狭窄之先端以及内褶之边缘；芒如存在时均无毛。

87.穗轴延续而无关节；小穗均有柄而自柄上部脱落。

88.小穗无芒，有匍匐根状茎。

89.圆锥花序紧缩呈穗状，宽不及3.0cm …………**86.白茅属Imperata**

89.圆锥花序宽扇形，其总状花序分枝长10~20cm ……………………………………………………………………**85.荻属Triarrhena**

88.小穗有芒，位于开展的圆锥花序上。

90.花序分枝细弱，近于轮生，下部裸露而无小穗………………………………………………………………………**90.油芒属Eccoilopus**

90.花序分枝粗壮，全部有小穗着生或仅基部裸露……………………………………………………………………**84.芒属Miscanthus**

87.穗轴具关节，各节连同着生其上的无柄小穗一齐脱落。

91.总状花序1至多枚呈指状排列或簇生于1缩短的主轴上。

92.秆蔓生；叶片披针形而常有短柄；第1颖无毛，通常背部具1显著沟槽 ……………………………………**87.秀竹属Microstegium**

92.秆通常直立；叶片细长；第1颖大多数有毛，背部扁平或微凹………………………………………………………**88.金茅属Eulalia**

91.总状花序以多数作圆锥状排列于延长的主轴上（蔗茅属中有时主轴缩短而几为伞房状）。

93.总状花序有梗，各有1至数节；第1颖无显著的脊 ………………………………………………………**91.大油芒属Spodiopogon**

93.总状花序近无梗，各具数节乃至多节；每颖具2条脊。

94.第2外稃正常发育，顶端具小尖头或生一劲直至弯曲的长芒 ……………………………………………………**93.蔗茅属Erianthus**

94.第2外稃通常极退化，通常无芒或具小尖头；花序银白色 ……………………………………………………**92.甘蔗属Saccharum**

85.成对小穗并非均可成熟，其大小、形状和具芒的情况可不相同，其中无柄小穗结实，有柄者常退化而不孕。

95.穗轴节间及小穗柄粗短，呈三棱形、圆柱形，或较宽扁而顶端膨大，两者互相紧贴，亦可全部或部分互相愈合以形成纳入无柄小穗的小穴。

96.有柄小穗发育良好，与无柄小穗略同形；穗轴坚韧不易逐节断落

……………………………………………………94.牛鞭草属Hemarthria

96.有柄小穗退化仅余1柄；穗轴质脆，易于逐节断落；无柄小穗并不嵌入穗轴中 ……………………………………………95.假硷草属Eremochloa

95.穗轴节间及小穗柄通常细长，有时其上端变粗或肿胀；异形对中的无柄的小穗通常仅含1朵花且有芒。

97.无柄小穗第2外稃的芒于稃体近基部处着生；第1颖表面具瘤状突起或刺瘤；叶片披针形或卵状披针形，基部略呈心脏形 ……………………………………………………………… 96.荩草属Arthraxon

97.无柄小穗第2外稃的芒不着生于稃体基部；第1颖无瘤状突起或刺瘤；叶片线形或狭披针形。

98.总状花序呈圆锥状排列，稀可呈指状排列而于穗轴节间及小穗柄中部具纵沟。

99.无柄小穗第2外稃发育正常，顶端通常2裂，其芒自裂齿间伸出或有时无芒 ……………………………………………97.蜀黍属Sorghum

99.无柄小穗第2外稃退化呈柄状，其上端延伸成芒。

100.穗轴具多节或少至数节……………… 98.孔颖草属Bothriochloa

100.穗轴具5节或可少至1节；花序分枝上的小枝常极纤细而呈毛细管状……………………………………99.细柄草属Capillipedium

98.总状花序成对或单一，稀可呈指状排列。

101.成熟小穗呈圆筒形，其第1颖内卷而有圆形的边缘。

102.总状花序自狭长的鞘苞内伸出，其下部的同性对小穗3~10对，稀1~2对，均不结实，上部的异性对小穗数至12对，其中无柄小穗结实，植株较单纯或具少数分枝，并不形成复合的假圆锥花序……………………………………101.黄茅属Heteropogon

102.总状花序位于舟形佛焰苞状的总苞内或微伸出苞外，其下部的同性对小穗如存在时仅2对，上部的异性对小穗1~3对；植株重复分枝以形成复合的假圆锥花序…………… 103.菅属Themeda

101.成熟小穗背部压扁而近细长形，其第1颖两侧通常向内折叠，而于上部有2条脊。

103.总状花序单生于主秆或分枝顶端 ………………………………

…………………………………………………… **102.裂稃草属Schizachyrium**

103.总状花序成对孪生……………………………… **100.香茅属Cymbopogon**

84.小穗单性，雌小穗与雄小穗分别生于不同的花序上或花序的不同部分。

104.雌小穗与雄小穗分别位于不同的花序上，雌花序为腋生具多数鞘苞的穗状花序，雄花序为顶生圆锥花序 …………………**104.玉蜀黍属Zea**

104.雌小穗与雄小穗位于同一花序上，花序上部雄性，下部雌性 ……………………………………………………………… **105.薏苡属Coix**

1. 箬竹属 Indocalamus Nakai

1.箨耳及叶耳均极显著；竿中部箨片长三角形至卵状披针形，基部近圆弧形；箨环下有一圈木栓质环状物隆起（产于大别山区）……………………………………………………………… **箬叶竹I. longiauritus** Hand.-Mazz.

1.箨耳及叶耳不显著或无；箨片线形或狭披针形；箨环下无木栓质环状物（产于大别山、伏牛山区）……………………………………………… **阔叶箬竹I. latifolius**(Keng)McClure［*I. migoi*(Nakai)Keng f.］

2. 箭竹属 Fargesia Franch.

1.箨鞘背面无毛，边缘无纤毛；箨舌弧形，高0.5~0.7mm；箨片直立或开展（产于伏牛山区）………………………**伏牛山箭竹F. funiushanensis** Yi

1.箨鞘背面被棕色刺毛，边缘幼时有纤毛；箨舌截形，高约1.0mm；箨片外翻，秆下部者直立（产于伏牛山区）…………………………………………………………… **箭竹F. spathacea** Franch.[*F. nitida*(Mitf.)Nakai]

3. 茶秆竹属（矢竹属）Pseudosasa Makino ex Nakai

1.秆中部以下各节大多数仅有1分枝，节下方常被毡毛状茸毛环带；箨鞘无斑点，密生倒刺毛（栽培）…………… **矢竹P. japonica**(Sieb. et Zucc.)Makino

1.秆每节多为3分枝，节下方无毡毛状茸毛环带；箨鞘有棕褐色斑点，无毛或上部散生易落性刺毛（产于鸡公山、新县）……………………………………………………………… **鸡公山茶秆竹P. maculifera** J. L. Lu

4. 大明竹属（苦竹属）Pleioblastus Nakai

苦竹P. amarus(Keng)Keng f.，产于商城黄柏山。

秆径1.0~3.0cm，节间长达50cm。箨环隆起，秆环略平；箨鞘背面具棕色小刺毛，箨片披针形，外翻，易脱落。每小枝具叶2~4枚，叶长8.0~20cm、宽1.0~2.8cm，下面微具毛。

5. 刚竹属 Phyllostachys Sieb. et Zucc. 检索表 I

1.老秆全部绿色，无其他色彩；少数种类的新竹可部分为他色。

2.秆下部诸节间不短缩也不肿胀。

3.箨鞘多少有斑点或斑块，箨叶稍下垂或反曲。

4.箨鞘有明显箨耳。

5.秆环不隆起，而使竹秆各节仅现1环；箨鞘棕色底上有黑褐色斑块，密生棕紫色小刺毛（产于大别山区）…… **毛竹P. heterocycla** (Carr.)Mitford 'Pubescens'(*P. pubescens* Mazel ex H. de Lehaie)

5.秆环与箨环均隆起，使竹秆各节均有2环。

6.箨鞘顶端广截平，淡黄绿或淡土黄色底上常有淡紫色条纹，无毛，无或有稀疏紫色斑点；箨舌背生紫色长纤毛（产于南召、西峡）………………… **美竹P. mannii** Gamble(*P. decora* McClure)

6.箨鞘顶端非广截平，黄褐色底上有黑褐色斑点或斑块，并有毛；箨舌微隆起；新竹及箨鞘均无白粉（产于大别山、桐柏山、伏牛山区）………………………**桂竹P. bambusoides** Sieb. et Zucc.

4.箨鞘无箨耳。

7.秆表面在扩大镜下见有晶状凹点；粗竹的秆环几不可见，新竹微有白粉，在节下常有白粉环（栽培）……………………… **刚竹 P. sulphurea**(Carr.)A.et C. Riv. 'Viridis'［*P. viridis*(Yong)McClure］

7.秆表面在扩大镜下无晶状凹点；秆环均较隆起。

8.秆箨基部和新秆箨环具一圈细毛（栽培）……………………………………………………………… **毛环竹P. meyeri** McClure

8.秆箨基部和新秆箨环无一圈细毛。

9.箨舌弓形隆起，两侧下延；箨鞘褐色，密生黑褐色斑点或斑块（栽培）……………………………………………………… **乌哺鸡竹P. vivax** McClure

9.箨舌平截或微隆起，两侧不下延。

10.箨舌先端具长纤毛，毛长超过5.0mm；新秆无或略有白粉。

11.箨鞘乳黄白色，近无斑点或有稀疏斑点（栽培）…………………………………………………………………… **黄古竹P. angusta** McClure

11.箨鞘淡红褐色底上密生紫黑色细小斑点，箨舌有红褐色长纤毛（栽培）…………… **红哺鸡竹P. iridescens** C. Y. Yao et S. Y. Chen

10.箨舌先端毛长不过4.0mm；新秆具白粉。

12.箨片披针形或线状披针形；箨舌淡褐色，先端上拱呈弧形（栽培）…………………………………………………… **早园竹P. propinqua** McClure

12.箨片带状或线状披针形；箨舌暗紫褐色或淡褐色，先端截形或微拱形。

13.箨舌或叶舌紫褐色；箨鞘鲜时淡褐色或暗紫褐色；幼秆被厚白粉（产于各地区）……………………… **淡竹P. glauca** McClure

变种：**变竹**var. **variabilis** J. L. Lu，幼秆无白粉或微被薄层白粉，分枝以下各节的箨鞘背面具云雾状淡褐色纵长斑纹（产于博爱、沁阳等县）。

13.箨舌或叶舌绿褐色至淡紫褐色；箨鞘鲜时绿褐色，常有宽窄不等的淡紫色纵条纹（产于新乡地区）……………………………………………………………… **曲竿竹P. flexuosa**(Carr.)Riv.

3.箨鞘无斑点或斑块。

14.箨耳明显发达；箨鞘淡玫瑰紫色或有紫色纵条布于绿色底上。

15.箨鞘橄榄色或淡绿色，上部有白色纵条，中下部有紫色纵条；箨耳肿胀；箨舌完全为箨片和箨耳覆盖；小枝顶端仅留叶片1枚（产于卢氏、南召、西峡）…………………………… **篌竹P. nidularia** Munro

15.箨鞘淡玫瑰紫色，通常无斑点及条纹；箨耳不为上述形状；箨舌微隆起；小枝常留2~3枚叶（栽培）…………………………… **毛金竹P. nigra**(Lodd. ex Lindl.)Munro var. **henonis**(Mitf.)Stapf ex Rendle

14.箨耳不发达至几不存在；箨鞘绿色，无斑点。

16.竹秆老后黄绿色；叶片比较薄，下面小横脉明显；箨鞘背面无条纹（产于淮河流域）…… **水竹P. heteroclada** Oliver(*P. congesta* Rendle)

16.竹秆老后深绿或暗绿色；叶片质地较厚，下面小横脉不明显；箨鞘背面有紫色纵条纹（产于西峡）………………………… **漫竹P. stimulosa** H. R. Zhao et A. T.(*P. purpurata* McClure var. *straightstlem Mc*Clure)

2.秆下部数至多节间短缩，秆壁厚度小于中孔直径；箨鞘非绿色，有斑点。

17.秆下部诸节间交互的斜面连接；箨鞘棕色底上有黑褐色斑块，密生棕紫色小刺毛 ………………………**龟甲竹P. pubescens** 'Heterocycla'

17.秆下部诸节间作不规则短缩或畸形肿胀，或其节环交互歪斜；箨鞘紫色或淡玫瑰底色上有黑褐色斑点，上部两侧常呈枯草色（栽培）………………………………………… **人面竹**（罗汉竹）**P. aurea** Carr. ex Riv.

1.老秆非绿色，或在绿色底上杂以其他色彩。

18.老秆全部或部分带紫黑色。

19.老秆全部紫黑色（栽培）……… **紫竹P. nigra**(Lodd. ex Lindl.)Munro

19.老秆绿色底上出现大小相等的紫黑色斑纹或紫褐色斑点。

20.斑点紫褐色且边缘清晰；箨鞘无箨耳（产于博爱、沁阳、洛宁）……………………………………………… **筠竹P. glauca** 'Yunzhu'

20.斑点紫黑色，边缘不清晰；箨鞘具箨耳（产于博爱）…………………………………… **斑竹P. bambusoides** f. **lacrinadeae** Keng f. et Wen

18.老秆全部金黄色或绿色底上有黄色纵条或黄色底上有绿色纵条。

21.老秆底色为绿色或绿黄色。

22.老秆绿色底色上散生少数黄色纵条；箨鞘淡红褐底色上有紫黑色斑点（栽培）……… **红哺鸡竹P. iridescens** C. Y. Yao et S. Y. Chen

22.老秆底色为绿色，沟槽为黄色。

23.箨鞘有箨耳，背面有稀疏长毛（产于博爱）………………………………… **黄槽斑竹P. bambusiodes** f. **mixta**. Z. Y. Wang et N. X. Ma

23.箨鞘无箨耳，背面无毛。

24.箨舌弓形，两侧下延；箨片外翻，强烈皱曲（产于永城）……………………………………… **黄纹竹P. vivax** 'Huangwenzhu'

24.箨舌微隆起，两侧不下延；箨片直立或外翻，微皱曲（产于鸡公山、永城）…………… **绿皮黄筋竹P. sulphurea** 'Hougeau'

21.老秆为黄色底上散生有绿色纵条。

25.秆环不隆起，使秆各节仅现1环 …………………………………………………………………… **花秆毛竹P. pubescens** ‘Granmica’

25.秆环和箨环均隆起，各节均有2环。

26.新秆淡绿色，老后变金黄色，在放大镜下见有晶状小点，但无毛，节间有不规则绿色纵条；新竹节下常为污绿色；箨鞘无箨耳 ………………………… **黄皮绿筋竹P. sulphurea** ‘Robert Young’

26.秆黄色，在放大镜下不见晶状小点。

27.新秆有毛；秆分枝的沟槽为绿色（栽培） ………………………………………………… **黄槽竹P. aureosulcata** McClure

27.新秆无毛；秆沟槽不为绿色，但在秆下部各节具数条绿色纵条纹（产于永城） ………**黄秆乌哺鸡竹P. vivax** ‘Aureocaulis’

刚竹属检索表II

1.秆下部各节和节间非正常发育，节间极短缩，且肿胀而呈畸形。

2.秆下部短缩节间于一侧肿胀，使相邻的节相互倾斜而于一侧上下相接；箨鞘密被棕色小刺毛（毛竹林中零星出现） ………………………………………………………………… **龟甲竹P. heterocycla**(Carr.)Mitford

2.秆下部短缩节间不规则肿胀而畸形，或其节交互倾斜；箨鞘背面无毛（栽培） ………………… **人面竹**（罗汉竹）**P. aurea** Carr. ex R. et C. Riv

1.秆下部各节和节间发育正常，不短缩也不肿胀。

3.老秆全部或部分紫黑色。

4.老秆全部紫黑色（栽培） ……………**紫竹P. nigra**(Lodd.ex lindl.)Munro

4.老秆绿色底色上散布紫褐色或紫黑色色斑。

5.色斑紫褐色，边缘清晰；幼秆密被白粉；无箨耳；叶耳及鞘口繸毛均早落（产于博爱、沁阳、洛宁） ………………………………………………………… **筠竹P. glauca** McClure ‘Yunzhu’

5.色斑紫黑色，边缘不清晰；幼秆无或近无白粉；有箨耳；叶耳半圆形，放射状繸毛发达（产于博爱） ………………………………………… **斑竹P. bambusoides** f. **lacrimadeae** Keng f. et Wen

3.老秆绿色或非绿色，绝非紫色或具紫斑。

6.秆环在粗大不分枝的各节上不隆起或隆起不明显，致使秆节部仅现1环凸。

7.幼秆无毛，微有白粉；老秆表面在10倍放大镜下可见猪皮状小凹穴或晶状小点；箨鞘背面无毛，无箨耳；叶耳及鞘口繸毛均发达（产于黄河流域以南）………… **刚竹P. sulphurea**(Carr.)A. et C. Riv.'Viridis'

7.幼秆密被细柔毛及厚白粉，箨环有毛；箨鞘背部密生棕色刺毛；箨耳微小，但繸毛发达；叶耳不明显，鞘口繸毛脱落（产于大别山区）……**毛竹P. heterocycla** 'Pubescens'(*P. pubescens* Mazel ex H. de Lehaie)

品种：**花秆毛竹'Tao Kiang'**，秆有黄绿相间的纵条纹，叶片也可具黄条纹（栽培）。

6.秆环明显隆起，秆各节有2环凸。

8.老秆全为绿色，无异色出现。

9.秆箨基部和幼秆箨环上均具一圈细毛，毛易脱落；箨鞘背面上部有褐色密斑点或斑块（栽培）………………… **毛环竹P. meyeri** McClure

9.秆箨基部和幼秆箨环上无一圈细毛。

10.末级小枝顶端仅有1(2)叶；幼秆被白粉；箨鞘背面有毛，上部有乳白色纵条纹，中下部有紫色纵条纹（产于卢氏、南召、西峡）………………………………………………… **篌竹P. nidularia** Munro

变型：**光箨篌竹f. glabrovagina**(McClure)Wen，箨鞘无毛；叶鞘具脱落性；末级小枝常有1枚叶。

10.末级小枝具(1~)2~4枚叶。

11.幼秆无白粉或近无白粉。

12.幼秆疏被下向白毛；末级小枝1~2枚叶；叶耳小而不明显，鞘口繸毛直立（产于南召、西峡）……………………………………………… **美竹P. mannii** Gamble(*P. decora* McClure)

12.幼秆无毛；末级小枝2~4枚叶。

13.叶耳半圆形，繸毛发达，常呈放射状；有明显箨耳（产于大别山、桐柏山、伏牛山区）………………………………………………**桂竹P. bambusoides** Sieb. et Zucc.

13.无叶耳及鞘口繸毛，有时仅有鞘口繸毛；幼秆微有白粉；无箨耳（产于永城）……………… **黄古竹P. angusta** McClure

11.幼秆明显被白粉；箨耳无或几无。

14.幼秆被柔毛或疏生柔毛。

15.箨环有毛；箨鞘背面有淡褐色刺毛，常无斑点及条纹（栽培）…………………………… **毛金竹P. nigra** var. **henonis**(Mitford)Stapf ex Rendle

15.箨环无毛；箨鞘背面无毛或疏生短毛。

16.叶片背面小横脉明显，基部有毛；箨鞘背面无条纹（产于淮河流域）……………… **水竹P. heteroclada** Olive(*P. congesta* Rendle)

16.叶片下面无明显小横脉，基部也无毛；箨鞘背面常有淡黄色纵条纹；叶片基部收缩成3.0~4.0mm长的细柄（栽培）………………………………… **京竹P. aureosulcata** McClure f. **pekinensis** J. L. Lu

14.幼秆无毛。

17.箨鞘绿色，有紫色纵条纹和脱落性刺毛，无斑点；箨片直立并贴向主秆（产于西峡）………… **漫竹P. stimulosa** H. R. Zhao et A. T. Liu

17.箨鞘多少有斑点或斑块；箨片下垂或反曲。

18.有叶耳和鞘口繸毛；叶舌高达3.0mm；老秆有显著纵肋；秆环常一侧突出以致节多少不对称（产于永城）…………………………………………………………………… **乌哺鸡竹P. vivax** McClure

18.无叶耳及鞘口繸毛，或叶耳及鞘口繸毛早落，或仅有脱落性的鞘口繸毛。

19.叶耳及鞘口繸毛均不存在；叶片下面基部具毛。

20.箨舌淡褐色，先端上拱呈弧形，有微纤毛（信阳、驻马店主栽竹种）……………………… **早园竹P. propinqua** McClure

20.箨舌和叶舌紫褐色或带紫绿褐色，先端平截或微拱起；秆基部有时“之”字形弯曲；箨鞘有紫色纵条纹（产于博爱、沁阳、辉县）…………… **曲秆竹P. flexuosa**(Carr.)Riv.

19.叶耳及鞘口繸毛早落；或无叶耳，仅有脱落性的鞘口繸毛。

21.叶耳及鞘口繸毛均存在，但早落；叶片下面两侧稍有柔毛；箨舌先端毛长不及4.0mm（产于各地）……………………………………………………………… **淡竹P. glauca** McClure

变种：**变竹**var. **variabilis** J. L. Lu，幼秆无白粉或微被白

粉，但节下有白粉环；秆稍呈中粗下细，分枝以下各节的箨鞘背面具云雾状淡褐色纵长斑纹（产于博爱、沁阳等地）。

21.无叶耳，鞘口繸毛紫色，脱落性；箨鞘淡红褐色底上密生紫黑色细小斑点；箨舌具长超过5.0mm的紫红色纤毛（栽培）………………………………………………………… **红哺鸡竹P. iridescens** C. Y. Yao et S. Y. Chen

8.老秆非绿色，或在绿色底上杂以他色，绝非全绿色。

22.老秆底色绿色或绿黄色。

23.老秆绿色底上散生少数黄色条纹；箨鞘淡红褐色底上密生紫黑色细小斑点（栽培）…………… **红哺鸡竹P. iridescens** C. Y. Yao et S. Y. Chen

23.老秆为绿色，但节间沟槽为黄色。

24.幼秆被白粉及柔毛；叶片基部收缩为3.0~4.0mm长的细柄；箨耳明显与箨片基部相连接（即箨耳系由箨片基部两侧延伸而成）（栽培）……………………………………… **黄槽竹P. aureosulcata** McClure

24.幼秆被白粉或无白粉，但无毛。

25.箨鞘有箨耳，背面有稀疏脱落性刺毛；幼秆无或近无白粉（产于博爱）……………………………………………………………………………… **黄槽斑竹P. bambusioides** f. **mixta** Z. Y. Wang et N. X. Ma

25.箨鞘无箨耳，背面无毛。

26.箨舌弓形，两侧下延；箨片外翻，强烈皱曲；幼秆被白粉，老秆有显著纵肋，秆环常一侧突出致节部多少不对称（永城栽培）………………………………… **黄纹竹P. vivax**‘Huangwenzhu’

26.箨舌微隆起，两侧不下延；箨片直立或外翻，微皱曲；幼秆微有白粉，老秆表面在10倍放大镜下可见晶状小点（产于永城、鸡公山）………………… **绿皮黄筋竹P. sulphurea**‘Houzeaus’

22.老秆底色黄色，散生绿色纵条纹。

27.幼秆密被细柔毛及厚白粉；秆环不明显，节部仅1环突；秆具黄绿相间的纵条纹，叶片有时也有黄条纹（见于大别山毛竹林中）……………………………………………… **花秆毛竹P. heterocycla**‘Tao Kiang’

27.幼秆无毛，无白粉或微有白粉；节部明显有2环突。

28.新秆淡绿色，后变金黄色，10倍放大镜下可见晶状小点，节间有不规则绿色纵条（产于黄淮流域）……………………………………………
………………………………… **黄皮绿筋竹P. sulphurea**‘Robert Young’

28.秆全部为硫黄色，在其下部偶有几个节间有1至数条绿色纵条纹，10倍放大镜下无晶状小点（产于永城） … **黄秆乌哺鸡竹P. vivax**‘Aureocaulis’

6. 簕竹属 Bambusa Schreb.

孝顺竹（凤凰竹）**B. multiplex** (Lour.) Baeuschel ex J. A. et J. H. Schult.，栽培。

秆丛生；分枝簇生，有时不发育枝硬化成刺；新竹有白粉及稀疏刺毛。箨革质，淡黄色，无毛，箨耳甚小或无，箨片三角形直立，箨舌不显著。小枝着叶5.0~10mm；叶长4.0~10cm、宽0.5~2.0cm，叶耳明显，叶舌截平。

品种：**凤尾竹**‘Fernleaf’，末级小枝具9~13叶，叶片长3.5~6.5cm、宽0.4~0.7cm。

7. 披碱草属 Elymus L.

1.颖（除芒外）稍短于或等长于第1小花。

2.外稃全部密生短小糙毛；穗状花序宽5.0~10mm，穗轴中部各节具2枚小穗，而顶端和基部各节仅具1枚小穗；叶宽5.0~9.0(12)mm（产于太行山、伏牛山区）…………………………………… **披碱草E. dahuricus** Turcz.

2.外稃背部无毛，粗糙，仅先端、脉上和边缘被微小短毛；穗状花序粗壮，宽10~12mm；穗轴每节具2~3(4)小穗，叶宽10~16mm（产于太行山至伏牛山区）…………………………………………**肥披碱草E. excelsus** Turcz.

1.颖（除芒外）显著短于第1小花。

3.植株粗壮，高60~90cm；叶长10~20cm、宽5.0~10mm；穗状花序长而疏松，长15~20cm，小穗排列不偏于一侧；颖具短芒（产于灵宝） ………
……………………………………………………………… **老芒麦E. sibiricus** L.

3.植株细弱，高50~70cm；叶长6.0~8.0cm、宽3.0~5.0mm；穗状花较紧密，长5.0~12cm，小穗排列多少偏于一侧；颖先端具1.0~4.0mm长的芒尖（产于太行山、伏牛山区）………………………… **垂穗披碱草E. nutans** Griseb.

8. 赖草属 Leymus Hochst.

赖草L. secalinus(Georgi)Tzvel.，产于太行山、伏牛山及豫东沙区。

具根状茎。秆3~5节，高达1.0m。叶舌截平，长1.0~1.5mm；叶宽4.0~7.0mm。穗状花序长10~15(20)cm、宽10~17mm，穗轴节上及边缘被长柔毛；穗轴每节上小穗2~3(1)枚，小穗长10~20mm，含4~7(10)朵小花；颖短于小穗，线状披针形，边缘具纤毛；第1外稃长8.0~10(14)mm，先端渐尖，或具长1.0~3.0mm的芒。

9. 黑麦草属 Lolium L.

1.颖长于小穗；颖果成熟后肿胀，厚约2.0mm，长不超过宽的3倍；外稃芒长12~18mm；小穗长8~10mm（产于新乡、郑州地区）…………………………………………………………………………**毒麦L. temulentum** L.

1.颖短于小穗，长为小穗之半或超过之；颖果长超过宽的3倍。

2.多年生；花期有分蘖叶；外稃无芒（各地栽培或逸生）…………………………………………………………………………**黑麦草L. perenne** L.

2.一年生；花期无分蘖叶；外稃长6.0~12mm，有芒。

3.小穗11~22朵花，侧生于穗轴上（各地栽培或逸生）…………………………………………………**多花黑麦草L. multiflorum** Lamk.

3.小穗3~10朵花，多少嵌入穗轴中；外稃长5.0~8.0mm，芒长4.0~8.0mm…………………………………………………**硬直黑麦草L. rigidum** Gaud.

10. 大麦属 Hordeum L.

1.多年生；颖短于中间小花的外稃，外稃长5.0~6.0mm，背部无毛或被细刺毛，芒长1.0~2.0mm（见有腊叶标本，产地不详）…………………………………………………**短芒大麦草**（野黑麦）**H. brevisubulatum**(Trin.)Link

1.一年生；三联小穗均无柄，穗轴成熟时坚韧不断；颖果成熟时黏着于稃体，不脱出（各地栽培）…………………………………**大麦H. vulgare** L.

11. 猬草属 Hystrix Moench

猬草H. duthiei(Stapf)Bor，产于内乡宝天曼、西峡。

多年生，秆高达100cm；叶片宽6.0~18mm，叶舌长约1.0mm。穗状花序长10~15cm，穗轴节间长4.0~6 .0(10)mm；小穗孪生，各含1朵小花及延伸之小穗轴，颖大多数退化，稀呈芒状，外稃披针形，长9.0~11mm、芒长1.5~2.5cm。

12. 黑麦属 Secale L.

黑麦S. cereale L.，栽培或逸生（产于嵩县）。

一年或越年生。秆高约1.0m，在花序下部密生细毛。叶舌长约1.5mm；叶片宽5.0~10mm。穗状花序长5.0~10cm、宽约10mm；小穗长约15mm，含2朵花，无柄。单生；2颖几等长，约10mm，背脊上常具细刺毛，外稃长12~15mm，芒长3.0~5.0cm。

13. 山羊草属 Aegilops L.

节节麦A. tauschii Coss.，产于新乡、孟津、郑州。

秆高20~40cm；叶鞘紧包茎秆，边缘具纤毛；叶片宽约3.0mm。穗状花序圆柱形；小穗圆柱形，长约9.0mm，3~4(5)小花；颖革质，长4.0~6.0mm，顶端截平或有微齿；第1外稃长约7.0mm。

14. 小麦属 Triticum L.

1.颖背部圆，中部以上的主脉凸起具脊，并向上延伸为齿或短芒尖（栽培）……………………………………………………… **普通小麦T. aestivum** L.

1.颖背部具1条明显的脊，自基部直达先端并延伸为长1.5~2.0mm的短尖头；穗状花序不分枝（河南农学院曾栽培）……………………………………………… **硬粒小麦T. turgidum** L. var. **durum**(Desf.)Yan ex P. C. Kuo

15. 鹅观草属 Roegneria C. Koch

1.小穗果期其稃芒劲直或稍屈曲。

2.颖显著短于第1外稃；颖和外稃边缘均无纤毛。

3.外稃与颖显著具宽膜质边；内稃脊上显著具翼，翼缘密生细纤毛；叶宽3.0~13mm；穗状花序长7.0~20cm（产于各山区）……………………………………………………………………… **鹅观草R. kamoji** Ohwi

3.外稃与颖具狭膜质边；内稃脊上无翼，疏生粗纤毛，外稃背部平滑无毛（产于各山区）…………………… **东瀛鹅观草R. mayebarana**(Honda)Ohwi

2.颖与第1外稃近等长，或至少第1颖长为第1外稃的2/3至3/4。

4.外稃边缘或接近边缘处显著具较长纤毛。

5.秆的露出部分及下部叶鞘均密被柔毛，上部叶鞘毛较少（产于西峡）…………………………………………………… **毛秆鹅观草R. pubicaulis** Keng

5.秆仅在节处贴生微毛，叶鞘无毛；外稃上半部显著疏生柔毛或全部被短毛（产于伏牛山区）……………… **多秆鹅观草R. multiculmis** Kitag.

4.外稃边缘粗糙或具与稃体相同的短毛，从不具较长纤毛。

6.小穗较疏松地排列于穗轴两侧；外稃背部较平滑；基部叶鞘常具倒毛；叶片扁平，宽3.0~7.0mm，上面脉上具糙毛（产于卢氏）………………………………………………………………………… **五龙山鹅观草 R. hondai** Kitag.(*R. hondai* var. *fascinate* Keng ex Keng et S. L. Chen)

6.小穗较紧密地多少偏生于穗轴一侧；外稃背部贴生疏微毛；叶鞘无毛；叶片质硬，直立，内卷，宽3.0~4.0mm，上面疏生柔毛（产于灵宝）……………………………………………… **中华鹅观草R. sinica** Keng

1.小穗果期其稃芒常显著向外反曲。

7.内稃长圆状倒卵形，长仅为外稃的1/2~2/3；颖先端两侧或一侧有齿。

8.外稃背部粗糙，稀具短毛，边缘具短纤毛；颖的边缘不具纤毛；叶宽约9.0mm；外稃的芒长2.0~2.5cm（产于大别山、伏牛山、桐柏山区）……………………………… **竖立鹅观草R. japonensis**(Honda)Keng

8.外稃背部密生或疏生柔毛，边缘具较长的纤毛；颖的边缘亦具纤毛。

9.外稃先端芒长超过10mm。

10.叶片两面及边缘均无毛（产于各地）……………………………………………………………… **纤毛鹅观草R. ciliaris**(Trin.)Nevski

10.叶片两面及边缘具柔毛（产于太行山至伏牛山北部）……………………………………………**毛叶纤毛草R. ciliaris** var. **lasiophylla** Kitag.

9.外稃先端芒长1.0~3.0(7.0)mm或近于无芒（产于太行山至伏牛山北部）
…………………………… **短芒纤毛草R. ciliaris** var. **submutica**(Honda)Keng

7.内稃长圆形，与外稃等长或稍短；外稃遍生微小硬毛；秆细瘦，直径1.5~2.0mm，穗状花序直立；两颖不等长，均短于第1外稃（产于伏牛山区，嵩县龙池漫）……………… **直穗鹅观草R. turczaninovii**(Drob.)Nevski

16. 溚草属 Koeleria Pers.

溚草K. cristata(L.)Pers.，产于各山区。

多年生，秆在花序下密被茸毛。叶片宽1.0~2.0mm。狭圆锥花序穗状，下部间断，长5.0~12cm、宽7.0~18mm，有光泽。小穗长4.0~5.0mm，2~3朵花，无芒。

17. 三毛草属 Trisetum Pers.

1.第1内稃短，长仅为外稃的1/2~2/3；叶鞘松弛，常短于节间；外稃全部粗糙，内稃背部向外拱作弧形；花序分枝，每节多枚；芒向外反曲（产于伏牛山、桐柏山、大别山区）………………… **三毛草T. bifidum**(Thunb.)Ohwi

1.第1内稃与外稃等长或略短，背部不为弧形；叶鞘基部多少闭合或闭合至中部或顶部。

2.叶鞘基部多少闭合，上部松弛，多短于节间；叶舌膜质；第1外稃的芒长7.0~9.0mm；叶鞘无毛；小穗长5.0~10mm，含2~4朵小花；芒反曲（产于太行山、伏牛山、桐柏山区）……… **西伯利亚三毛草T. sibiricum** Rupr.

2.叶鞘常闭合至中部以上；叶舌质厚，非膜质；第1外稃的芒长3.0~6.0mm。

3.叶鞘闭合至顶部，常长于节间；叶舌长1.5~2.0mm；小穗2~3朵小花，长5.0~7.0mm（产于伏牛山、桐柏山、大别山区）……………………
………………………………………………… **湖北三毛草T. henryi** Rendle

3.叶鞘闭合至中部或稍上，常短于节间；叶舌长约1.0mm；小穗1~2朵小花，长4.5~5.5mm（产于商城、卢氏、灵宝）…………………………
…………………………… **贫花三毛草T. pauciflorum** Keng ex P. C. Kuo

18. 异燕麦属 Helictotrichon Bess.

1.圆锥花序紧缩；外颖长7.0~11mm；秆在花序以下无毛；二颖片均有3条脉（见有河南腊叶标本，产地不详）…… **异燕麦H. schellianum**(Hack.)Kitag.

1.圆锥花序开展；外颖长4.5~5.5mm；花序各节有2~3分枝；小穗轴节间仅先端具柔毛（产于汝阳）……………… **光花异燕麦H. leianthum**(Keng)Ohwi

19. 燕麦属 Avena L.

1.外稃草质；小穗轴无毛，弯曲，第1节间长达1.0cm（见有河南产标本，产地不详）……………………………………………………………………………… **莜麦A. chinensis**(Fisch. ex Roem. et Schult.)Metzg.(*A. nuda* auct. non L.)

1.外稃质地坚硬；小穗轴有毛或无毛，不弯曲，第1节间长不超过5.0mm。

2.小穗含2~3朵小花；小穗轴易脱节；外稃被硬毛或无毛，第2外稃有芒。

3.外稃被疏密不等的硬毛（产于各地）……………… **野燕麦A. fatua** L.

3.外稃光滑无毛；小穗轴节间密被浅棕色或白色硬毛（产于各地）……………………………………… **光稃野燕麦A. fatua** var. **glabrata** Peterm.

2.小穗含1~2朵花；小穗轴不易脱节；外稃无毛；第2外稃无芒（偶见少量栽培或逸生）……………………………………………… **燕麦A. sativa** L.

20. 沟稃草属 Aulacolepis Hack.

沟稃草A. treutleri(Kuntze)Hack.，产于伏牛山、桐柏山区。

多年生，高达1.1m。叶舌膜质，长2.0~4.0mm；叶片线状披针形，宽6.0~10mm。圆锥花序，下部各节5~6分枝近轮生；小穗灰绿色，长2.5~3.0mm，1朵花；外稃无芒，基盘被短毛。

21. 野青茅属 Deyeuxia Clarion

1.芒自外稃中部伸出，露出小穗之外，膝曲扭转；圆锥花序较紧密，宽约3.0cm（产于栾川老君山）…**糙野青茅D. scabrescens**(Griseb.)Munro ex Duchie

1.芒自外稃近基部伸出。

2.圆锥花序疏松开展，宽(5.0)15~40cm；内稃近等长于外稃。

3.叶舌长1.0~2.0(4)mm，顶端平截或钝圆；小穗长3.0~4.0mm（产于卢

氏、内乡、栾川）…………………… **疏穗野青茅D. effusiflora** Rendle

3.叶舌长4.0~20mm，顶端易撕裂，长圆状披针形；小穗长4.0~5.0mm；叶鞘无毛；外稃基盘两侧的柔毛长约为稃体的3/4（产于伏牛山区）……
……………………………… **华高野青茅D. sinelatior** Keng ex P. C. Kuo

2.圆锥花序紧缩成穗状，宽1.0~2.0(3.0)cm（疏花野青茅宽5.0~9.0cm）。

4.小穗长3.0~4.0mm；第1颖边缘具纤毛；外稃长约3.0mm，顶端具细齿裂，芒自背面近基部伸出，长约6.0mm（产于伏牛山、桐柏山区）……
………………………………………… **湖北野青茅D. hupehensis** Rendle

4.小穗长3.5~5.0(6.5)mm；颖片粗糙，边缘无纤毛；外稃的芒自背基部1/5~1/4处伸出；叶两面粗糙或被毛。

5.圆锥花序紧密似穗状，长5.0~15cm，外稃基盘两侧的柔毛长度为稃体的1/5~1/3（产于太行山、伏牛山及桐柏山区）………………………
……… **野青茅D. arundinacea**(L.)Beauv.［*D. sylvatica*(Schrad.)Kunth］

5.圆锥花序较紧密或疏松开展；外稃基盘两侧的柔毛长度为稃体的1/3以上。

6.叶鞘平滑无毛。

7.圆锥花序开展而较疏散，长10~16cm、宽(2.0)5.0~9.0cm；秆于花序下微糙涩，基部径约2.0mm；叶舌长1.0~2.0mm（产于伏牛山、桐柏山至大别山区）…………………………………………
疏花野青茅D. arundinacea var. **laxiflora**(Rendle)P. C. Kuo et S. L. Lu

7.圆锥花序较紧密，长20~25cm、宽2.0~3.0cm；小穗长5.0~6.0mm；外稃长4.5~5.0mm（产于伏牛山区北坡）…………………………
北方野青茅D. arundinacea var. **borealis**(Rendle)P. C. Kuo et S. L. Lu

6.叶鞘密生柔毛；小穗长5.0~5.5mm；外稃长4.0~4.5mm；叶舌长2.0~3.0mm（产于伏牛山区）……………………………………
短毛野青茅D. arundinacea var. **brachytricha**(Steud.)P. C. Kuo et S. L. Lu

22. 拂子茅属 Calamagrostis Adans.

1.圆锥花序疏松开展；外稃的芒自顶端或稍下处伸出（产于各地）…………
…………………………… **假苇拂子茅C. pseudophragmites**(Hall. f.)Koel.

1.圆锥花序紧密；外稃的芒自背中部附近伸出。

2.圆锥花序间断（产于各地）…………………… **拂子茅C. epigeios**(L.)Roth

2.圆锥花序连续不间断（产于各地）………………………………………………………………… **密花拂子茅C. epigeios** var. **densiflora** Griseb.

23. 剪股颖属 Agrostis L.

1.内稃较大，长为外稃的（1/2）2/3~3/4；外稃无芒；颖片背面无毛，仅背脊的上部或颖先端稍粗糙；植株高(30)50~130cm；具根状茎或秆基部偃卧；叶舌长5~6(11)mm；花序长10~25(30)cm（产于各地）………………………………………………… **巨序剪股颖A. gigantea** Roth(*A. alba* auct. non L.)

1.内稃较小，长为外稃的1/4以下。

2.外稃无芒。

3.小穗长2.5~3.0mm；花序紧缩，长而细瘦，宽3.0~4.0(5.0)cm，基部有小穗（产于灵宝）…………………… **小花剪股颖A. micrantha** Steud.

3.小穗长在2.2mm以下。

4.秆3~4节，直径1.0~2.0mm；叶舌长2.0~4.0mm；圆锥花序疏松开展，宽5.0~10cm；外稃脉不明显（产于太行山、伏牛山区及豫北地区）……………………………………………… **华北剪股颖A. clavata** Trin.

4.秆常2节，直径0.6~1.0mm；叶舌长1.0~1.5mm；圆锥花序狭线形，宽0.5~3.0cm；外稃明显5条脉（产于卢氏）……………………… **剪股颖A. matsumurae** Hack. ex Honda(*A. perarta* Keng ex P. C. Kuo)

2.外稃有芒，芒长0.8~2.0mm，自外稃中部以下伸出；内稃长约0.5mm；花药长1.0~1.2mm（产于新县、商城）…………………………………………………… **台湾剪股颖A. canina** L. var. **formosana** Hack.(*A. sozanensis* Hayata)

24. 棒头草属 Polypogon Desf.

1.颖片之芒短于或稍长于小穗（产于各地）………………………………………………… **棒头草P. fugax** Nees ex Steud.(*P. higegaweri* Steud.)

1.颖片之芒长为小穗的3.0~4.0倍；颖片先端2浅裂；外稃具短芒（产于各地）……………………………………… **长芒棒头草P. monspeliensis**(L.)Desf.

25. 菵草属 Beckmannia Host

菵草B. syzigachne(Steud.)Fern.，产于各地。

一年生，秆高达90cm，2~4节。叶舌长3.0~8.0mm；叶片宽3.0~10mm。圆锥花序长10~30cm，狭窄；分枝直立或斜升。小穗扁平、圆形，常1朵花，长约3.0mm，成2行列于穗轴一侧；颖灰绿色，具淡色横纹，等长。

26. 梯牧草属 Phleum L.

鬼蜡烛P. paniculatum Huds.，产于各地。

一年生，秆丛生，3~5节。叶舌长2.0~4.0mm，叶片宽2.0~6.0mm。圆锥花序狭圆柱状，紧密，宽4.0~8.0mm；小穗楔形或倒卵形，长2.0~3.0mm；颖相等，脉间具深沟，先端具芒尖。

27. 看麦娘属 Alopecurus L.

1.多年生；秆高达150cm；芒长6.0~8.0mm；花药黄色，长2.0~2.5mm（产于中牟，可能为栽培逸生）…………………………… **大看麦娘A. pratensis** L.

1.一年生；秆高不超过50cm。

2.小穗长5.0~6.0mm；芒长8.0~12mm，显著外露；花药长约1mm；灰白色（产于各地）……………………………… **日本看麦娘A. japonicus** Steud.

2.小穗长2.0~3.0mm；芒长2.0~3.0mm，隐藏稍外露；花药长0.5~0.8mm，橙黄色（产于各地）………………………… **看麦娘A. aequalis** Sobol.

28. 粟草属 Milium L.

粟草M. effusum L.，产于太行山、伏牛山区及桐柏山区。

多年生，秆高达1.5m。叶鞘松弛，无毛；叶舌长2.0~10mm；叶片条状披针形，宽3.0~10mm，常反转使上下面颠倒。圆锥花序疏松开展，分枝细弱，下部裸露；小穗椭圆形，长3.0~3.5mm；外稃乳白色，软骨质，光亮。

29. 针茅属 Stipa L.

长芒草S. bungeana Trin.，产于各山区及丘陵地。

多年生，秆丛生，高20~60cm。叶舌基生者长约1.0mm，秆生者长3.0~5.0mm，先端常2裂；叶片纵卷为针状，长达15cm。圆锥花序为顶生叶鞘所包，每节2~4细弱分枝；两颖近等长，长9.0~15mm；外稃芒长4.5~6.0cm。

30. 落芒草属 Oryzopsis Michx.

1.内稃几全被外稃所包；颖倒卵形，先端圆钝；外稃光滑无毛，芒长10~17mm；花药顶端无毛(产于嵩县、新县) ………………………………………………………………………………钝颖落芒草**O. obtuse** Stapf

1.内稃仅边缘被外稃所包；颖披针形，先端尖；外稃全部（包括基盘）被贴生短毛；花药顶端具毫毛；花序分枝每节2；芒长4.0~7.0mm（产于太行山、伏牛山区）……………………………… 中华落芒草**O. chinensis** Hitchc.

31. 直芒草属 Orthoraphium Nees

大叶直芒草O. grandifolium(Keng)Keng ex P. C. Kuo，产于各山区。

秆大多数单生，高达1.0m。叶舌长0.5~2.0mm，叶片宽10~18mm，两面粗糙。圆锥花序狭窄，长20~35cm，分枝1或孪生。两颖近等长，长13~15mm，披针形；外稃长10~12mm，背部稀疏贴生短毛，芒长25~35mm，劲直。

32. 细柄茅属 Ptilagrostis Griseb.

细柄茅P. mongholica(Turcz. ex Trin.)Griseb.，产于栾川、内乡。

秆密丛生，高20~60cm，常2节，基部宿存枯叶鞘。叶鞘紧密包茎；叶舌长1.0~3.0mm；叶片纵卷如针状，秆生者长2.0~4.0cm。圆锥花序开展，分枝细毛状，常孪生；小穗柄长5.0~7.0mm；颖几等长；外稃长5.0~6.0mm，芒长2.0~3.0cm，芒具长约2.0mm柔毛。

33. 芨芨草属 Achnatherum Beauv.

1.小穗长11~13mm；第1颖稍长于第2颖；外稃长6.0~7.0mm；叶片宽达10mm（产于太行山、伏牛山、大别山区）………………………………………………………………………… 京芒草**A. pekinense**(Hance)Ohwi

1.小穗长7.0~10mm；两颖近等长或第1颖稍短；外稃长5.0~7.0mm；叶片宽3.0~8.0mm。颖片背部平滑无毛，或仅脉上具短刺毛，顶端尖。

2.花序分枝稍弯曲，形成较紧缩的圆锥花序；小穗长8.0~10mm；外稃长约7.0mm，具长约1.0mm的较尖锐的基盘（产于太行山、伏牛山区）……………………………………… **羽茅**（西伯利亚芨芨草）**A. sibiricum**(L.)Keng

2.花序分枝成熟后水平开展，形成疏松开展的圆锥花序；小穗长6.0~9.0mm；外稃长5.0~7.0mm，具长约0.5mm的较钝基盘（产于各山区）………………… **远东芨芨草A. extremiorientale**(Hara)Keng ex P. C. Kuo

34. 芦苇属 Phragmites Adans.

1.圆锥花序较大，分枝广伸展；小穗较短，长8.0~10mm；外稃基盘细而弯，遍生短于稃体的疏柔毛（栽培）………… **大芦P. karka**(Retz.)Trin. ex Steud.

1.圆锥花序较小，分枝向上斜展；小穗较长，长12~16mm，外稃基盘两侧密生与稃体等长或较长的丝状毛（产于各地）……………………………………………… **芦苇P. australis**(Cav.)Trin. ex Steud.(*P. communis* Trin. ex Steud.)

35. 芦竹属 Arundo L.

芦竹A. donax L.，栽培。

具粗而多节的根状茎。秆高2.0~6.0m，直径1.0~1.5cm。叶鞘长于节间；叶舌膜质，截平，长约1.5mm，先端具短纤毛；叶片宽2.0~5.0cm。圆锥花序分枝较密，斜向上；小穗2~4朵花，长10~12mm；颖披针形，几等长；外稃背面中部以上密生略短于稃体的白柔毛。

36. 淡竹叶属 Lophatherum Brongn.

1.小穗线状披针形，宽1.5~2.0mm，第1外稃宽约3.0mm（产于大别山区）……………………………………………………………… **淡竹叶L. gracile** Brongn.

1.小穗广披针形，宽2.5~3.0mm，第1外稃宽约5.0mm（大别山区稀见）……………………………………………………………………… **中华淡竹叶L. sinense** Rendle

37. 羊茅属 Festuca L.

1.叶片常扁平或对折，宽4.0~15mm；圆锥花序疏松开展或狭窄。

2.外稃具芒，如无芒则子房顶端无毛。

3.叶片基部具披针形叶耳，外稃无芒或长约0.5mm的短尖；叶鞘下部粗糙（栽培或逸生）…………………… **苇状羊茅F. arundinacea** Schreb.

3.叶片基部无叶耳或仅有短而钝的耳突；植株具细短根状茎；子房顶端被密毛。

4.外颖圆卵形，长1.0~1.5mm；花药长约1.0mm；小穗3~5朵花（产于大别山、桐柏山、伏牛山区）……… **小颖羊茅F. parvigluma** Steud.

4.外颖披针形，长2.0~3.0mm；花药长1.0~1.8mm；叶舌长2.0~4.0mm；花序分枝孪生；小穗长5.0~7.0mm（产于太行山、伏牛山区北部）……………………………… **远东羊茅F. extromiorientalis** Ohwi［*F. subulata* Trin. subsp. *japonica*(Hack.)T. Koyama et Kawano］

2.外稃无芒，子房顶端有毛。

5.叶舌长2.0~5.0mm；基部枯叶鞘被刚毛；花序基部分枝具多数小穗，小穗长7.0~12mm；第1外稃长7.0~8.0mm，花药长2.5~2.8mm；叶宽5.0~9.0(15)mm（产于伏牛山区）………… **素羊茅F. modesta** Steud.

5.叶舌长约0.5mm；花序基部分枝仅具1~3枚小穗，小穗长4.0~5.5mm，第1外稃长3.5~4.0mm；叶宽1.0~3.0mm（产于伏牛山区）……………………………………………………………… **日本羊茅F. japonica** Makino

1.叶片纵卷，稀对折；圆锥花序紧密呈穗状，或狭窄开展但较短；外稃具长1.0~3.0mm短芒；子房顶端无毛。

6.圆锥花序穗状，长2.0~5.0cm、宽4.0~8.0mm，基部分枝主枝长1.0~2.0cm；叶片内卷呈针状；小穗长4.0~6.0mm；株高10~20cm（产于各山区）……………………………………………… **羊茅F. ovina** L.

6.圆锥花序狭窄疏松开展，长7.0~13cm，基部分枝主枝长2.0~4.0(5.0)cm；叶片对折或边缘内卷；小穗长7.0~10mm；株高30~60cm（产于太行山、伏牛山区）…………………………………………… **紫羊茅F. rubra** L.

38. 早熟禾属 Poa L.

1.花药卵形，长0.3~1.0mm；外颖1条脉；一年生或越年生。

2.外稃基盘无绵毛；植株矮小（产于各地区）………… **早熟禾P. annua** L.

2.外稃基盘有绵毛；植株细长；叶鞘闭合几至鞘口（产于各地区）………………………………………………………… **白顶早熟禾P. acroleuca** Steud.

1.花药线形，长1.2~3.0mm；多年生。

3.外稃脊与边脉及基盘完全无毛；秆3~4节；小穗长4.0~5.0mm（产于太行山、伏牛山区北部）…………………… **西伯利亚早熟禾P. sibirica** Roshev.

3.外稃脊与边脉有柔毛，基盘有毛或否。

4.有匍匐根状茎；外颖1条脉；花药长1.5~2.0(3.0)mm；外稃间脉明显，基盘生绵毛。

5.花药长约3.0mm；花序分枝上端生1~3枚小穗，小穗长6.0~10mm（产于灵宝）……………………………… **唐氏早熟禾P. tangii** Hitchc.

5.花药长1.5~2.0mm；花序分枝上部着生4至10余枚小穗，小穗长3.0~7.0mm。

6.秆扁具脊；花序狭窄；外颖可有3条脉；外稃脊、边脉及基盘有少量柔毛或绵毛（栽培）…………… **加拿大早熟禾P. compressa** L.

6.秆圆柱状（扁秆早熟禾例外），1~3节；花序开展；外颖1条脉；外稃脊、边脉及基盘绵毛多量。

7.植株高15~(20)cm；花序狭窄，长3.0~5.0cm（产于嵩县、林县）……………………………… **高原早熟禾P. alpigena**(Franch.)Lindm.

7.植株高30~90cm；花序开展，长5.0~20cm。

8.蘖生叶片长达20cm以上，内卷为针状；花序较狭小（产于太行山、伏牛山区）……………… **细叶早熟禾P. angustifolia** L.

8.蘖生叶片扁平，宽2.0~4.0mm；花序宽大。

9.秆圆柱形或多少压扁（产于各地区）………………………………………………………… **草地早熟禾P. pratensis** L.

9.秆压扁具脊（产于伏牛山区）……………………………………………… **扁秆早熟禾P. pratensis** var. **anceps** Gaud.

4.无匍匐根状茎，仅有根头或简短根状茎；外颖3条脉，外稃间脉不明显。

10.叶舌长0.5~1.0mm。
11.小穗长4.0~4.8mm，2~3朵花；秆较粗壮；叶宽(1)2.0~2.5mm；花序长13~15cm，基部主分枝长4.5~8.5cm（产于太行山、伏牛山区）………………………………………………………………**林地早熟禾P. nemoralis** L.
11.小穗长约3.0mm，1(2)朵花；秆细弱；叶宽1.0~1.5mm；花序基部主分枝长2.0~2.5cm（产于伏牛山区）………………………………………………………………**细弱早熟禾P. nemoralis** var. **tenella** Reichb.
10.叶舌长1.0~10mm；外稃基盘有绵毛。
12.植株较细硬、糙涩；叶狭窄内卷；顶生叶鞘常位于中部以下，故秆上部裸露甚多；圆锥花序常紧缩为穗状，分枝基部常生小穗，基部分枝长1.0~3.0cm。
13.叶舌长4.0~(6.0)mm，先端渐尖或撕裂；秆3~5节；外稃长3.0~4.2mm（产于各地）………………………**硬质早熟禾P. sphondylode**s Trin.
13.叶舌长1.0~4.0mm，先端尖。
14.小穗2~3朵花；秆1~2节（产于太行山区）………………………………………………………………**华灰早熟禾P. sinoglauca** Ohwi
14.小穗3~5朵花；秆6~8节（产于太行山、伏牛山区）………………………………………………**多叶早熟禾P. plurifolia** Keng ex L. Liu
12.秆较粗壮；叶片扁平；顶生叶鞘常位于秆中部以上；圆锥花序宽而疏松，花序分枝下部裸露，基部主分枝长达10cm。
15.叶舌长4.0~8.0mm，小穗3~4朵花（产于大别山区）………………………………………………………**法氏早熟禾P. faberi** Rebdle
15.叶舌长2.0~4.0mm；小穗常2朵花，长2.5~3.0mm（产于河南南部地区）………………………………**细长早熟禾P. prolixior** Rendle

39. 硬草属 Sclerochloa Beauv.

耿氏硬草S. kengiana(Ohwi)Tzvel.，产于各地区。

一年生，秆直立或膝曲上升，3~5节，顶节位于秆中部以下。叶鞘有脊，下部闭合；叶舌长2.0~3.5mm；叶片宽3.0~4.5mm。圆锥花序直立，宽1.0~3.0cm，分枝孪生，1长1短；小穗2~7朵花，长3.5~5.5mm；外稃中脉粗壮隆起成脊，长约3.0mm。

40. 碱茅属 Puccinellia Parl.

1.外稃无毛；小穗长3.0(4.0)mm，2~3朵花；外稃长1.5~1.8mm（产于河南北部）…………………………… **星星草P. tenuiflora**(Griseb.)Scribn. et Merr.

1.外稃下部或基部两侧具短毛；小穗5~7朵花。

2.花药长约1.2mm；外稃先端尖；花序分枝长6.0~8.0cm；株高40~60cm（产于河南北部）……………………… **朝鲜碱茅P. chinampoensis** Ohwi

2.花药长0.5~0.8mm；外稃先端钝圆，具缘毛或细齿；株高10~30cm。

3.外颖长1.0~1.5mm，1条脉，内颖长1.5~2.0mm；外稃长约2.0mm；花药长约0.8mm（产于淮河以北地区）……………**碱茅P. distans**(L.)Parl.

3.外颖长0.5~0.8mm，常无脉，内颖长1.2~1.5mm；外稃长不足2.0mm；花药长0.5~0.6mm（产于淮河以北地区）…………………………………………………… **鹤甫碱茅P. hauptiana**(Trin.)Krecz.(*P. kobayashii* Ohwi)

41. 臭草属 Melica L.

1.小穗线状披针形，顶端不育外稃通常仅1枚而不形成棒状或小球形；花序广阔而开展（产于各地）…………………… **广序臭草M. onoei** Franch. et Sav.

1.小穗椭圆状披针形或椭圆形，不育外稃多聚集成棒状或小球形；花序常紧缩为穗状或总状。

2.颖先端钝；外稃背部无颗粒而较平滑；小穗较大，长7.0~10mm；圆锥花序常简化成总状(产于大别山区)……………………………………………………………………………… **大花臭草M. grandiflora**(Hack.)Koedz.

2.颖先端尖；外稃背部有颗粒而粗糙；小穗长5.0~7.0mm。

3.花序具较密集之小穗；叶片宽2.0~7.0mm（产于各山区）……………………………………………………………………………**臭草M. scabrosa** Trin.

3.花序具稀疏之小穗；叶片宽1.0~2.0mm（产于太行山、伏牛山、桐柏山区）………………………………………… **细叶臭草M. radula** Franch.

42. 甜茅属 Glyceria R. Br.

1.圆锥花序开展；小穗卵形或长圆形，多少两侧压扁，长6.0~8.0mm；内稃脊上不具狭翼（产于太行山、伏牛山区）……… **假鼠妇草G. leptolepis** Ohwi

1.圆锥花序简化几成总状花序；小穗细长，几为圆柱状线形，长2.0~4.0cm；内稃脊上有狭翼（产于大别山、桐柏山及伏牛山区南部）……………………………甜茅**G. acutiflora** Torr. subsp. **japonica**(Steud.)T. Koyama et Makino

43. 雀麦属 Bromus L.

1.小穗两侧压扁；外稃11条脉，中脉显著具脊，无芒或有1.0mm长的芒尖；内稃长为外稃之半；叶鞘无柔毛（逸生）…… **扁穗雀麦B. catharticus** Vahl
1.小穗多少圆柱状或两侧压扁；外稃5~9条脉，背部圆或中脉突隆成脊。
2.多年生；外稃具芒或无芒。
3.外稃芒长5.0~10mm（产于大别山、桐柏山、伏牛山区）………………………………………………… **疏花雀麦B. remotiflorus**(Steud.)Ohwi
3.外稃无芒（栽培或逸生）…………………… **无芒雀麦B. inermis** Leyss.
2.一年生；外稃芒长为稃体的1.0~6.0倍。
4.外稃长8.0~9.0(10)mm；芒生于顶端下方1.0~2.0mm处，长5.0~10mm，成熟后反曲；外稃先端裂齿短而钝；小穗长12~20mm（产于各地区）……………………………………………… **雀麦B. japonicus** Thunb. ex Murr.
4.外稃长(10)12~15mm，芒长(10)12~17mm，自裂齿间伸出，直伸或张开；外稃先端裂齿尖，长3.0~4.0mm；小穗长20~30mm ………………………………………………………… **篦齿雀麦B. pectinatus** Thunb.

44. 短柄草属 Brachypodium Beauv.

短柄草B. sylvaticum(Huds.)Beauv.，产于伏牛山、大别山区。

秆高达80cm，节常被毛。叶鞘有柔毛；叶舌长0.5~2.0mm；叶片宽2.0~10mm。花序长8.0~12cm，常俯垂；小穗长15~30mm，柄长0.8~2.0mm，5~12朵花；颖披针形，外稃背部贴生短毛，芒细弱，长5.0~14mm。

45. 龙常草属 Diarrhena Beauv.

龙常草D. manshurica Maxim.，产于太行山、伏牛山北部、鲁山尧山。

具短根状茎及被鳞片的芽，秆节下有毛。叶鞘密生微毛；叶舌长约1.0mm；叶片线状披针形，宽6.0~20mm，表面常密生短毛。圆锥花序分枝直立且与主轴贴生；小穗长4.5~7.0mm，2~3朵花；内、外稃几等长，长4.5~5.0mm，无芒。

46. 冠芒草属 Enneapogon Desv. ex Beauv.

冠芒草E. brachystachyum(Jaub. et Spach)Stapf，产于太行山区。

多年生密丛草本，基部叶鞘内有隐藏小穗。秆高5.0~35cm，被微毛。叶鞘和叶片密被短柔毛；叶舌极短；叶片条形，宽1.0~3.0mm，常卷折。花序穗状，长1.0~3.5cm、宽8.0~10mm；小穗常2朵花；外稃长约2.0mm，被毛，顶端有9条等长、劲直并呈羽毛状的芒。

47. 鸭茅属 Dactylis L.

鸭茅D. glomerata L.，引种而逸生。

多年生，秆高达1.2m。叶鞘闭合达中部以上；叶舌长4.0~8.0mm，先端撕裂；叶片宽4.0~8.0mm。圆锥花序开展，分枝单生；小穗密生于分枝上部一侧而呈近球形，长5.0~7.0(9.0)mm，小花2~5朵；外稃芒长约1.0mm。

48. 獐毛属 Aeluropus Trin.

獐毛A. sinensis(Debeaux)Tzvel.，产于河南北部。

秆直立或斜升，或有时匍匐地面，高15~30cm，节处密生柔毛。叶舌不明显，仅有短毛；叶片披针形，宽1.0~4.0mm，常卷曲呈针形。花序呈穗状，长2.5~6.0cm、宽5.0~12mm；小穗近无柄，长4.0~6.0mm，4~10朵花。

49. 画眉草属 Eragrostis Wolf

1.小穗轴节间自上而下逐节脱落，亦即每一节间和小花同时脱落；内稃脊上疏生短纤毛；花序分枝腋间无柔毛；秆直径1.5~2.5mm（产于大别山、桐柏山至伏牛山南部）…………………………………… **乱草E. japonica**(Thunb.)Trin.

1.小穗轴节间并不逐节脱落，亦即每一节间和小花并不同时脱落。

2.一年生。

3.植物体（叶鞘脉上、叶缘、小穗柄及颖、稃脊上）具腺体。

4.小穗宽2.0~3.0mm；第1外稃长约2.5mm；叶片无毛，叶舌为1圈成束短毛；花序分枝腋间具柔毛（产于各地）…………………………………………………… **大画眉草E. cilianensis**(All.)Link ex Vignolo-Lutati

4.小穗宽1.5~2.0mm，第1外稃长约2.0mm；叶上面粗糙并疏生柔毛，叶舌为1圈长柔毛，毛长0.5~1.0mm；花序分枝腋间无毛（产于各地）…………………………………………………………………… **小画眉草E. minor** Host

3.植物体不具腺体。

5.第1颖具1条脉，长约1.5mm，第2颖长约2.0mm；小穗长3.0~5.0mm，含3~10朵小花；叶鞘口有长柔毛，熟后往往脱落（产于河南东部及大别山、桐柏山区，南召）…………………**秋画眉草E. autumnalis** Keng

5.第1颖无脉，长1.0mm以下，第2颖长约1.5mm。

6.花序分枝腋间具柔毛（产于各地）……… **画眉草E. pilosa**(L.)Beauv.

6.花序分枝腋间不具柔毛；鞘口无毛，叶舌长约0.5mm（产于各地）…………………………… **无毛画眉草E. pilosa** var. **imberbis** Franch.

2.多年生。

7.花序小枝和小穗柄中部或中部以上具腺体（产于各地）…………………………………………………………… **知风草E. ferruginea**(Thunb.)Beauv.

7.花序小枝和小穗柄不具腺体。

8.植株基部无珠芽；小穗长3.0~5.0mm，含3~8朵花（产于河南南部山区）………………………………… **黑穗画眉草E. nigra** Nees ex Steud.

8.植株基部有珠芽；小穗长5.0~13mm，含8~24朵花（产于大别山区）………………………………………… **珠芽画眉草E. bulbillifera** Steud.

50. 隐子草属 Cleistogenes Keng

1.植株细弱，常铺散，秋霜后常呈紫红色，秆干后蜿蜒状回旋弯曲；花序具少数小穗（产于河南北部）………………**糙隐子草C. squarrosa**(Trin.)Keng

1.植株直立或稍倾斜，秋霜后常呈草黄色或灰褐色，秆干后不弯曲或有时稍左右弯曲；花序常具多数小穗。

2.秆直径0.5~1.0mm；叶片宽1.0~2.0mm，叶鞘平滑无毛，鞘口常具柔毛；花序开展，伸出鞘外；外稃芒长1.0~2.0(3.0)mm（产于河南西北部）…………………………………………… **中华隐子草C. chinensis**(Maxim.)Keng

2.秆直径1.0~2.5mm；叶片宽3.0~8.0mm，稀2.0~4.0mm，叶鞘多少具疣毛。

3.芒长0.5~2.0mm；小穗长8.0~14mm，具3~7朵小花。

4.秆节间较短，基部常无鳞芽；叶较多，叶片质硬，斜上，长2.0~6.5cm、宽2.0~4.0mm，叶舌长约5.0mm；花序紧缩，基部为叶鞘所包（产于黄河以北地区）…………… **多叶隐子草C. polyphylla** Keng

4.秆节间较长，基部具鳞芽；叶较少，质薄，常平展，长3.0~12cm、宽3.0~8.0mm；花序开展，伸出鞘外（产于各山区）………………………………………………………………… **北京隐子草C. hancei** Keng

3.芒长3.0~9.0mm，小穗长7.0~9.0mm；含2~5朵小花。

5.植株较粗壮，小穗长7.0~8.0mm；第1外稃长5.0~6.0mm，芒长3.0~7.0mm；叶片长6.0~13cm、宽4.0~8.0mm（产于各山区）……………………………………… **宽叶隐子草C. hackeli** var. **nakai**(Keng)Ohwi

5.植株较细弱，直径0.5~1.0mm；小穗长5.0~7.0mm；第1外稃长4.0~5.0mm，芒长2.0~5.0mm；叶片长3.0~6.0cm、宽3.0~5.0mm（产于各地）………………………………………… **朝阳隐子草C. hackeli** Houda

51. 双稃草属 Diplachne Beauv.

双稃草D. fusca(L.)Beauv.，产于河南北部、东部，桐柏及大别山区。

秆高达90cm，无毛。叶鞘松弛；叶舌长3.0~6.0mm；叶片常内卷，宽1.5~3.0mm；小穗长6.0~10mm，5~10朵花；外稃3条脉，顶端2~4枚齿，芒长约1.0mm。

52. 千金子属 Leptochloa Beauv.

1.叶鞘及叶片均无毛；小穗含(2)3~6(7)朵小花，长2.0~4.0mm；第1颖长1.0~1.5mm，第2颖长1.2~1.8mm（常短于第1外稃），花序分枝较粗壮，长5.0~10cm（产于大别山、桐柏山至伏牛山区南部）……………………………………………………………………… **千金子L. chinensis**(L.)Nees

1.叶鞘及叶片均具有疣基的长柔毛；小穗含2~4朵小花，长1.0~2.0mm；第1颖长0.8~1.0mm，第2颖长1.2~1.4mm；花序分枝细长，长2.5~6.0cm（主产于黄河以南各地）………………………………… **虮子草L. panicea**(Retz.)Ohwi

53. 草沙蚕属 Tripogon Roem. et Schult.

1.外稃的主芒显著短于稃体，长1.0~2.0mm；小穗长5.0~8.0(10)mm，含3~5朵小花（产于各山区）…………………… **中华草沙蚕T. chinensis**(Franch.)Hack.

1.外稃的主芒显著长于稃体，且反曲，长5.0~8.0mm，侧芒长1.0~3.0mm；小穗长8.0~13mm，含4~8朵小花；颖下常具长不及1.5mm的小苞片而使小穗有3枚颖片（产于内乡、宝天曼）…………………………………………………… **线形草沙蚕T. filiformis** Nees ex Steud.

54. 䅟属 Eleusine Gaertn.

1.野生植物，植株矮小，高不超过1.0m；花序分枝不弯曲；种子卵形（产于各地）……………………………………………………… **牛筋草E. indica**(L.)Gaertn.

1.栽培植物，植株高大粗壮，高达1.0m以上；花序分枝成熟时向内弯曲；种子球形（偶见栽培）………………………………… **䅟E. coracana**(L.)Gaertn.

55. 龙爪茅属 Dactyloctenium Willd.

龙爪茅D. aegyptium(L.)Beauv.，产于郑州郊区公路边。

一年生，秆高15~60cm。叶鞘松弛，边缘有柔毛；叶舌长1.0~2.0mm，先端具纤毛；叶片宽2.0~6.0mm，两面有疣基毛。穗状花序2~7朵指状排列，长1.0~4.0cm；小穗长3.0~4.0mm，3朵花；外颖龙骨状脊上具短硬纤毛，内颖顶端芒长1.0~2.0mm；外稃脊上有短硬毛。

56. 虎尾草属 Chloris Sw.

虎尾草C. virgata Sw.，产于各地。

秆直立或基部膝曲，丛生。叶鞘背部具脊，最上方者常包藏花序。叶舌长约1.0mm，有小纤毛；叶片宽3.0~6.0mm。穗状花序4~10余朵簇生于秆顶；小穗长3.0~4.0mm，排列于穗轴一侧，2~3(4)朵花，下部1朵花两性；外稃边缘生长柔毛，芒长5.0~15mm。

57. 狗牙根属 Cynodon Rich.

狗牙根（行仪芝）**C. dactylon**(L.)Pers.，产于各地。

有根状茎和匍匐茎。叶鞘具脊；叶舌退化为1圈白毛；叶片线形，宽1.0~3.0mm。穗状花序3~6指状簇生于秆顶；小穗1朵花，长2.0~2.5mm；外稃脊上有毛。

58. 野牛草属 Buchloe Engelm.

野牛草B. dactyloides(Nutt.)Engelm.，引种作草皮，产于郑州。

多年生，具匍匐枝；秆高5.0~25cm，细弱。叶鞘紧密包茎；叶片宽1.0~2.0mm，两面疏生白毛。雄穗状花序2~3枚排为总状；雌头状花序球形，包于上部稍膨大的叶鞘内。

59. 鼠尾粟属 Sporobolus R. Br.

1.一年生；叶线状披针形，长2.0~7.0cm，扁平，上面及边缘生疏疣毛；圆锥花序疏松开展，卵圆形或金字塔形，长2.0~5.0cm；小穗长约1.5mm；果实近圆球形（产于新乡、汲县）…………… **具枕鼠尾粟S. pulvinatus** Swallcn

1.多年生；叶线形，长15~65cm，常内卷，无疣毛；圆锥花序线形、间断，或稠密近穗形，长7.0~40cm；小穗长1.7~2.0mm；果实长圆状倒卵形或倒卵状椭圆形（产于黄河流域以南）……… **鼠尾粟S. fertilis**(Steud.)W. D. Clayt.

60. 隐花草属 Crypsis Ait.

1.圆锥花序紧缩成穗状，其下托以1苞片状叶鞘；小穗长约3.0mm；雄蕊3枚（产于郑州）……………………………**蔺状隐花草C. schoenoides**(L.)Lam.

1.圆锥花序短缩呈头状或卵圆形，其下紧托2枚苞片状叶鞘；小穗长约4.0mm；雄蕊2枚（产于河南北部及东部） ……**隐花草C. aculeata**(L.)Ait.

61. 乱子草属 Muhlenbergia Schreb.

1.秆基部伏卧，节上易生根；常无匍匐根茎，稀具长达2.0cm短根茎；颖长1.5~2.2mm，具1条脉；芒常为紫色，长5.0~9.0mm；花序每节1分枝（产于伏牛山、桐柏山、大别山区）……………… **日本乱子草M. japonica** Steud.

1.秆基部直立或倾斜上升，具长的匍匐根茎，其上被较厚的鳞片。

2.颖卵形，先端钝，无脉，稀可见内颖有1条脉，其长为小花的1/4~1/3；

芒长8.0~16mm；花序每节有数个分枝（产于各山区）…………………………………………………………………………………… **乱子草M. hugelii** Trin.

2.颖披针形，先端渐尖，具1条脉，长为小花的2/3以上；小穗长约5.0mm，芒长5.0~9.0mm；花药长1.5~2.0mm；花序极窄狭，近线形，分枝单生或孪生，直立（产于桐柏、栾川、嵩县）………………………………………………………………………… **箱根乱子草M. hakonensis**(Hack.)Makino

62. 显子草属 Phaenosperma Munro ex Benth. et Hook. f.

显子草P. globosa Munro ex Benth.，产于各山区。

秆高1.0~1.5m。叶舌长6.0~10mm，两侧下延；叶片长披针形，宽1.0~3.0cm，常上下面反转。圆锥花序分枝长达12cm，多轮生，极开展；小穗长3.5~4.0mm，1朵花。颖果倒卵球形。

63. 三芒草属 Aristida L.

三芒草A. adscensionis L.，产于伏牛山、桐柏山、太行山区。

一年生；秆高15~45cm。叶舌具长约0.5mm的纤毛；叶片卷为针状。圆锥花序分枝细弱，单生；小穗线形，灰绿色或带紫色，1朵花；外稃长6.0~10mm，顶端有3芒，芒长1.0~2.0cm。

64. 茅根属 Perotis Ait.

茅根P. indica(L.)Kuntze.，产于郑州、南阳地区。

一年生；秆高15~40cm。叶舌长不及0.5mm；叶片卵状披针形，宽1.5~4.0mm。穗状花序直立，长5.0~10cm；小穗长3.0~5.0mm，1朵花；颖线形，顶具长1.0~2.0cm的细芒。

65. 结缕草属 Zoysia Willd.

1.叶片宽不足1.0mm（栽培）……………………………………………………………………………… **细叶结缕草**（天鹅绒）**Z. tenuifolia** Willd. ex Trin.

1.叶宽2.0~5.0mm。

2.小穗卵圆形，长(2.0)3.0~3.5mm（产于桐柏）……………………………

……………………………………………… **结缕草Z. japonica** Steud.

2.小穗卵状披针形，长4.0~5.0(6.0)mm（记载产于河南南部，未见标本）…
……………………………………………… **中华结缕草Z. sinica** Hance

66. 锋芒草属 Tragus Hall.

1.小穗长4.0~4.5mm，常3个簇生，其中1个退化；第2颖顶端具明显伸出刺外的小尖头（产于河南北部及伏牛山区）……… **锋芒草T. racemosus**(L.)All.

1.小穗长2.0~3.0mm，常2个簇生，均发育稀仅1个发育；第2颖顶端无明显伸出刺外的小尖头（产于河南北部及大别山区）…………………………
……………………………………………… **虱子草T. berteronianus** Schult.

67. 野古草属 Arundinella Raddi

1.第2外稃具芒，芒两侧各具1枚侧刺；芒膝曲，芒柱长2.0~4.0mm，芒针长4.0~6.0mm，侧刺长1.4~2.8mm；小穗柄顶端具白色长刺毛（产于桐柏、新县）……………………………………… **刺芒野古草A. setosa** Trin.

1.第2外稃无芒或有时具劲直而长不超过1.0mm的芒状小尖头。

2.花序柄及秆上具硬疣毛（产于伏牛山、桐柏山、大别山区）……………
……………………………………… **毛秆野古草A. hirta**(Thunb.)Tanaka

2.花序柄及秆上均光滑无毛；叶片线状披针形，宽5.0~15mm；节上常被髯毛（产于各地）………………………… **野古草A. anomala** Steud.

68. 柳叶箬属 Isachne R. Br.

柳叶箬I. globosa(Thunb.)Kuntze，产于各地。

秆下部倾卧，高30~50cm。叶鞘一侧边缘至少上部有细小的疣基纤毛；叶舌纤毛状，长1.0~2.0mm；叶片线状披针形，宽3.0~8.0mm。圆锥花序开展，每小枝上有小穗1~3枚；分枝、小枝及小穗柄均有黄腺点；小穗近球形，长2.0~2.5mm。

69. 黍属 Panicum L.

1.第1颖长为小穗的1/2~2/3，小穗长4.0~5.0mm。

2.多年生，植株无毛，具根茎；叶两面常无毛；第1朵小花通常雄性（偶见逸生）…………………………………………………… **柳枝稷P. virgatum** L.

2.一年生，植株被毛，节密被髯毛，节下被疣基毛；叶两面被疣基长柔毛或无毛；小穗长4.0~5.0mm（栽培作物，太行山、伏牛山区偶见）……………………………………………………………………… **稷P. miliaceum** L.

1.第1颖长为小穗的1/3~1/2，小穗长2.0~3.0mm。

3.第1小花内稃存在；外颖包卷小穗基部；内颖与第1外稃10条脉，无毛（产于伏牛山区）……………………………… **细柄黍P. psilopodium** Trin.

3.第1小花内稃缺如；外颖很少包卷小穗基部；内颖与第1外稃5条脉，被细毛（产于新县、商城、桐柏）………………… **糠稷P. bisulcatum** Thunb.

70. 囊颖草属 Sacciolepis Nash

囊颖草S. indica(L.)A. Chase，产于新县。

一年生，秆光滑，高20~70cm。叶鞘松弛；叶舌长约0.5mm，先端被纤毛；叶片宽2.0~5.0mm。圆锥花序圆柱形，长3.0~10cm、宽3.0~5.0mm；小穗密集，灰绿色或带紫色，长2.0~2.7mm。内颖等长于小穗，背部弓弯，基部囊状，9条脉。

71. 求米草属 Oplismenus Beauv.

1.花序分枝（分枝长仅达2.0cm）；小穗簇生。

2.花序轴、穗轴、叶鞘及叶片密被疣基毛、短硬毛或长刺毛（产于各山区）………………………… **求米草O. nudulatifolius**(Ard.)Roem. et Schult.

2.花序轴、穗轴、叶鞘及叶片无毛或仅粗糙。

3.叶片阔披针形或狭卵状长椭圆形，宽1.2~3.0cm（产于灵宝及伏牛山区）………… **日本求米草O. undulatifolius** var. **japonicus**(Steud.)Koidz.

3.叶片披针形或线状披针形，宽0.5~1.0cm（记载河南产，未见标本）……………………**狭叶求米草O. undulatifolius** var.**imbecillis**(R. Br.)Hack.

1.花序不分枝，小穗孪生于主轴上；植物体除叶鞘边缘有毛外，余部均无毛（记载产于商城，未见标本）…………………………………………………………… **光叶求米草O. undulatifolius** var. **glabrus** S. L. Chen et Y. X. Jin

72. 稗属 Echinochloa Beauv.

1.第2颖等长于小穗；小穗卵形、卵状披针形或卵状椭圆形，谷粒易脱落；花序分枝不弯曲；叶片宽0.3~2.0cm；野生种。

2.圆锥花序直立或稍点头。

3.小穗长不超过3mm，圆锥花序狭窄，其分枝不再分枝；叶宽不超过10mm。

4.小穗阔卵形或卵形，长2.0~2.5mm；花序轴上无疣基长刚毛或仅基部和分枝交汇处有1~2根疣基长毛；第1颗长为小穗的1/2（产于各地）……………………………………………**光头稗E. colona**(L.)Link

4.小穗卵状椭圆形，长2.5~3.0mm；花序轴密生疣基长刚毛，第1颖长为小穗的1/3（产于郑州）…… **细叶旱稗E. crusgalli** var.**praticola** Ohwi

3.小穗长超过3.0mm；圆锥花序开展；叶片宽5.0~12mm。

5.小穗卵形，可具短芒；花序分枝常具小枝；小穗具疣基硬毛。

6.芒长0.5~1.5cm；花序分枝柔软（产于各地）……………………………………………………………………… **稗E. crusgalli**(L.)Beauv.

6.芒长不超过0.5cm，花序分枝挺直（产于各地） …………………………………………… **无芒稗E. crusgaki** var. **mitis**(Pursh)Peterm.

5.小穗卵状椭圆形，无芒；花序分枝不具小枝；小穗无疣基硬毛（产于各地区）……… **西来稗E. crusgalli** var. **zelayensis**(H. B. K.)Hitchc.

2.圆锥花序稍下垂；小穗卵状椭圆形，长3.0~4.0mm，芒长1.5~5.0cm（产于卢氏）………………………………………… **长芒稗E. caudata** Roshev.

1.第2颖稍短于小穗，小穗阔卵形，谷粒不易脱落，无芒；花序分枝弯曲；叶片宽1.5~3.0cm（偶见栽培） ……… **湖南稗子E. frumentacea**(Roxb.)Link

73. 臂形草属 Brachiaria Griseb.

毛臂形草B. villosa(Lam.)A. Camus，记载产于大别山、桐柏山、伏牛山南部，未见标本。

一年生，秆高10~20cm，全体密被柔毛。叶舌为长约1.0mm的纤毛毛圈；叶片卵状披针形，长1.0~3.5cm、宽3.0~10mm，边缘波状皱褶。总状花序4~8枚排为圆锥花序，长1.0~3.0cm；小穗长2.0~2.5mm。

74. 野黍属 Eriochloa Kunth

野黍E. villosa(Thunb.)Kunth，产于各地。

一年生，秆下部倾卧，上部直立。叶鞘松弛；叶舌为1圈长1.0mm的纤毛；叶片长5.0~25cm、宽5.0~15mm。总状花序2至数枚，长1.5~4.0cm，列于花序轴一侧；小穗长4.5~5.0mm。

75. 雀稗属 Paspalum L.

1.小穗边缘或顶端具长1.0~2.0mm的丝状柔毛；总状花序2枚，对生；植物具长匍匐茎或根状茎。

2.小穗长1.5~1.8mm，近圆形；总状花序长6.0~12cm，穗轴细软（产于桐柏、潢川、新县）…………………………… **两耳草P. conjugatum** Berg.

2.小穗长3.0~3.5mm，椭圆形；总状花序长3.0~5.0cm；穗轴硬直（产于郑州、驻马店、桐柏、商城）……… **双穗雀稗P. paspaloides**(Michx.)Scribn.

1.小穗无毛，有时被微毛，但不具丝状柔毛。

3.小穗散生微柔毛（第2颖与第1外稃皆生微柔毛）；小穗单生，长约3.0mm，在穗轴上排为两行（产于伏牛山、桐柏山、大别山区）………………………………………………………… **雀稗P. thunbergii** Kunth ex Steud.

3.小穗与小穗柄均无毛；小穗近圆形，长约2.0mm，第2颖与第1外稃均有3条脉（产于桐柏）…………………………… **圆果雀稗P. orbiculare** Forst.

76. 马唐属 Digitaria Hall.

1.小穗3枚簇生，卵圆形，长1.2~2.2mm，为其宽的1.0~2.0倍；第1颖不存在；第2朵小花成熟后多为黑紫色或棕褐色。

2.小穗被柔毛，毛先端不膨大，毛壁有疣状突起；一年生，秆直立，总状花序4~8枚；小穗长1.5~1.8mm；叶舌长1.0~2.0mm（产于各地）………………………………………………………………… **紫马唐D. violascens** Link

2.小穗被棒状毛，毛先端膨大，毛壁平滑。

3.穗轴扁平具翼，宽约1.0mm；穗轴节间与小穗柄短于其小穗；小穗长2.0~2.2mm，具稍膨大的细柱状棒毛与柔毛（产于伏牛山区）………………………… **止血马唐D. ischaemum**(Schreb.)Schreb. ex Muhl.

3.穗轴三棱形，无翼，宽约0.5mm；穗轴节间与小穗柄细长，大多数长于其小穗；小穗长1.3~1.4mm，被细头状棒毛；第2外稃顶端之小尖头明显外露（产于桐柏山区，南召）………………………………………………………………………………**粒状马唐D. abludens**(Roem. et Schult.)Veldk.

1.小穗孪生，披针形，长3.0~3.5mm，为其宽的3.0~4.0倍；第1颖小，三角形；第2小花成熟后浅绿色或带铅灰色；穗轴扁平，具翼。

4.第1外稃之侧脉上部具锯齿状粗糙（产于各地）………………………………………………………………………………**马唐D. sanguinalis**(L.)Scop.

4.第1外稃之脉平滑，不具锯齿状粗糙。

5.第1外稃脉间（间脉与边脉之间）及边缘具柔毛；外颖较不明显（产于各地）………………………………………… **升马唐D. ciliaris**(Retz.)Koel.

5.第1外稃脉间与边缘具柔毛与疣基长刚毛，两种毛于果成熟后广开展；外颖较明显（产于各地）…… **毛马唐D. chrysoblephara** Fig. et De Not.

77. 狗尾草属 Setaria Beauv.

1.圆锥花序疏松呈金字塔状、圆锥状、披针状或稍紧缩呈线状，部分小穗或每小穗下有刚毛1~2枚。

2.植株无横走根茎；第1小花通常雄性，第1内稃与第2小花等宽大，第2外稃有细点状皱纹（产于伏牛山区）………………………………………………………………………… **西南莩草S. forbesiana**(Nees)Hook. f.

2.植株具生鳞片的横走根茎；第1朵小花中性；第2外稃平滑光亮（产于商城、新县）……………………………… **莩草S. chondrachne**(Steud.)Honda

1.圆锥花序紧缩呈穗状或圆柱形，每小穗下有数枚或多数刚毛。

3.花序主轴上每个小枝通常具3枚以上的成熟小穗，第2颖等长于第2外稃或短于第2外稃的1/4~1/3。

4.小穗长2.5~3.0mm，顶端尖；第2颖短于第2外稃的1/4~1/3，成熟后小穗肿胀（产于河南南部）………………………… **大狗尾草S. faberi** Herrm.

4.小穗长2.0~2.5mm，顶端钝；第2颖与第2外稃等长，成熟后小穗微有肿胀。

5.谷粒连同颖与第1外稃一齐脱落；野生种。

6.植株高20~60cm；花序长2.0~10cm，通常直立或微倾斜（产于各地）……………………………………………………… **狗尾草S. viridis**(L.)Beauv.

6.植株高60~90cm；花序长15~20cm或更长，通常多少下垂（产于封丘、桐柏）…………… **巨大狗尾草S. viridis** subsp. **pycnocoma**(Steud.)Tzvel.

5.谷粒自颖与第1外稃分离而脱落；栽培种。

7.植株粗壮；圆锥花序大型呈多种形式，长10~40cm、宽1.0~5.0cm，刚毛长为小穗的2.0~5.0倍，有的小枝可延伸呈裂片状（各地栽培）…………………………………………………………… 粱（小米）**S. italica**(L.)Beauv.

7.植株较瘦小；圆锥花序圆柱形，长6.0~12cm、宽5.0~10mm，刚毛长为小穗的1.0~3.0倍；小枝不延伸（偶见栽培）………………………………………………………………… **粟S. italica** var. **germanica**(Mill.)Schrad.

3.花序主轴上每小枝具1枚成熟小穗；第2颖长为小穗的1/2；小穗长3.0~4.0mm，第1外稃纸质，不具皱纹，第2外稃背部具较粗皱纹（产于各地）…………………………………………… **金色狗尾草S. glauca**(L.)Beauv.

78. 狼尾草属 Pennisetum Rich.

1.总苞状的刚毛粗糙或基部生柔毛，明显短于小穗；花药顶端具毫毛；一年生栽培谷物（偶见栽培）……………………… **御谷P. americarum**(L.)Leeke

1.总苞状的刚毛粗糙，明显长于小穗；花药顶端无毫毛；多年生野生植物。

2.小穗的总梗长1.0~3.0mm；花序宽1.5~3.5cm，主轴密生柔毛（产于各地）………………………………………… **狼尾草P. alopecuroides**(L.)Spreng.

2.小穗的总梗不明显或长不超过1.0mm；花序宽约10mm，主轴近光滑或有微毛（产于内乡、嵩县）…………………… **白草P. centrasiaticum** Tzvel.

79. 虉草属 Phalaris L.

1.颖片背脊上不具翅翼；多年生，根状茎长（郑州郊区曾见）………………………………………………………………………………… **虉草P. arundinacea** L.

1.颖片背脊中上部具宽翅翼；一年生。

2.花序分枝顶端无关节；小穗单生，两性，能育；颖3条脉（郑州郊区曾见）……………………………………………………… **小虉草P. minor** Retz.

2.花序分枝顶端具关节；小穗5~7枚簇生，仅中间1枚为两性能育，其余为雄性或退化为棒状；颖5~7(9)条脉（郑州郊区曾见标本） ……………………………………………………………………………… 奇异虉草**P. paradoxa** L.

80. 茅香属 Hierochloe R. Br.

1.小穗长5.0~6.0mm；株高50~60cm（产于黄河流域沙滩地、登封） ………………………………………………………………………… **茅香H. odorata**(L.)Beauv.

1.小穗长2.5~3.0mm；植株瘦小，高10~30cm（产于新乡、郑州至河南南部） ……………………………………………………………………… **光稃香茅H. glabra** Trin.

81. 菰属 Zizania L.

菰（茭白）**Z. latifolia**(Griseb.)Stapf［*Z. caduciflora*(Turcz.)Hand.-Mazz.］，产于各地。

多年水生草本，高达2.0m。秆基部节生不定根。叶舌长三角形，长10~15mm；叶片长达1.0m、宽10~25mm。圆锥花序长达50cm，稍开展，分枝斜升；雌小穗外稃长15~25mm，芒长2.0~3.0cm；雄小穗外稃长10~14mm，先端渐尖或有长约1.0mm的芒尖。

82. 稻属 Oryza L.

稻O. sativa L.，栽培。

一年生。叶鞘无毛；叶舌披针形，长8.0~25mm；叶耳脱落。圆锥花序疏松，小穗长卵形，长6.0~8.0mm；退化外稃锥刺状，长3.0~4.0mm。

83. 假稻属 Leersia Soland. ex Sw.

假稻L. japonica Makino，产于各地。

多年生，秆下部伏卧，节生不定根，上部斜升，高30~80cm，节上密生倒硬毛。叶舌长1.0~2.0mm；叶片宽4.0~7.0mm。圆锥花序长7.0~10cm，分枝长4.0~6.0cm；小穗长4.0~6.0mm；外稃脊上具长刺毛；内稃3条脉，脊上也具硬刺毛。

84. 芒属 Miscanthus Anderss.

1.颖片无毛。

2.小穗长3.0~3.5mm；圆锥花序极多分枝，主轴延伸达花序2/3以上，长于分枝（产于大别山区）………………………………………………………………………… **五节芒M. floridulus**(Labill.)Warb. ex Schum. et Laut.

2.小穗长4~7.5mm；花序主轴延伸长度不及花序之半，且短于分枝。

3.小穗长4.5~5mm；总状花序数十枚组成圆锥花序（产于各地）………………………………………………………………… **芒M. sinensis** Anderss.

3.小穗长6.0~7.5mm；总状花序约10枚组成伞房状花序（产于大别山、桐柏山、伏牛山区南部）…………………… **金县芒M. jinxianensis** L. Liu

1.颖片背面有柔毛；小穗长5.0~5.5mm，芒长10~14mm，基盘毛紫色（产于太行山、伏牛山区）…………………………… **紫芒M. purpurascens** Anderss.

85. 荻属 Triarrhena Nakai

荻T. sacchariflora(Maxim.)Nakai，产于各地。

具粗壮被鳞片的长根状茎。秆高1.2~1.8m。叶舌长0.5~1.0mm，具小纤毛；叶片线形，长达60cm、宽4.0~12mm。圆锥花序扇形，长20~30cm。小穗窄披针形，长5.0~6.0mm；基盘生白色丝状毛，长超过小穗；外颖两侧及上部均有长于颖的白丝状柔毛；外稃无芒或具长不足2.0mm的芒尖。

86. 白茅属 Imperata Cyrillo

1.小穗长2.5~3.5(4.0)mm，花药长2.0~3.0mm；秆节裸露，有长髯毛；圆锥花序较稀疏细弱，宽1.0~2.0cm（产于各地）……………………………………………………………………………… **丝茅I. koenigii**(Retz.)Beauv.

1.小穗长4.5~5.0(6.0)mm，花药长3.0~4.0mm；秆节常包以叶鞘，无毛；圆锥花序稠密粗壮，宽约2.5cm（产于各地） ………**白茅I. cylindrica**(L.)Beauv.

87. 秀竹属 Microstegium Nees

1.总状花序轴节间细长，等长或长于小穗，无毛；孪生小穗一具长柄，一近无柄；上部叶鞘内无隐藏小穗（产于大别山、桐柏山、伏牛山区）………
………………………………………… **竹叶茅M. nudum**(Trin.)A. Camus

1.总状花序轴节间粗短，短于小穗，两侧边缘具纤毛；上部叶鞘内有隐藏小穗。

2.小穗无芒；无柄小穗长4.0~4.5mm（产于各山区）………………………
…………………………………… **柔枝秀竹M. vimineum**(Trin.)A. Camus

2.小穗芒长达9.0mm，无柄小穗长5.5~6.0mm（产于各山区）……… **秀竹 M. nodosum**(Kom.)Tzvel.［*M. vimineum* var. *imberbe*(Nees ex Steud.)Honda］

88. 金茅属 Eulalia Kunth

金茅E. speciosa(Debeaux)Kuntze，产于大别山、桐柏山、伏牛山区南部。

多年生；秆高达1.2m，基部叶鞘密生棕黄色茸毛。叶片宽4.0~7.0mm，表面有白粉。总状花序5~8枚，呈指状排列，长12~20cm，淡黄棕色至棕色，穗轴节间长4.0~5.0mm，边缘具纤毛；无柄小穗长5.0~6.0mm，基盘毛长约1.0mm；外颖中部以下黄棕色，密生白色长柔毛；第2外稃顶端2齿间有2回膝曲扭转的芒，芒长约15mm。

89. 拟金茅属 Eulaliopsis Honda

拟金茅E. binata(Retz.)C. E. Hubb.，产于淅川、西峡、内乡。

多年生；秆高达80cm，无毛，上部分枝。根出叶鞘密被灰白色茸毛；叶舌呈1圈短纤毛状；中下部叶片长50~100cm、宽1.0~3.0(4.0)mm，卷折呈针状。总状花序2~4枚呈指状排列，长2.0~4.5cm；小穗长4.5~6.0mm，颖片背面在下部1/3处密丛生淡黄褐色细长毛，边缘具同样的缘毛，基盘的乳黄色柔毛长达小穗的3/4；第2外稃芒长4.5~6.0mm。

90. 油芒属 Eccoilopus Steud.

油芒Eccoilopus cotulifer(Thunb.)A. Camus［*Spodiopogon. cotulifer*(Thunb.) Hack.］，产于伏牛山区、桐柏山、大别山区。

多年生，秆高60~100cm。叶鞘无毛，叶舌长2.0~3.0mm；叶片长10~60cm、宽8.0~14cm，基部渐缩成柄状。圆锥花序开展，每节2至数个细弱分枝；分枝长4.0~11cm，下部裸露而无小穗；孪生小穗一具长柄、一具短柄，均结实且同形，成熟后自柄上脱落；芒自第2外稃裂片间伸出，长9.0~15mm，中部以下膝曲。

91. 大油芒属 Spodiopogon Trin.

大油芒S. sibiricus Trin.，产于各山区。

多年生，秆高1.0m左右。叶鞘无毛或有柔毛，叶舌长1.0~1.5mm；叶片长10~28cm、宽6.0~16mm，基部渐狭。圆锥花序长15~20cm、宽（1.0）2.0~4.0cm，分枝近于轮生；孪生小穗一有柄、一无柄，均结实且同形，成熟后其穗轴逐节断落；第1颖遍布柔毛；芒自第2外稃深裂齿间伸出，长9.0~13mm，中部膝曲。

92. 甘蔗属 Saccharum L.

1.小穗背部无毛，基盘丝状柔毛长于小穗2.0~3.0倍；第2外稃无芒；圆锥花序主轴及花序下之秆有白色丝状柔毛；秆甜，直径3.0~4.0cm；叶宽3.0~5.0cm（栽培） ······································ **竹蔗S. sinense** Roxb.

1.小穗背生长柔毛，基盘柔毛短于小穗；第2外稃具短芒尖；圆锥花序主轴及花序下之秆无丝状柔毛；秆不甜，直径不超过2.0cm；叶宽2.0~2.5cm（各地多栽培） ······································ **斑茅S. arundinaceum** Retz.

93. 蔗茅属 Erianthus Michx.

蔗茅E. rufipilus(Steud.)Griseb.，产于伏牛山，桐柏。

秆强壮，高1.0~2.5m，在花序以下密被白色丝状毛。叶鞘鞘口具丝状毛，鞘节具髯毛；叶舌长1.0~2.0mm；叶片宽5.0~12mm。圆锥花序狭窄，长20~30cm，分枝长2.0~3.0cm，穗轴节间及小穗柄均具长丝状纤毛；小穗长2.5~3.5mm，基盘丝状毛长为小穗的3.0倍；第2外稃芒长10~14mm。

94. 牛鞭草属 Hemarthria R. Br.

牛鞭草H. altissima(Poir.)Stapf et C. E. Hubb.［*H. compressa*(L. f.)R. Br. var. *fasciculate*(Lam.)］Keng，产于各地。

根状茎细长。秆坚硬，高达1.0m有余。叶片线形，宽4.0~6.0mm。总状花序微扁，纤细，穗轴节间厚，无柄小穗长5.0~8.0mm，嵌生于坚韧穗轴的凹穴内，有柄小穗较无柄小穗稍长而窄。

95. 假硷草属 Eremochloa Buse

假硷草E. ophiuroides(Munro)Hack.，产于大别山、桐柏山区。

具横走匍匐茎，秆抽穗时高10~30cm。叶鞘压扁，鞘口具短毛；叶片长3.0~9.0cm、宽2.0~4.0mm。总状花序1枚顶生，长4.0~6.0cm、宽约2.0mm；有柄小穗退化，仅存柄状痕迹，无柄小穗长约4.0mm，无芒。

96. 荩草属 Arthraxon Beauv.

1.雄蕊3枚，花药长2.5~3.0mm；无柄小穗第1颖的边脉有锯齿状疣基钩毛；有柄小穗发育而含雄花；多年生（各地均产）………………………………
……… **茅叶荩草A. lanceolatus**(Roxb.)Hochst.［*A. prionodes*(Steud.)Dandy］

1.雄蕊2枚，花药长0.5~1.0mm；无柄小穗第1颖的边脉上无上述形状的钩毛；一年生。

2.穗轴两侧具短纤毛（产于新县）………………………………………………
……………………………… **毛轴荩草A. hispidus** var. **hookeri**(Hack.)Honda

2.穗轴两侧不具短纤毛。

3.芒很短，不伸出小穗之外（产于各地）…………………………………
…………………… **匿芒荩草A. hispidus** var. **cryptatherus**(Hack.)Honda

3.芒长而伸出小穗之外。

4.叶片无毛（产于各地）………………**荩草A. hispidus**(Thunb.)Makino

4.叶片两面有毛（偶见）…………………………………………………………
…………………**中亚荩草A. hispidus** var. **centrasiaticus**(Grisb.)Honda

97. 蜀黍属 Sorghum Moench

1.圆锥花序分枝较瘦细，熟时易折断；无柄小穗长椭圆状披针形至长椭圆形；颖果较小，成熟时完全被颖包裹（栽培）………………………………
………………………………………………**苏丹草S. sudanense**(Piper)Stapf

1.花序分枝粗壮，熟时不易折断；无柄小穗为各式卵形，稀卵状椭圆形。

2.无柄小穗多少椭圆形；外颖纸质或硬纸质，内颖革质；外颖脉明显，由顶端伸至基部。

3.圆锥花序分枝短，花穗紧密，主轴延伸至整个花序……………………………………………………………… **多脉高粱S. nervosum** Bess. ex Schult.

3.圆锥花序分枝较长，花穗疏散，主轴缩短致使花序呈伞房状或近伞形……………………………………… **散穗高粱S. nervosum** var. **flexibile** Snowden

2.无柄小穗卵形、倒卵形、倒卵状椭圆形至亚圆球形；内外颖均革质；外颖脉仅先端明显，稀可延伸至中部或中部以下。

4.无柄小穗之颖较薄，熟时硬纸质；外颖脉可延伸至中部或超过。

5.花序主轴贯穿整个花序……… **甜高粱S. dochna**(Forssk.)Snowden

5.花序主轴缩短，花序伞房状或近伞形………………………………………………… **工艺高粱S. dochna** var. **technicum**(Koern.)Snowden

4.无柄小穗之颖硬革质；外颖脉仅在顶端明显。

6.无柄小穗宽倒卵形，长4.5~6.0mm、宽3.5~4.5mm，先端压扁…………………………………… **高粱S. bicolor**(L.)Moench(*S. vulgare* Pers.)

6.无柄小穗亚圆球形或宽倒卵形，长3.5~4.5mm、宽3.0~4.0mm，先端不压扁…**球果高粱S. bicolor** var. **subglobosus**(Hack.)Snowden

98. 孔颖草属 Bothriochloa Kuntze

1.总状花序呈指状排列于短缩的主轴上，总状花序长于主轴（产于各地区）……………………………………………………… **白羊草B. ischaemum**(L.)Keng

1.总状花序呈圆锥状排列于伸长的主轴上，主轴长3.0~5.0cm，下部总状花序短于主轴（产于驻马店、郑州花园口）……………………………………………………………………………………… **臭根子草B. bladhii**(Retz.)S. T. Blake

99. 细柄草属 Capillipedium Stapf

细柄草C. parviflorum(R. Br.)Stapf，产于伏牛山、桐柏山、大别山区。

秆坚硬光滑，高达1.0m，直径5.0~15mm，节被短髯毛。叶舌长0.5~1.0mm，具纤毛；叶片宽2.0~7.0mm。圆锥花序长圆形，直径2.0~5.0cm，分枝簇生，先端生3~5小穗，枝腋有柔毛；无柄小穗长2.8~4.0mm，草黄色或略带淡红色，基部具髯毛；芒长10~15mm，膝曲扭转。

100. 香茅属 Cymbopogon Spreng.

橘草C. goeringii(Steud.)A. Camus，产于桐柏山、鸡公山、大别山区及内乡。

秆高60~90cm，节上被白粉状小茸毛。秆基叶鞘破裂并向外反卷而内面红棕色。叶舌长1.0~2.5mm；叶片宽3.0~4.0mm。伪圆锥花序稀疏狭窄；总状花序孪生，长1.5~2.0cm，佛焰苞长17~25mm，穗轴节间长2.0~3.0mm，边缘生长1.0~2.0mm柔毛；无柄小穗长5.0~6.0mm，芒长8.0~10mm。

101. 黄茅属 Heteropogon Pers.

黄茅H. contortus(L.)Beauv. ex Roem. et Schult.，产于伏牛山、桐柏山、大别山区。

秆高40~90cm；叶条形，宽2.0~5.0mm。总状花序单生秆顶，长3.0~7.0cm，小穗成对排列，下部3~10对和上部各有柄小穗均不孕；结实的无柄小穗长6.0~8.0mm，基盘有棕褐色髯毛，芒长6.0~10mm，二回膝曲。

102. 裂稃草属 Schizachyrium Nees

裂稃草S. brevifolium(Swartz)Nees ex Buse，产于各地，偶见。

一年生纤细草本，呈淡红色。秆基部倾卧，多分枝，高20~40cm。叶宽1.0~4.0mm。总状花序细弱，长1.0~2.0cm，托以鞘状苞片，穗轴逐节断落，节间顶端膨大，并有2枚齿；无柄小穗长约3.0mm，芒长7.0~10mm；有柄小穗仅存1枚颖。

103. 菅属 Themeda Forsk.

黄背草T. japonica(Willd.)Tanaka [*T. triandra* Forsk. var. *japonica*(Willd.) Makino]，产于各地。

秆粗壮，高70~110cm。叶鞘常有硬疣基毛；叶宽4.0~5.0mm。伪圆锥花序狭；总状花序长15~17mm，具2.0~3.0mm的总梗，托以长2.5~3.0cm的佛焰苞状总苞，小穗7枚，其中基部4枚雄性近轮生及其余有柄小穗均不孕，无柄两性小穗长8.0~10mm，芒长3.0~6.0mm。

104. 玉蜀黍属 Zea L.

玉蜀黍（玉米）***Z. mays*** L.，栽培。

雄花序顶生，为开展圆锥花序；雌花序腋生，肉穗花序，包以数层鞘状苞片。

105. 薏苡属 Coix L.

1.总苞珐琅质，坚硬、平滑有光泽，卵圆形，长7.0~10mm、宽6.0~8.0mm。（栽培）………………………………………………… **薏苡*C. lacryma-jobi*** L.

1.总苞甲壳质，较软而薄，表面有纵长条纹，椭圆形，长8.0~10mm、宽约4.0mm。（栽培）……………………………………………… **薏米*C. chinensis*** Tod.

一四五、莎草科 Cyperaceae

1.花两性，无先出叶形成的果囊。

　2.小穗具较多数鳞片和两性花。

　　3.小穗鳞片螺旋状排列；花具下位刚毛，极少无下位刚毛。

　　　4.花柱基部不膨大，即在花柱基部与小坚果连接处无明显的界限；下位刚毛一般为6条，刚毛状，极稀无下位刚毛 …… **1.藨草属Scirpus**

　　　4.花柱基部膨大，花柱基部与小坚果连接处有明显的界线。

　　　　5.小穗单生；叶片不存在；下位刚毛3~8条，极少无下位刚毛 ……………………………………………………………… **2.荸荠属Heleocharis**

　　　　5.小穗多数，极少单生；叶片一般存在；无下位刚毛。

　　　　　6.花柱基宿存 ………………………………… **3.球柱草属Bulbostylis**

　　　　　6.花柱基脱落 ………………………………… **4.飘拂草属Fimbristylis**

　　3.小穗鳞片排为2列；小坚果无下位刚毛。

　　　7.小穗轴无关节，因而成熟后小穗不脱落，但鳞片从基部向顶端逐渐脱落。

8.柱头3个，小坚果三棱状 ……………………………**5.莎草属Cyperus**

8.柱头2个，小坚果双凸状、平凸状或凹凸状。

9.小坚果背腹压扁，面向小穗轴 ………………… **6.水莎草属Juncellus**

9.小坚果两侧压扁，棱向小穗轴 …………………… **7.扁莎草属Pycreus**

7.小穗轴具关节，因而成熟后小穗脱落，但鳞片宿存于小穗轴上。

10.小穗轴基部上方具1关节。

11.柱头3个，小坚果三棱状；小穗鳞片背面的龙骨状突起不具翅 ………………………………………………………… **8.砖子苗属Mariscus**

11.柱头2个，小坚果双突状，棱向小穗轴 …… **9.水蜈蚣属Killinga**

10.小穗轴上具多数关节 ……………………… **10.断节莎属Torulinium**

2.小穗具2枚小鳞片，仅具1朵两性花；多数小穗聚集成穗状花序，2~5枚穗状花序簇生呈头状；柱头3个 …………………… **11.湖瓜草属Lipocarpha**

1.花单性，雌花基部的先出叶边缘完全合生形成果囊 ……… **12.薹草属Carex**

1. 藨草属 Scirpus L.

1.花序下有伸展的禾叶状苞片。

2.小穗大，长8.0~20mm，鳞片外面有糙硬毛；小坚果长3.0~4.0mm。

3.柱头3个，少有2个；小坚果三棱形，下位刚毛与果等长或稍长；长侧枝聚伞花序，辐射枝3~8条（平原低洼地常见） ……………………………………………………………………………… **荆三棱S. yagara** Ohwi

3.柱头2个；小坚果扁平，下位刚毛长为小坚果之半或稍过半；花序头状，具1~6枚小穗，极稀有1~3条辐射枝，鳞片褐色，具较长的芒；叶片上部中脉和叶缘粗糙（产于各地） ……………………………………………………………… **扁秆藨草S. planiculmis**(Fr. Schmidt)Egor.

2.小穗较小，长2.0~7.0(9.0)mm，鳞片外面无毛；小坚果长0.7~1.5mm；花柱3个。

4.长侧枝聚伞花序顶生或腋生，组成圆锥花序；小穗3~7枚组成小头状花序，小头状花序长6.0~9.0mm；鳞片长圆状卵形或披针形；秆丛生（产于大别山、桐柏山、伏牛山区）… **华东藨草S. karuizawensis** Makino

4.长侧枝聚伞花序顶生，偶有1枚侧生；小穗1或2~3枚集为小头状花序；小头状花序长2.0~5.0mm；鳞片三角状卵形；秆单生（产于大别山、桐柏山区）……………………………**庐山藨草S. lushanensis** Ohwi

1.花序下有鳞片状苞片或由秆延长的苞片。

5.苞片鳞片状；花序顶生。

6.小穗2~4(6)枚组成长侧枝聚伞花序；无匍匐根状茎；秆基部具5~6枚棕黄色叶鞘，紧抱茎秆；小坚果长圆形或长圆状倒卵形，下位刚毛6条（产于新县、商城）…………… **类头状花序藨草S. subcapitatus** Thw.

6.小穗1枚，顶生；有匍匐根状茎；秆高不过40cm，基部有2~3枚白色叶鞘，疏松抱秆；小坚果倒卵形，下位刚毛7~9条(产于太行山区) ……**太行山藨草S. schansiensis**(Hand.-Mazz.)Tang et Wang

5.苞片为秆的延长，三棱柱状或圆柱形；花序假侧生。

7.下位刚毛4(5)条，具羽毛状流苏；秆圆柱状（产于伏牛山、鸡公山区，偶见）……………………………………**羽状刚毛藨草S. subulatus** Vahl

7.下位刚毛具倒刺（侧花藨草无下位刚毛）。

8.鳞片顶端微缺，并具由中脉延伸之芒；小坚果平滑；秆单生于匍匐根状茎节上。

9.秆为锐三棱柱状，有时只秆上部为三棱形，下部圆柱状；匍匐根状茎细。

10.小穗圆柱形或长圆形，长14~20(23)mm、宽约4.0mm；下位刚毛3（2或4）条；柱头2~3个（产于大别山区）………………………………………………… **青岛藨草S. trisetosus** Tang et Wang

10.小穗卵形或长圆形，长6.0~12(17)mm、宽3.0~7.0mm；下位刚毛2~5条，少有2条；柱头2个（产于各地）……………………………………………………………… **藨草S. triqueter** L.

9.秆圆柱状；匍匐根状茎粗壮；柱头2~3个（产于伏牛山、桐柏山区）……………… **水葱S. validus** Vahl(*S. tabernaemontani* Maxim.)

8.鳞片顶端急尖或钝；小坚果多少有皱纹；秆丛生，具稠密须根。

11.秆高20cm以上，无叶片；下位刚毛5~6条。

12.秆明显三棱柱状，高50~120cm；小坚果三棱状，柱头3个……………………… **水毛花S.triangulata** (Roxb.)J.Jung & H. K. Choi

12.秆圆柱状，高20~5.0cm；小坚果双凸状，柱头2个 ……………………………………………………………… **萤蔺S.juncoides**(Roxb.)Lye

11.秆高5~15cm，上部叶鞘有或长或短的小片；小坚果三棱状，柱头3个，无下位刚毛（新县） …………………………………………………… **侧花藨草S. supinus L.** var.**lateriflorus**(Gmel.)T.Koyama

2. 荸荠属 Heleocharis R. Br.

1.小穗圆柱状，不比秆粗；秆中空具横隔膜；根状茎常膨大为圆球形，鳞片多少刚硬，中脉不甚明显（各地栽培） …………………………………………… **荸荠H. dulcis**(Burn. f.)Trim. ex Henschel

1.小穗各种形状，但不为圆柱形，较秆粗；秆不具横隔膜；根状茎不膨大；鳞片膜质，中肋明显。

2.柱头2个；小坚果双凸形；花柱基海绵质，长不及小坚果之半，多狭于果（产于各地） ……… **具刚毛荸荠H. valleculosa** Ohwi f. setosa(Ohwi)Kitag.

2.柱头3个；小坚果三棱形。

3.花少数；小穗下部的鳞片近2列，最下方鳞片内也有花；小坚果表面有横线形网纹；秆很短，高2.0~12cm，细如毫发（产于各地） ………………………………… **牛毛毡H. yokoscensis**(Franch. et Sav.)Tang et Wang

3.花多数；鳞片全部螺旋状排列，小穗基部1~3枚鳞片内无花；小坚果表面平滑；秆较高大。

4.秆四棱柱状；小穗多少斜生在秆顶端；小坚果后期淡褐色。

5.下位刚毛有粗硬倒刺（产于大别山、桐柏山、伏牛山区） ……………………………………………… **龙师草H. tetraquetra** Nees

5.下位刚毛密生平展羽状毛（产于各地） …………………………………………… **羽毛荸荠H. wichurai** Böcklr.

4.秆圆柱形；小穗直立；小坚果后期淡黄色；花柱基之基部不下延为蕈盖状；根状茎缺如（产于河南南部） ……………………………………………… **透明鳞荸荠H. pellucida** Presl

3. 球柱草属 Bulbostylis C. B. Clarke

1.小穗簇生为头状，组成聚伞花序（产于大别山、桐柏山区） ………………

…………………………………………………… **球柱草B. barbata**(Rottb.)Kunth

1.小穗单生，排列为简单或复出的长侧枝聚伞花序（产于各地）……………

………………………………………… **丝叶球柱草B. densa**(Wall.)Hand.-Mazz.

4. 飘拂草属 Fimbristylis Vahl

1.柱头3（2）个；花柱不扁，先端无毛。

2.秆下部的鞘均具叶片。

3.无根状茎，秆丛生；小坚果长圆形。

4.鳞片黄绿色，小坚果两侧具乳头状突起，突起后渐脱落（见有河南标本，但产地不详）…… **疣果飘拂草F. verrucifera**(Maxim.)Makino

4.鳞片锈色；小坚果无乳头状突起（产于豫东，大别山区）…………

……………………………… **烟台飘拂草F. stauntoni** Debeaux et Franch.

3.根状茎直伸，有时近横生；小坚果倒卵形；鳞片褐色，具1条脉；叶宽1.0~2.5mm；植株高20~50cm（产于新县、桐柏、内乡） ……………

… **矮扁鞘飘拂草F. complanata**(Retz.)Link var. **kraussiana** C. B. Clarke

2.秆下部具1~3个无叶片之鞘。

5.叶片侧扁，剑状；鞘侧扁；苞片刚毛状，基部较宽；小穗球形或近球形，长1.5~3.0mm；鳞片卵形，顶端钝圆，长约1.0mm；柱头3个（产于各地）………………………………………… **水虱草F. miliacea**(L.)Vahl

5.叶片不侧扁，不为剑形，鞘亦不侧扁。

6.长侧枝聚伞花序一般多次复出；鳞片中脉两侧各有2条深褐色线条；小穗长2.0~3.0(5.0)mm；雄蕊1枚（产于南阳）………………………

……………………… **五棱秆飘拂草F. quinquangularis**(Vahl)Kunth

6.长侧枝聚伞花序简单或近于复出；鳞片中脉两侧无深色线条；小穗长2.5~7.5mm，多数雄蕊2枚（产于桐柏、新县）……………………

………………………………… **拟二叶飘拂草F. diphylloides** Makino

1.柱头2个；花柱扁，上部具缘毛。

7.小穗无棱角，较大，长4.0~30mm。

8.小穗1~2(3)个，长8.0~30mm；鳞片长度大于或等于宽，棕色；成熟小坚果褐色，具褐色柄（产于各地）……………………………………

……………………………… **双穗飘拂草F. subbispicata** Nees et Meyen

8.小穗少数至多数（弱锈鳞飘拂草小穗1~3枚，但鳞片具1条脉）。

9.秆基部不具无叶片之鞘；鳞片具3至多条脉，背面无毛；叶宽1mm以上。

10.根状茎木质，横生；秆基部常有老叶鞘；鳞片具多条脉；果纵肋不明显；叶鞘和叶片被短柔毛（产于大别山区）……………………………………………………………… **结壮飘拂草F. rigidula** Nees

10.根状茎不显著；鳞片具3条脉；小坚果纵肋显著隆起，基部有褐色短柄；叶与叶鞘无毛或有时被疏柔毛（产于各地）……………………………………………………… **两歧飘拂草F. dichotoma**(L.)Vahl

9.秆基部具无叶片之鞘；鳞片具1条脉，背面上部被短柔毛；叶宽约1.0mm；长侧枝聚伞花序通常具1~2(3)枚小穗，极少有4~5枚小穗（产于开封）……………………………………………………………………………… **弱锈鳞飘拂草F. ferrugineae**(L.)Vahl var. **sieboldii**(Miq.)Ohwi

7.小穗因鳞片具龙骨状突起而具棱角，长2.0~7.0mm；无根状茎；鳞片褐色；小坚果宽倒卵形，顶端无毛，表面有明显横长圆形网纹（产于各地）……………………………………………… **复序飘拂草F. bisumbellata**(Forssk.)Bubani

5. 莎草属 Cyperus L.

1.小穗在辐射枝顶端排列成穗状、总状或近头状。

2.小穗轴明显具翅；花柱通常长或中等长。

3.具长匍匐根状茎和块茎；鳞片暗血红色，紧密覆瓦状排列（产于各地）………………………………………………… **香附子C. rotundus** L.

3.无根状茎和块茎；鳞片棕红色，排列疏松；穗状花序无总梗，在辐射枝顶端集为近头状（产于河南北部、中部及西部）………………………………………………………………… **头状穗莎草C. glomeratus** L.

2.小穗轴无翅或具狭翅；花柱短。

4.穗状花序轴明显延长，小穗排列稀疏；小坚果几等长于鳞片。

5.长侧枝聚伞花序复出（即分枝），小穗直立或斜展。

6.小穗排列较疏；穗状花序轴及小穗轴无翅；鳞片黄色，先端2圆裂状，凹内具不超出凹部的小突尖（产于各地）……………………………………………………………… **碎米莎草C. iria** L.

6.小穗排列较密；穗状花序轴及小穗轴有狭翅；鳞片淡黄色或黄褐色，先端钝圆或微缺而具明显凸尖（产于各地）……………………………………………………………… **小碎米莎草C. microiria** Steud.

5.长侧枝聚伞花序简单；小穗近平展；小穗轴具膜质狭翅。

7.穗状花序轴无毛；鳞片红棕色，先端具稍向外弯的短尖（产于各地）………………………………… **阿穆尔莎草C. amuricus** Maxim.

7.穗状花序轴被白色短硬毛；鳞片暗血红色，先端圆，无短尖………………………………**三轮草**（直穗莎草）**C. orthostachyus** Franch. et Sav.

4.穗状花序轴缩短，小穗3~10枚近头状排列；小坚果三棱形，长为鳞片的1/2，鳞片中间绿色，两侧苍白色（产于河南中部、东南部）……………………………………………………………………… **扁穗莎草C. compressus** L.

1.小穗在辐射枝顶端呈指状排列或集为头状。

8.长侧枝聚伞花序疏展，辐射枝发达；柱头3个。

9.叶状苞片10余枚，近等长，较花序长约2.0倍，向四周开展（栽培观赏）……… **风车草C. alternifolius** L. ssp. **flabelliformis**(Rottb.)Kukenth.

9.叶状苞片少数，不等长；野生植物。

10.一年生，无匍匐根状茎；秆常具叶；雄蕊1~2(3)枚；小坚果长为鳞片的2/3或更长些。

11.小穗10余个组成疏头状花序；鳞片宽卵形，紫褐色或褐色，背面两侧脉间较宽部分为黄绿色，两侧紫褐色或褐色（产于河南西部）……………………………………………… **褐穗莎草C. fuscus** L.

变型：**绿白穗莎草**f. **pallescens** Husnet，鳞片背面中间绿色，两侧白色或黄白色（产于郑州以北地区）。

11.小穗极多数组成密头状花序；鳞片扁圆形，中间淡黄色，两侧深红紫色或栗色（产于各地）…………… **异型莎草C. difformis** L.

10.多年生或二年生，少一年生；秆基部具很少叶片；雄蕊3(1~2)枚；小坚果长不超过鳞片之半。

12.叶状苞片通常长于花序；鳞片疏松排列，先端明显向外弯；花药顶端无刚毛状附属物；小坚果长仅0.25mm（产于新县、桐柏）……………………………… **窄穗莎草C. tenuispica** Steud.

12.叶状苞片通常短于花序；鳞片紧密覆瓦状排列，顶端直；花药顶端具白色刚毛状附属物；小坚果长为鳞片的1/3，约0.5mm（产于新县、鲁山、桐柏）……………………………………………**畦畔莎草C. haspan** L.

8.长侧枝聚伞花序短缩成头状；辐射枝常不发达（极少有少数较长的辐射枝）。

13.鳞片螺旋状排列（产于各地）……… **旋鳞莎草C. michelianus**(L.)Link

13.鳞片2列（产于郑州、桐柏）…… **白鳞莎草C. nipponicus** Franch. et Sav.

6. 水莎草属 Junccllus(Griseb.)C. B. Clarke

1.植株高35~100cm；叶片宽3.0~10mm；长侧枝聚伞花序复出或简单，常具较长的辐射枝（产于各地）…………… **水莎草J. serotinus**(Rottb.)C. B. Clarke

1.植株高2.0~18cm；叶片刚毛状，宽约1.0mm；长侧枝聚伞花序短缩成头状，无辐射枝（产于郑州及河南北部）…………………………………………………………………………… **花穗水莎草C. pannonicus**(Jacq.)C. B. Clarke

7. 扁莎草属 Pycreus P. Beauv.

1.鳞片两侧无纵向宽槽，长1.5~2.0mm，背面正直；基生叶宽1.0~2.0mm（产于桐柏、卢氏、栾川、内乡）………… **球穗扁莎草P. globosus**(All.)Reichb.

变种1：**小球穗扁沙草**var. **nilagiricus**(Hochst.)C. B. Clarkc，小穗极压扁，狭，宽不超过1.5mm；鳞片排列紧密，常栗色或紫褐色（产于 各地）。

变种2：**直球穗扁莎草**var. **strictus**(Roxb.)C. B. Clarke，秆较坚挺；叶通常长于秆；小穗狭，较短，具6~14朵花；鳞片棕色或褐黄色，有时色更淡（产于内乡）。

1.鳞片两侧具宽纵沟槽，长约2.5mm，背面上部向内弯曲；基生叶宽2.0~4.0mm（产于各地）………… **红鳞扁莎草P. sanguinolentus**(Vahl)Nees

变型：**矮红鳞扁莎草**f. **humilis**(Miq.)L. K. Dai，植株矮小，秆稍粗壮；长侧枝聚伞花序紧缩为近头状，各辐射枝具少数小穗（产于河南西部）。

8. 砖子苗属 Mariscus Gaertn.

砖子苗M. umbellatus Vahl，产于信阳。

秆锐三棱形，高10~50cm。叶宽3.0~6.0mm；叶鞘褐色或红棕色。叶状苞片5~8枚，常长于花序；长侧枝聚伞花序简单，辐射枝6~12条，长短不等；穗状花序长圆形，小穗平展密生；小穗线状披针形，长3.0~5.0mm、宽约0.7mm，小穗轴具白色披针形宽翅。

9. 水蜈蚣属 Kyllinga Rottb.

1.小穗宽0.8~1.0mm，压扁；鳞片背面的龙骨状突起上具刺，顶端延伸成外弯的短尖（产于确山、新县、内乡）………… **短叶水蜈蚣K. brevifolia** Rottb.

1.小穗较宽，稍肿胀；鳞片背面的龙骨状突起上无刺，顶端无短尖或具直的短尖（产于各地）………………………………………………………………………………… **光鳞水蜈蚣K. brevifolia** var. **leiolepis**(Franch. et Sav.)Hara

10. 断节莎属 Torulinium Desv.

拉美断节莎T. flexuosum(Vahl)Koyama var. **insigne**(Kunth)C. S. Zhu, comb. Nov.（产于黄河河滩地，中国新记录）。

秆强壮，高15~65cm，扁三棱柱，下部具叶。叶鞘松弛，基部淡紫色；叶片宽3.0~7.0mm。苞叶5~8枚，叶状，下方者长于花序。长侧枝聚伞花序紧密，复出；辐射枝6~10条，长3.0~9.0cm；穗状花序圆柱形，长2.0~3.0cm、宽1.4~2.5(3.0)cm，具多数密集小穗；小穗线形，长(6.0)7.0~13(15)mm、宽约1.0mm，具8~18(20)朵花；小穗轴具关节，具宽翅，果期翅连同小穗轴增厚变为革质，翅并且内曲包裹坚果；鳞片倒卵状长圆形或椭圆状长圆形，中间绿色，两侧黄棕色。果具三条棱，长为鳞的1/2~3/5。

11. 湖瓜草属 Lipocarpha R. Br.

华湖瓜草L. chinensis J.kern［*L. microcephala*(R. Br.)Kunth］，产于信阳地区。

丛生矮小草本，秆纤细，高10~20cm，直径约0.7mm。叶基生，狭线形，长为秆的1/4~1/2、宽0.7~1.5mm。苞片叶状，小苞片鳞片状。穗状花序2~3(4)枚簇生呈头状，长3.0~5.0mm、宽约3.0mm，具极多鳞片和小穗；小穗具1朵两性花。

12. 薹草属 Carex L.

1.小穗全部两性，无柄，常密集为穗状；枝先出叶不发育；柱头2个（仅*C. gibba*柱头3个）。

2.小穗雌雄顺序。

3.柱头3个；雌花鳞片芒长0.7~1.0mm；果囊具翅（产于伏牛山区）……………………………………………………………… **穹隆薹草C. gibba** Wahlenb.

3.柱头2个；果扁平。

4.花序下部苞片叶状，明显长于花序；小穗间距较长，构成间断长穗状花序；果囊披针形或卵状披针形。

5.小穗4~7枚，卵球形，长4.0~6.0mm（产于太行山、伏牛山区）……………………………………………… **丝引薹草C. remotiuscula** Wahlenb.

5.小穗8~10枚，长圆形，长8.0~15mm；雌花鳞片锐尖；果囊上部有狭翅（产于伏牛山区）………… **书带薹草C. rochebruni** Franch. et Sav.

4.花序下部苞片鳞片状或刚毛状；果囊边缘具翅，具长喙，喙口有2齿。

6.基部小穗的苞片刚毛状（产于豫东及大别山区）……………………………………………………………… **卵果薹草C. maackii** Maxim.

6.基部小穗的苞片叶状，长于花序；果囊长3.0~3.5mm，两侧自下而上全部具宽海绵状组织（产于大别山区）……………………………………………………………… **缘毛薹草C. craspedotricha** Nelmes

2.小穗雄雌顺序（稀个别为单性）；柱头2个。

7.根状茎短，秆丛生；秆无节；花序不分枝，穗状花序。

8.果囊边缘明显具翅。

9.花序尖塔状圆柱形；果囊边缘中部以上具宽翅，密生锈点（产于太行山、伏牛山区）………………… **翼果薹草C. neurocarpa** Maxim.

9.花序长圆柱形；果囊边缘全部具狭翅，翅中部以上具糙齿，无锈点或极少锈点（产于新县）……………… **溪生薹草C. fluviatilis** Boott

8.果囊仅边缘加厚或上部边缘有极狭的翅。

10.果囊密生锈点（产于嵩县） … **尖嘴薹草C. leiorhymcha** C. A. Mey.

10.果囊无锈点或极少锈点（产于太行山、伏牛山区） ……………………………………………………………… **云雾薹草C. nubigena** D. Don

7.根状茎长而匍匐。

11.果囊边缘具狭翅，翅中部以上有细锯齿，喙口具2枚锐齿；小穗常单性异株（产于正阳、大别山、桐柏山区）…………………………………………………………………… **单性薹草C. unisexualis** C. B. Clarke

11.果囊无翅，喙口斜裂或浅裂。

12.果囊椭圆形或宽椭圆形，长3.0~3.5mm，先端急缩成短喙；雌花鳞片具白色宽膜质边缘；花序淡白色（产于河南北部）……………………………………………………………………… **白颖薹草**

C. duriuscula C. A. Mey. subsp. **rigescens** (Franch.)S. L. Liang et Y. C. Tang

12.果囊较大，卵形或卵状椭圆形，长3.5~4.5mm，先端渐狭成较长的喙；雌花鳞片具狭窄的白色膜质边；花序淡褐色（产于各山区）…………………………………………………… **细叶薹草**（中亚苔草）

C. duriuscula subsp. **stenophylloides**(V. Krecz.)S. L. Liang et Y. C. Tang

1.小穗单性，或兼有两性，罕全为两性；小穗基部的枝先出叶鞘状，内无花。

13.小穗单一顶生，雄雌顺序，短柱形至头状；柱头3个。

14.雄花部分长于雌花部分或近等长，至少结果时超出果囊；果囊披针状卵形，长2.5~3.0mm；叶丝状，宽0.5~1.0mm（产于大别山、桐柏山区，嵩县）…………………………………… **发秆薹草C. capillacea** Boott

14.雄花部分不显著，甚短于雌花部分，果期不超出果囊；果囊卵状长圆形；叶片宽1.0~1.5mm（产于太行山、伏牛山区，商城）…………………………………………………………… **针叶薹草C. onoei** Franch. et Sav.

13.小穗2枚至多数，常1枚或几枚生于苞腋，少数可排列为圆锥花序。

15.柱头3个；果囊常三棱形。

16.果囊近无喙或有短喙，喙口截形，微缺或有2枚微齿。

17.雌小穗具密生的花，苞片常无鞘或极短的鞘；雌小穗较密集或近接生，苞片叶状或下部者叶状，少数为刚毛状；顶生小穗雌雄顺序，少数为雄性。

18.顶生小穗雄性；小穗彼此远离，果囊不膨胀（产于太行山区）……………………………………………………………… …**短鳞薹草**（钝鳞苔草）**C. augustinowiczii** Meinsh. ex Korsh.

18.顶生小穗雌雄顺序；果囊膨胀。

19.果囊显著膨胀，脉不明显，成熟后水平开展；顶生小穗长10~20mm，雌小穗长10~15mm；雌花鳞片卵状披针形（产于伏牛山区）…………………… **点叶薹草**（华北薹草）**C. hancockiana** Maxim.

19.果囊膨胀，脉明显；顶生小穗长5.0~8.0mm；雌小穗长5.0~9.0mm；雌花鳞片宽卵形，长约1.2mm（产于伏牛山区）………………………………………………………………………… **膨囊薹草C. lehmanii** Drejer

17.雌小穗疏生花；苞片常具鞘。

20.果囊被毛，稀无毛。

21.苞片具短苞叶；小坚果顶端常膨大为环状，花柱基膨大为僧帽状。

22.小坚果上具凹陷痕。

23.小坚果在棱上和棱面上均有凹陷（产于河南南部）…………………………………………… **仲氏薹草C. chungii** C. P. Wang

23.小坚果在棱上无凹陷，在棱面上具上下凹陷，凹陷间形成一横肋（产于信阳地区）………… **横纹薹草C. nugata** Ohwi

22.小坚果上无凹陷痕；小穗常多于2枚，若偶为2枚则侧生小穗雌性。

24.苞鞘短，最下方者长仅5.0~8.0mm；雄小穗柄极短，与其下方雌小穗紧接；雄花鳞片中间绿色，边缘白色；雌花鳞片中脉延伸为小芒尖；小穗长6.0~15mm（产于各山区）……………… **青绿薹草C. breviculmis** R. Br.(*C. leucochlora* Bge.)

24.苞鞘较长，最下方者长在10mm以上。

25.雌小穗卵形、卵状长圆形至圆柱形，宽4.0~5.0mm，果囊较密；小穗长1.0~4.0cm，远离。

26.果囊近无喙，喙口近全缘；雌花鳞片芒长2.5~3.0mm（产于河南南部山区、新县）………………………………………………**无喙囊薹草**（长芒薹草）**C. davidii** Franch.

26.果囊有短喙，喙口有2枚齿；雌花鳞片中间绿色，边缘苍白色，芒长1.5~2.0mm（产于伏牛山、大别山区）…………………… **短芒薹草C. breviaristata** K. T. Fu

25.雌小穗线形或线状长圆形，宽2.0~3.0mm，果囊较疏。

27.叶细丝状，最宽仅2.0mm（产于伏牛山区）……………………………………………………… **丝叶薹草C. capilliformis** Franch.

27.叶宽2.0~4.0mm。

28.果囊喙多少外弯，喙口无齿；顶生小穗长2.5~4.0cm，与其下的雌小穗疏远（产于伏牛山、大别山、桐柏山区）……………………………… **类白鳞薹草C. polyschoenoides** K. T. Fu

28.果囊喙直，喙口具2枚齿；顶生小穗长1.5~2.0cm，与其下的雌小穗较接近（产于太行山、伏牛山区）…………………………………………………………………… **豌豆形薹草**（白鳞薹草）**C. pisiformis** Boott(*C. polyschoena* Lévl. et Vant.)

21.苞片常佛焰苞状，无苞叶；小坚果顶端不膨大为环状；花柱基不增粗或稍增粗；小穗单性，仅顶生小穗雄性。

29.根状茎长而匍匐，秆疏丛生；果囊倒卵状长圆形，具短柄；雌小穗线形，花疏，鳞片紫褐色。叶宽1.0~2.0mm（产于伏牛山区）……………………………………………… **丝秆薹草C. filamentosa** K. T. Fu

29.根状茎短斜升，秆密丛生。苞鞘仅下部的1~2枚具刚毛状苞叶，其余仅有突尖；小穗5~10余朵花，穗轴略呈“之”字形；叶于花后长于秆。

30.雌花鳞片披针形或倒卵状披针形；果囊具2条侧脉及若干隆起的细脉（产于各地区）…………… **大披针薹草C. lanceolata** Boott

30.雌花鳞片倒卵形或倒卵状长圆形；果囊除2条侧脉外无明显细脉（产于太行山、伏牛山区）……………………………………………… **亚柄薹草C. lanceolata** var. **subpediformis** Kükenth.

20.果囊无毛；叶长圆状披针形，宽1.0~2.5(3.0)cm（产于各山区）……………………………………………………… **宽叶薹草C. siderosticta** Hance

16.果囊有长或中等长喙（*Sect. Paludosae*喙较短），喙口具2枚齿，少数近截形或微2枚齿。

31.叶片上无小横隔脉。

32.秆中生；小坚果棱上不缢缩也无刻痕；花柱基不增粗也不膨大；苞

片无鞘或鞘很短。

33.雌花鳞片具长芒（*C. subtumida* 无长芒或有短尖）；果囊后期水平张开或微反折，少数稍叉开，成熟时褐绿色、暗褐色或黑褐色。

34.雄小穗线形，长在3.0cm以下；雌花鳞片卵形，长不及果囊之半，先端无芒，无短尖；果囊近水平张开，椭圆状倒卵形，长约3.0mm；雄花雄蕊1枚（产于新县）……………………………………………………………………**肿胀果薹草**（单蕊薹草）**C. subtumida**(Kükenth.)Ohwi

34.雄小穗圆柱形或棍棒形，长在3.0cm以上（*C. brownii*较短）；雌花鳞片狭卵形、长圆形或披针形，长超过果囊的2/3，先端具短尖或长芒。

35.果囊被短硬毛；叶宽6.0~8.0mm；小穗集生于秆上端；雌花鳞片先端渐狭为长芒；果囊长约3.0mm，与鳞片几等长，暗褐色，喙常外弯（产于大别山、桐柏山、伏牛山区）……………………………………………………………………**条穗薹草C. nemostachys** Steud.

35.果囊光滑无毛；雌花鳞片多为苍白色、淡绿色或淡褐色。

36.雌小穗圆筒状长圆形，长1.0~3.0cm；果囊有多条隆起脉。

37.果囊宽倒卵形，长约3.0mm，先端急缩为短喙（产于大别山、桐柏山、伏牛山南部）… **亚澳薹草C. brownii** Tuckerm.

37.果囊长圆状卵形，长5.0~6.0mm，先端渐狭为长喙（产于新县）………………………………… **横果薹草C. transversa** Boott

36.雌小穗长圆柱形，长3.0~10cm，果囊具少数脉；雌花鳞片芒长不及鳞片的1/2。

38.果囊成熟时常具横皱纹，喙上部紫红色；小坚果麦秆黄色（产于大别山区）…**皱果薹草**（弯囊薹草）**C. dispalata** Boott

38.果囊平滑，无横皱纹，喙上部不为紫红色；小坚果深褐色（产于伏牛山区）……………………………………………………………………**似皱果薹草**（假弯囊薹草）**C. pseudodispalata** K. T. Fu

33.雌花鳞片有或无短尖，少数具长芒；果囊后期斜展，极少水平张开，成熟时淡绿黄色、麦秆黄色，少数黄褐色。

39.小穗单性和两性兼有，3~4(2)枚。

40.顶生小穗雌雄顺序，侧生小穗雌性；小穗长不超过1.5cm，近无柄，聚集于秆上部呈头状，具匍匐根状茎（产于伏牛山区）……
……………………………… **团穗薹草*C. agglomerata*** C. B. Clarke

40.顶生小穗雄性，侧生小穗雄雌顺序；小穗长1.5cm以上，具柄，相互疏离（产于大别山区）………… **大别薹草*C. dabieensis*** S. W. Su

39.小穗常单性，最上方1~2枚雄性（扁秆苔草有时雄穗上有雌花），其余雌性（签草有时雌穗顶端有少数雄花）。

41.叶宽3.0~4.0mm；雌小穗长1.0~2.5cm；果囊长4.0~5.0mm，麦秆黄色，喙中等长，喙口具2枚齿（产于各地区）………………………
……………………………………………… **日本薹草*C. japonica*** Thunb.

41.叶宽5.0~12mm；雌小穗长2.0~6.0cm；果囊先端渐狭为短喙，喙口斜截形或有不明显2枚短齿。

42.秆三棱形；雄小穗长3.0~7.5cm；雌小穗长3.0~6.0cm，有时顶端有雄花；雌花鳞片卵状披针形，具短尖；果囊长圆状卵形，喙直；果期花柱存在，很长（产于大别山、桐柏山、伏牛山区）
…………………………… **签草**（芒尖薹草）***C. doniana*** Spreng.

42.秆扁三棱形，1条棱不明显；雄小穗长在2.5~3.5cm，上部有时具雌花；雌小穗长1.5~4.5cm，顶端无雄花；雌花鳞片卵形，常无短尖，有时具尖头；果囊卵形，喙外弯；果期花柱脱落，柱头较短（产于大别山、桐柏山、伏牛山区）……………………
…………………………………… **扁秆薹草*C. planiculmis*** Kom.

32.秆侧生，少数中生；小坚果棱上通常缢缩或具刻痕，少数不缢缩亦无刻痕；花柱基增粗或膨大，宿存，少数不增粗。

43.雌小穗花多而密；小坚果棱上常缢缩或具刻痕，极少不缢缩（中华苔草）。

44.小坚果中部不缢缩。雌小穗基部有雄花，极少例外；果囊菱形或倒卵形，被毛，长3.0~4.0mm（产于大别山、伏牛山区）……………
……………………………………………… **中华薹草*C. chinensis*** Retz.

44.小坚果中部缢缩。

45.秆侧生；小坚果喙明显弯。

46.小坚果喙长，约1.0mm；雌小穗长约2.5cm；叶宽4.0~7.0mm，叶先端、苞片及叶鞘均粗糙；苞片叶状，长于小穗；雌花鳞片钝，具长芒，淡褐色（产于商城）……………………………………………… **商城薹草C. shangchengensis** S. Y. Liang

46.小坚果喙较短；雌小穗圆柱形，长3.0~7.0cm；苞片短于小穗。

47.雌小穗顶端雄花部分极短，短于雌花部分。

48.雌小穗具稀疏花；果囊熟时水平张开；叶宽7.0~18mm（产于伏牛山、桐柏山区）… **长安薹草C. heudesii** Lévl. et Vant.

48.雌小穗花较密；果囊熟时向上斜展；叶宽3.0~5.0mm（产于嵩县、内乡）……**太白山薹草C. taipaishanica** K. T. Fu

47.雌小穗顶端雄花部分常近等长于雌花部分，花密生，果时向上斜展，少有水平张开（产于大别山区、伏牛山区南部）………………………………………………… **藏薹草C. thibetica** Franch.

45.秆中性；秆、叶、苞片、雌花鳞片及果囊均被毛；小坚果喙弯；雌小穗1~2枚；叶宽3.0~5.0mm（产于大别山区）……………………………………………… **弯喙薹草C. laticeps** C. B. Clarke ex Franch.

43.雌小穗花少而疏；小坚果棱上不缢缩。秆中生。

49.果囊无毛，上部急缩为细长喙，喙口2齿裂；苞片叶状（产于桐柏山区）…………………………………………………… **丝柄薹草 C. filipes** Franch. et Sav. var. **sparsinux** (C. B. Clarke)Kükenth.

49.果囊被毛。

50.花柱基部弯曲；雌小穗长10~17mm，6~10朵花；果囊长7.0~8.0mm（产于各山区）… **长嘴薹草C. longerostrata** C. A. Mey.

50.花柱基部直；小穗均短于10mm；果囊长5.0~6.0mm；小坚果喙圆柱形，顶端膨大为环状；叶宽2.0~5.0mm（产于伏牛山区）…………………………………… **涝峪薹草C. giraldiana** Kükenth.

31.叶片上有小横隔脉。

51.果囊无毛。

52.果囊近革质或革质，具隆起的脉，麦秆黄色；雌小穗远离上部雄小穗。

53.果囊卵状钝三棱形，喙口2齿稍向外叉开；雌花鳞片先端急尖，具短尖（产于河南北部，中牟）……… **叉齿薹草C. gotoi** Ohwi

53.果囊宽卵状鼓胀三棱形，喙口2齿直；雌花鳞片先端渐尖，无短尖（产于太行山、伏牛山区）……………………………………**唐进薹草**（东陵薹草）**C. tangiana** Ohwi

52.果囊木栓质，较厚，脉不隆起，稍凹或不明显，褐色；雌花鳞片卵圆形，先端急尖，具短尖；雌小穗常靠近上部的雄小穗（产于太行山、伏牛山区）……………………**异穗薹草C. heterostachya** Bge.

51.果囊密被白色短硬毛，倒卵形，长约4.8mm；叶宽(5.0)6.0~12mm，叶舌明显（产于各山区）……………………**舌叶薹草C. ligulata** Nees

15.柱头2个；果囊平凸或双凸状。

54.苞片无鞘；雌小穗密生花。

55.小穗具柄，多少有些下垂；每苞片腋内具单生小穗；雌花鳞片顶端常平截或微凹，具短芒；果囊密被乳头状突起。

56.雌花鳞片长圆状披针形或披针形，先端渐尖；雌小穗圆柱形，长4.0~5.0cm、宽3.0~6.0mm（产于大别山区）……………………………………………………**粉背薹草C. pruinosa** Boott

56.雌花鳞片倒卵状长圆形，顶端平截或微凹，具粗糙长芒，芒长约2.2mm；顶生小穗雌雄顺序，雌花部分宽约5.0mm，雄花部分宽约3.0mm；雌小穗宽5.0~6.0mm（产于各山区）………………………………**二形鳞薹草**（垂穗薹草）**C. dimorpholepis** Steud.

55.小穗近无柄或仅基部小穗具较长柄；果囊具明显的喙，喙口有2枚齿。

57.柱头宿存，长为果囊的2.0倍，果囊稍短于鳞片，长3.0~4.0mm（产于各山区）…………………………………………………… **大理薹草C. rubrobrunnea** C. B. Clarke var. **taliensis** Kükenth.

57.柱头早落。

58.果囊稍长于鳞片，长2.5~3.0mm（产于云台山）………………………………………………**异鳞薹草C. heterolepis** Bge.

58.果囊短于或等长于鳞片；顶生小穗雄性或雌雄顺序（产于灵宝小秦岭）……………………**城口薹草C. luctuosa** Franch.

54.苞片具鞘；雌小穗疏生花，少数较密生；雌花鳞片短于果囊。

59.果囊（喙除外）长圆形或狭椭圆形，长约4.5mm，被短硬毛；柱头长于或近等长于果囊；雌花鳞片狭卵形或披针形，先端具芒或短尖，长常超过果囊（产于大别山、鸡公山区）……………………………………………………………… **长柱头薹草*C. teinogyna*** Boott

59.果囊（喙除外）宽卵形、椭圆形或近圆形，长在4.0mm以下；柱头短于果囊，雌花鳞片短于果囊。

60.小穗多数，全为两性，雄雌顺序。

61.小穗排列成圆锥花序；果囊黄绿色，边缘被疏缘毛，喙长为果囊的1/3；秆高8.0~40cm（产于大别山、桐柏山、伏牛山区南部）……………………… **亨氏薹草**（湖北薹草）***C. henryi*** C. B. Clarke ex Franch.

61.小穗排列为总状或穗状花序；秆高40~70cm。

62.小穗数枚至10余枚，常一至二出自1苞鞘内，雌花密生；果囊宽椭圆形或近圆形，两面均密被白色短硬毛，喙短，长为果囊的1/4（产于大别山、桐柏山、伏牛山区）…………………………………………………… **褐果薹草**（栗褐薹草）***C. brunnea*** Thunb.

62.小穗3~5(8)枚，单生于包鞘内，长8.0~15mm；果囊长3.0~3.5mm，仅喙边缘具毛。

63.小穗3~4枚，长圆形；株高10~35cm（产于大别山、桐柏山、伏牛山区）…………… **仙台薹草**（锈鳞薹草）***C. sendaica*** Franch.

63.小穗多至8枚，圆筒形；秆较高（产于大别山、桐柏山、伏牛山区）…… **多穗仙台薹草*C. sendaica*** var. ***pseudosendaica*** T. Koyama

60.顶生小穗雄性；侧生小穗两性，雄雌顺序；秆高大粗壮，高60~100cm，下部30~50cm以下为深褐色无叶片的鞘所包裹；果囊密生（产于大别山、桐柏山、伏牛山区）… **柄果薹草**（褐绿薹草）***C. stipitinux*** C. B. Clarke

一四六、棕榈科 Palmae

1.叶掌状（扇状）分裂。

2.叶的裂片具单折；裂片许多。

3.心皮离生；花丝分离；全部无刺……………… **1.棕榈属*Trachycarpus***

3.心皮基部离生，仅在花柱部分合生；叶柄两侧有刺……………………………………………………………………… **3.蒲葵属 *Livistona***

2.叶的裂片具数折；裂片较少 ………………………………… **2.棕竹属Rhapis**
1.叶二回羽状分裂 ………………………………………………… **4.鱼尾葵属Caryota**

1. 棕榈属 Trachycarpus H. Wendl.

棕榈T. fortunei(Hook.)H. Wendl.，公园或庭院栽培观赏。

常绿乔木；茎不分枝，老叶鞘基纤维网状包被其上。叶簇生茎顶，圆扇形，直径50~70cm，掌状分裂至中部或中部以下；裂片硬直、条状，呈狭长皱褶，先端2浅裂。圆锥状花序；花淡黄色，小，雌雄异株。

2. 棕竹属 Rhapis L. f. ex Ait.

1.叶裂片5~10枚，叶柄顶端的小戟突呈半圆形（栽培）………………………
……………………………………… **筋头竹R. excelsa**(Thunb.)Henry ex Rehd.
1.叶裂片10~20枚，叶柄顶端的小戟突呈三角形（栽培） ……………………
………………………………………………………………… **棕竹R. humilis** Bl.

3. 蒲葵属 Livistona R. Br.

蒲葵L. chinensis(Jacq.)R. Br.，栽培观赏。

常绿乔木，茎高达20m，有密接环纹。叶宽肾状扇形，直径达1m余，掌状分裂至中部；裂片条状披针形，先端2裂并下垂；叶柄下部有2列倒刺。花淡绿色，花序圆锥状。

4. 鱼尾葵属 Caryota L.

鱼尾葵C. ochlandra Hance，庭院栽培观赏。

常绿乔木，茎有环纹。叶二回羽状全裂，顶端下垂，羽片18~30对；小羽片长15~30cm，顶生羽片扇形，侧生羽片菱形似鱼尾，顶生羽片先端和侧生羽片内缘的上部有齿缺和粗齿。

一四七、天南星科 Araceae

1.花全部两性，具花被；肉穗花序上部无附属器，佛焰苞一般为叶状，不特化 ………………………………………………………………… **1.菖蒲属Acorus**

1.花单性，常无花被；肉穗花序上部常具无花的附属器（马蹄莲属除外），佛焰苞特化或否。

2.单叶。

3.叶为盾形 ………………………………………………… **3.芋属Colocasia**

3.叶非盾形。

4.肉穗花上部无不育附属器；佛炮苞常白色或黄色 ……………………………………………………………………**2.马蹄莲属Zantedeschia**

4.肉穗花序上部有顶生附属器；佛焰苞常紫色 … **5.犁头尖属Typhonium**

2.复叶，具3或3枚以上小叶。

5.胚球倒生；花、叶不同时存在；叶单一，具3枚小叶，小叶二歧分叉，裂片再羽状深裂 …………………………… **4.魔芋属Amorphophallus**

5.胚珠直立；叶非上述特征。

6.佛焰苞管喉部张开；雌雄异株，稀同株 ………… **6.天南星属Arisaema**

6.佛焰苞管喉部闭合；雌雄同株 ……………………… **7.半夏属Pinellia**

1. 菖蒲属 Acorus L.

1.叶具中肋，叶片剑状线形，长90~150cm、宽1.0~2.0(3.0)cm（各地均产）……………………………………………………………… **菖蒲A. calamus** L.

1.叶不具中肋，叶片线形，较短而狭。

2.叶片宽7.0~13mm；叶状佛焰苞长13~25cm，为肉穗花序长的2.0~5.0倍（产于黄河以南）……………………………… **石菖蒲A. tatarinowii** Schott

2.叶片宽不及6.0mm；叶状佛焰苞短，长仅3.0~9.0cm，为肉穗花序长的1.0~2.0倍（产于大别山、桐柏山、伏牛山南坡）…………………………………………………………………… **金钱菖蒲A. gramineus** Soland.

2. 马蹄莲属 Zantedeschia spreng.

马蹄莲*Z. aethiopica* Spreng.，栽培。

具根状茎。叶基生，叶柄长40~100cm；叶片心状箭形，长15~45cm、宽10~25cm，基部心形或戟形。花序柄长40~50cm；佛焰苞长10~25cm，管部短，黄色，檐部卵形，白色，先端尾状渐尖。肉穗花序长6.0~9.0cm，直径4.0~7.0mm。

3. 芋属 Colocasia Schott

1.雌花序仅含单一雌蕊；附属器钻形，长约1.0cm，为雌花序之半；叶柄绿色（各地栽培）………………………………………… **芋*C. esculenta***(L.)Schott

1.雌花序中夹杂许多棒状中性花；附属器角状，长约2.0cm；叶柄紫色（各地栽培）………………………………………………… **紫芋*C. tonoimo*** Nakai

4. 魔芋属 Amorphophallus Bl. ex Decne.

魔芋*A. rivieri* Durien，栽培或野生（产于南召、内乡）。

球茎扁球形，直径7.0~25cm。叶1枚，叶柄粗肥多浆质，光滑，暗紫色或具白色斑点；叶片3全裂；裂片长达50cm，再二至三回分裂；小裂片互生羽状排列，长4.0~8.0cm。佛焰苞漏斗状，基部席卷，管部长6.0~8.0cm，直径3.0~4.0cm，檐部长15~20cm；肉穗花序长为佛焰苞的2.0倍。

5. 犁头尖属 Typhonium Schott

独角莲*T. giganteum* Engl.，栽培或野生（嵩县、禹州及伏牛山、桐柏山区常见）。

球茎密被褐色小鳞片。叶柄下部1/3鞘状；叶戟形，长15~35cm，先端渐尖，基部箭形。花序柄长约15cm；佛焰苞紫色，管部长达6.0cm，直径约3.0cm，檐部卵形，长达15cm，先端渐尖；肉穗花序长达14cm。

6. 天南星属 Arisaema Mart.

1.叶掌状3裂。

2.叶裂片无柄；叶柄、花序柄、叶背有乳突状白色弯刺；附属器长6.5~9.0cm，伸出佛焰苞喉外较长（产于河南西部，嵩县、南召）………

…………………………………………… **刺柄南星A. asperatum** Brown

2.叶中裂片具长1.5~5.0cm之柄；叶柄、花序柄、叶背无刺，叶柄有紫色斑块；附属器长4.0~5.0cm，稍伸出佛焰苞喉外（产于黄河以南各山区）……………………………………………………… **花南星A. lobatum** Engl.

1.叶片鸟足状或辐射状分裂。

3.叶片鸟足状分裂。

4.附属器呈“之”字形上升，向上微细、延长，无柄；叶1枚，裂片13~19枚、稀7~9枚，中裂片几比侧裂片短1/2（分布广）……………………………………………………………… **天南星A. heterophyllum** Bl.

4.附属器缩短，直立，圆柱形或棒状，叶裂片5~7(9)枚。

5.附属器长圆柱形，无柄，基部具中性花；叶2枚，裂片7~9枚，中裂片宽一般不及3.0cm（产于大别山、桐柏山区）……………………………………………………… **云台南星A. du-bois-reymondiae** Engl.

5.附属器明显具柄，无中性花；叶中裂片宽(3.5)3.0cm以上。

6.叶2枚，裂片5~14枚，线状披针形、披针形、长椭圆形至倒卵形；附属器长3.5~4.0cm，粗2.0~4.0mm（产于太行山至信阳）……**朝鲜南星A. angustatum** Franch. et Sav. var. **peninsulae**(Nakai)Nakai

6.叶裂片5(3)枚。

7.叶2枚，裂片具锯齿（产于南部各山区）……………………………… **灯台莲A. sikokianum** Franch. et Sav. var. **serratum**(Mak.)Hand.-Mazz.

7.叶1枚，裂片全缘或具锯齿。

8.叶裂片全缘（产于信阳以北）…**东北南星A. amurense** Maxim.

8.叶裂片具锯齿（分布同上）…………………………………………………………… **齿叶东北南星A. amurense** var. **serratum** Nakai

3.叶片辐射状分裂，裂片7~20枚或更多，宽6.0~35mm（全省广布）……………………………………………… **一把伞南星A. erubescens**(Wall.)Schott

7. 半夏属 Pinellia Tenore

1.叶片3全裂（广布各地）……………………… **半夏P. ternata**(Thunb.)Breit.

1.叶片鸟足状分裂，裂片5~11枚 …………………… **虎掌P. pedatisecta** Schott

一四八、浮萍科 Lemnaceae

1.植物体无根，基部具1囊 …………………………………… **3.芜萍属Wolffia**
1.植物体具根，基部具2囊。
  2.根成束，多数 ………………………………………………… **1.紫萍属Spirodela**
  2.根1条 ………………………………………………………… **2.浮萍属Lemna**

1. 紫萍属 Spirodela Schleid.

紫萍S. polyrrhiza(L.)Schleid。

浮水小植物；根5~11条，聚生于叶状体下面中央，长3.0~5.0cm。叶状体扁平，倒卵形至圆形，长5.0~8.0mm、宽4.0~6.0mm，表面暗绿，下面紫红色。佛焰花序生于根基附近的侧囊内。

2. 浮萍属 Lemna L.

1.浮悬植物；叶状体具细长的柄，常数代连在一起，椭圆形或倒披针形，长8.0~10mm、宽2.0~3.0mm（广布） ………………………… **品藻L. trisulca** L.
1.漂浮植物；叶状体无柄，倒卵形或倒卵状椭圆形（广布） …………………… ……………………………………………………………… **浮萍L. minor** L.

3. 芜萍属 Wolffia Hork. ex Schleid.

芜萍W. arrhiza Wimm.，广布。

悬浮或漂浮水中，细小如沙，卵状半球形，直径0.5~1.5mm，绿色，无根无叶。花序1朵雄花1朵雌花，无佛焰苞，生于植物体表面的囊内。

一四九、谷精草科 Eriocaulaceae

谷精草属 Eriocaulon L.

1.花药黄白色；叶宽0.5~2.0mm；雌花仅具2枚离生的外轮花被片（产于伏牛山、桐柏山、大别山区） ……………………………………………………

………………… **白药谷精草E. cinereum** R. Br.(*E. sieboldianum* Sieb. et Zucc.)

1.花药黑色；叶宽4.0~6.0(8.0)mm；雌花外轮花被片合生为苞状，内轮花被片3枚，顶端有黑色腺体；花托常具长柔毛（产于大别山、桐柏山区）……………………………………………………………… **谷精草E. buergerianum** Koern.

一五〇、鸭跖草科 Commelinaceae

1.栽培观赏植物；6枚雄蕊全发育。

2.萼片与花瓣连合成筒状。

3.花瓣合生为1短管；植物体紫色 ………………… **1.紫竹梅属Setcreasea**

3.花瓣合生为1长管，植物体不完全呈紫色；叶背紫色，叶面绿色，具紫绿色或银白色的条斑 ……………………………… **2.吊竹梅属Zebrina**

2.萼片与花瓣分离；叶两面绿色；花集为伞形花序状 ……………………………………………………………… **3.紫露草属Tradescantia**

1.野生植物。

4.果浆果状而不裂，果皮黑色或蓝黑色，薄而多少有光泽；花序顶生，种子每室4至多粒，多角棱；叶大，披针形，长达20(30)cm、宽达7.0cm ……………………………………………………………… **4.杜若属Pollia**

4.果为开裂蒴果；花序顶生或否；叶较小。

5.缠绕草本；叶卵状心形；发育雄蕊6枚 ……… **5.竹叶子属Streptolirion**

5.直立或匍匐草本；叶卵状披针形、线状披针形或椭圆形，基部绝非心形；发育雄蕊3(2)枚，具1~3枚退化雄蕊。

6.总苞呈佛焰苞状；花蓝色 …………………… **6.鸭跖草属Commelina**

6.无佛焰苞状总苞；花黄色或紫色 …………… **7.水竹叶属Murdannia**

1. 紫竹梅属 Setcreasea K. Schum. et Sydow

紫竹梅S. purpurea Boom.，庭院常见栽培。

全株紫红色，高20~40cm。叶片长圆形，基部具鞘，抱茎，边缘具长纤毛。花粉色红或玫瑰紫色，簇生于总苞片内。

2. 吊竹梅属 Zebrina Schnizl.

吊竹梅Z. pendula Schnizl.，庭院栽培。

茎长40~80cm，多分枝，披散或悬垂，具淡紫色斑纹。叶卵状椭圆形，宽2.0~2.5cm，先端渐尖，基部鞘状，表面紫色或绿色，杂以白色条纹，下面紫红色。花簇生于2枚苞片内；花冠管白色，裂片玫瑰色。

3. 紫露草属 Tradescantia L.

1.茎匍匐；叶长圆形或卵状长圆形；花白色；盆栽 ………………………………………………………………………… **白花紫露草T. fluminensis** Vell.

1.茎直立；叶线形；花蓝紫色 ………………………………… **紫露草T. reflexa** Raf.

4. 杜若属 Pollia Thunb.

杜若P. japonica Thunb.，产于桐柏。

根状茎细长横走。茎不分枝，高达90cm，被短柔毛。叶常聚生茎顶；叶片长椭圆形，宽3.0~7.0cm，先端长渐尖，基部渐狭，下面生细毛。蝎尾状聚伞花序长2.0~4.0cm，轮生于圆柱状圆锥花序的主轴上；花白色。

5. 竹叶子属 Streptolirion Edgew.

竹叶子S. volubile Edgew.，产于伏牛山区。

缠绕茎长达1.0m，常节部生根。叶圆卵形，宽3.0~5.0cm，先端短尾状尖，基部深心形。聚伞花序；花淡紫色，后变白色，直径5.0~6.0mm，花瓣条形，花丝具黄色柔毛。蒴果长约8.0mm，直径3.0~4.0mm，先端喙长2.0~3.0mm。

6. 鸭跖草属 Commelina L.

1.叶披针形或卵状披针形，先端锐尖，近无柄；总苞边缘不结合，呈宽心形（产于各地） ………………………………………… **鸭跖草C. communis** L.

1.叶阔卵形、卵状椭圆形至近圆形，先端圆钝，具明显叶柄；总苞边缘合生，呈漏斗状（产于各地） …………… **饭包草**（火柴头）**C. bengalensis** L.

7. 水竹叶属 Murdannia Royle

1.退化雄蕊顶端戟形，不分裂；花1~5朵簇生叶腋；水生或沼生。
2.蒴果长圆状三棱形，长6.0~7.0mm、宽约4.0mm，两端稍钝；种子不扁；萼片长4.0~6.0mm（产于河南南部）………………………………………………………………………………………… **水竹叶M. triquetra**(Wall.)Bruckn.
2.蒴果长椭圆形，具不明显三棱，长8.0~10mm、宽2.0~3.0mm，两端急尖；种子扁；萼片长6.0~10mm（产于河南南部）………………………………………………………………………… **疣草M. keisak**(Hassk.)Hand.-Mazz.
1.退化雄蕊顶端3全裂；聚伞花序短而密集，顶生。
3.种皮有窝孔；植株无丛生基生叶；茎及花梗纤细；聚伞花序排为松散圆锥花序（产于河南南部）…………… **裸花水竹叶M. nudiflora**(L.)Brenan
3.种皮无窝孔，而有辐射条纹及白色细网纹；基生叶莲座状；花梗早期较粗壮，上升；聚伞花序1~2(3)朵聚集为近头状圆锥花序（产于商城）…………………………… **牛轭草M. loriformis**(Hassk.)Rolla Rao et Kammathy

一五一、雨久花科 Pontederiaceae

1.花具梗；花被片近离生；叶柄无膀胱状气囊 ……… **1.雨久花属Monochoria**
1.花无梗；花被片下部合生成管状；叶柄具膀胱状气囊 ………………………………………………………………………… **2.凤眼莲属Eichhornia**

1. 雨久花属 Monochoria Presl

1.植株高30~60cm；叶卵状心形，基部阔深心形，长5.0~10cm、宽4.0~8.0cm（产于各地）………………………… **雨久花M. korsakowii** Regel et Maack
1.植株高不超过30cm；叶卵形至卵状披针形，基部圆形至微心形，长3.0~6.0cm、宽1.5~4.0cm（产于桐柏山、大别山区，信阳）………………………………………………………………… **鸭舌草M. vaginalis**(Burm. f.)Presl

2. 凤眼莲属 Eichhornia Kunth

凤眼莲（水葫芦）**E. crassipes**(Mart.)Solms，河南南部偶见栽培。

浮水草本或根生于泥中；茎极短，具长匍匐枝。叶基生，卵形、倒卵形或菱形，宽12~13cm，叶柄中部以下膨大为葫芦形气囊。花莛高15~30cm，穗状花序6~12朵花；花蓝紫色，直径3.0~4.0cm，花被管长15~17mm。

一五二、灯心草科 Juncaceae

1.叶鞘闭合；叶缘多少具缘毛；蒴果有3粒种子 ………… **1.地杨梅属Luzula**

1.叶鞘常开放；叶片无毛；蒴果具多数种子 ……………… **2.灯心草属Juncus**

1. 地杨梅属 Luzula DC.

1.花在分枝上单生，集为圆锥花序或复伞形花序；花被片长3.0~4.0mm，暗褐色；花药稍长于花丝；种阜与种子等长，长1.5~2.0mm（产于商城、灵宝）………………………………………… **羽毛地杨梅L. plumosa** E. Mey.

1.头状花序数个，排成聚伞花序式。

2.花被长2.5~3.0mm；花药长于花丝约1.5倍；种阜长约为种子的1/3~1/2（产于太行山、伏牛山区）………… **多花地杨梅L. multiflora**(Retz.)Lej.

2.花被长1.5~2.0mm；花药短于花丝；种阜极短（产于河南北部）………………………………………… **华北地杨梅L. oligantha** G. Sam.

2. 灯心草属 Juncus L.

1.叶仅有鞘状或鳞片状低出叶围以及茎基部，叶片退化为刺芒状；总苞片圆柱形似茎之延伸；花序假侧生，花单生，有小苞片。

2.雄蕊6枚；茎直径1.2~4.0mm，具间断片状髓；花长约3.2mm；果三棱状长圆形或卵状长圆形（产于伏牛山区）…………………………………… **片髓灯心草J. inflexus** L.(*J. glaucus* Ehrh.)

2.雄蕊3枚。

3.茎直径1.5~4.0mm；花被片线状披针形，外轮稍长；果长圆形，3室（产于各地区）……… **灯心草J. effusus** L.［*J. dicipiens*(Buch.)Nakai］

3.茎直径1.0~1.5mm；花被片卵状披针形，内外轮等长；果卵形，具3个不完全隔膜（产于大别山、桐柏山、伏牛山区）………………………

…………… **野灯心草J. setchuensis** Buch.(*J. setchuensis* var. *effusoides* Buch.)

1.叶基生，或基生与茎生并存；总苞片叶状或缺如；花序顶生，若假侧生则总苞片叶状或稍扁平。

4.一年生；单花多朵组成聚伞花序（占茎长的1/4~4/5）；果三棱状椭圆形，长3.0~4.0(5.0)mm；无叶耳；花被片长3.2~6.0mm，外轮具宽膜质边，内轮几全膜质（产于各地）………………… **小灯心草J. bufonius** L.

4.多年生，有根状茎。

5.花单生，雄蕊6枚。

6.花多数，组成聚伞状或圆锥状花序；花小，花被片长1.8~4.0mm。

7.花被片长1.8~2.6mm，顶端钝圆；果明显超出花被片；花药与花丝近等长或稍较长（产于各地区）……………… **扁茎灯心草**（细灯心草）**J. compressus** Jacq.［*J. gracillimus*(Buch.)V. Krecz et. Gontsch.］

7.花被片长(3.1)3.5~4.0mm，先端锐尖；花药短于花丝（产于伏牛山区）…………………………………… **坚被灯心草J. tenuis** Willd.

6.花3~5朵组成聚伞花序；外轮花被片长4.3~5.5mm，内轮长5.0~7.0mm（产于灵宝）……………………… **分枝灯心草J. modestus** Buchen.

5.花2至多朵组成头状花序，头状花序单生茎顶或集为聚伞状、圆锥状花序。

8.叶具横隔。

9.种子具尾状附属物，锯屑状；头状花序单一顶生，多花；花被长5.0~8.0mm（产于灵宝）…………… **葱状灯心草J. allioides** Franch.

9.种子无尾状附属物，不为锯屑状；头状花序多数并集为聚伞或圆锥花序式。

10.叶具完全横隔，圆柱形或稍扁，宽1.0~2.0mm。

11.雄蕊6枚，花药与花丝等长或稍较长；花被长2.5~3.0mm；头状花序5~10(5)朵花；果先端有极短尖头（产于大别山、桐柏山、伏牛山区）……………………………… **小花灯心草J. articulatus** L.(*J. orbiculatus* L.; *J. lampocarpus* Ehrh.)

11.雄蕊3枚，花药短于花丝；花被长约2.0mm；头状花序常2~4朵花；果先端长渐尖（产于卢氏）………………………………………………… **乳头灯心草J. papillosus** Franch. et Sav.

10.叶具不完全横隔，扁平，宽(1)2.0~4.0mm。

12.雄蕊6枚；茎扁平，两侧具宽翅（产于大别山、桐柏山、伏牛山区）…………………………………… **翅茎灯心草J. alatus** Franch. et Sav.

12.雄蕊3枚；茎稍扁，两侧几无翅或有狭翅。

13.花被片等长或内轮稍短；头状花序半球形或近球形；果三棱状圆锥形（产于各地）…………………………………………………………
笄石菖（江南灯心草）**J. prismatocarpus** R. Br.(*J. leschenaultii* Gay)

13.花被片内轮长于外轮；头状花序星芒状球形；果三棱状长圆形（产于大别山、桐柏山、伏牛山区）………………………………… ……………………………… **星花灯心草J. diastrophanthus** Buchen.

8.叶无横隔；头状花序单生茎顶，2朵花；茎纤细，直径0.3~0.5mm，高5.0~15cm（产于嵩县、确山）…………… **单枝灯心草J. potaninii** Buchen.

一五三、百部科 Stemonaceae

百部属 Stemona Lour.

直立百部S. sessilifolia(Miq.)Miq.，产于伏牛山、桐柏山、大别山区。

块根肉质，纺锤状。茎高达60cm，不分枝。叶3~4枚轮生，近无柄，卵状长圆形或卵状披针形，宽2.0~4.0cm，全缘。花单生于茎下部鳞片腋内，花梗细长；花被片4枚，淡绿色；雄蕊4枚，紫色。

一五四、百合科 Liliaceae

1.植株具根状茎，绝不为鳞茎。

2.叶3~15枚，在茎顶端排为1轮；花单生茎顶，外轮花被片叶状，绿色；植株貌似两轮叶。

3.叶3片轮生；花3基数，内轮花被片比外轮花被片稍狭 ………………… ……………………………………………………… **26.延龄草属Trillium**

3.叶4至多片轮生；花4基数或更多，内轮花被片远比外轮为狭 ………………………………………………………………………………… **25.重楼属Paris**

2.叶和花非上述情况。

4.叶片顶端卷曲；花被片合生成筒；浆果 ………… **24.黄精属Polygonatum**

4.叶片顶端不卷曲。

5.叶退化为鳞片；叶状枝针状，扁圆柱形或近条形，宽在2.0(3.0)mm以下，2至多数簇生 ………………………………… **27.天门冬属Asparagus**

5.植株有宽大绿叶，不具叶状枝。

6.叶具网状支脉；伞形花序，雌雄异株；花被片离生；通常为攀缘灌木，极少草本 ……………………………………… **31.菝葜属Smilax**

6.叶通常具平行支脉；花两性；草本植物，很少茎木质化。

7.茎多少木质化，常能增粗，具近环状的叶痕；叶通常聚生于茎上部或顶端；圆锥花序。

8.叶坚挺，无柄，顶端有明显具常变为黑色的刺；花大，长3.0~4.0cm……………………………………… **32.丝兰属Yucca**

8.叶顶端不具明显变为黑色的刺；花小，长约1.0cm；叶柄长10~30cm …………………………………… **33.朱蕉属Cordyline**

7.茎草质，不为上述情形；叶基生或茎生；花序不为圆锥花序（吊兰属、鹿药属例外）。

9.果实在未成熟前，已作不整齐开裂；成熟种子为小核果状。

10.花近直立；子房上位；花丝与花药近等长或长于花药 ………………………………………………**28.山麦冬属Liriope**

10.花多少俯垂；子房半下位；花丝不明显或长不及花药之半 ………………………………… **29.沿阶草属Ophiopogon**

9.浆果或蒴果，成熟前绝不开裂；成熟种子也非小核果状。

11.叶基生或近基生，直立茎极短，茎生叶不发达（有时花莛有明显少数茎生叶，且逐渐过渡为苞片）。

12.叶肉质、肥厚、边缘有刺状小齿 ……… **6.芦荟属Aloe**

12.叶硬草质至草质，边缘不具刺状小齿。

13.花单生，坛状，直接从根状茎抽出，花梗很短，使花接近地面……………… **19.蜘蛛抱蛋属Aspidistra**

13.花排成种种花序，通常从叶丛抽出，高举于地面之上。

14.叶刚硬，坚挺，粗厚（厚达2.0~5.0mm）。

15.叶直立，淡绿色而有深绿色横斑纹 ………… **34.虎尾兰属Sansevieria**

15.叶斜展，不具上述斑纹 ………………………………… **32.丝兰属Yucca**

14.叶柔软，草质，薄。

16.植株常具2枚椭圆形的叶，稀3枚；叶柄鞘状，套叠而成长的假茎；花被片合生为钟状，花俯垂……………………… **15.铃兰属Convallaria**

16.植株具4至多数叶；叶柄和花非上述情况。

17.根状茎细长，匍匐地面或浅土中，每隔一定距离向上发出叶丛，向下生出根束 ………………………… **16.吉祥草属Reineckia**

17.无根状茎或根状茎很短，如较长也近直立。

18.叶带状或条形，有时为狭条状倒披针形，一般宽不及3.0cm，无明显叶柄。

19.花被片多少贴生于子房，子房半上位；花序轴有毛 …… …………………………………………… **30.粉条儿菜属Aletris**

19.花被与子房分离，子房上位；花序轴通常无毛。

20.花大，花被近漏斗状，长5.0cm以上 ………………… ………………………………………… **5.萱草属Hemerocallis**

20.花小，非漏斗状，长不及3.0cm。

21.穗状花序，花被片合生成钟状，浆果。

22.花被裂片明显可见……… **17.开口箭属Tupistra**

22.花被裂片不明显………… **18.万年青属Rohdea**

21.圆锥花序，花被片离生；蒴果具三条棱 ………… ………………………… **3.吊兰属Chlorophytum**

18.叶椭圆形、卵形或倒披针形，宽3.0~5.0cm或更宽，有柄。

23.花大，长4.0~13cm；叶柄明显长于叶片；蒴果 ………… …………………………………………………… **4.玉簪属Hosta**

23.花较小，长不及1.5cm；叶柄短于叶片；浆果或浆果状。

24.穗状花序，常多少肉质；花被片合生。

25.花被裂片明显可见 ………… **17.开口箭属Tupistra**

25.花被裂片不明显 ………………………………… **18.万年青属Rohdea**

24.总状花序，花被片离生，花梗具毛；浆果状，后期顶端开裂 ……… ……………………………………………… **20.七筋姑属Clintonia**

11.叶茎生，无基生叶；植株有明显近直立茎。

26.叶肉质、肥厚，多汁 …………………………………… **6.芦荟属Aloe**

26.叶草质至革质，不为上述情况。

27.花或花序腋生。

28.茎常分枝；花被片离生，基部多少具囊或距 ………………… ……………………………………… **23.万寿竹属Disporum**

28.茎不分枝；花被片合生，花被裂片齿状 ……………………… ……………………………………… **24.黄精属Polygonatum**

27.花或花序顶生于茎或枝端，有时兼有腋生。

29.花被片4枚，雄蕊4枚；叶通常2(3)枚，基部心形，有明显的叶柄 ………………………………… **22.舞鹤草属Maianthemum**

29.花被片6枚，雄蕊6枚；叶常多于3枚，基部一般不为心形，如为心形必抱茎，且无明显的叶柄。

30.蒴果；柱头裂片3枚，扁丝状，长4.0mm以上，外弯，每裂片顶端又2深裂；外轮花被片基部具囊 ……………………… ………………………………………… **2.油点草属Tricyrtis**

30.浆果；柱头非上述情况；内、外轮花被片基部全部无囊或全部具囊（距）。

31.茎常分枝；内、外轮花被片基部多少具囊或距 ……… ……………………………………… **23.万寿竹属Disporum**

31.茎不分枝；花被片基部无囊或距；圆锥花序或总状花序 ……………………………………… **21.鹿药属Smilacina**

1.植株具鳞茎，鳞茎为球形至卵形，或近圆柱形（如葱白状）。

32.伞形花序，未开放前被非绿色膜质总苞所包；多有葱蒜味 ………… ………………………………………………………… **14.葱属Allium**

32.非伞形花序，如为伞形花序则总苞叶状，在蕾期不包住花序；一般无葱蒜味。

33.圆锥花序；花药肾形，背着，汇合为1室，横缝开裂 ……………………………………………………………………… **1.藜芦属Veratrum**

33.花单生或排为种种花序，但绝不为圆锥花序；花药条形、长圆形或其他形状，绝非肾形，2室，直缝开裂。

34.叶心形，具网状脉 ……………………………**12.大百合属Cardiocrinum**

34.叶其他形状，无网状脉。

35.花几十朵或更多排为密集的总状花序；基生叶条形，宽不及1.0cm ……………………………………………………… **13.绵枣儿属Scilla**

35.花1至数朵，至多10余朵，排为稀疏的种种花序；叶通常茎生，或兼有基生叶。

36.鳞茎由白粉质鳞片组成，鳞片或2~3片而呈贝壳状，或多片呈米粒状；花俯垂，花被片基部有蜜腺窝 ………… **10.贝母属Fritillaria**

36.鳞茎不具白粉质鳞片；花仰立或开展；花被片基部无蜜腺窝；叶全茎生。

37.花药丁字着生；叶多数；花1至多朵，常平展或斜出；植株高40cm以上………………………………………………**11.百合属Lillium**

37.花药基着；植株通常高40cm以下。

38.叶2~5枚生于茎中下部；花单生茎顶，仰立，花被片长于2.0cm ………………………………………… **9.郁金香属Tulipa**

38.叶线形，基生，茎生叶苞片状；花2~5朵成伞形排列，花被片长不及2.0cm。

39.花被片果期宿存，并明显增大和变厚，常变为中部绿色，边缘白色，通常比蒴果长1.0倍以上（至少长0.5倍）…………………………………………………… **7.顶冰花属Gagea**

39.花被片果期枯萎，不增大，也不一定脱落，通常短于蒴果，极少近等长于蒴果 ……………… **8.洼瓣花属Lloydia**

1. 藜芦属 Veratrum L.

1.叶无柄或茎上部叶稍具柄，宽椭圆形或卵状椭圆形；花黑紫色（产于各山区）…………………………………………………………**藜芦V. nigrum** L.

1.叶有柄。

2.侧生总状花序上花梗长约为花被的2.0倍，长超过10mm；叶下面脉上有乳突状毛（产于伏牛山区）……………… **长梗藜芦V. oblongum** Loes. f.

2.侧生总状花序花梗长约等于花被，长5.0~7.0mm；叶片带状或狭长矩圆形（产于大别山区）………………… **黑紫藜芦V. japonicum**(Baker)Loes. f.

2. 油点草属 Tricyrtis Wall.

1.花绿白色或白色，完全开放后，花被片自中下部向外反折（产于伏牛山、大别山、桐柏山区）……………………………… **油点草T. macropoda** Miq.

1.花黄绿色，完全开放后，花被片向上斜展或近水平伸展（产于伏牛山、桐柏山区）………… **黄花油点草T. maculata**(D. Don)Machride(*T. pilosa* Wall.)

3. 吊兰属 Chlorophytum Ker–Gawl.

1.叶宽0.5~1.5cm；花茎常变为匍匐枝；近花序末端，常有叶簇和幼小植株，各地栽培观赏 ……………………………… **吊兰C. comosum**(Thunb.)Baker

1.叶宽1.5~2.5cm；花茎常直立；花序末端无叶簇或幼小植株…………………………………………………………………… **宽叶吊兰C. capense**(L.)Kuntze

4. 玉簪属 Hosta Tratt.

1.花白色，长10cm以上；苞片长2.5~7.0cm（栽培观赏）……………………………………………………………… **玉簪H. plantaginea**(Lam.)Aschers.

1.花紫色或紫红色，长4.0~6.5cm；苞片长1.0~2cm；叶长与宽相等或稍长（产于桐柏山、大别山、内乡）………… **紫萼H. ventricosa**(Salisb.)Stearn.

5. 萱草属 Hemerocallis L.

1.苞片披针形或很小，宽2.0~5.0(7.0)mm；花疏离，绝不簇生。

2.花淡黄色。

3.花被管长3.0~5.0cm（产于各地）……………… **黄花菜H. citrina** Baroni

3.花被管长1.0~2.5cm，花序几乎不分枝，具1~2(3)朵花（产于太行山、伏牛山区）……………………………… **小黄花菜H. minor** Mill.

2.花橘红色，或橘黄色至暗金黄色。

4.花暗金黄色；根中下部无纺锤状膨大（产于鸡公山）…………………………………………………………………… **多花萱草H. multiflora** Stout

4.花橘红色至橘黄色，内花被裂片下部有倒"V"形彩斑，花被管长2.0~4.0cm；根中下部有纺锤状膨大（各地栽培逸生）…………………………………………………………………… **萱草H. fulva**(L.)L.

1.苞片宽卵形、卵形或卵状披针形，宽8.0~15mm；花序通常缩短，花近簇生或彼此靠近。

5.花序强烈缩短为近头状，花近簇生；苞片卵状披针形，至少包住或遮蔽花被管全长的1/3以上；花长5.0~7.0cm（产于太行山至伏牛山区）……………………………………………………………… **小萱草H. dumortier** Morr.

5.花序稍缩短，花彼此靠近；苞片仅包住花被管基部或花被管几完全外露（产于嵩山、灵宝）…………………………… **北萱草H. esculenta** Koidz.

6. 芦荟属 Aloe L.

1.叶近簇生，或在幼小植株上稍呈2列着生；花淡黄色（温室常见栽培）……………………………………… **芦荟A. vera** L. var. **chinensis**(Haw.)Berg.

1.叶辐射状密集簇生；花赤黄色 ………………… **花叶芦荟A. saponaria** Haw.

7. 顶冰花属 Gagea Salisb.

1.植物仅有1枚基生叶，无茎生叶，仅花序基部具1枚叶状总苞片；种子球形；褐黄色鳞茎皮内有1团小鳞茎；植物无毛；花被片长6.0~9.0mm（产于嵩县白云山）……………………………………… **小顶冰花G. hiensis** Pasch.

1.植物除基生叶外，茎上生有2~5枚互生叶，无明显的总苞片；种子扁平。

2.柱头3裂，裂片长超过1.0mm（占花柱长度的1/3左右）（记载河南产，未见标本）………………………………… **少花顶冰花G. pauciflora** Turcz.

2.柱头头状；鳞茎基部有少数几个散生小鳞茎；花被片长10~12mm（产于灵宝）…………………… **三花顶冰花G. triflora**(Ledeb.)Roem. Et Schult.

8. 洼瓣花属 Lloydia Reichb.

1.基生叶2(1)枚；花丝无毛；花被片白色而有紫斑，长10~15mm；蒴果近倒卵形，长宽各6.0~7.0mm（记载产于太行山、伏牛山区，未见标本）……………………………………………………………… **洼瓣花L. serotina**(L.)Reichb.

1.基生叶3~8枚，花丝除上部外密生柔毛；花被片黄色，有淡紫绿脉，长13~20mm；蒴果长圆形，长15~25(30)mm（产于济源、灵宝）………………………………………………………… **西藏洼瓣花L. tibetica** Baker ex Oliver

9. 郁金香属 Tulipa L.

1.花大，花被片长5.0~7.0cm，柱头增大呈鸡冠状（栽培花卉）……………………………………………………………………… **郁金香T. gesneriana** L.

1.花小，花被片长不超过3.0cm；柱头不呈鸡冠状。

2.叶窄长，长10~25cm，宽5.0~9.0（12）mm，远长于花；苞片2枚，对生（稀3枚轮生）；鳞茎皮黑色，厚纸质，内面密被长柔毛（产于大别山、桐柏山至伏牛山区南坡）…………………… **老鸦瓣T. edulis**(Miq.)Baker

2.叶较宽短，长7.0~15cm，宽5.0（9.0）~12mm，稍长于花；苞片3~4枚轮生（稀2枚对生）；鳞茎黄白色，薄膜质，无毛（产于桐柏）…………………………………………………………… **二叶郁金香T. erythronioides** Baker

10. 贝母属 Fritillaria L.

1.鳞茎卵圆形或近球形，由2(3)枚白色粉质鳞片互抱而成，内中常有2~3对小鳞片；柱头裂片长不超过5.0mm。

2.叶状苞片先端明显卷曲成圈。

3.花1~6朵，淡黄色，有时稍带紫色；叶互生、对生、轮生兼有；蒴果棱翅宽7.0~8.0mm（引种栽培）……………… **浙贝母F. thunbergii** Miq.

3.花单朵，极稀2~3朵，紫色至黄绿色；叶常对生，少数在中部兼有互生或轮生的；果翅宽1.0~1.5mm（引种栽培）…………………………………………………………………… **川贝母F. cirrhosa** D. Don

2.叶状苞片先端伸直或有时弯曲，但绝不卷曲成圈。

4.叶宽3.0~5.0(10)mm；蒴果翅宽1.0~1.5mm；叶状苞片宽2.0~4.0mm，先

端多少弯曲为钩状 ………………………………… **川贝母F. cirrhosa** D. Don

4.叶宽15~45mm；蒴果翅宽6.0~8.0mm；叶状苞片先端不卷曲（产于商城）……………………………………………… **天目贝母F. monantha** Migo

1.鳞茎莲座状，由2~3枚 肾形鳞片包着25~45个米粒状小鳞片；轮生叶1~3轮，并兼有少数散生、对生叶；花1~2朵；柱头裂片长4.0~6.0mm；叶状苞片先端不卷曲（产于舞阳，灯台山）…… **舞阳贝母F. wuyangensis** Z.Y. Gao

11. 百合属 Lilium L.

1.花喇叭形或钟状，花被片先端外弯、稍弯至不弯。

2.花喇叭形，白色，花被片先端外弯，花丝中部以下密被柔毛（产于伏牛山、桐柏山、大别山区）……… **野百合L. brownii** F. E. Brown ex Miellez

变种：**百合**var. **viridulum** Baker［*L. brownie* var. *colchesteri*(Van Houtte) Wils. ex Elwes］，叶倒披针形至倒卵形（生于各山区或栽培）。

2.花钟形，红色，花被片先端不弯或稍外弯，花丝无毛（产于太行山、伏牛山、桐柏山区）………………………………………… **渥丹L. concolor** Salisb.

1.花非喇叭形或钟形，花被片反卷。

3.茎上部叶腋间具珠芽，花橙红色，有紫黑色斑点（产于各山区）………………………………………………………………… **卷丹L. lancifolium** Thunb.

3.茎上部叶腋间无珠芽。

4.叶窄披针形；花红色，有紫色斑点，花被片有流苏状突起（产于太行山、伏牛山区）…………………………………………………………………………… **大花卷丹L. leichtlinii** Hook. f. var. **maximowiczii**(Regel)Baker

4.叶条形。

5.苞片先端增厚；花被片红色或淡红色，几无斑点，花柱短于子房（产于大别山、桐柏山区）…… **条叶百合L. callosum** Sieb. et Zucc.

5.苞片先端不增厚。

6.花紫红或鲜红色，通常无斑点或偶见几个斑点（产于太行山、伏牛山、鸡公山，商城）………………………………………………………………………… **山丹L. pumilum** DC.(*L. tenuifolium* Fisch.)

6.花橙黄色，有紫黑色斑点；茎密被小乳头状突起（产于伏牛山

区）……………………………………………………川百合**L. davidii** Duchartre

12. 大百合属 Cardiocrinum(Endl.)Lindl.

1.总状花序具10~16朵花，花无苞片；株高1.0~2.0m，茎直径2.0~3.0cm（产于伏牛山区）…………………………………………………………………… **大百合 C.giganteum**(Wall.) Makino(*Lilium giganteum* var. *yunnanense* Leichtlin ex Elwes)

1.总状花序3~5朵花，花具苞片；植株高0.8~1.0m，直径1.0~2.0cm（产于大别山、桐柏山至伏牛山南坡）……………………………………………………………………………………………… **荞麦叶大百合C. cathayanum**(Wils.)Stearn

13. 绵枣儿属 Scilla L.

绵枣儿S. scilloides(Lindl.)Druce，产于各山区。

鳞茎黑褐色，直径1.0~2.0cm，有黏液。基生叶线形或线状披针形，宽3.0~10mm。花茎高达60cm，总状花序多花，花粉红色至紫色；花被片长圆形，长约4.0mm，中脉淡紫红色。蒴果长约5.0mm。

14. 葱属 Allium L.

1.叶常2片，对生状，少为1或3片，条形至卵圆形，基部常收缩为柄（太白韭叶柄不明显）；子房每室1个胚珠。

2.外轮花被片比内轮的狭。

3.叶倒披针状椭圆形至椭圆形，基部楔形，沿叶柄下延（产于太行山、伏牛山、桐柏山区）…………………………………… **茖葱A. victorialis** L.

3.叶椭圆形至卵圆形，基部圆形至心形，急骤收狭成叶柄（产于太行山、伏牛山、桐柏山区）… **对叶韭A. victorialis** L. var. **listera** J. M. Xu

2.外轮花被片比内轮的宽，或近等宽。

4.叶披针状长圆形或卵状长圆形，基部圆形至心形，叶柄明显（产于伏牛山西南部，嵩县）……………… **卵叶韭A. ovalifolium** Hand.-Mazz.

4.叶条形、条状披针形、椭圆状披针形或椭圆状倒披针形，叶柄不明显（产于伏牛山区，海拔2 000m以上）……**太白韭A. prattii** C. H. Wright

1.叶数片，带形、条形、半圆柱状、圆柱状、管状，基部不收缩为叶柄；每个房室2至数个胚珠。

5.鳞茎圆柱状、圆锥状或卵状圆柱形，常数枚聚生；根状茎明显。

6.鳞茎外皮破裂成纤维网状、近网状或松散纤维状。

7.花白色、淡红色、紫红色或黑紫色。

8.花丝常短于或近等长于花被片；内轮花丝基部不具齿。

9.叶条形、扁平，实心；花白色，常具绿色中脉（栽培或野生）……………………………………… **韭A. tuberosum** Rottl. ex Spreng.

9.叶三棱状条形，宽1.5~8.0mm，背面具纵棱，中空；花白色稀淡红色，常具淡红色中脉（产于太行山、伏牛山） **野韭A. ramosum** L.

8.花丝为花被片长的1.5~2.0倍，内轮花丝基部具齿片(产于伏牛山) ………………………………………………… **多叶韭A. plurifoliatum** Rendle

7.花蓝色或紫蓝色；叶条形、扁平；花梗为花被片长的1.0~1.5倍；内轮花丝基部具长齿（产于太行山）…………………………………………………………………………… **雾灵韭A. plurifoliatum** var. **stenodon** J. M. Xu

6.鳞茎外皮革质、薄革质、纸质或膜质，不破裂、片裂、条裂，或仅顶端呈纤维状。

10.花丝比花被片短；叶半圆柱状或近圆柱状。

11.叶、花莛和小花梗光滑，或仅在叶和小花梗的纵棱上具细糙齿，但花莛光滑；小花梗长5.0~15mm，近等长；叶直径0.3~1.0mm（产于太行山、伏牛山）………………………… **细叶韭A. tenuissimum** L.

11.叶、花莛和小花梗沿纵棱均具细糙齿；叶直径1.0~4.0mm（产于太行山、伏牛山）……………………………………………………………… **糙葶韭A. anisopodium** Ledeb. var. **zummermannianum**(Gilg)Wang et Tang

10.花丝近等长于或长于花被片。

12.鳞茎具粗壮横走的根状茎；花莛有二纵棱而呈二棱柱状；花淡红色、淡紫色至紫红色；叶宽2.0~10mm（产于河南西北部，栾川、内乡）…………………………………………………… **山韭A. senescens** L.

12.鳞茎具有直立的根状茎；花莛圆柱状。

13.叶宽条形至条状披针形，宽5.0~23mm；总苞片具长喙，长达7.0cm；花白色（产于河南西部）……………………………………………………………… **天蒜A. paepalanthoides** Airy-Shaw

13.叶条形，宽2.0~6.0(8.0)mm；总苞片具短喙；花淡红色、紫色或蓝色。

14.伞形花序松散；花淡红色、淡紫色或紫色；内轮花丝基部每侧各具1齿片，齿片顶端具2至数个不规则小齿；小花梗长为花被片的2.0~4.0倍 ………………………………… **多叶韭A. plurifoliatum** Rendle

14.伞形花序半球状至近球状，具密集的花；花蓝色或紫蓝色，稀紫色；内轮花丝基部每侧各具1长齿，有时齿的上部又具小齿；小花梗长为花被片的1.0~1.5倍 … **雾灵韭A. plurifoliatum** var. **stenodon** J. M. Xu

5.鳞茎球形、卵球形或卵形，若为圆柱形至卵状圆柱形，则叶粗壮为中空圆柱状，常单生；根状茎不明显。

15.叶为中空、平滑的圆柱状，通常粗壮。

16.鳞茎圆柱状，外皮常白色，稀淡红褐色，膜质；小花梗基部无小苞片，花白色（栽培） ……………………………… **葱A. fistulosum** L.

16.鳞茎扁球状、球状、卵球状至长圆状球形，稀为基部增粗的圆柱状；小花梗基部具小苞片；内轮花丝基部具齿。

17.植株单生，或仅2~3株聚生，抽莛开花。

18.鳞茎扁球形至球形；伞形花序全为花，无珠芽；花被片粉白色，具绿色中脉。栽培 ……………………………… **洋葱A. cepa** L.

18.鳞茎卵状至卵状长圆形；伞形花序具大量珠芽；花被片白色，具淡红色中脉。栽培 ……………**红葱A. cepa** var. **proliferum** Regel

17.植株密集丛生，不抽莛开花；鳞茎长圆状卵形、狭卵形或卵状圆柱形，外皮红褐色、紫红色、黄红色至黄白色（栽培） ……………………………………………… **火葱A. ascalonicum** L.

15.叶条形、三棱状条形、棱柱状或半圆柱形，稀为中空圆柱状但不粗壮。

19.子房每室2个胚珠。

20.内轮花丝基部扩大，每侧各具1齿，齿端长丝状，长于中间的着药花丝。

21.伞形花序全为花，花丝长于花被片（栽培，少见） ……………………………………… **韭葱A. porrum** L.

21.伞形花序密具珠芽，间有数花；花丝短于花被片（栽培） ……………………………………… **蒜A. sativum** L.

20.内轮花丝全缘，或基部每侧各具1齿或齿片，齿或齿片均短于中间的花丝。

22.鳞茎近球形；小花梗基部具小苞片；内轮花丝基部无齿（产于各地）……………………………………………… **薤白*A. macrostemon*** Bge.

22.鳞茎卵状或狭卵状。

23.内轮花丝基部具齿或齿片；叶具3~5条纵棱，中空（栽培或野生）……………………………………………… **藠头*A. chinense*** G. Don

23.内轮花丝基部无齿；叶三棱状条形，背面具1条纵棱（产于各山区）…………………………………… **球序韭*A. thunbergii*** G. Don

19.子房每室4至多枚胚珠；花被片中下部靠合为管状；小花梗长0.8~4.0(7.0)cm；花被片长5.0~7.0(8.0)mm（产于太行山、伏牛山）………………………………………………………… **合被韭*A. tubiflorum*** Rendl.

15. 铃兰属 Convallaria L.

铃兰*C. majalis* L.，产于太行山、伏牛山区。

根状茎粗短，常发出细长匍匐茎。全株无毛。高达30cm。叶2(3)枚，基生，椭圆形或卵状披针形，宽3.0~8.5cm；叶柄长8.0~20cm，鞘状包卷形成假茎。总状花序偏向一侧，花白色，长、宽各5.0~7.0mm。

16. 吉祥草属 Reineckia Kunth

吉祥草*R. carnea*(Andr.)Kunth，产于河南南部，嵩县、内乡、桐柏。

匍匐茎粗2.0~3.0mm。叶簇生，条形至披针形，长10~35cm、宽0.5~3.5cm，基部渐狭为柄。花茎长5.0~15cm，穗状花序；花粉红色，芳香。花被裂片长5.0~7.0mm。浆果球形，鲜红色，直径6.0~10mm。

17. 开口箭属 Tupistra Ker-Gawl.

开口箭*T. chinensis* Baker，产于卢氏、栾川。

根状茎直径10~15mm。叶4~8枚基生，倒披针形至条形，宽1.5~5.5cm。穗状花序侧生，多花；花短钟状，花被筒长2.0~2.5mm，裂片长3.0~3.5mm，黄色或黄绿色。浆果紫红色，直径8.0~10mm。

18. 万年青属 Rohdea Roth

万年青R. japonica(Thunb.)Roth，盆栽观赏。

根状茎粗1.5~2.5cm。叶3~6枚基生，矩圆形或披针形，宽2.5~7.0cm。花茎短于叶，长2.5~4.0cm；穗状花序，具几十朵密集的花；花被淡黄色，长4.0~5.0mm。浆果直径约8.0mm，红色。

19. 蜘蛛抱蛋属 Aspidistra Ker-Gawl.

蜘蛛抱蛋A. elatior Bl.，栽培观赏。

根状茎直径5.0~10mm。叶单生；叶柄粗壮，长5.0~35cm，基部包以3~4层叶鞘；叶片矩圆状披针形至椭圆形，宽8.0~11cm，边缘皱波状。总花梗从根状茎上抽出，长5.0~20mm；花单一顶生，钟状，直径约15mm，紫色。

20. 七筋姑属 Clintonia Raf.

七筋姑C. udensis Trautv. et Mey.，产于太行山、伏牛山，嵩县。

根状茎较硬，粗约5.0mm。叶3~4枚基生，椭圆形至倒披针形，宽3.0~16cm，先端骤尖。花莛高10~20cm，密被白色短柔毛；总状花序3~12朵花；花白色，稀淡蓝色，花被片长圆形，长7.0~12mm、宽3.0~4.0mm。果实球形至长圆形，直径7.0~10mm，蒴果状开裂。

21. 鹿药属 Smilacina Desf.

1.花被片离生或仅基部合生。

2.圆锥花序；花柱与子房近等长；花被片宽约2.0mm（产于各山区）……………………………………………………………… **鹿药S. japonica** A. Gray

2.圆锥花序或总状花序；花柱明显短于子房；花被片宽约1.0mm；根状茎具疏离的膨大结节（产于商城）…………… **台湾鹿药S. formosana** Hay.

1.花被片合生。

3.花被高脚碟状，花被管长6.0~10mm；总状花序多花；根状茎粗10~20mm（产于河南西部山区）……………**管花鹿药S. henryi**(Baker)Wang et Tang

3.花被片下部合生为杯状筒，筒部长1.0~2.0mm，裂片长2.5~5.0mm；总状花序2~3(10)朵花；根状茎细长，粗约1.0mm（产于伏牛山区）…………

……………………………………………… **合瓣鹿药S. tubifera** Batal.

22. 舞鹤草属 Maianthemum Web.

舞鹤草M. bifolium(L.)F. W. Schmidr.，产于嵩县。

根状茎细长，长达20cm或更长，直径1.0~2.0mm。茎高8.0~25cm。茎生叶2(3)枚，三角状卵形，宽2.0~9.0cm，基部心形，边缘具细小锯齿状乳突或有柔毛；叶柄长1.0~2.0cm。总状花序长3.0~5.0cm，10~25朵花；花白色，直径3.0~4.0mm。浆果直径3.0~6.0mm。

23. 万寿竹属 Disporum Salisb.

1.花序生于与中上部叶对生的短枝顶，且貌似腋生；花紫色，花被基部距长约2.0(3.0)mm；叶披针形或矩圆状披针形（产于大别山、桐柏山及伏牛山区南部）……………………………………… **万寿竹D. cantoniense**(Lour.)Merr.

1.花序生于茎和分枝顶端；花白、黄或绿黄色，花被基部距长1.0(2.0)mm。

2.雄蕊和雌蕊明显伸出花被外（记载产于河南伏牛山区，未见标本）……
………………… **长蕊万寿竹D. bodinieri**(Lévl.et Vant.)Wang et Y. C. Tang

2.雄蕊和雌蕊内藏，不伸出花被外。

3.花大，长2.0~3.0cm，花丝长为花药的3.0倍以上，花柱也较子房长5.0~6.0倍（产于各山区）……………………… **宝铎草D. sessile** D. Don

3.花较小，长0.7~1.3cm，花丝常稍短于花药，花柱较子房稍长或长为子房的2.0倍（产于大别山区）……………………………………………………
……………………………… **短蕊万寿竹D. brachystemon** Wang et Tang

24. 黄精属 Polygonatum Mill.

1.花被长(13)15~30mm；叶互生。

2.花序的2叶状苞片卵形，长2.0~3.5cm、宽1.0~3.0cm，包着花(产于河南西北部) ………………… **二苞黄精P. involucratum**(Franch. et Sav.)Maxim.

2.苞片膜质或近草质，钻形或条状披针形，微小，稀长达12mm，或无苞片。

3.根状茎圆柱状，即节不粗大，节间伸长；花序1~2(4)朵花（产于各山区）……………………………………………… **玉竹P. odoratum**(Mill.)Druce

3.根状茎连珠状或结节成块，稀近圆柱形；花序通常2~7朵花（产于河南南部或西部）…………………………………… **多花黄精P. cyrtonema** Hua

1.花被长6.0~12(15)mm。

4.叶大部分为互生或对生；叶先端不拳卷；花被长8.0~12mm；根状茎节间一头粗，一头细，或呈连珠状（产于嵩县）………………………………………………………………………………… **轮叶黄精P. verticillatum**(L.)All.

4.叶大部分为轮生。

5.叶先端直。

6.植株矮小，高10~30cm，仅具2(1~3)轮叶（产于伏牛山，嵩县）………………………………………………… **细根茎黄精P. gracile** P. Y. Li

6.植株高大，高40~100cm或更高，具多轮叶；根状茎节间一头粗一头细，或为连珠状……………………… **轮叶黄精P. verticillatum**(L.)All.

5.叶先端弯曲拳卷。

7.花柱长为子房的1.5~2.0倍；叶4~6轮生；根状茎一头粗一头细；苞片线状披针形或钻形，长3.0~5.0mm（产于太行山、伏牛山区）……………………………………………… **黄精P. sibiricum** Delar. ex Redouté

7.花柱稍短至稍长于子房。

8.花序通常具2朵花；苞片无，或存在时仅长1.0~2.0mm，无脉，位于花梗上或花基部（产于伏牛山，嵩县、内乡）……………………………………………………… **卷叶黄精P. cirrhifolium**(Wall.)Royle

8.花序具2~6(11)朵花，伞形；苞片长(1.0)2.0~6.0mm，具1条脉，位于花梗基部；根状茎连珠状或姜块状（产于伏牛山、桐柏山、大别山区）……………………… **湖北黄精P. zanlanscianense** Pamp.

25. 重楼属 Paris L.

1.根状茎细长，直径3.0~5.0mm，近等粗，节间很长；子房无棱，顶端无盘状花柱基；浆果状蒴果不开裂；叶(5)6~8枚轮生（产于各山区）………………………………………………………… **北重楼P. verticillata** M. Bieb.

1.根状茎粗厚，直径8.0~30mm，不等粗，密生环节；子房具棱，顶端有1盘状花柱基；蒴果开裂；叶通常(5)7~13(22)枚轮生。

2.叶(8)10~14(22)枚轮生，披针形或倒卵状披针形，无柄或具短柄；内轮花被片狭条形，通常远长于外轮花被片。

3.叶披针形至条形；幼果外面光滑（产于各山区）………………………………………………… **狭叶重楼P. polyphylla** Sm. var. **stenophylla** Franch.

3.叶倒卵状披针形，幼果表面具疣状突起（产于河南西部，内乡、嵩县）……………………… **宽叶重楼P. polyphylla** Sm. var. **latifolia** Wang et Chang

2.叶5~8枚轮生，通常7枚，倒卵状披针形、长圆状披针形或倒披针形，花梗长于叶；内轮花被片狭条形，常中部以上变宽；花药长为花丝的3.0~4.0倍（产于大别山、桐柏山区）…………………………………………………………… **华重楼P. polyphylla** Sm. var. **chinensis**(Franch.)Hara

26. 延龄草属 Trillium L.

延龄草T. tschonoskii Maxim.，产于伏牛山、桐柏山至大别山区商城、新县。

茎丛生于短粗的根状茎上，高达50cm。叶3轮生于茎端，无柄，圆菱形或菱形，宽5.0~15cm。花单一顶生，花梗长1.0~4.0cm；外轮花被片绿色，卵状披针形，宽5.0~9.0mm，内轮白色，稀紫色，宽4.0~6.0mm。浆果直径1.5~1.8cm，黑紫色。

27. 天门冬属 Asparagus L.

1.花两性；叶状枝刚毛状，每10~13枚成簇（各地盆栽）………………………………………………………………… **文竹A. setaceus**(Kunth)Jessop

1.花单性，雌雄异株。

2.叶状枝扁平，明显具中脉，有时由于中脉龙骨状而使叶状枝多少呈锐三棱形。

3.花梗长12~20mm（产于各山区）…………………………………………………………………………**羊齿天门冬A. filicinus** Ham. ex D. Don

3.花梗长1.0~6.0mm。

4.植株直立，茎上无硬刺；叶状枝基部近锐三棱形，宽0.7~1.0mm；根细长，不膨大（产于河 南西部，卢氏）… **龙须菜A. schoberioides** Kunth

4.植株攀缘，茎上具硬刺；叶状枝通常每3枚成簇（产于各地） ………

………………………………… 天门冬**A. cochinchinensis**(Lour.)Merr.

2.叶状枝近圆柱形或稍压扁，常有几条槽或棱，但绝无中脉，也无背腹之分。

5.攀缘植物；叶状枝直径0.4~0.5mm；花梗长3.0~6.0mm（产于太行山区）

…………………………………………… 攀缘天门冬**A. brachyphyllus** Turcz.

5.茎直立或近直立。

6.植株较柔软，茎与分枝常稍弧曲或俯垂；叶状枝通常纤细而柔软，每3~6枚簇生；花绿黄色（栽培蔬菜） …………… 石刁柏**A. officinalis** L.

6.植株较坚挺。

7.花梗长3.0~5.0mm；叶状枝常全部斜立，与分枝交为锐角，稀有平展的（产于太行山区） ………… 兴安天门冬**A. dauricus** Fisch. ex Link

7.花梗长7.0~20mm。

8.分枝基部先下弯而后上升，强烈弧曲呈半圆形；花梗长12~16mm（产于太行山区） ……………… 曲枝天门冬**A. trichophyllus** Bge.

8.分枝不为上述情形。

9.叶状枝长6.0~15mm；花淡紫色；雄花花被长6.0~7.0mm，花丝中部以下贴生于花 被片上；花梗长6.0~12(15)mm（产于河南太行山、伏牛山区）…………… 长花天门冬**A. longiflorus** Franch.

9.叶状枝长1.0~3.0cm；花黄绿色；雄花花被长7.0~9.0mm，花丝全长的3/4贴生于花被片上；花梗长15~20mm（产于河南西部）

………………………………………… 南玉带**A. oligoclonos** Maxim.

28. 山麦冬属 Liriope Lour.

1.花药近长圆形，较短，长约1.0mm；叶宽2.0~3.0(4.0)mm。

2.花序长1.0~3.0cm；花通常单生于苞片腋内，少有2~3朵簇生（产于嵩县、淅川） ………………………… 矮小山麦冬**L. minor**(Maxim.)Makino

2.花序通常长6.0~15cm；花常数朵簇生于苞片腋内（产于新县、鲁山、内乡、嵩县） …………………………禾叶山麦冬**L. graminifolia**(L.)Baker

1.花药狭长圆形或近长圆状披针形，长1.5~2.0mm；叶宽5.0mm以上。

3.具地下走茎；叶宽5.0~8.0mm；花药狭长圆形（产于各地） …………

………………………………………… 山麦冬**L. spicata**(Thunb.)Lour.

3.无地下走茎；叶宽8.0~22mm；花药近长圆状披针形（产于桐柏山、大别山区）………………………………… **阔叶山麦冬L. platyphylla** Wang et Tang

29. 沿阶草属 Ophiopogon Ker-Gawl.

1.植物无横生的、细长的地下走茎；花柱圆柱形，基部不宽阔，即花柱与子房间界限明显（产于河南南部）……… **间型沿阶草O. intermedius** D. Don

1.植物具横生细长的地下走茎。

2.花柱细长，圆柱形，基部不宽阔；花被片在花盛开时多少展开；花莛通常稍短于叶或近等长（产于伏牛山区）……… **沿阶草O. bodinieri** Lévl.

2.花柱短粗，基部宽阔，略呈长圆锥形；花被片几不展开；花莛通常比叶短得多，极少例外（产于伏牛山、桐柏山区）…………………………………………………………………………… **麦冬O. japonicus**(L. f.)Ker-Gawl.

30. 粉条儿菜属 Aletris L.

1.花茎光滑无毛；花被无毛；叶披针形，长10~20cm、宽1.0~2.0cm（产于伏牛山南部）……………………………… **无毛粉条儿菜A. glabra** Bur. et Franch.

1.花茎密生柔毛；花被有毛；叶条形，宽3.0~4.0mm（产于各山区、丘陵地）……………………………………………… **粉条儿菜A. spicata**(Thunb.)Franch.

31. 菝葜属 Smilax L.

1.叶脱落点位于叶柄中、上部，而不在顶端，因而叶片脱落时带一段叶柄（托柄菝葜例外）；花直径5.0~10mm，花被片长4.0~8.0mm，雄蕊长为花被片的1/2至近等长。

2.草本植物；茎中空而有少量髓，干后凹瘪而有沟槽，无刺。

3.叶下面苍白色，通常有粉尘状微柔毛（但主脉上无毛），稀不具毛；花序托上在花期几无小苞片；花药狭椭圆形，短于1.0mm（产于伏牛山、桐柏山、鸡公山、大别山区）………**白背牛尾菜S. nipponica** Miq.

3.叶下面绿色，无毛；在花期花序托上可见多数小苞片；花药条形，长约1.5mm（产于各山区）………… **牛尾菜**（**草菝葜**）**S. riparia** A. DC.

变种：**尖叶牛尾菜**var. **acuminata**(C. H. Wright)Wang et Tang，叶下面，

特别是脉上具乳突状微柔毛，通常叶的先端长渐尖或近尾状（产于河南西部）。

2.灌木；茎木质，实心，无髓，干后不凹瘪，通常多少具刺。

4.叶柄全长具翅状鞘，鞘近半圆形或卵形，一侧宽3.0~5.0mm；叶基心形（产于伏牛山区）……………………………… **托柄菝葜S. discotis** Warb.

4.叶柄无鞘或仅部分长度具鞘，鞘较窄；叶基圆形至楔形，稀浅心形。

5.叶下面绿色，非苍白色。

6.花序生于叶已完全长成的小枝上；成熟果紫黑色；茎及枝上的刺针状，常稍带黑色，基部不骤然变粗。

7.总花梗短，长不及叶柄之半；雌花具3枚退化雄蕊（产于伏牛山，内乡、嵩县）……… **短梗菝葜S. scobinicaulis** C. H. Wright

7.总花梗至少长于叶柄长度的一半，至近等长或长于叶柄；雌花具6枚退化雄蕊（产于云台山）…… **华东菝葜S. sieboldii** Miq.

6.花序生于叶尚幼嫩或刚抽出的小枝上；成熟果红色；茎枝上的刺基部骤然变粗；叶干后常红褐色或古铜色，稀绿黄色。

8.叶柄上的鞘耳状，宽2.0~4.0mm（一侧），明显比叶柄宽；卷须较纤细而短；雌花具3枚退化雄蕊（产于光山）………………………………………………………… **小果菝葜S. davldlana** A. DC.

8.叶柄上的鞘宽0.5~1.0mm，近等宽于叶柄；卷须较粗长；雌花有6枚退化雄蕊（产于各山区）………………… **菝葜S. china** L.

5.叶下面多少苍白色或具粉霜(菝葜S. china L. 叶下面有时绿色，但果实为红色)。

9.果实熟时紫黑色；叶柄脱落点位于卷须着生点上方2.0~3.0mm处（产于各山区）………………… **黑果菝葜S. glaucochina** Warb.

9.果实成熟时红色；叶柄脱落点靠近卷须着生点（即鞘的顶端）（产于大别山、桐柏山至伏牛山区）…………… **菝葜S. china** L.

1.叶脱落点常位于叶柄近端处，叶片脱落后完全不带叶柄；花较小，直径2.0~4.0mm，花被片长1.0~3.0mm；雄蕊长不超过花被片之半；枝条无刺（小叶菝葜多少具刺）。

10.直立或披散灌木；叶柄无卷须。

11.叶下面主、侧脉及叶柄无毛，亦无乳突状毛（产于各山区）…………………………………………………………………… **鞘柄菝葜*S. stans*** Maxim.

11.叶下面主、侧脉的下半部或近基部以及叶柄上半部都具乳突状毛（产于伏牛山区，卢氏、嵩县、内乡）…… **糙柄菝葜*S. trachypoda*** Norton

10.攀缘灌木，叶柄通常具卷须。

12.总花梗短于或近等长于叶柄；叶狭椭圆状披针形、狭卵状披针形，或披针形，长为宽的3.0倍以上；脉3条。

13.茎枝无刺；花明显六棱状球形，直径约3.0mm，外轮花被片扁圆、兜状、背面中间具纵槽；叶下面淡绿色，稀苍白；叶柄和总花梗较粗壮，宽2.0~3.0mm（记载产于伏牛山区南部，未见标本）……………………………………………………………… **土茯苓*S. glabra*** Roxb.

13.茎枝多少具刺；花绝不为六棱形，直径1.0~1.5mm，花被片不为兜状，背面无槽；叶下面苍白色；叶柄和总花梗宽1.0~1.5mm（产于内乡）………………………………… **小叶菝葜*S.microphylla*** C. H. Wright

12.总花梗长为叶柄的2.0~3.0倍；叶卵形或宽卵形，长稍大于宽，脉5~7条，下面苍白色；茎枝无刺（记载产于桐柏山及伏牛山区南部，未见标本）……………………………… **防己叶菝葜*S. menispermoidea*** A. DC.

32. 丝兰属 Yucca L.

凤尾丝兰*Y. gloriosa* L.，常见栽培观赏。

常绿灌木，茎短有分枝。叶坚硬，条状披针形，宽4.0~6.0cm，长渐尖，顶端刺状。圆锥花序长达1.0m余；花下垂，白色；花被片卵状菱形，长4.0~5.5cm、宽1.5~2.0cm。蒴果倒卵状长圆形，长5.0~6.0cm。

33. 朱蕉属 Cordyline Comm. ex Juss.

朱蕉*C. fruticosa*(L.)A. Cheval.，温室栽培供观赏。

灌木状，茎常不分枝。叶聚生于茎枝顶，长圆形或披针状椭圆形，宽5.0~10cm；叶柄长10~15cm。圆锥花序腋生，长达60cm，多分枝；花淡红色至紫色，稀淡黄色，近无梗；花被片条形，长10~13mm，下部约1/2相互靠合为管状。

34. 虎尾兰属 Sansevieria Thunb.

虎尾兰S. trifasciata Prain，温室盆栽。

根状茎横走，无地上茎。叶1~2(3~6)枚基生，硬革质，条状披针形，宽3.0~5.0(8.0)cm，具白绿色和深绿色相间的横斑纹。花茎高达80cm；总状花序，花3~8朵簇生，绿色或白色，花被长1.6~2.8cm。

一五五、石蒜科 Amaryllidaceae

1.植株具鳞茎，或植株基部宿存的叶基呈鳞茎状；花茎无叶；单花或伞形花序，下有佛焰苞状总苞。

2.副花冠不存在。

3.花丝完全分离。

4.每室有胚珠5~6个 ……………………………………**1.君子兰属Clivia**

4.胚珠多数；雄蕊着生在花被管上。

5.花单生于花茎顶端 …………………………… **2.葱莲属Zephyranthes**

5.花数朵或多朵生于花茎顶端 ……………………… **3.文殊兰属Crinum**

3.花丝基部合生成一杯状体或至少花丝间有离生的鳞片。

6.胚珠多数；伞形花序通常有2至多朵花 ……**4.朱顶红属Hippeastrum**

6.胚珠少数，每室仅有几个 ……………………………… **5.石蒜属Lycoris**

2.副花冠存在 …………………………………………………… **6.水仙属Narcissus**

1.植物具根状茎或块茎；花茎有叶，向上渐小，呈苞片状；圆锥花序，无佛焰苞状总苞；叶肉质 ……………………………………………**7.龙舌兰属Agave**

1. 君子兰属 Clivia Lindl.

1.花直立向上，花被宽漏斗形（盆栽供观赏）……… **君子兰C. minata** Regel

1.花稍下垂，花被狭漏斗形（盆栽） …………… **垂笑君子兰C. nobilis** Lindl.

2. 葱莲属 Zephyranthes Herb.

1.花白色，几无花被管，叶狭线形，宽2.0~4.0mm（庭院栽培） ……………
……………………………………………………… **葱莲Z. candida**(Lindl.)Herb.

1.花玫瑰红色或粉红色，花被管长1.0~2.5cm；叶线形，宽6.0~8.0mm（栽培）…………………………………………………… **韭莲Z. grandiflora** Lindl.

3. 文殊兰属 Crinum L.

文殊兰C. asiaticum L. var. **sinicum**(Roxb. ex Herb.)Baker，盆栽观赏。

鳞茎长圆柱形。叶20~30枚，多列，带状披针形，宽7.0~12cm或更宽，边缘波状。伞形花序10~24朵花，总苞片披针形，长6.0~10cm；小苞片线形，长3.0~7.0cm；花高脚碟状，花被管长7.0~10cm，直径1.0~2.0mm，绿白色，裂片线形，长5.0~9.0cm、宽6.0~9.0mm，白色。

4. 朱顶红属 Hippeastrum Herb.

1.花序具2~4朵花，花被裂片洋红色带绿色（盆栽观赏）………………………………………………………………… **朱顶红H. rutilum**(Ker-Gawl.)Herb.

1.花序具3~6朵花，花被裂片红色，中心及边缘有白色条纹（盆栽）………………………………………………………………… **花朱顶红H. vittatum**(L′ Herit)Herb.

5. 石蒜属 Lycoris Herb.

1.花非喇叭状，两侧对称；花被裂片皱缩和反卷。

2.秋季出叶，雄蕊明显伸出花被外。

3.雄蕊比花被长1/3~1.0倍；花鲜红色或白色。

4.雄蕊比花被长1.0倍左右；花鲜红色，叶狭带状，宽约5.0mm（产于河南南部，庭院亦栽培）……………… **石蒜L. radiata**(L′Herit)Herb.

4.雄蕊比花被长1/3左右；花白色；叶带状，宽约12mm（产于商城，金刚台）……………………………… **江苏石蒜L. houdyshelii** Trarb.

3.雄蕊比花被长1/6左右；花黄色；叶剑形，宽约2.0cm（产于大别山、桐柏山、伏牛山区）…………………… **忽地笑L. aurea**(L′ Herit)Herb.

2.春季出叶；雄蕊与花被近等长；花黄色，花被裂片无红色条纹（产于鸡公山、新县）……………………………… **中国石蒜L. chinensis** Traub.

1.花喇叭形，辐射对称，花被片基部微皱缩，淡紫色。盆栽观赏……………………………………………………………… **鹿葱L. squamigera** Maxim.

6. 水仙属 Narcissus L.

1.花白色，副花冠短小，长不及花被之半；盆栽供观赏 ……………………………………………………………………… **水仙N. tazetta** L. var. **chinensis** Roem.

1.花淡黄色，副花冠略短于或近等长于花被；盆栽观赏 …………………………………………………………………………… **黄水仙N. pseudonarcissus** L.

7. 龙舌兰属 Agave L.

1.茎短或近无茎；叶较大，长1.0~2.0m、宽15~20cm（温室常盆栽观赏） ……………………………………………………………………… **龙舌兰A. americana** L.

变种：**黄边龙舌兰**var. **variegata** Nichols，叶边缘带黄色。

1.较老的植株具明显茎，茎高25~50cm；叶较小，长45~50cm、宽6.0~7.5cm。（温室常盆栽）……………… **狭叶龙舌兰A. angustifolia** Haw.

一五六、薯蓣科 Dioscoreaceae

薯蓣属 Dioscorea L.

1.单叶。

2.地下茎为根状茎。

3.种子着生于蒴果中轴的基部，种翅向顶端延伸，比种子长约2.0倍。

4.雄花无柄；花长不超过1.0mm；根状茎栓皮层易剥离；叶互生，叶缘3~5(7)裂（产于各山区） ………… **穿龙薯蓣D. nipponica** Makino

4.雄花有柄；叶片全缘或有时微波状（产于河南南部） ……………………………………………………………… **山萆薢D. tokoro** Makino

3.种子着生于蒴果中轴的中部，四周有薄膜状翅。

5.花被紫红色；叶片通常三角状卵形，3浅裂至深裂，两侧裂片圆耳状或长圆形，叶柄盾状着生；雄蕊6枚均发育（产于河南南部） …………………………………………… **盾叶薯蓣D. zingiberensis** C. H. Wright

5.花被黄色；叶片三角形或卵圆形，边缘波状或近全缘，叶柄基部着生；雄蕊3枚发育（产于河南南部，商城、鸡公山）…………………… **粉背薯蓣D. collettii** Hook. f. var. **hypoglauca**(Palibin)Pei et C. T. Ting

2.地下茎为块茎。

6.种子生于中轴胎座顶部，种翅向基部延伸；叶互生，叶片宽卵状心形或卵状心形，先端尾状渐尖，全缘或微波状（产于河南南部，新县、内乡）…………………………………………………… **黄独D. bulbifera** L.

6.种子生于中轴胎座中部，种翅周生；茎下部叶互生，中部以上的对生，稀3枚叶轮生。

7.叶常3浅裂至3深裂，侧裂片外展；叶片轮廓卵状三角形至宽卵形或戟形（产于伏牛山、 桐柏山、大别山区）…………………………………………………………………… **薯蓣D. opposita** Thunb.

7.叶无明显3裂，三角状披针形、长椭圆状窄三角形至长卵形（产于伏牛山、桐柏山、大别山区）…………… **日本薯蓣D. japonica** Thunb.

1.掌状复叶有3~5枚小叶；地下块茎卵圆形；花被外面有毛（产于栾川、西峡、内乡）……………………………… **毛芋头薯蓣D. kamoonensis** Kunth

一五七、鸢尾科 Iridaceae

1.地下茎为球茎；花两侧对称，花被管弯曲，雄蕊偏向花的一侧；花茎不分枝 ………………………………………………………… **1.唐菖蒲属Gladiolus**

1.地下茎为明显的根状茎。

2.根状茎为不规则的块状；花橙红色，花柱圆柱形，柱头3浅裂，不为花瓣状 ………………………………………………………… **2.射干属Belamcanda**

2.根状茎圆柱形，稀块状；花紫色、蓝紫色、黄色或白色，花柱分枝扁平呈花瓣状 ………………………………………………………… **3.鸢尾属Iris**

1. 唐菖蒲属 Gladiolus L.

唐菖蒲G. gandavensis Van Houtte，各地庭院栽培，为著名花卉。

球茎直径2.5~4.5cm。叶基生或在花茎基部互生，剑形，宽2.0~4.0cm，嵌叠状2列排列。花茎高达80cm，不分枝；穗状花序长25~35cm；花两侧对称，杂色，直径6.0~8.0cm，花被管长约2.5cm。蒴果。

2. 射干属 Belamcanda Adans.

射干B. chinensis(L.)DC.，各山区常见。

根状茎不规则结节状。叶互生，剑形，宽2.0~4.0cm。花序叉状分枝；花橙红色，散生紫褐色斑点，直径4.0~5.0cm；外轮花被片长约2.5cm，宽约1.0cm，内轮者稍短而狭。

3. 鸢尾属 Iris L.

1.花茎二歧状分枝；叶先端向外弯曲，呈镰刀状；花被管甚短（产于太行山、伏牛山区）……………………………**野鸢尾**（白射干）**I. dichotoma** Pall.

1.花茎非二歧状分枝或无明显花茎。

2.外轮花被裂片中脉上无任何附属物，少数种只具单细胞的纤毛。

3.花茎上部有数个细长分枝；叶宽1.5~3.0cm；花黄色，直径约10cm（栽培供观赏）…………………………………………**黄菖蒲I. pseudacorus** L.

3.花茎不分枝或有1~2个短侧枝，或无明显花茎；叶宽12mm以下。

4.植株形成密丛；根状茎木质。

5.根状茎非块状，斜伸；花被管长约3.0mm；叶宽4.0~6.0mm（产于各地）……………… **马蔺I. lactea** Pall. var. **chinensis**(Fisch.)Koidz.

5.根状茎块状；花被管长4.5~6.0mm；叶丝状，宽2.0mm以下（产于河南南部，嵩山）……………………… **细叶鸢尾I. tenuifolia** Pall.

4.植株不形成密丛；根状茎不为木质。

6.花茎高5.0~5.5cm，顶生1朵花，花蓝紫色；叶宽1.0~3.0mm（产于河南南部）………………………………………………………………………………… **矮紫苞鸢尾I. ruthenica** Ker-Gawl. var. **nana** Maxim.

6.花茎高50~60cm，顶生2朵花，花黄色；叶宽5.0~8.0mm（产于伏牛山区）……………………… **黄花鸢尾I. wilsonii** C. H. Wright

2.外轮花被裂片的中脉上有附属物。

7.外轮花被裂片上有鸡冠状附属物。

8.花茎不分枝或有1~2个侧枝。

9.根状茎直径约1.0cm；叶宽1.5~3.5cm；花茎高20~40cm（产于河南南部）………………………………………………… **鸢尾I. tectorum** Maxim.

9.根状茎直径不及1.0cm；叶宽1.0~7.0mm；花茎高5.0~7.0cm（产于大别山区）………………………………………………… **小鸢尾I. proantha** Diels

8.花茎分枝呈总状排列；分枝5~12个（产于大别山、桐柏山至伏牛山区南部）………………………………………………… **蝴蝶花I. japonica** Thunb.

7.外轮花被裂片上有须毛状的附属物；内轮花被裂片宽约5.0cm。

10.苞片绿色，草质，边缘膜质（庭院栽培供观赏）…………………………………………………………………………… **德国鸢尾I. germanica** L.

10.苞片银白色，全部膜质（庭院栽培供观赏）…………………………………………………………………………… **香根鸢尾I. pallida** Lamarck

一五八、芭蕉科 Musaceae

1.叶和苞片螺旋状排列；肉质或草质浆果。

2.花序直立，直接生于假茎上，密集如球穗状，花及苞片宿存；苞片黄色………………………………………………………… **1.地涌金莲属Musella**

2.花序直立、下垂或半下垂，不直接生于假茎上，密集如球穗状；花及苞片脱落；苞片绿色、褐色、红色或暗紫色，但绝不为黄色………………………………………………………………… **2.芭蕉属Musa**

1.叶和苞片两行排列；果为蒴果；花高度两侧对称，花被片分离，不相等…………………………………………………………… **3.鹤望兰属Strelitzia**

1. 地涌金莲属 Musella(Fr.)C. Y. Wu et H. W. Li

地涌金莲M. lasiocarpa(Fr.)C. Y. Wu et H. W. Li，庭院栽培供观赏。

具根状茎；假茎高不及60cm。叶长椭圆形，长达50cm，宽约20cm，灰绿色，有白粉。花序直立，密集如球穗状；总苞片干膜质，黄色或淡黄色。

2. 芭蕉属 Musa L.

芭蕉M. basjoo Sieb. et Zucc.，庭院常栽培。

具根状茎；假茎由叶鞘层层紧密包卷而成。叶长圆形，宽25~30cm，中脉明显、侧脉平行横出。花序自叶鞘内伸出，下垂；总苞片佛焰状，红褐色或紫色；雄花在上部，雌花在下部；花被片长4.0~4.5cm，5枚合生为管状，1枚离生。

3. 鹤望兰属 Strelitzia Aiton

鹤望兰S. reginae Aiton，温室盆栽，偶见。

多年生，无茎。叶长圆状披针形，宽约10cm；叶柄细长。花序梗与叶柄等长或略短，顶生数花。佛焰苞舟状，长达20cm，绿色，边紫红色；萼片披针形，长7.0~10cm，橙黄色；花瓣箭头状，基部具耳状裂片，暗蓝色。

一五九、姜科 Zingiberaceae

姜属 Zingiber Boehm.

1.总花梗直立，粗壮，长10~30cm；叶片宽2.0~2.5cm，无柄，叶舌长2.0~4.0mm（栽培药用或作调味品） ………………… **姜Z. officinale** Rosc.

1.总花梗从无至长达17cm，较细弱；叶片宽4.0~6.0cm，叶柄长5.0~17mm或无柄，叶舌长3.0~12mm （产于桐柏、新县、商城） ……………………… ……………………………………………………… **蘘荷Z. mioga**(Thunb.)Rosc.

一六〇、美人蕉科 Cannaceae

美人蕉属 Canna L.

1.退化雄蕊较宽大，长5.0~10cm、宽2.0~3.5cm。

2.花冠裂片于花后反折；花冠管较花萼为长。

3.退化雄蕊黄色；花冠管长达花萼的2.0倍（庭院栽培）………………… ……………………………………………… **柔瓣美人蕉C. flaccida** Salisb.

3.退化雄蕊鲜红至深红，具红色条纹或溅点（庭院栽培）………………

……………………………………………兰花美人蕉**C. orchioides** Bailey

2.花冠裂片花时直立或斜举；花冠管与花萼等长或较短。

4.叶片披针形；花排列较疏，黄色；外轮退化雄蕊宽一般不超过2.0cm。栽培 ……………………………………………… **粉美人蕉C. glauca** L.

4.叶片椭圆形；花排列较密，黄色、红色、白色均有；外轮退化雄蕊宽2.0~5.0cm。常见栽培…………………… **大花美人蕉C. generalis** Bailey

1.退化雄蕊狭小，长3.5~5.5cm，宽不超过1.0cm。

5.茎、叶全部绿色，不被粉霜；花冠和退化雄蕊红色（常见栽培）………………………………………………………………… **美人蕉C. indica** L.

5.茎、叶被蜡质粉霜；叶片两面均为暗紫色或古铜色；花冠裂片深红色，外稍染蓝色；外轮退化雄蕊红色染紫色；子房深红色（偶见栽培）………………………………………………… **紫叶美人蕉C. warscewieii** A. Dietr.

一六一、兰科 Orchidaceae

分属检索表（Ⅰ）

1.能育雄蕊2枚；唇瓣呈囊状 ………………………… **1.杓兰属Cypripedium**

1.能育雄蕊1枚；唇瓣不呈囊状。

2.腐生植物，叶退化呈鳞片状或鞘状。

3.植株具块茎；块茎大，横生，具环纹；萼片与花瓣合生成筒状 ………………………………………………………………… **22.天麻属Gastrodia**

3.植株无块茎；萼片与花瓣不合生成筒状。

4.植株高1.0~2.0m；根状茎及茎粗壮；圆锥花序松散。

5.果肉质，不开裂；种子无翅或周围有环状翅，翅一侧狭于种子本体 ……………………………………………… **19.肉果兰属Cyrtosia**

5.果干燥、开裂；种子周围有宽翅，翅一侧宽于种子本体；花序轴、花萼背面及子 房均被锈色短毛………… **20.山珊瑚属Galeola**

4.植株高不及35cm；根状茎和茎细而多；根极多，盘结为鸟巢状；总状花序。

6.无蕊喙；柱头顶生，凹陷 …………………**4.无喙兰属Holopogon**

6.有蕊喙；柱头侧生，常呈唇形 ………………………… **5.鸟巢兰属Neottia**

2.非腐生植物，具绿色叶。

7.具直立茎，茎或长或短，无假鳞茎或无明显可见的假鳞茎。

8.花序明显呈螺旋状扭转；茎基部丛生数条指状肉质根 …………………………………………………………………………………**7.绶草属Spiranthes**

8.花序不呈螺旋状扭转。

9.茎基部具肉质块茎，块茎圆形、卵形、椭圆形或为指状条形。

10.柱头1个，位于蕊柱前蕊喙之下的穴内。

11.柱头不隆起，不肥厚（舌唇兰属少数种的柱头稍隆起肥厚，但唇瓣为舌状）。

12.柱头和蕊喙分开；蕊喙大，舌状；叶1枚，基生 ……………………………………………………… **8.舌喙兰属Hemipilia**

12.柱头和蕊喙的下部不分开，蕊喙小；叶茎生；唇瓣舌状；花瓣和中萼片分离………………… **9.舌唇兰属Platanthera**

11.柱头隆起肥厚。

13.黏盘裸露；唇瓣顶端微缺 …… **10.凹舌兰属Coeloglossum**

13.黏盘被蕊喙边形成的蚌壳状黏囊包着；唇瓣顶端钝，全缘，基部每边有1枚小裂片 …………… **11.蜻蜓兰属Tulotis**

10.柱头2个分离。

14.黏盘卷成角状；蕊喙短；柱头儿为棍棒状 ……………………………………………………… **12.角盘兰属Herminium**

14.黏盘不卷或有时稍卷，但不为角状。

15.蕊喙无臂，为四方形。

16.叶1~2枚；块茎不裂，圆球形或卵圆形；柱头近棍棒状或椭圆形。

17.叶1枚；总状花序常具1朵花，罕为2朵花（不偏向一边）；花瓣和中裂片分离 ……………………………………………… **13.无柱兰属Amitostigma**

17.叶2枚；总状花序具数朵至多朵偏向一边的花；花瓣和中裂片靠合成兜状 ……… **14.兜被兰属Neottianthe**

16.叶3~6枚；块茎呈掌状分裂；总状花序的花密集，不偏向一边；花瓣和萼片分离；柱头楔形 ……………………… **15.手参属Gymnadenia**

15.蕊喙有臂，不为方形。

18.黏盘藏在蕊喙臂的顶端之下 …………………… **16.白蝶兰属Pecteilis**

18.蕊喙多半裸露。

19.蕊喙很短；药室平行靠近；花小，退化雄蕊宽阔 ………………………………………………………………………… **17.阔蕊兰属Peristylus**

19.蕊喙长；药室通常叉开；总状花序有数朵至多朵花 ………………………………………………………………………… **18.玉凤花属Habenaria**

9.茎基部无块茎，只具稍肉质的纤维根。

20.茎直立；根集生于茎基部；蕊喙非2叉状。

21.茎长，明显；叶茎生，压干后不为靛蓝色。

22.叶1枚，平坦，无褶扇脉；唇瓣基部窄狭，平坦，不分成上下两部；花序仅1朵花 ………………………………… **21.朱兰属Pogonia**

22.叶3至多枚，具褶扇状脉；唇瓣基部凹陷或呈距状，中部缢缩而分成上下两部；花序具多朵花。

23.花直立，几与花序轴平行；花被片一般不张开；唇瓣有囊状距，上下两部之间无关节 …………… **2.头蕊兰属Cephalanthera**

23.花平展，几与花序轴垂直；花被片张开，唇瓣无距，上下两部分间有关节 ……………………………………… **3.火烧兰属Epipactis**

21.茎极短；叶近基生，压干后变靛蓝色 ………… **32.虾脊兰属Calanthe**

20.茎基部匍匐，节间较长，根疏生于茎基部数节上；蕊喙直立，2叉状。

24.叶上面通常有黄白色不规则的斑块；唇瓣不为Y形，无爪，不裂，先端渐尖而反折；蕊柱无附属物，柱头1个 ………………………………………………………………………………… **6.斑叶兰属Goodyera**

24.叶上面通常无斑块；唇瓣多为Y形，中部收窄呈爪状，先端膨大，2裂，裂片边缘撕裂；蕊柱有附属物；柱头2个，侧生。

25.距内具纵隔膜 ……………………………… **37.隔距兰属Cleisostoma**

25.距内无隔膜，距钢盔形或脸盆状；唇瓣与距垂直 ………………………………………………………… **38.盆距兰属Gastrochilus**

7.通常具明显可见的假鳞茎，或假鳞茎伸长而呈茎状（如石斛属）。
26.花药具花粉块8个；花莛从假鳞茎顶端或顶侧长出。
27.假鳞茎扁球形或扁斜卵形，常见2个长突起，彼此以同一方向的突起连成串，具环带；苞片在花开时凋落；花不具萼囊，蕊柱细长 ……………………………………………………………………**23.白及属Bletilla**
27.假鳞茎圆柱状，聚生，非上述情况；苞片开花时不凋落；花具萼囊；蕊柱短；萼片分离 …………………………………… **34.毛兰属Eria**
26.花药具花粉块2~4个。
28.假鳞茎伸长呈茎状，具明显的节间；叶在茎上互生；花序从假鳞茎上部节上长出；花具萼囊 …………………… **35.石斛属Dendrobium**
28.假鳞茎不伸长呈茎状，无明显的节间；叶生于假鳞茎端部。
29.叶多于2枚，近基生，长带形或剑形；假鳞茎隐藏于叶丛中，不明显 ………………………………………………**31.兰属Cymbidium**
29.叶1~2枚，如较多，亦非长带形；假鳞茎裸露或隐藏于鞘内，十分明显。
30.花莛侧生，生于靠近假鳞茎的基部，或生在假鳞茎的顶侧。
31.花莛从假鳞茎基部生出；假鳞茎一般有1个节间，有1~2枚叶；花粉块柄和黏盘不存在 ………………………………………………………………**36.石豆兰属Bulbophyllum**
31.花莛从假鳞茎顶侧叶腋或叶鞘腋间生出；假鳞茎有数节间，具1~2叶或较多；花粉块有柄，黏盘明显。
32.花粉块2个，具裂隙；叶数枚或单一；花药顶端有2角状附属物 ………………………… **30.美冠兰属Eulophia**
32.花粉块4个，全缘；叶1~2枚；假鳞茎球状，干后淡黄色，半透明。
33.花被张开；花粉块为圆柱形、条形或棍棒状，粗厚 ……………………………… **26.山兰属Oreorchis**
33.花被片大部分合生成管状，上部半张开，花粉块柄近卵形，质薄 ……………… **27.杜鹃兰属Cremastra**
30.花莛顶生（从假鳞茎顶端生出）。

34.总状花序具多花，花序轴有翅；叶1~2枚。

35.蕊柱很短；花药和蕊柱的连接点比蕊喙低；子房不扭曲；唇瓣在上方 …………………………………………………… **25.沼兰属Malaxis**

35.蕊柱长，常向前弯；花药和蕊柱的连接点比蕊喙高；子房扭曲；唇瓣在下方 ……………………………………………**24.羊耳蒜属Liparis**

34.总状花序具1朵花；假鳞茎具1枚叶（独蒜兰属稀具2枚叶，稀有2朵花）。

36.叶无节，有叶柄，卵形或阔卵形；花序具鞘叶。

37.萼片长约1.5cm；花瓣长约1.4cm；唇瓣长约1.8cm、宽约1.6cm，无距；假鳞茎圆柱状 ………………………………… **28.布袋兰属Calypso**

37.萼片长约3.2cm；花瓣长约2.8cm；唇瓣长约2.5cm、宽约3.0cm，具圆锥状距；假鳞茎广卵形 ……………………… **29.独花兰属Changnienia**

36.叶有节，椭圆状披针形或披针形，基部渐狭为柄状；假鳞茎狭卵形或长颈瓶状（河南种） ……………………………………**33.独蒜兰属Pleione**

分属检索表（Ⅱ）

1.腐生植物，叶退化为鳞片状或鞘状。

2.植株具块茎；块茎大，横生，具环纹；萼片与花瓣合生成筒状 ………… ………………………………………………………… **22.天麻属Gastrodia**

2.植株无块茎；萼片与花瓣不合生成筒状。

3.植株高1.0~2.0m；根状茎及茎粗壮；圆锥花序松散。

4.果肉质，不开裂；种子无翅或周围有环状翅，其翅一侧狭于种子本体 ……………………………………………………… **19.肉果兰属Cyrtosia**

4.果干燥、开裂；种子周围有宽翅，翅一侧宽于种子本体；花序轴、花萼背面及子房均被锈色短毛 ………………… **20.山珊瑚属Galeola**

3.植株高不及35cm；根状茎和茎细而多；根极多，盘结为鸟巢状；总状花序。

5.无蕊喙；柱头顶生，凹陷；花紫红色，近辐射对称，无特化唇瓣 … ……………………………………………………**4.无喙兰属Holopogon**

5.有蕊喙；柱头侧生，常呈唇形；花黄褐色，有特化唇瓣 ……………… ……………………………………………………… **5.鸟巢兰Neottia**

1.非腐生植物，具绿叶。

6.茎细长匍匐，气生根与叶对生；叶2列互生，唇瓣呈距囊状。

7.叶半圆柱状，长5.0~8.0mm、宽约1.5mm；花淡红色 ……………………………………………………**37.隔距兰属Cleisostoma**（蜈蚣兰）

7.叶长圆形或椭圆形，长20~25mm、宽3.0~7.0mm，有关节 ……………………………………………… **38.盆距兰属Gastrochilus**（台湾盆距兰）

6.茎或花莛直立，无气生根。

8.无具叶的直立茎（花莛除外），假鳞茎明显可见（石斛属伸长呈茎状），叶生于其上，绝无块茎。

9.假鳞茎伸长呈茎状，节间长而明显，花序出于上部节上；中萼片长(1.0)1.5~2.8cm …………………………………… **35.石斛属Dendrobium**

9.假鳞茎不伸长，球茎状。

10.叶1枚。

11.花单一。

12.叶长度大于宽的4.0倍，长椭圆形、椭圆状披针形，长5.0~25cm、宽1.5~5.0cm；花淡紫色或粉红色，萼片长4.0~5.0cm、宽约1.0cm，无距 ……………………………………………………**33.独蒜兰属Pleione**（独蒜兰）

12.叶长度不超过宽的2.0倍。

13.叶圆形、宽卵状椭圆形或宽椭圆形，长7.0~11cm、宽4.5~8.0cm；花淡紫色，直径4.0~5.0cm，有距 ……………………………………… **29.独花兰属Changnienia**（独花兰）

13.叶卵形，长约3.5cm、宽约1.8cm；花艳丽，下垂，花萼长约15mm，唇瓣具囊 ……………………………………………………………… **28.布袋兰属Calypso**（布袋兰）

11.花序具2至多朵花；花无距。

14.叶小，矩圆形或卵状矩圆形，宽不及10mm；花序近伞形，2至数朵花；萼片长不及8.0mm ……………………………………………………**36.石豆兰属Bulbophyllum**（河南卷瓣兰）

14.叶较大，宽在15mm以上；总状花序具多朵花。

15.叶较狭长，长为宽的3.0倍以上。

16.花偏生于一侧，紫红色；花萼长15~30mm ……………………………………………………………… **27.杜鹃兰属Cremastra**（杜鹃兰）

16.花不偏于一侧，黄褐色；花萼长5.0~11mm …………………………………………………………………… **26.山兰属Oreorchis**

15.叶椭圆形或卵状椭圆形，长3.0~8.0cm、宽1.0~6.0cm；花小，长2.0~4.0mm，黄绿色 ………………………… **25.沼兰属Malaxis**（沼兰）

10.叶2枚或2枚以上。

17.叶线形、多数，宽在17mm以下；萼片长(17)30~40mm ……………………………………………………… **31.兰属Cymbidium**

17.叶不为线形。

18.叶狭长圆形，长4.0~10cm、宽6.0~11mm，2~4枚；花白色，中萼片长约8.0mm、宽约3.0mm ……………………………………………………………………………… **34.毛兰属Eria**（马齿毛兰）

18.叶非长圆形。

19.叶常狭椭圆形、狭椭圆状披针形，长为宽的3.0倍以上；萼片长(7.0)11~20mm。

20.花有距 ………………………………………… **32.虾脊兰属Calanthe**

20.花无距；叶基部折叠，宽大于15mm ……………………………………………………………… **23.白及属Bletilla**

19.叶2枚，卵状椭圆形，长为宽的2.0倍或2.0倍以下。

21.花序2~5(10)朵花；花被长5.0~9.0mm ……………………………………………………………… **24.羊耳蒜属Liparis**

21.花序具数十朵花；花被长2.0~4.0mm ……………………………………………………………… **25.沼兰属Malaxis**

8.有直立地上茎，无假鳞茎。

22.叶基生；花序多花。

23.叶面具有色斑块；有匍匐根状茎 ……………… **6.斑叶兰属Goodyera**

23.叶面无色斑。

24.叶狭披针形或线状披针形，长为宽的6.0倍以上。

25.叶2枚，长达40cm、宽不及15mm；花先叶开放，总状花序至多10余朵花，花被长10~15mm ………………………………………………………………… **30.美冠兰属Eulophia**（美冠兰）

25.叶2~4(5)枚，长不超过10cm；花非先叶开放。

26.叶长6.0~8.0cm、宽约10mm；穗状花序明显螺旋状排列密集小花；花无距，萼片长约5.0mm ……**7.绶草属Spiranthes**（绶草）

26.叶长5.0~10cm、宽3.0~6.0mm；花序具数朵花，有距 ……………………………………… **16.白蝶兰属Pectelis**（狭叶白蝶兰）

24.叶椭圆形、卵状椭圆形、卵形至卵圆形，长不及宽的4.0倍；花紫色或粉红色，有距。

27.叶2枚，椭圆形或卵状椭圆形，长4.0~6.0cm、宽1.5~3.5cm；总状花序花偏于一侧；萼片长5.0~7.0mm …………………………………………………………… **14.兜被兰属Neottianthe**（二叶兜被兰）

27.叶1(2)枚，卵形或卵圆形，叶基圆心形抱茎 …………………………………………………………………… **8.舌喙兰属Hemipilia**

22.叶茎生。

28.叶1枚；花紫红色。

29.叶生于茎上部，椭圆状披针形，长3.0~8.0cm、宽0.8~1.5cm；花1朵，无距，萼片长15~22mm ………… **21.朱兰属Pogonia**（朱兰）

29.叶生于茎下部，矩圆形或椭圆状矩圆形，长5.0~11.5cm、宽1.5~3.5cm；花序多花，花有距，萼片长约3.0mm ………………………………………………… **13.无柱兰属Amitostigma**（无柱兰）

28.叶2至多枚。

30.花1朵，顶生；雄蕊2枚；萼片长(1.5)4.0~5.0cm，唇瓣囊状 ………………………………………………………… **1.杓兰属Cypripedium**

30.花序具少至多朵花。

31.叶狭长，长为宽的(7.0)9.0倍以上，条形、条状披针形，或长圆状披针形。

32.块根掌状浅裂；叶狭椭圆形、狭长圆状披针形，长8.0~13cm、宽1.0~2.0cm；苞片长于花；花粉红色，花被片长约4.0mm；距长约10mm … **15.手参属Gymnadenia**（手参）

32.块根不分裂；叶条形、条状披针形，宽在10(12)mm以下；花绿色或绿白色。

33.花序下部苞片长于子房；花被片长5.0~7.0mm；唇瓣裂为“十”字形，距长15~30mm………… **18.玉凤花属Habenaria**（线叶十字兰）

33.苞片短于子房；花被片长2.5~4.0mm；花无距 ……………………………………………………………………… **12.角盘兰属Herminium**

31.叶较宽大，椭圆形、倒卵状椭圆形、卵状椭圆形，若为椭圆状披针形，则长度不超过宽的(7.0)8.0倍。

34.叶宽不超过2.0(2.5)cm。

35.叶多数，在茎上较均匀分布，披针形或椭圆状披针形；无块茎，茎多少“之”字形曲折；花具囊或距，萼片长8.0~16mm，花序少于12朵花，花黄色或白色 ……………………… **2.头蕊兰属Cephalanthera**

35.叶2~3枚，生于茎近基部；茎不曲折；花无距，萼片长2.5~4.0mm；花序多于15朵花，花绿色…………………… **12.角盘兰属Herminium**

34.叶宽在2.0cm以上，常3.0~5.0cm，生于茎下部或中上部。

36.叶生于茎中上部接近花序，下部叶鞘状；苞片叶状，披针形，甚长于花。

37.无块茎，只有稍肉质纤维根；花黄绿色带紫色或紫红色，无距，萼片长6.0~11mm ……………………………… **3.火烧兰属Epipactis**

37.有肉质块茎。

38.块茎掌状分裂；萼片长7.0~10mm，唇瓣先端凹，囊状距长约4.0mm …………………… **10.凹舌兰属Coeloglossum**（凹舌兰）

38.块茎不分裂；萼片长3.0~6.0mm；距圆球形 ……………………………………………………………… **17.阔蕊兰属Peristylus**

36.叶生于茎下部，上部叶窄披针形，明显较小；花有距。

39.苞片长2.0~4.0cm，明显长于花；唇瓣不分裂，舌状条形；距长1.0~6.0cm ……………………………………… **9.舌唇兰属Platanthera**

39.苞片仅稍长于子房；唇瓣基部3裂，中裂片舌状，侧裂片小，距长不超过10mm ……………………………………… **11.蜻蜓兰属Tulotis**

1. 杓兰属 Cypripedium L.

1.叶扇形（产于伏牛山、大别山区）………… **扇脉杓兰C. japonicum** Thunb.
1.叶非扇形。
  2.花紫褐色，花瓣披针形，长4.0~5.0cm（产于伏牛山、大别山区）………………………………………………………… **毛杓兰C. franchetii** E.H. Wils.
  2.花白色而具紫色斑点；花瓣近提琴形或花瓶形，长不超过2.0cm（产于太行山区）……………………………………………… **紫点杓兰C. guttatum** Sw.

2. 头蕊兰属 Cephalanthera Rich.

1.花黄色；花苞片长1.0~2.0mm；萼片长12~15mm；唇瓣长8.0~9.0mm（产于大别山、桐柏山、伏牛山区）…**金兰C. falcata**(Thunb. ex A. Murray)Bl.
1.花白色；花序最下方的花苞片叶状，长于花；唇瓣长5.0~6.0mm。
  2.唇瓣基部无距，有浅囊，囊藏于侧萼片基部之内（产于伏牛山区）……………………………………………………………… **头蕊兰C. longifolia**(L.)Fritsch
  2.唇瓣之距长约3.0mm，伸出侧萼片基部之外（产于大别山、桐柏山、伏牛山区）……………………………… **银兰C. erecta**(Thunb. ex A. Murray)Bl.

3. 火烧兰属 Epipactis Zinn.

1.唇瓣长6.0~8.0mm；下唇兜状，无明显侧裂片；上唇近三角形或近扁圆形，与下唇近等大；中萼片长8.0~13mm（产于各山区）……………………………………………………………………………… **火烧兰E. helleborine**(L.)Crantz
1.唇瓣长12~18mm；下唇不呈兜状，两侧裂片近斜三角形，近直立，高5.0~6.0mm；下唇远较上唇宽大；中萼片长13~17mm（产于伏牛山区）……………………………………………………………… **大叶火烧兰E. mairei** Schltr.

4. 无喙兰属 Holopogon Kom. et Nevski

无喙兰H. gaudissartii(Hand.-Mazz.)S. L. Chen，产于嵩县。

植株高20~24cm，具短根状茎和簇生肉质纤维根。茎红褐色，中部以下具3~5枚叶鞘。总状花序长6.5~7.5cm，10~17朵花，花序轴上有乳突状疏柔毛；苞片披针形，长4.0~8.0mm；花近辐射对称，紫红色，长2.5~3.0mm，无特化的唇瓣。

5. 鸟巢兰属 Neottia Guett.

尖唇鸟巢兰N. acuminata Schltr.(*N. asiatica* Ohwi; *N. micrantha* Lindl.)，产于伏牛山区。

腐生小草本，高15~24cm；纤维根粗而多，簇生；根状茎横走。茎中部以下具3~4枚叶鞘。总状花序狭穗形，长5.0~8.0cm，多花；苞片近披针形，长3.0~4.0mm；花黄褐色，萼片披针形，长3.0~5.0mm；唇瓣卵状披针形，长2.0~3.5mm。

6. 斑叶兰属 Goodyera R. Br.

1.叶上面有白色网状脉纹；花序常具2朵花，稀3~6朵花；花长管状，中萼片线状披针形，长约(2.0)2.5cm，背面被短柔毛；子房被短柔毛（产于河南南部山区）…………………………… **大花斑叶兰G. biflora**(Lindl.)Hook. f.

1.叶上面具不均匀的细脉和色斑连成的色斑块。

2.叶上面斑块成点状；叶长3.0~8.0cm、宽0.8~2.5cm；花序轴被柔毛（产于河南南部山区）…………………………**斑叶兰G. schlechtendaliana** Rchb. f.

2.叶上面色斑块不成点状；叶长1.0~2.0cm、宽0.5~1.5cm；花序轴具腺毛，花小，萼长3~4mm，背面被腺状柔毛（产于各山区）…………………………………………………………………… **小斑叶兰G. repens**(L.)R. Br.

7. 绶草属 Spiranthes Rich.

绶草S. sinensis(Pers.)Ames，产于各山区。

块根粗厚，簇生。茎高10~30cm，基部有数叶。叶线状披针形，宽约10mm。穗状花序螺旋状扭转。花小，淡红色或白色，钟状，常偏生于花序轴一侧；花被片长约5.0mm。

8. 舌喙兰属 Hemipilia Lindl.

粗距舌喙兰H. crassicalcarata Chien，产于伏牛山区。

块根椭圆形或狭椭圆形。茎高15~35cm。叶1（2）枚基生或近基生，卵形，宽4.0~6.0cm，先端急尖。总状花序长约6.0cm，2~15朵花；花紫红色或粉红色，偏向一侧；花被片长6.0~7.0mm，唇瓣长约13mm、宽9.0~10mm。

9. 舌唇兰属 Platanthera Rich.

1.叶2枚，对生或近对生，稀互生。

2.距纤细，末端以下几不增粗；药隔狭窄，顶端宽约0.5mm，药室下部稍叉开（产于嵩县）………………… **细距舌唇兰P. metabifolia** F. Maekawa

2.距粗壮，末端以下明显增粗；药隔顶端宽约1.5mm，药室下部明显叉开（产于太行山、伏牛山区）…… **二叶舌唇兰P. chlorantha** Cust. ex Ricb.

1.叶1至数枚，互生；距长于或等长于子房，长6.0mm以上；花序是多朵花。

3.叶多数，线状披针形，长7.0~20cm、宽0.8~2.0cm；花序密生多朵花，花白色，距长于子房（记载产于大别山区，未见标本）……………………………………………………………… **密花舌唇兰P. hologlottis** Maxim.

3.叶1至多数，非线状披针形。

4.花瓣常短于或等长于中萼片，且与中萼片靠合呈兜状。

5.花白色；中萼片卵形，长7.0~8.0mm；花瓣线形，短于中萼片；距细圆筒状至细丝状，长3.0~6.0cm，末端之下不增粗；子房连同花梗长2.0~2.5cm（产于伏牛山、桐柏山区）…………………………………………………… **舌唇兰P. japonica**(Thunb. ex A. Murray)Lindl.

5.花黄绿色；中萼片宽卵形，凹陷呈舟状，长4.0~5.0mm；花瓣斜卵形，与中萼片等长，距细圆筒状，长1.2~1.8cm；子房连同花梗长1.0~1.5cm（产于大别山区）…………**小舌唇兰P. minor**(Miq.)Rchb. f.

4.花瓣长于中萼片，长5.0~6.0mm，上部急狭为尾状线形，中萼片长4.0~4.5mm，二者不靠合为兜状；距长2.0~3.0cm；花黄绿或淡黄色（产于各山区）………………… **尾瓣舌唇兰P. mandarinorum** Rchb. f.

10. 凹舌兰属 Coeloglossum Hartm.

凹舌兰C. viride(L.)Hartm.(*C. bracteatum* Parl.)，产于太行山、伏牛山区。

块根肥厚，近掌状。茎高25~45cm，中上部具3~4枚叶。叶椭圆形、椭圆状倒卵形或卵状披针形，宽2.0~4.5cm。总状花序长5.0~8.0cm；苞片线形或狭披针形，长2.0~4.0cm，明显长于花。花绿或绿黄色；萼片长7.0~10mm；花瓣线状披针形，长7.0~9.0mm、宽约1.0mm；唇瓣肉质，倒披针形，基部囊状；距长约4.0mm。

11. 蜻蜓兰属 Tulotis Rafin.

1.叶倒卵形或椭圆形，宽3.0~7.0cm；唇瓣卵状披针形，先端较狭，基部小裂片三角状披针形，先端尖；花瓣斜椭圆状披针形，先端较狭（产于伏牛山、大别山区）……………………………… **蜻蜓兰T. fuscescens**(L.)Czer.

1.叶狭长圆形或匙形，宽不超过3.0cm；唇瓣线形，上下部几等宽，基部小裂片半圆形，先端截平或钝；花瓣狭长圆形，先端增宽，浑圆（产于伏牛山、大别山区）……………… **小花蜻蜓兰T. ussuriensis**(Reg. et Maack)Hara

12. 角盘兰属 Herminium Guett.

1.叶3~4枚，狭长圆状披针形或线状披针形，宽6.0~12mm，互生于茎中部；花瓣近线形；唇瓣侧裂片远较中裂片为长（产于伏牛山区）………………………………………………………………………… **叉唇角盘兰H. lanceum** (Thunb.)Vuijk.［*H. angustifolium*(Lindl.)Benth. var. *longicruris* Makino］

1.叶常2枚，稀3枚，近对生于茎下部，狭椭圆形或狭椭圆状披针形，宽10~20mm；花瓣近菱形；唇瓣侧裂片较中裂片为短（产于伏牛山、大别山、太行山区）………………………………………**角盘兰H. monorchis** R. Br.

13. 无柱兰属 Amitostigma Schltr.

细萼无柱兰A. gracile(Bl.)Schltr.，产于伏牛山、太行山、桐柏山、大别山区。

块根椭圆形，粗约10mm。茎高7.0~25cm。叶1枚，长圆形或椭圆状长圆形，宽1.5~3.5cm。总状花序；花红紫色或粉红色；苞片卵形或卵状披针形，长2.0~8.0mm；萼片长约3.0mm；唇瓣长5.0~7.0mm，3裂；距纤细，长2.0~3.0mm。

14. 兜被兰属 Neottianthe Schltr.

二叶兜被兰N. cucullata(L.)Schltr.，产于伏牛山、太行山区。

块根近球形，长约10mm；茎高10~15cm。基生叶2枚，近对生，卵形、卵状披针形或狭椭圆形，宽1.5~3.5cm；总状花序，花紫红色，常偏于一侧；萼片和花瓣靠合成长6.0~7.0mm、宽3.0~4.0mm的盔或兜，唇瓣长6.0~7.0mm，距向前弯曲，长约6.0mm。

15. 手参属 Gymnadenia R. Br.

手参G. conopsea(L.)R. Br.，产于伏牛山、大别山区。

块根长约1.0cm，掌状浅裂。茎高20~40cm。叶3~5枚，狭长圆形、狭披针形或带形，宽1.0~2.0cm。总状花序，多花密生；花粉红色；苞片披针形，先端尾状长渐尖，稍长于花；花被片长3.5~4.0mm；唇瓣宽倒卵形，长约4.0mm；距弯曲，长约10mm。

16. 白蝶兰属 Pecteilis Rafin.

狭叶白蝶兰P. radiata(Thunb.)Rafin.，产于栾川老君山。

块茎椭圆形或近球形，直径约15mm。茎高18~35cm，基部具3~5枚叶。叶线形，宽3.0~6.0mm。总状花序1~2朵花；苞片披针形，长7.0~12mm，较子房短；子房连花梗长13~15mm；花白色，直径1.5~3.0cm；萼片淡绿色，长8.0~10mm；花瓣长10~12mm，外侧边缘具齿或浅的流苏，与中萼片靠合呈兜状；唇瓣长约15mm，3深裂，侧裂片外侧边缘具长流苏状条裂。

17. 阔蕊兰属 Peristylus Bl.

阔蕊兰P. goodyeroides(D. Don)Lindl.，记载产于伏牛山区，未见标本。

块茎长圆形或长圆状倒卵形，直径1.0~2.5cm。茎高30~90cm，中部具叶。叶椭圆形或卵状披针形，宽2.5~6.5cm。总状花序长7.0~21cm，多花密生；苞片披针形，长10~15mm；花绿色、淡绿色至白色，长4.0~5.5mm；距近球形，长约2.0mm，直径约1.5mm。

18. 玉凤花属 Habenaria Willd.

1.花瓣2裂；叶线形，宽3.0~9.0mm。

2.花瓣长约4.0mm；唇瓣侧裂片宽1.0~1.5mm，先端钝且具流苏状裂条；距长14~15mm，近末端突然膨大，粗棒状，与子房等长；中萼片长4.5~5.0mm，宽4.0~4.5mm（产于各山区）…………………………………………………………………………… **十字兰H. schindleri** Schltr.

2.花瓣长5.0~5.5mm；唇瓣侧裂片宽0.5~0.6mm；距长25~35mm；末端逐渐膨大，细棒状，长于子房；中萼片长5.5~6.0mm、宽3.5~4mm（产于大别山、桐柏山、伏牛山区）………………… **线叶十字兰H. linearifolia** Maxim.

1.花瓣不裂；叶近长圆形，长6.0~14cm、宽3.0~5.0cm；唇瓣侧裂片宽，其外侧边缘的前半部有细锯齿；距长达4.0cm（产于大别山、桐柏山、伏牛山区）…………………………………………… **鹅毛玉凤花H. dentata**(Sw.)Schltr.

19. 肉果兰属 Cyrtosia Bl.

血红肉果兰C. septentrionalis(Rchb. f.)Garay，产于大别山、伏牛山区。

根状茎粗1.0~2.0cm。茎高达170cm，红褐色，上部被锈色短茸毛。总状花序基部的不育苞片卵状披针形，长1.5~2.5cm；花苞片卵形，长2.0~3.0mm，下面被锈色毛；花梗和子房长1.5~2.0cm，密被锈色短茸毛；花黄色，多少带红褐色；萼片长达2.0cm。果实血红色，肉质，长7~13cm、宽1.5~2.5cm。

20. 山珊瑚属 Galeola Lour.

毛萼山珊瑚G. lindleyana(Hook. f. et Thoms.)Rchb. f.，产于伏牛山区。

根状茎粗厚，外被肉质卵形鳞片。茎高约1.0m，褐红色，上部被锈色短柔毛，具鳞片状退化叶。圆锥花序，密被锈色短柔毛；萼片黄褐色，披针形，宽5.0~6.0mm；花黄色，直径约2.0cm；萼片长圆状椭圆形，背面有龙骨状突起且被锈色短茸毛。果实淡棕色。

21. 朱兰属 Pogonia Juss.

朱兰P. japonica Rchb. f.，产于大别山、伏牛山区。

根状茎直生，长1.0~2.0cm。茎高10~20(25)cm，近中部生1枚叶。叶长圆形或长圆状披针形，宽8.0~14(17)mm。花苞片叶状，长1.2~2.5(4.0)cm、宽3.0~5.0(7.0)mm；花梗连同子房长1.0~1.5(1.8)cm。花1朵顶生，紫红色或淡紫红色；萼片长15~22mm、宽2.5~3.5mm；唇瓣长14~20mm，上部3裂，裂片具流苏状齿缺，无距。

22. 天麻属 Gastrodia R. Br.

天麻G. elata Bl.，产于伏牛山、桐柏山、太行山区。

无绿叶腐生植物，高达1.5m。根状茎肉质肥厚，椭圆形或卵状椭圆形，直径3.0~4.5cm，具环纹。茎直立，不分枝，黄褐色。总状花序长5.0~10cm；苞片披针形，长6.0~10mm；花淡黄色或黄绿色，长7.0~10mm，径6.0~7.0mm。

变型：**黄天麻f. flavida** S. Chow，根状茎卵状长椭圆形；茎和花均淡黄色（产于伏牛山区）。

23. 白及属 Bletilla Rchb. f.

1.萼片和花瓣黄白色，或其背面黄绿色，内面黄白色，稀为近白色，长18~23mm；唇瓣侧裂片先端钝，几乎不伸至中裂片旁；唇盘上面5条纵脊状褶片仅在唇瓣的中裂片上面为波状；叶长圆状披针形（产于伏牛山区）…………………………………………………… **黄花白及B. ochracea** Schltr.

1.萼片和花瓣紫红色或粉红色，稀为白色；唇瓣侧裂片先端尖或稍尖，伸至中裂片旁。

2.萼片和花瓣长15~21mm；唇瓣中裂片先端不凹缺；唇盘上面的5条纵脊状褶片从基部至中裂片上面均为波状；叶多较狭窄，线状披针形，宽5.0~10(20~45)mm（产于大别山区）…**小白及B. formosana**(Hayata)Schltr.

2.萼片和花瓣长25~30mm；唇瓣中裂片先端凹缺；唇盘上面5条脊状褶片仅在中裂片上面为波状；叶常较宽，长圆状披针形或狭长圆形，宽15~40mm（产于大别山、桐柏山、伏牛山南部）………………………………

…………………………………… 白及**B. striata**(Thunb. ex A. Murray)Rchb. f.

24. 羊耳蒜属 Liparis Rich.

1.附生小草本，高2.0~4.0cm；假鳞茎顶生1枚叶，叶柄基部具关节；叶片长1.0~2.0(3.0)cm、宽5.0~8.0mm；总状花序2~3朵花（记载产于西峡，未见标本）…………………………………………………… **小羊耳蒜L. fargesii** Finet

1.陆生，花莛高20~50cm；假鳞茎具2枚叶，叶柄无关节；叶大，长6.0~16cm、宽2.0~7.0cm；总状花序有数花至10余朵花（产于各山区）……

………………………………………………………… **羊耳蒜L. japonica**(Miq.)Maxim.

25. 沼兰属 Malaxis Soland. ex Sw.

沼兰M. monophyllos(L.)Sw.，产于伏牛山区。

假鳞茎卵形，长6.0~8.0mm、直径4.0~5.0mm。叶1(2)枚，卵形、长圆形或近椭圆形，宽1.0~3.0(6.5)cm；叶柄长3.0~6.5(8)cm。花莛高(10)15~40cm，总状花序具多朵花。花密集，淡黄绿色至淡绿色，花被长2.0~4.0mm。

26. 山兰属 Oreorchis Lindl.

1.叶狭椭圆形至狭长圆状披针形，长6.0~10(13)cm、宽1.2~2.3cm，长度为宽的5.0~10倍（产于南召）………… **短梗山兰O. erythrochrysea** Hand.-Mazz.

1.叶线形或狭披针形，长度为宽的15~20倍。

2.叶1(2)枚；唇瓣上的纵褶片从基部延伸至中部（产于伏牛山区）………

…………………………………………………………… **山兰O. patens**(Lindl.)Lindl.

2.叶2(1)枚，唇瓣上的短褶片状胼胝体仅见于下部至基部，不伸延到中部（记载产于大别山、伏牛山区，未见标本）… **长叶山兰O. fargesii** Finet

27. 杜鹃兰属 Cremastra Lindl.

杜鹃兰C. appendiculata(D. Don)Makino，产于各山区。

假鳞茎卵球形或近球形，直径1.0~3.0cm，密接，有关节。叶1枚生于假鳞茎顶，狭椭圆形，近椭圆形或倒披针状狭椭圆形，宽5.0~8.0cm；叶柄长7.0~17cm。花莛生于假鳞茎上部节上，高达70cm；总状花序5~22朵花；花苞片披针形或卵状披针形，长(3.0)5.0~12mm，花常偏向一侧。花多少下垂，狭钟形，淡紫褐色；萼片长2.0~3.0cm；花瓣长1.8~2.6cm；唇瓣3裂，侧裂片线形，长4.0~5.0mm，中裂片长6.0~8.0mm。蒴果长2.5~3.0cm、宽10~13mm。

28. 布袋兰属 Calypso Salisb.

布袋兰C. bulbosa(L.)Oakes，产于内乡。

假鳞茎长1.0~2.0cm、宽5.0~9.0mm，有节。叶1枚，卵形或卵状椭圆形，宽1.8~2.8cm；叶柄长2.0~3.0cm。花莛长10~12cm，明显长于叶，花单一顶生。苞片披针形，长1.4~1.8cm；花直径3.0~4.0cm，萼片和花瓣长14~18mm；唇瓣扁囊状，3裂；侧裂片长3.0~4.0mm；中裂片扩大呈铲状，长8.0~10mm，基部有髯毛；囊向前伸，长2.0~2.3cm，有紫色斑纹，末端呈双角状。

29. 独花兰属 Changnienia Chien

独花兰C. amoena Chien，产于大别山、桐柏山、伏牛山南部。

假鳞茎球茎状，密接，粗1.0~2.0cm，有节，顶生1枚叶。叶椭圆形至宽卵形，宽5.0~8.0cm，背面紫红色；叶柄长3.5~8.0cm。花莛长10~17cm，紫色；花1朵，白色而带肉红色或淡紫色晕，唇瓣有紫红色斑点；萼片长2.7~3.3cm，花瓣长2.5~3.0cm；唇瓣稍短于花瓣，3裂，基部距角状，长2.0~2.3cm，基部宽7.0~10mm。

30. 美冠兰属 Eulophia R. Br. ex Lindl.

1.假鳞茎鸡头状，位于地下；花序基部无分枝；花红色，花被长约15mm，距长5.0~7.0mm（产于桐柏山区，嵩县）……………………………………………………………… **长距美冠兰**（鸡头美冠兰）**E. faberi** Rolfe

1.假鳞茎非鸡头状，带绿色，多少露出地面；花序基部1~2分枝；花橄榄绿色，花被长约12mm，距长3.0~3.5mm（产于大别山区）……………………………………………………………… **美冠兰E. graminea** Lindl.

31. 兰属 Cymbidium Sw.

1.花序中部花的苞片长度不及花梗和子房长度的1/3，至多不到1/2，通常长5.0~8.0mm；叶宽10~15(25)mm，关节距基部2.0~4.0cm；花葶常短于叶，3~9(13)朵花（产于河南南部山区）………………… **建兰C. ensifolium**(L.)Sw.

1.花序中部花的苞片长度约为花梗和子房长度的1/2，至少1/3以上。

2.花葶略弯曲，长35~50(80)cm，5~11朵花至多花；花序中部花的苞片短于花梗和子房；叶脉常透明；假鳞茎不明显（产于河南南部山区）…………………………………………………………………… **蕙兰C. faberi** Rolfe

2.花葶挺直，长3.0~15(20)cm，明显短于叶，1(2)朵花；花苞片明显长于花梗和子房；叶脉不透明；假鳞茎小，但明显（产于河南南部山区）……………………………………………………………… **春兰C. goeringii**(Rchb. f.)Rchb. f.

32. 虾脊兰属 Calanthe R. Br.

1.唇瓣无距，在基部上方3裂；花开放后萼片和花瓣反折；花粉红色（产于伏牛山区）………………………………… **反瓣虾脊兰C. reflexa**(Kuntze)Maxim.

1.唇瓣具距。

2.距长4.0~5.0mm；花长17~22mm，背面黄绿色，内面红褐色；花梗和子房呈弧形弯曲（产于伏牛山区）……………… **弧距虾脊兰C. arcuata** Rolfe

2.距长5.0~12mm；花长8.0~9.0mm，黄绿色、白色，有时带紫色（产于伏牛山区）…………………………………………**剑叶虾脊兰C. davidii** Franch.

33. 独蒜兰属 Pleione D. Don

独蒜兰P. bulbocodioides(Franch.)Rolfe，产于大别山、伏牛山区。

假鳞茎卵形或卵状圆锥形，先端有明显颈部，全长10~25mm，顶生1枚叶。成叶狭椭圆状披针形或近倒披针形，宽2.0~5.8cm；叶柄长2.0~6.0cm。花葶出自老鳞茎基部，高7.0~20cm，顶生1(2)朵花；花苞片线状长圆形，长(2.0)3.0~4.0cm；花粉红色至淡紫色，萼片和花瓣长3.5~5.0cm；唇瓣倒卵形，长3.5~4.5cm，不明显3裂，上部边缘撕裂状。

34. 毛兰属 Eria Lindl.

马齿毛兰E. szetschuanica Schltr.，产于伏牛山区。

假鳞茎密集排列，长圆形，长1.0~3.0cm、宽5.0~10mm，顶生2~4枚叶。叶长圆状披针形，长4.0~10cm、宽6.0~11mm。花序较叶短，1~2(3)朵花；花序梗长约2.0cm；花序轴常被淡褐色长柔毛。花白色，但唇瓣黄色，萼片和花瓣长约8.0mm。

35. 石斛属 Dendrobium Sw.

1.萼片和花瓣金黄色，仅唇瓣侧裂片上面有少数红色条纹；茎上部常分枝；叶狭长圆形，宽不及7.0mm，先端2圆裂（产于伏牛山区）……………………………………………………………………… **细叶石斛D. hancockii** Rolfe

1.萼片和花瓣紫红色、天蓝色、白色或淡黄绿色，后来有时变为淡黄色或乳黄色。

2.花苞片在基部或近中部有横生赤褐色斑块；花白色或黄绿色。

3.茎上下粗细一致。

4.茎长10~20cm或更长，节间长2.0~4.0cm；唇瓣轮廓卵状披针形，中裂片卵状披针形，无毛（产于大别山、桐柏山、伏牛山区）……………………………………………… **细茎石斛D. moniliforme**(L.)Sw.

4.茎长3.0~8.0cm，节间长6.0~12mm；唇瓣轮廓卵状菱形，中裂片卵状三角形，有毛（产于灵宝、西峡、南召、嵩县）……………………………………………… **河南石斛D. henanense** J. L. Lu et L. X. Gao

3.茎下半部明显粗壮，长不及6.0cm；唇瓣中裂片半圆形或半圆状三角形（产于南召）…………………………………………… **霍山石斛 D. huoshanense** C. Z. Tang et S. T. Cheng(*D. funiushanense* T. B. Chao et al.)

2.花苞片无赤褐色斑块。

5.茎长6.0~11cm；花序轴或花序梗不回折状弯曲；萼片和花瓣淡黄白色，先端带淡粉红色，唇瓣基部两侧边缘和先端紫色（产于伏牛山区）……………… **曲茎石斛D. flexicaule** Z. H. Tsi, S. C. Sun et L. G. Xu

5.茎长9.0~35cm，劲直或稍弯曲；花序轴回折状弯曲；萼片和花瓣黄绿色或白色；唇瓣基部两侧具紫红色条纹（产于大别山区）……………

……………………………… **铁皮石斛D. officinale** Kimura et Migo

36. 石豆兰属 Bulbophyllum Thou.

河南卷瓣兰B. henanense J. L. Lu，产于西峡。

根状茎匍匐，细长。根状茎上假鳞茎间距4.0~10mm，卵球形，粗2.0~4.0mm，顶生1枚叶。叶卵状长圆形，宽5.0~8.0mm，先端稍钝或凹入。花莛出自假鳞茎基部，长约4.0mm；伞形花序2朵花；萼片黄色，中萼片长约3.5mm，侧萼片长约10mm；花瓣紫红色，长约2.0mm；唇瓣紫红色，长约3.5mm，中下部两侧对折。

37. 隔距兰属 Cleisostoma Bl.

蜈蚣兰C. scolopendrifolia(Makino)Garay，产于商城、黄柏山。

茎匍匐，粗约1.5mm，多分枝。叶革质，2列互生，多少两侧对折为半圆柱形，长5.0~8.0mm、宽约1.5mm，叶鞘长约5.0mm。总状花序腋生，1~2朵花，常短于叶；花长约3.0mm，萼片和花瓣浅血色。

38. 盆距兰属 Gastrochilus D. Don

台湾盆距兰G. formosanus(Hayata)Hayata，产于新县。

茎常匍匐，细长，长达37cm，粗约2.0mm。叶绿色，常带紫红色斑点，2列互生，长圆形或椭圆形，长2.0~2.5cm、宽3.0~7.0mm。总状花序缩短为伞状，2~3朵花，花序梗长10~15mm；花淡黄色带紫红色斑点，萼片长4.8~5.5(7.0)mm。